擬音語・擬態語辞典

山口仲美 編

講談社学術文庫

学術文庫版の刊行にあたって

読んで楽しむ辞典

二〇〇三年に刊行した『暮らしのことば　擬音・擬態語辞典』（講談社）が、『擬音語・擬態語辞典』として、学術文庫の一冊に加えられることになりました。この辞典は、「はしがき」に述べたように、それまで『国語辞典』類でまともに取り扱われてこなかった擬音語（わんわん・ぴーひゃら・ばりばり・ごとん、などの音や声を写す語）や擬態語（きらきら・ぴくっ・じろり・ふんわり、などの状態や様子を写す語）を真正面から取り上げ、その意味と歴史的な変遷や文化的な背景を解き明かした辞典です。

さて、この辞典は、一般にどのように受け止められ、どう活用されたのか？　原本が刊行された後の書評や読者カードで、それを追ってみました。

まず、「読む辞典」として享受されていました。「本書はそれぞれの言葉がどんな推移を見せてきたかというところにポイントを置く。だから、読んで面白い。引くと同時に読んで楽しめる。（中略）編者による二十編のコラムにも発見がつまっていて知れば人に教えたくなるような内容だ」（『月刊言語』二〇〇四年三月号・評者蜂飼耳（はちかいみみ））といった具合に、読んで楽しむ辞典として受け入れられたことが分かります。

創作に使う辞典

さらに、本書は、創作の場においても活用されていました。読者カードの大半は、俳句や短歌や川柳の作者たちでした。この辞典を創作する時のヒントに使うというのです。なお、残念ながら、今回の学術文庫版では紙数の都合上、原本の巻末についていた「擬音・擬態語で詠む俳句傑作選」「擬音・擬態語で詠む短歌傑作選」が省略されています。

また、小学校や中学校の先生方も、教室で生徒たちに文章を作らせる時、あるいは教師自身が生徒をひきつける教え方をしたい時に、この辞典を活用すると言っています。教師が教えるために本書を使うというのは意外でしたが、考えてみれば、擬音語・擬態語は感覚的な言語なので、教えるときに使用すると、生徒たちへの訴えかけが大きくなり効果的なのです。

また、ＭＩＲＡさんという絵本作家は、本書をもとにして作った愉快な童話を送ってくれました。タイトルは『ふわふわでんしゃ』（岩崎書店）。「ごとごと」「ごつごつ」「ぐるぐる」「くるくる」「ぽかぽか」「ぽつぽつ」「ざーざー」「ざぶざぶ」「ざんざんざん」「もくもく」「もぐもぐ」など、二八種類の擬音語・擬態語だけで電車の旅を見事に描き出したものです。子供に見せると大喜び。また、本書をもとにした擬音語・擬態語カレンダーというのを送ってくださった方もいます。「にこにこ」の月などと、月ごとに擬音語・擬態語が一つ選ばれ、それに楽しい絵がついている和紙づくりの素敵なカレンダーでした。

この辞典は、「読む辞典」として親しまれ、また創作現場でも活用されていたのです。編著者としては面映ゆく、またうれしい気持ちになりました。最後に、擬音語・擬態語の作り出す独創的な世界を紹介し、擬音語・擬態語の魅力を述べておくことにします。

擬音語・擬態語を造る

擬音語・擬態語の魅力は、なんといっても新しく造り出せることです。普通の言葉と違って、どんどん造り出せる。本書のコラム欄⑳で図示したような型に当てはめれば、どんな音の組み合わせでも擬音語・擬態語として働き出すのです。

兵庫県の小学生は、小川の流れる様子をこう写しました。「さら　さる
る　ぴる　ぽる　どぶん　ぽん　ぽちゃん　川はいろんなことをしゃべり
ながら流れてゆく　音はどこまで流れていくんだろう」。新鮮な擬音語を
使い、川底の段差まで感じさせる詩になっていますね。小学生でも巧みに
擬音語を造り出している。いや、小さい子ほど既成の言葉にとらわれない
ので、擬音語・擬態語づくりはうまいかもしれない。二歳になる女の子
は、鶏の声を聞いて「オエオー」と写しました。大人には「こけこっこ
ー」としか聞こえないのに。

詩人の草野心平も、擬音語・擬態語をよく造ります。

ぴるるるるるッ
はっはっはっはっ
ふっふっふっふっ　（「蛇祭り行進」）

後脚だけで歩き出した数万の蛙の様子をユニークな擬音語・擬態語で写し出しています。蛙の口から吐き出される生暖かい息遣いまで感じられます。擬音語・擬態語は、こんなふうに場面に具体性と感覚性を与え、表現効果がまことに大きい。

草野心平の詩「生殖Ｉ」は、次の一行からなっています。

るるるるるるるるるるるるるるるるるるるる

蛙の交尾の時の低く奏でられる喜びの声を写した擬音語と察せられますが、何十四かの蛙が一斉に交尾をしている様子まで見えてきます。「る」という文字の視覚効果も加わっているからです。

同じく詩人の萩原朔太郎も、斬新な擬音語を造っては詩に独特の雰囲気を与えています。

しののめきたるまへ
家家の戸の外で鳴いてゐるのは鶏です
声をばながくふるはして
さむしい田舎の自然からよびあげる母の声です
とをてくう、とをるもう、とをるもう。（「鶏」）

「とをてくう、とをるもう、とをるもう」が、鶏の声を表す擬音語。夜と朝、闇と光の交代を知らせる鶏の声は、死と生の交代を知らせる声でもあります。作者の魂は、「羽ばたき」をして起きようという意思を持つのですが、「ひとつの憂愁」が「臥床にしのびこ」んで来て、「私の心は墓場のかげをさまよひある」いている。「とをてくう、とをるもう」は、そうした気分を担った擬音語です。

使い方を変えても効果的

擬音語・擬態語は、こんなふうに次々に新しく造り出せる。新たに造り出さなくても、ちょっと使い方を変えるだけで表現力が倍増します。

いい齢をしてつまらない男にぴちゃぴちゃするから、霜枯れたことになってるとこきおろす。（幸田文『流れる』）

「いちゃいちゃ」と言わずに、「ぴちゃぴちゃ」を使うと、男といちゃついている時の音まで聞こえてきます。ちょっと使い方を変えただけで、擬音語・擬態語は新鮮な言葉として蘇るのです。ぜひとも本書に掲載されている擬音語・擬態語をヒントに、斬新な使い方を編み出したり、新しい擬音語・擬態語を造り出して、魅力的な文章作りに役立てていただきたい。

なお、学術文庫にするのに際し、力を貸してくださったのは講談社学芸局の梶慎一郎さんです。梶さん、ありがとう。感謝の気持ちでいっぱいです。

山口仲美

二〇一五年三月一九日

はしがき

国語辞典に載らない言葉

擬音語というのは、現実の世界の物音や声を私たちの発音で写しとった言葉です。たとえば「ほーほけきょー」「がたがた」。擬態語というのは、現実世界の状態を私たちの発音でいかにもそれらしく写しとった言葉です。たとえば、「べったり」「きらきら」。

こういう言葉は、普通の国語辞典には載りにくい。ちなみに身近な猫の声「にゃんにゃん」という擬音語を、あなたの手元にある小型の国語辞典で引いてみてください。出てきませんね。では、『広辞苑』クラスの大型国語辞典を引いてみてください。やっぱり出てこなかったでしょう? 「かっくん」「がはは」「ずでん」「ちゅっちゅっ」「ばかすか」「ぴーちく」でも、同様です。こうした擬音語や擬態語は、日常よく使われるにもかかわらず、普通の国語辞典には載りにくい言葉なのです。何故でしょうか? 理由は、三つ。一つは、日本人なら辞書を引かなくても意味がわかる。二つは、生まれては消える流行語の側面を持った擬音語・擬態語は辞書に載りにくい。三つは、いささか品に欠ける言葉なので辞書に載せるのは憚(はばか)られる。

でも、擬音語・擬態語は、日本語に豊富に存在し、日本語を特色づける言葉なのです。分量から言っても、欧米語や中国語の三倍から五倍も存在しています。擬音語・擬態語は、ほんとうに辞典で解説するまでもない言葉なのでしょうか?

日本語を学ぶ外国人と翻訳者を悩ませる

実は、日本語の擬音語・擬態語に大いに悩まされている人々がいます。日本語を学ぶ外国人と日本語を他の言語に翻訳する人たちです。日本語の相当うまい外国人でも、擬音語・擬態語は苦手です。日本語の達者な留学生が腹痛で医者に行ったら、「しくしく痛むの？　きりきり痛むの？」と聞かれてとても困ったと訴えます。「しくしく」と「きりきり」の意味の違いが全く分からなかったそうです。擬音語・擬態語は、発音の響きが意味に直結しています。だから、日本語の中で育った人には感覚的に分かる言葉なのですが、そうでない環境に育った人には意味の類推がきかない。そこで、最近では外国人のための擬音語・擬態語辞典が出ています。

また、翻訳者たちも嘆いています。日本語を英語や中国語に翻訳しようとすると、日本の擬音語・擬態語に該当する語が存在しないことが多い。そこで、仕方なくそれに近い普通の語に置き換えて翻訳するのですが、そうすると日本の擬音語・擬態語の持っていた情緒が失われてしまうと言います。日本語の擬音語・擬態語は、翻訳者泣かせの言葉なのです。そのため、近年擬音語・擬態語翻訳辞典のような辞典も刊行されています。

こうして、現在刊行されている擬音語・擬態語辞典は十数種類ありますが、①日本語を学ぶ外国人のためか、②翻訳の便宜のためかのいずれかの目的のために作られたものです。日本人が読んで「なるほど」と納得するような擬音語・擬態語辞典はまだ刊行されていないのです。

文化史の透けて見える辞典

そもそも日本人にとって、擬音語・擬態語というのは、そんなに自明の言語なのでしょうか？「こけこっこー」という鶏の声一つとりあげても、われわれ現代人の知らないことがたくさんあります。われわれは、鶏の声を昔から「こけこっこー」と聞いていたと思いがちです。でも、「こけこっこー」と聞くのは明治時代からにすぎません。江戸時代では、鶏の声を「とーてんこー」と聞いていたのです。夜明けを意味する「東の天は紅」と書いて「東天紅（とーてんこー）」と読ませ、鶏の声としていたのです。屁（おなら）で「とーてんこー」と鶏の鳴き声をまねる見世物まで出現し、大繁盛していました。こんなことを解明して解説していけば、日本人も知らなかった深みと豊かさのある擬音語・擬態語辞典が出来るはずです。背後に歴史のない解説は、実用には耐えますが、文化史の厚みを添えてくれません。

　歴史の重みを背負った擬音語・擬態語辞典の必要性に気づいたのは、今から一〇年程前に拙著『ちんちん千鳥のなく声は―日本人が聴いた鳥の声―』（大修館書店）を刊行した時でした。拙著は、予想を超えて多くの新聞やテレビで採り上げられました。それまで一顧だにされなかった擬音語の歴史に、豊饒な日本の文化史が息づいていることに驚きを示してくれたようでした。文化史の透けて見える擬音語・擬態語辞典をつくりたい、それは私の念願でした。

こうした経過で

　平成一二年秋のこと。講談社の編集者高橋光行さんから言葉に関する単行本を出さないかというお話をいただきました。私は、単行本ではなく、念願の『擬音語・擬態語辞典』を提案しました。辞典作りの大好きな高橋さんは忽ちこの話にのってくれました。まず、最近の新聞・雑誌一ヵ月分を収集し、それを基礎資料にして項目の選定を行いました。一人で執筆するのは時間的に無理ですので、一三人の方に協力していただきました。執筆者陣は、月一回集まってはコンセプトを統一し、原稿の質を揃えるという作業をしました。基礎資料で不足している用例は、執筆者各自が独力で調査し補い、新しい事実の解明に力を注いで原稿を書いてくれました。編集部の高橋さんは、原稿の催促、読みにくい箇所の点検を徹底的に行ってくれました。こうして、ここに皆の力の結集である『暮らしのことば　擬音・擬態語辞典』が誕生しました。

　この辞典に花を添えて下さったコミック作家の赤塚不二夫・あさりよしとお・植田まさし・うえやまとち・東海林さだお・蛭田達也・松本零士の諸氏には心より御礼申し上げます。

二〇〇三年一〇月一〇日

山口仲美

凡例

この辞典の特色

❶この辞典は、日本語の中から日常よく使われる擬音語（＝物音や声を日本語の発音で写しとった言葉）と擬態語（＝物の状態や様子を日本語の発音でいかにもそれらしく写しとった言葉）を採録し、意味・使われ方・類義語との意味の違いを解説したものである。現代の擬音語・擬態語の用例は、新聞・雑誌・小説から、主に採集した。

❷解説は、現代の擬音語・擬態語の用法・語形のみならず、その語の歴史的推移が明らかになるように努めた。

❸単に調べる辞典としてだけでなく、読んで楽しめる辞典となるように工夫した。コラム欄の設定、参考欄の充実、コミック・挿絵の挿入は、そのための工夫である。

❹コラム欄は、擬音語・擬態語に関する広く深い知識が得られるような項目を選定し、山口仲美が書き下ろした。この辞典で初めて公開される情報が多い。

❺参考欄は、珍しい用法や用例、造語法、アクセント、方言、史的推移、文化史などに関する情報を盛り込んだ。

❻コミック・挿絵も、本文を理解するのに有用なものを選定して挿入した。コミックの作者名は、赤塚不二夫・あさりよしとお・植田まさし・うえやまとち・東海林さだお・蛭田達也・松本零士である。

❼本文中に用例の出典名・作者名がある場合は、その名称に❖印を付して、脚注で解説を加えた。

解説文の表記

❶解説文における漢字は、原則として常用漢字を使用した。

❷書名は『　』を付けて示した。また、書名に正式書名と簡略書名とがある場合は、それぞれ一般に流布している呼称を用いた。

（例）『和名類聚抄』→『和名抄』

❸年号は、元禄一六年（一七〇三）のように、和暦と西暦を併記して表示した。

❹アクセントを表示する場合、高く発音する部分

は、太字にした。

用例の表記

❶用例を引用する場合はなるべく原文を尊重することに努めた。ただし、漢字の字体については、旧字体を避けて、常用漢字体（一九八一年制定）を用いることを原則とした。また、仮名を漢字に、あるいは片仮名を平仮名に改めたり、難読の漢字には振り仮名を付けたりするなど、改変を加えた。

❷古典の用例を引用する場合には、『日本古典文学大系』（岩波書店）、『日本古典文学全集』（小学館）など、信頼すべき本文を用いた。

❸『日葡辞書』『和英語林集成』は、読みやすさを考慮して、原典のアルファベットは用いず、漢字平仮名交じり表記に改めて引用した。なお、『日葡辞書』の解説文を引用する場合は、原則として『邦訳日葡辞書』（岩波書店）を利用した。

❹古典を引用する場合は、仮名遣いを歴史的仮名遣いに統一した。ただし、読みやすさを考慮して、促音・拗音になるはずの箇所はそのように改めた。

（例）ふんぞりかへつて→ふんぞりかへって
　　ひよいと飛び込む→ひょいと飛び込む

❺明治以降の作品でも、文語体で書かれているものは、用例を歴史的仮名遣いで記し、口語体で書かれているものは、用例を現代仮名遣いに直して示すという方法で引用した。

❻原文が漢文の場合は、読み下し文に改め、原文が漢字片仮名交じり文の場合は、漢字平仮名交じり文に改めて引用した。

❼詩・短歌・和歌・俳句については、文語体・口語体にかかわらず、原典の仮名遣い通りに引用した。ただし、読みやすさを考慮して、適宜、漢字を当てた。

❽狂言・謡曲・浄瑠璃などの曲名や題名は、『　』の中に入れ、『　』の前にそのジャンル名を記した。

❾詩や童謡は、作者・作詞者名を記し、その下に題名を「　」に入れて示した。

❿新聞・雑誌の用例に付した数字は、発行年月日。

（例）00・7・5→二〇〇〇年七月五日

執筆分担

❶各項目の原稿は、池上啓・金子彰・川嶋秀之・小島聡子・小柳智一・佐々木文彦・佐藤有紀・染谷裕子・高崎みどり・中尾比早子・間宮厚司・矢田勉・山口仲美・吉田永弘の一四人が分担して執筆した。執筆者名は解説文の最終行に明示した。

❷脚注は池上啓・染谷裕子・金子大が執筆した。

山口仲美の擬音語・擬態語コラム――目次

あーん

①子供などが声を張り上げて泣く声。甘えがある。「犬に嚙まれたと云って、子供のように『ああん、ああん』と泣きながら」(井伏鱒二『多甚古村』)

②口を大きく開ける様子。歯の治療時などに医者に言われる。「さあ、口をあーんと開いて」(谷崎潤一郎『蓼喰ふ虫』)。英語では、aaah。

◇**類義語**「わーん」「あんあん」

共に、①の類義語。「わーん」には甘えが少ない。「あんあん」は声の張り上げ方が弱い。(山口仲美)

あたふた

平静さを失い、やたらにあわてて行動する様子。江戸時代頃から見られる語。「どじょう髯の影は、あたふたと、麓のほうへ急ぎ足にかくれた」(吉川英治『宮本武蔵』)、「その硫酸の小瓶をもって、あたふたと出かけて行ったというんです」(三島由紀夫『道成寺』)、「木村はあたふたしながら、…介抱にかかった」(有島武郎『或る女』)

◇**類義語**「おたおた」

「あたふた」は、うろたえてはいるがすぐさま行動につっ走っていく様子であるのに対し、「おたおた」は、ただうろたえているだけで何もできない様子。「今なら、ゲイボーイ氏に襲われて、あんなにおたおたしなくてもすむだろうと思う」(野坂昭如『かさぶた食いの思想』)

■**参考** 室町時代では、「ふたふた」という語が「あたふた」と同じ意味を表していた。「急ぎ御所へ帰らせ給ひ、姫の御そばへふたふたと入らせ給へば」(御伽草子『唐崎物語』)。「あたふた」の「ふた」は、この「ふたふた」の「ふた」。「あた」は、江戸時代に頻用された「あた面倒(ひどく面倒)」などにみる程度強調の語からと思われる。(山口仲美)

❖**井伏鱒二** 小説家。ユーモアのある独特の文体で注目され、昭和一二年『ジョン万次郎漂流記』で直木賞受賞。作品『本日休診』『黒い雨』など。昭和四一年、文化勲章受章。(一八九八〜一九九三)

❖**谷崎潤一郎** 小説家。第二次『新思潮』に掲載の「刺青」でデビュー、耽美派の作家として注目される。関西に移住後は古典趣味を深め、多くの名作を発表。作品『痴人の愛』『細雪』など。(一八八六〜一九六五)

❖**吉川英治** 小説家。大正三年、『剣難女難』『鳴門秘帖』で流行作家となり、昭和一〇年から『東京朝日新聞』に連載の「宮本武蔵」で時代小説に新境地を開く。作品『私本太平記』『新書太閤記』など。昭和三五年、文化勲章受章。(一八九二〜一九六二)

❖**三島由紀夫** 小説家・劇作家。『花ざかりの森』で注目され、昭和二四年『仮面の告白』で作家の地位を確立。唯美的志向からナショナリズムへの傾向を強め、昭和四五年、割腹自殺。作品『金閣寺』『午後の曳航』など。(一九二五〜一九七〇)

❖**有島武郎** →P.12

❖**野坂昭如** →P.26

❖**唐崎物語** 御伽草子。『源氏物語』を素材とした石山観音の霊験談。室町時代の成立。

あっけらかん

①驚いたり呆れ果てたりして、口を開けて放心している様子。「黄色に染められた芝生の上に、あっけらかんと立っている婦人を後にして、うんうん車を押した」(夏目漱石❖『明暗』)

②空虚な印象を与えるほど、何もない様子。「羽根をつく音もなく、獅子舞もこない異国のお正月は、たしかにあっけらかんとしている」(向田邦子❖『父の詫び状』)

③何のこだわりもなく、涼しい顔で存在している様子。 こだわり・恥じらい・ためらいなどがあって当然だと思われるのに、何事もなかったかのように振る舞っている人間に対して、半ば呆れた気分で使う。「パンチのきいたデザインがあっけらかんとしたヤングのフィーリングに合ったらしい」(毎日新聞73・5・26)、「創業者のスティーブ・ジョージス社長(44)に最近の経営環境を聞くと、あっけらかんとした答えが返ってきた」(日本経済新聞01・1・10)

◇類義語「あけらかん」

「あけらかん」は、①の類義語。「あけらかん」が、もともとの形。江戸時代から見られる。明治時代でも、「呆然惘然と頤を垂れて」(泉鏡花❖『義血侠血』)のように使われている。

◆参考 現在では、③の意味で使うのが普通。江戸時代には、「あけらかん」「あっけらこん」「あけらこん」「あけらけん」「あけらひょん」「あけらほん」「あけらぽん」「あげらほん」の語があり、①の意味で使われていた。江戸時代にあった語の中には、方言として現在に継承されているものがある。青森・宮城・茨城県では「あけらぽん」や「あっけらほん」、山形県では「あっけらほん」、長野県では「あっけらけん」が、残っている。(山口仲美)

あっさり

①人の態度や性格などが、しつこくなく思い切りのよい様子。「今年度と同額九兆四千億円の公共事業関係費をあっさりのんだ」(朝日新聞00・12・6)、「『今日から仕事を全部任せてもらえませんか』。『ああ、いいよ』。あっさり認めてくれた」(日本経済新聞01・1・5)

②手軽に簡単に物事を行ってしまう様子。「あっさりとナゾ解きをしてみせた」(日刊スポーツ00・12・10)

❖夏目漱石 英文学者・小説家。英語教師をへて、イギリスに留学。帰国後、『東京朝日新聞』の専属作家となり、同新聞に次々と作品を発表。森鷗外とともに近代日本文学の確立に貢献。作品『吾輩は猫である』『三四郎』など。(一八六七～一九一六)

❖向田邦子 小説家。映画雑誌記者をへて放送作家となり、『阿修羅のごとく』など多くの人気ドラマを執筆。昭和五五年、『思い出トランプ』など短編連作で直木賞受賞。翌五六年、台湾で航空機事故死。作品『あ・うん』『父の詫び状』など。(一九二九～一九八一)

❖泉鏡花 小説家。能楽と江戸文学に造詣が深く、幻想性に富む独自の作品を創作。反自然主義作家としての評価も高い。作品『高野聖』『婦系図』など。(一八七三～一九三九)

③味・色・形などが淡白であったりすること。「意外にあっさりした味で、うっかりしてると2人前でもペロリといけちゃうの」(女性自身01・1・1号)

◆**類義語**「さっぱり」

「さっぱり」は、①③の類義語。「あっさり」は、物や人の属性を表すのに対し、「さっぱり」はそれらから受ける印象や気持ち。「ジュウスを飲んだら、きっとさっぱりしますよ」(源氏鶏太『鬼課長』)

◆**参考** 「浅(あさ)い」の「あさ」からできた語。同様に「ほっそり」は、「細(ほそ)い」の「ほそ」から。

(山口仲美)

あっぷあっぷ

①水の中で溺れそうになって苦しみもがく様子。江戸時代から現れた語。「何ンや水が流れて泡がブクブクして、人はあっぷあっぷして生きてる」(朝日新聞01・1・1)、「死に切れねえであっぷあっぷやっているうちに」(久保田万太郎『ゆく年』)

②処理しきれない問題に取り囲まれて、押しつぶされそうになって苦しむ様子。「勝負どころでアップアップになってしまった」(日刊スポーツ00・12・30)

◆**類義語**「あぷあぷ」「あぶあぶ」

共に、「あっぷあっぷ」と同じ意味で使う。「有能でない人間は、結婚なんてどうでもいいことにあおられてあぷあぷするんですよ」(三浦朱門『セルロイドの塔』)、「我々文壇の魚くずどもは、濁流の中であぶあぶしていてもよかったのだ」(正宗白鳥『人間嫌ひ』)。ただし、「あぶあぶ」の語は、江戸時代には「はらはらする」の意味も。

◆**参考** 方言では、「あばあば」(新潟・岐阜・兵庫県)、「あっぽあっぽ」(島根県)、「あっぱかっぱ」(山形県)、「あぷかっか」(長野県)と言う。(山口仲美)

あはは

大きく口をあけて笑う声、またその様子。「お重に遣り込められると、自分は無言の降意を表する如くにあははと笑ったり」(夏目漱石『行人』)

◆**類義語**「あっはっは」「あははは」

「あっはっは」は「あはは」より、大きく活発な笑い方。「あははは」は「あはは」に比べて高らかに響く感じの笑い方。「100兆円もの借金をつくって、『ワシは世界一の借金王じゃい、アハハハハ』と笑ったら」(週刊現代00・12・9号)

(高崎みどり)

❖**源氏鶏太** 小説家。サラリーマンのかたわら小説を執筆。昭和二六年、『英語屋さん』などで直木賞受賞。後、『三等重役』で人気作家となる。作品『口紅と鏡』『幽霊になった男』など。(一九一二〜一九八五)

❖**久保田万太郎** 小説家・劇作家・俳人・演出家。慶大在学中に『三田文学』に参加。下町情緒と市井の人々を叙情的に描く。作品『末枯』『春泥』『大寺学校』(戯曲)など。昭和三二年、文化勲章受章。(一八八九〜一九六三)

❖**三浦朱門** 小説家。昭和二六年『冥府山水図』で注目され、第三の新人としてデビュー。同四二年『箱庭』で新潮社文学賞受賞。作品『武蔵野インディアン』など。文化庁長官を務め、平成一一年、文化功労者。(一九二六〜)

❖**正宗白鳥** 小説家・劇作家・文芸評論家。明治三七年『寂寞』でデビュー。自然主義作家として知られたが、後、活動を『作家論』などの評論活動に移す。作品『塵埃』『内村鑑三』など。昭和二五年、文化勲章受章。(一八七九〜一九六二)

❖**夏目漱石** →P.8

あんあん

大きく口をあけて声を出しながら泣く声、またその様子。「居並ぶ人たちも『おっちゃん、おっちゃん』と言うて、アンアン泣きよるねん」(朝日新聞01・9・3)

◇**類義語**「わんわん」

「あんあん」が哀れな泣き方であるのに対し、「わんわん」は、うるさくわめき立てて泣く感じ。

■**参考** 韓国語でも子供が泣くような声は、「あんあん」に近い語で表す。 (高崎みどり)

あんぐり

意識せずに、大きく口をあけた状態になる様子。びっくりしたり、あきれたりした時の様子などに使う。「(追突しておいて)『何でこんなとこに止まってんのよ!』被害者はあんぐりして『信号に聞いて下さい』」(朝日新聞夕刊01・7・13)。また、食べる時の様子にも使う。「(饅頭を)摘み出して、あんぐり遣った」(夏目漱石『坑夫』)

■**参考** 明治期以前には「あんごり」「あんごらひょん」「わんぐり」などの形もあった。 (高崎みどり)

いけしゃーしゃー

非常識なことや恥ずべきことをしていながら、一向に気のとがめる様子もなくふるまうさま。江戸時代の用例「入髪で いけしゃあしゃあと 仲の町」(『誹風柳多留(はいふうやなぎだる)』)は、浮気などの不始末をしでかした客の髪を切ってしまうという制裁を受けた男が他人の髪を入れてふやして平気で吉原の町中を歩いている、という意。

また江戸時代には「いけしゃあしゃあまじまじと(=つら憎いほど平然と)」という形でも使った。明治期には「いけしゃあつく」の形もあり、花魁(おいらん)が嫌な客のことを陰で「エエいけしゃアつくな」(仮名垣魯文『安愚楽鍋』)とののしる例がある。

■**参考** 「いけ」は接頭語で、相手に対して非常に強く非難する気持ちが加わる時につける。江戸時代に話し言葉で「いけ」を冠した語が盛んに使われ、「いけあつかましい」「いけうるさい」「いけしゃらくさい」「いけしつこい」「いけしぶとい」など多数あった。歌舞伎で啖呵(たんか)を切る場面、浮世草子や滑稽本でまくしたてる場面などで愛用された。

現代でも「いけ好かない」「いけ図々しい」などが使われている。 (高崎みどり)

❖**夏目漱石** →P.8

❖**誹風柳多留** 江戸時代の川柳集。呉陵軒可有(ごりょうけんあるべし)ほか編。『川柳評万句合』から前句(まえく)を省いても意味の通る付句(つけく)を選んで明和二年(一七六五)から天保九年(一八三六)まで刊行したもの。正確には付句集と言うべきものだが、この書の刊行を契機に、前句(七・七)とセットであった付句(五・七・五)が独立性を強め、「川柳」というジャンルが確立した。一六七編が刊行された。

❖**仮名垣魯文** 戯作者・新聞記者。明治四年の『牛店雑談 安愚楽鍋』が評判となり、その後『仮名読新聞』『いろは新聞』を創刊。新聞小説でも活躍した。作品『滑稽富士詣』『万国航海 西洋道中膝栗毛』など。(一八二九〜一八九四)

いじいじ

劣等感やひがみなどから、行いや態度が消極的である様子。「食べたいものを我慢していじいじするよりも、ほどほどに、偏りなく食べていればいいのだろう」（朝日新聞00・7・5）

動詞「いじける」はそれを動作的に捉えた語。形容詞「いじましい」はそうした様子が哀れをさそうようであることを言う語。

◇類義語「うじうじ」

「いじいじ」が、自分の能力や行動に対する自信のなさから、あるいは、他からの評価の低さを自覚するがゆえに、のびのびとふるまえない様子をさすことが多いのに対し、「うじうじ」の方は、迷いや決断力のなさから、行動をためらう様子をさすことが多い。

◆参考 江戸時代「いじいじ塗」という塗り方の技巧があったが、「いじいじ」との関係は不明。京都の漆工・近藤道志の創始と言われ、漆器の表面に非常に細かい皺のような模様を塗りだしたものと言われる。これで仕立てた刀の鞘を「いじいじ鞘」と言った。丹念で微細な細工のありさまが、「いじいじ」を連想させたものか。

（高崎みどり）

いそいそ

気分が前向きに明るくなるようなことがあって、動作がつい速く調子よくなったり、態度が喜ばしそうに積極的になったりする様子。「将軍家もいそいそと落ちつかぬご様子で、宋へ御出発前にどうしても見て置かなければならぬ御政務は、片端から精出して御覧になって」（❖太宰治『右大臣実朝』）

「いそいそ」は、動詞「急ぐ」の、動作が速くなるという意味と動詞「いそしむ」の、喜ばしそうに積極的に行うという意味との両方の意味を合わせもっている。

古くは「いそし」という形があって、「勤勉な」という意味を表した。「黒木取り 草も刈りつつ 仕へめど 勤しき奴と 誉めむともあらず（＝屋根を作る黒木を取り、草も刈ってお仕えしようと思うけれど、勤勉な奴だと誉められそうにもありませんね）」（❖『万葉集』）

◆参考 ❖北原白秋の短歌に「いそいそと 広告塔も廻るなり 春の都の あひびきの時」（『桐の花』）というのがある。「いそいそ」を広告塔の廻る様子に使っている擬人法的表現。

（高崎みどり）

いそいそ 掃除するから外へといわれた粗大ゴミのお父さん。小遣いをもらっていそいそとパチンコへ。

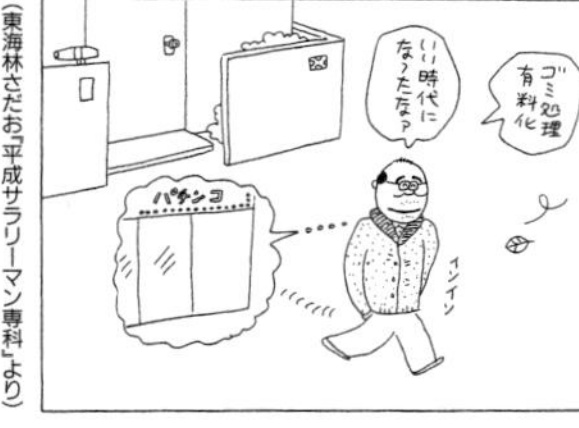

（東海林さだお『平成サラリーマン専科』より）

❖**太宰治** →P.20

❖**万葉集** →P.23

❖**北原白秋** 詩人・歌人・童謡作家。耽美的な作品で知られ、第一詩集『邪宗門』、第二詩集『思ひ出』で名声を確立。ほかに児童雑誌『赤い鳥』に多くの童謡を発表。作品はほかに『桐の花』（歌集）など。（一八八五〜一九四二）

いちゃいちゃ

男女がおたがいに好意を持っている現れとして、体をくっつけ合ったり、ふざけ合ったりしている様子。そうした状態を見ている者が不快に感じて、批判的に使われることが多い。「男と女がいちゃいちゃすることをみっともないこととして嫌ってきたはずの中国文化」(朝日新聞99・11・9)

「いちゃつく」という形もある。「妾を度外にして旦那様と粘着かれちゃア、なんぼ好人物だッて腹が立たアネ」(内田魯庵❖『くれの廿八日』)

江戸時代には、「いちゃいちゃ」「いちゃつく」は、男女の戯れ合いの他、もめる様子や手間取る様子も表した。「今この毒薬を呑もうか呑むまいかといちゃつく所に」(洒落本❖『新吾左出放題盲牛』)。この、もめたり手間取ったりする意味では、他に「いちゃくちゃ」「いちゃこちゃ」という形もあった。

◈**参考**「いちゃいちゃ」「にちゃにちゃ」「ねちゃねちゃ」「くちゃくちゃ」など、「ちゃ」の繰り返しをもつ語は、粘着質のものがねばりつく様子から、しつこくくっつくありさまや、不快なほどまつわりついて離れないありさまを表す、という共通性がある。

（高崎みどり）

いらいら

ものごとがうまく運ばないために、あせったり落ち着かなかったり、また、腹を立てたりしている様子。「良平は独りいらいらしながら、トロッコのまわりをまわって見た」(芥川龍之介❖『トロッコ』)のように、「いらいらする」の形で使われることが多い。

「発作が始まるとイライラが募る」(朝日新聞00・12・29)のように名詞として使われたり、「このところイライラ感がつのることが多い」(女性自身00・12・19号)のように複合語になることもある。

また、動詞「いらつく」「いらだつ」、形容詞「いらだたしい」などの形でも使われる。「いらいらしい」は「いらいら」がそのまま形容詞化した語で、少し前まで使われていた。「余計な憐れみはかけて貰いたくない。そんないらいらしい反抗的な心持ちさえ」(有島武郎❖『或る女』)

「いら」は、もともと草や木のとげ、あるいは魚の背びれのとげなど、刺すように尖った角の部分を言う語であった。その「いら」を重ねて、とげのたくさん出ているようなありさまをさすようになり、またそれらで突かれたような不快な感じを言

❖**内田魯庵**　評論家・翻訳家・小説家。『女学雑誌』に評論を連載。また社会小説『くれの廿八日』などを執筆。作品『罪と罰』(翻訳)、『思ひ出す人々』など。(一八六八〜一九二九)

❖**新吾左出放題盲牛**　江戸時代の洒落本。大盤山人偏直著。「新吾左」(「新五左」とも書く)は「新五左衛門」の略で、遊里で新参のやぼな侍をあざけって言う言葉。遊里を舞台として、通人でない者たちの行状を滑稽に描いたもの。天明元年(一七八一)刊。

❖**芥川龍之介**　小説家。在学中に『新思潮』に発表した「鼻」が夏目漱石に認められ、文壇にデビュー。才気あふれる理知的な文体で多くの作品を執筆。作品『羅生門』『河童』など。(一八九二〜一九二七)

❖**有島武郎**　小説家。内村鑑三の影響を受け、キリスト教に入信。アメリカ留学後、明治四三年、雑誌『白樺』の創刊に参加。作品『カインの末裔』『或る女』など。(一八七八〜一九二三)

うようになった。さらに転じて、心が不快な刺激を受けて、ゆとりがなく、せかされるような感じをさすようになった。

◆参考　江戸時代には「いらいら」とほぼ同じ意味で「いらくら」という語が使われていた。「いらくらのだらくら」という慣用句があって、いらいらしてあせって何かをするのだが、結局はそれほどはかどらない、ということを意味した。

今、大阪の方言で短気な人を「いらち」と言うことがある。「(サッカーは)そや、イラチのスポーツや」(朝日新聞夕刊02・6・17)　(高崎みどり)

うー

①苦しそうなうめき声。「仕事が終わって、丸太ん棒のように棚の中に横倒れに倒れると、『期せずして』う、うー、うめいた」(小林多喜二❖『蟹工船』)

②動物の低いうなり声。「犬どもはううとうなってしばらく室の中をくるくる廻っていましたが」(宮沢賢治❖『注文の多い料理店』)

◇類義語「うっ」「うーっ」「うーん」

「うっ」「うーっ」は、①②の類義語。「うっ」は瞬間的な短い声であるのに対し、「うー」は、それよりも時間的に長い声。「うーっ」は、うなった直後に異変の起きた切迫感がある。「慌てて一一九番した後、玄関へ行き、声をかけたが、次第に顔面が白くなり、『うーっ』とうめいて動かなくなった」(日本経済新聞00・12・30)。「うーん」は、①の類義語。動物の声には使わない。うめき声をあげた後、意識を失ってしまった感じがある。

◆参考「うめく」の「う」は、うめき声。「めく」は、そのような状態になるという意味の接辞。「ざわめく」「そよめく」「どよめく」「はためく」「よろめく」も同じようにしてできた語。(山口仲美)

うおー

①動物の吠え声やうなり声。「うおう、うおう…と吠えるように啼いた」(井伏鱒二❖『丑寅爺さん』)

②大勢の人間のわめき声やどよめき。「勝利の瞬間、五万人の観衆がウオーと歓声をあげた」

◇類義語「うおーっ」「うおーん」

「うおー」よりも「うおーっ」は、迫力があり、「うおーん」は反響感がある。「彼らは、円陣を組みうおーっと叫んだ」、「怒号が周囲の建物にうおーんと反響した」(朝日新聞夕刊72・6・17)　(山口仲美)

うおー　鬼がうなり声を上げて突進してきた。

(赤塚不二夫『おそ松くん』より)

❖**小林多喜二**　小説家。労働運動に関わり、昭和三年、『一九二八年三月十五日』で注目をあびる。翌四年『蟹工船』『不在地主』でプロレタリア文学の代表的作家となる。昭和八年、特高警察の拷問により虐殺。作品『転形期の人々』『党生活者』など。(一九〇三〜一九三三)

❖**宮沢賢治**　→P.34

❖**井伏鱒二**　→P.7

うおーん

①多くの人の声や物の音がやかましく反響して伝わってくる様子。「戸を開けると、店全体が『うおーん』とこだましていた」(朝日新聞00・12・4)

②狼などの動物が遠吠えする時の声。

◇類義語「うわーん」「うえーん」

「うわーん」は①の類義語で「うおーん」より反響の程度が甚だしい。また「うわーん」「うえーん」は、子供などの泣く声を表すことも多いが「うおーん」にこの用法は殆どみられない。 (高崎みどり)

うかうか

しっかりした見通しや目的のないままにすごす様子。他のことに気を取られ、必要なことをしないままに時間がたってしまう様子。「兄さんは浮(うか)浮(うか)と散歩をしていて、ふと自分が今歩いていたなという事実に気が付くと」(夏目漱石❖『行人』)

動詞「浮かれる」とは「うか」の部分を共通してもつ。「うか」は、「浮かぶ」「浮く」などと同源で、浮いて漂うように落ち着きがなく精神の働きが集中していない様子を表す。古く「うかうかし」「うかがる(＝心を奪われ放心状態になる)」「うかめく(＝うわついた振る舞いをする)」など頻用された。

◇類義語「うかと」「うっかり」

「うかと」「うっかり」は、共に「うかうか」に比べて、時間的な経過をあまり強調せずに、不用意あるいは不注意な様子を表すのに使われる。「兄い様方が揃うてお出なさるから、お父っさんの悪口は、うかと言われますまい」(森鷗外❖『阿部一族』)。なお、「うかと」は現代ではあまり使わない。

■参考 江戸時代、うかうかと暮らす人を「うかうか左右衛門(きえもん)」と呼んだ例もある。 (高崎みどり)

うきうき

嬉しさや楽しいことへの期待で気分が活発になり落ち着いていられない様子。「子どもの頃『今夜はすき焼きだ』と親父が宣言した日は、妙に心がウキウキしたもので」(週刊現代00・12・16号)

平安時代から見られる語。当時は楽しさだけでなく決心できないための落ち着かなさも表した。「かく浮き浮きと頼み難き有様を(＝私のこのような浮ついて頼りにならない様子を)、思ひ侘びたるなめり」(『狭衣(さごろも)物語』❖)。また、「うきうきし」の形

❖夏目漱石 英文学者・小説家。英語教師をへて、イギリスに留学。帰国後、『東京朝日新聞』の専属作家となり、同新聞に次々と作品を発表。森鷗外とともに近代日本文学の確立に貢献。作品『吾輩は猫である』『三四郎』など。(一八六七〜一九一六)

❖森鷗外 小説家・劇作家・評論家。陸軍軍医のかたわら、多彩な文学活動を展開。夏目漱石と並ぶ、明治を代表する作家の一人。作品『舞姫』『雁』など。(一八六二〜一九二二)

❖狭衣物語 平安時代の物語。作者は禖子(ばいし)内親王に仕えた源頼国女(みなもとのよりくにのむすめ)説が有力。狭衣大将の悲恋を描いた物語で、先行の『源氏物語』の影響を強く受けている。一一世紀後半成立。

もあった。「うきうき」「うきうきし」は、心が浮かんでいるようで、しっかり定まっていられない様子を表し、「浮く」や釣りの「浮き」と関連がある。

室町末期の『日葡辞書』の「うきうき」の項には「嬉々として、活発に、または軽やかに」とある。

◇**類義語**「うかうか」

「うきうき」に比べて、「うかうか」の方は必要なことをしないままに時間がたつことに焦点がある。

◈**参考** 江戸時代の女中詞で「うきうき」は麩や米の粉の団子のこと。汁物に浮かべたことからかと思われるが不明。

(高崎みどり)

うじうじ

①決断することができずに迷ったり、行動に移すことができずにためらったりする様子。「女の腐ったのみたようにうじうじして、溜息なんかばかりついていてどうしたんだ」(山本周五郎『さぶ』)

②小さい虫などが、小刻みに絶え間なく動く様子。「草のところに青虫がいた 葉っぱの上でうじうじ動いていた」(朝日新聞99・12・22)

◇**類義語**「もじもじ」「いじいじ」

「もじもじ」「いじいじ」は、共に①の類義語。「うじうじ」が、迷いの気持ちが根底にあるのに対して「もじもじ」の方は、恥ずかしかったり遠慮したりする気持ちが根底にある。「瀬戸は暫くもじもじしていたがとうとう金を貸せと云った」(森鷗外『青年』)。「いじいじ」は、劣等感やひがみの気持ちが根底にある。

◈**参考** 江戸時代、①②両方の意味で「うじつく」という動詞も使われた。「盗人のすっぱのと云ちらされてきょろりっとうぢついている(＝気おくれしてためらっている)人じゃない」(浄瑠璃『八百屋お七』)は①の例。

(高崎みどり)

うじゃうじゃ

①同じような種類や大きさの物がたくさん集まっていて、全体がうごめいている様子。「ロワール川の河口では、ヤドカリ、カニ、小魚がうじゃうじゃいました」(日本経済新聞夕刊00・12・12)

②つまらないことをしつこく言い立てる様子。「むしろ『小義』で、うじゃうじゃ言っているのは執行部」(朝日新聞00・11・20)

◇**類義語**「うようよ」「うだうだ」

「うようよ」は①の類義語で、「うじゃうじゃ」より

❖**日葡辞書** 一七世紀初頭の、ポルトガル語で説明した日本語辞書。イエズス会の宣教師によって成る。室町末期の口語を中心に方言、文書語、歌語、女性語など、三万余語を収録。慶長八〜九年(一六〇三〜〇四)刊。

❖**女中詞** 室町時代頃から宮中の女房たちなどに用いられた「女房詞」の、江戸時代になってからの呼称。将軍家や武家等の女性達の使用語として発展した。

❖**山本周五郎** 小説家。新聞・雑誌記者をへて、『須磨寺附近』でデビュー。時代物を中心に、誠実に生きる庶民の側に立った物語を多く執筆。作品『青べか物語』『さぶ』など。(一九〇三〜一九六七)

❖**森鷗外** →P.14

❖**八百屋お七** 江戸時代の浄瑠璃。紀海音作。当時海音は再興された豊竹座にあり、浄瑠璃作者として竹本座の近松門左衛門と並び称された。年号が正徳から享保に変わる一七一六年初演。

も動いている感じが強い。「うだうだ」は②の類義語で、言っている内容の愚かしさに焦点があり、「うじゃうじゃ」は言い立てる執拗さに焦点がある。

◆**参考**　江戸時代には①②に似た意味で使われる「うざうざ」という語もあった。江戸末期の『和英語林集成』に「うざうざ」という項目があって「虫が群がっている」という意味の解説があり、「木の枝に毛虫がうざうざしている」という例があげられている。また川柳には「女房のうざうざぬかす(=つまらないことをくどくど言う)土用干し」(『川柳評万句合』)の例がある。

（高崎みどり）

うずうず

①傷やはれものなどが鈍くいたむ様子。「聞いただけでも眉間傷が疼疼(うずうず)と致して参った」(佐々木味津三『日光に現れた退屈男』)

②やりたいことがあって、その気持ちを抑えきれない様子。「あたし、働きたくて働きたくて、毎日うずうずしてたんだもの」(三浦哲郎『帰郷』)

③小さな声で不平を言う様子。現代ではあまり使わない。「庄九郎は内心、(死は坊主に任せよ、生はわしに任せるがよい)とうずうずとつぶやいているのだ」(司馬遼太郎『国盗り物語』)

◆**類義語**「むずむず」

「むずむず」は、①②の類義語。①については、「うずうず」が痛みの様子に使うのに対し、「むずむず」の方は、かゆみやくすぐったさの様子を表す。②については、「うずうず」がやりたい気持ちそのものに焦点があり、「むずむず」はやりたくてもできないはがゆさを感じているところに焦点がある。

◆**参考**　江戸末期の『和英語林集成』には①の意味で「うずつく」という語があり、「ときどき痛むこと」という意味の説明がある。

（高崎みどり）

うだうだ

言っても仕方がない、つまらないことをとりとめなく言う様子。「家でゴロゴロすることや、悩んでウダウダしていることも、全部が経験」(朝日新聞00・12・17)。「うだうだ言いなはんな」は大阪などで柔らかくたしなめる時に使われる言い方。

◆**類義語**「ぐずぐず」

「ぐずぐず」も「うだうだ」も、価値のないことをあれこれ言う点では共通している。「うだうだ」が、どうでもいいことを言っているその内容に着目し

❖**和英語林集成**　江戸時代末期の日英辞書。ヘボン著。慶応三年(一八六七)に初版が刊行された。その後、増補改訂を行いながら、再版が明治五年(一八七二)に、三版が明治一九年(一八八六)に刊行された。三版は「改正増補和英語林集成」と呼ばれる。

❖**川柳評万句合**　いわゆる「前句付(まえくづけ)興行」で寄せられた句から選者が秀句を選び、刷り物の形で配布したものを「万句合」という。『川柳評万句合』は、宝暦七年(一七五七)から寛政九年(一七九七)の間に出された初代柄井川柳選の「万句合」の総称である。収録句数は約八万句にのぼる。

❖**佐々木味津三**　→P.45

❖**三浦哲郎**　小説家。井伏鱒二に師事。昭和三五年『忍ぶ川』で芥川賞受賞。血の系譜に悩み、それを克服して生きることをテーマとする。作品『白夜を旅する人々』『みのむし』など。(一九三一〜二〇一〇)

❖**司馬遼太郎**　小説家。昭和三四年『梟の城』で直木賞受賞。卓抜な文明批評と、独自の史観にもとづく歴史小説によって、広い読者層を持つ。作品『竜馬がゆく』『坂の上の雲』など多数。平成五年、文化勲章受章。(一九二三〜一九九六)

ているのに対し、「ぐずぐず」の方は、不平・不満をとりとめなく言って、なかなか行動にとりかからない様子に着目しているという違いがある。

◆参考　江戸時代、「うだうだと言う」という意味で「うだつく」という語が使われた。「ああこれ、うだつかずとも(＝くどくど言わなくても)、なあ」(歌舞伎❖『韓人漢文手管始』)。また、「うだうだしい」も、いいかげんな様子、間の抜けた様子を表す語として、江戸時代に使われた。「あほうあほうと指さしせられ、うだうだしう暮す中」(浄瑠璃❖『源平布引滝』)

(高崎みどり)

うっ

息のつまったような短い声。笑いや嗚咽を抑えたり、痛みやはき気など予期せぬ身体の変調にこらえきれず出したりする。突然発言を求められて言葉につまる場合にも用いる。また、犬の身構えた時のうなり声。「その男がうっと声をあげて蹐むのを」(❖山本周五郎『さぶ』)

鎌倉時代から見える語。

◇類義語「うー」

「うっ」より長いうなり声。

(染谷裕子)

うっかり

その事から心が離れている様子。本来すべき注意を怠って、しなければならないことを忘れたり、好ましくないことをしたりする時に用いる。「うっかりすると成功の道を踏みはずすだろうと云った」(❖森鷗外『青年』)、「何のことはない私がうっかり聞き漏らしたのだ」(朝日新聞00・12・26)

「うっかり」は室町時代頃から見える語で、本来は悲しみなどで、正常な意識が働かない放心状態を表した。「妻子にも離別する思に堪かねて、うっかりとしたる也」(❖『三体詩絶句抄』)

江戸初期頃になると、対象に限定されることなく、広く何かに心を奪われて呆然としている様子を、さらに、単に気が抜けている状態をも表し、現代の用法に近づいた。

江戸時代、単に「気が抜けている状態」を表す「うっかり」は一八世紀頃かなり流行したようで、「うっかりぽん」「うっかりひょん」(＝共に注意が行き届かない様子)などという語も登場した。

一方で、本来の意も生き続け、美しいものや快いものに心を奪われ呆然とする様子にも言った。「伴左衛門鏡の内より葛城をみてうっかりとなる」

うっ　相手の息のくささに思わずはき気をもよおす。

(東海林さだお『平成サラリーマン専科』より)

❖**韓人漢文手管始**　→P.228

❖**源平布引滝**　江戸時代の浄瑠璃。並木宗輔ら作。通称「実盛物語」。寛延二年(一七四九)初演。

❖**山本周五郎**　→P.15

❖**森鷗外**　→P.14

❖**三体詩絶句抄**　室町時代の抄物。『三体詩抄』の一つであるが、『三体詩』の中で絶句のみの注解。林宗和が『三体詩』に関する古抄の説を集大成したもの。元和六年(一六二〇)刊行。

（歌舞伎『参会名護屋』）。すなわち、「うっかり」は江戸時代には「うっとり」とほぼ同義でも用いられたのであるが、明治以降はその語根「うか」「うと」の違いを受け完全に意味が分かれた。

◇類義語　「うかうか」

「うっかり」は完全に心が離れてしまっている状態をさすが、「うかうか」は呆然としている状態でも、完全に心が離れてはいない状態をさす。

◈参考　室町から江戸時代にかけて、「うっかり」以外に「う（っ）かと」「う（っ）から」「うかり」など、ほぼ同義の語に様々な形があった。（染谷裕子）

うっすら

物事の程度がほんのわずかである様子。「夜、この雲の続く果に、半月がうっすらとかかっている」（『初等科国語　七』）、「紅潮した身体には細い血管までがうっすら膨れあがっていました」（梶井基次郎『檸檬』）、「表面にうっすら焼き目がついたところで」（朝日新聞01・4・25）

室町時代の抄物に「黒はうっすら黒いぞ、濃うはないぞ」（『玉塵抄』）とあり、本来は色などが薄くてかすかに見えるさまについて言った。江戸時代に転じて、広く程度を表す語になった。

◇類義語　「うっすり」

「うっすり」は色や厚みなどが薄いという意味合いが強い。とらえる範囲が部分的で、具体的な表現である。「うっすら」はとらえる範囲が広く、全体を感覚的にとらえた表現である。

◈参考　「うっすら」は「うすら」を強調したものであるが、「うすら」は独立して使われる例はなく、「うすら笑い」のように接頭語的に用いる。なお、「うっすら」も「うっすら陽性」（＝陽性反応が薄く出ている）などと使う。（染谷裕子）

うっすり

色や厚みなどが薄くわずかである様子。「手の甲には静脈の青い血管がうっすりと透いて見えて」（太宰治『思ひ出』）

「うっすりと　門の瓦に　雪降て」（『深川』）のように江戸時代から見える語。程度がわずかな様子を広く表す「うっすら」とほぼ同じ意味で用いられていた。現代では薄さと直接関わる場合に用いる。「うっすり微笑を湛えて」（久米正雄『学生時代』）のような使い方は稀である。（染谷裕子）

❖**参会名護屋**　江戸時代の歌舞伎。三升屋兵庫作。三升屋兵庫は荒事の創始者として有名な役者、初代市川団十郎の筆名である。元禄一〇年（一六九七）初演。

❖**初等科国語　七**　文部省著作の小学校用国語教科書。昭和一六年から使われた国定国語教科書第五期（俗称「アサヒ読本」）の中の一つ。

❖**梶井基次郎**　小説家。大正一四年、学友らと雑誌『青空』創刊。「檸檬」「城のある町にて」などを発表。鋭い感受性の詩的作品が多い。作品『冬の日』『交尾』など（一九〇一〜三二）

❖**玉塵抄**　室町時代の抄物。別名『玉塵』。中国の韻書『韻府群玉』の一部について、禅僧、惟高妙安が注釈したもの。室町時代後期の口語資料として貴重。永禄六年（一五六三）以降数年間に成立。

❖**太宰治**　→P.20

❖**深川**　江戸時代の俳諧選集。洒堂編。洒堂が元禄五年〜六年にかけて江戸深川の芭蕉庵に滞在した折の連句集。吟者は洒堂をはじめ、芭蕉、許六、杉風ら。元禄六年（一六九三）刊。

❖**久米正雄**　→P.101

山口仲美の擬音語・擬態語コラム①

オランダ鶯は何と鳴く？

——落とし話と擬音語

籠の中には鶯がいる。高値で仕入れた鶯は何と鳴いたのか？（窪俊満「鶯」部分、東京国立博物館蔵）

室町時代から、鶯を家で飼うことが大流行（おおはや）り。江戸時代でも、この伝統は受け継がれ、金持ちは高価な鶯を買い求めた。以下は、そんな時に生じたちょっと間抜けな笑い話。江戸時代は、ご存じのように日本は鎖国をしていた。通商を許されていたのは、ヨーロッパではオランダだけ。だからオランダ語通訳者が大変もてた。

さて、あるところに裕福な旦那がいた。豪邸に客がやって来た。主人は得意そうに客に言う。「まあまあ、お上がりください。実はオランダの鶯を手に入れましてね。ちょっと見てください」

主人は客を奥座敷に案内する。すると立派な鳥籠にオランダの鶯が二羽もいるではないか。客はその豪勢ぶりに驚いて言った。「いやはや、たいしたもんですなぁ。オランダの鶯が二羽もいる」

主人は得意満面。すると一羽の鶯が鳴いた。「スッペラポー」。客は、その声を聞いて再び感心して言った。「さすがオランダの鶯は鳴き声も違う！」。するともう一羽の鶯も鳴いた。「ホーホケキョー」。客はその声を聞いて恐る恐る聞いた。「もしや、これは日本の鶯では？」。主人は、答えた。「これは通訳ですよ」

江戸の笑話集『そこぬけ釜』に出てくる話。オランダの鶯が「スッペラポー」と鳴き、それをもう一羽のオランダの鶯が「ホーホケキョー」と日本語に通訳して鳴いてみせたと主人はいう。だが、そもそもオランダに鶯はいない。また、「スッペラポー」は、オランダ語ではなく、現在の「すっからかん」に近い意味の江戸語「スッペラポン」のもじり。主人は、「鳴き損ない」の鶯をオランダ鶯と言いくるめられて、大枚をはたいて買ってしまったのだ。おめでたき主人を揶揄するかのごとく、鶯は「スッペラポー」と鳴いている。

うっとり

ある人物や物事に五感が快適な刺激を受け、すっかり心を奪われ、我を忘れている様子。「正道はうっとりとなって、この詞に聞き惚れた」(森鷗外❖『山椒大夫』)、「炭火で焼き上げられたカルビは、とろりと絶妙な柔らかさになりウットリ」(SPA!00・12・13号)などのように使う。室町時代末頃から見える。

本来は、注意の働かない状態を広く表した。おどろいて呆然としている状態や何もしないでいる状態をも「うっとり」と言った。現在のように、美しいものなどに心を奪われた状態をいう用例はすでに江戸時代から見えるが、江戸から明治にかけては、必ずしも陶酔状態だけを表す語ではなかった。眠気などで意識を失う意味でも用いられ、明治になっても「試験の前の晩徹夜をして、疲労の結果、うっとりして急に目が覚めると」(夏目漱石❖『坑夫』)という例も見える。

◆**参考**　江戸時代には「うっかり」と類義語であった。ぼんやりしていて気のきかない状態を「うっとり」と言ったり、美しいものに心を奪われる状態を「うっかり」とも言ったりした。

(染谷裕子)

うつらうつら

眠気や病気などで、意識のおぼろげな様子。半ば眠り半ば覚めているような様子。「高熱のためにうつらうつらして」(太宰治❖『パンドラの匣』)、「横の女性がうつらうつらと舟をこぎ始めた」(日本経済新聞夕刊00・12・16)

室町時代頃から見える語。「うつら」は「空(うつ)ら」の意味で、本来は「うつらうつらと～する」のように、気が抜けた状態で何らかの行動をする時に用いた。江戸時代になってから、特に睡眠と結びつき、現在のような意味で用いられるようになった。明治時代には水中の藻などがゆれ動くさまの意にも使われた。

◇**類義語**「うとうと」

「うとうと」は浅い眠りが持続する状態で、心地よさを伴うこともある。「うつらうつら」は浅く眠ったり、覚めたりを繰り返す状態。

◆**参考**「目もうつらうつら鏡に神の心をこそは見つれ(=はっきりと鏡に映るように神の本心を見た)」(『土佐日記❖』)のように、古くは全く逆の意味で使われていた。これは「現(うつ)ら」を語源とする別の語と言われる。

(染谷裕子)

❖**森鷗外**　→P.14

❖**夏目漱石**　→P.8

❖**太宰治**　小説家。井伏鱒二に師事。昭和一〇年に『逆行』が芥川賞候補になるなど、戦前から作家として知られる。戦後、坂口安吾などとともに無頼派と呼ばれ、『斜陽』『桜桃』などで流行作家となる。作品『ヴィヨンの妻』『津軽』など多数。(一九〇九〜一九四八)

❖**土佐日記**　平安時代の日記文学。紀貫之作。我が国最初の仮名日記。任国土佐から京都に帰るまでの旅を、ある女性の見聞という形をとって仮名文で記す。承平五年(九三五)頃成立。

うとうと

眠りに引き込まれつつも半ば目覚めている様子。また、眠るつもりはないが、心地よさ、疲労、病気などで、浅く眠っている様子。「お品はその内に起きられるだろうと考えつつ時々うとうとと成る」(長塚節『土』)、「オンドルは 韓国の床だんぼう おしりポカポカ ぼくはウトウト(小学生短歌)」(朝日新聞夕刊01・1・6)。江戸時代頃から用いられた語。

「うとうと」の「うと」は「う(っ)とり」の「うと」と同じく「うつ(空)」の変化した「うと」を重ねた語で、原義は「意識がなくなっている状態」を表す。

◇類義語 「うとっ」「うつらうつら」

「うとっ」は一瞬の浅い眠り、「うつらうつら」は「うとうと」より浅い眠りで、半分意識がある感じ。

◈参考 江戸時代には「うとうととありく春日野の里　座頭の坊三笠に杖をくくり付」(『犬子集』)のように「歩行などがたどたどしいさま」の意を表す「うとうと」もあった。江戸時代、身体の機能が十分でない様子をいった「疎(うと)い」と関連する語と思われる。

(染谷裕子)

うねうね

山などが、連続して高くなったり低くなったりしている様子。また、左右に方向をゆるやかに変えながら長く続く様子。「遠くの方には、山がうねうねとつづいていました」(『小学国語読本』)や、「うねうねとまがりながらつづく岬の山道」(壺井栄『二十四の瞳』)のように用いる。

畑などの「畝(うね)」からきた語で、室町時代には「波のうねうね」(謡曲『草子洗(そうしあらいこ)小町(まち)』)のように「畝」を波の起伏にたとえたものであったが、江戸時代頃から、山や丘などのゆるやかな起伏の様子を言うようになった。転じて、明治になってから蛇行の様子をも表した。動詞「うねる」は名詞「うね」を活用させたものと言われるが、本来は起伏する意を表し、蛇行の意味を表すようになったのは、やはり明治になってからである。

◇類義語 「くねくね」

「うねうね」はカーブが続く様子を言うが、「くねくね」はカーブそのものに視点がある。

◈参考 江戸末期には「蛇がうねくねと這(は)う」(『和英語林集成』)のように「くねくね」と混ざった「うねくね」があった。

(染谷裕子)

❖長塚節 歌人・小説家。正岡子規に師事。明治三六年、伊藤左千夫らと『馬酔木』創刊。同四三年『東京朝日新聞』に小説「土」を連載。作品は歌集『病中雑詠』『鍼の如く』など。(一八七九〜一九一五)

❖犬子集 江戸時代の俳諧選集。松永貞徳門下の松江重頼が、宗鑑『犬筑波集』以後の発句・付句の秀句を選んだもの。室町時代の天文年間から江戸時代初期に至る句を収めている。寛永一〇年(一六三三)刊。

❖小学国語読本 文部省著作の小学校用国語教科書。昭和八年から昭和一五年まで使われた。通称「さくら読本」と言う。

❖壺井栄 小説家。壺井繁治と結婚、プロレタリア文学運動に参加。昭和一三年『大根の葉』発表。同二七年『二十四の瞳』を発表し、映画化されて広く知られた。作品『柿の木のある家』『暦』など。(一八九九〜一九六七)

❖草子洗小町 室町時代の謡曲。大伴黒主が盗み聞きした小野小町の歌を古い草子に書き入れ、宮中の歌合で、小町の詠歌を古歌だと指摘。が、小町が草子を洗うとその歌の文字が消え、疑いが晴れる。

❖和英語林集成 →P.16

うはうは

予想以上の大きな満足感に、自己の品位を忘れるほど笑いがこみあげてくる様子。「同級生の金めのものは、手当たり次第パクってたね。MD見つけたらウハウハ」(SPA!00・12・6号)、「ただ、40キロあたりからもう勝ったと思って気分がウハウハに」(朝日新聞00・11・5)

やや品格に欠ける表現であるが、インターネットのHP上で「ホームヘルパーうはうは――厚生労働省がホームヘルパーの支援を発表」のような例も見られる。

◆参考 「うはうは」は、笑い声「うはは」と関連があると思われる。一方、江戸時代には「落ち着きがなく心が浮ついているさま」を表す「うわうわ」という語があった。「ヲヲうはうはとやかましい」(浄瑠璃『❖染模様妹背門松(そめもよういもせのかどまつ)』)。明治・大正期頃の小説にも見え、明治初期の小説『❖西洋道中膝栗毛』に「うわうわおんぶ(=調子に乗って、他人に金銭や品物を負担させること)」という語もある。この「うわうわ」の歴史的仮名遣い「うはうは」を、そのまま表音的に読んだことから現代の「うはうは」が生まれた可能性もある。 (染谷裕子)

うひひ

満足感から、露骨な喜びを抑えつつもこみあげてくる笑い声。「今日はちょっといいことがあったんだ。ウヒヒ」のように使う。

◆類義語 「うはは」「うひょひょ」

「うはは」は、抑えることのない明るい笑い声。「うひょひょ」はおどけた笑い声。「うひひ」は自分だけが喜ぶようなやや陰湿な笑い声を表す。

◆参考 「うはは」「うひひ」などの「う」は、吹きだすように笑いが急である感じを表す。 (染谷裕子)

うふふ

抑え気味の短い笑い声。おかしさをこらえきれずにもれ出たり、うれしさ、恥ずかしさから、照れ笑いしたりする時の声。「N君も同じ思いと見えて、顔を赤くし、うふふと笑い」(❖太宰治『津軽』)

◆類義語 「うふっ」「うふふっ」「うふふふー」

「うふっ」「うふふっ」は、吹き出すような感じの含み笑い。「うふふふー」は、主として若い女性の、意味ありげな含み笑い。「えりかちゃんはうふふふうーと笑った」(SPA!00・12・20号) (染谷裕子)

❖染模様妹背門松 江戸時代の浄瑠璃。菅専助作。明和四年(一七六七)初演。

❖西洋道中膝栗毛 明治時代初期の滑稽本。仮名垣魯文作。『東海道中膝栗毛』の主人公弥次郎兵衛と喜多八の孫が、ロンドンの万国博に行くという物語。

❖太宰治 小説家。井伏鱒二に師事。昭和一〇年に『逆行』が芥川賞候補になるなど、戦前から作家として知られる。戦後、坂口安吾などとともに無頼派と呼ばれ、『斜陽』『桜桃』などで流行作家となる。作品『ヴィヨンの妻』『津軽』など多数。(一九〇九〜一九四八)

うようよ

同じ種類の生物がその場所が狭すぎるほどに多数集まって、それぞれ勝手に動いている様子。不快な気持ちや、あなどる気持ちがこめられることが多い。「穴のそばに近づけすぎた死体からは、焚火の熱気に堪えきれぬ蛆が全身からうようよ這い出して来る」(井伏鱒二❖『黒い雨』)や「いやいや、人間のうようよしているお江戸の方が、ずっとこわいですよ」(三浦綾子❖『塩狩峠』)のように使う。

江戸時代から見える語で、本来は虫や小動物がうごめくさまを言ったのを、後世、多数の人間や物が集まる様子にも用いるようになった。

◇類義語「うじゃうじゃ」

「うようよ」は動きに、「うじゃうじゃ」は集まった状態に視点がある。不快感は「うじゃうじゃ」の方が強い。「美人もうようよいる」のように「うようよ」には不快感が感じられない例もある。

◈参考 明治期には「神田見附の内より、塗渡る蟻、散る蜘蛛の子とうようよぞよぞよ沸出でて来るのは、熟れも顋を気にし給う方々」(二葉亭四迷❖『浮雲』)のように、「うようよぞよぞよ」という言い方もあった。

(染谷裕子)

うらうら

①日光が明るくおだやかに照り渡る様子。多く春の陽光について言う。「うらうらと晩春の日が照り渡っている野山」(梶井基次郎❖『蒼穹』)

②蒸気、煙、霞、雲などがのどかにたちのぼる様子。また、のどかにゆらめく様子。「うらうらと靡いた霞の中に」(芥川龍之介❖『杜子春』)、「夏が来てあのうらうらと浮く綿のような雲を見ると」(坂口安吾❖『黒谷村』)

③おだやかに、快い音がひびきわたったり、よい香りがたちこめたりする様子。「早春のあけぼのの空に合奏の音はたぐいなくおもしろく、うらうらとひびきわたる」(田辺聖子❖『新源氏物語』)

④態度や行動などがのどかな様子。「天気がよいので、うらうらと散歩に出かける」

◈参考 古くからある語。『万葉集❖』の大伴家持の歌にも「うらうらに 照れる春日に ひばりあがり 心悲しも ひとりし思へば」とある。「うらうら」「うららか」「うらら」の語根「うら」は春の光ののどかな様子を意味する。①が最も基本的な意味を表し、②③④も「春の光のようにのんびりとおだやかな」という感じを含み持つ。

(染谷裕子)

❖**井伏鱒二** →P.7
❖**三浦綾子** →P.30
❖**二葉亭四迷** →P.25
❖**梶井基次郎** →P.18
❖**芥川龍之介** →P.12
❖**坂口安吾** 小説家。最初の小説『木枯の酒倉から』『風博士』が牧野信一に激賞され、注目を集める。戦後、『堕落論』『白痴』で混迷する時代に衝撃を与え、一躍時代の旗手に。作品『桜の森の満開の下』『安吾新日本風土記』など。(一九〇六～一九五五)
❖**田辺聖子** 小説家。放送作家から、昭和三九年、『感傷旅行』で芥川賞受賞。男女の機微をたくみな大阪弁で描く。作品はほかに『花衣ぬぐやまつわる…』『ひねくれ一茶』など。(一九二八～)
❖**万葉集** 奈良時代の歌集。現存する我が国最古の歌集。撰者未詳。二〇巻。当代及びそれ以前に作られた歌、約四五〇〇首を収める。作者の階層は広きにわたっており、中央のみならず地方の歌も収録。短歌以外に長歌・旋頭歌なども含み、その内容も素朴な民謡から繊細優美な歌まで多様。

うるうる

感動や悲しみで、涙があふれそうになる様子。「ようやく二人きりになると、工藤の目はもうウルウル。場所も選ばず彼の胸に抱きついてきたそうです」(週刊現代00・12・9号)

現代では、右の例のように「涙目」を言う、やや俗っぽい表現であるが、鎌倉時代の語源辞書『名語記(みょうごき)』にも「小児のなかむとする時は、目のうるうるとなりて、涙のうかぶ也」とある古いことばである。

室町時代には、かなり流行した語で、しっとりとしてうるおいのある様子に言い、さらに、つやがあって美しいさまにも用いられた。

類義語「うるっ」

「うるっ」は「うるうる」の状態に一瞬陥ることを言い「ちょっと泣きそうになったし、実際少しウルっと来てしまった」(朝日新聞夕刊00・12・19)のように使う。

参考　前掲の『名語記』には、その語源について「有涙有涙か」とあるが、「うるうる」は、「うるおう」や「うるむ」の「うる」(水分と関係のある語根)が重なってできた語である。

(染谷裕子)

うろうろ

①ある状況に対してどのように行動してよいかわからず、むだに動き回る様子。また、ひどく動揺する様子。「去年来たばかりのまだ娘らしい女房は、当歳の女の子を抱いてうろうろしているばかりであった」(森鷗外『阿部一族』)、「信夫の言葉に貞行の顔色がさっと変わった。六さんはうろうろとして貞行をみた」(三浦綾子『塩狩峠』)

②これといったあてもなく、あちこち動き回る様子。「僕は只うろうろと其所等の表札を読んで歩いた」(夏目漱石『彼岸過迄』)、「不審な人物がうろうろしているので、夜中でも電灯をつけている」(朝日新聞00・12・18)

参考　室町時代頃から見える。古くは特に眼または心がゆれ動くさまに言い、身体全体の動きに言う語ではなかった。「病中の眼なれば、うろうろとして燈火がいくつにも見ゆるぞ」(『四河入海(しがにっかい)』)。江戸時代にも「きょろきょろ」にあたる眼の動きに「うろうろ」と言う例が見える。現代では眼の動きには言わないが「きょろきょろ」と共用することも多い。「心落ち着かずウロウロキョロキョロ」(日刊スポーツ00・12・30)

(染谷裕子)

❖**名語記**　鎌倉時代の語源辞書。経尊著。当代の口語を中心にいろは順に配列し、問答体で語源の説明を記す。俗語を多数収録する資料として貴重。建治元年(一二七五)成立。

❖**森鷗外**　→P.14

❖**三浦綾子**　→P.30

❖**夏目漱石**　→P.8

❖**四河入海**　室町時代の抄物。建長寺の僧、笑雲清三(しょううんせいさん)編。北宋の詩人、蘇東坡(そとうば)の詩の注解。瑞渓周鳳(ずいけいしゅうほう)など先人四人の説を集約し、自見を加えたもの。天文三年(一五三四)成立。

うろうろうろ　気になることがあって寝つかれず、まっ暗な廊下を動きまわる。

(松本零士『男おいどん』より)

うろちょろ

あてもなく、一定の狭い範囲をあちこち落ち着きなく動き回る様子。「そのへんのテレビ局の廊下をうろちょろしているタレント志願の女の子たち」(❖井上ひさし『ブンとフン』)

せわしない、目障りだ、小うるさいというような感じを伴うことが多い。「うろうろ」と「ちょろちょろ」が混合してできた語であるため、「うろうろ」より動きが細かい様子を表す場合や、動く主体が小さい場合について言う。 (染谷裕子)

うんうん

①痛みなどに苦しむ時や力をこめる時などに発するうなり声。「その土手をうんうん言いながら重たそうに荷車を引いてくる」(❖堀辰雄『美しい村』)

また、うなるように力をこめて物事を行う様子。苦しむ様子。「自分の事は自分で、うんうんと力まなければ生きてはゆけぬ」(❖林芙美子『放浪記』)

②頷く様子。肯定の返事「うん」を重ねた語。「ただ『うんうん』と頷いただけでした」(❖谷崎潤一郎『痴人の愛』)。②は、①とは本来別の語だが「うんうん、と言った。賛同しているのか、唸っているのかわからなかった」(❖曾野綾子『太郎物語』)のようにうなり声か返事か不明な例もある。

◇類義語「うーん」「うーむ」「うん」

いずれも①の類義語。息を詰めて一息うなる感じで、持続性はない。「うん」は一瞬強くいきむ声。量や程度を強調する「うんと」の「うん」は、これ。一説に大便の幼児語「うんこ」の「うん」とも。「うーん」「うーむ」は考え込む時に発するうなり声。「うーむ」の方が男性語的。「うーむ、そこは調べてみないと」(日本経済新聞01・1・7) (小島聡子)

うんざり

飽きてうるさく煩わしく感じられる様子。「デート中も仕事や対人面の不満ばかりだと彼もウンザリ」(女性自身00・12・12号)。我慢の限界を超えて嫌気がさし、やる気を失う様子。「また県庁出身の知事が生まれそうだと知った時、私たちはうんざりした」(朝日新聞01・1・5)

江戸時代から明治期にかけては、驚きや恐れからくる嫌悪感をも表した。「不思議そうに恐々(おそるおそる)叔母の顔色を窺(うかが)ッて見てウンザリした」(❖二葉亭

❖井上ひさし 劇作家・小説家。放送作家として人形劇『ひょっこりひょうたん島』、劇作家として『道元の冒険』などを発表した後、昭和四七年『手鎖心中』で直木賞受賞。作品『下駄の上の卵』『吉里吉里人』など。(一九三四〜二〇一〇)

❖堀辰雄 小説家。室生犀星・芥川龍之介に師事。昭和五年『聖家族』で注目される。リルケ、プルーストなどに親しみながら結核のため終生療養生活を送る。作品『風立ちぬ』『菜穂子』など。(一九〇四〜一九五三)

❖林芙美子 小説家。昭和五年、自らの苦難の半生をつづった自伝的小説『放浪記』がベストセラーとなり、女流作家の道を歩む。作品はほかに『晩菊』『浮雲』など。(一九〇三〜一九五一)

❖谷崎潤一郎 →P.7

❖曾野綾子 小説家。昭和二九年『遠来の客たち』で注目される。以降、社会性の高いテーマを中心に活動を続ける。夫の三浦朱門とともにカトリック教徒。作品『無名碑』『神の汚れた手』など。(一九三一〜)

❖二葉亭四迷 小説家・翻訳家。明治二〇年、言文一致体の小説『浮雲』を発表。同三七年、大阪朝日新聞社に入社し、『其面影』を連載。特派員としてロシアに渡り、帰国の船上で客死。作品『平凡』『あひゞき』など。(一八六四〜一九〇九)

四迷『浮雲』)

◆類義語「うざうざ」

小さい物がうるさいくらい密集する様子(「うじゃうじゃ」とも)。「うんざり」とは中心となる音「うざ」が共通。これは「ぼやぼや」と「ぼんやり」の関係と同じ。現代語で「煩わしい」という意の「うざったい」「うざい」なども、「うざ」から派生した語。

◆参考 江戸時代には「うんざり鬢(びん)」という髪型があり、一説にうんざりするほど鬢の毛が多いものをさすという。「うんざり鬢」に結った頭は「うんざり頭」。粋でない髪型だったらしい。 (小島聡子)

えっちらおっちら

①一歩一歩足を運ぶのに非常な労力を使って、歩く様子。「半日がかりでえっちらおっちら登って」(野坂昭如❖『ラ・クンパルシータ』)の例は坂などを登る様子。また、「あんた、エッチラオッチラ歩いて、つらそうですなあ。杖か何か持って行きましようか」(井伏鱒二❖『黒い雨』)の例のように足の不自由な人や老人などが歩く様子にも用いる。

②慣れていなかったり、身体が自由に動かなかったりして、動作がぎこちない様子。「老若男女が…えっちらおっちら、危なっかしい、手つき、腰つき、足つきで、餅をつく」(朝日新聞00・12・27)

◆参考 江戸時代から用例が見られる。「えっちらおっちら」の変形として、「えちおち」「えっちおち」という語が見られる。

また、江戸時代には、同様の意味を表す語として、「えち」だけで構成された「えっちり」「えちえち」「えちらえちら」などもあった。「二人ながら杖にすがり、えちらえちら行く」(『東海道中膝栗毛❖』)など。「えちえち」は、現代語で幼児の歩き方を表す「よちよち」にも通じる。 (小島聡子)

えへへ

心の内を隠して場を取り繕(つくろ)うような笑い声。心の底からおかしくて笑うのではない、照れ笑いや、都合の悪いことをごまかす作り笑いなどを表す。「博士ですか、エヘヘヘへ。博士ならもうならなくってもいいんです」(夏目漱石❖『吾輩は猫である』)

◆参考 ごまかすような笑い方を表す「えへへ笑い」という語もある。「お勢は…彼方(あちら)を向てしまう、文三は余儀なさそうにエヘヘ笑いをする」(二葉亭四迷❖『浮雲』)

(小島聡子)

❖野坂昭如 小説家。CMソングの作詞、コントの制作などで活躍。昭和三八年『エロ事師たち』でデビュー。同四三年『アメリカひじき』『火垂るの墓』で直木賞受賞。戦時体験から焼跡闇市派を自称。作品はほかに『骨餓身峠死人葛』など。(一九三〇〜)

❖井伏鱒二 小説家。ユーモアのある独特の文体で注目され、昭和一二年『ジョン万次郎漂流記』で直木賞受賞。作品『本日休診』『黒い雨』など。昭和四一年、文化勲章受章。(一八九八〜一九九三)

❖東海道中膝栗毛 江戸時代の滑稽本。十返舎一九著。享和二年(一八〇二)〜文化六年(一八〇九)刊。

❖夏目漱石 →P.8

❖二葉亭四迷 →P.25

えへらえへら

顔の筋肉が弛緩したように締まりなく笑う様子。「唇を『へ』の字なりに、えへらえへら笑って見せて」(❖谷崎潤一郎『痴人の愛』)

特に、「えへらえへら(と)する」という形で、単に笑う様子ではなく、物事を小ばかにして真剣に捉えようとしない軽薄な態度や、へつらうような態度を取る様子を表すことが多い。「ただ、人におびえてうすら笑いを浮べて、エヘラエヘラとしている」(❖高野悦子『二十歳の原点』)　(小島聡子)

えへん

咳払いをする声、またその様子。「負けた、と僕が言うと、その瞳に急に子供っぽい茶目な光が浮び、えへん、と咳払いなどをして母親と二人でげらげら笑った」(❖福永武彦『草の花』)。例えば、胸を反らして辺りを見下しながらするような、威張っている感じの咳払いを表すことが多い。

また、自慢げに威張る様子そのものを表すこともある。「いまや私は堂々たる大学中退の資格をもつ身である。エヘン」(朝日新聞02・4・29)

◇類義語「えへんえへん」「えっへん」

「えへんえへん」は何人もが一斉に、また一人が続けて咳払いをする様子。「えへん」に比べると威張った感じは薄れる。「指揮棒が止まるや、一斉にエヘンエヘンとせき払いを始める人が多いのだ」(日本経済新聞00・12・30)。また、「えっへん」は、「えへん」より威張っている感じが強い。

◈参考　咳を表す語は「えへん」「おほん」「ごほん」「ごほごほ」など、ハ行音を含む語が多い。ハ行音を含む点は笑い声と通じ、息を勢いよく吐く音と関わると考えられる。　(小島聡子)

えんえん

子供などが声をあげて泣く声、またその様子。何かを訴えるような甘えた感じの泣き方。「『エーン、エンエン』お小僧さんがみんなで泣いているので、和尚さんは驚いた」(朝日新聞99・4・7)

◇類義語「えーんえーん」

「えんえん」より激しい泣き方。これ見よがしに泣く感じで、泣きまねにも用いる。「彼女は泣く真似をして見せる…えーん、えーんと巧妙に泣いて見せる」(❖筒井康隆『エディプスの恋人』)　(小島聡子)

❖谷崎潤一郎　→P.7

❖高野悦子　学生運動家。立命館大学在学中に全共闘運動に参加。後、鉄道自殺。遺稿集『二十歳の原点』がベストセラーとなり、現在も広く読まれている。刊行書はほかに『二十歳の原点序章』『二十歳の原点ノート』など。(一九四九〜六九)

❖福永武彦　小説家・仏文学者。昭和二七年の『風土』、二九年の『草の花』で文壇的地位を確立。ほかに加田伶太郎、船田学の名でそれぞれ推理小説とSFを執筆。作品『死の島』『海市』など。(一九一八〜七九)

❖筒井康隆　小説家。昭和五六年、『虚人たち』で泉鏡花賞受賞。以降、風刺のきいたパロディーやブラックユーモアで人気を得る。平成五年、言葉狩りの風潮に抗議して断筆宣言、後、解除。作品『俗物図鑑』『文学部唯野教授』など。(一九三四〜)

おいおい

①(特に大人が)声をあげてはげしく泣く声、また、その様子。「母はもうおいおいおいおい声を立てて泣いている」(伊藤左千夫『野菊の墓』)

②人に呼びかける声。特に、相手の発言を聞きとがめたり、行動を諫めたりする時に用いる。「おいおい、脅かさないでくれよ」(日本経済新聞夕刊00・12・21)。古く平安時代には承諾の返事としても用いられた。「『…それはかたじけなき人を』と聞こえ給へば『おいおい、さなりさなり』との給ふほど」(『栄花物語』)

◆類義語「おうおう」「おんおん」

共に①の類義語。声をあげて泣く様子を表すが、「おうおう」「おんおん」は、「おいおい」より泣きわめく感じが強く、「おうおう」は一段と声が大きい感じ。「大吉も並木も声をあげてないた。おんおんなきながら…」(壺井栄『二十四の瞳』)、「四つ這いになって『おうおう…』と泣き声をあげながら」(井伏鱒二『黒い雨』)

◆参考「おいおい考えよう」のような「おいおい」は「追う」の連用形「追い」を重ねた語で、アクセントも異なる別の語。

(小島聡子)

おぎゃーおぎゃー

赤ん坊の元気な泣き声。江戸時代から見られる語。「唐で生まれた赤子も、おぎゃあおぎゃあと啼くより外はつたなき声あるべからず」(咄本『軽口扇の的』)は、江戸時代の例。

それ以前は、赤ん坊の泣き声は、「いがいが」であった。「寅の時ばかりに、いがいがと泣く」(『宇津保物語』)は、平安時代の例。赤ん坊の産声の描写。「いがーいがー」と長音化してみると、現在の「おぎゃーおぎゃー」に類似し、赤ん坊の泣き声として納得できよう。「いがいが」の語は、現在でも方言(新潟・徳島県)に残っている。

◆類義語「おぎゃー」「おぎゃ」「おぎゃおぎゃ」「ほぎゃー」「ほぎゃーほぎゃー」

すべて江戸時代から使われている赤ん坊の泣き声。「おぎゃー」「ほぎゃー」のように長音化した場合は、一層高く張り上げる泣き声。「私たちはまず、オギャーと生まれた瞬間から、誕生日という『数』の洗礼を受け」(Hanako00・12・27号)。「おぎゃーおぎゃー」「ほぎゃーほぎゃー」は、連続して何回も声を張り上げて泣く場合。「おぎゃおぎゃ」は、呼吸が短く元気のない泣き声。

(山口仲美)

❖伊藤左千夫 歌人・小説家。『アララギ』を主宰し、斎藤茂吉、長塚節ら多くの門下生を育てる。作品『野菊の墓』『分家』など。(一八六四〜一九一三)

❖栄花物語 平安末期の歴史物語。宇多帝から堀河帝までの約二〇〇年間について年代を追って物語風に記すが、その中心は藤原道長、頼通の栄華にある。正編三〇巻は一一世紀前半、続編は一一世紀末に成立。

❖壺井栄 →P.21

❖井伏鱒二 →P.7

❖軽口扇の的 江戸時代の咄本。宝暦一二年(一七六二)の並木正三の序があるが、これは『軽口東方朔』と同じ版木を使ったものである。また、内容についても他書の版木を流用したものと考えられている。

❖宇津保物語 平安時代の物語。源順作という説もあるが、作者は未詳。清原俊蔭一族の、琴の伝授をめぐる物語。求婚譚、政争譚をからめる。我が国最初の長編物語。一〇世紀末頃成立。

おずおず

おびえたように、自信なげにためらいつつ物事を行う様子。相手の顔色や周囲の様子をうかがいながら少しずつ行う感じ。「SPA!を手に持った女性がおずおずと近づいてきた」(SPA!00・12・6号)

もとは、古語の「怖づ」(「怖れる」の意)という動詞を二つ重ねた語。同じ動詞を二つ重ねるとその動作が継続した状態を示すので、この語は怖れている状態を表す。平安時代から用例が見られる。

◇類義語「おどおど」

「おずおず」は、ためらいながらも行動にうつす様子を表し、落ち着きがない状態は表さないのに対し、「おどおど」はおびえて落ち着きのない状態そのものを表す。また、「おずおず」は、直接(または「おずおずと」という形で)動詞を修飾する語として用いられることが多いが、「おどおど」は多くは「おどおどする」というサ変動詞で用いられる。

◆参考「恐る恐る」も「恐れる」の古い形「恐る」を重ねた形で「おずおず」と同じ構造。意味も似るが「恐る恐る、おずおずと進んで行きました」(宮本輝『錦繍』)のように二語同時に用いた例もある。「恐る恐る」の方が恐れる気持ちが強い。　(小島聡子)

おたおた

咄嗟の事に慌ててうろたえ、手間取って適切に対処できない様子。「根拠のない風評におたおたせず、冷静に対処するのがいい」(朝日新聞01・12・7)

◇類義語「もたもた」「あたふた」「おろおろ」

いずれも的確な動作ができない様子を表す点で「おたおた」に似ているが、「もたもた」は動作の鈍さ、「あたふた」は慌てる感じ、「おろおろ」は迷ってうろたえる感じ、にそれぞれ重点がある。「おたおた」は三語を合わせたような感じ。　(小島聡子)

おちおち

(打ち消しの語を伴って)落ち着いて何かをすることができない、安心できない様子を表す。「窓に映る自分の影が気になり、おちおち着替えもしていられない」(日本経済新聞夕刊01・1・4)

但し、古く、江戸時代には、「江戸へ出て　おちおちと寝る　さらし売り」(『誹風柳多留』)のように、打ち消しを伴わずに用いられて、落ち着いて安らかな様子を表した例も見られる。

◆参考「落ちる」の語幹「落ち」の畳語。　(小島聡子)

❖宮本輝　小説家。昭和五二年『泥の河』で太宰治賞、翌五三年『螢川』で芥川賞受賞。人間の宿命を叙情豊かに描く作風に定評がある。作品『道頓堀川』『優駿』など。(一九四七)

❖誹風柳多留　→P.10

おっとり

①顔や姿形などが、品よく、穏やかな様子。とがったところがない感じ。『美しい顔とはどう云う顔じゃ?…』『まあ、眼の細い、頬のふくらんだ、鼻の余り高くない、おっとりした顔かと思いますが』」(芥川龍之介『俊寛』)

②人柄や口調などが穏やかで落ち着いた様子。急いだり、神経質にいらついたりすることがない感じ。「いつもは静かに、おっとりしているが…はげしい力を底にたくわえているのだ」(山本有三『路傍の石』)

良い意味で、他人を疑うことを知らず、競争心や欲のない人をさす反面、「さぶはおっとりしたほうだから、おせいのはきはきした、眼はしのききそうな性分が役に立つだろう」(山本周五郎『さぶ』)のように、だまされやすく少し間が抜けたような人のことを、皮肉を込めていう場合もある。

◆参考　近代から用例が見られる。現在は人の様子にのみ用いるが、初めは、光の具合など人以外の様子を表すのにも用いた。「白昼の天日の光のほうこそ、いっそ人工的に、おっとりした色合に眺められた」(石川淳『焼跡のイエス』)

(小島聡子)

おどおど

極度の緊張やおびえから、視線が定まらないような、落ち着きがない様子。何かを恐れているような感じや自信なげな様子にも用いる。「マウンド上ではおどおどしているのに、今日は堂々としている」(日刊スポーツ00・12・11)の例は、結婚式での野球選手の様子を冷やかした監督の言葉。

もとは、類義語の「おずおず」と同じく、古語の動詞「怖づ」(「怖れる」の意)から生まれた語で、「おづ」の変化形「おど」が重なって出来た語。江戸時代から用いられ、「おずおず」よりは新しい。

◆類義語「おずおず」

「おずおず」は、おびえてはいるが「おどおど」のような落ち着きのなさは感じられず、恐さをこらえて行動する様子を表す。

それに対して、「おどおど」は、おびえるあまり何かを行うことができない様子を表すことも多い。「おどおどしてろくすっぽ眠れはしないのである」(北杜夫『楡家の人びと』)。但し、おびえながらも行動する例(「おずおず」と置き換えられるようなもの)もある。「虎雄はおどおどと汚れた小さな手を出した」(三浦綾子『塩狩峠』)

(小島聡子)

❖芥川龍之介　→P.12

❖山本有三　劇作家・小説家。芥川龍之介らと第三次『新思潮』創刊。歴史劇などの戯曲を多く発表したが、後、小説に転向。作品『嬰児殺し』(戯曲)、『路傍の石』など。昭和四〇年、文化勲章受章。(一八八七〜一九七四)

❖山本周五郎　→P.15

❖石川淳　小説家・評論家。昭和一〇年『佳人』で文壇にデビュー。翌年『普賢』により芥川賞受賞。仏文学、中国文学、江戸文学に造詣が深い。作品『焼跡のイエス』『鷹』『夷斎虚実』など。(一八九九〜一九八七)

❖北杜夫　小説家。斎藤茂吉の次男。昭和三五年、『夜と霧の隅で』で芥川賞受賞。どくとるマンボウの名でユーモアに富むエッセイも多い。作品『どくとるマンボウ航海記』『楡家の人びと』など。(一九二七〜)

❖三浦綾子　小説家。結核による闘病生活からキリスト教に入信。昭和三九年、『氷点』が朝日新聞の懸賞小説に入選、テレビドラマ化されて人気作家となる。作品『積木の箱』『塩狩峠』など。(一九二二〜)

おほ

「お」という音を発音するような形に口を開けて笑う声。「オホホ。じゃ、急にお金がはいったので、このような一流ホテルへ……?」（井上ひさし『ブンとフン』）。多くは大人の女性が声を立てて笑う声を描写し、上品ぶってやや気取った感じを出す。嘲りを含む笑いを表す場合もある。

◆類義語「あはは」「うふふ」「いひひ」「ひひひ」「えへへ」「へへへ」「ほほほ」

「あはは」は口を大きく開けた笑いで心底から楽しげな感じ。「うふふ」は含み笑いで、抑えきれずに笑いが漏れる感じ。「いひひ」「ひひひ」「えへへ」「へへへ」は口の端を引いた笑い方。「いひひ」「ひひひ」は下卑た感じを与える。「えへへ」「へへへ」は照れた感じの笑い。また、「うふふ」「ほほほ」は「おほほ」と同様、多くは女性の笑い方を表す。「ほほほ」は「おほほ」より高笑いの感じ。

◆参考 現実には男性も「おほほ」「うふふ」と笑うが、語としてはウ列・オ列の音を含む笑い声は女性の感じが強い。かつて女性が人前で大口を開けるのははしたないとされ、笑う時も口をすぼめるようにしたためと思われる。

（小島聡子）

おめおめ

恥ずかしさを感じることなく平然としている様子。否定表現とともに用いられることが多い。「彼等の性格から推して、いまさらおめおめと帰宅することはありえなかった」（三浦哲郎『恥の譜』）

「おめおめ」は気後れする、怖れるの意味を持つ「怖む」の連用形を重ねた語である。同義の「怖ず」から「おずおず」という語ができたのと同じ作りで、「おめおめ」の方が後にできた語といわれる。

◆参考「おめおめ」は中世以降にみられる語。「景能おめおめとなりて…怠状をしければ」（『保元物語』）。恐れから卑怯にふるまう様子だったが、転じて恥知らずで平然としている様子という意味になった。「おめおめ」と同じく平然としている様子に「のめのめ」がある。「のめのめ」は近世から用いられた語。「おめおめ」の意味が変化したのは、この「のめのめ」と混同されたという説がある。

また古くは「おめおめし」という形容詞があり、「正成が腹を切るところへ行き会ひて、おめおめしく見捨ててはいかが帰るべきと」（『太平記』）のように、意気地がない様子の意味で使われていた。現代にはみられない語である。

（中尾比早子）

❖井上ひさし →P.25

❖三浦哲郎 →P.16

❖保元物語 鎌倉時代の軍記物語。作者未詳。保元の乱の顛末を物語化。武士達の活躍を和漢混淆文で描く。異本が多いが、原形は鎌倉初期成立。

❖太平記 室町時代の軍記物語。後醍醐天皇の倒幕計画から始まる南北朝の争乱を、南朝側の立場から描いたもの。流麗な和漢混淆文体。一四世紀後半成立。

おろおろ

①想定していないことが起きたときに、うろたえたり、あわてたりする様子。「気が動転。しばらくはその場でオロオロするだけ」(Hanako00・12・27号)

「おろおろ」は、複合して用いられる場合がある。取り乱した顔つきの「おろおろ顔」や、驚きあきれた目つきの「おろおろ目」など、いずれも平静ではない状態を表現する。

②泣くときのふるえ声。泣きながら取り乱した声。「台所から顔を出した吉川の母も、転勤と聞くと、オロオロと涙声になった」(三浦綾子❖『塩狩峠』)

この意味では「声」と複合した「おろおろ声」の語も多くみられる。「おろおろ声で、弁解がましくいろんなことを喋った記憶があります」(筒井康隆❖『エディプスの恋人』)

◆**類義語**「うろうろ」

①の類義語。動転するのは「おろおろ」と同じだが、「うろうろ」の場合は、動転するとあてもなく動き回る。江戸時代に登場した「うろうろ」は一時期「おろおろ」と同じ意味で使われていた。ともに「声」や「目」と複合語を作り、意味も変わらない。

今でも、方言ではうろつくさまを表す「うろうろ」のかわりに、「おろおろ」を使う地域がある。新潟県西頸城郡や奈良県南大和地方、島根県出雲地方、福岡市などである。

◆**参考** 鎌倉時代に、現代にはみられない意味があった。「人々の有様は、おろおろ聞きて侍りぬ」(『無名草子❖』)にみるように、大ざっぱなさま、いいかげんなさまを表現した。同じく鎌倉時代に、(頭髪が)部分的でまばらなさまを表す意味もあった。「髪もはげて白きとてもおろおろある頭に」(『宇治拾遺物語❖』)

(中尾比早子)

おんおん

人や動物が声をあげて泣くときの声。「おんおんなきながら大吉は」(壺井栄❖『二十四の瞳』)、「猫のくせに犬のように鳴く…『オンオン』とか『オーン』とか」(女性自身00・12・12号)

◆**類義語**「えんえん」「おいおい」

「おんおん」は人にも動物にも使うが、「えんえん」「おいおい」は人にしか使わない点で異なる。「えんえん」は子供の泣き声、「おいおい」は「おんおん」より声を張りあげる感じ。

(中尾比早子)

❖**三浦綾子** →P.30
❖**筒井康隆** →P.27
❖**無名草子** 鎌倉時代の物語評論。藤原俊成女作が有力。『源氏物語』を中心とする物語評論以外に、歌集や王朝の女性などの批評も含む。散逸した物語の題名や内容を知る上でも貴重。一二〇〇年前後に成立。
❖**宇治拾遺物語** →P.164
❖**壺井栄** →P.21

おろおろ 一人でヒッチハイクに行くという娘に、母はうろたえる。

(東海林さだお『サラリーマン専科』より)

か行

がー

振動や衝撃によって生じる大きな音。多く、騒音や雑音を表す。「電波の調子が悪くて、突然携帯電話がガーと鳴った」

◇類義語「がーっ」「がーがー」

「がーっ」は「がー」より勢いがあって迫力のある音。「とたんにがーっと眼の前をとどろき過ぎるまっくろな物…一列の貨車が駅を突き抜けて走っていた」(石川淳❖『マルスの歌』)。「がーがー」は断続的、くり返しの音に使う。

(中尾比早子)

かーかー

烏(からす)の鳴き声。江戸時代から見られる語。「かあかあ、すこし水をくれぬ(=くれないか)」(『新ぱん浮世絵尽(うきよえづくし)』❖)は、江戸時代の例。現代も「カアカア鴉(からす)の宝蔵院め、ざまあ見さらせ！」(吉川英治❖『宮本武蔵』)。

江戸時代以前の烏の声を写す語は、時代によって変化してきている。奈良時代には烏の声は普通「ころ」「から」と聞いていたと考えられる。鳥名「からす」の「から」は、鳴き声である。「す」は、鳥であることを示す接辞。「うぐいす」「ほととぎす」「かけす」の語末の「す」も同じ。

平安時代には、烏の声は「かか」。『枕草子』❖に、「暁がたにうち忘れて寝入りにけるに、烏のいと近くかかと鳴くに」とある。鎌倉・室町時代から江戸時代にかけての烏の声は「こかこか」「こかあこかあ」。江戸初期の笑話集『醒睡笑』❖にこんな話がある。「庭に烏がいた。そこに鵐(しとど)と鳩がやってきた。鵐は烏に向かって『父父(ちちち)』という。すると烏がうれしそうに『子(こ)か子(こ)か』と答える。傍で鳩が『ううう』と証拠立てをしておった。してみると、鵐と烏はまぎれもなく親子なんですな！」

❖石川淳 →P.30

❖新ぱん浮世絵尽 江戸時代末期の絵入り謎かけ遊びの本。「〜とかけて、〜ととく。心は〜」という形式で書かれている。やや成人向けのませた内容を含んでいるが、童心に訴えかける絵であり、幼童向けの謎かけ遊び本とみてよい。

❖吉川英治 →P.7

❖枕草子 平安時代の随筆。清少納言著。一条帝の中宮定子に仕えた作者が、宮中での生活、自然や人事などについての感想や批評を、感覚に優れた軽快な文体で述べる。『源氏物語』と共に王朝女流文学の双璧。一一世紀初頭成立。

❖醒睡笑 江戸時代の笑話集。安楽庵策伝(あんらくあんさくでん)編。一〇〇〇余りの笑話を四二項目に分類して収録、京都所司代板倉重宗に献上した書。後、三百余話を抄録して刊行。元和九年(一六二三)成立。

◇**類義語**「かー」
「かーかー」は何回か連続して鳴く声であるのに対し、「かー」は一声である時に使う。「苦心して入手したからすが『かあー』と鳴くと、倉庫内の百二、三十羽のはとは豆鉄砲をくったかのように、右へ左へ逃げまどった」(朝日新聞72・5・23)

◆**参考**　童謡に「烏なぜ啼くの　烏は山に可愛い七つの子があるからよ　可愛可愛と烏は啼くの」とある。「可愛」は、可愛いの意味をもつことは言うまでもないが、方言での烏の鳴き声でもある。兵庫・広島県では烏の声を「かわい」と聞く。(山口仲美)

がーがー

①家鴨や烏などの鳴き声。「家鴨はがあがあと鳴いて川の中迄出て来る」(夏目漱石❖『草枕』)、「カラス君はそれからビールのコップを見るたびに、また飲ませろといってガアガア鳴き立てるのであった」(小林清之介❖『動物歳時記』)

②機械などから連続して出るやかましい音。「それから弓をとって、何とかラプソディとかいうものを、ごうごうがあがあ弾きました」(宮沢賢治❖『セロ弾きのゴーシュ』)

③人間などの発するうるさい声。「床の間の蓄音機が、…陽気なジョンガラ節をガアガア唄っているかと思えば」(石坂洋次郎❖『隠退蔵物資の巻』)

④すごい勢いで何かを行う様子。「ニンニクを大量に食って、おそろしい臭いの放射をガーガー吹きだしながら」(大江健三郎❖『みずから我が涙をぬぐいたまう日』)

◇**類義語**「かーかー」「がー」「がーっ」「ぎゃーぎゃー」
「かーかー」は、①の類義語。カラスの声は、普通「かーかー」。しかし、「がーがー」と鳴くカラスもいる。嘴の細いハシボソガラスである。その声は「ガーッガーッと濁った声で鳴くことが多い」(佐伯彰光『山野の鳥』)。「かーかー」と澄んだ声で鳴くのは、嘴の太いハシブトガラス。
「がー」「がーっ」は、②④の類義語。「がー」「がーっ」は、「がーがー」が反復連続するのに対し、一回的な雑音や動作を表す。「掃除するときタイトルをガーッと並べたりします」(女性自身01・1・1号)。「ぎゃーぎゃー」は、①③の類義語。ひたすらやかましく、「がーがー」の持つ迫力がない。

◆**参考**　幼児語では、「かーかー」は烏を、「がーがー」は家鴨を表す。(山口仲美)

❖**夏目漱石**　→P.8

❖**小林清之介**　作家・俳人。出版社勤務を経て、俳句を角川源義に師事。『河』『風土』同人。作品『スズメの四季』『鳥の歳時記』など。(一九二〇〜)

❖**宮沢賢治**　詩人・童話作家。岩手県の花巻で、農業指導のかたわら詩や童話を創作。大正一三年、詩集『春と修羅』と童話『注文の多い料理店』を自費出版。作品『銀河鉄道の夜』『風の又三郎』など。(一八九六〜一九三三)

❖**石坂洋次郎**　小説家。戦前の教職時代に『若い人』を発表。昭和二二年、新聞小説『青い山脈』で新しい時代の到来を描き、国民的人気を得る。作品『美しい暦』『陽のあたる坂道』など。(一九〇〇〜一九八六)

❖**大江健三郎**　小説家。昭和三三年、『飼育』で芥川賞受賞。以降、独特の晦渋な文体で多くの作品を発表。作品『われらの時代』『万延元年のフットボール』など。平成六年、ノーベル文学賞受賞。(一九三五〜)

かーん

①かたい物が当たったときに、高く響く音。金属音のような音。「清州の第二打が、運悪く松の木にあたり、かあんとひびきをあげて、左にとんだ」(❖丹羽文雄『顔』)

②高く張りつめた澄んだ声。「朝早くからかーんと澄んだ少年の声が聞こえてきた」

③周囲の音も聞こえないほど、張りつめた様子。緊張感のある様子。「嵐が急にやんだように二人の心にはかーんとした沈黙が襲って来た」(❖有島武郎『カインの末裔』)

④抜けるようなくすみのない色や寒中の冴え渡った空気など、澄みきった様子。「その檸檬(レモン)の色彩はガチャガチャした色の諧調を…身体の中へ吸収してしまって、カーンと冴えかえっていた」(❖梶井基次郎『檸檬』)

◇類義語「かん」「がーん」

共に①の類義語。「かーん」は長く響く音で、「かん」は「かーん」ほど響かず短い音。「かーん」は研ぎ澄まされた金属音が響くような軽い音であるのに対し、「がーん」は爆発音のような、大きくて鈍く響く音。

(中尾比早子)

がーん

①強い打撃や衝撃による鈍くて大きな音。また、その様子。「手が奴の横っ面へ届かない先に私の耳がガーンと鳴った」(❖葉山嘉樹『淫売婦』)、「脳天にガーンという衝撃を受けた。…バッグがあたったのだ」(❖群ようこ『黒バッグの恐怖』)

②精神的に強い衝撃を受ける様子。正しいと思っていた考えが実は違っていることを知った時などに使う。「がーん。一時間も寝過ごした。飛行機に乗れない」

(中尾比早子)

がきがき

①硬質な物がぶつかり合ったり、引っ掻いたりするときに出る音。「パソコンからガキガキ音がしたかと思うと応答しなくなった」

②筋肉痛などで体が思うように動かない様子。「スキーをやったら全身ががきがきで動かない」

③堅苦しくて、ゆとりのない様子。柔軟性がなく、融通のきかない様子。「帽子をキチンとかぶって、几帳面な、ガキガキと歩いて」(❖葉山嘉樹『海に生くる人々』)

(中尾比早子)

がーん ステーキの値段のあまりの高さに強い衝撃をうける。

(東海林さだお『サラリーマン専科』より)

❖丹羽文雄 →P.290
❖有島武郎 →P.12
❖梶井基次郎 →P.18
❖葉山嘉樹 小説家。労働運動で検挙され、獄中で『淫売婦』を執筆。後、『文芸戦線』に参加し、『セメント樽の中の手紙』などを発表。初期プロレタリア文学の代表的作家。作品『海に生くる人々』など。(一八九四〜一九四五)
❖群ようこ →P.36

がくがく

①固定されている物がゆるんだり、外れかかったりして、動きやすく不安定な様子。組立品や部品などに使うことが多い。「停車場のあるH町から通っている幌のガクガクした古自動車が」(小林多喜二❖『不在地主』)

②小刻みに体を動かす様子。衝撃で体が揺れる様子。特に寒さや恐怖、驚きで体が震える様子。「驚きのあまり膝(ひざ)がガクガク、同時に怒りが込み上げてきて」(Hanako00・12・13号)

◎**類義語**「がくっ」「がくん」「がくり」

共に①の類義語。「がくがく」は連続して動いたり、いまにも外れそうな感じを表現するのに対し、「がくっ」「がくん」「がくり」は一度だけの動作や変化を表現する。これらの語は揺れる様子や折れる様子、精神的な落ち込みには使われるが、連続性がないため寒さなどによる震えには使われない。「花は茶色くなってガクッと首を折っている」(群ようこ❖『シジミの寝床』)

■**参考** 接尾語「つく」が付いて動詞化した「がくつく」は、足、特に膝が安定しない、あるいは震えるという意味で使う。

(中尾比早子)

がくり

①折れたり、外れたり、壊れたりして支えられなくなった様子。「顔を剃るために、山田理髪師が一郎の坐っている椅子をがくりとうしろに倒していた」(吉行淳之介❖『砂の上の植物群』)

②弱って急に力が入らなくなる様子。また、精神的に痛手を受けて、くじけたり、落ち込んだりする様子。「矢鱈に謀逆の囚人たちを放免させてお笑いになっているかと思うと、急にがくりとお疲れの御様子をお示しになったり」(太宰治❖『右大臣実朝』)、「あたしは、だめだわと言って、がくりと項垂(うなだ)れるところなど、実に乙女の感じが出ていました」(太宰治『新ハムレット』)

◎**類義語**「がくん」「がっくり」

「がくん」は①②、「がっくり」は②の類義語。「がくり」は力の抜ける感じ、「がくん」は勢いのある感じ。「がっくり」は「がくり」よりさらに力が抜けてしまい、なかなか立ち直れそうもない様子。

■**参考**「がくり」を重ねて「がくりがくり」になると、居眠りをする様子、の意味を持つことがある。「小児(こども)の背に片手を置きながらがくりがくりと居眠りして居て」(生田葵山❖『都会』)

(中尾比早子)

❖**小林多喜二** 小説家。労働運動に関わり、昭和三年、『一九二八年三月十五日』で注目をあびる。翌四年『蟹工船』『不在地主』でプロレタリア文学の代表的作家となる。昭和八年、特高警察の拷問により虐殺。作品『転形期の人々』『党生活者』など。(一九〇三〜一九三三)

❖**群ようこ** エッセイスト・小説家。本の雑誌社の編集者時代、昭和五九年『午前零時の玄米パン』でデビュー。退社後、エッセイ、小説、評伝などを執筆。作品『なたぎり三人女』『動く女』など。(一九五四〜)

❖**吉行淳之介** 小説家。吉行エイスケの長男。第三の新人の一人として注目され、昭和二九年、『驟雨』で芥川賞受賞。性を通して人間存在の意味を追求。作品『暗室』『砂の上の植物群』など。(一九二四〜一九九四)

❖**太宰治** →P.20

❖**生田葵山** 小説家。巌谷小波に師事。明治三二年『団扇太鼓』で認められる。同人誌『活文壇』主宰。のち劇作に転じた。作品『和蘭皿』など。(一八七六〜一九四五)

かくん

①急に折れ曲がったり、壊れたりする様子。衝撃が軽い時に使う。「ふいに後ろから押されて膝がかくんとなった」

②軽い衝動や衝撃を感じる様子。「沖へ出たとたん船がかくんと揺れた」

◇類義語「かくっ」「かくんかくん」

共に①②の類義語。「かくん」は急な動き、「かくっ」はより瞬間的な動きである。「かくんかくん」は連続的に動く様子。

（中尾比早子）

がくん

①唐突に動き出したり止まったりする様子。「釣り始めて…そのうちの1本がガクン！と鳴って、激震がきたのである」（週刊現代00・12・16号）

②衝撃を受けるなどにより急激に落ち込む様子。「あっという間に気分が落ち込んだ。売り上げもガクンと減った」（朝日新聞00・12・24）

◇類義語「がくんっ」

「がくんっ」は①②の類義語。「がくんっ」は「がくん」よりも衝撃が大きい様子。

（中尾比早子）

かさかさ

①軽い物や薄い物、乾燥した物などが触れ合った時に出る音。「柏の葉も暗く見え風もカサカサ云って大へん気味が悪くなりました」（宮沢賢治❖『谷』）

②水分がなくなって、荒れたり干からびたりしている様子。またそれに触れたときの様子。「特に冬場は、肌がカサカサになりがちです」（週刊現代00・12・23号）

③つややうるおい、余裕がないと感じられる様子。また心の暖かみがない様子。「以前は、かさかさの絵だと思いこんでいたセザンヌの絵を発見し」（日本経済新聞00・12・24）

◇類義語「かさかさっ」「かさっ」「かさり」「がさがさ」

「かさっ」「かさり」は①の類義語。「かさかさ」が連続する音に対し、「かさっ」「かさり」は一度限りの音。柔らかく触れ合う時のかすかな音を表現することが多い。「かさかさっ」は①の類義語で、「かさかさ」より迫力や勢いのある音。「がさがさ」は①②③の類義語。①では「かさかさ」より騒がしい音や大きな音を表現する。②では「かさかさ」よ

❖**宮沢賢治**　詩人・童話作家。岩手県の花巻で、農業指導のかたわら詩や童話を創作。大正一三年、詩集『春と修羅』と童話『注文の多い料理店』を自費出版。作品『銀河鉄道の夜』『風の又三郎』など。（一八九六〜一九三三）

りさらに乾燥して荒れや傷みがひどい感じ。③では「かさかさ」は忙しさなどからくる一時的な何かの理由でゆとりのない感じを受けるのに対し、「がさがさ」は性格的に荒っぽくて落ち着きのない無神経な感じを受ける。

◆**参考**　室町時代には「あわただしいさま」の意味で使われていた語である。「かさかさとかけ上りまして御座る」(狂言『❖竹生嶋参(ちくぶしままいり)』)

　アクセントは「かさかさする」「かさかさと」の場合、「かさかさ」。「かさかさに」「かさかさの」の場合は、「かさかさ」となる。　(中尾比早子)

がさがさ

①軽い物や乾いている物がすれ合って出る音。騒がしい音に聞こえるものが多い。「彼はひい子の意志など無視して勝手に隣に陣取り、がさがさと準備を始めた」(❖群ようこ『シジミの寝床』)

②乾燥して水分がなくなり、表面に凹凸があってなめらかでない様子。またそれに触れたときのざらついた様子。「足の皮がむける、かかとがガサガサする、という人は、気付かないまま水虫菌を持ち」(朝日新聞00・12・7)

③まとまりがなく、整っていない様子。荒れているさま。性格ががさつな感じの場合にもいう。「このへんは曲の心臓なんだ。それがこんながさがさしたことで」(❖宮沢賢治『セロ弾きのゴーシュ』)

④物の中身が少なくて隙間だらけの様子。「段ボールの中がこんなにがさがさになるのなら、紙でも詰めておかないと食器が割れてしまうね」

◇**類義語「がさっ」「がさり」**

共に①の類義語。「がさがさ」は乱雑な状態の中で動くことによって出る連続した音であるのに対し、「がさっ」「がさり」は荷物を乱暴に置いたり、大量の紙などひとかたまりのものが床に落ちたりするときなどの、勢いのある音。

◆**参考**「がさがさ」の語幹「がさ」は単独でも用いられるが、別の語と複合して新たに単語を作ることが多い。例えば「がさくさ」「がさごそ」「がさもさ」など。「がさごそ」はかたい物などが触れ合って出る騒がしい音を表し、「がさくさ」「がさもさ」は乱雑な様子や騒がしい様子を表す。「唐紙の根にがさくさと積み寄せられていた」(❖鈴木三重吉『小鳥の巣』)、「何度も便所へ起き出して行き、がさもさ戻って来たかと思うと」(❖伊藤永之介『鶯』)

(中尾比早子)

❖**竹生嶋参**　室町時代の狂言。無断で竹生嶋参詣に行ってきた太郎冠者が、叱りに来た主人に動物の洒落話をして喜ばせる。最後に「くちなわ(=蛇)」だけは洒落ることができず叱られるという話。

❖**群ようこ**　エッセイスト・小説家。本の雑誌社の編集者時代、昭和五九年『午前零時の玄米パン』でデビュー。退社後、エッセイ、小説、評伝などを執筆。作品『なたぎり三人女』『動く女』など。(一九五四〜)

❖**宮沢賢治**　→P.34

❖**鈴木三重吉**　→P.124

❖**伊藤永之介**　小説家。『梟』『鶯』などの鳥類もので農民文学作家の地位を確立。昭和二九年、和田伝らと日本農民文学界を創立した。(一九〇三〜一九五九)

かさこそ

薄くて軽い紙や布、乾いた葉などが、触れあったり、擦(こす)れあったりしたときに出る音。ひそやかで軽い感じを表現する。「私は小声で袋の中でカサコソ音をたてている犬に向かっていった」(群ようこ『満員電車に乗る日』)

◆類義語「がさごそ」

「かさこそ」はあまり音をたてず、静かに動いている感じの音に対し、「がさごそ」は動きが激しく荒っぽくて大きな音に使う。(中尾比早子)

がさごそ

かたい物や乾いた物が触れあったり、擦(こす)れあったりするときに出る音。比較的音が大きく、耳障りで不快感を伴うことが多い。「こたつでうたたねしていたおじさんは『ガサゴソ』という物音に気づいた…『ネズミだ！』」(朝日新聞01・1・5)

◆類義語「ごそごそ」

「がさごそ」は開放的な荒っぽい音で、「ごそごそ」は内にこもった感じの音。「ゴソゴソと枯葉の音を立てた」(志賀直哉『焚火』)(中尾比早子)

かさっ

軽い物やかたい物、乾いた物が一度当たったり、触れたりする音。「ひょいと、袋と袋がすれ合って、カサッて音を立てたりすることがあるが」(山本有三『路傍の石』)

◆類義語「がさっ」

「かさっ」はすれるなどのかすかな音や軽い音に使い、「がさっ」は大きな音や荒い音に使う。

◆参考　語幹「かさ」の動詞化した「かさつく」は室町時代には忙しく働くという意味。(中尾比早子)

がさっ

①軽い物やかたい物、乾いた物が一度当たったり触れたりするやや大きな音。「ガサッと植え込みが揺らいで、手錠をかけたままの、尾島一郎が現れた」(赤川次郎『女社長に乾杯！』)

②大量な物が一度に動く様子。「雪が屋根からがさっと落ちてきた」

◆参考　語幹「がさ」の動詞化した「がさつく」はがさがさと音を立てる時や、粗野な様子・表面が乾燥する様子を表す。(中尾比早子)

❖群ようこ　→P.38

❖志賀直哉　小説家。明治四三年、武者小路実篤らと雑誌『白樺』創刊。父との対立を描いた『大津順吉』や、和解を描いた『城の崎にて』『和解』などを執筆。昭和一二年、長編小説『暗夜行路』を完成。作品『小僧の神様』『清兵衛と瓢簞』など。(一八八三〜一九七一)

❖山本有三　→P.30

❖赤川次郎　小説家。昭和五一年『幽霊列車』でオール読物推理小説新人賞受賞。以降、「三毛猫ホームズ」シリーズなど、ユーモア推理小説を多数発表。作品『悪妻に捧げるレクイエム』『ふたり』など。(一九四八〜)

がしがし

①かたい物に荒々しく力を加える音。また、その様子。特に、何度も思い切り激しく嚙んだり、尖った物で繰り返し引っかいたり、かたい物どうしがこすれあったりする時などに使う。「ガシガシと狼に食われるのはいかにも痛そうで厭である」(正岡子規『死後』)

②①の意味から転じて、前向きに、威勢よく物事に取り組む様子。若者の間から徐々に使用が広がり、平成になってから定着した新しい使い方。「暑さにめげず、ガシガシ、ジャズを聴いてください」(朝日新聞00・10・15)

類義語「がしっ」「がじがじ」

共に①の類義語。繰り返し何度も力を加える「がしがし」に対し、「がしっ」は一度だけ、勢いよく力を込める感じ。「がじがじ」は、「がしがし」よりも力の加え方がより強い感じ。

参考 昔は、現代の「がみがみ」同様、口やかましい様子を表す意味もあった。「毎日毎日何かに付けて、がしがしと小言を申すに依って」(狂言『石神』)。この意味は、現在でも長崎県対馬の方言に残っている。

(佐藤有紀)

がじがじ

①かたい物に非常に荒々しく力を加える音。また、その様子。特に、生煮えの芋や鰹節など、嚙み切りにくい物を、力を込めて何度も嚙み砕こうとする音や様子を表すことが多い。江戸時代初期には、既に一般に使われていた語。「犬が骨をがじがじと嚙んでいる」

参考 江戸時代、硯箱のことを「がじがじ」と呼んでいた。硯で墨をする音を「がじがじ」と聞き写したことに由来。

(佐藤有紀)

かしっ

①小さくかたい物が、勢いよくぶつかる音。また、その様子。室町時代頃から使われていた語。「飛んできた石が、木の枝にかしっと当たった」

②きちんとしている様子。「背後(うしろ)むきに、かしッと長靴の腰を掛ける」(泉鏡花『日本橋』)。明治以降に現れた新しい用法だが、使用例は少ない。

参考「かしっ」は「堅い」の「カタ」から変化した「樫(かし)」に促音「っ」が加わって生まれた語という説もある。

(佐藤有紀)

❖**正岡子規** 俳人・歌人。明治三〇年『ホトトギス』創刊。翌三一年「根岸短歌会」創設。短歌の革新と写生俳句・写生文を提唱。作品『竹乃里歌』(歌集)、『病牀六尺』(随筆)など。(一八六七〜一九〇二)

❖**石神** 室町時代の狂言。妻に愛想をつかされた男が、縁結びの神「石神」に扮して、伺いをたてにきた妻に離別をあきらめさせたが、後に変装が露見してしまう。

❖**泉鏡花** 小説家。能楽と江戸文学に造詣が深く、幻想性に富む独自の作品を創作。反自然主義作家としての評価も高い。作品『高野聖』『婦系図』など。(一八七三〜一九三九)

山口仲美の擬音語・擬態語コラム②

音は社会を映し出す
——擬音語が語るもの

玄関のチャイムが鳴った。「ピンポーン」(うえやまとち『クッキングパパ』)

擬音語は、その時代にどんな物があったかを知らせてくれる大事な言葉。たとえば、現在の物音を写す擬音語と三〇年前のそれとを比較してみる。すると、三〇年前には頻出した擬音語なのに、現在では、ほとんど使用されないものが出てくる。「建てつけの悪いドアをあけ、ガタピシと鳴る階段をあがって」(朝日新聞・一九七二年九月一四日)。「ガタピシ」は、三〇年前には実に良く用いられた擬音語である。あの頃は、木造の安普請の建物が多く、玄関の戸も雨戸も階段も始終「ガタピシ」鳴っていた。また、三〇年前には、「ゴットンゴットン」と重そうに走る電車の音、「カッポカッポ」という馬の蹄の音、「カランコロン」という下駄の音、茶の間に響く「カッチカッチ」「チクタク」というぜんまい時計の音が、聞こえる。これらは、現在ではほとんど使用されない擬音語になった。そうした物音を立てる物が無くなったからである。

代わりに現在では、車の音や電子音を写す擬音語が氾濫している。「シフトダウンのときはコンピュータが自動的にダブルクラッチを踏んで『クオォン!』と中吹かしまでしてくれて」(SPA!・二〇〇〇年一二月二七日号)。「ブロロロ」「ヴオンヴオン」「ババババ」と、車のエンジン音を写す擬音語があふれ返っている。さらに、玄関では電子チャイムの音「ピンポーン」が鳴り、台所では電子レンジが「チン」と音を立てる。携帯電話やリモコンを操作すれば必ず「ピッ」「ピピッ」と電子音を発する。人の心を癒すロボット犬まで誕生し、「ピロピロピー」と電子音を発して鳴いている。デジカメは、「チロリン」と電子音を発して盗撮防止の合図をする。こうした擬音語は、車社会・電子文明社会に色づけられた現代という時代を見事に映し出している。

がしっ

①かたい物に力をこめて噛(か)み付いたり、かたい物を激しく削ったりする時に出る音。また、その様子。「ガシッ、ガシッ…父は防空壕の土の壁をスコップで削り落としていた」(佐賀新聞96・8・4)
②勢いよくぶつかってくる物を力強く受け止める様子。「ボールをがしっと胸で受けた」
③体格、構造、結びつきなどが強固で頑丈な様子。「八畳の座敷は総栗のがしっとした造りで」(❖秦恒平『青井戸』)　(佐藤有紀)

がしゃがしゃ

①ガラスなど薄くてかたい物が、ぶつかり合ったり、崩れたりする音。また、その様子。大正期から使われる語。「ビール瓶とお銚子とをガシャガシャいわせ」(❖椎名誠『新橋烏森口青春篇』)
②喧(やかま)しく言い立てる様子。「皆が、がしゃがしゃ言うから、僕、腹を立てて」(❖曾野綾子『太郎物語』)
③動き方に落ち着きがなく、騒然としている様子。「お島は狭い台所にがしゃがしゃ働いていた」(❖徳田秋声『あらくれ』)

◇類義語「がしゃん」「がしゃっ」「がたがた」
「がしゃん」「がしゃっ」は①の類義語。「がしゃがしゃ」の連続性に対し、一度だけ激しくぶつかり合ったり崩れたりする音や様子。
「がたがた」は②の類義語。口うるさい様子に焦点を当てた「がしゃがしゃ」に対し、「がたがた」は不平、不満などことばの内容に焦点を置く語。

◼参考　轡虫(くつわむし)のことを、喧しい鳴き声から「がしゃがしゃ虫」などと呼ぶ。「其れが一般にがしゃがしゃといふ名称を与えられて居るだけ喧しく只がしゃがしゃと鳴く」(❖長塚節『土』)　(佐藤有紀)

かしゃっ

①かたくて小さい物が、ぶつかり合ったり、割れたりする澄んだ音。特に写真を撮る音を表すことが多い。「カシャッ…シャッターが連続八コマ落ちて」(❖宮嶋茂樹『死んでもカメラを離しません』)
②かささぎの鳴き声。「カシャッと一声で止んだ」

◇類義語「ぱちり」
シャッターを切る音のみを表す「かしゃっ」に対し、「ぱちり」は写真を撮る行為そのものを描写する時にも使える。　(佐藤有紀)

❖秦恒平　小説家。昭和四四年『清経入水』で太宰治賞受賞。平安中期の王朝文学に影響を受け、幻想的な作風を特徴とする。作品『みごもりの湖』『親指のマリア』など。(一九三五)
❖椎名誠　小説家・編集者。昭和五一年、『本の雑誌』を創刊。同五四年、エッセイ『さらば国分寺書店のオババ』を刊行、平易な言葉を用いた昭和軽薄体の作家として人気を得る。作品『新橋烏森口青春篇』『岳物語』など。(一九四四)
❖曾野綾子　→P.25
❖徳田秋声　小説家。尾崎紅葉に師事。明治二九年『藪かうじ』を発表。以降、『新世帯』『黴』などで自然主義文学を代表する作家となる。作品はほかに『仮装人物』『縮図』など。(一八七一—一九四三)
❖長塚節　→P.21
❖宮嶋茂樹　カメラマン。『週刊文春』などのカメラマンとして活躍。麻原彰晃の写真で話題となる。著作『ああ、堂々の自衛隊』『死んでもカメラを離しません』など。(一九六一)

がしゃん

大きく頑丈な物が、勢いよく打ち当たって出す音。また、その様子。衝突の衝撃で破損が生じた感じを与える。特に、重いガラスや陶器が破損する音や様子を描写するのに使われる。「『ドーン、ガシャン』という大きな音がした。ガラスの破片が飛び散り」（佐賀新聞94・5・25）

◆**参考** 山口県の一部では、髪を激しく振り乱した状態、あるいは髪を乱した人自体のことを「がしゃん」と呼ぶ。（佐藤有紀）

がじゃん

かたく頑丈な物どうしが、非常に激しくぶつかり合った時に出る音。また、その衝突によって、物が大破する様子。「がじゃんと、錠をおろして巡査が去ってから」（金子洋文❖『犬喧嘩』）

◇**類義語**「がしゃん」

「がしゃん」の方が衝突の勢いが弱く、破損の程度が軽い感じ。

◆**参考** 沖縄県の一部の方言では、「がじゃん」は「蚊」を意味する。（佐藤有紀）

かすかす

①ほんのわずかに聞こえるこすれるような音。「耳を凝らすと、林の中でカスカスと音がした」

②果物、野菜などに必要な水分が足りず、繊維質が多くなっている様子。新鮮味が感じられず、おいしくないという印象を与える。「かすかすしていた。きっとできそこないのサツマイモだろう」（山本有三❖『路傍の石』）

また、喉に潤いがなく、声がかすれている様子にも使う。「カスカスな声を絞り上げた」（小林多喜二❖『不在地主』）

③かろうじてある条件をクリアする様子。軽く触れる、という意味の「かする」から派生してきた用法。「結局、決勝へはかすかすの予選タイム7位だった」（日刊スポーツ72・9・5）

◇**類義語**「かすっ」

①②の類義語。ある一定期間の状態を表す「かすかす」に対し、「かすっ」は瞬間的な状態を強調して描写する感じ。「カスッとも音は聞こえなかった」（宮嶋茂樹❖『死んでもカメラを離しません』）

◆**参考** 奈良県の一部では、「かすかす」は非常に疲れた様子を表す。（佐藤有紀）

がしゃん お湯が熱すぎて、思わずきゅうすを落としてしまった。

（うえやまとち『クッキングパパ』より）

❖**金子洋文** 小説家・劇作家・演出家。大正一〇年、小牧近江らと『種蒔く人』創刊。作品『地獄』『投げ棄てられた指輪』（戯曲集）など。（一八九四〜一九八五）

❖**山本有三** →P.30

❖**小林多喜二** →P.13

❖**宮嶋茂樹** →P.42

かたかた

①かたくてあまり重くない物が、小刻みに揺れ動いて立てる軽い音。室町時代末頃には既に使われていた語。「シュガーポットの白いフタが、カタカタと動いているのだ」(谷山浩子❖『猫森集会』)

②寒さなどで震える音。また、その様子。「がたがた」より小刻みに軽く震える感じ。「寒さと変な予感から歯をカタカタいわせながら」(小林多喜二❖『防雪林』)

③銃を撃つ時の弾の音。戦時中の唱歌などには頻出するが、現在ではほとんど用いられない。「かわいい軍犬、まっしぐら。カタカタ…弾の中」(唱歌「軍犬利根」)

◇類義語「かたんかたん」

「かたんかたん」は①の類義語。間隔を少し空けながら、繰り返し揺れ動く感じ。「ひき出しのかんをカタンカタンといわせて」(新美南吉❖『おじいさんのランプ』)

◆参考 いくつかの地方で、「カタカタ」は虫を指す語として使われている。例えば青森県津軽地方ではバッタ、和歌山県ではキリギリス、奈良県などではカタツムリを「カタカタ」と呼ぶ。(佐藤有紀)

がたがた

①かたい物が小刻みに揺れて立てる音。「かたかた」より重く騒々しい音を表す。室町末頃には既に用いられていた語。「教室のガラス戸はみんながたがた鳴り」(宮沢賢治❖『風の又三郎』)。粗雑な造りの家屋を「がたがた普請」というのは、立てつけが悪く、家中が「がたがた」と鳴るから。「ガタガタ普請の二階」(里見弴❖『銀二郎の片腕』)

②物が壊れたり乱れたりして具合が悪くなる様子。そこからさらに組織、人などの調子が悪い状態になる様子をも表す。「がたがたになった古い自転車」(朝日新聞00・12・29)、「女性問題でガタガタになっとるよ」(週刊現代00・12・30号)

③寒さ、恐怖、驚愕(きょうがく)などで体が激しく小刻みに震える様子。「寒さにがたがた震える思いで口にごはんを少量」(太宰治❖『人間失格』)

④不平がましく文句や愚痴などを言う様子。大正頃から一般に使われ始めた新しい用法。「そんなものでガタガタ言うな」(SPA!00・12・27号)

⑤物事が、勢いよく次々と行われる様子。「威勢よくがたがたと下りて来た一人の社員」(佐藤春夫❖『都会の憂鬱』)

❖谷山浩子 シンガーソングライター・エッセイスト。昭和四七年『静かでいいな～谷山浩子15の世界～』でデビュー。著作『浩子の半熟コンピュータ』など。(一九五六～)

❖小林多喜二 →P.13

❖新美南吉 児童文学者。童謡や童話を『赤い鳥』に投稿。民話風の話を、善意にもとづきユーモラスに描く。作品『ごん狐』『おぢいさんのランプ』など。(一九一三～一九四三)

❖宮沢賢治 →P.34

❖里見弴 小説家。有島武郎の末弟。明治四三年、雑誌『白樺』創刊に参加。大正五年『善心悪心』でデビュー。同八年、久米正雄らと『人間』創刊。作品『多情仏心』『安城家の兄弟』など。昭和三四年、文化勲章受章。(一八八八～一九八三)

❖太宰治 →P.20

❖佐藤春夫 詩人・小説家・評論家。生田長江、与謝野鉄幹らに師事。『病める薔薇』を改稿した『田園の憂鬱』で作家としての名声を得る。作品『殉情詩集』『都会の憂鬱』など。昭和三五年、文化勲章受章。(一八九二～一九六四)

◇類義語「がったがった」「がたり」「がたん」

「がったがった」は①の類義語。「がたがた」より揺れが大きく、音が激しい感じ。少し古い印象を与える語で、今では用いられることが少ない。

「がたり」「がたん」は共に①の類義語。継続的な震動音を表す「がたがた」に対して、一度だけ激しく揺れて、そのまま静止した感じ。

◆参考 江戸時代、粗末な刀のことを「がたがた丸」「がた光」と呼んだ。鞘がずれて「がたがた」と音がしたことから。「がたがた丸は忘れてうせたあいつ」(『東海道四谷怪談❖』)

(佐藤有紀)

がたくり

戸や乗り物がなめらかに動かず、引っかかったり揺れ動いたりして出る音。また、動きがスムーズにいかない様子。「ノロノロした痩のガタクリして行く馬車」(内田魯庵❖『二十五年間の文人の社会的地位の進歩』)。やや古めかしい語で、最近耳にすることは少なくなっている。

明治期頃までは、同じ意味で、「がたくりん」という語も共存していたが、今では使われていない。「車は凸凹路(でこぼこみち)を踏みて、がたくりんと跌(つまず)きぬ」(泉鏡花❖『義血侠血』)

◇類義語「がたぴし」

ある程度規則的な音や動きを表す「がたくり」に対して、「がたぴし」は、様々な種類の音が複雑に混ざり合っている感じ。

◆参考「がたくり」を使ったことばに「がたくり車」「がたくり馬車」「がたくり列車」などがある。粗末な車、乗合馬車などのこと。傾いたりきしんだりして音を立てながら走るところからの命名。「呼声やらがたくり車の喇叭(らっぱ)の音やら」(三島霜川❖『解剖室』)

(佐藤有紀)

かたこと

かたい物とかたい物が、触れ合ったり揺れ動いたりして出す小さな音。近代になって用例が見え始める語。「かたかた」と「ことこと」が組み合わさった複雑な感じの音である。「かたことと、位牌でも動くような物音があがりました」(佐々木味津三❖『右門捕物帖』)

◆参考「かたこと」は、東北地方の一部(岩手県・宮城県北部など)の方言では、融通がきかず頑固で偏屈な様子を表す。

(佐藤有紀)

❖東海道四谷怪談 江戸時代の歌舞伎。鶴屋南北作。伊右衛門、お岩の怪談物として有名。文政八年(一八二五)初演。

❖内田魯庵 →P.12

❖泉鏡花 →P.8

❖三島霜川 小説家・演劇評論家。明治三一年、『新小説』の懸賞に「埋もれ井戸」が当選。その後、演芸画報に入って歌舞伎批評に転じ、『役者芸風記』などを執筆した。作品『解剖室』など。(一八七六〜一九三四)

❖佐々木味津三 大正一〇年に『呪はしき生存』でデビュー。『文藝春秋』の創刊に加わったが、長兄の死による負債返済のため大衆小説に転向。作品『右門捕物帖』『旗本退屈男』など。(一八九六〜一九三四)

がたごと

やや重さのあるかたい物どうしが触れ合って立てる音。「かたこと」より大きい音で、動きの激しさを感じさせる。明治期頃に現れた語。「ガタゴト音のするどぶ板を踏んで」(三浦綾子❖『塩狩峠』)

また、電車など乗り物の揺れが激しい様子にも使う。「がたごととぶざまに揺れて動きだす都電の座席に身をかがめる」(松本清張❖『点と線』)

◆**参考**「がたごと」は好印象を与える語ではなく、騒がしく感じられる雑音である。(佐藤有紀)

がたぴし

①かたい物がぶつかり合ったり、揺れ動いたりして出る騒々しい音。また、その様子。「がたがた」と「ぴしぴし」が混ざった複雑な感じの不協和音。「押入れの戸をわざとガタピシ云わせました」(谷崎潤一郎❖『痴人の愛』)。特に戸や障子、ドアなどが、たてつけの悪さのために、きしんで音を立てる様子を表すことが多い。

②構造物、機械などが歪んでいるなどして、うまく機能しない様子。そこから、組織や経営、人間関係などが嚙み合わず、円滑にいかない様子にも使う。どこか不安定で落ち着かない状態。「いまだに好い町になり切れないで、がたぴししているあの辺の家並」(夏目漱石❖『こゝろ』)

③構造物が老朽化のために、崩壊しそうになる様子。そこから、肉体的に衰えて、体が痛みやすくなったり、弱ったりする様子を表すこともある。「百年を経た年代ものだが、ガタピシでも愛着がわき」(佐賀新聞97・12・26)、「もうお婆さん。からだが、がたぴしです」(太宰治❖『人間失格』)

「がたぴし」に「我他彼此」と漢字を当てることがある。「我他彼此(がたひし)」は仏教語で、対立して争いの絶えないことを意味する。「だれもが自分勝手なものさしを使えば、あらゆるところが我他彼此、つまりガタピシとなっていさかいばかり」(佐賀新聞01・2・21)

◇**類義語**「がたぴしゃ」「がたぴち」

共に①②③の類義語。どちらも「がたぴし」よりさらに複雑な不協和音。揺れ、不具合などが強まる感じ。共に現代では廃れてきている語。「表の障子をがたぴちさせ」(伊藤左千夫❖『春の潮』)

◆**参考**「がたぴし」には、「破産する」という、隠語としての意味もある。(佐藤有紀)

❖**三浦綾子** →P.30

❖**松本清張** 小説家。昭和二七年『或る「小倉日記」伝』で芥川賞受賞。同三二年、雑誌『旅』に連載した「点と線」で社会派推理小説の分野を開拓。以降、歴史・ノンフィクション分野でも活躍。作品『砂の器』『昭和史発掘』など。(一九〇九〜九二)

❖**谷崎潤一郎** →P.7

❖**夏目漱石** →P.8

❖**太宰治** →P.20

❖**伊藤左千夫** 歌人・小説家。『アララギ』を主宰し、斎藤茂吉、長塚節ら多くの門下生を育てる。作品『野菊の墓』『分家』など。(一八六四〜一九一三)

かたり

かたくて軽い物が、一度揺れ動いたり、ぶつかり合ったりして立てるかすかな音。また、その様子。江戸時代から見える語。「かたりと小皿が響いた」(泉鏡花❖『国貞ゑがく』)

◇類義語「かたっ」

音の前後に静寂が広がるような、静かな印象の「かたり」に対し、「かたっ」は、音や動作に俊敏さ、勢いがある感じ。「かたっと一打ちに婆を殺した」(内田百閒❖『冥途』)

(佐藤有紀)

がたり

①かたい物どうしがぶつかったり、落下したりして立てる音。また、その様子。江戸時代頃に広く使われ始めた語。「かたり」より重く大きい音を表す。「縁側の方でがたりと物の覆(くつがえ)った音がした」(夏目漱石❖『文鳥』)。特に、戸が開く音を表す用例が多い。「ガタリと扉(ドア)が開く音がした」(菊池寛❖『真珠夫人』)

②極端に衰えたり、一時に急激に変化する様子。現在では使用されることが少なく、衰退してきている用法。「がたりと調子の変った地味な森になる」(夏目漱石『虞美人草』)

◇類義語「がらり」

①②の類義語。①の場合、「がらり」は、戸が開く音が中心。②の場合、マイナス方向の変化に使用例が多い「がたり」に対し、「がらり」は変化の大きさ、急激さが意味の中心となる。

◈参考「がたり」を使った語に「がたり三文」がある。これは西陣織業界の語で、来客を嫌うこと。来客が「がたり」と戸を開けると仕事が中断されて、三文は損をするということから。

(佐藤有紀)

かたん

かたくて軽い物が、一度揺れ動いたり、落下したり、ぶつかり合ったりして立てる小さな音。また、その様子。「やがて、カタンと窓の開く音がした」(渡辺温❖『アンドロギュノスの裔』)

◇類義語「かったん」

「かたん」よりも揺れ幅が大きい感じ。

◈参考 ミシン用の木綿糸をカタン糸というが、この場合の「カタン」は英語のcottonから来ており、擬音語の「カタン」とは無関係。

(佐藤有紀)

❖泉鏡花 →P.8

❖内田百閒 小説家・随筆家。夏目漱石門下の一人で、芥川龍之介らと親しみ、名文家として知られる。作品『百鬼園随筆』『阿房列車』『冥途』など。(一八八九〜一九七一)

❖夏目漱石 →P.8

❖菊池寛 小説家・劇作家。大正五年、芥川龍之介、久米正雄らと第四次『新思潮』を創刊。『忠直卿行状記』など、簡潔な表現のテーマ小説によって作家としての地位を確立。作品『父帰る』『恩讐の彼方に』など。(一八八八〜一九四八)

❖渡辺温 小説家。昭和二年、博文館に入社し『新青年』の編集を担当。そのかたわら、叙情的な多くのコントを発表。作品『可哀相な姉』『兵隊の死』など。(一九〇二〜一九三〇)

がたん

①ある程度重量のあるかたい物が、落下したり、ぶつかり合ったりして出る音。また、その様子。明治期から広く使われ始めた語。「ガタンと音がして…月琴(げっきん)が…石の間に落っこちた」(夢野久作『白髪小僧』)

②大きな構造物などが、一回激しく揺れ動く音。「電車は…機関か何かの故障でがたんと止まった」(井伏鱒二『黒い雨』)

③物事が、マイナスの方向に急激に変化する様子。一気に大幅に減ったり、弱ったり、衰えたりする様子を表す。「携帯電話の普及で売り上げがガタンと減った」(佐賀新聞01・6・12)

◆**類義語**「がたんがたん」「かたん」

「がたんがたん」は①②③の類義語。①②の場合、一度だけの振動や衝突を表す「がたん」に対し、「がたんがたん」は、間隔を空けながら、連続する感じ。③の場合、減少などの急激な変化が、一応小休止は何度もあるものの、結局は連続して急降下してゆく感じ。

「かたん」は①②の類義語。「がたん」より勢いが弱く、軽い感じの語。

(佐藤有紀)

かちかち

①軽くてかたい物が何度かぶつかって発する澄んだ音。「左の掌に八橋と云う菓子に似た竹の片を二つ入れて、それをかちかちと打ち合せながら、歌の調子を取る」(夏目漱石『満韓ところどころ』)

②物がとてもかたい様子。「風呂場は氷でかちかち光っている」(夏目漱石『永日小品』)

◆**類義語**「かっちかち」「かち」「かちっ」「かちん」「かちり」「かっちん」「かちーん」

「かっちかち」は②を強調した語。「かち」「かちっ」「かちん」「かちり」「かっちん」「かちーん」は、①の類義語。一回だけぶつかり合った音を表す。特に「かちっ」「かちん」「かちり」は、「かち」よりも勢いよくぶつかった音を表す。「かち」「かちっ」「かちり」は、スイッチを入れたり切ったりする音としても用いる。「かっちん」は「かちん」より少し遅い速度でぶつかった音を、「かちーん」はぶつかった後しばらく響く音を表す。「かちん」「かっちん」「かちーん」は②の意で用いることもある。

■**参考**　そのような音を立てることから、江戸時代には火打ち石・火打ち金、また拍子木のことを「かちかち」といった。

(矢田　勉)

❖**夢野久作**　小説家。奔放な空想力を駆使して幻想的世界を描き出す。作品『瓶詰地獄』『ドグラ・マグラ』など。(一八八九～一九三六)

❖**井伏鱒二**　小説家。ユーモアのある独特の文体で注目され、昭和一二年『ジョン万次郎漂流記』で直木賞受賞。作品『本日休診』『黒い雨』など。昭和四一年、文化勲章受章。(一八九八～一九九三)

❖**夏目漱石**　英文学者・小説家。英語教師をへて、イギリスに留学。帰国後、『東京朝日新聞』の専属作家となり、同新聞に次々と作品を発表。森鷗外とともに近代日本文学の確立に貢献。作品『吾輩は猫である』『三四郎』など。(一八六七～一九一六)

がちがち

①かたい物が何度かぶつかって発するやや鈍い音。「皿小鉢を、がちがちと冷い音で洗ってござる」(泉鏡花『国貞えがく』)

②物が非常にかたい様子。「雪はまんだだが、畑はがちがちだてな」(日本経済新聞夕刊01・1・6)

③緊張などで体をこわばらせている様子。「記者会見に、一人、ガチガチになった短髪の少年が座った」(朝日新聞00・12・30)

④一つの考えに凝り固まった様子。「ガチガチの共産主義者というよりは、自称『共産趣味』の人が多数」(FOCUS01・5・30号)

◆類義語「かちかち」「がち」「がちっ」「がちん」「がちり」「がっちん」「がちーん」

「かちかち」は①②の意を持つが、軽い物がぶつかった小さな音や、もろいかたさを表す。「がち」「がちっ」「がちん」「がちり」「がっちん」「がちーん」は①の類義語で一回だけぶつかり合った音。「がっちん」「がちり」は「がち」よりもやや激しい。「がっちん」は「がちん」より遅い速度でぶつかった音、「がちーん」は後にしばらく響く音を表す。「がちん」「がちーん」は②の意でも用いる。

(矢田　勉)

かちっ

①軽くてかたい物がぶつかって発する澄んだ音。「ふたり同時に言い、かちっとグラスを触れ合せる」(太宰治『古典風』)

②スイッチの入ったり切れたりする音。「ほんのちいさなカチッて音。想像するに、ありゃ、なにかのスイッチの作動音だと思うね、きっと」(週刊現代00・12・23号)

③物と物がぴったりと組み合わさるときに発する軽い音。「部品Aに部品Bをカチッとはめこむ」

④鍵がかかったり開いたりする音。「三十秒もかからず、カチッと開錠の音がした」(週刊現代00・12・30号)

⑤時計の針が進む音。普通、二回以上繰り返して用いる。「その振子は風もなくなり汽車もうごかずしずかなしずかな野原のなかにカチッカチッと正しく時を刻んで行くのでした」(宮沢賢治『銀河鉄道の夜』)

⑥折り目正しくきちんとした様子。「クリーム色の膚の、ほっそりとカチッとした感じがどこかお能に出る女人を思わせる婦人」(長与善郎『竹沢先生と云ふ人』)

(矢田　勉)

がちがち　慣れない結婚式の司会でふるえがくるほど緊張してしまった。

(東海林さだお『サラリーマン専科』より)

◆泉鏡花　小説家。能楽と江戸文学に造詣が深く、幻想性に富む独自の作品を創作。反自然主義作家としての評価も高い。作品『高野聖』『婦系図』など。(一八七三〜一九三九)

◆太宰治　→P.20

◆宮沢賢治　→P.34

◆長与善郎　小説家・劇作家。『白樺』の同人として小説や戯曲を発表。後、『不二』を主宰。作品『青銅の基督』『項羽と劉邦』(戯曲)など。(一八八八〜一九六一)

かちゃかちゃ

①軽くてかたい物が、何度もあるいはいくつも、弱くぶつかって発する澄んだ音。「最近、駅の階段でカチャカチャと鳴る若い女性のミュールの音が気になりませんか」（毎日新聞01・7・12）、「カチャカチャカチャ じてんしゃで ぎゅうにゅうを くばる カチャカチャ カチャカチャ」（阪田寛夫作詞「あさ いちばんはやいのは」）

②コンピューターやタイプライターのキーボードなどを叩く音。「そんなさあ、カチャカチャやっているけど、手で書いた方が早いんじゃないの？」（毎日新聞01・9・28）

◆類義語「かちゃ」「かちゃり」「かちゃっ」「かちゃん」「がちゃり」「がっちゃん」「がちゃがちゃ」

いずれも①の類義語。ただし、一度だけぶつかって発する音を表す。「かちゃっ」は、「かちゃ」よりも勢いのよさを感じさせる語。「かちゃん」は特に、鍵がかかったり、かたいが軽くもろい物がぶつかったり落ちたりして壊れたときの音を表す。「がちゃり」「がっちゃん」「がちゃがちゃ」は、それぞれ「かちゃり」「かっちゃん」「かちゃかちゃ」よりも、やや重く鈍い音。（矢田 勉）

（赤塚不二夫『おそ松くん』より）

がちっ 思わずブランコをくわえてしまい、歯に当たって痛い、痛い。

がちっ

①かたい物が強くぶつかって発する音。繰り返して用いることもある。「ガチッガチッというレバーの感触が心地よく、きちんと付いたかどうかも指に伝わる感覚ですぐに確認できる」（日本経済新聞01・10・13）

②物と物とが非常にかたく組み合わさるときに発する音。また非常に堅固に組み合わさった様子。「貨物車両をガチッと連結する」

③守りや骨組み・構造・体などが非常に強固な様子。「学校評議員の考え方ですけれども、ここでガチッとした組織体にすることによって、メリットもあるんですけれども」（中央教育審議会小委員会議事録98・8・5）、「ガチッとした体格で力負けしない」（熊本日日新聞00・6・29）

◆類義語「かちっ」

「がちっ」に対して「かちっ」は、やや軽く小さい物がぶつかったり、組み合わさったりして発する、小さな澄んだ音を表す。

◆参考「がち」に比べて勢いのよさを感じさせる語。多く「がちっと」の形で用いる。特に③では、「がちっとした」の形で用いるのが普通。（矢田 勉）

がちゃがちゃ

①クツワ虫の鳴き声。転じてクツワ虫のことをいう。「がちゃがちゃがちゃがちゃ くつわ虫」(唱歌「虫のこえ」)

②かたい物が何度もあるいはいくつもぶつかり合って発する音。「清三の財布は銀貨や銅貨でガチャガチャして居た」(田山花袋❖『田舎教師』)

③口やかましく言う様子。うるさく口出しする様子。「扇氏だけでなく、保守党の野田毅幹事長までも、『私生活だから、がちゃがちゃするのはおかしい』と、いい切ってはばからない。『がちゃがちゃ』という擬音的表現の幼稚さには幻滅するしかない」(週刊ポスト00・10・13号)

④多くの物が散らかって乱雑な様子。多くの色などが無秩序に散らばっている様子。「その檸檬の色彩はガチャガチャした色の階調をひっそりと紡錘形の身体の中へ吸収してしまって、カーンと冴えかえっていた」(梶井基次郎❖『檸檬』)

◇類義語「がちゃ」「がちゃっ」「がちゃり」「がちゃん」「がっちゃん」

「がちゃ」「がちゃっ」「がちゃり」は②の類義語。ただし、一度だけぶつかった音を表す。「がちゃっ」は「がちゃ」よりも勢いよい感じ。「がちゃん」「がっちゃん」も②の類義語。物がぶつかったりして壊れる音。

■参考 明治時代頃の盗人の隠語では、刑務所の看守を「がちゃがちゃ」または「がちゃ」と言った。たくさんの鍵を持ち歩いて音を立てるところからか。また、江戸時代には、金属の輪の付いた抽斗(ひきだし)に刻みタバコを入れて売り歩く、「がちゃがちゃタバコ」という商売があった。また現代では、硬貨を入れると玩具が出てくる装置を、その音から、俗に「ガチャガチャ」という。

(矢田 勉)

がちゃり

①かたい物どうしが強くぶつかって発するやや鈍い音。「がちゃりと釘舌(ボールト)を捩る音がして、待ち設けた藤尾の姿が入り口に現われた」(夏目漱石❖『虞美人草』)

②電話を切って受話器を置くときの音。「突然ガチャリと電話が切れた」

◇類義語「かちゃり」

「かちゃり」は①の類義語。軽い物が弱くぶつかったときの小さく鋭い音。

(矢田 勉)

がちゃがちゃ クツワ虫の声。その鳴き声から「がちゃがちゃ」の異名も。

❖田山花袋 小説家。江見水蔭に師事。明治三九年、博文館発行の『文章世界』の主筆となる。翌四〇年『蒲団』を発表、私小説の出発点となる。作品『重右衛門の最後』『田舎教師』など。(一八七一〜一九三〇)

❖梶井基次郎 小説家。大正一四年、学友らと雑誌『青空』創刊。『檸檬』『城のある町にて』などを発表。鋭い感受性の詩的作品が多い。作品『冬の日』『交尾』など(一九〇一〜一九三二)

❖夏目漱石 →P.8

かちゃん

小さくてかたい物が何かに弱くぶつかって発する小さな澄んだ音。もろい物が何かにぶつかったり落ちたりして壊れる音。「忽ちかちゃんかちゃんと恐ろしい音がして」(中勘助❖『銀の匙』)、「カチャンと澄んだ音がして、ガラスがこまかくこわれた」(太宰治❖『薄明』)

◇**類義語**「がちゃん」

「がちゃん」は、「かちゃん」に比べると重い物が強くぶつかった感じを表す。　(矢田　勉)

がちゃん

①かたい物が何かに激しくぶつかったり落ちたりして発する音。物がぶつかったり落ちたりして壊れる音。「ガチャンガチャンと妹が縁先の小さい池に食器類を投入する音が聞えた」(太宰治❖『薄明』)

②重い錠前をかける音。「自分はそれからすぐに、あのはにかむような微笑をする若い医師に案内せられ、或る病棟にいれられて、ガチャンと鍵をおろされました」(太宰治『人間失格』)

③ガラスが割れる音。「寝室には、竜二さんと長男竜也君(6つ)が就寝中で、『パリン』『ガチャン』という音に気付いた竜二さんが、布団の中の竜也君を抱きかかえ、イノシシの猛進をかわし、二人にけがはなかった」(中国新聞01・11・9)

④電話を切るときに受話器を激しく置く様子。また激しく置く様子。「肝心な話になったら、途中でいきなりガチャンと電話を切られてしまいました」(女性自身00・12・5号)

■**参考**　玉を弾くときのバネが立てる音から、戦前には「ガチャンコ」と呼ばれる遊具があった。現在のパチンコの前身とされる。　(矢田　勉)

かちり

①かたい物どうしが弱くぶつかって発する澄んだ音。「しばらくすると風呂場でうがい茶碗が金盥にかちりと当る」(夏目漱石❖『吾輩は猫である』)

②スイッチが入ったり切れたりするときのかすかな音。「機械のスイッチをカチリと押した」

③物と物が組み合わさるときに発するかすかな音。「カチリと音がするまで差し込む」

■**参考**「り」は擬音語の下に付く接尾辞。最近は「かちっ」の方がよく用いられる。　(矢田　勉)

❖**中勘助**　小説家。夏目漱石に師事。大正二年『東京朝日新聞』に「銀の匙」を執筆、高い評価を得る。文壇とは一線を画し、孤高の生涯を送った。作品『街路樹』『鳥の物語』など。(一八八五〜一九六五)

❖**太宰治**　→P.20

❖**夏目漱石**　→P.8

がちゃん　男の子が倒したコップがあちこちにぶつかってがちゃん。

(うえやまとち『クッキングパパ』より)

がちり

かたい物どうしが強くぶつかって発するやや鈍い音。「私は多年の間懊悩した結果ようやく自分の鶴嘴（つるはし）をがちりと鉱脈に掘り当てたような気がしたのです」(夏目漱石❖『私の個人主義』)、「がちり、がちりと 牛は砂を掘り土を掘り石をはねとばし」(高村光太郎❖「牛」)

◇類義語「かちり」

「かちり」は、「がちり」に比べると、軽いものが弱くぶつかる感じを表す。

(矢田　勉)

かちん

①小さくてかたい物どうしがぶつかって発する、小さくて澄んだ音。「白い歯が少しばかり見えていましたので一郎はいきなり指でカチンとその歯をはじきました」(宮沢賢治❖『ひかりの素足』)

②物のかたい様子。「池の水がかちんと凍った」

③「かちんとくる」などの形で、頭にくる様子。「あの人は人一倍郷土愛が強いので、このミスにカチンときて手紙を書いてきたようなんです」(週刊現代00・12・16号)

◇類義語「かちんかちん」

「かちんかちん」は、②の意味を強めたもの。非常にかたい様子。また、人の性格が非常に形式張って堅苦しい様子を表し、この意味では「かちん」よりも普通に用いられる。

◈参考 女性語で餅を意味する「(お)かちん」は、室町時代の女房詞❖からきたもの。また、映画の撮影で、撮影開始などを知らせるのに用いられる「かちんこ」は、拍子木を組み合わせたような道具で、「かちん」という音を立てるところから名付けられた。

(矢田　勉)

がちん

①かたい物どうしが勢いよくぶつかって発する、大きく濁った音。「鉄格子と、金網と、それから、重い扉、開閉のたびごとに、がちん、がちん、と鍵の音」(太宰治❖『HUMAN LOST』)、「かたい地面を掘ろうとシャベルを突きたてても、がちんとはね返されてしまう」

②抜け目なく行う様子。「掛け金の額からは無論がちんと差引くから、あとでゆっくり安二郎が手続きして金をとればぼろい儲けになると、かね

❖夏目漱石 →P.8

❖高村光太郎 詩人・彫刻家。光雲の長男。ロダンの影響を受け彫刻を制作するとともに、早くから詩を発表。昭和一七年『道程』で芸術院賞受賞。作品『智恵子抄』『典型』、彫刻作品に「手」など。(一八八三〜一九五六)

❖宮沢賢治 →P.34

❖女房詞 室町初期頃から御所などの女房たちが使い始めた隠語。酒を「くこん」のように、食物などに関する語を言い換える。江戸時代には将軍家や町家の女性にまで広がり、さらに「おでん」のように一般語として現代に残る語もある。

❖太宰治 →P.20

がね目をつけていた商売だった」(織田作之助❖『青春の逆説』)

◇**類義語**「**がちんがちん**」

「がちんがちん」は、①の類義語で何度もぶつかり合う音を表すが、他に物が非常にかたく凝り固まった様子も表す。「巡査が、剣をガチンガチン鳴らしながら」(葛西善蔵❖『子をつれて』)

◈**参考**　激しくぶつかり合うことから、相撲界では真剣勝負のことを「がちんこ」「がちんこ相撲」といった。最近では、相撲以外でも真剣勝負のことを「がちんこ勝負」などという。

(矢田　勉)

かつ

①かたいものが触れ合う時の音や、痰や血を口から吐く時の音などの、瞬間的で鋭い音。「馬場のこの太刀は頸椎を断って、かっと音がした」(森鷗外❖『堺事件』)、「手拭いに、かっと血を吐いたが、かなぐり捨てると」(泉鏡花❖『歌行燈』)

②光や炎が急激に強くなる様子。「お日さまが又かっと明るくなり」(宮沢賢治❖『十月の末』)、「稀にかっと暑い日の光が投げかけられて」(長塚節❖『土』)。なお、現代では光について言う場合にも熱エネルギーという意識が含まれていることが多い。脚注のコミックの例のように、兵器の閃光を示す場合には「ぴかっ」よりも「かっ」のほうが熱エネルギーや破壊力をよりよく表現できる。

③何らかの刺激によって、肉体に熱さを感じる様子。強い酒で喉が熱くなった時や、恥ずかしさで頬が上気した時などの様子を示す。「僕はかっと赧くなった。見るともなく本の頁をめくった。…ところどころ奇妙な挿絵がはいっていた」(福永武彦❖『草の花』)

④怒りが急に込み上げてくる様子。「大鳥はかっとして思わず飛びあがって叫びました」(宮沢賢治❖『双子の星』)、「萬田はカッと腹が煮えてきた」(朝日新聞00・12・18)

⑤驚きや怒りなどのために目や口を大きく開ける様子。「目を開いて口を利きねえ。尤も、かっと開いた処で、富士も筑波も見えるか何うだか」(泉鏡花❖『婦系図』)。なお、本来は室町時代の『史記抄』の「漢軍皆披靡(=漢の軍皆披靡す)、くゎっとひらけたぞ」のように、何かが急に開く様子を広く示したり、同じく室町時代の『太平記』❖の「傍りの土一二尺が程くゎっと崩て」のように何かが突然起こることを広く示したが、現代では目や口を

❖**織田作之助**　→P.139
❖**葛西善蔵**　→P.175
❖**森鷗外**　→P.14
❖**泉鏡花**　→P.8
❖**宮沢賢治**　→P.34
❖**長塚節**　→P.21
❖**福永武彦**　→P.27
❖**史記抄**　室町時代の抄物。桃源瑞仙著。前漢の司馬遷が著した『史記』についての注解。質・量共に当代の口語資料として貴重。文明九年(一四七七)成立。
❖**太平記**　→P.31

かつ　超兵器発射の閃光。

(あさりよしとお『宇宙家族カールビンソンSC完全版』より)

大きく開ける場合にしか使わない。

◆参考　擬態語としての「かっ」(先に示した②〜⑤の用法)に共通するのは、急激かつ瞬間的な状態の変化を示すということである。また、その変化は増幅の方向に限られるのが普通で、「口をかっと開ける」とは言っても「口をかっと閉じる」とは言わない。

また、増幅の方向への変化という点から発展して、「国元へ着いたらば、くゎっと扶持をせうぞ」(狂言『入間川』❖)のような、思いきって何かをする意を示す用法もあった。　(池上　啓)

がっ

①かたいものがぶつかり合ったり、何かにくい込んだりした時の音。類義語の「かっ」が鋭い音を示すのに対して、「がっ」は重い響きの音を示す。

②急に何らかの動作を行う様子。類義語の「かっ」が光や炎の状態の変化も示すのに対して、「がっ」は嚙みついたり、つかんだり、戸を開けたりといった動作についてだけ使う。「ヤケにがっと戸を開けた、後を閉めないで、ひょこひょこ出ていく」(泉鏡花❖『歌行燈』)　(池上　啓)

かっか

①炎が熱く燃えたり、日の光が強く射している様子。単に見た目だけを言うのではなく、表現者自身がその熱さを体感している場合が多い。「かっかと燃え照っている強い瓦斯の下に」(徳田秋声❖『あらくれ』)

②体が熱く火照ったり、物体が熱せられて熱くなっている様子。「酒はおびただしく、からだに廻って全身かっかと熱く」(太宰治❖『善蔵を思う』)

③怒っている様子、または精神的に高揚している様子。「それを聞いて頼央さんはよけいかっかとする」(筒井康隆❖『エディプスの恋人』)、「ゲームがはじまると鯨やんも川ちゃんもぼくもたちまちカッカとして」(椎名誠❖『新橋烏森口青春篇』)

◆参考　古くは気前がよいことを示す名詞としての用法もあった。「昔のくはっくはに引かへて御不自由なお住居」(浄瑠璃『難波丸金鶏❖』)

なお、「かっか」という語は江戸時代初期から見え、意味については現代まで大きな変化はない。ただし発音については、「かっか」のほかに「くゎっくゎ」など、「くゎ」の音で発音する場合も見られた。　(池上　啓)

❖入間川　室町時代の狂言。入間川を渡る際、大名が、反対のことばで問答する「入間様」を道行く男に仕掛けたが、かえって負かされてしまう。

❖泉鏡花　→P.8

❖徳田秋声　→P.42

❖太宰治　→P.20

❖筒井康隆　→P.27

❖椎名誠　→P.42

❖難波丸金鶏　江戸時代の浄瑠璃。若竹笛躬ら作。宝暦九年(一七五九)初演。

かっかつ

①ハイヒールなどのかたい靴音や馬の蹄の音。または、人が物を吐き出す時の音や鳥の鳴き声。「(丹頂鶴の雄が)コーと鳴くと、雌はカッカッとこたえる」(朝日新聞00・12・10)。また、高笑いの声を示すこともあり、その場合は「カッ」の三連続、四連続形で使うことが多い。ちなみに、テレビドラマの水戸黄門は「助さんや、格さんや、カッカッカッカッ」と笑うことになっている。

②炎が熱く燃えたり、日の光が強く射している様子。「日が砂地にかっかっと照っている」(森鷗外『キタ・セクスアリス』)

③体が熱く火照ったり、物体が熱せられて熱くなっている様子。「井戸水を浴びて、かっかっと火照る軀で畳に腹這い」(林芙美子『放浪記』)、「七月、暑熱は極点に達した。畳がかっかっと熱いので、寝ても坐っても居られない」(太宰治『美少女』)

◆**参考** 類義語の「かっか」は怒っている様子を示すのにも使うが、「かっかっ」は少なくとも現代の文章中においてはその意味では使わない。つまり、「そうかっかとするな」とは言うが、「そうかっかっとするな」とは言わない。 (池上 啓)

かつかつ

①かたい物を何かに打ち当てた時の音。「堅い嘴(くちばし)をカツカツとうちならして、…隊長の手をつつきました」(竹山道雄『ビルマの竪琴』)

②生活などが限界ぎりぎりで成り立っている様子。「その日その日をかつかつに生きている人たちが」(山本周五郎『さぶ』)

なお、②は「且々(かつがつ)(=不満足ながらなんとかやっていく意)」が変化したもので本来は擬態語ではない。②と①ではアクセントも異なる。 (池上 啓)

がつがつ

①食物を貪るように食べる様子。「加藤は食堂の隅でがつがつ食べた」(新田次郎『孤高の人』)

②貪欲な様子、または飢えて精神的余裕のない様子。「彼は彼自身の言葉のように、絶対に何事にもがつがつしなかった」(井上靖『あすなろ物語』)、「飯を食うことには、皆は囚人のような執念を持っていた。がつがつだった」(小林多喜二『蟹工船』)

なお、「がつがつ」は本来物をせわしく食べる時の音を写したものと考えられている。そこから①

❖**森鷗外** →P.14
❖**林芙美子** →P.25
❖**太宰治** →P.20
❖**竹山道雄** 独文学者・評論家。戦後に書かれた小説『ビルマの竪琴』で知られる。全体主義に反対し、左右双方の全体主義を批判する評論活動を行った。著作『昭和の精神史』『剣と十字架』など。(一九〇三〜八四)
❖**山本周五郎** →P.15
❖**新田次郎** →P.125
❖**井上靖** →P.92
❖**小林多喜二** →P.13

がつがつ 貪(むさぼ)るように食べまくる。

(赤塚不二夫『おそ松くん』より)

のような意味になり、更に②が派生した。

◆参考　有島武郎❖の『カインの末裔』に「抱寝（だきね）をしながら藁の中でがつがつと震えていた」という例がある。これは寒さとひもじさのために争った後の場面だから②の意味も含んでいるが、「がちがち」に類するニュアンスも含んでおり、「がつがつ」の使い方としては例外的である。

また、宮沢賢治❖の『マグノリアの木』に「全く峯にはまっ黒のガツガツした巌（いわ）が冷たい霧を吹いてそらうそぶき」という例がある。これも一般的な用法からは外れた用法と言える。　（池上　啓）

がっかり

予想や期待が外れて落胆した様子。「派閥順送りの大臣心待ち組はがっかりしただろうが」（朝日新聞00・12・6）

◇類義語「がっくり」

「がっかり」が精神状態そのものを示すことが多いのに対して、「がっくり」は「がっくりと肩を落とす」のように主として動作を示す。落胆を示す場合に「彼はがっかりした」とも「彼はがっくりした」とも言えるが、「がっくり」を使ったほうが、うなだれたり肩を落としたりといった動作を具体的に示すことができる。

◆参考　現代語ではあまり使わないが、「がっかり」にはひどく疲れた様子を示す用法もあった。「そして一日遊び抜いて、日が暮れるとガッカリ疲れて」（谷崎潤一郎❖『痴人の愛』）

「がっかり」は、本来落胆や疲労によって精神や肉体の力が抜ける様子を示すものであり、それが次第に落胆という精神状態そのものを示すようになったと考えればわかりやすい。その途中で右のような用法が存在したのである。　（池上　啓）

かっきり

①物が視覚的に際立っていて他と明瞭に区別できる様子。「由比ヶ浜に砕ける波が闇にカッキリと白い線になって見え」（谷崎潤一郎❖『痴人の愛』）

②時間や数量がちょうどで端数がない様子。「函館・小樽間は急行でかっきり五時間かかることがわかった」（松本清張❖『点と線』）

③物が密接に組み合わさる様子。「力を商いにする相撲が、四つに組んで、かっきり合った時」（夏目漱石❖『思ひ出す事など』）

❖**有島武郎**　→P.12

❖**宮沢賢治**　→P.34

❖**谷崎潤一郎**　小説家。第二次『新思潮』に掲載の「刺青」でデビュー、耽美派の作家として注目される。関西に移住後は古典趣味を深め、多くの名作を発表。作品『痴人の愛』『細雪』など。（一八八六〜一九六五）

❖**松本清張**　→P.46

❖**夏目漱石**　英文学者・小説家。英語教師をへて、イギリスに留学。帰国後、『東京朝日新聞』の専属作家となり、同新聞に次々と作品を発表。森鷗外とともに近代日本文学の確立に貢献。作品『吾輩は猫である』『三四郎』など。（一八六七〜一九一六）

◆参考　もともと「かっき」という語があり、「きりきりと引き絞り、かなくり放しにかっきと放す」(幸若舞『❖高たち』)のように、弓から矢を放つ時の張り詰めた音を示していた。そこから発展して「かっき」は物がはっきりしている様子も示すようになり、その意味の場合に限って「かっきり」という語形が派生した。

また、②③の意味は明治以降に出てくるが、「かっき・かっきり・かっちり」と「きっか・きっかり・きっちり」のグループが相互に干渉し合っておりこの意味の成立過程は複雑である。　(池上　啓)

かっくり

細長い物が急に折れ曲がる様子。人間の場合は「かっくりと首を垂れた」のように主として首と膝について使う。

◇類義語「かっくん」

「かっくん」は「かっくり」に比べて広範囲の動作と結びつき意味の幅も広い。例えば、「かっくん」は「車がかっくんと止まる」のように動作が急に止まることも示すが、「かっくり」の場合は「車がかっくりと止まる」とは言えない。　(池上　啓)

がっくり

①物や体が急に折れ曲がる様子。「屹と睨んで見せると、そのままがっくりと頭を垂れた」(❖泉鏡花『高野聖』)

②落胆や疲労によって急に心や体の力が抜ける様子。「先輩の威厳を見せることができず、がっくりだった」(日刊スポーツ00・12・22)、「終わって外に出たとき、がっくりと疲れて」(❖石川達三『青春の蹉跌』)

③動きの状態が急激に変化する様子。「がっくりとペースが落ちた」のように、主にマイナスの変化に使う。

◇類義語「がくっ」「がくん」「がくり」

①②③の意味でこの三語ともよく使う。三語の違いは基本的に語形の違いに由来するニュアンスの違いである。「がくっ」が最も瞬間的で強烈な動作を示し、「がくん」はある動作が行われた時の反動の大きさを示す。また、「がくり」は三語の中で最も状態的である。

なお、「がっくり」「がくっ」「がくん」「がくり」のもとになった「がく」は、さらに「がくつく」という動詞もつくる。「膝ががくついた」　(池上　啓)

❖**高たち**　幸若舞曲。室町時代に成立。最も早い上演は、天文一四年(一五四五)という記録が残っている。

❖**泉鏡花**　小説家。能楽と江戸文学に造詣が深く、幻想性に富む独自の作品を創作。反自然主義作家としての評価も高い。作品『高野聖』『婦系図』など。(一八七三〜一九三九)

❖**石川達三**　小説家。昭和一〇年『蒼氓』で第一回芥川賞受賞。戦後は時代を鋭くとらえた多くの作品を発表。作品『風にそよぐ葦』『人間の壁』など。(一九〇五〜一九八五)

かっくん

①細長い物が急に折れ曲がる様子。人間の場合には「かっくんと膝を折った」のように主として首や膝が急に曲がる様子を言う。また、「かっくんかっくん」という形で、折れ曲がるようなぎこちない動作で人が断続的に動いている様子を示すこともある。

②乗り物などが急に止まったりする様子。「ガソリンが底をつき、車は山道の途中でかっくんと止まった」

（池上　啓）

がっしり

①物のつくりが強くて、容易に崩れそうにない様子。「大きな井桁（いげた）、堂々とした石の組み様、がっしりしていて立派であった」（梶井基次郎❖『城のある町にて』）

②体が大きく、力強く、たくましい様子。「彼は色の浅黒い、体格のがっしりした青年だった」（芥川龍之介❖『路上』）

◇類義語「がっちり」「しっかり」

「がっちり」は①②の類義語。「がっしり」が丈夫で簡単に壊れそうにない様子を表すのに対して、「がっちり」は引き締まっていて隙がなく強固な様子を表す。「がっちり」には「がっちり手を握る」「がっちり金をためる」などのように、「がっしり」ではなじまない用法がある。「しっかり」は①②の類義語。「がっしり」が丈夫で崩れない様子を表すのに対して、「しっかり」は確実で安定した様子を表す。「しっかり」には「がっしり」には見られない幅広い用法がある。心身が健全な様子を表す「しっかりとした足取り」とか、十分な様子を表す「しっかりと食べる」など。

（間宮厚司）

がったがた

①かたくて重い物が、くり返し揺れ動いて出る騒々しい音。「がたがた」より揺れが激しく、不規則な感じ。「風で雨戸がガッタガタと揺れた」

②物が壊れたりして、具合が悪くなる様子。そこから組織、人などの調子が悪く、支障が出る様子をも表す。「会社はもうガッタガタだ」。「がたがた」の強調形で、さらに具合が悪い感じ。

◆参考　秋田県の一部では、衣服などがひどく濡れた状態を「がったがた」という。

（佐藤有紀）

❖梶井基次郎　小説家。大正一四年、学友らと雑誌『青空』創刊。「檸檬」「城のある町にて」などを発表。鋭い感受性の詩的作品が多い。作品『冬の日』『交尾』など（一九〇一〜一九三二）

❖芥川龍之介　小説家。在学中に『新思潮』に発表した「鼻」が夏目漱石に認められ、文壇にデビュー。才気あふれる理知的な文体で多くの作品を執筆。作品『羅生門』『河童』など。（一八九二〜一九二七）

がったり

①かたい物どうしが激しくぶつかったり、揺れたりして出る音。また、その様子。あるいは、物が急に落下したり転倒したりする様子。「がたり」より勢いのよい衝突や接触時に使う。江戸時代頃から一般に使われていた語。「天窓(あまど)の上でガッタリ音して」(泉鏡花『国貞ゑがく』)、「引返して、がったりと倒れるように」(中里介山『大菩薩峠』)

②急激に弱ったり、衰えたり、落ち込んだりする様子。マイナス方向の変化にしか使えない。「身体も心も、急にガッタリする。帰るのが、イヤになるほど疲れている」(小林多喜二『防雪林』)。衰退して、近年ではあまり見られなくなった用法。

◇**類義語**「がっくり」「めっきり」

共に②の類義語。「がっくり」はほぼ同義。しかし、現在では「がっくり」の使用数が圧倒的に多い。「めっきり」は著しい変化を表す。「がったり」とは異なり、変化の方向がマイナスとは限らない。

◆**参考**「がったり」を使った語に「がったり落ち」がある。一見して分かるほどに、ひどく劣っている様子。「お前は兄さんに較べると…ガッタリ落ちがします」(佐々木邦『愚弟賢兄』)

(佐藤有紀)

かったん

軽くてかたい物が、一度ぶつかったり、揺れ動いたりして出る音。また、その様子。「表で木戸がカッタンと音を立てた」。大正期頃現れた語。

◇**類義語**「かったんこっとん」

一度だけ音を立てる「かったん」に対し、「かったんこっとん」は二種類ほどの混ざった複雑な音が、繰り返し続くことを表す。「風車が…かったんこっとんと呑気らしく音を立てて廻っていた」(有島武郎『或る女』)

(佐藤有紀)

がったん

①ある程度重量のあるかたい物が、一度激しく揺れ動いて出る音。「がったん、電車は、ひとつ大きくゆれて」(太宰治『狂言の神』)

②物事がマイナス方向に急激に変化する様子。急に弱ったり、衰えたりする時に使う。

◇**類義語**「がったんがったん」

①の類義語。間隔を空けながらも動作、音が繰り返される感じ。「ガッタンガッタン機械の動いている隣のへや」(山本有三『路傍の石』)

(佐藤有紀)

❖**泉鏡花** →P.8
❖**中里介山** 小説家。明治三九年都新聞社に入社し、大正二年から『大菩薩峠』を執筆。大衆文学に大きな影響を与える。作品はほかに『黒谷夜話』『百姓弥之助の話』など。(一八八五～一九四四)
❖**小林多喜二** →P.13
❖**佐々木邦** 小説家。大学で英米文学を教えながら小説を執筆。マーク＝トウェインの影響を受けた、近代的ユーモア小説で知られる。作品『いたづら小僧日記』『愚弟賢兄』など。(一八八三～一九六四)
❖**有島武郎** →P.12
❖**太宰治** →P.20
❖**山本有三** →P.30

かっちかっち

①アナログ時計の針が進む音。「壁にかけた柱時計がカッチカッチと進む」

②スイッチが入ったり切れたりを繰り返す音。「自動車のウインカーがカッチカッチいう」

③非常にかたく凝り固まった様子。「かち」を強めた「かっち」を更に重ねて意味を強めたもの。「かっちかち」と言うことが多い。「地面に積もった雪が踏み固められてかっちかっち(かっちかち)になっている」

(矢田　勉)

がっちゃん

金属などのかたく重い物がぶつかって発する音。「ガッチャンと烈しい音と共に車体が大きく波を打って止まった」(志賀直哉『正義派』)

◆類義語「かっちゃん」

「かっちゃん」は「がっちゃん」よりも軽い物がぶつかったときの、軽い微かな音を表す。

◆参考　将棋では、「相懸かり腰掛け銀」という銀を取りあう戦法を、金属のぶつかる音から通称「ガッチャン銀」という。

(矢田　勉)

かっちり

①小さくてかたい物が軽くぶつかって発する澄んだ小さな音。「錠前に鍵がさし込まれると、かっちりと音がした」。狂言「丼礑(どぶかっちり)」では、小石が川底にあたってたてる音を表す。

②物と物とが隙間なく接している様子。「上と下で二人の視線がカッチリと出会った時、妙に表情の硬ばるのを意識しながら、太田は強いて笑顔を作った」(島木健作『癩』)

③物や体などが引き締まっている様子。「細長いかっちりした薄紫の鈴――桐の花です」(岡本かの子『五月の朝の花』)、「太っては居なかったが、かっちりした身体で」(武者小路実篤『お目出たき人』)

④しっかりしている様子。きちんとしている様子。「煙ったい暗黒の中に丁子だけがかっちりと燃え残っていた」(有島武郎『星座』)

⑤物事をきちんと記憶している様子。頭の中がしっかりと整理されている様子。「どのピッチャーがいつ何球投げているか。そんなこともかっちり頭に入っているような人だった」(日刊スポーツ00・12・22)

(矢田　勉)

がっちゃん　トラックで運ぶと、車の揺れで電気製品がぶつかり合う。

(松本零士『男おいどん』より)

◆志賀直哉　→P.39

◆島木健作　小説家。農民運動から共産党に入党。その後検挙され、転向。獄中体験を綴った『癩』『盲目』で注目される。作品はほかに『再建』『生活の探求』など。(一九〇三〜一九四五)

◆岡本かの子　→P.91

◆武者小路実篤　→P.466

◆有島武郎　→P.12

がっちり

①物と物とが隙間なく、強固に結びついている様子。また、人と人との結びつきの強い様子。「プレート同士が面的にガッチリ嚙み合っているため、ある時期までは、その摩擦力によって上側のプレートは一方的に下へと引っ張られる」(週刊現代00・12・16号)、「面倒な反面、地域でこれだけがっちりスクラムを組んでいると安心な面もあるとのこと」(朝日新聞01・1・03)

②きちんとしている様子。抜かりのない様子。「なあに、うまくいきますよ。自分さえがっちりしてれあ、なんでもないんだ」(❖太宰治『彼は昔の彼ならず』)、「がっちりとこなして、今世紀の展望を開きたいところだろう」(朝日新聞01・1・03)

③体格が筋肉質で強そうな様子。「彼は五十五六の年輩の、硬い口髯も頭髪も三分通り銀灰色で、骨格のがっちりした厳つい紳士であった」(❖徳田秋声『縮図』)、「男は、色白でがっちりしたタイプで、黒のジャンパー、黒のズボン姿だった」(朝日新聞00・12・31)

④物をしっかりと握ったりつかんだりする様子。「その首筋をがっちりつかみ、ペンチで針をはずす」(週刊現代00・12・9号)

⑤ケチである様子。金銭や物をしっかりと握って離さないことの比喩から。「彼女は金銭に対してばかりでなく、自分の身体に対してもガッチリ構えているという評判であった」(❖高見順『故旧忘れ得べき』)

⑥⑤の意味から転じて、金もうけにさとい様子。金銭感覚に鋭敏である様子。「がっちり儲ける」、「がっちり買いましょう」

◆**参考** ⑤の意から、ケチ・しわい屋の意味の「がっちり屋」という侮蔑語ができた。 （矢田 勉）

かっちん

軽くかたい物がぶつかって発する、澄んだ小さな音。特に時計の針が進む音。「かちん」に強調の促音が加わったもの。「とけいは あさから かっちんかっちん」(唱歌「とけいのうた」)

◇**類義語**「がっちん」

「がっちん」は、より大きくて鈍い音を表す。

◆**参考** 舞台・放送などの業界用語で、事情により終了時間が決められていて、延長が出来ない状態を「けつかっちん」という。 （矢田 勉）

❖**太宰治** 小説家。井伏鱒二に師事。昭和一〇年に『逆行』が芥川賞候補になるなど、戦前から作家として知られる。戦後、坂口安吾などとともに無頼派と呼ばれ、『斜陽』『桜桃』などで流行作家となる。作品『ヴィヨンの妻』『津軽』など多数。(一九〇九〜四八)

❖**徳田秋声** 小説家。尾崎紅葉に師事。明治二九年『藪かうじ』を発表。以降、『新世帯』『黴』などで自然主義文学を代表する作家となる。作品はほかに『仮装人物』『縮図』など。(一八七一〜一九四三)

❖**高見順** 小説家・詩人。学生時代から左翼運動に参加、その後転向。『故旧忘れ得べき』が芥川賞候補となり、文壇にデビュー。戦後は日本近代文学館の創設に尽力、初代館長。作品『いやな感じ』『死の淵より』(詩集)など。(一九〇七〜六五)

がっちん

重くかたい物がぶつかって発する、濁った大きな音。「廊下を曲がったところで、出会いがしらに頭と頭をがっちんとぶつけた」

◆**参考** 川石に別の石をぶつけたり、ハンマーで叩いたりして、ショックで失神した魚を取る漁法を、俗に「ガッチン漁」という。また、人と人、特に頭と頭がぶつかることを幼児語で「がっちんこ」という。同じく「がっちんこ」を、芸人の隠語ではせりふを忘れることに用いる。（矢田 勉）

がつっ

①かたい物どうしが激しくぶつかる時の音、またはその様子。「壁に頭をがつっとぶつけた」

②精神的または肉体的に衝撃を受けたり、与えたりする時の様子。「がつっと注意された」

◇**類義語**「ごつっ」「がつん」

共に①の類義語。「がつっ」よりも「ごつっ」の方が、低く鈍い音を表す。「がつっ」が食い込んで静止する感じを表すのに対して、「がつん」は響きわたる感じを表す。（間宮厚司）

がっつん

①かたい物どうしがぶつかる時に響く音、またはその様子。「車にがっつんと追突された」

②精神的または肉体的に衝撃を受けたり、与えたりする時の様子。「がっつんと殴られた」

◇**類義語**「がつっ」

「がつっ」は①②の類義語。「がっつん」がぶつかるなどした時に響く感じの余韻を表すのに対して、「がつっ」はぶつかるなどした時に食い込んで静止する印象を表す。（間宮厚司）

がっぷり

①十分に組み合う様子。「がっぷり四つ」の言い方が多い。「オスのけんかは、まるでがっぷり四つに組んだ相撲のようだ」（日本経済新聞00・12・27）

②大きく口を開けてかみつく様子。「くちばしを一ぱい広げてがっぷり枝先に喰いついた鴉が」（❖島尾敏雄『夢の中での日常』）

◆**参考**「がっぷり」というと、①の例がほとんどで、②の例は珍しい。大きく口を開けてかみつく場合は、「がぶり」を用いるのが普通。（間宮厚司）

❖**島尾敏雄** 小説家。敗戦時は特攻指揮官。そのときの、生死の境に生きる人間を見つめた小説が『出孤島記』『出発は遂に訪れず』『その夏の今は』の三部作。作品はほかに『死の棘』『夢の中での日常』など。（一九一七〜一九八六）

かっぽかっぽ

かたい道を歩行する時に、馬のひづめや木履(ぼくり)（木製の履物(はきもの)）などが発する音、またはその様子。「馬の親子がかっぽかっぽと歩く」

◆**類義語**「かぽかぽ」

「かぽかぽ」の方が「かっぽかっぽ」よりも、急いだ感じで歩く時に発する音を表す。

◆**参考**　鳥取県の方言「かっぽかっぽ」は、大口で食べる様子を表す。また、青森県の「かっぽぐ」には、急いで食べる意がある。（間宮厚司）

がっぽがっぽ

金品が続けてたくさん入ったり、取られたりする様子。「書き入れ時に、がっぽがっぽともうける」「毎年、多額の税金をがっぽがっぽとられる」

◆**類義語**「がっぽり」

「がっぽがっぽ」が金品が次々と出入りする様子を表すのに対して、「がっぽり」は一度にたくさん出入りする様子を表す。

◆**参考**　新潟県の方言「がっぽ」には、人のことを気にせずすぐ行動する人の意がある。（間宮厚司）

がっぽり

金品を一度にたくさん手に入れたり、逆に持っていかれたりする様子。「副収入がっぽり入るなどの金満日です」（日刊スポーツ00・12・15）、「確定申告で税金をがっぽりとられた」

◆**類義語**「がぽがぽ」「がっぽがっぽ」

「がぽがぽ」は「がっぽり」よりも勢いよく連続的に金品をたくさん手に入れたり、持っていかれたりする様子を表す。「がっぽがっぽ」は「がぽがぽ」以上に迫力がある。（間宮厚司）

かつん

①かたい物どうしがぶつかった時のはじけるような音、またその様子。「靴の音がかつんと響いた」②ショックを受け、頭にくる時の様子。「教えたろうという態度で来よる。これがいかん。カツンときます」（開高健❖『青い月曜日』）

◆**類義語**「がつん」

①の類義語。「がつん」の方が「かつん」よりも強烈。これは「かちん—がちん」や「こつん—ごつん」などと同じ関係。（間宮厚司）

❖**開高健**　小説家。寿屋（現・サントリー）宣伝部のコピーライターをへて、昭和三二年、『裸の王様』で芥川賞受賞。作品『輝ける闇』『ロマネ・コンティ・一九三五年』など。（一九三〇〜一九八九）

がつん

①かたい物どうしが激突した時に出る大きな音、またその様子。「ヘッドがボールにガツンと当たってグリーンオーバー」(週刊現代00・12・9号)

②精神的または肉体的に強い衝撃を受けたり、与えたりする時の様子。「(釣りで)ガツン！　と確かな手ごたえ」(日刊スポーツ00・12・28)

◇**類義語**「ごつん」

①の類義語。「ごつん」の方が「がつん」よりも低くて鈍い音、またはその様子を表す。(間宮厚司)

かぱかぱ

①靴などが大きすぎる様子。「靴が大きすぎるとカパカパするから」(朝日新聞00・4・4)

②多量の液体をコップなどで次々に飲む様子。「かぱかぱとビールを飲む」

◆**参考**　もとは「ひからびた血で薄絹地はかぱかぱになっていた」(岡田三郎❖『血』)のように、干からびてこわばった様子を表したが、「がばがば」と音が類似しているためか、最近では①②の意味で用いるようになった。(小柳智一)

がばがば

①入る中身に比べ、それを入れる物のサイズが大きすぎ、全く合わない様子。「(服が)新品の時はいつもがばがばで服に着られているようだ」(朝日新聞99・3・11)

②革やゴムなどで作られた物が出す、こわばったような感じのある音。「ガバガバと威勢の好い長靴の音が聞えて来た」(上林暁❖『野』)

③大量の液体が勢いよく流れ込んだり揺れたりする音。また、大量の酒を流し込むようにして飲む様子。「(酒は)がばがば飲めばいいというわけではないのだ」(AERA99・10・11号)

④金銭などの物が大量に次から次へと手に入る様子。放っておいても物の方から飛び込んでくる感じがある。③から派生した用法だろう。「税金がガバガバ入る」(朝日新聞91・9・7)

◇**類義語**「がばっ」

「がばっ」は③④の類義語で、一気に大量の物が動く様子を表す。

◆**参考**　江戸時代から見られる語。「がばがばと。駕籠(かご)から漏れて流るる血は」(浄瑠璃『博多小女郎波枕❖』)(小柳智一)

❖**岡田三郎**　小説家。『文章世界』編集のかたわら小説を書く。大正一〇年渡仏、帰国の後、日本に初めてコント文学を紹介。同一四年『文芸日本』を創刊。作品『巴里』『伸六行状記』など。(一八九〇〜一九五四)

❖**上林暁**　小説家。昭和七年『薔薇盗人』でデビュー。おもに私小説畑を歩みながら、戦後、『聖ヨハネ病院にて』などの、一連の病妻ものを発表。作品『安住の家』『白い屋形船』など。(一九〇二〜一九八〇)

❖**博多小女郎波枕**　江戸時代の浄瑠璃。近松門左衛門作。享保三年(一七一八)初演。

がばっ

①体勢が突然大きく変わる様子。起き上がったり伏せたりする時などに用いる。「いきなりガバッと彼の胸に抱きついた」(週刊現代00・12・9号)

②主に、金銭やゴミなどの比較的小さな固体が大量に一気に動く様子。「ごみがたまったところでガバッと捨てた」(リポート笠間98・10・20号)

◆参考 鎌倉時代から見られる語。古くは「がはと」といい、落ちる場合などにも用いた。「がはと落ちた」(『❖日葡辞書(にっぽじしょ)』)

(小柳智一)

がはは

主に男が勝ち誇ったり自慢げにふるまったりして、大口を開け高らかに笑う時の声。やや下品だが、寛大で豪快な人柄であることを感じさせる。「それにしても小泉はエエ。何せ顔がしっかりしとる、ガハハ」(週刊文春01・8・16合併号)

◆類義語「がっはっはっ」

「がはは」よりもリズミカルで、余裕が感じられる。「鬼に金棒、心配ないわ。ガッハッハッ」(週刊文春01・8・16合併号)

(小柳智一)

がばり

多量の水などが勢いよく一気に移動する様子。しぶきが飛んだり泡だったりして、荒々しい様子を表す。ただし、現代ではほとんど用いない。「伊十郎は、蕎麦を一つ、がばりとその丼へあけた」(❖子母沢寛『おとこ鷹』)

◆類義語「がばっ」

「がばっ」も大量の物が一気に移動する様子を表すが、主に小さな固体(たとえば金銭など)が大量に動く場合に用いる。

(小柳智一)

がぶがぶ

大量の液体を音を立てて勢いよく飲む音。また、その様子。一刻も早く渇きを癒そうとして、貪るように飲む感じがある。飲む液体は特定しておらず、水を飲む場合にも酒を飲む場合にも用いる。「安美がポットの麦茶をついだ。萬田はそれをガブガブ飲んだ」(朝日新聞00・12・4)

室町時代から見られる語。古くは、水や舟が大きく揺れ動く時の音や様子も表した。室町時代の『❖日葡辞書(にっぽじしょ)』は「がぶがぶとする」を、「舟がひどく

❖日葡辞書 一七世紀初頭の、ポルトガル語で説明した日本語辞書。イエズス会の宣教師によって成る。室町末期の口語を中心に方言、文書語、歌語、女性語など、三万余語を収録。慶長八～九年(一六〇三～〇四)刊。

❖子母沢寛 小説家。読売新聞記者から、東京日日新聞社(現・毎日新聞社)に移籍。昭和三年、『新選組始末記』を出版、作家生活に入る。作品『逃げ水』『父子鷹』など。(一八九二～一九六八)

揺れる」ことを表す「がぶつく」「がぶめく」と同義としている。また、「かぶかぶ」「がぷがぷ」ということもあった。「あつき茶をかぶかぶとのんで」(咄本『当世口まね笑』)、「ガプガプドクンと呑みかける」(仮名垣魯文『西洋道中膝栗毛』)

なお、「がぶがぶ」と飲むことを表す語に「がぶ飲み」がある。「ウィスキーを瓶からがぶ飲みしたりする」(小沢征爾『ボクの音楽武者修行』)

◇類義語「がぶり」「がばがば」「がぼがぼ」「ぐびぐび」「ごぼごぼ」

「がぶり」は一息で多量の液体を飲み込む様子を表す。「がばがば」と「がぼがぼ」は大量の液体が勢いよく流れる音または様子を表す。「ぐびぐび」は「がぶがぶ」と同じく大量の液体を飲む様子を表すが、一飲み一飲み喉を鳴らす感じがあり、専ら酒を飲む場合に用いる。やや下品な印象を伴う表現である。「ごぼごぼ」は大量の液体が湧き出る音または様子を表し、気味の悪さを伴う。

◆参考「g—b」という子音の組み合わせをくり返した「がぶがぶ(gabugabu)」「がばがば」「がぼがぼ」「ぐびぐび」「ごぼごぼ」は、大量の液体が勢いよく動く音または様子を表し、あまり品のよい表現ではないという共通性がある。

(小柳智一)

がぶり

①大口を開けて一息に噛みつき、物に強く歯を食い込ませる様子。「六蔵はがぶりと煙管を噛みながら」(宮部みゆき『天狗風』)

②口いっぱいに入れた物を一息で飲み込む様子。「津田得治はビールをがぶりと呑んでから身を乗り出した」(筒井康隆『残像に口紅を』)

かつては大量の液体が大きく揺れる音または様子も表した。「がぶりと風呂の音をさせて立ちながらいった」(長塚節『土』)。また、「かぶり」ということもあった。「冷めた茶碗を…、取って陰気に一口かぶりと呑むと」(泉鏡花『日本橋』)

◇類義語「がぶっ」

「がぶっ」は①の類義語で、瞬間的に噛みつく様子を表す。「一気にガブッとやってよぉ、よーく噛むのさ」(DIAS02・2・7号)

◆参考「がぶり」は、物に噛みついたり囓ったりすることを表す「かぶる」(「かぶりつく」の「かぶり」)と関係があると考えられる。また、相撲で力士が組み合うことを「がっぷりと四つに組む」というが、この「がっぷり」は「がぶり」の①から派生したものだと思われる。

(小柳智一)

がぶり 獅子舞の獅子に一息に噛みつかれる。

(赤塚不二夫『おそ松くん』より)

❖当世口まね笑 江戸時代の咄本。一笑軒著。延宝九年(一六八一)頃刊。

❖仮名垣魯文 戯作者・新聞記者。明治四年の『牛店雑談 安愚楽鍋』が評判となり、その後『仮名読新聞』『いろは新聞』を創刊。新聞小説でも活躍した。作品『滑稽富士詣』『万国航海 西洋道中膝栗毛』など。(一八二九〜一八九四)

❖小沢征爾 →P.283
❖宮部みゆき →P.142
❖筒井康隆 →P.27
❖長塚節 →P.21
❖泉鏡花 →P.8

かぽかぽ

内に空洞のある物や軽い物が何かに当たって立てる、明るく響く音。のどかさや微笑ましさを伴う表現である。たとえば、かたい地面を急がずに進む馬の蹄の音や、木履(ぽっくり)の音や、木製の容器が軽く当たる音など。「馬は…カポカポと歩を進めるたびに、身につけた約五百個の鈴の音をシャンシャンと響かせた」(朝日新聞97・6・17)、「ししにカポカポと頭をかんでもらい、一年の幸福を祈る新年行事だ」(朝日新聞98・1・7)　(小柳智一)

がぼがぼ

①大量の液体がぶつかり合いながら流れる時の激しい音。また、そのようにして大量の液体を飲む様子。「ホースを口に突っ込まれ、ガボガボと水を入れられた」(朝日新聞91・6・4)

②腹の中で音がするくらい、水分を取りすぎた様子。主に「腹ががぼがぼになる」の形で用いる。「お茶を飲み過ぎておなかがガボガボになったことも」(朝日新聞88・9・18)

③中身に対して包んだり覆ったりする物が大きすぎる様子。「ウェストががぼがぼの服」

④金銭などの物が大量に次から次へと入ってくる様子。「がぼがぼ金が入る」

◆**類義語**「がばがば」「がっぽがっぽ」

「がばがば」は①〜④の類義語。「がぼがぼ」よりも量が多かったり流れが速かったり隙間が大きかったりと、表す様子の程度が大きい。「がっぽがっぽ」は④の類義語で、大量の物が弾みをつけるようにして勢いよく次々入ってくる様子を表す。「おめえ、ガッポガッポ、カネが儲かるぞったら」(柳家小三治❖『ま・く・ら』)　(小柳智一)

がぼりがぼり

大量の液体が大きな音を立てながら勢いよく流れる様子。切れめなく流れるのではなく、一かたまりずつ区切られる流れが次々に動く様子を表す。「これらの応援団の声援裡に、ガボリガボリとビールを飲んで」(古川緑波❖『苦笑風呂』)

◆**参考**「がぼりがぼり」と「がぼがぼ」、「くるりくるり」と「くるくる」のように、「り」を含む語は明確な区切れのある様子を表し、「り」のない語は切れめのない様子を表す。　(小柳智一)

❖**柳家小三治(十代目)**　落語家。昭和三四年、五代目柳家小さんに入門。同四四年、真打に昇進。十代目柳家小三治となる。正統派古典落語を継承する代表的落語家の一人。(一九三九〜)

❖**古川緑波**　俳優。劇評家としての才能に加え、声色を声帯模写と名づけて芸風を確立。昭和八年「笑の王国」を結成し、榎本健一と人気を二分した。著作『古川ロッパ昭和日記』など。(一九〇三〜六一)

山口仲美の擬音語・擬態語コラム③

もとは擬音語！
――名前のルーツ

タンポポの茎の両端を裂いて水につけると、鼓の形に。鼓の音色は？　茎の中に糸や針金を通すと、水車にも。

擬音語は、とかく幼稚な言葉と思われがち。だが、実際は、言葉のルーツにかかわる重要な言語。

まずは、「たたく」「ふく」「すう」という動詞。これらの語は、それぞれ「タッタッ」「フー」「スー」という擬音語をもとにして作られた語である。末尾の「く」は、動詞化するための接辞。

動物の名前も擬音語に由来するものが多い。カラス、ウグイス(昔はウグヒス)、ホトトギス、カリ。みな擬音語からできた鳥の名前。カラス・ウグヒス・ホトトギスは、鳴き声を写す擬音語「カラ」「ウグヒ」「ホトトギ」に、鳥であることを示す接辞「ス」が付いてできた名前。カリは、鳴き声を写す「カリカリッ」が、そのまま名前に。ネコやヒヨコという名前も、擬音語から。ネコは、「ネーネー」鳴く可愛い「コ」、ヒヨコは、「ヒヨヒヨ」鳴く可愛い「コ」である。「コ」は、可愛いものにつける接辞。

植物の名前も、擬音語に由来するものがある。ペンペン草とタンポポ。ペンペン草は、果実の形が三味線の撥(ばち)に似ていることから、三味線の音を連想して名づけられた。ペンペンは三味線の音色を写す擬音語である。タンポポも、鼓の音を写す擬音語に由来すると推測される。掛け声とともに打ち鳴らされる小鼓の音は、「タン」とか「タッ」と強く高らかに鳴り、「ポ」と低く暖かい音色を発する。小鼓の演奏を口で唱えて覚える時の楽譜も、高く強い音は「タ」、低く強い音は「ポ」で表す。タンポポという語が現れるのは、小鼓の活躍した室町時代から。また、タンポポ遊びで茎の両端を細く裂いて水につけると、反り返ってまさに小鼓の形。つまり、形が楽器を思い起こさせ、楽器の音色を表す擬音語が、植物の名前になったのである。

がみがみ

何かにつけていつも、口うるさく文句や小言を言ったり、叱ったりする様子。相手の言い分を全く聞かず、一方的にまくし立てる感じがある。「あのガミガミうるさい山内のババアの文句」(週刊現代00・12・9号)

江戸時代から見られる語。「ふだんがみがみ言はずと、悪いことがあらば、ためて置いて、いっしょに叱ったがよい」(咄本『聞上手』)

◆類義語「ぶーぶー」「ぶつぶつ」

「がみがみ」が上位者が下位者に対して文句を言う様子であるのに対して、「ぶーぶー」は下位者が上位者に対して不平・不満を言う様子を表す。「ぶつぶつ」は誰かに対してというよりも、独り言のように不平・不満を言う様子。

■参考「がみがみ」の「がみ」は、獣が歯をむき出して唸る意の「いがむ」(「あの二人はいつもいがみ合っている」)の「いがみ」や、「嚙む」(「あいつは人の言ったことにすぐ嚙みつく」)などの「かみ」と関係があるか。他に、「あなかま(=ああうるさい)」「かまびすしい」などに見られる「かま」と関係があるとする説もある。

(小柳智一)

がやがや

大勢の人が口々に話す声。「弓をもった五、六人の警吏たちが、がやがやと話をかわしながら続いていた」(遠藤周作『沈黙』)。また、話し声で騒がしい様子やにぎやかな様子も表す。「宴会のがやがやした雰囲気も嫌いだ」(AERA02・1・21号)

◆類義語「ざわざわ」

「ざわざわ」も大勢の人の話し声を表すが、騒がしい感じやにぎやかな感じが伴う「がやがや」に対して、「ざわざわ」は落ち着かない感じが伴う。また、各人各様の話題で話している感じの「がやがや」に対して、「ざわざわ」はある対象を見聞きした意外さが人々の話題になる場合がある。例えば、野球の観客は、突然のピッチャー交代に「がやがや」ではなく「ざわざわ」する。

■参考 江戸時代に現れる語。古くは清音「かやかや」で表した。平安時代の『源氏物語』には、「御随身どもかやかやと言ふを制したまひて」とある。江戸時代になっても、『浮世床』に、「外の方にかやかやかと音して」と使われ、江戸末期のヘボンの和英辞書『和英語林集成』では、カヤカヤとガヤガヤを同じ語としている。

(吉田永弘)

❖聞上手 江戸時代の咄本。小松屋百亀編。江戸の笑い話愛好者の集まり(「咄の会」と呼ばれた)に寄せられた創作小咄を集めたもの。当時の江戸語、特に話しことばの資料としても有益とされる。安永二年(一七七三)刊。

❖遠藤周作 →P.240
❖源氏物語 →P.194
❖浮世床 →P.102
❖和英語林集成 →P.16

がみがみ 上位者が下位者に対して小言を言う場合は、「がみがみ」。下位者が上位者に対して不平・不満を言う場合は、「ぶーぶー」。

(赤塚不二夫『おそ松くん』より)

からから

①かたい物が、繰り返し、回ったり、転がったりする時に発する軽い感じのする音。「ラムネの瓶がからから鳴った」(太宰治『魚服記』)

②高笑いをしている声。「何者かからからと笑う声して夢は醒めたり」(夏目漱石『薤露行』)

③水分がなくなり乾いた様子。「口の中がカラカラに乾いた」(藤原正彦『若き数学者のアメリカ』)

④物の中に何もない様子。③の意が転じたもの。「からからにした甕の底に川砂を入れ、スッポンに卵を産ませておった」(井伏鱒二『黒い雨』)

◆類義語「からっ」「からり」「がらがら」

「からっ」「からり」は①③の類義語。繰り返して音がする「からから」に対して一回の音を表す。「からっ」は瞬間的な音、「からり」はゆっくりとした動きで出る音。また、単に乾いた様子を表す「からから」に対して、「からっ」「からり」は好ましい状態に乾いた様子を表す。「がらがら」は、①③④の類義語。「からから」よりも程度が大きくなり、重い物が発する音、ひどく乾いた様子、広い空間に人や物が少なくて、空いた状態を表す。

◆参考 ①②と③④は全く関係のない別語。①②は高く軽い音を表し、アクセントは「からから」。平安時代から現れる。金属製の杯が触れ合う音を表した「からからと鳴らしつつ」(『源氏物語』)の例がある。「からからと笑ひ給へば」(『平家物語』)は②の例。この高笑いの表現は、江戸時代には「かやかや」でも表した。「大きやかなる声でかやかやと笑て」(『浮世床』)。一方、③④は水分・物がなくなった状態を表し、アクセントは「からから」。③は江戸時代、④は昭和になって現れる。③について、江戸時代の『俚言集覧』では「笑声」とともに「乾燥貌(=乾いた様子)」と説明する。

(吉田永弘)

がらがら

①かたい物が繰り返し回ったり転がったりする時や崩れ落ちる時に出る重い感じのする大きい音。「ナップザックの中身ががらがらと音を立てて揺れていた」(村上春樹『世界の終りとハードボイルド・ワンダーランド』)。また、堅固な気持ちが崩れていく様子。「恋愛が崩れると、ガラガラと自分が崩れてしまうような」(女性自身00・12・19号)

玩具の「がらがら」は、手で持って振ると「がらがら」と音がするところからの命名である。

がらがら 手で持って振るときに出る音「がらがら」が、そのまま玩具の名前に。

❖太宰治 →P.20

❖夏目漱石 →P.8

❖藤原正彦 数学者・エッセイスト。昭和五三年『若き数学者のアメリカ』で日本エッセイスト・クラブ賞受賞。数学者の感性でとらえた、端正な文体のエッセイに定評がある。著作『数学者の言葉では』『遥かなるケンブリッジ―数学者のイギリス』など。(一九四三〜)

❖井伏鱒二 →P.7

❖源氏物語 →P.194

❖平家物語 →P.74

❖浮世床 →P.102

❖俚言集覧 →P.321

❖村上春樹 →P.94

②引き戸などの開閉時に出る音。「女将が格子戸をガラガラと開けた」(赤川次郎『女社長に乾杯!』)。また、車が回る時に出る音。「ガラガラと真鍮の車をまわしていた」(林芙美子『放浪記』)

③うがいをする時の音。「白濁した硫黄分の湯をガブッと口にふくんで、ガラガラと喉を鳴らし」(石坂洋次郎『石中先生行状記』)

④周囲に憚ることなく、大声で話したり笑ったりする様子。また、無遠慮でがさつな様子。「手前は人間はガラガラしていて、まことに出来のよくねえ野郎だが」(野村胡堂『七人の花嫁』)

⑤声がしわがれている様子。「木枯らしのような、がらがらした声」(林不忘『丹下左膳』)。また、乾いた様子。「ガラガラに乾してある煎じ薬」(林芙美子『放浪記』)

⑥空間の中に人や物が少ししか入っていなくて空いている状態を表す。「道路がガラガラだったせいだ」(週刊現代00・12・23号)

◆**類義語**「がらっ」「がらり」「がらん」

「がらっ」「がらり」は①②の類義語。繰り返しの音を表す「がらがら」に対して一回の音を表す。「がらっ」は瞬間的な動作の時の音で、「がらり」はゆっくりした動作の時の音。また、「がらっ」「がらり」は戸を開ける場合に限られる点で、開閉どちらにも用いる「がらがら」とは異なる。「がらん」は①⑥の類義語。一回の音で響く感じ。また、「がらがら」より空間内が広々とした感じが伴う。

◆**参考** ①②③は室町時代、④は江戸時代、⑤⑥は明治期から例がある。古くは「ぐわらぐわら」という語もあり、「がらがら」とは使い分けていた。『日葡辞書(にっぽじしょ)』「ぐゎらぐゎらと」の項には、「石山が崩れ落ちたり、雷が鳴ったりする様子」とあり、「がらがらと」の項には、「振鈴・鈴・将棋の駒・胡桃などが鳴る音」とある。 (吉田永弘)

からころ

かたい物が転がるような感じで発する音。下駄で歩く音を表すことが多い。「からころと車輪が鳴る」(太宰治『陰火』)、「凍てた表にからころとさむい足駄の音がする」(金子みすゞ「元日」)

◆**類義語**「からんころん」「からりころり」「がらりごろり」「からころり」「からこん」

「からんころん」は響く音。「からりころり」はゆっくりと。「がらりごろり」は重くゆっくりと。「からころり」「からこん」はやや古い表現。 (吉田永弘)

❖赤川次郎 →P.39

❖林芙美子 →P.25

❖石坂洋次郎 →P.34

❖野村胡堂 →P.77

❖林不忘 小説家・翻訳家。林不忘のほかに谷譲次、牧逸馬のペンネームを持つ。林不忘の名で『丹下左膳』などの時代物、谷譲次の名で『テキサス無宿』などの「めりけん・じゃっぷ」物、牧逸馬の名で『地上の星座』など推理・家庭物を執筆。(一九〇〇～三五)

❖日葡辞書 →P.15

❖太宰治 →P.20

❖金子みすゞ 童謡詩人。『金の星』『童話』などに童謡を投稿。西条八十に認められ、多くの童謡を発表したが夫に反対され、筆を絶った後、自殺。昭和五七年、矢崎節夫によって遺稿五一二編が発見され『金子みすゞ全集』として出版。(一九〇三～三〇)

からっ

①好ましい状態に乾いたり、揚がったりした様子。「あっちは、廓(から)っとして、書斎より心持が好(い)いから」(夏目漱石❖『虞美人草』)、「からっと揚がった天ぷら」(日刊スポーツ00・12・13)

②空がさわやかに晴れわたった様子。「向うには栗駒山が青く光って、カラッとしたそらに立っていました」(宮沢賢治❖『化物丁場』)

③こだわりがなく、さわやかである様子。特に人の性質について用いることが多い。「気性はからっとして陽気だが、大女で器量はよくない」(藤沢周平❖『囮』)、「強くてカラッとした恋をできる女性が美しい」(Hanako00・12・27号)

④物事の状況・状態などが、急に変わる様子を表す。「それからというものは様子ががらっと変って終うた」(伊藤左千夫❖『野菊の墓』)

◆**参考** 近代に現れる語。①②の用法を人の性質にも使ったのが③の用法。いずれも好ましい印象を持って使われる。そのため「カラッティ」(松下電器)のように除湿機の商品名にもなる。単なる乾いた状態には「からから」を用いる。④は現在では「がらっ」を使うことが多い。

(吉田永弘)

がらっ

①かたい物が瞬間的に崩れたり転がったりした時に発する重い感じのする音。「倉地はがらっと箸を膳に捨てながら」(有島武郎❖『或る女』)

②引き戸・障子・襖などが急に勢いよく開く音。「ガラッとフスマを開けられると、たまらない気持ちになりますよね」(SPA!00・12・27号)

③物事の状況・状態が急に変わる様子。「がらっと変わって明るくなった」(朝日新聞00・12・24)

近代になって現れる語。①は例が少ない。

◇**類義語「がらがら」**

「がらがら」は①②の類義語。繰り返し鳴る音を表す。②の用法では、開く時の音に限られる「がらっ」に対して閉める時の音にも使える。

◆**参考** 言動が粗野な人のことを「がらっぱち」と言うが、物が崩れたような粗雑な感じを表す「がら」に、騒がしい人の意を表す「はち」が結びついてできた語だろう。「はち」は江戸時代に上方で使われた。「はちとは、かしましき人」(『新撰大阪詞大全❖』)とある。なお、「うそっぱち」の「はち」は「嘘八百」に由来するもので、「がらっぱち」の「はち」とは関係のない語である。

(吉田永弘)

がらっ 引き戸を開け、馴染みの客がやってきた。

(うえやまとち『クッキングパパ』より)

❖**夏目漱石** →P.8
❖**宮沢賢治** →P.34
❖**藤沢周平** →P.228
❖**伊藤左千夫** →P.28
❖**有島武郎** →P.12
❖**新撰大阪詞大全** 江戸時代の方言書。著者未詳。当時の大坂方言をいろは順に並べて、その意味を「いけずとは　わるい人」のように簡単に説明したもの。天保一二年(一八四二)刊。

からり

①かたくて軽い物が触れ合ったり転がったりして発する音。転がる場合はゆっくりと一回転するような感じを伴う。「カラリと槍を捨てて其の場に平伏した」(林不忘❖『丹下左膳』)

②引き戸・障子・襖などが軽い感じで開く音。「からりと障子をあけ後ろ手で閉めた」(司馬遼太郎❖『国盗り物語』)

③物が好ましい状態に乾いたり揚がったりしている様子。「熟練の職人技でからりと揚がった江戸前の天ぷら」(Hanako00・12・20号)

④湿度が低く、空がさわやかに晴れわたっている様子。また、広々としている様子。「からりと晴れた空」(林芙美子❖『放浪記』)、「前方の眼界がからりとひらけて」(太宰治❖『右大臣実朝』)

⑤物事の状況・状態などが、急に変わる様子。「半助の声の調子がからりと変った」(尾崎士郎❖『人生劇場青春篇』)

⑥こだわりがなく、さわやかである様子。主に人の性質について用いる。「一行の気持ちは何ということなくからりとしていた」(壺井栄❖『暦』)

◇**類義語**「からっ」

「からっ」は③～⑥の類義語。「からり」よりも瞬間的にその状態になったという印象を与える。「からり」の①の用法に対して「からっ」を使うと、「からり」よりもすばやい動きで出る音を表すが、使われることは少ない。また、「からり」「ころり」「ぐらり」のように二音節の語に「り」が付いた形は古くから使われているのに対して、「からっ」「ころっ」「ぐらっ」のように、二音節の語に促音が付いた形は近代になってから現れる語であるため、「からり」の方が文語的な感じを伴う。

◆**参考**　①は鎌倉時代、②③は室町時代、④⑤は江戸時代、⑥は近代になってから現れる。「右の手で菊王丸をひっさげて、舟へからりとなげられたれば」(『平家物語❖』)は①の例で、「からり」は軽々と舟に投げ入れた時の鎧(よろい)の音。また、古くは「からり」を二つ重ねた「からりからり」という語があり、物が繰り返し触れ合う音や乾いた様子を表した。やがて乾いた様子の意が転じ、「からりからりの身体(しんだい)」(咄本『軽口露がはなし❖』)のように、金銭に窮した様子も表すようになった。このような派生を見ると、乾いた様子の意の「からりからり」には、「からり」の好ましい感じは伴っていなかったようである。

(吉田永弘)

❖**林不忘**　→P.72
❖**司馬遼太郎**　→P.16
❖**林芙美子**　→P.25
❖**太宰治**　→P.20
❖**尾崎士郎**　小説家。昭和八年、『都新聞』に連載の「人生劇場」がヒット、流行作家となる。以降、おもに歴史小説を執筆。作品『成吉思汗』『伊勢新九郎』など。(一八九八〜一九六四)
❖**壺井栄**　→P.21
❖**平家物語**　鎌倉時代の軍記物語。作者未詳。源平合戦を素材に平氏一門の興亡を描く。琵琶法師の語りによって広まる。多数の諸本があるが、一四世紀半ばに校訂された覚一本の系統が一般に流布。その流麗な和漢混淆文は後世の文学にも大きな影響を与えた。原形は鎌倉前期成立。
❖**軽口露がはなし**　江戸時代の咄本。露の五郎兵衛著。全九〇話の笑い話集。京都で辻咄(つじばなし)(辻や境内で笑い話を聞かせて銭を稼ぐこと)を得意としていた露の五郎兵衛の「咄の控え帳」を元にしたものと言われる。元禄四年(一六九一)刊。

がらり

①かたい物がぶつかったり崩れたりして発する重い感じのする音。「吉川は、耐えかねてガラリと箸を落とした」(三浦綾子❖『塩狩峠』)。また、堅固な気持ちが崩れた様子を表す。「庄九郎はがらりとくだけた」(司馬遼太郎❖『国盗り物語』)

②引き戸・障子・襖などが急に勢いよく開く音。「玄関がガラリと開いて、若い女性が入って来る」(赤川次郎❖『女社長に乾杯!』)

③物事の状況・状態などが急に変わる様子。「何かに出会うことで、運命がガラリと変わることもある」(猪木寛至❖『アントニオ猪木自伝』)

④湿度が低く、空がさわやかに晴れわたっている様子。「がらりと晴れると時候はすっかり変って」(永井荷風❖『腕くらべ』)

①の用法は室町時代、②③④の用法は江戸時代から現れる。イエズス会の宣教師の手になる『日葡辞書❖』では、「振鈴・鈴などのような物が鳴る音」と解説しており、現代の感覚と異なる。現代では、②③の意味で使われることが多い。また、古くは「算盤おっ取り、庭へぐゎらりと投げ捨てたり」(浄瑠璃『心中天の網島❖』)のように「ぐゎらり」とも表記された。

◇**類義語**「がらりがらり」「がらりっ」「からり」

「がらりがらり」は①③の類義語。「がらり」が一回の音・様子を表すのに対し、繰り返し鳴る音や繰り返し変わる様子を表す。現代では使うことが少なくなった。「ガラリガラリと態度を変化させ得る」(長与善郎❖『竹沢先生と云ふ人』)。「方々の為替金高八百両、ぐゎらりぐゎらりと取り出す」(浄瑠璃『冥途の飛脚❖』)は古い表記。「がらりっ」は①②③の類義語。「がらり」よりすばやい変化を表す。「からり」は①〜④の類義語。①②については「がらり」よりも軽い物が発する音を表す。③の意味で使うことは稀。④は「からり」の方をよく使う。

◼**参考**「がらり板」は、「羽板」「よろい板」「しころ板」などとも呼ばれ、直射日光や雨をさえぎって空気を通すために、窓や戸などに間をあけて斜めに取り付けた幅の狭い薄い板のこと。開けると「がらり」と音がする窓や戸に取り付ける板なので、そのように呼ばれるようになったのだろう。

また、盗人仲間の隠語で、昭和二〇年頃まで使われていた語に「がらり」があり、収監されることを意味した。これは、監房の扉を開ける音からの派生という。

(吉田永弘)

がらり 引き戸などが勢いよく開く音だが、「がらっ」よりも開き終わるまでにやや時間がかかる感じ。

(松本零士『男おいどん』より)

❖**三浦綾子** →P.30
❖**司馬遼太郎** →P.16
❖**赤川次郎** →P.39
❖**猪木寛至** →P.428
❖**永井荷風** →P.562
❖**日葡辞書** →P.15
❖**心中天の網島** 江戸時代の浄瑠璃。近松門左衛門作。近松末期の作品で、心中物の傑作とされる。享保五年(一七二〇)初演。
❖**長与善郎** →P.49
❖**冥途の飛脚** →P.279

からりころり

かたい物がゆっくり転がるような感じで発する音。下駄で歩く音を表すことが多い。「波の橋立、よいところ…なかの石原、小石原、からりころりと通りゃんせ」(金子みすゞ❖「波の橋立」)の例は、下駄で通る音を表している。

室町時代から見られる語。「たんたんからりころりと、打ち鳴らいて」(狂言『福部の神❖』)の例は、撥で瓢箪を叩いた時の音を表している。古くは、「からりころりと沖漕ぐ船も」(浄瑠璃『つれづれ草❖』)のように、舟を櫓で漕ぐ時の音を表した。「からりころりろ」とも言った。「艫の音がからりころりろからりころりろと漕ぎ出でて」(狂言歌謡「宇治の晒❖」)。また、現代語の「のらくら」「のらりくらり」にあたる、巧みに言い逃れて要点をつかませない様子を表した例も見られる。「からりころりと詰開き(=駆け引きをし)、埒が明かねば」(浮世草子『好色万金丹❖』)

◆参考　古く「からり」と複合した表現は多く見られた。例えば「からりずん」は人を一刀のもとに切り下げる時の音を表した。「くゎらりずんと切り下げられ」(浄瑠璃『鑓の権三重帷子❖』)　(吉田永弘)

がらん

①かたい物が他の物と触れ合って発する大きく騒がしく響く音。「金盥をがらん、と提げて」(泉鏡花❖『婦系図』)

②広い空間内に人や物がほとんど入っていない様子。さびしい感じを伴うことが多い。「そのリビング自体はがらんとして、おどろくほどなにもなかった」(週刊現代00・12・2号)

◇類義語「からん」「がらんがらん」

「からん」は①の類義語。金属などのかたい物が発する音で、響きのある澄んだ音を表す。「がらん」にある騒がしい感じは伴わない。「がらんがらん」は①②の類義語。繰り返し発する響く音を表す。また、広い空間内に人や物がほとんど入っていない様子を「がらん」よりも大げさに表す。

◆参考　寺の建物(=伽藍)を守護する神(=伽藍神)を祀ってある堂のことを「伽藍堂」と言う。この「伽藍堂」の中は何もなく広々としているところから、建物などの中に何もない様子を「がらんどう」と言うようになったという説がある。「がらん」の②の意味も、「がらんどう」に由来するのかもしれない。　(吉田永弘)

❖**金子みすゞ**　→P.72

❖**福部の神**　室町時代の狂言。都の鉢叩き一行が北野天神の末社「福部の神」に参詣すると、福部の神が現れ、一行の富貴を約束して舞う。

❖**つれづれ草**　江戸時代の浄瑠璃。作者は近松門左衛門とも言われるが未詳。吉田兼好の『徒然草』中の記事を題材として利用している。初演年は不明。宇治加賀掾正本が延宝九年(一六八一)に刊行されている。

❖**宇治の晒**　室町時代の狂言の小舞(=狂言の中で謡われる歌謡を舞として独立させたもの)。布ざらしの行われる宇治川の風景を謡ったもの。

❖**好色万金丹**　江戸時代の浮世草子。夜食時分著。夜食時分は西鶴没後に現れた亜流作家の一人だが、この作品は小咄風のスタイルを持つ点で独自色があるとされる。元禄七年(一六九四)刊。

❖**鑓の権三重帷子**　江戸時代の浄瑠璃。近松門左衛門作。享保二年(一七一七)初演。

❖**泉鏡花**　→P.8

からんからん

金属などのかたい物が繰り返し打ち当たって発する響きのある音。「からんからんと壜のかち合う音がし」（火野葦平❖『河豚』）

◇類義語「がらんがらん」

「からんからん」より大きくて騒がしい音。「『鈴屋敷だ』と思いながら、二つ三つガランガランとやると」（野村胡堂❖『鈴を慕う女』）。また、「からんからん」にはない用法として、広い空間内に人や物が少ない様子を表すこともある。

（吉田永弘）

からんころん

かたい物が繰り返し転がるような感じで発する響く音。下駄で歩く音を表すことがほとんどである。「『牡丹燈籠』の幽霊は、カランコロンとげたをはいている」（朝日新聞96・4・9）

◇類義語「からんからん」「がらんごろん」

「からんころん」が当たって転がる異質の音を表すのに対し、「からんからん」は、等質の音を表す。「がらんごろん」は、「からんころん」よりも、重くて大きい物が転がる音を表す。

（吉田永弘）

かりかり

①かたくて乾燥した物を噛（か）んだり割ったり削ったりした時に出る音。「このまま塩、コショウをふって食べても皮がカリカリとして十分おいしいのですが」（週刊現代00・12・30号）

②物やその表面がかたく乾燥している様子。「コンロの上でカリカリに焼くと香ばしい」（Hanako 00・12・20号）

③神経が過敏になって苛立つ様子。「親はあまりカリカリすまい」（日本経済新聞夕刊72・3・14）。子供の成績についての親の苛立ちの例。

④雁の鳴き声。「『カリカリ』と確実に『カリ』と聞こえる声で鳴きます。今は、とくに繁殖期で番（つがい）を形成していますから、警戒して『カリカリッ』とかん高く鳴いています」（NHKラジオ87・5・5「初夏：自然にふれ合う」）

◇類義語「かり」「かりっ」「かりかりっ」「かりり」「かりりっ」「かりん」「かりんっ」「がりがり」

いずれも、①②の類義語。「がりがり」以外は、美味しさを表すことが多い。「油揚げがカリカリッとなって」（週刊現代00・12・16号）、「焼きリゾットのカリカリとしてチーズとおこげは奪い合いにな

からんからーん 鐘を鳴らして人集め。「からんからん」より音が遠くまで響く感じ。

（うえやまとち『クッキングパパ』より）

❖**火野葦平** 小説家。昭和一三年『糞尿譚』で芥川賞受賞。日中戦争に従軍した体験を生かし、戦後、『麦と兵隊』『土と兵隊』『花と兵隊』の三部作を発表。作品はほかに『花と竜』『青春と泥濘』など。（一九〇七〜六〇）

❖**野村胡堂** 小説家。『報知新聞』の社会部、学芸部長を歴任。同時に人物評論「人類館」を連載。また「あらえびす」の名でレコード評論を行う。昭和六年『オール読物』に「銭形平次捕物控」を連載、好評を博した。作品はほかに『隠密縁起』『池田大助捕物日記』など。（一八八二〜一九六三）

るほど」(Hanako 00・12・20号)。「がりがり」は、頑丈でかたい物を乱暴に噛んだり引っかいたりした時の音や様子で、美味しそうな感じはない。

◆参考　現在は雁の声を「がんがん」と聞くが、江戸時代までは「かりかり」と聞くのが一般的。「行きかへり ここもかしこも 旅なれや 来る秋ごとに かりかりと鳴く」(『後撰和歌集』)は、平安時代の例。「仮り」の意味を掛けている。「大空に かりかりかりの 声するは 誰が書き出し(=請求書)やかけてきぬらん」(『蜀山百首』)は、江戸時代の狂歌。「借り(借金)」の意味を掛けたもの。(山口仲美)

がりがり

①かたい物を繰り返し引っ掻いたり、削ったり、噛み砕いたりした時などに発する音。「するとその男はすっかりキレてしまっていて、今度はその手でガラスをガリガリやり出したという」(渡部昇一『国民の教育』)、「パパの痩せた指を二本口にいれてがりがり音のするほどはげしく咬みながら」(倉橋由美子『聖少女』)

②引っ掻いたり、削ったり、噛み砕いたりした場合に、①の音が発するようなかたさの様子。「ガリガリに凍った斜面」(朝日新聞94・4・17)

③ひどくやせている様子。引っ掻くと「がりがり」と音が出そうなくらいに肋骨が見えるところから派生した用法。「背だけはかなり高いが、ガリガリに痩せていて、ダボハゼが眼鏡をかけたような顔をしている」(曾野綾子『太郎物語』)

④自分の利益や欲望のために一途に物事に打ち込む様子。「あまりガリガリ勉強ばかりさせるな」(週刊現代00・12・9号)。「がり」に自分だけの利益を意味する「我利」の字を当てたところから④の用法が生じた。ひたすら勉強ばかりする人を嘲って言う「がり勉」や、自分の利益ばかりを求める人を指す「がりがり亡者」の「がり」はこの意味である。

◇類義語「がり」「がりっ」「がりり」「がりりっ」

「がり」「がりっ」は①の類義語。繰り返しの音を表す「がりがり」に対して、一回の動作で出る音を表す。「がり」よりも勢いをつけた時に出る音が「がりっ」。「がりり」「がりりっ」は①の類義語。繰り返しの音を表す点は「がりがり」と共通するが、二回目以降も同じ力が加わって音が出る「がりがり」に対して、二回目以降の力が一回目ほど強くない時に用いる。「がりり」よりも勢いをつけた時に出る音が「がりりっ」。(吉田永弘)

❖**後撰和歌集**　平安中期の、二番目の勅撰和歌集。清原元輔、源順らの撰。歌数約一四二〇首。歌物語的な趣向が見え、贈答歌が多い。天暦五年(九五一)以降数年間に成立。

❖**蜀山百首**　江戸時代の狂歌師・狂詩家大田南畝の狂歌集。書名は南畝の用いた号の一つ「蜀山人」に由来する。文政元年(一八一八)刊。

❖**渡部昇一**　→P.153

❖**倉橋由美子**　→P.101

❖**曾野綾子**　→P.25

がりがり　石を噛み砕く音。歯は大丈夫?

(赤塚不二夫『おそ松くん』より)

かりっ

①比較的かたい物を歯で噛んで、そのかたい物が折れたり砕けたりした時に出る音。「『カリッ』何だ今の? リンゴかじってる音じゃなかったか?」(朝日新聞00・12・30)

②物が乾燥していたり揚がっていたりする様子。好ましい感じを伴って用いられ、その物を口に入れた場合には、①の音が出る。「一度焼いて冷凍したものを揚げるため、外側はカリッと、中はとろりとしている」(朝日新聞00・12・8)

◆類義語「がりっ」「かりかり」

「がりっ」は①の類義語。「かりっ」よりもかたい物を囓った時に発する音である。食感は悪い。また、「かりっ」は、歯で噛んだ時の音を表すだけであるが、「がりっ」には、かたい物を引っ掻いたり削ったりした時に発する音を表す用法もある。

「かりかり」は①②の類義語。繰り返し噛みつぶす音や、表面が乾いている様子を表す。「かりっ」は近代になって現れる語形であるのに対して、「かりかり」は室町時代に見られる。『日葡辞書』の「くゎりくゎりと」の項に、「氷などのかたい物を噛み砕くときの音」と説明している。

(吉田永弘)

がりっ

かたい物を勢いよく引っ掻いたり歯で噛んだりした時に発する音。「莢の中の豆を取り出してガリッとかんだ」(日本経済新聞01・1・6)。かたすぎる感じが伴う。寿司屋で生姜を「がり」というのは、生姜をがりっと囓るところからの呼び名。

◆参考 明治になって現れる語。江戸時代にはがりがりと音を立てる意味を表す語に「がりつく」があった。「出入りの手代数十人麻上下をぐゎりつかして」(浮世草子『世間娘気質』)

(吉田永弘)

かん

鐘や缶などのかたい物に、同じようなかたい物が当たったときにたてる高く澄んだ音。「ピーヒャラ、ドンドン、カンカンカーン笛や太鼓、かねを鳴らして練り歩き」(朝日新聞00・1・8)、「石を投げたら空缶に当たってかんと鳴った」。古くは「くゎん」とも表した。

◆類義語「がん」

「かん」は高く澄んだ感じがあり、「がん」は「かん」に比べて重く濁った感じを伴う。

(川嶋秀之)

がり 鮨の横についている「がり」は、生姜を噛んだときの音「がりっ」から。

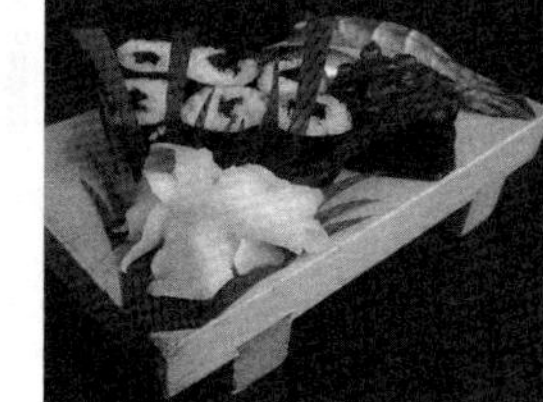

❖**日葡辞書** 一七世紀初頭の、ポルトガル語で説明した日本語辞書。イエズス会の宣教師によって成る。室町末期の口語を中心に方言、文書語、歌語、女性語など、三万余語を収録。慶長八～九年(一六〇三～〇四)刊。

❖**世間娘気質** 江戸時代の浮世草子。江島其磧著。其磧が京都の書肆八文字屋と絶縁していた頃に書いた「気質物」のひとつで、短編集的なもの。享保二年(一七一七)刊。

がん

①かたい物に、同じようなかたい物が当たったときに出る大きく濁った音。「監督が時刻になると太い棒でがんと丸太を叩く」（井上ひさし『新釈遠野物語』）

②強い打撃や衝撃を与える様子。「頭をがんと殴られたようなショックを受けた」。古くは「ぐゎん」で表記した。「さらば、撞て見う（＝見よう）、エイ、エイ、ヤットナ。ぐゎん。是はいかな事、是は破鐘じゃ」（狂言『鐘の音』）

（川嶋秀之）

かんかん

①金属や石などのかたい物が打ち当たって出る音。「出刃包丁か何かで流許の氷をかんかんと打割るというは暖い国では見られない図だ」（島崎藤村『千曲川のスケッチ』）、「ことに霧の多い秋から木枯の吹く冬へ掛けて、カンカンと鳴る西閑寺の鉦の音は」（夏目漱石『硝子戸の中』）

②日の光が強く照りつける様子。また、灯火や電灯が明るく点いている様子。「何しろ日がかんかん当たっている癖に霽がいっぱいなんでしょう」（夏目漱石『彼岸過迄』）、「隔離病室のある限りの窓にはかんかんと灯がともって、白いカーテンが引いてあった」（有島武郎『或る女』）

③炭火などの火が強くおこる様子。「食後、座敷の大きな火鉢にかんかん火を熾して」（志賀直哉『雪の日』）、「T君の家では囲炉裏にかんかん炭火がおこって」（太宰治『津軽』）

④はげしく怒る様子。「ところが、後で須山から太田のことを聞かせられて、彼女はカンカンに怒った」（小林多喜二『党生活者』）、「そんなことをこれっぽっちでも云ってみろ、のぶ公はかんかんになって怒るぞ」（山本周五郎『さぶ』）

⑤かたく凍る様子。また、寒くて空気が冴えわたっている様子。氷をたたくと、かんかんと音がすることからいう。「かなッ凍りのかんかんという路ん中を、向う風え突切って家へ飛んで帰っただ」（川上眉山『観音岩』）、「着ているものはしばれてかんかんに凍り」（高橋延清『樹海に生きて』）、「冬の空はよく晴れて、カンカンいうような空気の中で、遠い連山がくっきりと近く見えた」（斎藤隆介『ゆき』）

◆**類義語**「かん」「かーん」「かんっ」

すべて①の類義語。「かんかん」が何度も打ち当

❖**井上ひさし** →P.25

❖**鐘の音** 室町時代の狂言。黄金飾りの太刀に使う黄金の値を聞いてこいと主人から命ぜられた太郎冠者が、「黄金の値」を「鐘の音」と勘違いして起こる喜劇。

❖**島崎藤村** →P.102

❖**夏目漱石** →P.8

❖**有島武郎** →P.12

❖**志賀直哉** →P.39

❖**太宰治** →P.20

❖**小林多喜二** →P.13

❖**山本周五郎** →P.15

❖**川上眉山** 小説家。硯友社に入り、明治二三年『墨染桜』でデビュー。『書記官』など観念小説を執筆、好評を得るが、同四一年自殺。作品『青嵐』『観音岩』など。（一八六九～一九〇八）

❖**高橋延清** 林学者。元東大北海道演習林長。林分施業法の研究と自然保護活動により、平成四年、学士院エジンバラ公賞受賞。著作『樹海に生きて』など。（一九一四～二〇〇二）

❖**斎藤隆介** 児童文学作家。新聞・雑誌などの記者をへて創作活動に入り、昭和四三年『ベロ出しチョンマ』で小学館文学賞、同五三年『天の赤馬』で児童文学協会賞受賞。作品『八郎』『花さき山』など。（一九一七～一九八五）

たる音をいうのに対し、「かん」「かーん」「かんっ」は一度だけの音。「かーん」は鳴った音の響きが長く続き、「かんっ」は鳴った音がすぐにおさまる感じがある。

◆参考 幼児語で髪やかんざしをいう「かんかん」がある。「母があぁ好くかんかんが結えましたねと賞めると」（夏目漱石『彼岸過迄』）。これは、「髪」の撥音便形「かん」を繰り返したものから。また、「かんかん帽」という麦藁でかたく編んだ男子用の夏の帽子があるが、これは②の強い日射しをさえぎることからの命名か。

（川嶋秀之）

がんがん

①鉄製のものを連打したり、鉄製のものが転がったりする時に出る音。「がんがんと鐘が鳴った」（石川達三❖『悪の愉しさ』）、「道ばたの木にドラムカン二五個を一定間隔につるした。ハンターのほか、くまやいのししをよけるため、ガンガンとたたきながら通学」（朝日新聞夕刊72・11・8）

②雁の鳴き声。「わたる月夜の かりがねさん 水瓜盗人 みつけたら がんがんがんと 鐘ならせ」（童謡「かりがね」）。「がんがんがん」は、鐘を鳴らすように聞こえる雁の鳴き声。「かりがね」は、ここでは雁の中の特定の種類の名ではなく、雁の総称として用いたもの。

③物音や声がやかましく響き渡る様子。「物凄いジャズ、ビーバップの凄い奴ががんがん洩れて来て」（堀田善衛❖『広場の孤独』）

④頭や耳などが連打されるように激しく痛む様子。「頭はガンガン痛かったけれども」（谷崎潤一郎❖『鍵』）、「ふつか酔いほど苦しいものはない。頭はガンガン、立ち上がってもふらふら」（日本経済新聞夕刊72・12・19）

⑤激しく盛んに物事が行われている様子。「こんな悪条件のなか、ほぼ全員が浴衣姿になって、ガンガン酒を飲むのだ」（週刊現代00・12・16号）、「今後うちの会社はどうなるのか、という問い合わせが職場にも自宅にもがんがん入る」（SPA!00・12・27号）

◇**類義語「かんかん」「がん」「がーん」**

いずれも①の類義語。「かんかん」は、「がんがん」よりも軽い感じの音。「もし犯人の姿が見つかったら、合図は半鐘じゃ。カンカンと、二つたたく」（井伏鱒二❖『丑寅爺さん』）。「がん」「がーん」は、「がんがん」の連続音に対し、一回限りの音。「紫

がんがん 江戸時代になってから真雁（写真）が日本に渡ってくるようになった。その鳴き声は「がんがん」。

❖**石川達三** →P.58

❖**堀田善衛** 小説家。昭和二七年『広場の孤独』で芥川賞受賞。同四六年『方丈記私記』で毎日出版文化賞受賞。国際的な視野も広く、海外にも知られる。作品『ゴヤ』『インドで考えたこと』など。（一九一八）

❖**谷崎潤一郎** →P.7

❖**井伏鱒二** 小説家。ユーモアのある独特の文体で注目され、昭和一二年『ジョン万次郎漂流記』で直木賞受賞。作品『本日休診』『黒い雨』など。昭和四一年、文化勲章受章。（一八九八）

檀の机の上に、ガンとえらい音をたてて、なにかがぶつかった」(小松左京『日本沈没』)

◆**参考**　雁の声を日本人は室町時代まで「かりかり」と聞くのが普通であった。ところが、江戸時代頃からは「がんがん」と聞くことが多くなった。その理由は、日本に渡ってくる雁の種類が変化したことによると考えられる。昔は、雁音（かりがね）という種類の雁が大挙して渡ってきていた。その鳴き声は「かりかり」。が、江戸時代になると、徐々に真雁（まがん）や菱喰（ひしくい）という種類の雁が日本に渡ってくるようになった。その鳴き声は「がんがん」。（山口仲美）

きー

①きしるような音の、かん高く鋭い声。「その妻が、今は『キー』という音響を発して、あなたの顔をひっかくではないか」(北杜夫『奇病連盟』)、「メンガタスズメという蛾がいたので捕えたら、キーキーキー鳴かれて私自身もびっくりした」(大町文衛『日本昆虫記』)

②かたい物がこすれあったり、きしんだりしてたてるかん高い音。「『どうして、こんなわけのわからないものと、ここにいなきゃいけないの』と、キィーと歯ぎしりした」(柏葉幸子『天井うらのふしぎな友だち』)、「ブレーキの音がキーと鳴って車が止まった」

③きつく、強く締めつける様子。「キイと胸が締められるようだね」(田山花袋『東京の三十年』)

◇**類義語「きーっ」「ぎー」**

「きーっ」は②の類義語で、きしむように鳴っていた音が急に止まる様子。「鬼畜米英と書くとき、常に憎しみあふれて、黒板キイッときしみ」(野坂昭如『アメリカひじき』)。「ぎー」は②の類義語で、音が低く強くきしむ様子。（川嶋秀之）

ぎー

物がこすれあったり、きしんだりして出る重く鈍い音。戸を開閉するときの音や舵を操るときのきしむ音に使うことが多い。「ショーウインドの横のガラス戸を、ギイとおすと、うす暗い仕事場があって」(安房直子『ライラック通りの帽子屋』)、「お堂のなかでせわしく鐘を打ち鳴らすのを合図に、ギー、パタン、パタンと、重い扉の音がしてお堂がしまってゆく」(渋沢青花『浅草っ子』)、「大曲りの曲り角で、ぎーと舵梶を取る音がして」(田山花

❖**小松左京**　SF作家。漫才の台本作家などをへて、昭和三七年『地には平和を』でデビュー。同四八年『日本沈没』が大ベストセラーとなり、日本推理作家協会賞受賞。作品『日本アパッチ族』『復活の日』など。(一九三一～二〇一一)

❖**北杜夫**　→P.30

❖**大町文衛**　昆虫学者・随筆家。大町桂月の次男。昆虫博士として知られ、日本昆虫学会評議員。著作『虫・人・自然』『日本昆虫記』など。(一八九八～一九七三)

❖**柏葉幸子**　→P.430

❖**田山花袋**　→P.51

❖**野坂昭如**　→P.26

❖**安房直子**　→P.87

❖**渋沢青花**　編集者・児童文学作家。少年少女雑誌などの編集に携わり、第二次大戦中に日本児童文化協会を設立。児童劇、童話、伝記など多彩な作品を残す。作品『悲しき海へ』『ぞうさんのはな』など。(一八八九～一九八三)

袋『野の花』)

◇**類義語**「**ぎーっ**」

「ぎー」がやや長く持続して出る音をいうのに対し、「ぎーっ」は鳴っていた音が急に止まる感じ。「ぎーっと戸があく音と看護婦さんの声、緊張はいやが上にも高まる」(松谷みよ子『現代民話考』)、「ぎいっ、と格子戸が持ちあげられ、どんと踏みこむ足音がした」(司馬遼太郎『国盗り物語』)

■**参考**　江戸時代には、力を入れてひねる様子を表す例がみられる。「男の腕を力任せにギイと抓れば」(人情本『両個女児郭花笠』)

(川嶋秀之)

きーきー

①繰り返し発せられる、かん高く鋭い声。「いちばん小さな野ねずみまでが、しっぽで地面をたたき、キィキィさけんでいるのです」(松谷みよ子『竜の子太郎』)、「おしまいには猿かなんかがきいきい啼きわめいているような具合になってしまい」(井上ひさし『新釈遠野物語』)

②かたい物が何度もこすれあったり、きしんだりしてたてるかん高い音。「影村が回転椅子を動かすたびに、キーキーいやな音を立てた」(新田次郎『孤高の人』)、「右へ急カーブしながらきいきいと車輪を軋ませて16時52分、終点尼崎港に着いた」(宮脇俊三『時刻表2万キロ』)

◇**類義語**「**きー**」「**きーっ**」

共に①②の類義語。「きーきー」が繰り返される声や音をいうのに対し、「きー」「きーっ」は短く一度だけの声や音をいう。

■**参考**　かん高い人の声を「きいきい声」という。やや不快な感じを伴うことが多い。「女みたいなきいきい声を出すくせにその命令はひどく残酷で」(斎藤隆介『ゆき』)

(川嶋秀之)

ぎーぎー

①物がこすれあったり、きしんだりして出る重く鈍い音。「はしご段がギイギイと音がすると、あの悪者が登って来るのではないかなどと」(小泉節子『思ひ出の記』)、「窓は、あらしのなごりの風にあおられて、ギイギイと音をたて、あいたり閉じたりしています」(舟崎克彦・舟崎靖子『トンカチと花将軍』)

②容赦なく責められて、弱りまいってしまう様子。「一つギイギイ云う目に遭わしてお遣んなさ

❖**松谷みよ子**　→P.161

❖**司馬遼太郎**　→P.16

❖**両個女児郭花笠**　江戸時代の人情本。松亭金水著。天保七年(一八三六)刊。

❖**井上ひさし**　→P.25

❖**新田次郎**　→P.125

❖**宮脇俊三**　紀行作家。『中央公論』編集長を経て作家生活に入る。鉄道マニアとして知られ、昭和五三年『時刻表2万キロ』で日本ノンフィクション賞受賞。作品『時刻表昭和史』『殺意の風景』など。平成一一年、菊池寛賞受賞。(一九二六〜二〇〇三)

❖**斎藤隆介**　→P.80

❖**小泉節子**　小泉八雲の妻。松江藩士小泉湊の娘。松江中学(現・松江北高校)の英語教師だったラフカディオ＝ハーン(小泉八雲)と結婚。ハーンの著作活動を援助。著作『思ひ出の記』など。(一八六八〜一九三二)

❖**舟崎克彦**　児童文学作家。昭和四六年、妻靖子(後、離婚)との共著『トンカチと花将軍』で注目される。同四九年『ぽっぺん先生と帰らずの沼』で赤い鳥文学賞受賞。作品『雨の動物園』など。(一九四五〜)

い」(小杉天外❖『魔風恋風』)

◇**類義語**「ぎー」「ぎーっ」「きーきー」

すべて①の類義語。「ぎー」「ぎーっ」は一度だけの短い音、「きーきー」は「ぎーぎー」よりも高く鋭い音をいう。

◆**参考** 小鹿の鳴き声を写した例がある。「子鹿を拾うことがあった。…すぐ殺さずに、木に繋いでおいて、ぎいぎい鳴かせて親鹿を誘びき出したのである」(早川孝太郎❖『猪・鹿・狸』)。これは平常時の鳴き声ではなく、危難の迫ったときの鳴き声を写したものである。 (川嶋秀之)

ぎーとん

物がきしってから、落ちたり、当たったりしてたてる音。機織りの時の音についていう。「お母様の機を織ってお出でなさる音が、ぎいとん、ぎいとんと聞こえる」(森鷗外❖『ヰタ・セクスアリス』)

◆**参考** 機織りの音は「とんからん」で表すことも多い。「手機のときは良かった。トンカラントンカランって音にも情緒があったよ」(辺見じゅん❖『呪われたシルクロード』)。これはきしみの少ない明るい響きである。 (川嶋秀之)

きーん

①金属と金属、または、金属とかたい物が当たったときに出る高く鋭い音。「座頭市の居合抜きは水際だったもので、宙に放った徳利や桶を…真二つに斬り、キーンと長脇差が鍔鳴りするだけで」(尾崎秀樹❖『殺しの美学』)

②飛行機が高速で飛行するときに出る鋭い金属音。「九一戦闘機三機が、急に爆音を高めほとんどキーンという金属音を立てて」(北杜夫❖『楡家の人びと』)

③耳鳴りの音。「旅客機が急上昇すると耳がきーんと鳴ることがある」

④耳やこめかみのあたりが、鋭く刺激される様子。冷たいものを飲んだりすると起こることがある。「かま猫はもうかなしくて、かなしくて頬のあたりが酸っぱくなり、そこらがきいんと鳴ったりするのを」(宮沢賢治❖『猫の事務所』)、「かき氷を食べたらこめかみの所がきーんとなった」

⑤ビールなどが非常に冷えている様子。「ハンドルで90秒間回転させればキーンと冷やした冷たいビール、ジュースが出来あがる」(日刊スポーツ00・12・30) (川嶋秀之)

❖**小杉天外** 小説家。斎藤緑雨に師事。ゾラの影響を受け、写実主義小説の代表作『はつ姿』『はやり唄』を発表。後、通俗小説も手がけ人気を得る。作品はほかに『魔風恋風』など。(一八六五〜一九五二)

❖**早川孝太郎** 民俗学者。初め画家を志し、松岡映丘に師事。後、松岡の兄である柳田国男を知り、民俗学の道に入る。おもに農山村民俗の実地調査に努める。著作『花祭』『大蔵永常』など。(一八八九〜一九五六)

❖**森鷗外** →P.14

❖**辺見じゅん** ノンフィクション作家。昭和五九年『男たちの大和』で新田次郎文学賞受賞。歌人としても知られ、同六三年『闇の祝祭』で現代短歌女流賞受賞。作品『収容所から来た遺書』で平成元年講談社ノンフィクション賞、同二年大宅壮一ノンフィクション賞受賞。(一九三九〜二〇一一)

❖**尾崎秀樹** 文芸評論家。尾崎秀実の弟。ゾルゲ事件を追究した『生きているユダ』と『ゾルゲ事件』で注目される。その間、大衆文学研究会を設立し、大衆文学の研究に努める。著作『大衆文学論』『大衆文学の歴史』など。(一九二八〜一九九九)

❖**北杜夫** →P.30

❖**宮沢賢治** →P.85

ぎくぎく

①急な角度に折れ曲がり、それが何度も続いている様子。「これらの字は、鋭いナイフで刻んだものだから、丸い曲線ではなくて、ギクギクとした線から成る」（藤堂明保❖『漢字と文化』）

②物がつかえたりこすれたりするときに出る音や様子。また、動作が途中でひっかかったりして滑らかに進まない様子。「その老人の、高い咽喉仏のぎくぎく動くのを、見るともなしに見ていました」（宮沢賢治❖『雁の童子』）、「ボーイは頭をぎくぎくと左右に振った」（夢野久作❖『暗黒公使（ダークミニスター）』）

◇類義語「ぎく」「ぎくん」「ぎっくん」

共に①②の類義語。「ぎくぎく」は連続して曲がったりつかえたりする様子をいうが、「ぎく」は一度折れ曲がったりつかえたりする様子。「ぎくん」は一度折れ曲がってつかえたりしてから、止まる様子。「ぎっくん」は一度大きく折れ曲がってつかえてから止まる様子をいう。

◈参考 江戸時代には「提灯をキクキクいはせながら」（『繁千話（しげしげちわ）❖』）のような、軽くこすれて動く様子をいう「きくきく」があり、その語頭が濁音化したものが「ぎくぎく」か。

（川嶋秀之）

ぎくしゃく

①動作や言葉が滑らかに進まず、ぎごちなく見える様子。「緊張してぎくしゃくした動きになる」

②関係がうまくいったりいかなかったりして、一定の良好な関係が保てない様子。「両国関係は一時ぎくしゃくした」（朝日新聞00・12・22）

◇類義語「ぎくぎく」

「ぎくぎく」は①の類義語。「ぎくしゃく」は不規則なリズムで、一定しない。「ぎくぎく」は滑らかでないが、一定のリズムがある。

（川嶋秀之）

ぎくっ

①急に折れ曲がる様子。また、腰や関節など体の内部に急な衝撃が起こる様子。「重いものを持ち上げようとしたら、腰がぎくっとなった」

②それまで続いていた動作が不自然に急に止まってしまう様子。「ガドルフはぎくっと立ちどまり、階段に落ちたまっ黒な自分の影とそれから窓の方を一諸に見ました」（宮沢賢治❖『ガドルフの百合』）。この賢治の例には外見上の動作と、③のような内面的心理の両方が表現されている。

❖藤堂明保 中国語学者、中国文学者。東大教授、早大客員教授をへて日中学院院長。著作に『漢字語源辞典』など。（一九一五〜一九八五）

❖宮沢賢治 詩人・童話作家。岩手県の花巻で、農業指導のかたわら詩や童話を創作。大正一三年、詩集『春と修羅』と童話『注文の多い料理店』を自費出版。作品『銀河鉄道の夜』『風の又三郎』など。（一八九六〜一九三三）

❖夢野久作 →P.48

❖繁千話 江戸時代の洒落本。山東京伝著。書名は明和三年（一七六六）刊の読本『繁野話（しげしげやわ）』をもじったもの。寛政二年（一七九〇）刊。

③予想外の出来事にあったり、内心避けていたことを衝かれたりして、驚き恐れる様子。「僕は手相などを信じないんだが、そのときはそう云われたことでぎくっとしましたよ」(梶井基次郎❖『ある崖上の感情』)、「女の声といわれて、内心ぎくっとしたが、それは次野からの電話だった」(山本有三❖『路傍の石』)

◇**類義語「ぎくり」**

「ぎくり」は①②③の類義語。「ぎくっ」が瞬間的で切迫した感じなのに対し、「ぎくり」はやや緩慢で衝撃を自ら確認する感じがある。(川嶋秀之)

ぎくり

①急な衝撃で折れ曲がるように動く様子。「吉良常は思わずギクリと首の根をふるわせた」(尾崎士郎❖『人生劇場』)

②不意の出来事などに、驚き恐れる様子。「署長は聞きおぼえのある声だと思って顔をあげたらじっさいぎくりとしてしまった。それは名誉村長だった」(宮沢賢治❖『税務署長の冒険』)、「心臓に五寸釘を打ち込まれたように、わたしはぎくりとし」(井上ひさし❖『新釈遠野物語』)

◇**類義語「ぎっくり」**

「ぎっくり」は①②の類義語。「ぎっくり」は「ぎくり」よりも強い衝撃の様子をいう。「一同はギックリして松五郎を凝視た」(岩下俊作❖『無法松の一生』)。

また、「ぎっくり」はとくに腰や関節をおそう激しい衝撃のことをいい、そのようにして痛むようになった腰のことを「ぎっくり腰」という。「卿はとびおわったひょうしにびっくり、引分けときいてがっくり、ぎっくり腰になってしまった」(井上ひさし❖『ブンとフン』)(川嶋秀之)

ぎこぎこ

①櫓を漕いだり、のこぎりで物を切ったりするときの、滑りが悪く引っかかったり、こすれあったりして出る音。「新弟子の小僧に回ってくる仕事なんていうものはギコギコ鋸をひっぱる木挽仕事で、えらく骨の折れる辛い仕事だったけど」(斎藤隆介❖『職人衆昔ばなし』)、「下手なバイオリンをぎこぎこ弾かれると、頭が痛くなる」

②盛り上がったり、へこんだりしていて、滑らかでない様子。これは例が少なく、やや特殊なも

❖**梶井基次郎** →P.18
❖**山本有三** →P.30
❖**尾崎士郎** 小説家。昭和八年、『都新聞』に連載の「人生劇場」がヒット、流行作家となる。以降、おもに歴史小説を執筆。作品『成吉思汗』『伊勢新九郎』など。(一八九八～一九六四)
❖**宮沢賢治** →P.34
❖**井上ひさし** →P.25
❖**岩下俊作** 小説家。昭和一四年、『九州文学』に「富島松五郎伝」を掲載。これが直木賞候補となり、後、『無法松の一生』と改題、人気を得る。作品はほかに『焰と氷』など。(一九〇六～一九八〇)
❖**斎藤隆介** 児童文学作家。新聞・雑誌などの記者をへて創作活動に入り、昭和四三年『ベロ出しチョンマ』で小学館文学賞、同五三年『天の赤馬』で児童文学協会賞受賞。作品『八郎』『花さき山』など。(一九一七～一九八五)

のと思われる。「肋骨のぎこぎこした胸は看るから弱そうであった」(徳田秋声『黴』)

◇**類義語**「**きこきこ**」

「きこきこ」は①の類義語。「ぎこぎこ」は滑りが悪くてこすれあう大きな音をいうが、「きこきこ」は摩擦や抵抗が少なく、軽くこすれあう音をいう。「キコキコという音をさせて足を立てたあのチャブ台は」(林望『音の晩餐』)

◈**参考** 自転車のペダルを漕ぐときにも「ぎこぎこ」を使うことがある。「古くなった自転車をぎこぎこ漕いで学校に向かう」

(川嶋秀之)

ぎざぎざ

のこぎりの歯のような連続した刻み目のある様子。また、そのような刻み目。「歯車や、柄や、そのほかぎざぎざがついたり穴があいたりした、さまざまの形の鉄の破片がころがっています」(竹山道雄『ビルマの竪琴』)、「黒い長ぐつをはき、よく見ると、その長ぐつのうらには、ちゃんと、ギザギザのゴムまではってあります」(安房直子『ハンカチの上の花畑』)

◇**類義語**「**きざきざ**」

「ぎざぎざ」も「きざきざ」もほぼ同じ意味。「きざきざ」は古くは「悲しみの腸(はらわた)きざきざに断つとは」(浄瑠璃『傾城酒呑童子(けいせいしゅてんどうじ)』)のように、細かく切り刻む様子をいった。それが、切り刻んだあとの状態をいうようになり、明治時代以降に語頭が濁音化して「ぎざぎざ」に転じた。昭和になってからも、「そしてそれが私のきざきざな地平線をなして居るのだった」(堀辰雄『美しい村』)のような例があって両語形が併存し、その時期にはニュアンスの差があったであろうが、現在では「きざきざ」はなくなり、「ぎざぎざ」専用となった。

(川嶋秀之)

きしきし

かたい物どうしが、抵抗を生じながらこすれ合うことによって出る音。「カムパネルラは、そのきれいな砂を一つまみ、掌にひろげ、指できしきしさせながら」(宮沢賢治『銀河鉄道の夜』)

「軋(きし)む」は「きしきし」から生じたとされる。

◇**類義語**「**きしっ**」「**ぎしぎし**」

「きしっ」は、「きしきし」よりも短く軽くこすれ合う音を表す。「ぎしぎし」は、こすれ合う時の抵抗が「きしきし」より大きく、音も大きく重い感じ。

❖**徳田秋声** →P.42

❖**林望** 書誌学者・国文学者。平成三年、ケンブリッジ大学客員教授時代の体験をつづった『イギリスはおいしい』で日本エッセイスト・クラブ賞受賞。著作はほかに『林望のイギリス観察辞典』など。(一九四九〜)

❖**竹山道雄** →P.56

❖**安房直子** 児童文学作家。山室静に師事。昭和四八年『風と木の歌』で小学館文学賞、同五七年『遠い野ばらの村』で野間児童文芸賞受賞。幻想的な作品で知られる。作品『風のローラースケート』など。(一九四三〜一九九三)

❖**傾城酒呑童子** 江戸時代の浄瑠璃。近松門左衛門作。享保三年(一七一八)もしくは四年初演。

❖**堀辰雄** →P.25

❖**宮沢賢治** →P.34

◆参考　清少納言はこの音が嫌いだったらしく、『枕草子』の「にくきもの」の中で「墨の中に石のきしきしときしみ鳴りたる」と「きしめく車（＝きしきしと音のする牛車）にのりてありく者」を挙げる。

また、仲の悪い様子を「軋轢」というが、これももとは車輪が軋るという意であった。これらのことから、軋る音というのは、一般的には不快ととらえられる音である。しかし、こんな例も稀にある。「きしきしと寒さに踏めば板軋む　かへりの廊下の　不意のくちづけ」（石川啄木『一握の砂』）。恋の場面での軋む音である。　（高崎みどり）

ぎしぎし

①かたい材料で組み立てられたものの部分どうしが、こすれ合って出る音。「彼女は…障子をあけて廊下へ出ると階段をぎしぎしいわせながら降りていってしまった」（北杜夫『楡家の人びと』）

②ある範囲に物を隙間なく詰める様子。「自分自身が弁当箱の中にぎしぎしに詰め込まれていくような気がするの。管理され、息ができない感じ」（朝日新聞99・8・6）

◇**類義語**「ぎしっ」「ぎっしり」

「ぎしっ」は①の類義語で、「ぎしぎし」より短く大きな音を表す。「ぎっしり」は②の類義語。「ぎしぎし」の方が無理に詰めこむ感じが強い。

◆参考　室町末期の『日葡辞書』に「ぎしぎし」は草の名前として出ている。現代でも地方によっては、「ぎしぎし」が植物の虎杖や酸葉などの異名となっている。草どうしをこすり合わせると出る音に由来するという。また、『日葡辞書』には「ぎしめく」という項があり「物が擦れ合ったり、何かかたい物を臼でひいたり、歯ぎしりをしたりする際などに音が出る」と説明されている。　（高崎みどり）

きしっ

①物がこすれ合って出る音。また、こすれ合う時、滑らかでなくやや抵抗がある様子。「（竹から作った繊維は）絹に似たキシッとした感じだが、絹よりは弾力がある」（日本経済新聞夕刊02・7・11）

古くは「きしつく」という動詞で、こすり合わせて音をさせる意を表すこともあった。「是非も知らずきしつくる（＝夢中で鏡も見ずに顔に白粉をこすりつける）」（『堤中納言物語』）

②整っていて乱れや隙間がない様子。「きしっ

❖**枕草子**　→P.33
❖**石川啄木**　→P.386
❖**北杜夫**　→P.30
❖**日葡辞書**　→P.15
❖**堤中納言物語**　平安時代の短編物語集。「虫めづる姫君」など一〇編からなるが、天喜三年（一〇五五）成立の小式部作「逢坂越えぬ権中納言」以外は作者は未詳。成立時期はおおむね平安後期頃。集としては鎌倉時代初期成立。

牛車　きしきしと音のすることもあった。

と学力の認められた者が卒業できるようにしてほしい」(朝日新聞99・5・31)

◇**類義語** 「ぎしっ」

「ぎしっ」は①の類義語で、短く瞬間的な音であることでは共通しているが、「ぎしっ」は「きしっ」よりも、物どうしのこすれ合う時の抵抗が大きい場合の音や様子。

◈**参考** 江戸末期の『和英語林集成』には、「きしらう」という項があり、「反発しあう。争う」などと説明され、「嫁と姑が常にきしらう」という用例が挙がっている。(高崎みどり)

ぎすぎす

①体つきが骨ばっていて、動作が堅苦しい様子。「背ばかり高くてぎすぎすした感じの子」

②性質や態度に温かみや優しさがなく、親しみにくい様子。「吾一ってのは、どうもぎすぎすしていていけませんな、一つ、名まえを変えましょうか」(山本有三『路傍の石』)

③人間関係や社会のありかたなどが融通がきかず、人間味に欠ける様子。「彼らは…社内の人間関係がぎすぎすしてきたことや将来への不安を肌で感じている」(日本経済新聞01・1・3)

◈**参考** 江戸時代から見える語。「ぎすぎす(=無愛想で潤いがない様子)しなひでおとなしいからよいね」(人情本『春色梅児誉美』)。江戸末期の『和英語林集成』の「ぎすぎす」の項に「傲慢な、尊大な、無礼な態度」という説明がある。「(男の)ふだんのようすといやァ麻風呂敷に茄子で――ぎすぎすすること」(仮名垣魯文『安愚楽鍋』)は、麻布と茄子をこすりあわせると「ぎすぎす」と鳴る、そんな横柄なふだんの様子だ、という言葉遊びの中の用例。(高崎みどり)

きちきち

①時計の秒針が時を刻む音。少し古い言い方。現在は、「かちかち」が普通。「時計のきちきちいう音も遠くなった」(高浜虚子『俳諧師』)

②百舌の鳴き声やバッタの飛ぶ時に出す音。「『キチキチキチキチ…』という甲高く単調なその声は、一般に『モズの高鳴き』として知られている」(高田勝ほか『野鳥』)

③分量・寸法・時間などが窮屈でかろうじて間に合っている様子。「夕飯を済まして身拵えをする

ぎしぎし こすったときに出る音「ぎしぎし」が名前に。

❖**和英語林集成** →P.16

❖**山本有三** →P.30

❖**仮名垣魯文** →P.10

❖**春色梅児誉美** 江戸時代の人情本。為永春水著。一人の男と三人の女の恋愛関係を描いたもの。天保年間の文壇の主流が読本から人情本に代わる契機となった作品。天保三年(一八三二)~四年刊。

❖**高浜虚子** 俳人。正岡子規に師事。明治三一年、子規の死去とともに『ホトトギス』を主宰。客観写生と花鳥諷詠を説き、俳句の伝統擁護に努める。昭和二九年、文化勲章受章。作品に句集『虚子句集』、小説に『俳諧師』など。(一八七四~一九五九)

❖**高田勝** ナチュラリスト・作家。北海道の根室に移住し、バードウォッチャーのための民宿を経営。作品『飛びたてシマフクロウ』など。(一九四五~二〇〇三)

と、もう時間がキチキチであった」(谷崎潤一郎『細雪』)

④決まりどおりに規則正しく物事を行う様子。「これからは金も些(ちっ)とはきちきちと送らなけァ」(徳田秋声『黴』)

◇類義語「きちっ」「きちん」「きちり」「きっちり」「ぎちぎち」

「きちっ」「きちん」「きちり」「きっちり」は、④の類義語。「きちきち」よりも、一層礼儀正しく正確に整然と行っている感じがある。「ぎちぎち」は、③の類義語。「きちきち」よりも中身が詰まり過ぎて窮屈な感じがある。

◆参考「きちきちばった」は、精霊飛蝗(しょうりょうばった)のことで、飛ぶ時の音「きちきち」からきた呼び名。江戸時代の『浮世名所図会』に既にその名が見え、子供たちが、「きちきちばったこうばった、後架(こうか)の中で踏ん張った」と囃していたことが記されている。巌谷小波も「ミンミン蝉とキチキチ蝗虫(ばった)」(『暑中休暇』)と書いている。栃木県には、「ぎちぎちばった」の言い方がある。また、モズのことを鳴き声から「きちきち鳥」という地方(長野県など)がある。奈良・福岡・熊本県などでは、「きちきちもうず」。山口県では「きちきちもんず」。 (山口仲美)

ぎちぎち

①物どうしがこすれ合ったり、隙間のないところで触れ合ったりして出る音。「白馬は、歩くたんびに膝がぎちぎち音がして、…ひょうしをとるようだ」(宮沢賢治『北守将軍と三人兄弟の医者』)江戸末期の『和英語林集成』にもこの意味で「ぎちぎち」があり、「戸がぎちぎちと鳴る」の用例も。

②物や事が、限られた範囲に集中し、ゆとりがない様子。「背後からも前からも ギチギチに迫られて凝固した 人人よ」(室生犀星『地上の春』)

◇類義語「ぎちっ」「ぎちり」「ぎっちり」

「ぎちっ」「ぎちり」は①の類義語で、ともに「ぎちぎち」より短い音の出方を表す。「ぎちり」の方が「ぎちぎち」「ぎちっ」より音が響く感じを表す。「ぎっちり」は②の類義語。「ぎっちり」の方が「ぎちぎち」より、整然と詰まっている感じを表す。

◆参考 江戸時代、魚の柊(ひいらぎ)の異名を「ぎちぎち」とも言った。とらえた時の鳴き声からつけられたという説がある。また「ぎちつく」という語もあり、物事が円滑にいかない様子などを表した。「おれもよがよなら、十両や二十両の金に、ぎちつく身でもねへが」(洒落本『廓大帳(くるわのだいちょう)』) (高崎みどり)

❖**谷崎潤一郎** →P.7

❖**徳田秋声** →P.42

❖**浮世名所図会** 江戸時代の滑稽本。奥山四娟著。文政一二年(一八二九)刊。

❖**巌谷小波** 児童文学作家・小説家。硯友社に入り小説家として出発。明治二四年、おとぎ話『こがね丸』が好評を得、童話に専念。後、『少年世界』編集長。「日本昔噺」「世界お伽噺」などを編集。(一八七〇〜一九三三)

❖**宮沢賢治** →P.34

❖**和英語林集成** →P.16

❖**室生犀星** 詩人・小説家。幼少時代を逆境の中で送る。詩人を志し詩を投稿、終生の友萩原朔太郎を得て、昭和七年『抒情小曲集』を刊行。後、小説に転じ、『あにいもうと』などを発表。作品『杏っ子』『かげろふの日記遺文』など。(一八八九〜一九六二)

❖**廓大帳** 江戸時代の洒落本。山東京伝著。寛政元年(一七八九)刊。

きちっ

①ゆるんだり乱れたりしていないで、整っている様子。「(嫁の加恵が)いつ目が醒めても(姑の)於継はもう髪に櫛を当て終っていて、着物もきちっと衿の形よく着こなしていた」(有吉佐和子❖『華岡青洲の妻』)

②過不足なく正確な様子。また、ある条件を満たして、ちょうどあてはまっている様子。「(経営計画は)予定どおりきちっと進んでいる」(日刊工業新聞00・12・8)

(高崎みどり)

ぎちゃぎちゃ

噛(か)み切りにくい食べ物などを口をさかんに動かして何度も噛む音。「若さと家霊の表現。この問題をわたくしはチュウインガムのように心の歯で噛み挟み、ぎちゃぎちゃ毎日噛み進めて行った」(岡本かの子❖『雛妓』)。また、「しゃぶったり、舐めたり、ぎちゃぎちゃ噛んだりした」(内田百閒❖『百鬼園先生言行録』)という例は、尾を蚤にくわれた猿が、痒いのに我慢ができず、自分の尾を噛んでいる様子。

(高崎みどり)

きちん

十分に行き届いて、整然とものごとが行われる様子。どのようなものごとについて言うかで、「きちん」が意味する状態にも少しずつ違いがある。

たとえば「箸箱にきちんとはまっている箸」(三島由紀夫❖『金閣寺』)のような場合は、物が入れ物に過不足なく収まっている様子。

「着つけにどこか芸者風なところがあったが、無論裾はひきずっていないし、やわらかい単衣をむしろきちんと着ている方であった」(川端康成❖『雪国』)のように、衣類などの場合は、略したり崩したりせずに、整っている様子を表す。

ものごとに対する姿勢については、「私は将来、家を買う時のために、きちんと貯金をしています」(女性自身00・12・12号)、「第2の人生については、師匠とおかみさんと話をして、私の口からキチンと申し上げます」(女性自身00・12・26合併号)のように、正確で規則正しく、几帳面である様子や、あいまいさがなくはっきりしている様子を表す。

◈**参考** 「夫は学生時代からそれはもうお話にならんキチン屋のガリガリ屋」(谷崎潤一郎❖『卍』)は、きちんとした性格が嫌われた例。

(高崎みどり)

❖**有吉佐和子** 小説家。演劇にたずさわった後、昭和三一年に『地唄』でデビュー。多芸多才な才女といわれた。作品『華岡青洲の妻』『恍惚の人』など。(一九三一〜一九八四)

❖**岡本かの子** 小説家・歌人・仏教研究家。漫画家岡本一平と結婚。画家岡本太郎は長男。昭和一一年、『鶴は病みき』で作家生活に入り、以降、作家として活躍。作品『母子叙情』『生々流転』など。(一八八九〜一九三九)

❖**内田百閒** →P.47

❖**三島由紀夫** →P.7

❖**川端康成** 小説家。大正一三年、横光利一らと雑誌『文芸時代』を創刊、新感覚派と呼ばれた。以降、独自の美的世界を追究し、昭和三六年文化勲章受章。同四三年ノーベル文学賞受賞。作品『伊豆の踊子』『雪国』『山の音』など。(一八九九〜一九七二)

❖**谷崎潤一郎** →P.7

きっ

怒りや決意、覚悟などのために、急に表情や体の姿勢が緊張する様子。

表情の場合は視線が鋭くきつくなり、口を結ぶ様子。「『いい、よくって⁉』冴子に眼を見入られて、きっとした表情で言われると」（❖井上靖『あすなろ物語』）

姿勢の場合は体全体が真っすぐになり、こわばる感じになる。「『何でもないんだ、何でもありやしないんだよ』言いきかせるつもりで、私は縁側の上へきっとつったっていた」（❖林芙美子『放浪記』）

古くは「きと」という形で用いられ、意味用法も現在より広かった。瞬間的に動作がなされる様子で「狗急と寄て」（❖『今昔物語集』）という例がある。また、しっかりと確実に動作がなされる様子という意味で「烏帽子の緒きとつよげに結び入れて」（❖『枕草子』）という例もある。

江戸時代には、厳重にあるいは明確にという意味でも使われた。「この家を陣にとらせぬ（＝戦の陣地として使わせない）という理屈のあらば、亭主罷り出て、きっと断りを申せ」（咄本❖『きのふはけふの物語』）

この時代には、「きっとしい」という形容詞もあり、現代の「堅苦しい」「厳しい」にあたる。

なお、「明日きっと行く」のような場合の「必ず」という意味に使われる「きっと」は擬態語ではない。

◆参考　江戸時代、庶民を対象にした刑罰の一つに「きっと叱り」といって、厳しく叱責してから放免というものがあったという。

なお、歌舞伎の演技・演出用語に「きっとなる」という言い方がある。相手役のせりふや態度に対して、緊張したり意気込んだりする様子を見せる演技をさす。

（高崎みどり）

ぎっ

①物どうしがこすれ合って出る音。「ぎっとちょうつがいのきしむ音とともに扉が開いた」

②厳しく容赦のない様子。「事務長は…突然這入って来た葉子をぎっと見守っていた」（❖有島武郎『或る女』）。現代では、ふつう「じっと」を使う。

③力を込めて動作を行う様子。「医者はお品の大腿部を湿したガーゼで拭ってぎっと肉を抓み上げて針をぷつりと刺した」（❖長塚節『土』）。現代では、ふつう「ぎゅっと」を使う。

❖井上靖　小説家・詩人。大阪毎日新聞入社後、昭和二四年『闘牛』で芥川賞受賞。作品『氷壁』『天平の甍』など。昭和五一年、文化勲章受章。（一九〇七〜九一）

❖林芙美子　→P.25

❖今昔物語集　平安時代の説話集。編者未詳。インド・中国・日本の一〇〇〇余りの説話を収録。仏教的、教訓的な傾向が強いが、内容は多彩であり、あらゆる階層の人間が登場する。一二世紀初頭成立。

❖枕草子　→P.33

❖きのふはけふの物語　江戸時代の咄本。著者未詳。安土桃山時代から江戸時代初期にかけての短い笑い話を集めたもの。寛永年間（一六二四〜一六四四）初期には成立していたと考えられている。

❖有島武郎　→P.12

❖長塚節　→P.21

江戸時代には、言葉に詰まってしまう様子や、動作が滑らかにいかないで、急にとどこおってしまう様子を「ぎっと」と表す場合もあった。現代語では「ぐっと」や「ぎゅっと」に当たる。「四斗樽に、六道四生ぎっと詰って動かれず」(浄瑠璃『鑓の権三重帷子』)の例がある。「ぎと」という形で用いる場合もあった。

◆**参考** 江戸時代、夫を亡くしてから、堅実に暮らしている女性を「ぎっと後家」と言った。堅苦しい印象が、②の意味での「ぎっと」と結びついたものかと思われる。

(高崎みどり)

きっかり

①ある数量や時間・時刻に合っていて過不足のない様子。正確で厳密な様子。「一時間きっかりで、鮎太の暗誦は中止の命令を受けた」(井上靖『あすなろ物語』)、「七千坪、いや八千坪はあるかな。それをきっかりと測らねばならんのだ」(北杜夫『楡家の人びと』)

②輪郭がはっきりしていて形が際立っている様子。現代ではふつう「くっきり」を使う。「日がきらきらと東隣の森越しに庭へ射し掛けてきっかりと日陰を限って解け残った霜が白く見えて居た」(長塚節『土』)

古くは「はっきりと」あるいは「たしかに」という意味で、「きかと」「きっかと」の形もあった。室町時代に「是等は皆管子晏子とて、きっかと世に行れてあるぞ」(『史記抄』)の例がある。

◆**参考** 「き」と「か」を入れ替えた「かっきり」という語も古くからあって、「きっかり」とほぼ同じように使われている。「あふれるまなこをカッキリあけて自分は見る。ああ。凱旋の『郷土部隊』」(草野心平「凱旋部隊」)

(高崎みどり)

きっしり

うまく合って収まりがいい様子。隙間なく詰まっている様子。「輿はきっしりと旨く馬車の中に納った」(夏目漱石『思ひ出す事など』)、「門の内外には人力車がもうきっしり置き列べてある」(森鷗外『余興』)。現代では、少し古い言い方。

江戸時代には、「きっしり」で正確な様子、過不足ない様子を表した。「そのよふに刻限きっしりとはしにくく」(洒落本『遊婦多数奇』)

◆**参考** 江戸時代、「きっしり」で、感情に強く訴

❖**鑓の権三重帷子** 江戸時代の浄瑠璃。近松門左衛門作。享保二年(一七一七)初演。

❖**井上靖** →P.92

❖**北杜夫** →P.30

❖**長塚節** →P.21

❖**史記抄** 室町時代の抄物。桃源瑞仙著。前漢の司馬遷が著した『史記』についての注解。質・量共に当代の口語資料として貴重。文明九年(一四七七)成立。

❖**草野心平** 詩人。昭和三年、最初の詩集『第百階級』を刊行。同一〇年、高橋新吉、中原中也らと『歴程』創刊。戦後も生命の賛美をテーマとした旺盛な創作活動を展開。作品『マンモスの牙』『絲綢之路』など。昭和六〇年、文化勲章受章。(一九〇三〜一九八八)

❖**夏目漱石** →P.8

❖**森鷗外** →P.14

❖**遊婦多数奇** 江戸時代の洒落本。著者未詳。内容は「傾城真との論」「色事の論」など九章からなる色道談義。明和八年(一七七一)刊。

えかける様子を意味する用法もあった。「思はくらしう、頤を衿の中へさしこみし粧ひ、三ぶが魂へきっしりと徹へ(=情けありげな遊女の媚態が、三ぶという男の心に魅力的に強く訴えかけて)」(浮世草子『傾城禁短気』)。さらに、心が通じ合う仲、あるいはその人をさす場合もあった。歌舞伎や浄瑠璃などで心の通じ合う仲を「きっしりなか」、また、そういう仲である人、恋人などを「きっしりさん」と呼んだりした例もある。「そして、お前の色さんの名は、なんというえ」(歌舞伎『五大力恋緘』)

(高崎みどり)

◇**類義語**「きっしり」

「ぎっしり」の方が「きっしり」より詰まっている物の密度が高い状態を強調している。また、「きっしり」の方が古い言い方で、現在は「ぎっしり」の方がよく使われている。

◆**参考**「ぎっしり」は、窮屈な感じを表すばかりでなく、「しっとりとしたバター生地にぎっしり詰まったレーズンやナッツがなんともリッチ」(女性自身00・12・26合併号)のように豊かな良い感じを強調する文脈で使うことも多い。

(高崎みどり)

ぎっしり

ある一定の範囲の中に、ものごとが隙間なく詰まって、いっぱいになっている様子。「現実は大きなボール紙の箱にぎっしりと詰まった砂のように鈍く重く、そしてとりとめがなかった」(村上春樹『世界の終りとハードボイルド・ワンダーランド』)

また、二つの物が密着した状態を「ぎっしり」で表した例もある。「劇しく開けた戸が稍朽ち掛けた閾の溝を外れようとしてぎっしりと固着した」(長塚節『土』)

ぎっちら

小さな舟やボートを、櫓やさおなどの道具を使って漕ぐ時に出る音。また、そうやって漕ぐ時の様子。「年はとってもお船を漕ぐ時は 元気一ぱい櫓がしなる ソレ ギッチラ ギッチラ ギッチラコ」(武内俊子・童謡「船頭さん」)。また「海の底が大きくうねっているように、女性の心はぎっちらこです」(週刊朝日02・9・20号)は、舟を漕いでいる時のような感じで、揺れている様子。

◇**類義語**「ぎっちらぎっちら」「ぎっちらこ」

❖**傾城禁短気** 江戸時代の浮世草子。江島其磧著。西鶴没後、大坂に代わって勢力を得た京都の書肆八文字屋から出版された、いわゆる「八文字屋本」のひとつ。ただし、内容的には西鶴好色物の模倣の域を出ていないとされる。正徳元年(一七一一)刊。

❖**五大力恋緘** 江戸時代の歌舞伎。並木五瓶作。五瓶が同じ題材を扱った先行作品もあるが、この題名での初演は寛政六年(一七九四)。なお、五瓶は大坂から江戸に移った折に本作を改訂し、以降、上方系と江戸系の二種類が上演された。

❖**村上春樹** 小説家。昭和五四年『風の歌を聴け』で群像新人文学賞受賞。以降、失ったものへの追想をテーマに多くの作品を発表。作品『ノルウェイの森』『ねじまき鳥クロニクル』など。(一九四九〜)

❖**長塚節** →P.21

❖**武内俊子** →P.325

「ぎっちらぎっちら」は、漕ぐ動作や音がリズミカルに続く様子を表す。「ぎっちらこ」は口調を整える接尾語「こ」を付したもの。「嘉吉が、そこで、はい、櫓を握って、ぎっちらこ」(泉鏡花『草迷宮』)

◆参考 江戸時代には「ぎちらこ」の形もあった。「御舟は ぎちらこぢゃ息子 まだるがり(＝まだるこしがる)」(『誹風柳多留』)

また、居眠りをして体を揺らす状態を「舟を漕ぐ」と言うが、「針と糸を もってお舟は ぎっちらこ」(『誹風柳多留』)は女性が縫い物をするうちに居眠りを始めた様子をよんだ句。 (高崎みどり)

きっちり

余分な隙間やはみ出しなどがなく、整って詰まっている様子。「成熟した女学生がふたり…くつくつ笑いながら、一坪ほどの待合室の片隅できっちり品よく抱き合っていた」(太宰治『狂言の神』)

ある一定の基準や数量に関して言う時は、「両手をきっちり四十五度に、横木の先端まで延ばした、このローマの植民地の義人の姿勢は」(大岡昇平『野火』)のように、不足や余分もなく合っている様子を表す。

また、ものごとについてあいまいなところがなく整理されている様子や、抜かりがなく完全である様子を表すこともある。「頭の中にはきっちりとした理論のようなものは既にできておったのです」(村上春樹『世界の終りとハードボイルド・ワンダーランド』)、「その前にきっちり選手権で結果を残さないと」(日刊スポーツ新聞00・12・31)

◇類義語「ぎっちり」

「きっちり」が、過不足なく整っていることに焦点があるのに対し、「ぎっちり」は隙間なく詰まっている様子に焦点がある。 (高崎みどり)

ぎっちり

ものごとが、隙間のほとんどない状態で、多量に詰まっている様子。「書画、写真、神体、道具、薬、玩具、その他、殆ど一生かかって蒐集したあらゆる種類のもので、八畳一間ぎっちりにつまっていた」(里見弴『多情仏心』)

江戸時代には、行動が遮られてしまったために先に進めないような様子、あるいは、言葉に詰まってしまい、何も言えなくなっている様子を表す用法もあった。「いくつに成っても芸子はげい子

❖泉鏡花 →P.8

❖誹風柳多留 →P.10

❖太宰治 →P.20

❖大岡昇平 小説家・評論家。仏文学、特にスタンダールの翻訳者として出発。戦中の捕虜体験から、戦後作家生活に入る。作品『俘虜記』『レイテ戦記』『武蔵野夫人』など。(一九〇九〜一九八八)

❖村上春樹 →P.94

❖里見弴 小説家。有島武郎の末弟。明治四三年、雑誌『白樺』創刊に参加。大正五年『善心悪心』でデビュー。同八年、久米正雄らと『人間』創刊。作品『多情仏心』『安城家の兄弟』など。昭和三四年、文化勲章受章。(一八八八〜一九八三)

でござんすと、いひまくられてぎっちりつまり(＝言葉につまってしまって)」(浮世草子『❖諸道聴耳世間猿(しょどうききみみせけんざる)』)

◇**類義語**「ぎっしり」

「ぎっしり」は「ぎっちり」と、ほとんど同じように使われている。ただ、「ぎっちり」の方が「ぎっしり」に比べて、詰まっているものが、より堅固であり、また、それらが多量にあって隙間なく存在しているための圧迫感が強く感じられる。これは、「がっちり」と「がっしり」、「みっちり」と「みっしり」などの違いとも共通する。（高崎みどり）

ぎっとん

機を織ったり、水車で臼をひいたりする時などに、物がきしんで、その後ぶつかったり落ちたりする音。「ぎっとんぎっとんと機を織る」

◇**類義語**「ぎーとん」「ぎったん」

きしむ時の音が「ぎっとん」よりやや長いのが「ぎーとん」である。「ぎったん」はシーソーのように平たい板などが立てる音。

◆**参考** 柳田国男によれば昭和初期には「水臼」を「ぎっとん」と呼んでいたという。（染谷裕子）

きっぱり

①発言や態度などに迷いがなく、いさぎよい様子。「尋ねて来たら、きっぱりとことわれば好い」(❖森鷗外『青年』)、「島根県警で対応してくれた警視はきっぱりと否定した」(SPA!00・12・13)

②ある状況が、際だって明瞭に見える様子。「聡はむかしその母親を嘆かしたおもかげより、遥かにきっぱりと目鼻立ちが整ってきていた」(❖北杜夫『楡家の人びと』)、「頭をきっぱりと七・三にわけ」(❖椎名誠『新橋烏森口青春篇』)

◇**類義語**「はっきり」

①②の類義語。ある対象との境界が明確である様子を表す「きっぱり」に対して、「はっきり」は、周囲との対比において明確な様子を表す。特に①の場合「きっぱり」は相手を突き放すような主体の態度について言うが、「はっきり」は行動や発言の内容について言う。

◆**参考** 江戸時代から見られる語。室町時代には「きっぱ」と言った。「きっぱり」とも共通する語根「きっぱ」は「きはやか」などの「際(きは)」と関連するとも言われる。このことと、「きっぱ」や「きっぱり」の古い用例から見ると、②が本来の用法と

❖**諸道聴耳世間猿** 江戸時代の浮世草子。上田秋成著。秋成が読本『雨月物語』を著す数年前の作品で、末期浮世草子の中の佳作と言われる。明和三年(一七六六)刊。

❖**森鷗外** 小説家・劇作家・評論家。陸軍軍医のかたわら、多彩な文学活動を展開。夏目漱石と並ぶ、明治を代表する作家の一人。作品『舞姫』『雁』など。(一八六二〜一九二二)

❖**北杜夫** →P.30

❖**椎名誠** 小説家・編集者。昭和五一年、『本の雑誌』を創刊。同五四年、エッセイ『さらば国分寺書店のオババ』を刊行、平易な言葉を用いた昭和軽薄体の作家として人気を得る。作品『新橋烏森口青春篇』『岳物語』など。(一九四四〜)

思われる。すなわち、他と比べて際だっていて明瞭であるさまを表した。一方、発言・態度などにおいては、「きっぱりと断る(言い切る)」などと使うことが多くなる。その結果、「きっぱり」と「切る」との接近が起こったか。

現在「きっぱり」は①で用いることが極めて多く、その基本的な語義は、ある対象との断絶した関係という点に中心がある。次のように完全に断絶する様子にも用いる。「この時私は私自身と外界との関係が、きっぱりと断ち切られたのを意識した」(❖大岡昇平『野火』)　(染谷裕子)

ぎとぎと

油や脂肪分が極めて多く粘ったり光ったりしている様子。「脂のかたまりがたっぷり浮いてギョッとするほどギトギトした感じ」(『ラーメンBEST100 東京・横浜ほんとうに美味しい店①』)

◇類義語「ぎとっ」「ぎっとり」

「ぎとっ」は対象を部分的にとらえた様子、「ぎっとり」は全体的にとらえた様子を言う。

◈参考　富山県の方言「きときと」は魚などの新鮮な様子に言い、「ぎとぎと」とは別の語。　(染谷裕子)

きびきび

動作や態度などに、むだがなく引き締まっていて、生き生きしている様子。好感をもって用いられることが多い。「チャージの中尉のきびきびした指揮で、艇はすぐ水を蹴って走り出した」(❖阿川弘之『山本五十六』)、「休み明けを感じさせないキビキビとした動きで、仕上がりは良さそう」(日刊スポーツ00・12・14)

明治以降の語。古くからある「きびし」の語根を重ねたものと考えられるが、「きびし」は「きびきび」のような美的感覚を伴わない。その意味で、「きびきび」は近代的な感覚を表す語といえる。

また、「きびきび」は、多く動作について言うが、明治時代には顔つきなどにも言った。「そのきびきびした顔付を形容するには、是非とも青年という文字が必要になった位彼は生気に充ちていた」(❖夏目漱石『彼岸過迄』)

◇類義語「はきはき」

「きびきび」は主に動作に言うが、「はきはき」は、言動が明快で小気味よい様子。

◈参考　徳島県などでは「きびきび」を物惜しみする意でも用いる。「きびきびするな」　(染谷裕子)

きびきび　脇目もふらず生き生きと働く。

(東海林さだお『平成サラリーマン専科』より)

❖大岡昇平　小説家・評論家。仏文学、特にスタンダールの翻訳者として出発。戦中の捕虜体験から、戦後作家生活に入る。作品『俘虜記』『レイテ戦記』『武蔵野夫人』など。(一九〇九)

❖阿川弘之　小説家。高等学校時代に志賀直哉に師事、志賀門下の一員となる。海軍時代の体験を生かし、戦争を主題にした作品が多い。作品『山本五十六』『暗い波濤』など。(一九二〇)

❖夏目漱石　→P.8

きゃーきゃー

こわがったり、驚いたり、喜んだり、はしゃいだりした時にあげる甲高い声。とくに女性や子供などが発する場合が多い。また、騒ぎたてる様子。「そして暫くするとキャアキャアという左枝子の声がして」(志賀直哉『流行感冒』)、「あなたのその匕首（あいくち）のきいた声で歌いまくってごらんなさい。若い女の子がきゃあきゃあ騒ぎたてますよ」(立原正秋『冬の旅』)

室町時代から見え、本来は猿などの動物の声を表す語であった。「キャアキャアキャアキャアというてしきりにかきつくゆゑ…女共に毛がはえて猿に成（なっ）た」(狂言『猿座頭（さるざとう）』)。明治になってから、人間の甲高い叫び声をも表すようになった。現代では冒頭の第二例のように、叫び声に限らず、大勢で騒ぎたてる甲高い声々を、全体的にとらえた表現としても用いる。

◇類義語「きゃー」

「きゃー」は恐怖や驚きなどで、瞬間的にあげる叫び声。「キャーという女性の悲鳴が聞こえて、何事かと思った」(日刊スポーツ00・12・17)というように悲鳴を表すことが多い。

(染谷裕子)

ぎゃーぎゃー

①赤ん坊や幼児が激しく泣きわめく声。「いたずら坊主がたんこぶ作ってぎゃーぎゃー大泣き」のように使う。また、江戸時代の滑稽本『浮世風呂』にも「子どもらが目をさまして、ギャアギャア吼（ほえ）ると」とある。

②鳥や獣の鳴き声。美しい声とはお世辞にも言えない、やかましい感じのする声。「桔梗いろの空から、さっき見たような鷺が、まるで雪の降るように、ぎゃあぎゃあ叫びながら、いっぱいに舞いおりて来ました」(宮沢賢治『銀河鉄道の夜』)

③あれこれ騒ぎたてる様子。特に要求や不満などをやかましく言い立てる様子にいうことが多い。「けさも教室でひとしきり、ぎゃあぎゃあ大騒ぎだった」(太宰治『正義と微笑』)、「人事は首相がやるものだ。派閥がぎゃあぎゃあ言うのはおかしい」(週刊現代00・12・23号)

◇類義語「ぎゃー」「ぎゃーっ」

共に①②の類義語。「ぎゃー」は激しい恐怖などで悲鳴に近い感じの声。「ぎゃーっ」は強烈な悲鳴の後、一度静止する感じ。「『ぎゃーっ』というすさまじい泣き声」(朝日新聞00・12・24)

(染谷裕子)

❖**志賀直哉**　→P.39

❖**立原正秋**　小説家。韓国で生まれ、昭和一二年、母の姉の婚家がある横須賀に転居。日本の古典に傾倒し、能や書画、骨董に造詣が深い。昭和四〇年、『白い罌粟』で直木賞受賞。作品『冬のかたみに』『帰路』など。(一九二六〜一九八〇)

❖**猿座頭**　室町時代の狂言。盲人が妻を連れて花見に行くと、来合わせた猿引きが妻を誘惑する。不審に思った盲人は紐で妻と自分をつなぐが、猿引きは妻と猿とをつなぎ替えて、妻を連れ去る。

❖**浮世風呂**　江戸時代の滑稽本。式亭三馬著。銭湯に出入りする人々の会話を通して庶民の暮らしを描いたもの。文化六年(一八〇九)〜一〇年刊。

❖**宮沢賢治**　→P.34

❖**太宰治**　→P.20

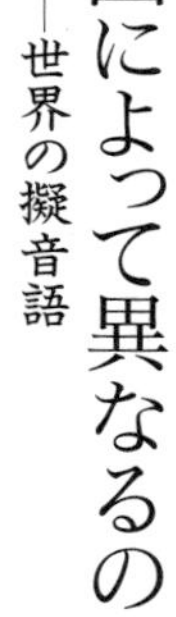

山口仲美の擬音語・擬態語コラム④

国によって異なるのは、なぜ？

——世界の擬音語

日本の鶏は「コケコッコー」と鳴く。だが、他の国では何と鳴く？（葛飾北斎「群鶏」団扇絵、東京国立博物館蔵）

　たとえば、鶏は、どこの国でも似通った声をあげている。にもかかわらず、それを写す擬音語は国によって違っている。

　日本語では、いうまでもなく「コケコッコー」。英語では「cock-a-doodle-doo（コックワドゥードゥルドゥ）」、フランス語では「coquerico（コクリコ）」「cocorico（ココリコ）」、ドイツ語では「kikeriki（キーキリキー）」、イタリア語では「chicchirichi（クックルクー）」、ロシア語では「кукареку́（クカレクー）」。

　おとなりの韓国では「kokiyo-koko（コッキョーココ）」。中国では「gēr gēr gēr（ゲルゲルゲル）（咯儿咯儿咯儿）」と、かなり変わっている。私は、中国でしばしば雄鶏の声を耳にしたが、常に「コケコッコー」と聞こえ、ついに「ゲルゲルゲル」とは聞こえなかった。東南アジアに行くと、タイでは「ek ï ek ek（エッイッエッエッ）」と、これまた相当の変わり種。インドネシアの中部ジャワでは、「ku-ku-ru-yuk（ククルユッ）」、ジャワ島西部では「kong-ke-ro-ngo（コンケロンゴ）」となる。ベトナムでは、「アアア・アアア」とターザンの叫び声のように聞くという。

　こんなふうに同じような声や音を聞いても、国によって異なる擬音語で写すのは、なぜか？　擬音語は「物まね」ではないからである。「物まね」だったら、実際の声や音をそっくりまねればいいから、世界各国共通ということも起こる。

　しかし、擬音語は「言葉」である。だから、それぞれの国の「言葉に使う発音」で写しとらねばならない。さらに、どの発音が実際の音や声に近いと感じるかは、その言語の使用者の感性に任されている。

　日本人には不思議に思える「ゲルゲル」も、「エッイッエッエッ」も、その言語を使っている人間にとっては、実際の鶏の声に最も近い言葉だと感じられるのである。いずれにしても、「物まね」ではないから、どの国の擬音語でも、実際の声や音からはズレているが、やむをえない。

きゃっきゃっ

①女性や子供などがはしゃぎまわったり、笑ったりする声。「吃驚して振返ると、雪江さんがキャッキャッといいながら、逃げて行くしどけない後姿が見える」（二葉亭四迷『平凡』）、「モコが手を叩いてキャッキャッ喜んでいる」（村上龍『限りなく透明に近いブルー』）

②猿などが怒りや恐怖に駆られて出す鳴き声。室町時代から見られる。「御承知の通り奥山の猿は鎖で繋がれている。いくら歯をむき出しても、きゃっきゃっ騒いでも引き掻かれる気遣いはない」（夏目漱石『吾輩は猫である』）、「高崎山のサルの群れにヘビを見せると、〝キャッキャッ〟と悲鳴をあげ、歯をむいて一斉に木に登る」（宮地伝三郎『十二支動物誌』）

◇類義語　「きゃっ」「きゃーきゃー」

「きゃっ」は、②の類義語。「きゃっきゃっ」が何回も鳴き立てる声であるのに対し、「きゃっ」は一回限りの声。なお、「きゃっ」は、①の意味をもたない。「きゃっ」は、驚いたり恐怖に駆られたりした時に発する声である。「きゃーきゃー」は、①②の類義語。ただし、①に関しては、驚き・恐怖の時にも発する声であり、「きゃっきゃっ」よりも意味が広い。

◆参考　猿は、十数種の鳴き声を持つ。「きゃっきゃっ」と聞こえる声で鳴くときは、恐怖に駆られた時。室町時代から、日本人は猿をペットとして紐でつないだり檻に入れたりして飼い始めた。その時代から猿の鳴き声は「きゃっきゃっ」。猿の悲鳴である。奈良時代にも猿の鳴き声が文献に残っている。その声は、「ここ」（『常陸国風土記』）。餌を食べている時、猿は「こーこー」という声を発する。「ここ」は、平和な満足した猿の声。（山口仲美）

ぎゃふん

相手に完全に言い負かされて、一言も言い返せない様子。「この竜宮の美しいお土産をあいつの鼻先につきつけて、ぎゃふんと参らせてやろう」（太宰治『浦島さん』）

明治以降に見える語。「ぎゃ」は驚いて出す叫び声、「ふん（ふむ）」は打ち負かされて仕方なく出す承諾の声か。江戸時代には「ぎょふん」と言った。「隠居きゃく　留てくんなに　ぎょふんとし」（『露丸評万句合』）

（染谷裕子）

❖二葉亭四迷　→P.25

❖村上龍　小説家。昭和五一年『限りなく透明に近いブルー』で芥川賞受賞、ベストセラーとなる。同五六年『コインロッカー・ベイビーズ』で野間文芸新人賞受賞。作品『イン ザ・ミソスープ』『共生虫』など。（一九五二）

❖夏目漱石　→P.8

❖宮地伝三郎　動物生態学者。ニホンザルなどの生態研究を行い、京大霊長類研究所、日本モンキーセンターを創設。著作『アユの話』『サルの話』など。（一九〇一）

❖常陸国風土記　奈良時代の地誌。和銅六年（七一三）の詔により撰進。編者未詳。常陸国の地名の由来や伝承などを漢文で、歌謡を万葉仮名で記す。養老年間（七一七〜七二四）頃成立。

❖太宰治　→P.20

❖露丸評万句合　江戸時代の雑俳。点者は出羽出身で、蕉門の露丸。柄井川柳の前代に活躍した人。明和三年（一七六六）興行。

きゃんきゃん

①犬などのかん高い鳴き声。おもに小型犬の鳴き声で、打たれるなどして出す悲鳴を表すが、甘えや喜び、寂しさを表すこともある。「赤毛は…ほどなく、きゃんきゃん悲鳴を挙げて敗退した」(太宰治『畜犬談』)、「去年狐のこん助が…おしりに火がつききゃんきゃんきゃん」(宮沢賢治『雪渡り』)。江戸時代から見える語。

②人間が①の犬のように、こうるさく甘えたり文句を言ったりする様子。「いまでは代々木にむかってキャンキャン吠えることと古典的コミュニズムのくだらない修正とに存在理由をみいだしている戦中派の男である」(倉橋由美子『聖少女』)

◆類義語「きゃん」「ぎゃんぎゃん」

「きゃん」は①の類義語。こうるさく鳴き続ける「きゃんきゃん」に対して鋭い悲鳴を表す。「ぎゃんぎゃん」は②の類義語で、非常にやかましく文句を言いたてる様子を表す。

■参考　明治・大正の頃には、踊りなどの調子を取る時の掛け声を「きゃんきゃん」と表した。「合の手に遠くで幽かにキャンキャンというような音が聞える」(二葉亭四迷『平凡』)

(染谷裕子)

きゅー

①きしんだり、こすったりして、摩擦によって起こる高い音。また、その様子。「第一に突っ込んだ指を以て鼻の頭をキューと撫でたから」(夏目漱石『吾輩は猫である』)、「出来の悪い分館の戸はきゅうと軋った」(久米正雄『学生時代』)

②かたくしめつけたり、縮んだり、吸い込んだりする時の音。また、その様子。「第一須永が角帯をきゅうと締めてきちりと坐る事からが彼には変であった」(夏目漱石『彼岸過迄』)。「本当に空腹感がきゅうと襲って来た」(曾野綾子『太郎物語』)のように、空腹で腹が鳴る音にも言う。

③酒などをひといきで飲む様子。「自身も一杯注いで、半分ばかりきゅうと飲むで」(尾崎紅葉『二人女房』)

◆類義語「きゅーっ」「きゅーん」

「きゅーっ」は①②③の類義語。鋭く瞬間的な感じを表す。「音楽を職業とする私にとっては、全編で歌われるパンソリにもキューッと吸い込まれました」(朝日新聞夕刊00・12・9)。「きゅーん」は②の類義語。「胸キューン」のように感動で胸が締めつけられる時に多く用いる。

(染谷裕子)

❖**太宰治**　→P.20

❖**宮沢賢治**　→P.34

❖**倉橋由美子**　小説家。昭和三五年、『明治大学新聞』に掲載の「パルタイ」でデビュー。『聖少女』『スミヤキストQの冒険』などで、独自の反リアリズムの作風を確立。作品『アマノン国往還記』『大人のための残酷童話』など。(一九三五〜二〇〇五)

❖**二葉亭四迷**　→P.25

❖**夏目漱石**　→P.8

❖**久米正雄**　小説家・劇作家。夏目漱石に師事。大正三年、第三次『新思潮』に戯曲「牛乳屋の兄弟」を発表。『蛍草』などの長編で流行作家となる。作品『破船』『学生時代』など。(一八九一〜一九五二)

❖**曾野綾子**　→P.25

❖**尾崎紅葉**　小説家。明治一八年、硯友社を結成し、雑誌『我楽多文庫』を創刊。明治二二年『二人比丘尼色懺悔』で作家生活に入り、明治中期の代表的作家となる。作品『多情多恨』『金色夜叉』など。(一八六七〜一九〇三)

ぎゅー

①きしんだり、こすったりする時に出る重苦しい音。「お民はそのまま、すらりと敷居へ、後手を弱腰に、引っかけの端をぎゅうと撫で」(泉鏡花❖『女客』)

②強く締めつけたり押さえたりして出る音。また、その様子。「両足を湯壺の中にうんと踏ん張って、ぎうと手拭をしごいたと思ったら」(夏目漱石❖『二百十日』)

③相手が反撃できないほどやっつける様子。「今度行ったら、俺がギュウという目に逢わせてくれる」(島崎藤村❖『家』)

◆類義語「ぎゅーっ」「きゅー」

「ぎゅーっ」は①②③の類義語。「ぎゅー」より激しく、瞬間的な感じ。「私の手をギューッと握ったと思ったら」(週刊現代00・12・30号)。「きゅー」は①②の類義語。「ぎゅー」より軽く、高い音。

◆参考　③は、「ぎゅー」が本来ひどく苦しむ時に発する声を表したことと関連する。江戸時代の滑稽本『浮世床❖』に「不断ならはりくじいてギウの音(ね)(＝現代で言う「ぐうの音」)も出させねえんだが」とある。

(染谷裕子)

きゅーきゅー

①きしんだり、こすれたりなど摩擦によって鳴る連続した高い音。「子供の群れが、束子(たわし)でこするようにキュウキュウ厭な音をたてて、氷の上をすべっていた」(林芙美子❖『放浪記』)

②身体をよじって笑う時の声。「まるで自分がそうされたように、体をよじって、きゅうきゅう笑い声をたてたりする」(安部公房❖『砂の女』)。古くからある笑い声で鎌倉時代の説話にも見える。

③連続してかたくしめつけたり、強く押しつけたりする様子。また、場所にゆとりがない様子。「そんなにきゅうきゅう詰めると袋が破れる」

④窮地に陥り、苦しむ様子。特に金銭的な面で言うことが多い。「ちびりちびりしか金をやらないのに限るんだ…君が、しょっちゅう、こいつをキユウキユウにさしとく必要があるんだ」(黒島伝治❖『武装せる市街』)。明治の作家は「人並の生活が出来ないで窮々云ってる」(二葉亭四迷❖『其面影』)のように「窮々」と漢字を当てた。

◆類義語「きゅーっ」

「きゅーっ」は①③の類義語。一度鋭い音や様子を示した後、静止する感じ。

(染谷裕子)

❖**泉鏡花**　→P.8
❖**夏目漱石**　→P.8
❖**島崎藤村**　詩人・小説家。明治二六年、『文学界』の創刊に参加。同三〇年、詩集『若菜集』刊行。同三九年、小説『破戒』を出版し、自然主義文学の作家としての地位を確立。作品『新生』『夜明け前』など。(一八七二)
❖**浮世床**　江戸時代の滑稽本。式亭三馬著。髪結床に出入りする人々の会話を通して庶民の暮らしを描いたもの。文化一〇年(一八一三)～一一年刊。
❖**林芙美子**　→P.25
❖**安部公房**　小説家・劇作家。昭和二三年、花田清輝らと「夜の会」結成。同二六年『壁―S・カルマ氏の犯罪』で芥川賞受賞。同三七年発表の『砂の女』が国際的評価を得る。作品『他人の顔』『箱男』など。(一九二四)
❖**黒島伝治**　小説家。『豚群』『渦巻ける烏の群』などの反戦小説でデビュー。労農芸術家連盟、日本プロレタリア作家同盟に所属。作品『武装せる市街』『橇』など。(一八九八)
❖**二葉亭四迷**　→P.25

ぎゅーぎゅー

①きしんだり、こすれたりして連続して鳴る重苦しい音。「大きい水車が、朝からギウギウと鈍い音を立てて廻っていて」（石川啄木❖『二筋の血』）。時に、消化する音にも使う。「酒は、加藤の腹の中でぎゅうぎゅう鳴った」（新田次郎❖『孤高の人』）

②繰り返しかたくしめつけたり、強く押しつけたりする様子。また、隙間なく人や物がつめこまれる様子。「息の窒るほどぎゅうぎゅう圧しつけられた」（徳田秋声❖『あらくれ』）、「両行李ぎゅうぎゅうにつめこんであげよ」（壺井栄❖『二十四の瞳』）

③相手を徹底的にやっつける様子。また、ひどく苦しむ様子。「やつをぎゅうぎゅうとっちめ、すっかりどろをはかせてやる」（ドストエフスキー原作・米川正夫訳『罪と罰』）、「もっと、ぎゅうぎゅう苦しくなると」（太宰治❖『ろまん灯籠』）

◇類義語「ぎゅーっ」

「ぎゅーっ」は①②③の類義語。瞬間の鋭さや力強さを強調する。

◈参考 ③は本来痛めつけられ苦しむ時の声を表した語で、江戸時代から見える語。「ぎうぎういはせてやるぞ」（滑稽本❖『浮世風呂』）

（染谷裕子）

きゅっ

①強く締めつけたり、押さえつけたり、こすったり、握ったりする時の音。また、その様子。また、急に縮む時の音や様子。「角帯も買いました。締め上げると、きゅっと鳴る博多の帯です」（太宰治❖『津軽』）、「貞子が両手のこぶしを短剣でもにぎっているようにきゅっとにぎりしめながら」（石川淳❖『処女懐胎』）、「寒さで、きゅっと縮んだ血管が元にもどりにくく、循環が悪くなる」（朝日新聞00・12・4）

②盃の酒などを勢いよく飲み干す様子。「徳利の熱燗キュッとやる時は」（椎名誠❖『わしらは怪しい探険隊』）。江戸時代から見え、「きゅっとやらんせ」（浄瑠璃❖『妹背山婦女庭訓』）のように用いた。

◇類義語「きゅっきゅっ」「ぎゅっ」

共に①の類義語。「きゅっきゅっ」は音や様子を調子よく繰り返す感じ。「ぎゅっ」は力が強く重い感じを表す。

◈参考 ①は「唇をきゅっと結ぶ」「肩をきゅっとすぼめる」「胸がきゅっと痛む」「きゅっとひきしまった肉体」のように、身体に関わる様子を言うことが多い。

（染谷裕子）

きゅっ 頭を布で強く締め、やる気まんまん。

（うえやまとち『クッキングパパ』より）

❖**石川啄木** →P.386
❖**新田次郎** →P.125
❖**徳田秋声** →P.42
❖**壺井栄** →P.21
❖**浮世風呂** →P.98
❖**太宰治** →P.20
❖**石川淳** →P.30
❖**椎名誠** →P.42
❖**妹背山婦女庭訓** 江戸時代の浄瑠璃。近松半二ら作。藤原鎌足らの蘇我入鹿討伐を主題としたもの。明和八年（一七七一）初演。

ぎゅっ

①強く締めたり、押しつけたりする様子。「ぎゅっと手を握っていた」(日刊工業新聞00・12・28)

②とことんやっつけたり、やられたりする様子。「ぎゅっと言わせてやる」

③隙間がなく詰まっている様子。「ギュッと身の詰まった毛ガニ」(女性自身00・12・26合併号)

◆**類義語**「ぎゅっぎゅっ」「きゅっ」
共に①の類義語。「ぎゅっぎゅっ」は連続して、「きゅっ」はやや弱く締めつける様子。(染谷裕子)

きゅっきゅっ

①物が擦(こす)れあう高い音、またその様子。例えば、かたくて滑らかな面に布や皮のようなしなやかでやわらかい物を押し付けてこする時の音を表す。「キュッキュッという油性ペンの音とともに…模造紙に描かれていく」(朝日新聞00・12・25)
また、かたい物同士がこすれてきしむ音にも使う。「歩くとキュッキュッと鳴る『鶯張り』」(ブルーガイドブックス『京都』)の例は板と金具が擦れる音。「きゅっきゅっと鳴る赤皮の短靴」(太宰治❖『母』)

②紐等を何度も引っ張る音、またその様子。引くと締まる感じ。帯をしごく様子などにも用いる。「きゅっきゅっと…一本どっこをしごきながら」(佐々木味津三❖『右門捕物帖』)

③一回ごとに力を入れて勢いよく拭いたり磨いたりする様子。「タオルできゅっきゅっと皮のすりむけるほど、こすりました」(太宰治『皮膚と心』)

◆**参考**　大正・昭和初期には、「くっくっ」に似て抑えきれずに声が漏れてしまったような、喉を詰めた笑い声の例もある。「女は、きゅっきゅっと上態を屈めて笑った」(岡本かの子❖『富士』)(小島聡子)

ぎゅっぎゅっ

①物が擦(こす)れ合うときの鈍い音、またその様子。やや滑りが悪い感じ。「ぎゅっぎゅっと靴を鳴らして」(木下尚江❖『良人の自白』)

②一回ごとに力を込めながら、何度かこする様子。また、繰り返し物に圧力をかける様子。童謡「おにぎりころりん」の「ぎゅっぎゅっぎゅっころころりん」はおにぎりを握る様子。

◆**類義語**「きゅっきゅっ」
①②の類義語。かかる力が軽い感じ。(小島聡子)

❖**太宰治**　→P.20

❖**佐々木味津三**　大正一〇年に『呪はしき生存』でデビュー。『文藝春秋』の創刊に加わったが、長兄の死による負債返済のため大衆小説に転向。作品『右門捕物帖』『旗本退屈男』など。(一八九六〜一九三四)

❖**岡本かの子**　小説家・歌人・仏教研究家。漫画家岡本一平と結婚。画家岡本太郎は長男。昭和一一年、『鶴は病みき』で作家生活に入り、以降、作家として活躍。作品『母子叙情』『生々流転』など。(一八八九〜一九三九)

❖**木下尚江**　明治期の社会運動家・新聞記者・小説家。明治三二年、毎日新聞社に入社。同三四年、社会民主党の結成に参加。日露戦争では、日本初の反戦小説『火の柱』を執筆。作品『飢渇』(文集)、『懺悔』(自伝)など。(一八六九〜一九三七)

きゅん

①細い物が一瞬強く引っ張られる様子。「キュン！　とくる魚信」（週刊現代00・12・23号）
②胸が一瞬締めつけられる痛みの様子。切なさやときめきなどを表すのにも用いる。「胸がキュンとせつなくなります」（女性自身00・12・12号）

◆類義語「きゅーん」

①②の類義語。「きゅん」より長く引く感じ。「きゅーん」は長い金属音も表す。「『キューン』…頭を流れ弾がかすめる」（朝日新聞01・11・28）（小島聡子）

ぎゅん

急に強い力で、勢いよく引っ張られたり、しめつけられたりする様子。「落とし込んでからゆっくりと誘いあげてくると、いきなりギュンだ」（週刊現代00・12・9号）の例は魚信。

◆類義語「ぎゅーん」「ぎゅんぎゅん」「ぎゅっ」

「ぎゅん」は一瞬の力だが、「ぎゅーん」は力が持続し、引く距離も大きい。「ぎゅんぎゅん」は少しずつ何度も引く。摑むと同時に引っ張る「ぎゅん」に対し「ぎゅっ」は強く摑むだけの感じ。（小島聡子）

ぎょっ

突然、思いがけない事に遭ったり、忘れていた事に気付いたりして、驚いたりおびえたりする様子。また、そういう時に発する声。「道行く人たちは、ギョッとした目でこっちを見る」（朝日新聞夕刊00・12・26）、「今日艶書を落して来た事を憶い出すと彼はぎょっとした」（志賀直哉❖『赤西蠣太』）

突然ではないが強いショックも表す。「砲撃の凄まじさが的確に感じられて、わたしはぎょっと胸を突かれた」（石川淳❖『マルスの歌』）（小島聡子）

きょときょと

焦点を合わせないまま、所々で視線を止めながら辺りに視線を走らせる様子。「丸い目をきょときょとさせて考え込みながら」（宮本輝❖『錦繡』）。周囲を窺う（うかが）ような不安げな感じやどうすればいいか分からず戸惑う感じの時に使う。「私の不安な眼つきや、きょときょとした様子」（夏目漱石❖『こゝろ』）

また、「きょときょと」から派生した語に「きょときょと目」「きょとつく」などがある。「きょときょと目」は、辺りを窺うような落ち着かない目

ぎょっ　突然呼びとめられて驚きあわてる。

（うえやまとち『クッキングパパ』より）

❖**志賀直哉**　→P.39
❖**石川淳**　→P.30
❖**宮本輝**　小説家。昭和五二年『泥の河』で太宰治賞、翌五三年『螢川』で芥川賞受賞。人間の宿命を叙情豊かに描く作風に定評がある。作品『道頓堀川』『優駿』など。（一九四七）
❖**夏目漱石**　→P.8

つきのこと。「嬉しそうな顔をして…きょときょと目で…頰を寄せて」(泉鏡花『婦系図』)

◇**類義語**「**きょろきょろ**」
辺りを見回す様子を表す点は似ているが、「きょときょと」はおびえている感じがする場合があるのに対し、「きょろきょろ」は好奇心の現れや探し物の様子を表す場合が多く、視線が強い感じ。

◆**参考**　江戸時代にはほかに、大げさに騒ぐことも表した。「何をきょときょといはっしゃる」(浄瑠璃『奥州安達原』)。また、大げさな様子は「きょときょとしい」ともいった。　(小島聡子)

きょとん

①虚を衝かれて反応することができず、ただ目をみはっている様子。「『なぜ自分なのか分からない』ときょとんとしていた」(朝日新聞00・12・20)

②目を見開いたような感じの無邪気な目つきや様子。「母親の腕の中で乳児がキョトンとしている」(朝日新聞夕刊01・11・14)

◇**類義語**「**きょとり**」
「きょとん」とほぼ同じ。明治・大正期の有島武郎などに例があるが現代は殆ど用いない。(小島聡子)

きょろきょろ

①目玉が休みなくあちこち動いている様子。「閉じたまぶたの下で、目玉がキョロキョロ動いているのが特徴だ」(日本経済新聞00・12・30)。しきりに目玉が動くような落ち着かない目つきを言うのにも用いる。「頰の赤い眼のきょろきょろした痩せた女でありましたが」(太宰治『男女同権』)

②せわしなく視線を走らせてあちこちを見る様子。「あたりをきょろきょろと見回し」(週刊現代00・12・30号)。単に視線が動くのではなく、戸惑っている時や、物を探している時、周りをうかがっている時などに用いる。「心浮いてきょろきょろよそ見」(日刊スポーツ00・12・12)、「野ねずみは何をわらわれたろうというようにきょろきょろしながら」(宮沢賢治『セロ弾きのゴーシュ』)

◆**参考**　江戸時代から現代と同様の意で用いた。「きょろきょろ眼(まなこ)」「きょろきょろ目」「きょろつく」などの語も派生している。「きょろきょろ目」「きょろきょろ眼」は「きょろきょろ」した目つき。「きょろつく」は心の動揺で目が泳ぐことをいう。「しばらくするうちに、私の眼はもと程きょろ付かなくなりました」(夏目漱石『こゝろ』)　(小島聡子)

❖**泉鏡花**　→P.8
❖**奥州安達原**　江戸時代の浄瑠璃。近松半二ら作。前九年の役を題材にしたもの。宝暦一二年(一七六二)初演。
❖**有島武郎**　→P.12
❖**太宰治**　→P.20
❖**宮沢賢治**　→P.34
❖**夏目漱石**　→P.8

きょろきょろ　せわしなく視線を走らせ、落ちつかない。

(赤塚不二夫『おそ松くん』より)

ぎょろぎょろ

①鋭くて恐ろしげな大きい目の様子。目を剝いている感じ。「それぞれみな誰も眼をぎょろぎょろ開いたまま私の顔を眺めているのだ」(横光利一❖『時間』)。また、大きくなくともにらんでいるかのように眼光の鋭い様子にも使う。「あまり大きくもない眼をぎょろぎょろと光らしていた。その光の中には…獰猛な光と…意地の悪い執拗な光とを併せていた」(大杉栄❖『続獄中記』)

②大きく開いた目をあちこちに動かす様子。「大きな眼だけが、やや黄味をおびてぎょろぎょろとうごくのである」(司馬遼太郎❖『国盗り物語』)。単なる目の動きでなく、にらみつけたり、不躾に感じるほど強い視線の時にも使う。「気持のわるいほど大きくて、いやにこっちをぎょろぎょろ見る魚なんだもの」(海野十三❖『三十年後の世界』)

◆類義語「じろじろ」「きょろきょろ」

「じろじろ」は②の類義語。周辺を見回すのではなく、一つの物に集中して隅々まで無遠慮に見る感じ。「きょろきょろ」は①②の類義語。落ち着きがなく不安げな感じの視線で、「ぎょろぎょろ」に比べると鋭さに欠ける感じ。

(小島聡子)

きょろり

①病気など大事の後に、何事もなかったように平然としている様子。現代では「けろり」ということが多い。「私は憑きものから離れたように、きょろりとなり」(太宰治❖『トカトントン』)

②驚いてただ見つめている様子。「きょとん」に通じる。「英男は入って来たが、見馴れぬ客が居るので、きょろりとして立っている」(田山花袋❖『生』)

③大きくて機敏そうな目の様子。可愛い感じ。「カールした髪の下できょろりとした目が印象的な子どもだったという」(朝日新聞98・4・8)

④目玉をすばやく一度動かす様子。「犬は、きょろりと眼を動かし」(太宰治『畜犬談』)

◆類義語「きょろきょろ」「きょろっ」「きょろん」

「きょろきょろ」「きょろっ」は③④の類義語。「きょろきょろ」はあちこちに目を動かす様子。「きょろっ」は「きょろり」よりも動きが鋭い感じ。「きょろん」は③の類義語。ほぼ同じ意だが鋭さはない。

◆参考　①②の意で江戸時代から用いた。「きょろりが味噌(を舐る)」は何事にも平然としていることをいう諺(①の意)。②からは呆然とした様子をいう「きょろりかん」も派生した。

(小島聡子)

❖**横光利一**　小説家。大正一三年、川端康成らと『文芸時代』を創刊、新感覚派の旗手として出発。昭和一〇年、『純粋小説論』で純文学と通俗小説の融合を主張。作品『旅愁』『日輪』など。(一八九八〜一九四七)

❖**大杉栄**　明治・大正期の社会運動家。幸徳秋水の影響で無政府主義者となる。大正元年、月刊『近代思想』を創刊。関東大震災直後、妻の伊藤野枝、甥の橘宗一とともに憲兵大尉甘粕正彦によって虐殺された。(一八八五〜一九二三)

❖**司馬遼太郎**　→P.16

❖**海野十三**　小説家。昭和三年『電気風呂の怪死事件』で探偵小説界に登場、後、空想科学小説に転じる。日本のSF小説の先駆者。作品『俘囚』『地球盗難』など。(一八九七〜一九四九)

❖**太宰治**　→P.20

❖**田山花袋**　→P.51

ぎょろり

①大きく目を見開いて鋭く見据える様子。にらみつける時に使う。「庄九郎は、そういう頼芸をぎょろりとにらんだまま、黙殺した」(司馬遼太郎『国盗り物語』)。「ぎょろりと目を剝く」という形で用いられることが多い。「ぎょろりと目を剝き、険な面で」(泉鏡花『国貞ゑがく』)

②目が動く様子。「博士は眼鏡の奥で、ぎょろりと両眼をうごかした」(海野十三『地球を狙う者』)

③鋭い光を放つ、大きな目。「色の黒い、顔の四角い、目のぎょろりとした…うさん臭げな男であった」(北杜夫『楡家の人びと』)。特ににらんでいるわけではないが、大きくて視線が強いためににらんでいるようで怖い感じがする目に使う。

類義語　「ぎょろぎょろ」「ぎょろっ」「ぎょろん」

「ぎょろぎょろ」「ぎょろっ」は①②③の類義語。「ぎょろぎょろ」はにらむ感じはないが視線は無遠慮。「ぎょろっ」はすばやい一瞥(いちべつ)で見据える感じはない。「ぎょろん」は③の類義語。「ぎょろり」や「ぎょろっ」に比べ、にらみつける感じはない。

参考　大きくて飛び出してしまいそうな目のことを「ぎょろ目」という。

(小島聡子)

きらきら

光り輝く様子。一様で持続的な光でなく、水面などに光が反射するさまなど、小刻みに瞬いたり、いくつもの小さな光がてんでに光る時に使う。「星がきらきら光っている」(林芙美子『放浪記』)

多くは光って美しい場合に用いられる。特に瞳の輝きをいう場合、夢や希望に燃えて生き生きとしていることを言外に含む。「貧しくとも大人たちが目をキラキラさせて民主主義はどうあるべきかを模索した」(SPA!00・12・18号)。そこから、比喩として(実際に光を発してはいないが)生き生きと魅力にあふれた様子にも使う。「ホンモノはいつの時代もキラキラ輝くのだ」(Hanako00・12・20号)

参考　平安時代には「きらきらし」という形容詞があり、光る様子のほか端正な様子、立派な様子を表した。また「きらきら」で「きゃあきゃあ」というような笑い声を表した例もある。

輝く意の「きら」から「きらめく」「きらつく」「きらびやか」や、「きんきらきん」等の語が派生している。但し「綺羅」は美しい衣服のことで「綺羅、星の如し」は美しい服の人が居並ぶ様子。「綺羅星」で「輝く星」とするのは誤解から生じた。

(小島聡子)

❖司馬遼太郎　小説家。昭和三四年『梟の城』で直木賞受賞。卓抜な文明批評と、独自の史観にもとづく歴史小説によって、広い読者層を持つ。作品『竜馬がゆく』『坂の上の雲』など多数。平成五年、文化勲章受章。(一九二三〜一九九六)

❖泉鏡花　→P.109

❖海野十三　小説家。昭和三年『電気風呂の怪死事件』で探偵小説界に登場、後、空想科学小説に転じる。日本のSF小説の先駆者。作品『俘囚』『地球盗難』など。(一八九七〜一九四九)

❖北杜夫　→P.30

❖林芙美子　小説家。昭和五年、自らの苦難の半生をつづった自伝的小説『放浪記』がベストセラーとなり、女流作家の道を歩む。作品はほかに『晩菊』『浮雲』など。(一九〇三〜一九五一)

ぎらぎら

①強い光が小刻みに連続して輝く様子。強すぎる光や、強くはないが不快に感じる光をいう場合が多い。「夕陽が窓を染めてしばらくギラギラと輝き」(朝日新聞00・12・15)、「鱗のぎらぎらした細長い胴」(夏目漱石『彼岸過迄』)

特に「ぎらぎら」で形容される目の輝きは、野望や邪（よこしま）な欲望、激情の現れであることが多い。「兇暴な光が眼にぎらぎらとみなぎって」(田辺聖子『新源氏物語』)。そこから、光の様子としてではなく、情熱や欲望などがみなぎってどぎつい感じのする様子をたとえていう時にも用いられる。

②あぶらが光る様子。また、脂ぎった様子。「髯（ひげ）の尖（さき）から小鼻へかけて、ぎらぎらと油ぎった処」(泉鏡花『婦系図』)

類義語「きらきら」「ぎんぎらぎん」

共に①の類義語。「きらきら」は弱くはないが澄んで美しく感じられる光。「ぎんぎらぎん」は「ぎらぎら」よりさらに強くどぎつい感じ。

参考 室町末期の『日葡辞書（にっぽじしょ）』に「ぎらぎらと」は「物の閃くさま、あるいは、光り輝くさま」とあり、当時既に使われていたことがわかる。(小島聡子)

きらり

宝石や金属・瞳などが、一瞬光を反射させて輝く様子。美しく清らかに感じられる光に対して使うことが多い。「十文字の護符が日を受けて、眩くきらりと光ると同時に」(芥川龍之介『邪宗門』)

また、実際の光ではないが、たとえとして、性質や才能が優れていることをうかがわせる一端が表に現れた様子を表すのにも用いる。「若手のプレーがきらりと光った」(朝日新聞夕刊02・5・1)

類義語「きらきら」「きらっ」「きらきらっ」「きらりきらり」

「きらきら」は一瞬の輝きが間をおかずに続き、持続的な光に見える様子。「きらっ」は「きらり」とほぼ同じだが、やや鋭い感じ。「きらきらっ」は二、三回続けて光を反射する感じで「きらり」よりは長く光るがわずかの間の輝き。「きらきら」と異なり持続はしない。「きらりきらり」は一瞬の強い反射が間をおいて続く様子。「円盤は…きらりきらりと午後の陽に光りながら」(井上靖『あすなろ物語』)

参考 室町時代には、輝く様子以外に物事が明らかであることも表し、『日葡辞書（にっぽじしょ）』にも「きらりと」は「明白に、くっきりと」とある。(小島聡子)

夏目漱石 →P.8

田辺聖子 小説家。放送作家から、昭和三九年、『感傷旅行』で芥川賞受賞。男女の機微をたくみな大阪弁で描く。作品はほかに『花衣ぬぐやまつわる…』『ひねくれ一茶』など。(一九二八)

泉鏡花 小説家。能楽と江戸文学に造詣が深く、幻想性に富む独自の作品を創作。反自然主義作家としての評価も高い。作品『高野聖』『婦系図』など。(一八七三〜一九三九)

日葡辞書 →P.15

芥川龍之介 →P.12

井上靖 →P.92

ぎらり

物が光を反射させて一瞬目を射るように強く光る様子。光そのものの物理的な強さを表すというより、それにかかわる人々の心情を反映して凄みや不気味さが感じられるような場合に用いられる。「燦(きん)たる金剛石(ダイヤモンド)がぎらりと痛く、小野さんの眼に飛び込んで来る」(夏目漱石❖『虞美人草』)の例は、見る側にやましいところがある場合の例。ほかに、人に向けた刀の刃が光る様子などにも多く用いられる。「『よいか、逃げる者は斬る』ぎらりと、刀をぬいた」(司馬遼太郎❖『国盗り物語』)

◆類義語「ぎらぎら」「ぎらっ」「ぎらぎらっ」「ぎらりぎらり」「きらり」

「ぎらぎら」は強い光が小刻みに連続し輝きが持続する状態。「ぎらっ」は「ぎらり」と同様一瞬の強い輝きだが、迫ってくるような凄みや不気味さは薄れる。「ぎらぎらっ」は二、三度続けて閃く様子。ごく短い間輝く強い光で、「ぎらぎら」と異なり持続はしない。「稲妻がぎらぎらっと光った」(宮沢賢治❖『ふた子の星』)。「ぎらりぎらり」は間を置きながら何度も強く光る様子。「きらり」は「ぎらり」に比べ凄みなどがない澄んだ感じの光。(小島聡子)

きりきり

①かたい物の表面がこすれたり、きしんだりするときなどに持続して出る金属音のような鋭い音。歯を鳴らす音を写すことが多い。「この鉄鎖はキリキリと音をたててあたりの静寂を破った」(水上勉❖『雁の寺』)

②唇を噛(か)みしめる様子。歯がみをしたり、歯をくいしばったりする様子。「唇をキリキリと噛んだまま睨み付けた」(夢野久作❖『二重心臓』)

③力を入れて帯や布など細いものを締め付けたり、巻き付けたりする様子。蛇などの動物が尻尾を巻き付ける様子にも使われる。「胸と腰を布できりきりとしばって」(竹山道雄❖『ビルマの竪琴』)

④小さな範囲で速く回転する様子。ねじれて回転する様子。「さあっと塵があがりそれが玄関の前まで行くときりきりとまわって小さなつむじ風になって」(宮沢賢治❖『風の又三郎』)

「きりきり舞い」は片足をあげて勢いよく回したり、忙しい様子を表す語である。

⑤動きがよく、俊敏に立ち振る舞う様子。「姉上が、何のわずらいもなげに兄上たちの身辺を、こまめにキリキリ立働くのを見て」(大原富枝❖『婉と

❖夏目漱石 →P.8

❖司馬遼太郎 →P.16

❖宮沢賢治 →P.34

❖水上勉 小説家。宇野浩二に師事。幼少時を寺で過ごし、後、還俗。昭和三六年『雁の寺』で直木賞受賞。社会派推理小説から、女の宿命を描いた『越前竹人形』まで、多彩な分野で活躍。作品『飢餓海峡』『五番町夕霧楼』など。(一九一九〜二〇〇四)

❖夢野久作 →P.48

❖竹山道雄 →P.56

❖大原富枝 小説家。昭和一三年、『祝出征』で注目される。同三二年『ストマイつんぼ』で女流文学賞、同三五年『婉という女』で毎日出版文化賞、野間文芸賞受賞。(一九一二〜二〇〇〇)

キリギリス 「きりきり」という鳴き声から名付けられた。

いう女』)

⑥顔立ちや姿が引き締まってみえる様子。「肩幅せばく顔小さく、目鼻だちはきりきりと利口らしけれど」(樋口一葉❖『わかれ道』)

⑦我慢ができないくらい、持続して鋭い痛みがある様子。「とたんに高志はキリキリと腹が痛んで海老のように体を曲げ、どうにかうなり声を耐え抜くと」(野坂昭如❖『ラ・クンパルシータ』)

⑧精神的な衝撃を受けていらだち、心を悩ませる様子。「今日も久江は胸のきりきり痛むような思いを味わっている」(朝日新聞00・12・10)

◇類義語「きりっ」「きりり」「きりりっ」「きりきりっ」

「きりっ」は①③⑤⑥の類義語。「きりり」「きりりっ」は①②③⑤⑥の類義語。「きりきり」は連続した音や様子に対し、「きりっ」「きりり」「きりりっ」はいずれも一回の音や様子で、「きりきり」よりも凝縮されて引き締まる感じ。「きりきりっ」は①〜⑦の類義語。「きりきり」よりさらに音、締め方や痛みなど強烈な感じを表現する。

◆参考 昆虫のキリギリスは「きりきり」という鳴き声から名付けられた。「はたおりめ くだまく声の きりきりと鳴く」(『古今和歌六帖』❖)(中尾比早子)

ぎりぎり

①力強くきしむ音。奥歯のあたりに力を入れてすり合うときに鳴る音が多い。「それを聞いて苦笑いしたが、直ぐに歯をギリギリ音を立てて噛(か)み鳴らした」(渡辺温❖『花嫁の訂正』)

②かたくきつく締め付けたりねじったりする様子。さらに食い込む様子も表す。「おなか出てるのに、ベルトをぎりぎり締めてるとか」(田辺聖子❖『開き直り』)

③精神的に締め付けられて、苦しむ様子。「進学のことで、ギリギリいびられてんのよ」(曾野綾子❖『太郎物語』)

④目をつり上げたり、激しくにらみつける様子。『ウームッ。これはッ…』ギリギリと眼を釣り上げた昌秋は」(夢野久作❖『名君忠之』)

◇類義語「ぎりっ」「ぎりり」「きりきり」

「ぎりっ」「ぎりり」は①②の類義語。「ぎりぎり」は徐々に力を強めていく感じ、「ぎりっ」「ぎりり」はともに一回に力をこめる感じ。「きりきり」は①②③の類義語。③では「きりきり」は胃が痛むような思いに対し、「ぎりぎり」は締め付けられるような行き場のない辛い思いを表す。(中尾比早子)

ぎりぎり 腹立たしくて、奥歯に力を入れてかみしめる。

(赤塚不二夫『おそ松くん』より)

❖樋口一葉 小説家・歌人。歌を中島歌子に、小説を半井桃水に師事。明治二五年に第一作『闇桜』を発表。作品『大つごもり』『たけくらべ』『にごりえ』など。(一八七二〜一八九六)

❖野坂昭如 →P.26

❖古今和歌六帖 平安時代の私撰和歌集。編者未詳。『万葉集』以降当代までの約四三七〇首を、天象、地儀、人事、動植物に分け、さらに細分し示した類題和歌集。天元三年(九八〇)前後に成立。

❖渡辺温 →P.47

❖田辺聖子 →P.23

❖曾野綾子 →P.25

❖夢野久作 →P.48

きりきりしゃん

立ち居振る舞いがきびきびしていて、無駄がなくきちんとした様子。「よく気がきいて、きりきりしゃんと素早く仕事を片づける手際は」（太宰治『パンドラの匣』）。宮崎県には「回れこの臼　きりきりしゃんと」（民謡「臼挽き歌」）という、臼で麦を挽くときの調子を表す例がみられる。

◆**参考**「きりきりしゃん」は心が引き締まるさまの意味の「きりきり」と、整っているさまの意味の「しゃん」が複合してできた語。（中尾比早子）

きりっ

①かたい物が軽くきしむ音。「板張りの廊下を歩くときりっときしんで、音が響き渡った」

②かたく巻き付けたり締め付けたりする様子。たるみやゆるみのないさまを表す。「（江戸時代）働く男は長い六尺ふんどしを、みんなキリッと締めていた」（朝日新聞00・12・10）

③顔立ちや体・姿が引き締まってみえる様子。また、無駄がなく、端正なさま。人の表情としては特に目元や口元の様子をいうことが多い。「形のよい円（つぶ）らな目、通った鼻筋、きりっとしまった厚くも薄くもない唇」（三浦綾子『塩狩峠』）、「490キロ台の大型馬の割に、体全体がキリッと引き締まっているのもいいですね」（日刊スポーツ00・12・7）

④機敏に動作する様子。「すぐ姿勢を正しくして、きりっと立った」（山本有三『路傍の石』）

◇**類義語**「ぎりっ」

「ぎりっ」は①②の類義語。「きりっ」は力の入れ方が軽い感じに対し、「ぎりっ」は強い力がかかっている感じ。①の意味では「ぎりっ」の方が重いものを対象にしている。（中尾比早子）

ぎりっ

①力を入れたときに出る、鈍くきしむ音。「錆びたネジを回したらぎりっというイヤな音がした」

②力を入れて巻き付けたり、締め付けたり、回したりする様子。「コマゲタのあと歯を、ぎりっと土に押しつけて」（山本有三『路傍の石』）

◇**類義語**「ぎりり」

①②の類義語で、「ぎりっ」は瞬間的に力を入れる感じ、「ぎりり」は「ぎりっ」より長く力を入れる感じ。（中尾比早子）

❖**太宰治**　小説家。井伏鱒二に師事。昭和一〇年に『逆行』が芥川賞候補になるなど、戦前から作家として知られる。戦後、坂口安吾などとともに無頼派と呼ばれ、『斜陽』『桜桃』などで流行作家となる。作品『ヴィヨンの妻』『津軽』など多数。（一九〇九〜一九四八）

❖**三浦綾子**　小説家。結核による闘病生活からキリスト教に入信。昭和三九年、『氷点』が朝日新聞の懸賞小説に入選、テレビドラマ化されて人気作家となる。作品『積木の箱』『塩狩峠』など。（一九二二〜一九九九）

❖**山本有三**　劇作家・小説家。芥川龍之介らと第三次『新思潮』創刊。歴史劇などの戯曲を多く発表したが、後、小説に転向。作品『嬰児殺し』（戯曲）、『路傍の石』など。昭和四〇年、文化勲章受章。（一八八七〜一九七四）

きりり

①小さくきしむ音。「少しその軋む音は、幽かに、キリリ、と一種の微妙なる音楽であった」(❖泉鏡花『雛がたり』)

②唇を強く噛みしめる様子。悔しい思いを表すこともある。「信夫は唇をきりりとかみしめて枕に顔をふせていた」(❖三浦綾子『塩狩峠』)

③きつく締め付けたり、巻き付けたりする様子。「日本髪はいいな。キリリと元結を締めてもらうと眉毛が引きしまって」(❖林芙美子『放浪記』)

④俊敏に立ち振る舞う様子。動きのよい様子。「きりりとしたたすきがけではたらいているではないか」(❖壺井栄『二十四の瞳』)

⑤顔立ちや姿が引き締まってみえる様子。気持ちを引き締める様子。「記者発表の席で、端正な顔をキリリと引き締め、こう語った」(女性自身00・12・19号)、「ゆらぐ心をキリリと引き締めて」(❖玖保キリコ『ひとりオリエンテーリング』)

⑥弓矢を構えて、強く引く様子。「『…きりりとしぼって』と先生は弓を満月の如くひきしぼる手振りをして見せて」(❖太宰治『惜別』)

◇**類義語**「きりりっ」「きりりしゃん」

「きりりっ」は①〜⑥の類義語。「きりりっ」は、「きりり」よりも一層力が強く入って締め上げる感じやその感じの強い音。「きりりしゃん」は④の類義語。「しゃん」には整っているさまの意味があり、「きりりしゃん」は④の意味に限定される。「きりり」をさらに強める表現でリズミカル。

◆**参考**「きりり」は「きりきり」を縮約したものである。①のきしむ音を写すとき、室町時代頃は戸を開閉する音や船の櫓をこぐ音などを写していた。室町末期の『❖日葡辞書』に「きりり」は「開閉する時に戸が鳴るさま」とある。

(中尾比早子)

ぎりり

①歯を強く噛み合わせたりするときなど、表面がこすれてきしむ音。「前歯を逆にぎりりと噛んでから、それが急に痛み出した」(❖夏目漱石『門』)

②滑らかでないものを動かすときに強く締め付ける音。「小母さんは…ミシン台をぎりり、とまはしてゐた」(❖島田清次郎『地に叛くもの』)

◇**類義語**「きりり」

「きりり」は①②の類義語。②では「ぎりり」は錆びた感じ、「きりり」は乾いた感じ。

(中尾比早子)

きりり 鉢巻をしめてスイカ割り。

(東海林さだお『サラリーマン専科』より)

❖**泉鏡花** →P.8
❖**三浦綾子** →P.112
❖**林芙美子** →P.25
❖**壺井栄** →P.21
❖**玖保キリコ** →P.251
❖**太宰治** →P.112
❖**日葡辞書** →P.15
❖**夏目漱石** →P.8

❖**島田清次郎** 小説家。大正八年『地上』(第一部)が大ベストセラーとなり、若き天才作家と呼ばれた。その後、進行性麻痺によって精神を病み、療養中の病院で死去。(一八九九〜一九三〇)

きりりしゃん

立ち居振る舞いがきちんとしている様子。また、引き締まった様子。「きりりしゃんとして大夫様にも御会いなされませ」(幸田露伴『椀久物語』)

江戸末期には「きりりちゃん」や「きりりとしゃん」という表現もみられ、いずれも「きりりしゃん」と同じ意味で使われていた。

◆参考 江戸時代に、緊張して寝る様子を表すのに用いられた例がある。「名代の新造きりりしゃんとねる」(『川柳評万句合』)

(中尾比早子)

きんきら

派手に光り輝いている様子。光り方が華美で落ち着かない感じ。「このキンキラの畳の縁とね、それから、このお風呂のタイルとガラスが困るなあ」(曾野綾子『太郎物語』)

◆参考 方言に「きんきら坊主」という語がある。地道に活動するはずが、派手できらびやかに生活をしているので、およそ僧侶らしくないことを表現する語である。佐賀県の方言。あまりよい意味では使われない語である。

(中尾比早子)

きんきらきん

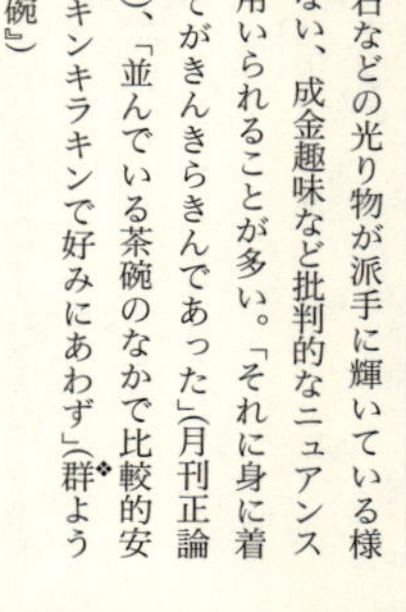

金や宝石などの光り物が派手に輝いている様子。品がない、成金趣味など批判的なニュアンスを含んで用いられることが多い。「それに身に着けたすべてがきんきらきんであった」(月刊正論01・7月号)、「並んでいる茶碗のなかで比較的安いものは、キンキラキンで好みにあわず」(群ようこ『抹茶茶碗』)

◆参考 熊本県の方言では、その光り方から「華美できらきら光っている着物や装飾品」を表す語である。江戸時代末期の改革のときに藩主が奢侈禁止令を出し、庶民は窮屈な思いをした。その政策を茶化して、「きんきらきん節」という民謡が流行った。「肥後の刀のさげ緒の長さ 長さばい(=長さよ)そらキンキラキン」

また、佐渡の国中地方の方言では同じ光るでもまったく異なり、雪についてである。雪道が踏み固められたために表面が氷状となり、光って滑りやすい状態になっている、という意味を示す。「(雪道が)きんきらきんになっとる」などと表現する。他に滋賀県彦根地方の方言では「いっぱい詰まっているさま」を示す。

(中尾比早子)

❖幸田露伴 →P.451
❖川柳評万句合 →P.16
❖曾野綾子 →P.25
❖群ようこ →P.36

ぎんぎん 帰宅の遅い夫に腹を立て、パジャマを冷蔵庫に。

(植田まさし『コボちゃん』より)

きんきん

①頭に響くようなかん高い音や声。耳障りな感じの音。「母はひとりでキンキンと喋っていた」(❖群ようこ『アルバイト』)

②凍りそうなほどよく冷えている様子。「キンキンに冷やして召し上がれ」(anan00・7・21号)

③張りつめる様子。特に寒さによる場合が多い。「呼吸がはげしくなると冷たい空気で、鼻穴がキンキンしてきた」(❖小林多喜二『防雪林』)

◆類義語「きん」「きーん」「ぎんぎん」

「きん」「きーん」は①③の類義語。「きんきん」が連続した音や様子であるのに対し、「きん」「きーん」は一度きりの音や様子。「ぎんぎん」は②の類義語。「きんきん」は食べ物や飲み物を冷やすときに使うのに対し、「ぎんぎん」は部屋などの空間を冷やすときに使うことが多い。

◆参考 江戸時代の「きんきん」は当世風でおしゃれだという意味の流行語だった。転じて気どるさまの意味もあった。当時は「きんきん」と複合した語も多い。「きんきん作」は豪華作品、「きんきん男」はしゃれた男、「きんきん風」は髪も身なりも当世風など。

(中尾比早子)

ぎんぎん

①虫や動物がやかましく鳴く様子。「まるで人間を見たことのない田舎の犬が吠えつくようにぎんぎんいった」(❖近松秋江『うつり香』)

②よく冷えている様子。人為的に冷やす場合に使うことが多い。「外から戻るとクーラーで部屋がぎんぎんに冷えていた」

③太陽やライトがまぶしく照りつける様子。「ぎんぎん ぎらぎら 夕日が沈む」(❖葛原しげる・童謡「夕日」)、「ネオンギンギンのホテル」(❖林真理子『シティホテルでおソバが食べたい』)

④目がさえて眠れない様子。「眠くならないようにコーヒーを飲みすぎてぎんぎんだ」

⑤調子やのりが良い様子。「あと一歩で僕の絵が入賞。やっと調子がでてきて、ぎんぎんだよ」

⑥頭がひどく痛い様子。声や音が頭の中で響く感じ。「昨夜の悪酒がまだ残っていて、頭がぎんぎん痛む」(❖田山花袋『一兵卒の銃殺』)

◆類義語「じんじん」

⑥の類義語。「ぎんぎん」は頭に振動が響くような痛みで、「じんじん」は頭に限らず傷口がしびれるような痛みのときに使う。

(中尾比早子)

❖群ようこ →P.36

❖小林多喜二 →P.13

❖近松秋江 小説家。批評家として出発し、『読売新聞』に印象批判の先駆となる「文壇無駄話」を連載。後、『別れたる妻に送る手紙』で文壇的地位を確立。作品『黒髪』『執着』など。(一八七六〜一九四四)

❖葛原しげる 童謡詩人、童話作家。「夕日」「とんび」など、唱歌、童謡一二〇〇余を作詞。童謡集に『かねがなる』『雀よこい』など。(一八八六〜一九六一)

❖林真理子 小説家。コピーライターとして出発。昭和六一年『最終便に間に合えば』『京都まで』で直木賞、平成一〇年『みんなの秘密』で吉川英治文学賞受賞。作品『ルンルンを買っておうちに帰ろう』(エッセイ集)、『白蓮れんれん』など。(一九五四〜)

❖田山花袋 →P.51

ぐい

①一気に勢いよく物事を行う様子。「腕でぐいと涙をぬぐった」(❖三浦綾子『塩狩峠』)、「フン先生は主人の目の前に半分かじったタマゴをぐいとつきつけた」(❖井上ひさし『ブンとフン』)

室町時代には「よく眠るさま」にも使われた例がある。「只ぐいと眠ると、そこを見分けて打するか」(『❖人天眼目抄』)

②酒など飲み物を一息に飲む様子。「ぼくはさっき買ってきたウイスキーをコップに半分ほど注ぎ、そのままストレートでぐいと呑んだ」(❖椎名誠『新橋烏森口青春篇』)

◘類義語「くい」「ぐいっ」

共に①②の類義語。①の意味では「ぐい」は力強く動かす様子、「くい」は軽々と動かす様子。「ぐいっ」はさらに迫力が感じられる。②の意味では「ぐい」は量が多めで勢いよく飲み干す様子に対し、「くい」は量が少なめで軽く飲み干す様子。「ぐいっ」は「ぐい」より豪快な飲み方。

◙参考　接頭語の「ぐい」は「思い切りよく行う様子」を表す語である。「ぐい飲み」は仰向いて一気に飲むところから名付けられた。

(中尾比早子)

くいくい

軽い力で連続して押したり引いたりする様子。「すでに傷つき片息になっている毛もののことて、もがくまもなく四股をくいくいと伸して息絶えた」(❖岡本かの子『富士』)。

◘類義語「くい」「くいっ」「ぐいぐい」

「くいくい」は連続して動かす様子に対し、「くい」「くいっ」は一息に軽い力で動かす様子である。「くいっ」は動きに素早さが感じられ、勢いのある様子。また、「くいくい」は軽い力で、「ぐいぐい」は「くいくい」より力強い感じ。

◙参考　古くは別に二つの意味があった。一つは物事を気にかけ、あきらめられずに嘆く様子、また愚痴や泣き言を言う様子。現代でいう「くよくよ」と同じ意味。江戸時代の例に「女心のくいくいと、くひし恋慕のかずかずを密にめのとに語らる」(浄瑠璃『❖京わらんべ』)がある。

もう一つは蛙や雁、フクロウなどの鳴き声。「雁が田やさわにをりて物をはうでくいくいとないたことぞ」(『❖玉塵抄』)。江戸時代の図説百科事典『❖和漢三才図会』にもフクロウの雌の鳴き声は「久伊久伊(くいくい)」と聞こえるとある。

(中尾比早子)

❖三浦綾子　→P.30

❖井上ひさし　→P.25

❖人天眼目抄　室町時代の抄物。中国、南宋の『人天眼目』の注釈書。数種あるが、川僧慧済(せんそうえさい)の講義を聞き書きした書は、東国語的特徴も見え、当時の口語資料として貴重。文明五年(一四七三)成立。

❖椎名誠　→P.42

❖岡本かの子　→P.91

❖京わらんべ　江戸時代の浄瑠璃。近松門左衛門三〇歳頃の作とする説もあるが、作者、初演年ともに未詳。

❖玉塵抄　室町時代の抄物。別名『玉塵』。中国の韻書『韻府群玉(いんぷぐんぎょく)』の一部について、禅僧、惟高妙安(いこうみょうあん)が注釈したもの。室町時代後期の口語資料として貴重。永禄六年(一五六三)以降数年間に成立。

❖和漢三才図会　江戸時代の百科事典。寺島良安著。中国明代の『三才図会』に倣い、和漢の事物を図を添えて解説したもの。一〇五巻の大著であり、完成までに三十数年を要したと言われる。正徳二年(一七一二)の自序、同五年の跋があるが、最終的な刊行年は不明。

ぐいぐい

①力強く押したり引っぱったりする様子。また積極的に行動する様子。「抜け毛が気になり出した髪をぐいぐいと引っぱられた」(群ようこ『金喰い虫』)、「パン屋さんへ母の手をぐいぐい引っ張って歩く」(朝日新聞00・12・29)

また、精神的に引っぱる場合にも使われる。「憧れだった彼女の心をぐいぐい引っ張っていく」(女性自身00・12・12号)

②飲み物(特に酒)、食べ物を勢いよくたくさん口に入れる様子。「ついつい後引く個性豊かなソースで、ご飯もアルコールもグイグイ進む」(Hanako00・12・20号)、「水割りでぐいぐいやって平然としている」(赤川次郎『女社長に乾杯!』)

◇類義語「ぐい」「ぐいっ」
共に①②の類義語。「ぐいぐい」はくり返し力をこめる様子に対し、「ぐい」「ぐいっ」は一気に力を入れたり、飲んだりする様子。「ぐい」より「ぐいっ」は勢いのある様子。

◆参考　江戸時代には空腹などで腹の鳴る様子、の意味で使われていた。「腹な虫めがグイグイぬかすはい」(滑稽本『浮世風呂』)

(中尾比早子)

ぐー

①空腹で腹が鳴る音。また、非常に腹が減る様子。「大歎息とともに空き腹をぐうと鳴らして」(泉鏡花『眉かくしの霊』)

②いびきの音。「蒲団に入ったとたん、ぐーとひといびき」

③鳥の鳴き声。特に、現在社寺などでよく見かけるドバトなど、鳩の鳴き声を表すことが多い。

④物がつかえたり、液体を一気に飲み干す時などに喉が鳴る音。そこから、追い詰められるなどして非常に困った時などに出る音を象徴するようになった。

精神的な苦しさに用いられる場合、実際に声を出すというよりは、「ぐうの音も出ない」などの慣用的な使われ方をすることが多い。「彼はこういう弱味があるので、ぐうともいえなかった」(菊池寛『三浦右衛門の最期』)

◇類義語「ぐーっ」
「ぐーっ」は①〜④の類義語。「ぐー」に弾み、勢いが加わった感じ。「ぐーっ」には、④のうち、慣用的な用法はない。「中のお酒をグーッと飲み干します」(夢野久作『豚吉とヒョロ子』)

(佐藤有紀)

❖群ようこ　→P.36

❖赤川次郎　→P.39

❖浮世風呂　江戸時代の滑稽本。式亭三馬著。銭湯に出入りする人々の会話を通して庶民の暮らしを描いたもの。文化六年(一八〇九)〜一〇年刊。

❖泉鏡花　→P.8

❖菊池寛　小説家・劇作家。大正五年、芥川龍之介、久米正雄らと第四次『新思潮』を創刊。『忠直卿行状記』など、簡潔な表現のテーマ小説によって作家としての地位を確立。作品『父帰る』『恩讐の彼方に』など。(一八八八〜一九四八)

❖夢野久作　小説家。奔放な空想力を駆使して幻想的世界を描き出す。作品『瓶詰地獄』『ドグラ・マグラ』など。(一八八九〜一九三六)

くーくー

①鳥の鳴き声。鳩の鳴き声を表すことが多い。
②あふれ出す嬉しさを抑えるようにしながら笑う声。また、その様子。「骨張った顔の相を崩しながら…くうくう笑った」(徳田秋声❖『黴』)
③睡眠時や泣いている時などに、喉や鼻が鳴る音。「涙がこみ上げて来ると…鼻だけは絶えずくうくう鳴った」(芥川龍之介❖『トロッコ』)

◆**参考**　大分県の一部には、梟(ふくろう)をその鳴き声から「くーくー鳥」と呼ぶ地域がある。　(佐藤有紀)

ぐーぐー

①いびきの音。または、いびきをかいていなくても熟睡している様子。明治期から広く使用されている語。「だらしない恰好をして、ふん反り返ってぐうぐう眠っているのでした」(谷崎潤一郎❖『痴人の愛』)
②空腹時に腹が何度も鳴る音。「駄菓子ではつまらないと見えて腹がグウグウ辛気に鳴っている」(林芙美子❖『放浪記』)

◇**類義語**「ぐーっ」「くーくー」「ぐーすか」
「ぐーっ」「くーくー」は①②の類義語。「ぐーっ」は一度だけ激しく鳴ってあとは静寂が訪れる感じ。「くーくー」は「ぐーぐー」より軽く、可愛らしい感じの音。熟睡の度合い、空腹の度合いが「ぐーぐー」より低い。

「ぐーすか」は①の類義語。いびきの音のみが何度も続く「ぐーぐー」に対し、「ぐーすか」は寝息といびきが交互で、一回ずつ間隔が開く感じ。

◆**参考**　韓国語でいびきの音は「くるくる」。それが日本語に入る過程で長音化、また、「く」から「ぐ」へと濁音化したという説がある。　(佐藤有紀)

ぐーすか

いびきと寝息を交互に立てる音。また、非常に深く熟睡する様子。特に、周りを全く気にせず無邪気に寝入る様子に対し、感心や呆れ、皮肉の気持ちを込めて使う。「疲れのせいか、電車の中にもかかわらずぐーすか眠りこけてしまった」

◆**参考**　「ぐーすか」は、「ぐー」と「すか」が合体して生まれた語。「ぐー」は鼻から出るいびきの音で、「すか」は息を吸い込んで一旦止める感じの音や様子。　(佐藤有紀)

❖**徳田秋声**　小説家。尾崎紅葉に師事。明治二九年『藪かうじ』を発表。以降、『新世帯』『黴』などで自然主義文学を代表する作家となる。作品はほかに『仮装人物』『縮図』など。(一八七一〜一九四三)

❖**芥川龍之介**　→P.12

❖**谷崎潤一郎**　小説家。第二次『新思潮』に掲載の「刺青」でデビュー、耽美派の作家として注目される。関西に移住後は古典趣味を深め、多くの名作を発表。作品『痴人の愛』『細雪』など。(一八八六〜一九六五)

❖**林芙美子**　小説家。昭和五年、自らの苦難の半生をつづった自伝的小説『放浪記』がベストセラーとなり、女流作家の道を歩む。作品はほかに『晩菊』『浮雲』など。(一九〇三〜一九五一)

くくー

①鳥の鳴き声。「山鳩が、ククウ、ククウと妙な声で鳴いている」（五木寛之❖『風に吹かれて』）

②液体を一気においしそうに飲む様子。「喉が渇いていたのか、水をククーと飲み干した」

◆参考 「くくー」と鳴く鳥には、他に不如帰、鶏などがいる。「ククーと鋭どき鳥…あの声がほととぎす」（夏目漱石❖『一夜』）、「鶏は…くくうと細長い妙な声を出し」（長塚節❖『土』）。なお鳩の声は江戸時代から「くく」と写されていた。

（佐藤有紀）

くくっ

①鳩や鶏など鳥の鳴き声。

②こみ上げてくるおかしさ、嬉しさをこらえるようにして、喉で短く笑う声。また、その様子。いたずらっ子のような印象を与える笑い方。「理亜がククッと笑ったような気がして」（沢木耕太郎❖『一瞬の夏』）

③液体を飲み込む時に喉が鳴る音。また、追い詰められた時や、ひどく悔しい時などに、喉の奥から思わず出る音を表すこともある。「ククッ。俺もここまでか」

④釣り糸やコードなど、細い紐状の物が、何かに引っ張られて、一瞬素早く動く様子。「ククッと釣り糸が引っぱられた。魚が食いついたようだ」

◇類義語 「くくくっ」

「くくくっ」は①〜④の類義語。特に②の笑い声に用例数が多い。「くくっ」よりさらに嬉しさが増した感じ。また、「くくくっ」は、いつまでも小刻みに笑いが続いていく印象。「おかしさに堪え切れないように、くくくっと肩を揺すって笑って」（佐賀新聞94・5・31）

（佐藤有紀）

ぐぐっ

①かなり力強く、一気に何かを行ったり、何かが生じる様子。「勢いよくエンジンをふかし、ぐぐっと加速」（五木寛之❖『風に吹かれて』）

②紐状の物が、一瞬素早く動く様子。「くくっ」より激しく、強い動き。「ぐぐッと帯が頸部に食い込んできた」（北条民雄❖『いのちの初夜』）

③喉に息を詰まらせる様子。「ぐぐっと息をつまらせたかとおもうと、見る見る死相をあらわし」（池波正太郎❖『まゆ墨の金ちゃん』）

（佐藤有紀）

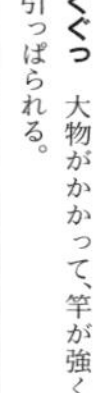

ぐぐっ 大物がかかって、竿が強く引っぱられる。

（うえやまとち『クッキングパパ』より）

❖五木寛之 →P.133
❖夏目漱石 →P.8
❖長塚節 →P.21
❖沢木耕太郎 →P.327
❖北条民雄 →P.210
❖池波正太郎 →P.133

くさくさ

物事が思うように運ばず、憂鬱になったり、心が沈んでふさぎ込んだりする様子。鎌倉時代頃から一般に使われていた語。「どんなきぶんのくさくさする時でも、そこに明るい気持の持ち方を発見する」(徳田秋声❖『縮図』)。また、特に原因もなく、なぜだか面白くなく思うような場合に使うこともある。「何となく生きて行くことにくさくさして来た」(岡本かの子❖『富士』)

◆類義語「くしゃくしゃ」「むしゃくしゃ」

「くしゃくしゃ」は、「くさくさ」の音が変化して生まれた語。元は同じ語であった。現在では、「くさくさ」が心が低迷している様子を表すのに対し、「くしゃくしゃ」は、心が混乱して整理がつかなくなる様子を表すことが多い。

「むしゃくしゃ」は、「くさくさ」より感情の起伏が激しい。内面的に憂鬱な感情を表す「くさくさ」に対し、「むしゃくしゃ」の方は、八つ当たりなど、外への行動に直接結び付けたくなるような不愉快さである。

◆参考「くさくさ」は、「憂鬱になる」の意の「腐る」を畳語にして強調した語。

(佐藤有紀)

ぐさぐさ

①かたくない物体に、ナイフなどの尖った物が何度も突き刺さる音。また、その様子。「発泡スチロールにグサグサと鋏(はさみ)を突き刺した」

②他人の言動に激しく傷付く様子。また、音楽、絵画、映画などが胸に深く突き刺さるように響いてくる様子。①の「突き刺さる」という意味の比喩的な使い方が浸透、定着したもの。「グサグサと胸に突き刺さるロックサウンド」(月刊歌謡曲01・10月号)

◆類義語「ぐさっ」「ぐさり」

共に①②の類義語。連続して刺す「ぐさぐさ」に対し、「ぐさっ」「ぐさり」は一度だけ、思い切り深く突き刺す音や様子。また、「ぐさっ」には若者ことばとしての用法もある。他人の言動が心を傷付けたり、胸にこたえたりした時に、受けた衝撃の度合いの大きさを、冗談めかして表すのに使う。「『今日の髪型全然似合わないよ』『グサッ』」

◆参考「ぐさぐさ」は最近まで、束になっているものを揺さぶる、縛ってある物が緩むという意味でも使われていた。「髪の毛を持ってぐさぐさ揺る」(横光利一❖『時間』)

(佐藤有紀)

❖徳田秋声　小説家。尾崎紅葉に師事。明治二九年『藪かうじ』を発表。以降、『新世帯』『黴』などで自然主義文学を代表する作家となる。作品はほかに『仮装人物』『縮図』など。(一八七一〜一九四三)

❖岡本かの子　小説家・歌人・仏教研究家。漫画家岡本一平と結婚。画家岡本太郎は長男。昭和一一年、『鶴は病みき』で作家生活に入り、以降、作家として活躍。作品『母子叙情』『生々流転』など。(一八八九〜一九三九)

❖横光利一　小説家。大正一三年、川端康成らと『文芸時代』を創刊、新感覚派の旗手として出発。昭和一〇年、『純粋小説論』で純文学と通俗小説の融合を主張。作品『旅愁』『日輪』など。(一八九八〜一九四七)

ぐさり

①ナイフなどの尖った物が、勢いよく深々と突き刺さる音。また、その様子。江戸時代初期には一般に使われていた語。「ほうちょうをとりあげ、いきなり、ぐさりとカボチャの横ばらにつきたて」(壺井栄『二十四の瞳』)

②言動や音楽、小説などが、心に深く響いてくる様子。特に、他人の忠告などの言動が、鋭く胸に突き刺さる時に用いる。「ひと言がぐさりと刺さる言葉尻」(佐賀新聞97・4・24)

(佐藤有紀)

くしゃくしゃ

①紙、衣類、ビニールなどを、乱暴に握ったり、揉んだりする音。また、そのような結果、紙、布、皮膚などに、激しく皺が寄った様子。「原稿用紙を、…くしゃくしゃに丸めて壁に投げつけ」(太宰治『火の鳥』)、「クシャクシャとした顔で、まるで狆ね」(甲賀三郎『ニッケルの文鎮』)

②気持ちの整理がつかず憂鬱な様子や、心がいらだつ様子。「何しろ、私は気持がクシャクシャしてかなわなかった」(志賀直哉『暗夜行路』)

③きれいに整わず、乱れている様子。「洋箋に、米つぶくらいの小さな字で、くしゃくしゃに書かれて在るもので」(太宰治『鷗』)

④口の中で、食べ物を、いかにもまずそうに嚙む様子。人に不快感を与える下品な食べ方。「不味そうに咀嚼始める」(尾崎紅葉『多情多恨』)

⑤声に出さず、口の中で愚痴などをつぶやく様子。「マスノの耳にくしゃくしゃとささやいた」(壺井栄『二十四の瞳』)。

◆類義語「くしゃくしゃっ」「くちゃくちゃ」

「くしゃくしゃっ」は①〜⑤の類義語。「くしゃくしゃ」より「くしゃくしゃっ」の方が動作の勢い、あるいは皺の程度がより激しい。「くしゃくしゃっとたれ目になって笑い」(江国香織『綿菓子』)

「くちゃくちゃ」は①③④の類義語。「くしゃくしゃ」よりくだけた印象。④の場合、まずそうに嫌々食べる様子を表す「くしゃくしゃ」に対し、「くちゃくちゃ」は、音を立てながら、更に下品に食べる感じ。

■参考「くしゃくしゃ」は「くさくさ」から転じた語、という語源説がある。「さ」が「しゃ」に変わる例は、「くさみ」から「くしゃみ」などの例にも見られる。

(佐藤有紀)

❖壺井栄 →P.21

❖太宰治 →P.20

❖甲賀三郎 小説家。大正一三年、推理小説『琥珀のパイプ』で注目される。謎解きを主とした本格推理小説作家の一人。作品『支倉事件』『姿なき怪盗』など。(一八九三〜一九四五)

❖志賀直哉 →P.39

❖尾崎紅葉 小説家。明治一八年、硯友社を結成し、雑誌『我楽多文庫』を創刊。明治二二年『二人比丘尼色懺悔』で作家生活に入り、明治中期の代表的作家となる。作品『多情多恨』『金色夜叉』など。(一八六七〜一九〇三)

❖江国香織 児童文学作家・小説家。平成元年『409ラドクリフ』でフェミナ賞受賞。平成一四年、『泳ぐのに、安全でも適切でもありません』で山本周五郎賞受賞。(一九六四〜)

ぐしゃぐしゃ

①降雨後の泥や沼地など、水気が多くてやわらかい場所を踏む時の音。また、含んでいる水分量が多く、ぬかるんだり形が崩れたりしている様子。「顔は涙でぐしゃぐしゃに濡れ、恐怖のためみにくく歪んで」(山本周五郎『さぶ』)

②物に圧力がかかるなどして正常な状態が保てず、見る影もないほど完全に、つぶれたり壊れたりする様子。「僕の指と掌をぐしゃぐしゃに叩きつぶしに来る」(大江健三郎『飼育』)

③きれいに整わず、乱れている様子。「帯などもぐしゃぐしゃな締方をして」(徳田秋声『爛』)

④声に出さず、口の中で愚痴、願望などをつぶやく様子。「なにかぐしゃぐしゃ拝んだり」(幸田文『流れる』)

◆類義語「ぐじゃぐじゃ」「ぐしょぐしょ」

「ぐじゃぐじゃ」は①②③の類義語。「ぐしゃぐしゃ」よりさらに水分の量、あるいは崩壊の程度が激しい感じ。「ぐしょぐしょ」は①の類義語。含んでいる水の量が非常に多い。また、水分による形の崩れまで問題にする「ぐしゃぐしゃ」とは異なり、濡れ方の激しさだけに注目する。(佐藤有紀)

ぐじゃぐじゃ

①物に圧力がかかるなどして、正常な状態、形が保てない様子。「その女の子が作った弁当ったら、ぐじゃぐじゃなんだ」(曾野綾子『太郎物語』)

②含んでいる水分が多すぎて、形が崩れる様子。また、ひどく濡れている様子。「早く涙をふきなさい。まるで顔中ぐじゃぐじゃだ」(宮沢賢治『黄いろのトマト』)

◆参考 半熟卵をぐじゃぐじゃとよくかき混ぜた「副卵(ぐじゃたま)」という料理がある。(佐藤有紀)

くしゃっ

①ごく軽い物が、あっけなくつぶれる音。また、その様子。「折り鶴はクシャッと壊れた」

②紙、布、皮膚などに皺を寄せる音。また、その様子。「姉の顔が、くしゃっと歪(ゆが)んだ」(篠田節子『アクアリウム』)

③気持ちの整理がつかず、憂鬱になる様子。「くしゃっとまいってさ」(山本周五郎『青べか物語』)

◆参考 江戸時代頃には、気分が晴れないさまを表す「くしゃつく」という語があった。(佐藤有紀)

❖山本周五郎 →P.15

❖大江健三郎 小説家。昭和三三年、『飼育』で芥川賞受賞。以降、独特の晦渋な文体で多くの作品を発表。作品『われらの時代』『万延元年のフットボール』など。平成六年、ノーベル文学賞受賞。(一九三五)

❖徳田秋声 →P.42

❖幸田文 小説家・随筆家。幸田露伴の次女。昭和二二年、露伴の臨終を描いた『終焉』で注目される。歯切れのよい端正な文体で知られる。作品『流れる』『おとうと』など。(一九〇四)

❖曾野綾子 →P.25

❖宮沢賢治 →P.34

❖篠田節子 小説家。平成二年『絹の変容』で小説すばる新人賞受賞。自在な物語性が特徴で、同九年『ゴサインタン』で山本周五郎賞、『女たちのジハード』で直木賞受賞。(一九五五)

山口仲美の擬音語・擬態語コラム⑤

猿は「ココ」と鳴いていた

——擬音語と文化史

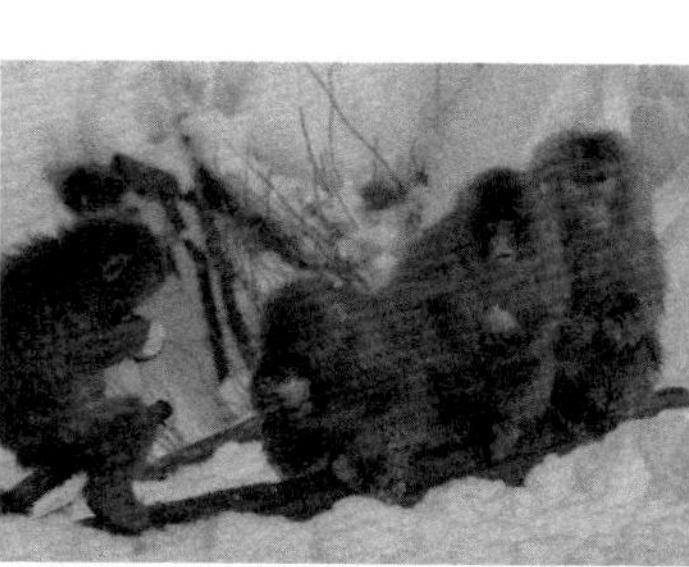

猿は満足すると、何と鳴く？（長野県の地獄谷温泉の猿たち。）

猿の声は、ふつうは「キャッキャッ」。絵本『桃太郎』でも、猿は「キャッキャッ、おともいたしましょう」と言うし、『猿蟹合戦』でも、猿は「キャッキャッ」と鳴いて戦っている。だから、私たち現代人は、猿の声は、ずっと昔から「キャッキャッ」だと思っている。

ところが、ずっと歴史を遡ってみると、猿は「ココ」と鳴いていた！　奈良時代に『常陸国風土記』が書かれている。今の茨城県の地誌・物産・伝承などを記した書物。久慈郡の記述にこうある。

郡の役所から西北二〇里のところに河内の里がある。もとは、古古の村と言った。猿の声を「ココ」というところからついた名前である。

猿の声は、「ココ」。猿は餌を食べている時、「コーコー」という声を発する。「ココ」は、そんな平和な満足した時の猿の声を写す擬音語なのだ。

しかし、室町時代から猿の声を写す言葉は「キャッキャッ」に変化している。当時栄えた狂言に登場する猿たちは、すべて「キャキャ」「キャッキャッ」「キャアキャア」と、「キャ」の音で鳴いている。

一体、どうしたことなのか？　猿は、十数種類の鳴き声をもっている。相手をおどす時は「グガッ」、威張りたい時は「ガッガッガッ」、緊急事態発生の時は「ギャン」、恐いと思った時は「キャッキャッ」。何のことはない、「キャッキャッ」は、猿の恐がる声を写した擬音語なのだ。

実は、室町時代から、日本人は猿をペットとして飼い始めている。紐で繋いだり檻に入れたりして飼い、さらには、芸をしこんで商売をすることも始まった。そんな猿が最も多く出す声は、「キャッキャッ」と聞こえる声であったのである。

人間と猿の関係史が、猿の声を写す擬音語の変化に見事に映し出されている。

ぐしゃっ

①立体的な物が、一気にあっけなくつぶれる様子。空き缶など中が空洞の物や、トマト、卵などのように崩壊時に内容物が飛び出る物に多く使用する。また、紙やかための布を力強く握りつぶす時にも用いる。「ぐしゃっと握ってしまったガーターベルト」(群ようこ❖『茶色い娘』)

②思い切り笑ったり泣いたりして、顔が崩れる様子。「金の礼をいうと、兄はその顔をぐしゃっと崩して」(三浦哲郎❖『忍ぶ川』)　(佐藤有紀)

ぐしゃり

①泥や粥(かゆ)などのように、含んでいる水分が多くてやわらかい物を、踏んだり、触ったりした時の音。また、多量の水分のために、形が整わず歪んでいる様子。江戸時代後期頃から広く使われている語。「ぐしゃりと濡れ薄の上へ腹をつけて」(夏目漱石❖『二百十日』)

②物に圧力が加わり、正常な形が保てずにつぶれる様子。特に、湿り気のある物、やわらかい物が容易につぶれる様子を表すことが多い。「煙草をグシャリ灰皿へ押しつぶして」(坂口安吾❖『白痴』)

またそこから、人がつぶれるように力なく座り込む様子をも表すようになった。「ぐしゃりとなって坐っている周三」(下村千秋❖『天国の記録』)

◇類義語「ぐじゃり」

①②の類義語。「ぐしゃり」より、①の場合には水分の含有程度、②では崩壊の程度が大きい。また、「ぐじゃり」は触った時不快感を伴う感触。

■参考「ぐしゃり」は江戸時代、気性がはっきりしない様子も表した。「気だて、ぐしゃりとして、さえきらず」(仮名草子『満散利久佐(まさりぐさ)❖』)　(佐藤有紀)

くしゃん

①くしゃみの音。「クシャンと、くしゃみをしました」(鈴木三重吉❖『ぶくぶく長々火の目小僧』)

②ごく軽い物が、あっけなく簡単に崩れる音。また、その様子。「飴の鳥はくしゃんと潰れる」(泉鏡花❖『日本橋』)

◇類義語「はくしょん」

①の類義語。「くしゃん」より勢いがある感じ。

■参考 不細工な顔を表した学生言葉「クシャンコ」は、②から潰れた顔を連想させる。　(佐藤有紀)

❖群ようこ　→P.36

❖三浦哲郎　→P.16

❖夏目漱石　→P.8

❖坂口安吾　小説家。最初の小説『木枯の酒倉から』『風博士』が牧野信一に激賞され、注目を集める。戦後、『堕落論』『白痴』で混迷する時代に衝撃を与え、一躍時代の旗手に。作品『桜の森の満開の下』『安吾新日本風土記』など。(一九〇六〜一九五五)

❖下村千秋　小説家。同人誌『十三人』に発表した「ねぐら」が志賀直哉に認められ、作家となる。大正一三年『刑罰』刊行。作品『天国の記録』『街の浮浪者』など。(一八九三〜一九五五)

❖満散利久佐　江戸時代の仮名草子。藤本箕山著。大坂新町の遊女の評判記。明暦二年(一六五六)刊。

❖鈴木三重吉　小説家・児童文学者。夏目漱石に師事。大正七年、芸術性の高い童話・童謡のための雑誌『赤い鳥』を創刊。新美南吉などすぐれた童話作家を育てた。作品『千鳥』『桑の実』など。(一八八二〜一九三六)

❖泉鏡花　→P.8

ぐしゃん

一気にあっけなく崩れたり、つぶれたりする様子。ババロア、泡立てた卵白など、含まれる水分が多くてやわらかい物が、形状を維持することができずに崩れる様子を表す。また、紙袋や箱など、ある程度手ごたえのある立体的な物が、加わった圧力によりごく簡単に押しつぶされる場合にも使う。中が空洞でない物の場合、つぶれる際、内容物が飛び出るような印象。「轢かれた缶詰はグシャンとつぶれ、鰯の汁がとび散った」(佐藤有紀)

ぐしゅぐしゅ

鼻水をすすり上げる音。「と言って、ごほごほ、ぐしゅぐしゅやりはじめた」(菊地秀行❖『追撃者』)

◆類義語「ぐすぐす」「ぐじゅぐじゅ」

「ぐすぐす」も鼻をすする音だが、ややよりかわいた感じ。「しょっちゅう鼻をぐすぐすとすすりあげていた」(北杜夫❖『楡家の人びと』)。「ぐじゅぐじゅ」は涙や鼻水でひどく濡れている様子。「涙でぐじゅぐじゅになり、マスカラが流れ落ちそうになる」(朝日新聞99・12・24)

(佐々木文彦)

くしゅん

寒いとき、涙が出そうなときなどに軽く鼻をすすり上げる音。また、元気なく意気消沈した様子も表す。「『外、すっごく寒いよ…』くしゅんと鼻をすすりあげながら、七奈子が窓の外に目を向けた」(吉岡道夫❖『贋作回廊』)

◆類義語「くすん」

「くすん」は泣いたり笑ったりする際に立てる鼻の音を表すが、「くしゅん」はその音が小さく、元気のない場合に限られる。

(佐々木文彦)

ぐしょぐしょ

①布・紙・革などでできたものが、ひどく濡れて大量の水分を含む様子。「手袋も、ヤッケも、ズボンもなにもかもぐしょぐしょに濡れていた」(新田次郎❖『孤高の人』)

②顔中が涙や汗でいっぱいになる様子。「雨と涙とでぐしょぐしょになった顔を、ときどき手の甲でこするため」(山本周五郎❖『さぶ』)

◆類義語「ぐじょぐじょ」「ぐちょぐちょ」「びしょびしょ」

❖菊地秀行 小説家。昭和五七年『魔界都市〈新宿〉』でデビュー。若い世代に圧倒的な人気を得る。作品『魔界都市ブルース』『妖獣都市』など。(一九四九)

❖北杜夫 →P.30

❖吉岡道夫 小説家。推理小説のほか、歴史小説・時代小説を執筆。作品『メビウスの魔魚』『復讐は狂気の歌か』など。(一九三三)

❖新田次郎 小説家。中央気象台の職員として富士山レーダーの建設などを担当。かたわら小説を執筆し、昭和三一年『強力伝』で直木賞受賞。以降、山岳および歴史小説を次々に発表。作品『槍ケ岳開山』『武田信玄』など。(一九一二〜一九八〇)

❖山本周五郎 →P.15

「ぐじょぐじょ」「ぐちょぐちょ」は①の類義語。前者は汚いものというイメージが強く、後者はうっとうしい感じが強い。また「びしょびしょ」は①②いずれの意味でも用いられ、さらに「雨がひどく降る様子」「水浸しになる様子」なども表す。「びしょびしょと雨が降っていました」(梶井基次郎『橡の花』)、「四階でこぼした水が、…二階をびしょびしょにした」(朝日新聞99・4・23)

◆参考 「赤坊の股の下はよくぐしょ濡れになっていた」(有島武郎『小さき者へ』)のように「ぐしょ濡れ」の形でも用いられる。 (佐々木文彦)

ぐじょぐじょ

雨・汗・涙など水分で、顔や布類・革類などがひどく濡れる様子。汚い感じ、気持ち悪い感じを伴う場合が多い。「生ゴミだけを入れ続けた時は、処理器の中が『ぐじょぐじょ』になり、ウジがわくなど、扱いにくいことがあった」(朝日新聞89・11・30)、「翌々日姉と汗と涙でグジョグジョになりながら坂の上の寮へ着いた」(朝日新聞91・11・5)

◆参考 「ぐしょぐしょ」や「ぐちょぐちょ」に比べると書き言葉の用例は少ない。 (佐々木文彦)

くすくす

こらえきれずにしのび笑いをする様子。おかしいのをこらえながらもそれを楽しむような笑い方。「慎んで聞いていても、内供が後さえ向けば、すぐにくすくす笑い出したのは、一度や二度の事ではない」(芥川龍之介『鼻』)

◇類義語 「くすり」「くすっ」

「くすくす」がしばらく笑い続ける様子を表すのに対して、「くすり」「くすっ」は瞬間的な笑いを表す。「私は、自分の馬鹿さ加減に思わずくすりと笑ってしまった」(三浦哲郎『幻燈画集』)

また、「くすくす」が笑いをこらえきれない様子であるのに対して、「くすり」「くすっ」は人を意図的にからかったり、相手に対して好意的に微笑みかけたりする場合にも用いる。「松戸は、くすっと笑った。この男は時々こういう声を出す。人を小バカにしているふうだ」(梓林太郎『黒部峡谷殺人事件』)

◆参考 「くすくす」は「狂気じみたくすくす笑いがかれの内臓を震えさせ揺りうごかした」(大江健三郎『戦いの今日』)のように「くすくす笑い」の形でも用いる。 (佐々木文彦)

❖梶井基次郎 小説家。大正一四年、学友らと雑誌『青空』創刊。「檸檬」「城のある町にて」などを発表。鋭い感受性の詩的作品が多い。作品『冬の日』『交尾』など(一九〇一)

❖有島武郎 →P.12

❖芥川龍之介 →P.12

❖三浦哲郎 →P.16

❖梓林太郎 小説家。昭和五五年『九月の渓で』で小説宝石エンタテイメント小説大賞受賞。おもに山を舞台とした山岳ミステリーを執筆。作品『槍ヶ岳 白い凶器』『雪渓下の密室』など。(一九三三)

❖大江健三郎 小説家。昭和三三年、『飼育』で芥川賞受賞。以降、独特の晦渋な文体で多くの作品を発表。作品『われらの時代』『万延元年のフットボール』など。平成六年、ノーベル文学賞受賞。(一九三五)

ぐずぐず

①行動の取りかかりや進行が遅く、鈍い様子。また、物事に対して積極性がなく、勢いのない様子。動詞「ぐずぐずする」として用いられることが多い。「ほらほら、何をぐずぐずしているの。さっさと食事をなさい」(佐和みずえ『お姫さまは名探偵』)、「信夫は家の中でぐずぐずと、いくども本をかばんに入れたり出したりしている」(三浦綾子『塩狩峠』)

②あれこれと不平・文句を言い続ける様子。「あんな校長にぐずぐず言われながら、いつまでも、こんなちいさな町の代用教員をしていられるもんかね」(山本有三『路傍の石』)

③鼻を鳴らす音。「榊は、ばかな質問をするやつだと、鼻をぐずぐず言わせた」(日下圭介『チャップリンを撃て』)

④柔らかくなったりゆるんだりして元の形・状態がくずれる様子。「勝負の時は大概ゆるやかなガウンのようなものを、わざとぐずぐずにだらしなく纏っていました」(谷崎潤一郎『痴人の愛』)

類義語「のろのろ」「ぶつぶつ」「ぶつくさ」

「のろのろ」は①の類義語。「ぐずぐず」が取りかかりの遅い様子や、いつまでもやめないで不要なことを続ける様子などを表すのに対して「のろのろ」は物事の進行の遅さを表す。

「ぐずぐず」②はいつまでも言い続けることに意味の中心があるが、「ぶつぶつ」「ぶつくさ」は文句を言うこと自体に意味の中心がある。

参考 動詞「ぐずつく」は雨混じりのよくない天気に使うことが多いが、①の意味で用いられる場合もある。「愚図愚図」は当て字だが、①②の意味に用いられる。なお、アクセントは①②③が「ぐずぐず」、④が「ぐずぐず」。

(佐々木文彦)

くすり

軽く吹き出し笑いをするときに鳴る鼻の音。「私をみてくすりと笑った料理番は」(林芙美子『放浪記』)、「観客席からはくすりという忍び笑いさえ起らず」(北杜夫『楡家の人びと』)

類義語「くすっ」

「くすっ」もほぼ同じ意味であるが、「くすり」よりさらに少し軽い感じ。「ザネリが前の席からふりかえって、ジョバンニを見てくすっとわらいました」(宮沢賢治『銀河鉄道の夜』)

(佐々木文彦)

❖**佐和みずえ** 少女漫画原作者。双生児の姉妹で、佐和みずえというペンネームで活動する。作品『恋愛受験生』『平成パニック初恋城』など。(一九五五)

❖**三浦綾子** →P.30

❖**山本有三** →P.30

❖**日下圭介** 推理作家。朝日新聞社に勤務のかたわら小説を執筆。昭和五〇年『蝶たちは今…』で江戸川乱歩賞受賞。同五七年『鶯を呼ぶ少年』『木に登る犬』で日本推理作家協会賞受賞。同五九年より執筆に専念。(一九四〇～二〇〇六)

❖**谷崎潤一郎** →P.7

❖**林芙美子** 小説家。昭和五年、自らの苦難の半生をつづった自伝的小説『放浪記』がベストセラーとなり、女流作家の道を歩む。作品はほかに『晩菊』『浮雲』など。(一九〇三～一九五一)

❖**北杜夫** →P.30

❖**宮沢賢治** →P.34

くすん

ちょっと泣いたり、笑ったり人を小馬鹿にするときなどに鳴らす鼻の音。「くすん、と悲しげな息が早苗の鼻から洩れた」(高橋三千綱❖『雪のドレス』)、「妻は首をすくめて、くすんと笑うと」(三浦哲郎❖『帰郷』)、「『あれが歌か』くすんと榊は鼻を鳴らした」(日下圭介❖『チャップリンを撃て』)

❖**類義語**「くすり」「くすっ」

「くすん」は泣く場合にも用いるが、「くすり」「くすっ」は笑う様子のみを表す。　(佐々木文彦)

くたくた

①ひどく疲れた様子。「くたくたに疲れて、時間はあっても遊ぶ気力がない」(AERA01・9・10号)

②衣服や書類、葉物の野菜などがしなびた様子。「みそ汁でくたくたに煮たホウレンソウの味がした」(朝日新聞97・7・19)

③全身の力が抜けてしゃがみ込む様子。必ず「と」を伴う。やや古い表現。「房子は急に逃げようという気持が崩れてくたくたと廊下にしゃがみこんでしまいました」(三浦哲郎❖『団欒』)

❖**類義語**「へとへと」「ぐったり」「くたり」「くたっ」「よれよれ」

「へとへと」「ぐったり」は①の類義語。「くたくたた」が「潜伏生活で、由貴の神経はくたくたになっていた」(津村秀介❖『諏訪湖殺人事件』)のように心理面で用いることもできるのに対して「へとへと」や「ぐったり」は主として肉体的な疲労を表す。

「くたり」「くたっ」「よれよれ」は②の類義語で、「くたり」「くたっ」は萎れる程度が「くたくた」よりも弱く、「よれよれ」はアイロンをかければ元にもどる場合にも使える。　(佐々木文彦)

くだくだ

無用のことをわざわざ長々と説明する様子。会話にも文章にも、また映画などの映像描写やストーリーの展開についても言う。「何をくだくだ申しておる。要するにかくまったのは事実なのだな」(郡順史❖『助太刀』)、「食い物のことを、くだくだ書く手合いの気が知れない」(朝日新聞95・9・17)、「…ハリウッドの流儀とは一線を画している。ことごとしい特殊撮影は用いず、くだくだしい技巧もろうさない」(朝日新聞96・8・15)

❖**高橋三千綱**　小説家。昭和四九年『退屈しのぎ』で群像新人賞受賞。同五三年『九月の空』で芥川賞受賞。作品『真夜中のボクサー』など。(一九四八)

❖**三浦哲郎**　小説家。井伏鱒二に師事。昭和三五年『忍ぶ川』で芥川賞受賞。血の系譜に悩み、それを克服して生きることをテーマとする。作品『白夜を旅する人々』『みのむし』など。(一九三一〜二〇一〇)

❖**日下圭介**　→P.127

❖**津村秀介**　推理小説作家。昭和五七年『影の複合』でデビュー。作品『山陰殺人事件』『宍道湖殺人事件』など。(一九三三〜二〇〇〇)

❖**郡順史**　小説家。時代小説を多く執筆。作品『葉隠士魂』『介錯人』など。(一九二二〜)

◇**類義語**「くどくど」「ぐたぐた」「ぐだぐだ」

「くだくだ」が説明や言い訳をする時に用いられることが多いのに対して「くどくど」は「その関係者の名前などについて、くどくど聞かれた」(星新一❖『人民は弱し官吏は強し』)のようにあれこれとしつこく聞かれる時にも用いられる。「ぐたぐた」「ぐだぐだ」は長々とだらしなく言い続ける意味合いが強い。

◆**参考**「週に一度は必ずくだくだしい手紙が送られて来たが」(石川達三❖『青春の蹉跌』)のように形容詞としてもよく用いられる。

(佐々木文彦)

ぐたぐた

①あれこれと無駄なことやまとまりのないことを言い続ける様子。「『ぐたぐた言っているんじゃねえ。ネックレスとブレスレットをよこせ』などと脅し」(朝日新聞96・11・28)

②ひどく疲れた様子。「その後を又強い日で照り付けられるのですから、身体が倦怠(けだる)くてぐたぐたになりました」(夏目漱石❖『こゝろ』)

③野菜などを原形をとどめないほどに煮た様子。「高すぎる温度で煮過ぎると煮崩れして、ぐたぐたになってしまう」(朝日新聞夕刊93・12・1)

◇**類義語**「ぐたっ」「ぐたり」

「ぐたっ」「ぐたり」は②の類義語。「ぐたぐた」が疲れた様子を表すのに対して「ぐたっ」「ぐたり」は体から力が抜けた様子を表す。「腕をゆるめると、女はぐたりとした」(川端康成❖『雪国』)は泥酔状態を、「ゆかりは完全にぐたっとしていて、薄赤い水が、いぜん帯のように水中に溶け」(井原まなみ❖『悪魔の果実殺人事件』)は死体の様子を表す。

◆**参考** 現代では②や③の意味ではあまり使われない。特に②は古い用法。

(佐々木文彦)

ぐだぐだ

①動作・行動が思い切りに欠けている様子、また、なまけたりする様子。「『もう社会党にはこだわりたくない。ぐだぐだしているよりは決断したい』と語った」(朝日新聞95・4・28)

②無用のことを長々と言い続ける様子。「『座っただけで五万円だ。ぐだぐだ言わずに払え』などと脅し」(朝日新聞00・8・3)

◆**参考**「ぐだぐだする」の形で①の意味で使われることが多い。

(佐々木文彦)

❖**星新一** 小説家。昭和三二年、短編『セキストラ』でデビュー。ショート・ショートの名手として知られる。昭和四三年『妄想銀行』で日本推理作家協会賞受賞。作品『ボッコちゃん』など。(一九二六〜九七)

❖**石川達三** →P.58

❖**夏目漱石** →P.8

❖**川端康成** →P.91

❖**井原まなみ** 推理小説作家。昭和五一年、夫石井龍生との共著『アルハンブラの想い出』でオール讀物推理小説新人賞受賞。作品『見返り美人を消せ』(共著)、『シーラカンスの海』など。(一九三八〜)

ぐたり

急に体から力が抜けて座り込んだり、腕や首が折れ曲がる様子。「すると私はその一言で直ぐたりと萎れてしまいます」(❖夏目漱石『こゝろ』)、「突張った手をぐたりと緩めて」(❖泉鏡花『歌行燈』)

◆類義語「ぐったり」

「ぐたり」が「その行方をじっと見ていると、一羽の雁が擡げていた頸をぐたりとたれた」(朝日新聞00・12・25)のように瞬間的な動きを表すのに対して「ぐったり」は状態を表す。 (佐々木文彦)

くちゃくちゃ

①物を食べたり噛んだりする時の音。または、そういう音を立てながら下品に物を食べたり噛んだりする様子。「くっちゃくっちゃ」という形もある。「(ガムを)クチャクチャとだまりこくって噛み」(❖野坂昭如『アメリカひじき』)

また、口の中に物が入っていなくても、音をたてて口を動かしている場合には「くちゃくちゃ」を使うことがある。「奇峨窟は高齢九十歳の老骨である。歯の抜けた口もとをくちゃくちゃと動かしながら、心配げな寺崎義応の顔をみていった」(❖水上勉『雁の寺』)

②紙などの柔らかい物が丸められたりしてしわだらけになっている様子。「シスター・テレサ・イネスは、ドルを持っていた。それもくちゃくちゃのお札で一八ドルきっかりあった」(❖曾野綾子『太郎物語』)、「くちゃくちゃになったの(=帽子)を尻の下から取り出してそのまま頭へ載せると」(❖夏目漱石『吾輩は猫である』)

◆類義語「くしゃくしゃ」

「くしゃくしゃ」は①②の類義語。「くちゃくちゃ」が粘着的で湿ったイメージを持つのに対して、「くしゃくしゃ」は乾いたイメージを持っている。「物をくちゃくちゃと噛む」という表現と「物をくしゃくしゃと噛む」という表現、また、「紙をくちゃくちゃにする」という表現と「紙をくしゃくしゃにする」という表現を比べてみれば、その違いは明らかであろう。

■参考　一般に「○ちゃ○ちゃ」という形の擬音語・擬態語は粘着性のイメージを持つことが多い。いちゃいちゃ・ぐちゃぐちゃ・にちゃにちゃ・ぬちゃぬちゃ・ねちゃねちゃ・べちゃべちゃ、などがそれに当たる。 (池上　啓)

❖**夏目漱石**　→P.8

❖**泉鏡花**　→P.8

❖**野坂昭如**　小説家。CMソングの作詞、コントの制作などで活躍。昭和三八年『エロ事師たち』でデビュー。同四三年『アメリカひじき』『火垂るの墓』で直木賞受賞。戦時体験から焼跡闇市派を自称。作品はほかに『骨餓身峠死人葛』など。(一九三〇)

❖**水上勉**　小説家。宇野浩二に師事。幼少時を寺で過ごし、後、還俗。昭和三六年『雁の寺』で直木賞受賞。社会派推理小説から、女の宿命を描いた『越前竹人形』まで、多彩な分野で活躍。作品『飢餓海峡』『五番町夕霧楼』など。(一九一九―二〇〇四)

❖**曾野綾子**　→P.25

ぐちゃぐちゃ

①物を食べたり嚙んだりする時の音。または、そういう音をたてながら下品に物を食べたり嚙んだりする様子。「お万阿は、菓子をぐちゃぐちゃ嚙みながらいった」(司馬遼太郎『国盗り物語』)

②物が濡れて、ふやけたり形が崩れたりしている様子。単に濡れているだけの場合には使わない。「ダンスをやってたら冬でも一杯汗を掻いて、シャツがぐちゃぐちゃになるくらいだから」(谷崎潤一郎『痴人の愛』)

③物がつぶれて原形を留めていない様子。「助手が運んでくれた荷物は、ぐちゃぐちゃに壊れている」(田中英光『オリンポスの果実』)、「大福を取出して、その一つをぐちゃぐちゃに押しつぶして」(有島武郎『カインの末裔』)

④人や物が入り乱れて混乱している様子。「長嶋が本塁に戻ってくると、人が入り乱れてグチャグチャになっていたね」(日刊スポーツ00・12・26)。なお、いろいろな物を混ぜて煮込んだ料理(ごった煮)をさす「ぐちゃ炊き」という語もある。

◇類義語「くちゃくちゃ」「ぐしゃぐしゃ」「くしゃくしゃ」

「ぐちゃぐちゃ」を含めたこの四語は、音をたてて物を嚙む様子や、物がつぶれたりして形が変化している様子を示すという点で共通性がある。しかし、「ぐちゃぐちゃ・くちゃくちゃ」と「ぐしゃぐしゃ・くしゃくしゃ」(つまりチャとシャの違い)については、前者の方が粘着的なイメージで不快感が強いという違いがある。また、「ぐちゃぐちゃ・ぐしゃぐしゃ」と「くちゃくちゃ・くしゃくしゃ」(つまり語頭が濁音か清音かの違い)については、前者の方が変形の程度や破壊の程度が大きいという違いがある。

(池上　啓)

くちゃり

柔らかくて湿り気を持った物がつぶれる様子。「プチトマトを指先でくちゃりとつぶした」のように、比較的小さな物について使う。

◇類義語「ぐちゃり」

「ぐちゃり」は「くちゃり」よりも破壊の程度が大きく、結果として比較的大きな物やかたい殻を持った物について使う。例えば、プチトマトをつぶした時は「くちゃり」だが、普通の大きさのトマトをつぶした時は「ぐちゃり」である。

(池上　啓)

❖司馬遼太郎　小説家。昭和三四年『梟の城』で直木賞受賞。卓抜な文明批評と、独自の史観にもとづく歴史小説によって、広い読者層を持つ。作品『竜馬がゆく』『坂の上の雲』など多数。平成五年、文化勲章受章。(一九二三〜一九九六)

❖谷崎潤一郎　→P.7

❖田中英光　小説家。太宰治に師事。昭和七年、ロサンゼルス・オリンピックにボート選手として出場。その体験をもとに、同一五年、『オリンポスの果実』を発表。戦後、世相の混乱の中で酒や薬におぼれ自殺。作品『地下室から』など。(一九一三〜一九四九)

❖有島武郎　小説家。内村鑑三の影響を受け、キリスト教に入信。アメリカ留学後、明治四三年、雑誌『白樺』の創刊に参加。作品『カインの末裔』『或る女』など。(一八七八〜一九二三)

ぐちゃり

水分を含んだ物体がつぶれる様子。つぶれた結果としての状態を示すこともある。また、実際にはつぶれていなくても、それと似たような状態(つまり濡れて不快な状態)になっていることを示すのにも使われる。「玉子がぐちゃりと割れて鼻の先から黄味がだらだらと流れだした」(夏目漱石『坊っちゃん』)、「がらりと明く途端に、ぐちゃりと濡れた草鞋を沓脱へ踏み込んだものがある」(夏目漱石『虞美人草』)　(池上　啓)

ぐちょぐちょ

物がひどく濡れている様子。「海に落ちて、着ていた服がぐちょぐちょだ」のように、内部にまでたっぷり水分を含んでしまった状態を言う。だから水着で海へ入っても「体(や水着)がぐちょぐちょだ」とは言わない。

◇類義語「ぐしょぐしょ」

ひどく濡れている点は同じだが、「ぐちょぐちょ」が体に粘り着くような感覚を伴うのに対して、「ぐしょぐしょ」にはそれがない。　(池上　啓)

くっ

①体に力を込めた時や、何かで息を呑んだ時にもれる息の音や声。または、こらえきれずにもらす笑い声。「かっこうは『くっ』とひとつ息をして」(宮沢賢治『セロ弾きのゴーシュ』)、「ふいと、くっと笑いが込み上げて来て、我慢するのに骨が折れた」(大仏次郎『帰郷』)

②力を込めて何かをする様子。又は一気に何かをする様子。「英二は片方の眉をくっとあげて云った」(山本周五郎『さぶ』)

◇類義語「くっく」「くーっ」

「くっく」は①の類義語。力を込めた時の息の音を示すことは少なく、主に笑い声を示す。また、鳥の鳴き声を示すこともある。

「くーっ」も①の類義語。ビールを飲み干した後などの爽快な吐息や声を示す。「くっ」は困って言葉に詰まった時などの声も示すが、「くーっ」にはそのようなマイナスの用法はない。

■参考「くっ」の用法は現代語ではほぼ①と②に限られるが、古くは「やれさて、くっと(=すっかり)ぬらしおった」(狂言『丼礑』)のように、すみずみまで行き渡る意の用法もあった。　(池上　啓)

❖夏目漱石　→P.8
❖宮沢賢治　→P.34
❖大仏次郎　小説家。大正一三年、『鞍馬天狗』で大衆の人気を得、『赤穂浪士』で作家としての地位を確立。作品『帰郷』『天皇の世紀』など。昭和三九年、文化勲章受章。(一八九七〜一九七三)
❖山本周五郎　→P.15
❖丼礑　→P.519

くっ　ウィスキーを一気に飲む。
(東海林さだお『サラリーマン専科』より)

ぐっ

①体に力を込めた時や、何かで息を呑んだり感極まったりした時にもれる息の音や声。または、そういう声が出そうな状態(心に衝撃を受けたり切羽詰まったりした状態)である様子。「このような質問ほどわたしをまごつかせるものはなく、ぐっとつまった息に顔を赤くしたが」(石川淳❖『葦手』)、「シゲ子が頷いたので、重松はあの空襲の日のことがぐっと胸に来て、ぷりぷりしながら母屋に入った」(井伏鱒二❖『黒い雨』)

②力を込めて何かをする様子。または、一気に何かをする様子。「あやうくのけぞろうとするのをぐっと踏みこたえると」(石川淳『山桜』)、「まず息つぎに、ビールを一杯ぐっとのんで」(石川淳『かよい小町』)。なお、富山県や石川県の一部では、物を嚙まずに一気に丸呑みすることを「ぐっとのみ」という。

③何かと比較して状態が大きく異なる様子。または、状態がそれ以前とは大きく変化している様子。「夫よりぐっと若い声である」(赤川次郎❖『女社長に乾杯!』)、「本物のうどんを食いたいと希う者が、ひと昔まえに比べぐっと少なくなってしまったからではなかろうか」(週刊現代00・12・16号)

④すみずみまで行き渡る様子。「地理の教師は、…ことさら意味ありげに、ぐっと教室を見わたした」(山本有三❖『路傍の石』)

◆類義語「ぐぐっ」「ぐーっ」

「ぐぐっ」は「ぐっ」を強めたもので、主に①と②の意味で使われる。「そして、ぐぐっと息をつまらせたかとおもうと」(池波正太郎❖『まゆ墨の金ちゃん』)、「勢いよくエンジンをふかし、ぐぐっと加速して」(五木寛之❖『風に吹かれて』)

「ぐーっ」も「ぐっ」を強めたものだが、こちらは主に②と③の意味で使われる。「ぐっ」を使った場合に比べて、「ぐーっ」は動作がある程度の時間をかけて継続的に行われることを示す。「試写室の人たちは、思わず知らず、ぐーっと膝をのりだした」(井上ひさし❖『ブンとフン』)、「ここからブンとフン先生の二重唱、ぐーっと盛り上がる」(同)

◆参考 現代語では「ぐっ」を④の意味(つまりすみずみまで行き渡る意味)で使うことはあまりない。しかし、江戸時代の歌舞伎❖『浮世柄比翼稲妻(うきよづかひよくのいなずま)』に「この善六がぐっと(=すみからすみまで)承知だね」のような例がある通り、古いところではある程度の頻度で使われた。

(池上 啓)

❖**石川淳** →P.30
❖**井伏鱒二** →P.7
❖**赤川次郎** →P.39
❖**山本有三** →P.30
❖**池波正太郎** 小説家・劇作家。都庁に勤務のかたわら、新国劇の脚本などを執筆。昭和三五年、小説『錯乱』で直木賞受賞。作品『鬼平犯科帳』『真田太平記』など。(一九二三〜一九九〇)
❖**五木寛之** 小説家。昭和四二年『蒼ざめた馬を見よ』で直木賞受賞。終戦時の苛酷な引き揚げ体験が、作品の根幹をなす。作品『さらばモスクワ愚連隊』『青春の門』など。(一九三二〜)
❖**井上ひさし** 劇作家・小説家。放送作家として人形劇『ひょっこりひょうたん島』、劇作家として『道元の冒険』などを発表した後、昭和四七年『手鎖心中』で直木賞受賞。作品『下駄の上の卵』『吉里吉里人』など。(一九三四〜二〇一〇)
❖**浮世柄比翼稲妻** 江戸時代の歌舞伎。鶴屋南北ら作。通称「鞘当」「鈴ヶ森」など。山東京伝の読本『昔話稲妻表紙』を元にしたもの。文政六年(一八二三)初演。

くっきり

境目が明瞭である様子。「こずえと空とのさかいが、くっきりしてきた」(山本有三❖『路傍の石』)。また、ある物が他の物から際立ってあざやかに見える様子も示す。「画面のどの部分でも、文字がくっきりと映らなければならない」(週刊現代00・12・9号)

◆**参考**「くっきり十一時を指しました」(宮沢賢治❖『銀河鉄道の夜』)という例もあるが、これは「くっきり」の用法としては例外的である。（池上　啓）

くっく

①こらえきれずにもらす笑い声。笑いたいのを無理にこらえている感じで、本人が感じているおかしさの度合いは「うふふ」や「くすくす」の場合よりも大きい。「クックという忍び笑いを入れて」(岡本かの子❖『母子叙情』)。また、鳥の鳴き声を示すのにも使われる。「ようこそここへ クックク ック」(阿久悠❖作詞「わたしの青い鳥」)

②紐(ひも)などを強く何度か引っ張る様子。「釣り糸がくっくと水中に引かれた」（池上　啓）

くっくっ

①こらえきれずにもらす笑い声。「ふいに彼はノドの奥でクックッと笑い」(開高健❖『裸の王様』)。また、息をこらえるところから、押し殺した泣き声も示す。「きゅうにハンカチを顔にあて、くっくっとなきだした」(壺井栄❖『二十四の瞳』)

②紐などを強く何度か引っ張る様子。「紐の端を持ってくっくっと引いてみる」。「くっ」系の語の原点は体に力を込めて息が一瞬とまることであり、そこからこのような意味も示す。（池上　啓）

くつくつ

①こらえきれずにもらす笑い声。「奥の部屋で細君が怺(こら)え切れなかったと見えてクツクツ笑う声が聞える」(夏目漱石❖『吾輩は猫である』)

なお、古くは人を笑わせようとしてくすぐる時のかけ声を示すこともあった。「くつくつくつ、はっくつくつと言うて、大きにこそぐるを」(狂言❖『仁王』)

②物が煮える音。「米を水に浸して置いて擂鉢(すりばち)ですって、それをくつくつと煮て砂糖を入れて嘗(な)

❖**山本有三**　→P.30
❖**宮沢賢治**　→P.34
❖**岡本かの子**　→P.91
❖**阿久悠**　作詞家。小説家。「津軽海峡冬景色」などの作詞のほか、小説に『瀬戸内少年野球団』など。(一九三七〜二〇〇七)
❖**開高健**　→P.64
❖**壺井栄**　→P.21
❖**夏目漱石**　→P.8
❖**仁王**　室町時代の狂言。博打に負けた男が仁王になりすまし、大勢の人から供物を得る。が、体をなでられて動いてしまい正体が露見する。

ぐつぐつ　時間をかけて十分に煮込む。

(東海林さだお『サラリーマン専科』より)

めさせた」(長塚節『土』)。なお、現代では物が煮える音は「ぐつぐつ」と言うのが一般的で、「くつくつ」はほとんど使われない。

◆**参考**「くつくつ」は古くは以下のような意味でも使われた。

痰などがつまって喉が鳴る音。または、痰などを吐き出そうとして喉を鳴らす音。「台盤に額をあてて、のどをくつくつと、くつめくやうに鳴らせば」(『宇治拾遺物語』)

言葉につまったりした時の声。「人の口論するをわくるには、まづ思ふさま非な処を云てくつくつと言はせて(＝ぐっと言葉につまらせて)、さて後に理を云てきかすれば、よく合点するもの也」(『古文真宝後集抄』)

なお、蟬の仲間の「つくつくぼうし」の異名に「くつくつぼうし」というのがある。どちらも蟬の鳴き声からの命名だが、「くつくつぼうし」のほうが時代的には古く、平安時代の『和名抄』や『蜻蛉日記』にその名が見える。「くつくつぼうし、いとかしがましきまで鳴くを聞くにも」(『蜻蛉日記』)。「つくつくぼうし」は少し遅れて、平安末期から確認できる。「屋のつまにつくつくぼうしのなくをききて」(『大弐高遠集』詞書)　(池上　啓)

ぐっぐっ

①喉の鳴る音。「道三は、ぐっぐっと咽喉で笑いつづけ」(司馬遼太郎『国盗り物語』)とか、「ビールをぐっぐっと飲み干した」のように使う。また、喉の鳴る音に似た動物の鳴き声を示すこともある。島崎藤村の『家』では、蛙の声を真似る場面で「グッグッ」が使われている。

②力を込めて何かをする様子。押したり引いたりする動作に使うことが多い。「カバンの中に荷物をぐっぐっと無理やり詰め込んだ」　(池上　啓)

ぐつぐつ

物が鍋などの中で煮立っている音。または、その様子。「グツグツ煮込みながらいただきます」(女性自身00・12・12号)、「小鍋がぐつぐつ煮えていた」(北杜夫『楡家の人びと』)

なお、「ぐつぐつ」が物の煮える音を示すのは明治以降であり、それ以前では、痰などがつまって喉が鳴る音や、子供がむずかったりする声を示していた。「グツグツと咽喉のみ鳴って下へおりぬを、思ひきってグット飲と」(滑稽本『七偏人』)、

❖**長塚節**　→P.21

❖**宇治拾遺物語**　→P.164

❖**古文真宝後集抄**　室町時代の抄物。中国の漢～宋の時代の詩文を集めた『古文真宝集』の後集(戦国～宋の詩文)についての注釈書。笑雲清三が、先学四人の抄を編集し、自説を加えた。大永五年(一五二五)成立。

❖**和名抄**　平安時代の漢和辞書。倭名類聚抄とも。源順著。漢語を意味分類してあげ、先行の書物によって解説を施し、音注と万葉仮名の和訓を付す。百科辞書的な性格を併せ持ち、平安時代の文物を知る上でも貴重。一〇巻本と二〇巻本がある。承平年間(九三一～九三八)の成立。

❖**蜻蛉日記**　平安時代の日記文学。藤原道綱母作。夫兼家との苦悩に満ちた結婚生活や、我が子道綱への愛情などが綴られた、我が国最初の女流日記。天暦八年(九五四)～天延二年(九七四)の記事を含む。成立は天延二年以降まもない頃。

❖**大弐高遠集**　平安時代の歌人藤原高遠の家集。自撰と考えられている。寛弘八年(一〇一一)頃成立。

❖**司馬遼太郎**　→P.16

❖**北杜夫**　→P.30

❖**七偏人**　→P.334

「心細くでもなったのかぐつぐつ泣いて困りました」(歌舞伎『梅雨小袖昔八丈(つゆこそでむかしはちじょう)』)

◇**類義語**「ぐらぐら」

「ぐらぐら」は物が揺れる様子を示すほかに、物が煮立っている様子も示す。「ぐつぐつ」よりも温度が高く、煮えたぎっている印象になる。「これをぐらぐら、煮立てたら」(曾野綾子『太郎物語』)

■**参考**「ぐつぐつ」の「つ」に濁点を打った「ぐづぐづ」(発音はぐずぐずと同じ)の形でも、物が煮える音を表す例がある。「米をいれてぐづぐづ煮出したものだね」(夏目漱石『吾輩は猫である』)（池上　啓）

ぐっさり

尖った棒状のものや刃物などを何かに深く突き刺す様子。比喩的に、「彼の言葉が胸にぐっさりと突き刺さった」のようにも使う。

◇**類義語**「ぐさっ」

「ぐさっ」は突き刺すことをより瞬間的な動きとして捉(とら)えた場合に使う。よって、突き刺す勢いは「ぐさっ」を使ったほうが強い印象になる。ただし、より深く突き刺す印象になるのは、むしろ「ぐっさり」のほうである。（池上　啓）

ぐっしゃり

①もとの形が崩れたり、乱れたり、押しつぶされたりしている様子。「果たして亡き人の着ていた着物であった。ぐっしゃり一まとめに土塊(つちくれ)のように置いてあった」(伊藤左千夫『奈々子』)

②ひどく落ち込み、落胆する様子。「何も云えない程ぐっしゃりつぶされてしまっていた」(小林多喜二『蟹工船』)。香川県や長崎県の方言では、疲労して元気のない様子を「ぐっしゃり」と言う。

③雨などで、ひどく濡れている様子。「刈られてぐっしゃりと湿って居る稲が土手の芝の上一杯に干されてあった」(長塚節『土』)

◇**類義語**「ぐしゃり」「ぐったり」「ぐっしょり」

「ぐしゃり」は①の類義語で、「ぐっしゃり」の方がより崩壊した様子。「ぐったり」は②の類義語で、「ぐっしゃり」がつぶれた感じに対し、「ぐったり」は力が抜けた感じ。「ぐっしょり」は③の類義語。「ぐっしゃり」と「ぐっしょり」は母音交替の関係にあり、「ぐっしょり」の方が一般的な言い方。

■**参考**　つぶれる意の「ぐしゃり」と、疲れた意の「ぐったり」と、濡れる意の「ぐっしょり」の語感を合わせもったのが「ぐっしゃり」。（間宮厚司）

❖**梅雨小袖昔八丈**　明治時代の歌舞伎。河竹黙阿弥作。通称「髪結新三」。明治六年(一八七三)初演。

❖**曾野綾子**　小説家。昭和二九年『遠来の客たち』で注目される。以降、社会性の高いテーマを中心に活動を続ける。夫の三浦朱門とともにカトリック教徒。作品『無名碑』『神の汚れた手』など。(一九三一〜)

❖**夏目漱石**　→P.8

❖**伊藤左千夫**　歌人・小説家。『アララギ』を主宰し、斎藤茂吉、長塚節ら多くの門下生を育てる。作品『野菊の墓』『分家』など。(一八六四〜一九一三)

❖**小林多喜二**　→P.13

❖**長塚節**　→P.21

ぐっしょり

汗や雨などでひどく濡れている様子。「その代り汗で着物がぐっしょりさ」（夏目漱石『行人』）

◆類義語「ぐしょぐしょ」「びっしょり」「びしょびしょ」

「ぐしょぐしょ」は「ぐっしょり」に比べて、原形が崩れるほど濡れる感じがある。また、「ぐっしょり―ぐしょぐしょ」と同様の関係にある「びっしょり―びしょびしょ」は、水分が絞れるくらいひどく濡れる様子を表す。

（間宮厚司）

ぐっすり

眠りが非常に深い様子。「夜はぐっすり眠り、朝は爽快なのかしら」（太宰治『人間失格』）のように「ぐっすり」は「眠る」にかかる例が多数を占める。

現代の共通語の「ぐっすり」はこの熟睡する意味のみである。しかし、歌舞伎や現代方言における「ぐっすり」には複数の意味が見られる。例えば、「ぐっすり呑めるぜ」（歌舞伎『四十七刻忠箭計』）のように十分である様子を表す例がそれで、これは関西方言などにも見られる。また、「人も知る金持となりしを、ぐっすり息子に譲り」（黄表紙『即席耳学問』）のように、残らず全部する様子を表す例もある（これは「ごっそり」と関係するとも考えられよう）。そして、ひどく濡れてしまう様子を表す「ぐっしょり」と同じ「『嘸雨で困ったらうの』『二三町でぐっすり濡れた』」（歌舞伎『夢結蝶鳥追』）という例もあり、さらに、物を深く突き刺す様子を表す「ぐっさり」と同様の「久七どのに手伝はせ、ぐっすりやった」（歌舞伎『敵討噂古市』）といった例もある。

この「ぐっしょり」や「ぐっさり」と意味的に重なる「ぐっすり」については、発音が似通っているところから混交して生じた用法の可能性も考えられる。

◆類義語「すやすや」

「ぐっすり」が深く眠りに入り込んだ様子を表すのに対して、「すやすや」は静かな寝息で気持ちよさそうに眠っている様子を表す。

◆参考「ぐっすり」は熟睡するの意を表すから、ある場所や状況の中に完全に入り込む意味を表す「ぐっす」と関係する。「これまでなりとて方丈は、方丈は眠蔵（＝寝室）にぐっすとはひりけり」（狂言『比丘貞』）

（間宮厚司）

❖夏目漱石 →P.8

❖太宰治 →P.20

❖四十七刻忠箭計 明治時代の歌舞伎。河竹黙阿弥作。明治四年（一八七一）初演。

❖即席耳学問 江戸時代の黄表紙。市場通笑著。寛政二年（一七九〇）刊。

❖夢結蝶鳥追 江戸時代の歌舞伎。河竹黙阿弥作。通称「雪駄直し長五郎」。安政三年（一八五六）初演。

❖敵討噂古市 江戸時代の歌舞伎。河竹黙阿弥作。通称「正直清兵衛」。安政四年（一八五七）初演。

❖比丘貞 室町時代の狂言。老尼が近所の者に一人息子の名付け親を頼まれ、名は「安（庵）太郎」、名乗りは「比丘貞」とつける。

ぐったり

疲れて弱った様子。「身体が重くぐったりと疲れていた」（横光利一『春は馬車に乗つて』）

◇類義語 「ぐたり」「くたくた」「ぐたぐた」

「ぐたり」は「ぐったり」よりも疲労度が軽い。「くたくた」「ぐたぐた」は疲れて弱った様子を表す点で「ぐったり」と共通するが、「ぐったり」よりも崩れて形を失う感じを表す点で異なる。「ぐったり」「ぐたり」「くたくた」「ぐたぐた」は衰える意を表す古語「朽つ」と関係するか。（間宮厚司）

ぐでんぐでん

ひどく酒に酔って、正体がなくなる様子。「酒のきらいな木之助を居酒屋へつれこみ、自分一人で飲んで、ついにはぐでんぐでんに酔ってしまい」（新美南吉『最後の胡弓ひき』）

◇類義語 「ぐでぐで」「べろんべろん」「ふらふら」「よろよろ」

「ぐでんぐでん」が、のたうち回るような大きな動きを伴う印象が強いのに対して、「ぐでぐで」の方は、「客は急にぐでぐでに酔った風を装って」（細井和喜蔵『女給』）の例のように、それほど体の動きが感じられない酔いを表す。これは「ごろんごろん」と「ごろごろ」の関係と同様で、弾むような印象を与える「ん」の有無による差。また、ひどく酔った状態を表す「べろんべろん」は、ろれつが回らないところに視点がある。「ふらふら」はきちんとした姿勢でいられない不安定な様子を表し、「よろよろ」は足下がおぼつかず容易に倒れそうな様子を表すところに特徴がある。

◆参考 江戸時代には「ぐでんになる」の形で泥酔して正気のない様子を表した。（間宮厚司）

くどくど

同じような内容をしつこく話したり、何度も書いたりする様子。「一時間近くも、旅行にやってくれない恨みをくどくどといい続けた」（菊池寛『勝負事』）、「くどくどと、あちこち持ってまわった書き方をした」（太宰治『桜桃』）

「くどくど」は、古く「ぐとぐと」や「ぐどぐど」と言うことがあった。仮名草子『悔草』に「ぐとぐと埒明かずといへば」、『日葡辞書』に「ぐどぐどとする」という例がある。この古い言い方が方言に

❖**横光利一** →P.107
❖**新美南吉** 児童文学者。童謡や童話を『赤い鳥』に投稿。民話風の話を、善意にもとづきユーモラスに描く。作品『ごん狐』『おぢいさんのランプ』など。（一九一三〜一九四三）
❖**細井和喜蔵** 小説家。工場の労働者として働き、労働運動に参加。大正一四年、そのときの体験をつづった記録文学『女工哀史』を出版。作品『工場』『奴隷』など。（一八九七〜一九二五）
❖**菊池寛** →P.47
❖**太宰治** →P.20
❖**悔草** 江戸時代の仮名草子。著者未詳。正保四年（一六四七）刊。
❖**日葡辞書** →P.15

は残っており、徳島県で「ぐとぐと」、山形・新潟・香川・愛媛県で「ぐどぐど」と言うところがある。

◇類義語「くだくだ」「たらたら」

「くだくだ」「たらたら」は話や文が長くて切れない点で共通する類義語。「くどくど」が不必要なことを繰り返す様子を表すのに対し、「たらたら」は要領を得ない様子を、「くだくだ」は不平・文句・お世辞等を並べ立てる様子を表す点に特徴がある。

◈参考 「くどくど」は、形容詞「くどい」の語幹を繰り返してできた語。同様のものに「なが(長)い」の語幹を重ねた「ながなが」がある。

（間宮厚司）

くにゃくにゃ

①細めでやわらかくて形の変わりやすい物が、弱々しく連続してねじれたり、折れ曲がったりしている様子。「記者たちは指をくにゃくにゃ動かしながらつぶやいた」(朝日新聞夕刊72・8・30)

②体の力が抜けてよじれたり、動作や態度などがいいかげんで、一定の形を保っていない様子。「からだを、くにゃくにゃさせて歩いていた」(太宰❖治『服装に就いて』)

◇類義語「ぐにゃぐにゃ」「くにゃり」「へなへな」

「ぐにゃぐにゃ」は①②の類義語。「ぐにゃぐにゃ」の方が「くにゃくにゃ」よりも、不潔で汚いイメージが強い。また、「くにゃくにゃ」に比べて、「ぐにゃぐにゃ」の方が曲がり具合や変形の度合いが大きく激しい様子を表す。「くにゃり」は①②の類義語。「くにゃくにゃ」がやわらかくて形が定まらない様子を表すのに対して、「くにゃり」は力なく一回だけ曲がる様子を表す。「へなへな」は①②の類義語。「くにゃくにゃ」がやわらかく折れ曲がって不安定なのに対し、「へなへな」は抵抗力がなくなって容易にたわむ様子。

（間宮厚司）

ぐにゃぐにゃ

①やわらかい物が、ねじれたり、折れ曲がったりして、本来あるべき形が崩れて変形している様子。「ぐにゃぐにゃした帽子を脱(と)って手に持ったまま」(夏目❖漱石『明暗』)

②体の力が抜けて一定の姿勢を保つことができずよじれたり、動作や態度などがいいかげんだったりで、締まりがない様子。「まるで酔っぱらったようにぐにゃぐにゃした」(織田❖作之助『放浪』)、「かれは、いつもぐにゃぐにゃし、えへらえへらわ

くにゃくにゃ 忘れ物をして自信をなくし、体から力が抜ける。

(赤塚不二夫『おそ松くん』より)

❖太宰治 →P.20

❖夏目漱石 →P.8

❖織田作之助 小説家。昭和一五年、同人誌『海風』に発表した「夫婦善哉」でデビュー。戦後、坂口安吾、太宰治らとともに無頼派作家として活躍。作品『世相』『土曜夫人』など。(一九一三〜一九四七)

らっていた」(❖新美南吉『屁』)

◇類義語　「くにゃくにゃ」「ぐにゃり」「なよなよ」

「くにゃくにゃ」は①②の類義語。「くにゃくにゃ」の方が「ぐにゃぐにゃ」よりある程度弾力がある。「ぐにゃり」は①②の類義語。「ぐにゃぐにゃ」が形が一定しないところに視点があるのに対して、「ぐにゃり」の方は張りがないところに視点がある。「なよなよ」は①②の類義語。「ぐにゃぐにゃ」が固定されていない様子であるのに対して、「なよなよ」はまっすぐでない様子を表す点に特徴がある。　(間宮厚司)

くにゃり

細めの物が力なく折れ曲がる様子。「とのさまがえるは…足がキクッと鳴ってくにゃりと曲がってしまいました」(❖宮沢賢治『銀河鉄道の夜』)

◇類義語　「ぐにゃり」

印象として、「くにゃり」が小さく細めの物が力なく折れ曲がるのに対し、「ぐにゃり」はそれよりも大きく太めの物が折れ曲がる様子を表す。

◆参考　「くにゃ」「くね」のkun-と「ぐにゃ」「ぐね」のgun-は曲がる意を表す共通の語根。　(間宮厚司)

ぐにゃり

①張りがなく変形しやすい様子。「弾丸は、この熱の発生と共に弾丸の外側がぐにゃりとしたゴムのように軟化し」(❖海野十三『三十年後の世界』)

②柔らかくてたやすく折れ曲がる様子。「(蟷螂(かまきり)の)振り上げた首は軟かいからぐにゃり横へ曲がる」(❖夏目漱石『吾輩は猫である』)

③力が抜けて締まりがない様子。「彼は、ぐにゃりとしているあたしの身体を、ベンチの背中に凭(もた)せかけた」(海野十三『俘囚』)　(間宮厚司)

くねくね

Sの字を連続的に描くように曲がりながら続いている様子。「くねくね曲った山路を馬車にゆられて、約二十分」(❖太宰治『火の鳥』)

◆参考　平安時代には心がひねくれている意味の「くねくねし」があり、「くねる」にも心がまっすぐでない意味があって、心の状態を表した例が見られる。また、「くねくね—くねくねし—くねる」と同様の関係のものに、「早々(はやばや)—早々(はやばや)し—早(はや)る」や「細々(ほそぼそ)—細々(ほそぼそ)し—細(ほそ)る」などがある。　(間宮厚司)

❖**新美南吉**　児童文学者。童謡や童話を『赤い鳥』に投稿。民話風の話を、善意にもとづきユーモラスに描く。作品『ごん狐』『おぢいさんのランプ』など。(一九一三〜一九四三)

❖**宮沢賢治**　詩人・童話作家。岩手県の花巻で、農業指導のかたわら詩や童話を創作。大正一三年、詩集『春と修羅』と童話『注文の多い料理店』を自費出版。作品『銀河鉄道の夜』『風の又三郎』など。(一八九六〜一九三三)

❖**海野十三**　小説家。昭和三年『電気風呂の怪死事件』で探偵小説界に登場、後、空想科学小説に転じる。日本のSF小説の先駆者。作品『俘囚』『地球盗難』など。(一八九七〜一九四九)

❖**夏目漱石**　→P.8

❖**太宰治**　→P.20

ぐびぐび

①のどを鳴らして、勢いよく酒などを飲む様子。「朝から酒ばかりぐびぐび飲んで居りまする と…」(❖三遊亭円朝『業平文治漂流奇談』)

「ぐびぐび」は、古く「くびくび」とも言った。歌舞伎の『❖独道中五十三駅(ひとりたびごじゅうさんつぎ)』には「くびくびと浴びるほど、のんだ」とある。なお、茨城県の方言には一気に飲む様子を「くびくび」と言うところがある。

②のどを動かす様子。「瘠(や)せてしまった夜鷹(よたか)やほととぎすなどが、…残念そうに咽喉(のど)をぐびぐびさせている」(❖宮沢賢治『双子の星』)

◆類義語 「ぐびりぐびり」「ごくごく」「ぐいぐい」「がぶがぶ」

すべて①の類義語。「ぐびぐび」と「ぐびりぐびり」と「ごくごく」は、のどを鳴らす点で共通するが、「ぐびぐび」は飲み方のテンポが速いのに対して、「ぐびりぐびり」は味を楽しみながらゆっくり飲み、「ごくごく」は勢いよく飲み込む点に特色がある。「ぐいぐい」は速くて力強い飲み方、「がぶがぶ」は大口を開けて大量に飲むところに特徴がある。

◆参考 「グビッ酎」(メルシャン㈱)という商品名の果汁入りのチューハイがある。

(間宮厚司)

ぐびり

のどを鳴らして味わいながら酒などをゆっくりと飲む様子。「盃をあげて、ちょっと中の模様を見て、ぐびり飲んだ」(❖国木田独歩『恋を恋する人』)

◆類義語 「ぐびりぐびり」

「ぐびり」が一口だけ飲む様子を表すのに対して、「ぐびりぐびり」は何口も続けてたくさん飲む様子を表す。なお、方言には「ぐびらぐびら」「ぐぴらぐぴら」「ぐぴりぐぴり」(山形県)、「くびりくびり」(茨城県)などの言い方がある。

(間宮厚司)

くよくよ

すでに終わったことで、あれこれと考えてもどうしようもないことを、いつまでも気にかけて思い悩み、心が晴れない様子。「そんなことをいつまでもくよくよするな、人の噂も七十五日で、そのうちには自然と消えてしまうに決まっている」(❖岡本綺堂『浪華の春雨』)

◆類義語 「くさくさ」「くしゃくしゃ」

「くよくよ」がすでに終わったことで、どうにも解決しようのないことをいつまでも気にするのに

❖**三遊亭円朝**　幕末から明治時代の落語家。話芸と創作力にすぐれ、人情噺や怪談噺を創作、口演。落語界中興の祖。作品『怪談牡丹灯籠』『鰍沢』など。(一八三九〜一九〇〇)

❖**独道中五十三駅**　江戸時代の歌舞伎。鶴屋南北作。文政一〇年(一八二七)初演。

❖**宮沢賢治**　→P.140

❖**国木田独歩**　小説家・詩人。明治二七年、国民新聞記者として日清戦争に従軍。その後、浪漫主義的な詩や小説を発表。作品『抒情詩』(共著詩集)、『武蔵野』『牛肉と馬鈴薯』など。(一八七一〜一九〇八)

❖**岡本綺堂**　劇評家・劇作家・小説家。新聞に劇評を執筆するかたわら、二代目市川左団次と提携。戯曲『修禅寺物語』が成功し、以降作家生活に入る。作品『鳥辺山心中』『半七捕物帳』など。(一八七二〜一九三九)

対して、「くさくさ」と「くしゃくしゃ」は面白くないことがあって腹を立てたり、いらいらして心が晴れない様子を表す。

◆**参考** 「くよくよ」は江戸時代から例が見られ、「くよ」は古語の「悔ゆ」と関連する。これは「なよなよ」と「萎ゆ」の関係と同様。「くよくよ」は鎌倉時代には「悔ゆ」を繰り返した「くゆくゆ」だった。また、室町時代には「悔やむ」や「悔し」の「くや」を繰り返した「くやくや」であった。それが現在では「くゆくゆ」「くやくや」は姿を消して、「くよくよ」だけが残った。 (間宮厚司)

くらくら

軽くめまいがする様子。「目がくらくらする」「頭がくらくらする」の形で用いることが多い。「萬田は頭がくらくらした」(朝日新聞00・12・17)

室町時代から見られる語。「めがくらくらする。金を惜む心あって、めくるめき、まどうたぞ(=目が回り、心が乱れたのだ)」(『玉塵抄』)。かつては「鉄瓶の湯はクラクラ沸立っていた」(島崎藤村『家』)のように、湯が煮えたぎっている様子や、転じて「まだ胸の胸焼がくらくらするぞかし」(浮世草子『新色五巻書』)のように、怒りや嫉妬が激しく生じている様子を表すこともあった。

◇**類義語** 「くらっ」

軽くめまいがする様子を表す点では同じだが、「くらくら」がある程度持続的であるのに対して、「くらっ」は瞬間的である。

◆**参考** 「くらくら」の「くら」は「くるくる」の「くる」と関係があり、回転する意を表す。「目がくらむ」「立ちくらみ」の「くら」も同源である。ちなみに、「めまい」も「目回い(舞い)」で、やはり目が回る意である。 (小柳智一)

ぐらぐら

①重量感のある物が、続けて大きく揺れる様子。「安之介は、首の上で頭をぐらぐらさせながら」(宮部みゆき『震える岩』)

②支える力が弱く、物が固定されずに動く様子。重量感のある物とは限らない。「歯がぐらつく」などの「ぐら」もこの意味。「卒塔婆が倒れ石も小さなものはぐらぐらと揺らいでしまっておりました」(宮部みゆき『震える岩』)

③湯が激しく煮えたぎる様子。「鍋はぐらぐら

❖**玉塵抄** 室町時代の抄物。別名『玉塵』。中国の韻書『韻府群玉』の一部について、禅僧、惟高妙安が注釈したもの。室町時代後期の口語資料として貴重。永禄六年(一五六三)以降数年間に成立。

❖**島崎藤村** 詩人・小説家。明治二六年、『文学界』の創刊に参加。同三〇年、詩集『若菜集』刊行。同三九年、小説『破戒』を出版し、自然主義文学の作家としての地位を確立。作品『新生』『夜明け前』など。(一八七二〜一九四三)

❖**新色五巻書** 江戸時代の浮世草子。西沢一風著。五つの心中事件を扱った写実的な作品で、一風にとっての浮世草子初作である。元禄一一年(一六九八)刊。

❖**宮部みゆき** 小説家。平成四年『本所深川ふしぎ草紙』で吉川英治文学新人賞受賞。同一一年、『理由』で直木賞受賞。SF・推理・時代小説と多彩な分野で活躍。作品はほかに『火車』『蒲生邸事件』など。(一九六〇〜)

と煮える」(夏目漱石『虞美人草』)

◇**類義語**「ぐらっ」「ぐらっぐらっ」

「ぐらっ」「ぐらっぐらっ」は①の類義語。ともに重量感のある物が揺れる様子を表すが、「ぐらぐら」が持続的に何回も揺れるのに対して、「ぐらっ」は瞬間的に一回揺れてすぐ静止し、「ぐらっぐらっ」は瞬間的な揺れと静止がくり返される。

◆**参考**「ぐらぐら」は江戸時代から見られる語。大体、「ぐらぐら」などの「ぐら～」は外的な運動を表し、「くらくら」などの「くら～」はめまいのような内的な感覚を表す。

(小柳智一)

くらっ

一瞬めまいがし、体がよろめく様子。また、魅力的な物に一瞬心が動く様子。「だれもがちょっとくらっとする思いで」(日本経済新聞00・12・29)

◇**類義語**「くらり」「ぐらっ」

「くらり」は「くらっ」に比べて、よろめき方が明瞭である。「医者や弁護士のような専門職にクラリ」(Hanako01・8・15合併号)。「ぐらっ」は、「くらっ」が軽い物が揺れるのに対して、重量感のある物が大きく揺れる様子。

(小柳智一)

ぐらっ

重量感のある物が、一瞬大きく揺れたり傾いたりする様子。また、物事の成り行きや調子が大きく変化する様子。「新関脇の体がグラッと右に揺れた」(朝日新聞00・1・10)、「ちょっとした刺激でも(精神が)ぐらっと変調を起す恐れがあるんです」(円地文子『食卓のない家』)

◇**類義語**「ぐらぐらっ」

重量感のある物が、大きな揺れを瞬間的に続けて起こす様子。

(小柳智一)

ぐらり

重量感のある物が、大きく一回揺れたり傾いたりする様子。「夫の体がぐらりと大きく揺れるのが感じられた」(村上春樹『氷男』)

◇**類義語**「ぐらりぐらり」

重量感のある物が、続けて大きく揺れる様子。

◆**参考** 鎌倉時代から見られる語。古くは「くらり」ともいい、姿を消したり反転したりする様子も表した。「くらりと失す(=さっと消える)などいへる」(『名語記』)

(小柳智一)

ぐらっ 家が一瞬大きく揺れる。

(赤塚不二夫『おそ松くん』より)

❖**夏目漱石** →P.8
❖**円地文子** 小説家・劇作家。昭和二八年『ひもじい月日』で注目され、以降、女性としての業を官能美の中に描く。作品『女坂』『虹と修羅』『源氏物語』現代語訳など。同六〇年、文化勲章受章。(一九〇五～一九八六)
❖**村上春樹** →P.94
❖**名語記** →P.24

くりくり

①実際には回転しないが、今にも軽やかに回転しそうに感じられるほど、物が丸く滑らかな球状をなしている様子。主に人の目がつぶらなことを表す場合に用いる。それ以外でもあまり大きな物については用いない。単に物の形状を表すだけでなく、幼さや愛らしさなどを伴う表現である。「相も変わらぬ滑舌(かつぜつ)の悪い話し方、やけにクリクリした目元」(週刊文春01・8・16合併号)

②肉付きがよく健康そうな様子。「ころころ」ほど丸々と太ってはいない。ただし、現代ではほとんど用いない。「全体に如何にもクリクリと肉附に弾力のある事が見るから健康そうな感じで」(志賀直哉❖『雨蛙』)

◆**類義語**「くりっ」「くりくりっ」「ぐりぐり」

「くりっ」は目が大きく丸い様子で、やはり愛らしさを伴う表現である。「大きなクリッとした目をさらに見開いて」(散歩の達人01・8月号)。「くりくりっ」は「くりくり」よりも、素早く回転しそうな感じがある。「ぐりぐり」も丸い様子を表す点では共通するが、「くりくり」に比べて粗く、周りの物と摩擦しながら回転するような様子を表し、乱暴な印象を伴う。

◆**参考** 室町時代から見られる語。古くは実際に回転する場合にも用いた。「(徳兵衛は)剃刀(かみそり)取って咽(のど)に突立(つきた)て、柄(つか)も折れよ刃も砕けと刳(えぐ)り、刳り刳(く)り目もくるめき(＝目も回り)」(浄瑠璃『曾根崎心中』❖)。なお、「くりくり」とした目をさすことばに「くりくりまなこ」があり、髪を剃ったり短く刈り上げたりした頭や、そのような頭の男子をさすことばに「くりくりぼうず」「くりくりあたま」がある。「巨匠はくりくり坊主の丸刈り頭で」(開高健❖『新しい天体』)

(小柳智一)

ぐりぐり

①手などを物に押しつけ、力を入れて無理矢理回したり丸めたりする様子。「ヒジでグリグリされたり絞められたり伸ばされたりする痛み」(週刊プロレス01・8・21号)

②物が球状をなし、今にも回りそうに感じられる様子。また、実際に回る様子。ただし、滑らかでなく、粗く厳(いか)つくて、周りの物と摩擦しながら回るような印象がある。主に人の目について用い、まるで剝(む)き出しになっている感じがある。

❖**志賀直哉** 小説家。明治四三年、武者小路実篤らと雑誌『白樺』創刊。父との対立を描いた『大津順吉』や、和解を描いた『城の崎にて』『和解』などを執筆。昭和一二年、長編小説『暗夜行路』を完成。作品『小僧の神様』『清兵衛と瓢簞』など。(一八八三〜一九七一)

❖**曾根崎心中** 江戸時代の浄瑠璃。近松門左衛門作。大坂曾根崎天神で実際に起こった心中事件を題材にしたもの。元禄一六年(一七〇三)初演。

❖**開高健** 小説家。寿屋(現・サントリー)宣伝部のコピーライターをへて、昭和三二年、『裸の王様』で芥川賞受賞。作品『輝ける闇』『ロマネ・コンティ・一九三五年』など。(一九三〇〜一九八九)

「ただでさえ大きな目をさらにぐりぐりとさせた」(❖宮部みゆき『過去のない手帳』)

③関節や筋肉や腫瘍などが表皮の下でかたく球状の塊やしこりをなす様子。また、名詞として「腫（は）れた扁桃腺のぐりぐり」のように、しこりそのものを指すこともある。「健介さんの筋肉がぐりぐり動くのって、最高よ」(❖片岡義男『湾岸道路』)

◇類義語「ぐりっ」「ぐりり」

「ぐりっ」は①②の類義語。「ぐりぐり」が何度も動くのに対して、「ぐりっ」は瞬間的に一度動く。「ぐりり」は②の類義語。「ぐりぐり」が何度も同じように回るのに対して、「ぐりり」は力強く一度回り、あとにやや弱い回転が続く。「六蔵が、ぐりりと目を剝いた」(❖宮部みゆき『震える岩』)

■参考 鎌倉時代から見られる語。『❖日葡辞書（にっぽじしょ）』の「ぐりぐりと」の項に「器の中を手でさぐる際に、胡桃（くるみ）などのようなものが動くのを感じる様子」や「一本の木で作った小さな舟が揺れる様子」とあるように、古くはかたい物が揺れ動く様子も表した。なお、室町時代には「ぐりめく」という語があり、目にごみなどが入って眼球を激しく動かしたり瞬きしたりする場合に「目がぐりめく」(『日葡辞書』)のように用いた。

（小柳智一）

くるくる

①物が軽やかに続けて回転する様子。独楽（こま）のように一ヵ所にとどまって回り続ける場合にも、鳥のように円を描きながら動く場合にも用いる。「牛乳ビンの類がクルクルまわりながら落ちてきて」(❖佐々淳行『東大落城』)

②長い物を何重にも巻いて、筒状・球状にする様子。また、そのような状態に巻いてある物をほどく様子。「(タイツの)収納はクルクルと巻いて筒型にすると」(女性自身00・12・5号)

③変化や交替が目まぐるしく起こる様子。「十年で九人の首相が着せ替え人形のようにクルクルと変わった」(朝日新聞00・12・31)

④休みをとらず、こまめに活動する様子。「およしはうなじを汗で光らせてくるくる立ち働いていた」(❖宮部みゆき『震える岩』)

「くるくる」は平安時代から見られる語で、奈良時代には「くるる」といった。「緒もくるるに、其の左の髻（もとどり）に纏（ま）かせる五百箇（いほつ）の統（みすまる）の瓊（たま）の緒（を）を解き(＝くるくると、その左の髻に巻いてある五百箇の統の瓊の緒を解き)」(『❖日本書紀』)。また、古くは、物事が支障なく円滑に進む様子も表した。

くるくる のりを手早く巻いて、のり巻きを作る。

(うえやまとち『クッキングパパ』より)

❖宮部みゆき →P.142

❖片岡義男 小説家。昭和五〇年、『スローなブギにしてくれ』で野性時代新人文学賞受賞。現代の若者像を、アクセントのあるハードな文体で描く。作品『人生は野菜スープ』『ビートルズ詩集』(訳書)など。(一九四〇)

❖日葡辞書 →P.15

❖佐々淳行 元、警察・外務・防衛・内閣官僚。あさま山荘事件ほか歴史的事件の捜査指揮を多く体験。「危機管理」の第一人者。著書に『完本・危機管理のノウハウ』など。(一九三〇)

❖日本書紀 奈良時代の歴史書。舎人親王ら撰。日本最初の勅撰の歴史書。神代から持統天皇までの歴史を漢文、編年体で記述。歌謡や注は万葉仮名で記す。養老四年(七二〇)成立。

「経など習ふとて、…法師はことわり(=当然言うまでもなく)、男も女も、くるくるとやすらかに読みたるこそ」(『枕草子』)

◇類義語「くるっ」「ぐるぐる」

「くるっ」は①②の類義語で、素早く軽やかに一回転または半回転する様子を表す。「クルッと背中を向けてから投げる」(日本経済新聞00・12・29)。「ぐるぐる」は①②の類義語で、「くるくる」に比べて、回転するものに重量感がある。

◆参考「くるくる(kurukuru)」のように「k―r」という子音の組み合わせをくり返した語は、軽やかに回転する様子や、球体が滑らかな様子を表すものが多い。「からから」「きりきり(舞い)」「くらくら」「くりくり」「ころころ」。「くるくる」が時に「くりくり」や「ころころ」と同様に用いられたりするのも、このような音の共通性と関係があるだろう。「小男は頭をクルクル坊主の五分刈にして」(夢野久作『ドグラ・マグラ』)、「何うも坊っちゃん、クルクルと肥ってお色の白いこと」(四代目橘家円喬『高野違ひ』)。なお、同じ「k―r」の組み合わせをくり返した語でも「けらけら(kerakera)」「けろけろ(kerokero)」のようにエ段を含む場合は、回転や球体に関わらない。(小柳智一)

ぐるぐる

①重量感のある物が続けて回転する様子。「目隠しをされてぐるぐる身体を廻され」(宮部みゆき『震える岩』)。それ自体に重量がなくても、重量感が感じられれば、用いられる。「目玉がぐるぐる動く」(宮部みゆき『震える岩』)

②長くて丈夫な物を何重にも巻いて、筒状や球状にする様子。また逆に、そのような状態に巻いてある物をほどく様子。「モデムやパソコンの電源ケーブルをぐるぐる巻いて束ねている」(週刊現代00・12・9号)

「ぐるぐる」の下に動詞の名詞形が付いて、「ぐるぐる何々すること」という意味の名詞を作ることがある。「ぐるぐる巻き」「ぐるぐる廻り」。この時アクセントが変わり、単独の場合は「ぐるぐる」だが、名詞形に続く場合は「**ぐるぐる**」となる。ちなみに、これは「くるくる」の場合も同様で、「くるくる」が「**くるくる**(巻き)」となる。

「ぐるぐる」は江戸時代から見られる。「五十両といふ金を、手拭にぐるぐると巻いて懐に入れらるる」(浄瑠璃『仮名手本忠臣蔵』)

◇類義語「ぐるっ」

❖枕草子　平安時代の随筆。清少納言著。一条帝の中宮定子に仕えた作者が、宮中での生活、自然や人事などについての感想や批評を、感覚に優れた軽快な文体で述べる。『源氏物語』と共に王朝女流文学の双璧。一一世紀初頭成立。

❖夢野久作　小説家。奔放な空想力を駆使して幻想的世界を描き出す。作品『瓶詰地獄』『ドグラ・マグラ』など。(一八八九―一九三六)

❖四代目橘家円喬　落語家。三遊亭円朝の門下。『牡丹灯籠』や『鰍沢』などの人情話を得意とし、特に人物を中心とした描写力にすぐれ、明治後期の名人とされる。(一八六五―一九一二)

❖宮部みゆき　小説家。平成四年『本所深川ふしぎ草紙』で吉川英治文学新人賞受賞。同一一年、『理由』で直木賞受賞。SF・推理・時代小説と多彩な分野で活躍。作品はほかに『火車』『蒲生邸事件』など。(一九六〇―)

❖仮名手本忠臣蔵　江戸時代の浄瑠璃。並木宗輔ら作。現代でも文楽や歌舞伎の演目として人気がある。寛延元年(一七四八)初演。

「ぐるっ」は①②の類義語。重量感のある物が素早く一回転または半回転する様子。また、長い物や多数の物が、ある物を素早く取り囲み、取り囲んだ物を中心にして円形をなす様子。「まず周囲にグルッと火の垣を作って、逃げ出せないようにしておいて」(❖江戸川乱歩『防空壕』)

◆**参考** 「ぐるぐる(guruguru)」のように「g—r」という子音の組み合わせをくり返した語は、重量感のある物が回ったり揺れたりする様子を表すものが多い。「がらがら」「ぐらぐら」「ぐりぐり」「ごろごろ」など。 (小柳智一)

くるり

①物が軽やかに一回転または半回転する様子。回り終わった感じを伴う。円を描くように移動する場合にも用いるが、一ヵ所にとどまったまま回転する場合に用いることが多い。「ふたりが反対方向にくるりと踵(きびす)を返すことを余儀なくされた」(日本経済新聞00・12・31)

②長い物を一回巻いて包む様子。また、そのような状態に包んである物を広げる様子。「いまが旬の白子を、タラの切り身でくるりと巻こう」(Hanako00・12・20号)

◇**類義語** 「くるっ」「くるん」「ぐるり」「くるりくるり」「くるくる」

「くるっ」「くるん」は①の類義語。軽やかに一回転または半回転する点で「くるり」と同様だが、「くるっ」は素早く瞬間的に回り終わり、「くるん」は初めに加わった力の勢いではずみをつけて回りきる感じがある。「ぐるり」は①②の類義語。「くるり」に比べて、回転する物に重量感があり、回転する速度も遅い。「くるりくるり」「くるくる」は①②の類義語。軽やかに回転する点で「くるり」と同様だが、これらは続けて回転する様子を表す。ただし、「くるくる」の表す回転が連続しているのに対して、「くるりくるり」は一回一回の回転のあとに一瞬の休止が入る印象がある。

◆**参考** 平安時代から見られる語。ある物にとって回転することが特徴的だと、「くるり」の名で呼ばれることがある。たとえば、脱穀のための農具に「殻竿(からさお)」という物がある。これは、竿の先に棒を取り付けたもので、竿を前に振ると、棒が勢いよく回転して稲穂を叩く仕組みになっている。江戸時代以来、この回転する棒のある竿を「くるり」と称した。 (小柳智一)

くるり 脱穀のための農具「殻竿」。この回転する棒の俗称は「くるり」。

❖**江戸川乱歩** 小説家。大正一二年、雑誌『新青年』に「二銭銅貨」を発表。以降、本格推理小説を次々に発表し、日本の探偵小説の基盤を確立。作品『屋根裏の散歩者』『怪人二十面相』など。(一八九四〜一九六五)

ぐるり

①重量感のある物が一回転または半回転する様子。また、距離のあるコースを一周する様子。「今度はグルリと反対を向いて」（谷崎潤一郎『痴人の愛』）、「結局ぐるりとまわって、また元の部落の出口あたりに舞い戻る」（安部公房『砂の女』）

②長くて丈夫な物を一回巻く様子。また、ある物を取り囲み、取り囲んだ物を中心にして円形をなす様子。「島全体をぐるりと囲む防波堤」（日本経済新聞00・12・31）

また、ある物の周囲一帯を表す名詞として用いることもある。「都心のぐるりをカバーするこれらの駅は」（Hanako00・12・20号）

◇類義語「ぐるっ」「ぐるん」「ぐるりぐるり」

「ぐるっ」「ぐるん」は①②の類義語。重量感のある物が一回転または半回転する点で「ぐるり」と同様だが、「ぐるっ」は素早く回り終わり、「ぐるん」ははずみをつけて回りきる。「ぐるりぐるり」も①②の類義語で、重量感のある物が続けて回転する様子を表す。

■参考　室町時代から見られる語。「ぐるりと車座に直る」（『日葡辞書』）

（小柳智一）

ぐるん

初めに加わった力の勢いではずみがついて、物が軽やかに一回転または半回転する様子。一ヵ所にとどまったまま回転する場合に用い、円を描くように移動する場合には用いない。「わたし、車ごとくるんと引っ繰り返った」（北村薫『ターン』）

◇類義語「ぐるん」

「くるん」が軽い物に用いられるのに対して、「ぐるん」は重量感のある物に用いるので、それだけ勢いも強い感じがする。

（小柳智一）

ぐるん

初めに加わった力の勢いで、重量感のある物が一回転または半回転する様子。一ヵ所にとどまったまま回転する場合に用いる。「この二本の腕を時計まわりの方向にぐるんと一回転させ」（椎名誠『気分はだぼだぼソース』）

◇類義語「ぐるんぐるん」

重量感のある物が勢いをつけて何度も回転する様子。「曲が頭ン中をグルングルン回ってまいった」（Hanako00・12・27号）

（小柳智一）

❖谷崎潤一郎　→P.7

❖安部公房　→P.102

❖日葡辞書　一七世紀初頭の、ポルトガル語で説明した日本語辞書。イエズス会の宣教師によって成る。室町末期の口語を中心に方言、文書語、歌語、女性語など、三万余語を収録。慶長八～九年（一六〇三～〇四）刊。

❖北村薫　小説家。高校教師のかたわら小説を書き、平成元年、『空飛ぶ馬』でデビュー。同三年、『夜の蟬』で日本推理作家協会賞受賞。作品『冬のオペラ』『スキップ』など（一九四九～）

❖椎名誠　小説家・編集者。昭和五一年、『本の雑誌』を創刊。同五四年、エッセイ『さらば国分寺書店のオババ』を刊行、平易な言葉を用いた昭和軽薄体の作家として人気を得る。作品『新橋烏森口青春篇』『岳物語』など。（一九四四～）

ぐん

①一気に強い力を加える様子。「引っ張る」「押し出す」「伸ばす」など、一方向への直線的な動作に連なる。「ぐんと腰で突きとばすようにしてそれを避けた」(北杜夫『楡家の人びと』)

②物事が一気に変化し、きわだって大きい程度の状態になる様子。量または程度の変化を表す「増える」「上がる」や、進行を表す「進む」「近づく」などに連なることが多い。「エコノミークラス症候群を回避できる可能性が、グンと増えますね」(週刊現代00・12・30号)

◆類義語「ぐーん」

「ぐーん」は①②の類義語。「ぐん」よりも加える力や変化の度合いが大きい。また、「ぐん」に比べて、力を加えている時間や変化しつつある時間が長く感じられる。さらに、「ぐん」は動作や変化を一まとまりのものとして捉えるので、下にくる動詞は「する」になりやすいが、「ぐーん」は動作や変化が起こりつつある過程に重点を置くので、下にくる動詞は「している」になりやすい。「飯島に対する女性たちの好感度はグ〜ンとアップしているのだ」(週刊現代00・12・16号)

(小柳智一)

くんくん

動物がしきりににおいをかいだり、鼻を鳴らしたりする音。また、その様子。嗅覚の鋭い犬について用いるのが普通である。人間について用いる場合は、動物的に嗅覚を働かせている時で、においのもとを探す場面や、食欲に結びつく場面であることが多い。したがって、花の香りを楽しんだり、香を聞いたりするような場面では用いない。「Kの犬が…、私たちの手にするものの匂いをいちいちくんくんとかいでいました」(村上春樹『七番目の男』)、「鼻をくんくんさせてパンの匂いを探す」(女性自身00・12・12号)

◆類義語「くーん」

犬などが甘えて出す、比較的高くて丸みがある声。「捨てられた子犬みたいだった。上目使いでクーンって鳴いている感じ」(Hanako01・8・15合併号)、「帰宅すると、留守番をしていた愛犬がくーんくーんと鳴いていた」

◆参考　江戸時代から見られる語。「クンクンクン、なうなううまい匂ひかな」(狂言『釣狐』)。なお、群馬県の方言で、子供の鼾を「くんくん」ということがある。

(小柳智一)

くんくん　鼻を近づけ、瓶の中のにおいをかぐ。

(うえやまとち『クッキングパパ』より)

❖**北杜夫**　小説家。斎藤茂吉の次男。昭和三五年、『夜と霧の隅で』で芥川賞受賞。どくとるマンボウの名でユーモアに富むエッセイも多い。作品『どくとるマンボウ航海記』『楡家の人びと』など。(一九二七〜二〇一一)

❖**村上春樹**　→P.94

❖**釣狐**　室町時代の狂言。古狐が猟師の伯父に化け、猟師に狐を捕ることを思い留まるようにさとす。が、その帰途、猟師の仕掛けたわなの鼠を捕ろうとして正体を現す。

ぐんぐん

①物に力を加えて、一方向に無理矢理引っ張ったり押し出したりする様子。「時子はぐんぐん霧子をひっぱって、隣りの喫茶店へ入っていった」(藤原審爾❖『さきに愛ありて』)

②物事が少しも滞ることなく、勢いにのって大きく進展し続ける様子。一つの物が群を抜いて急速に進行または上達する場合に用いることが多い。「エリはほかの子供をぐんぐん引き離していく」(朝日新聞00・12・31)

◇**類義語**「ぐん」「ぐいぐい」「ずんずん」

「ぐん」は①②の類義語。「ぐんぐん」が持続的なのに対して、「ぐん」は一気に力を加えたり変化したりする。「ぐいぐい」は①の類義語。力を加えて一方向に動かす点では共通するが、「ぐんぐん」は一方向に動かすことに、「ぐいぐい」は力を加えることに重点がある。「ずんずん」は②の類義語で、他を押しのけて突き進む感じがある。

◆**参考**　江戸時代には①の意味を表す「ぐんぐっ」ということばがあった。「すっぽりと抜けたる(樽)を。枳殻垣にぐんぐっと(突っ込む)」(浄瑠璃『鑓の権三重帷子』❖)

(小柳智一)

ぐんなり

体力や気力がなくなって、勢いが衰えて疲れた様子。「婦の頭は血まみれになって後へぐんなりと垂れている」(金史良❖『光の中に』)。「ぐんなり」は室町時代から見られるが、現代では栃木県の方言などに残るくらいで、普通は「ぐったり」を使う。

◇**類義語**「げんなり」

「ぐんなり」と響きの似た「げんなり」は、疲れる意を表す点で相通じるが、「げんなり」の方は飽きて嫌気がさす意を含む点で異なる。

(間宮厚司)

ぐんにゃり

張りがなくなり、やわらかくなった感じで、力などがぬけた様子。「ぐんにゃりしたまま、机の上につッぷしてしまった」(岩野泡鳴❖『耽溺』)

◇**類義語**「ぐにゃり」「ぐんなり」

「ぐんにゃり」よりも「ぐにゃり」の方が、ゆがみや締まりのなさの程度や度合いが弱い点に特色がある。また、「ぐんにゃり」と「ぐにゃり」は「ぐんなり」に比べて、張りがなく柔らかくなったところに力点がある。

(間宮厚司)

❖**藤原審爾**　小説家。外村繁に師事。昭和二二年『秋津温泉』でデビュー。作品は私小説から風俗小説へと作風を転じ、同二七年『罪な女』で直木賞受賞。作品『赤い殺意』など。(一九二一〜八四)

❖**鑓の権三重帷子**　江戸時代の浄瑠璃。近松門左衛門作。享保二年(一七一七)初演。

❖**金史良**　朝鮮の小説家。昭和八年に来日し、『光の中に』『故郷』で芥川賞候補となる。同一八年帰国。戦後、朝鮮独立同盟に参加。北朝鮮で作家活動を続け、同二五年、朝鮮戦争に従軍、消息を断つ。(一九一四〜?)

❖**岩野泡鳴**　詩人・小説家・劇作家・評論家。新体詩人として名を知られ、後、『耽溺』で自然主義作家に転身。「神秘的半獣主義」を主張。作品は、五部作『放浪』『断橋』『発展』『毒薬を飲む女』『憑き物』など。(一八七三〜一九二〇)

山口仲美の擬音語・擬態語コラム⑥

擬音語好きの一茶さん

――俳句と擬音語

むまさうな　雪がふうはり　ふはりかな（歌川広重「江戸名所　雪」団扇絵、東京国立博物館蔵）

たった十七字からなる俳句。その中に擬音語・擬態語を詠み込んで句作をするのが大好きな俳人がいる。一茶である。

岫（くき）そよそよ　簾（すだれ）そよりそよりかな

一句の中に、「そよそよ」「そよりそより」という二つの擬音語を使っている。一句の中に二語も擬音語・擬態語を詠み込む俳人は滅多にいない。そもそも、一句の中に擬音語・擬態語を一回だけ使うのですら、芭蕉や蕪村はきわめて慎重。擬音語・擬態語を使った句数の割合を比較してみると、一茶は、芭蕉の五倍、蕪村の八倍も多く使用している。さて、擬音語・擬態語好きの一茶は、一体どんなふうにそれらを使って作句していったのであろうか。

むまさうな　雪がふうはり　ふはりかな

「ふはりふはり」なら、何の変哲もない一般的な擬態語。でも、一茶は、上の語を「ふうはり」と長音を入れて強調し、下の語「ふはり」と対比させることによって、空から落ちてくる雪の速度と重量の違いを感じさせる句に仕上げている。

松虫や　素湯（さゆ）もちんちん　ちろりんと

鉄瓶で湯の沸く音は、普通は「ちんちん」。それを「ちんちんちろりん」と聞いて、松虫の鳴く音に通わせ、鉄瓶と松虫の二重奏に仕立てたユーモラスな句。一つの擬音語に二種の音や声を掛けている。

ここここと　雌鳥（めんどり）呼ぶや　下すずみ

樹の下で涼もうというのだろうか、「ここだよ、ここだよ」と雄鶏が雌鶏を呼んでいるという意味。雄鶏の鳴き声「こここ」を、「ここ」と相手を呼び寄せる言葉に掛けて聞き、人間味あふれる句にしている。こうした擬音語の掛詞（かけことば）的用法は、芭蕉や蕪村が決して使おうとはしなかった手法。狂歌の世界に通じてしまい、俳句の王道を歩む芭蕉や蕪村の好む所ではなかったのである。

げーげー

嘔吐を繰り返す際に発する声。また、その様子。「さかんにげえげえゲロを吐いている」(太宰治『家庭の幸福』)、「テレビじゃ、女の人が妊娠すると、すぐ洗面台に駆けつけて、げえげえやりますが」(柴田翔『ノンちゃんの冒険』)

江戸時代の滑稽本『八笑人』に「ゲヱゲヱト両人はむねをわるくしてゐる処へ」とあるように江戸時代から現れる語。江戸時代以前には、嘔吐を表す場合に「えぶえぶ」で表した。平安時代の『今昔物語集』に、「大きなる骨、浄覚(＝人名)が喉に立ちてえぶえぶと吐き惑ひける程に、骨出でざりければ、遂に死にけり」の例がある。

◆**類義語**「げー」「げーっ」

「げーげー」が嘔吐の繰り返しを表すのに対して、「げー」「げーっ」は一息での嘔吐を表す。また、「げーげー」にはない用法として、品の良くない驚きの表現にも使われる。「げーっ、こんなの買う人いるのかぁ」(小林聡美『東京100発ガール』)

■**参考**「げーっ」の単音形の「げっ」は、もっぱら品の良くない驚きの表現に用いられる。「げっ！やっぱあ」(朝日新聞99・11・20)

(吉田永弘)

けたけた

無神経な感じで笑うやや奇妙でかん高い声。笑われた人は、馬鹿にされたような印象を受ける。「いやらしくケタケタ笑いながら」(宮部みゆき『生者の特権』)。「けたけた笑い」という語もある。

江戸時代から現れる語。当時は「次から次へ」という意味でも使った。「けたけたひっくり返って」(歌舞伎『染替蝶桔梗(そめかえてちょうにききょう)』)。この用法は笑い声とは結びつかない。笑い声は「けたたましい」の「けた」、これは「桁」と関係があるか。

(吉田永弘)

げたげた

無神経な感じで笑うやや奇妙で低い声。「けたけた」よりも、下品で卑しい感じが伴う。「人を納得させもしないし、偉くもしない。ただゲタゲタと笑うのがいいのだ」(坂口安吾『茶番によせて』)

江戸時代から見られる語。古くは、「ふんふん言うてげたげたと食ふ」(訓訳本『照世盃(しょうせいはい)』)のように、現代語の「むしゃむしゃ」にあたる、せわしなく物を食べる様子を表した例もある。この場合も下品な感じが伴っている。

(吉田永弘)

❖**太宰治** →P.20

❖**柴田翔** →P.226

❖**今昔物語集** 平安時代の説話集。編者未詳。インド・中国・日本の一〇〇〇余りの説話を収録。仏教的、教訓的な傾向が強いが、内容は多彩であり、あらゆる階層の人間が登場する。一二世紀初頭成立。

❖**小林聡美** →P.222

❖**宮部みゆき** →P.153

❖**染替蝶桔梗** 江戸時代の歌舞伎。鶴屋南北ら作。文化一三年(一八一六)初演。

❖**坂口安吾** →P.23

❖**照世盃** 中国清代の小説集。酌元亭主人著。一六六一年頃成立。日本では、漢学者清田儋叟(せいたたんそう)が傍訓などを加えたものが明和二年(一七六五)に刊行された。

けちょんけちょん

相手が立ち直れないくらいに、徹底的にいためつける様子。おもに精神的ダメージを与える際に使われる。「けちょんけちょんにやられる」のように、受け身の立場から使うことが多い。「ろくでもない父親だというので、母親が父親をケチョンケチョンにけなす」(渡部昇一❖『国民の教育』)

◆参考　平安時代に、いちじるしい様子や際立っている様子を表した「掲焉(けちえん)」が「けちょん」になったという語源説があるが、疑わしい。（吉田永弘）

げっそり

①苦労・疲労・病気などのために、急に痩せ衰えた様子。「半月余の片貝滞在で、せっかく、肉づいた頬は、ゲッソリと痩せ」(獅子文六❖『娘と私』)

②苦労・疲労・病気などのために、急に気落ちしたり、やる気をなくしてしまったりする様子。「作爺さんは、仮装を見破られた人のように、ゲッソリ悄気(しょげ)こんでしまったが」(林不忘❖『丹下左膳』)

①は肉体や表情などの外面に現れる様子を表し、江戸時代から例がある。「サア三十日が間、身になる物を食はなんだゆゑ、げっそりとひだるうなって(=ひもじくなって)」(歌舞伎『傾城勝尾寺(けいせいかちおでら)』❖)。やがて、意気消沈した内面の様子を表すようになったのが②の用法で、昭和初期頃から例が見られる。

◆参考　①と②は一つのことの表と裏の関係にある。「『…』と教えられて、げっそりしてしまった。気づかれたかもしれない」(宮部みゆき❖『漏れる心』)の例は、内面の気持ちが表情となって外面に出てしまったのではないかと危惧しており、「げっそり」の二面性がよく分かる例である。（吉田永弘）

けばけば

行き過ぎなほどきらびやかで派手な様子。下品な感じが伴う。「けばけばしたネオン街や赤ちょうちん」(朝日新聞夕刊89・8・4)。「けばけばしい」から派生した語。古く際立った様子を表す語に「けはけはし」がある。それが「畳がけば立つ」という時の「毛羽(けば)」に引かれて「けばけばし」となり、明治になって下品で派手な際立ち方を表すようになった。「けばけば」はその頃から現れるため、当初から下品な感じが伴っていた。（吉田永弘）

❖**渡部昇一**　英語学者・評論家。上智大学教授のかたわら、歴史・文化・政治などの評論活動を展開。硬質の論調で知られる。著作『腐敗の時代』『知的生活の方法』など。(一九三〇)

❖**獅子文六**　小説家・劇作家。演劇活動のかたわら小説の執筆も手がけ、昭和一七年、『朝日新聞』に「海軍」を発表。戦後は『てんやわんや』『自由学校』などユーモア小説を発表。作品はほかに『胡椒息子』『娘と私』など。昭和四四年、文化勲章受章。(一八九三〜一九六九)

❖**林不忘**　→P.72

❖**傾城勝尾寺**　江戸時代の歌舞伎。中山吾八ら作。宝暦一一年(一七六一)初演。

❖**宮部みゆき**　小説家。平成四年『本所深川ふしぎ草紙』で吉川英治文学新人賞受賞。同一一年、『理由』で直木賞受賞。SF・推理・時代小説と多彩な分野で活躍。作品はほかに『火車』『蒲生邸事件』など。(一九六〇)

げほんげほん

湿った咳を激しく繰り返す音。一回の咳にかかる時間は比較的長く、見ていてつらそうな感じがする咳の時に用いる。歴史の浅い語で、老人は使わないようだ。「炎症のピークを過ぎると、今度はゲホンゲホンという湿ったせきになるんだって」(女性自身00・12・12号)

◇類義語「げほげほ」

「げほんげほん」よりも短い時間で繰り返す湿った咳の音。煙でむせた時などに使う。（吉田永弘）

けらけら

かん高い笑い声。声の調子から、屈託のない感じを伴ったり、軽々しい感じを伴ったりする。「米子は大興味を起して、けらけら笑って聴いている」(幸田文『流れる』)、「ケラケラ笑いながら苦労話を披露する監督。映画作りが楽しくてしかたがないのが、伝わってくる」(Hanako00・12・13号)

この語は室町時代から現れたと考えられる。「笑い」という名詞と複合した「けらけら笑ひ」という語が、室町時代の『四河入海(しがにっかい)』に見えるからである。「いつもかはらずけらけら咲(わらひ)をして戯るるぞ」(『四河入海』)。

「けらけら」の例は、江戸時代に頻出する。「娘はけらけらわらっている」(『東海道中膝栗毛』)

◇類義語「けたけた」「げらげら」

「けたけた」もかん高い笑い声を表すが、「けらけら」より無神経さを伴ったやや奇妙な笑い声。文献に現れるのは「けらけら」より遅れ、江戸時代後期になってから。「げらげら」は遠慮することなく大声で笑う声。軽々しい感じは伴わない。「けらけら」とほぼ同時期から例がある。（吉田永弘）

げらげら

遠慮することなく楽しそうに大声で笑う声。「彼はいきなりゲラゲラと笑い出したのである」(江戸川乱歩『D坂の殺人事件』)、「友人とゲラゲラ笑いながら遊ぶのにもってこいだ」(SPA!00・12・20号)。また、名詞の「笑い」と複合した「げらげら笑い」という言い方もある。

この語は江戸時代から使われている。「何をげらげらわらうのだ」(『東海道中膝栗毛』)。江戸時代の国語辞書『書言字考節用集(しょげんじこうせつようしゅう)』では、「げらげら」

❖幸田文　小説家・随筆家。幸田露伴の次女。昭和二二年、露伴の臨終を描いた『終焉』で注目される。歯切れのよい端正な文体で知られる。作品『流れる』『おとうと』など。(一九〇四～九〇)

❖東海道中膝栗毛　江戸時代の滑稽本。十返舎一九著。享和二年(一八〇二)～文化六年(一八〇九)刊。

❖四河入海　室町時代の抄物。建長寺の僧、笑雲清三(しょううんせいさん)編。北宋の詩人、蘇東坡(そとうば)の詩の注解。瑞渓周鳳(ずいけいしゅうほう)など先人四人の説を集約し、自見を加えたもの。天文三年(一五三四)成立。

❖江戸川乱歩　→P.147

❖書言字考節用集　江戸時代の国語辞書。和漢音釈書言字考節用集。槇島昭武(まきしまあきたけ)著。語彙や説明が多く百科辞書的な傾向が強い。語彙を意義分類した上で、いろは順に並べる。享保二年(一七一七)刊。

に「咲々」の字を当てている。ちなみに、「咲」は「笑う」意を表す漢字。日本では、「鳥鳴き、花咲(わら)う」の慣用句から、「咲」が「開花」の意味に転用された。

◇類義語「げたげた」

「げらげら」が、一般的な大笑いの声であるのに対して、「げたげた」は、卑しい感じを伴っただらしない笑い声を表す。「ら」と「た」が異なるだけであるが、「げたげた」には負の印象が伴う。「げらげら」「げたげた」に対して、より澄んだ高い声を表す語に「けらけら」「けたけた」があるが、この場合も後者には負の印象が伴う。(吉田永弘)

けろけろ

①カエルの鳴き声。「足立区の農業公園にケロケロ アマガエル出現」(朝日新聞01・5・16)

②衝撃を受けてもよさそうな出来事が起きたにもかかわらず、平然としている様子。「犯人たちが、罪にもならないでけろけろと外国へ行ってしまうなんて」(円地文子❖『食卓のない家』)

③ある状態が跡形もなくなる様子。「うちへ帰って一時間もしないうちに、すぐケロケロと癒って了って」(里見弴❖『多情仏心』)

◇類義語「けろっ」「けろり」

「けろっ」「けろり」は②③の類義語。「けろけろ」よりも通常の状態に一瞬にしてなったという点が強調される。「けろっ」の方が「けろり」より早い変化を感じさせる。

◆参考 ①は近代になってから現れる。②③は江戸時代から例がある。また、古くは「きょろきょろ」の意でも用いていた。夏目漱石❖も「けろけろとあたりを見廻した時には」(『吾輩は猫である』)のように使っている。現代でも愛知県や静岡県などの方言ではこの言い方がある。(吉田永弘)

げろげろ

①カエルの鳴き声。濁った声で鳴くカエルの声を写す。「ゲロゲロとカエルの声が聞こえた」(朝日新聞夕刊97・4・8)

②嘔吐の時に発する音。「私は、『白紙(八九四年)に戻そう、遣唐使』と覚えました。しかし、最近の小学生は『吐くよ、ゲロゲロ遣唐使』なんだそうです」(朝日新聞00・12・9)。江戸時代から用例がある。また、嘔吐物のことをいう「ゲロ」は、近代になってから使われる語。(吉田永弘)

❖円地文子 小説家・劇作家。昭和二八年『ひもじい月日』で注目され、以降、女性としての業を官能美の中に描く。作品『女坂』『虹と修羅』『源氏物語』現代語訳など。同六〇年、文化勲章受章。(一九〇五〜一九八六)

❖里見弴 小説家。有島武郎の末弟。明治四三年、雑誌『白樺』創刊に参加。大正五年『善心悪心』でデビュー。同八年、久米正雄らと『人間』創刊。作品『多情仏心』『安城家の兄弟』など。昭和三四年、文化勲章受章。(一八八八〜一九八三)

❖夏目漱石 英文学者・小説家。英語教師をへて、イギリスに留学。帰国後、『東京朝日新聞』の専属作家となり、同新聞に次々と作品を発表。森鷗外とともに近代日本文学の確立に貢献。作品『吾輩は猫である』『三四郎』など。(一八六七〜一九一六)

けろり

①衝撃を受けてもよさそうな出来事が起きたにもかかわらず、何とも思わないで平然としている様子。おもに「する」に係る。「記者会見に来た外国のメディアが驚くような言葉を、本人はケロリとして言った」(朝日新聞01・10・1)。また、「『ネットですりむいた傷が痛いの』とケロリ」(日刊スポーツ00・12・14)のように、「けろり」を文末に使う用法もある。

②ある状態が跡形もなくなる様子。おもに「忘れる」「(病気が)治る」などの語に係り、ある状態からそれ以前の状態や普通の状態への変化を表す。「自分が自転車に乗れないことをケロリと忘れていたのである」(向田邦子❖『父の詫び状』)

◆類義語「けろけろ」「けろっ」

「けろけろ」は①②の類義語。「けろり」の方が平然とした状態への変化が強調されるが、明確な違いはわかりにくい。そのため、語の使い分けというよりも、淘汰の方向に向かっており、「けろけろ」は使われなくなりつつある。「けろっ」は①②の類義語。「けろり」に比べ、一瞬にして変化したことを表す。

(吉田永弘)

けんけん

①雉(きじ)の鳴き声。「林の中では雉(きじ)がケンケンと鳴いていた」(石坂洋次郎❖『石中先生行状記』)。北原白秋の童謡「雨」の「けんけん小雉子(こきじ)が今啼(な)いた」は有名。なお、雌雉(きじ)は「こーこー」と鳴く。

江戸時代から例が見られる。古くは犬やキツネの鳴き声も表した。『日葡辞書(にっぽじしょ)❖』には「犬の吠える様子」とあり、現代でも西日本で使う地域がある。「毎日犬小屋でけんけん云いよった小犬が野放しにされて」(林芙美子❖『田舎言葉』)

②言動が冷淡でとげとげしい様子。「それからお米も、余りケンケン言わないようにな」(田山花袋❖『生』)。『日葡辞書』の「けんけんと物を言ふ」の例では、「つっけんどんに話す」と解説している。

◆参考「けんけん」で表す以前に、雉の鳴き声は「ほろろ」で表していた。「飛び立つ雉のほろろとぞ鳴く」(『古今和歌集❖』)。「ほろろ」はキジの鳴き声からは遠い表現であるが、もともとは羽音を表す語であった。取りつくしまもない様子を表す「けんもほろろ」は、②の冷淡な様子を①の雉の鳴き声に掛け、そこから「ほろろ」を導き出して作られた表現であると考えられる。

(吉田永弘)

❖向田邦子 小説家。映画雑誌記者をへて放送作家となり、『阿修羅のごとく』など多くの人気ドラマを執筆。昭和五五年、『思い出トランプ』など短編連作で直木賞受賞。翌五六年、台湾で航空機事故死。作品『あ・うん』『父の詫び状』など。(一九二九〜八一)

❖石坂洋次郎 →P.34

❖日葡辞書 →P.15

❖林芙美子 →P.25

❖田山花袋 →P.51

❖古今和歌集 平安時代の、我が国最初の勅撰和歌集。醍醐天皇の勅により、紀貫之、凡河内躬恒(おおしこうちのみつね)らの撰。『万葉集』以降の歌、約一一〇〇首から成り、その表現は理知的、技巧的で、繊細優美な歌が多い。延喜五年(九〇五)に成立。その後増補が加えられたと言われる。

けんけんほろろ

雄の雉の鳴き声と羽音。「けんけん」が鳴き声。「ほろろ」が羽音。「けんけん。…おこしにつけたきびだんご、一つわたしにくださいな」(『ももたろう』ポプラ社)。江戸時代中頃から、雄雉の声を「けんけん」と写すようになった。

「ほろろ」は、本来は羽音。しかし、平安時代から鳴き声ととらえることがあった。「春の野の しげき草葉の つまごひに 飛び立つきじの ほろろとぞ鳴く」(『古今和歌集』❖)などと。また、「けんけんほろろ」全体を鳴き声と考えることもあった。「おのが所在(ありか)を知れよとて、妻恋ふ声はけんけんほろろ」(『壇浦兜軍記(だんのうらかぶとぐんき)』❖)のごとく。雉は、鳴き声をあげた直後に、激しく羽を打ち鳴らす。鳴き声と羽音との間には切れ目がなく、一続きのものに聞こえるため、一語化したと考えられる。

◇類義語「けーんけーん」「こーこー」

「けーんけーん」は、声を張り上げて鳴く時。「こーこー」は、雌の雉の鳴き声。

◈参考 「けんもほろろ」は、とげとげしい様子を意味する「けんけん」に「けんけんほろろ」が重ね合わされて誕生した語と考えられる。

(山口仲美)

げんなり

物事をする気力を失っていやになる様子。精神的あるいは肉体的に疲労感が伴う。「げんなりといやな気がしてかたづけもしないでいると」(幸田文❖『流れる』)

「げんなり」となる原因は、「長時間待たされた乗客たちは、帰国してほっとしながらも、疲れてげんなりした表情だった」(朝日新聞86・2・26)のように疲労であったり、「小皿に大盛りだと、見ただけでげんなり」(朝日新聞01・6・1)のように何かが飽きるほどあったり、「『パートさん』て呼ばれると、なんかゲンナリしちゃうんだよなー」(女性自身00・12・26合併号)のように落胆させられる出来事が起きたりした場合である。

◇類義語「うんざり」

「うんざり」もいやになる様子を表す語であるが、「げんなり」のように疲労感を伴うことはなく、単に飽きてもういやだと思う様子を表す。

◈参考 江戸時代から用例が見られ、ほぼ同じ意味を表すが、「足はげんなり」(浄瑠璃『後三年奥州軍記』❖)のように、気力を失う意を表さず、疲労だけを表す例も見られる。

(吉田永弘)

けんけんほろろ 「けんけん」は雄の雉の鳴き声。「ほろろ」はその直後の羽音。

❖古今和歌集 →P.156
❖壇浦兜軍記 江戸時代の浄瑠璃。文耕堂ら作。享保一七年(一七三二)初演。
❖幸田文 →P.122
❖後三年奥州軍記 江戸時代の浄瑠璃。並木宗輔ら作。享保一四年(一七二九)初演。

こーこー

①鶏の地鳴きの声。「こうこう牝鶏が鳴く」(伊藤左千夫❖『隣の嫁』)

②木の枝が風に吹かれてたてる音。「絶壁の松が、さっきの通りこうこうと枝を鳴らしているばかりなのです」(芥川龍之介❖『杜子春』)

◆参考　鎌倉時代から江戸時代までは、「こうこう」が狐の鳴き声を表した。「馬より下りて敬屈(けいくつ)すれば、女又本(もと)の狐と成(なり)てこうこうと鳴て失(うせ)ぬ」(『源平盛衰記❖』)　(川嶋秀之)

ごーごー

①あたりを揺るがすように、連続して鳴り響く大きく重々しい音。勢いよく流れる川の音、強く大きな風の鳴る音、機械の音などに多く用いられる。「さすがにコンクリートづくりの大橋だけあって、ゴウゴウという濁流にもびくともしない」(加藤明治❖『水つき学校』)、「海から吹いてくる風が、松のこずえに当たって、昼も、夜も、ゴーゴーと鳴っています」(小川未明❖『赤い蠟燭と人魚』)、「ゴーゴー云う鍛冶屋の機械の音が、いつも聞馴れたように耳に響いた」(徳田秋声❖『黴』)

②あたりが揺れるくらい大きな音でいびきの音。「わきでごうごうと大きな音でいびきをかくので、眠ることができなかった」

◇類義語　「ごー」「ごーっ」

共に①②の類義語。「ごーごー」は連続して出る音、「ごー」「ごーっ」は一度だけの音をいう。

◆参考　似た意味の漢語で、とどろきわたる音を表す「轟轟(ごうごう)」という語があり、戦前は車輪の音などを表すのに用いられた。「幾箇もの列車の箱が轟々と通り過ぎ」(嘉村礒多❖『途上』)　(川嶋秀之)

ごーっ

大地や空気を揺るがすような大きく重々しい音。地鳴りや大風などの自然現象による音のほか、飛行機や自動車などの爆音、群衆がたてるどよめきの音にも用いられる。「烈しい西風が目に見えぬ大きな塊をごうっと打ちつけては又ごうっと打ちつけて」(長塚節❖『土』)、「投げる前に一瞬しーんとなる。で、ボールになるとすごいブーイング。ゴーッと鳴って球場が膨らんだようだった」(日本経済新聞00・12・22)　(川嶋秀之)

❖**伊藤左千夫**　→P.28

❖**芥川龍之介**　→P.12

❖**源平盛衰記**　鎌倉時代の軍記物語。四八巻。作者未詳。『平家物語』の異本の一種で、おびただしい説話を増補したもの。その独自の性格から近世以降『平家物語』とは別個の軍記として流布。南北朝頃の成立とも。

❖**加藤明治**　児童文学作家。昭和一〇年『つるの声』で日本児童文学者協会新人賞受賞。作品『水つき学校』など。(一九一一〜七〇)

❖**小川未明**　小説家・童話作家。坪内逍遥に師事。明治四〇年、短編集『愁人』でデビュー。後、童話作家に転じ、『赤い鳥』や『おとぎの世界』などに多くの作品を発表。作品『赤い蠟燭と人魚』『野薔薇』など。(一八八二〜一九六一)

❖**徳田秋声**　→P.42

❖**嘉村礒多**　小説家。雑誌『不同調』の記者のかたわら、昭和三年、同誌に『業苦』『崖の下』を発表。作品『途上』『神前結婚』など。(一八九七〜一九三三)

❖**長塚節**　→P.21

ごーん

厚い金属の板に、物が打ち当たったときに出る、余韻を伴う長く重い音。鐘の音に多く用いる。「同時に観泉寺の除夜の鐘が『ごおん』と鳴った」(井伏鱒二『荻窪風土記』)

◆**類義語「ごん」「こーん」**

「ごん」は余韻を持たない響き。「こーん」には軽く明るい感じがある。「元気だけはいいが、頭の中味は空っぽ。叩けばコーンといい音がしそうだ」(井上ひさし『腹鼓記』)

(川嶋秀之)

こくこく

①液体などを、のどを小さく鳴らしながら何度も飲み込むときの音。また、酒などを、とっくりや壜(びん)のせまい注ぎ口から何度も脈打つように杯に注ぐときの音。「お金持ちは、その水を、のどをコクコクならして、すっかりのみおわると、『こりゃうまい！』と、ため息まじりにいいました」(安房直子『もぐらのほったふかい井戸』)、「新しい茶飲茶碗に、其赤葡萄酒をこくこくと注ぎ」(小杉天外『コブシ』)

②居眠りをして、上体が倒れそうになっては起き上がり、また倒れそうになっては起き上がる動作を繰りかえす様子。やや古い言い方で、現在は「こっくりこっくり」が普通。「叔父はこくこく坐(い)睡(ねむり)をしていたっけ」(泉鏡花『歌行燈』)

◆**参考**「こくこく」は、古くは「足駄はきてあゆむおとのこくこくとなる」(『名語記(みょうごき)』)のようにかたい物が軽く打ち当たる音を表した。また、長崎県壱岐島方言では、乳などのよく出るさまや汁などの濃厚なさまをいう。これは①の意味と関係があると思われる。

(川嶋秀之)

ごくごく

①液体をのどを鳴らして飲み込むときの音。「僕は、小指のさきで泡のうえの虫を掬(すく)いあげてから、だまってごくごく呑みほした」(太宰治『彼は昔の彼ならず』)、「そのひとは、ぶるぶるふるえる両手で茶わんをかかえると、ゴクゴク飲みほした」(柏葉幸子『霧のむこうのふしぎな町』)

②物を食べたり言ったりする時の、のどの動く様子。「お玉が仰山なもの言いをして、何か食べかけていたらしく、咽をゴクゴク動かしながら出て

ごくごく のどを鳴らしてビールを一気に飲みほす。

(うえやまとち『クッキングパパ』より)

❖**井伏鱒二** →P.7
❖**井上ひさし** →P.25
❖**安房直子** →P.87
❖**小杉天外** 小説家。斎藤緑雨に師事。ゾラの影響を受け、写実主義小説の代表作『はつ姿』『はやり唄』を発表。後、通俗小説も手がけ人気を得る。作品はほかに『魔風恋風』など。(一八六五〜一九五二)
❖**泉鏡花** →P.8
❖**名語記** →P.24
❖**太宰治** →P.20
❖**柏葉幸子** →P.430

来た」(里見弴❖『今年竹』)

◇**類義語**「ごくっ」「ごくっごくっ」「ごくり」「こくこく」

すべて①の類義語。「ごくっ」は一度のどを鳴らして一気に飲み込む音。「ごくっごくっ」は「ごくごく」より間を置いてのどを大きく鳴らしながら飲み込む音。「ごくり」も一度のどを鳴らして一気に飲み込む音だが、「ごくっ」よりもやや時間がかかる。「こくこく」は「ごくごく」の語頭の濁音を消して、飲む様子の軽快さやかわいらしさを表現した語形といえる。

（川嶋秀之）

ごくっ

液体や小さな固体状の物を、のどを鳴らして一息に飲み込むときの音。「ごくッと、かならず、ひとつ、音をさせてのみ、くいーッ、と、一ッ気にのみほすと」(安藤鶴夫❖『三木助歳時記』)

◇**類義語**「ごくっごくっ」「ごくんごくん」

どちらものどを鳴らして何度も飲み込むときの音。「ごくっごくっ」はのどの鳴る音やのどの動く様子に中心があるが、「ごくんごくん」は胃までしっかり嚥下する感じがある。

（川嶋秀之）

こくり

①うなずいたりあいさつをしたりするときに首や頭を下げる様子。また、居眠りをしていて首が急に下がったり傾いたりする様子。「葉子はこくりとうなずくと」(川端康成❖『雪国』)、「『は、はい。さあ、ごあいさつしなさい』宮川さんのおくさんは、子どもたちの方をむいていいました。子どもたちは、何もいわず、こくりと頭をさげました」(渡辺茂男❖『寺町三丁目十一番地』)、「随分遠い道のりだったので、私は歩きながら、何度も何度も、こくりと居眠りしました」(太宰治❖『老ハイデルベルヒ』)

②水などの飲み物を飲み込むときの音や様子。「眼を瞑(つむ)って頭を仰向けて、咽喉(のど)で一つコクリとやったものです」(北原白秋❖『雀の生活』)

◇**類義語**「こくりこくり」「ごくり」

「こくりこくり」は①の類義語。「こくり」は一度頭を下げるのに対して、「こくりこくり」は何度も頭を下げる様子。「彼はへとへとになって…机によりかかったまま、こくりこくりやりだした」(山本有三❖『路傍の石』)。「ごくり」は②の類義語。「こくり」は少量を軽く飲むのに対し、「ごくり」は多くの量を一気に飲み込む様子。

（川嶋秀之）

❖**里見弴**　→P.44

❖**安藤鶴夫**　演劇評論家・小説家。都新聞(現・東京新聞)から読売新聞社嘱託となり、歌舞伎・文楽・落語の批評を担当。昭和三九年『巷談本牧亭』で直木賞受賞。作品『年年歳歳』『雪まろげ』など。(一九〇八〜一九六九)

❖**川端康成**　→P.91

❖**渡辺茂男**　児童文学者。英米児童文学の翻訳・研究、絵本・童話の創作などで活躍。昭和四五年『寺町三丁目十一番地』で産経児童出版文化賞受賞。作品『かもさんおとおり』『幼年文学の世界』(評論)など。(一九二八〜二〇〇六)

❖**太宰治**　→P.20

❖**北原白秋**　→P.11

❖**山本有三**　→P.30

ごくり

水やお茶などの飲み物を一気に飲み込むときの音。また、喉を鳴らして飲む様子。「円生は、前座の汲んで出すお茶をゴクリと音を立てて一ト口飲んだあと」（小島政二郎『円朝』）。「おもむろにコップを唇にあて、一口のむ。もう一口、隆起した喉仏がごくりとうごく」（北杜夫『楡家の人びと』）は、「ごくり」と音をたてて動く喉仏の描写。

◇類義語「ごくりごくり」「ごくん」

「ごくり」が一度飲み込むときの音や様子をいうのに対して、「ごくりごくり」は何度も飲み込むときの音や様子をいう。「顔を仰向け、罎の口を自分の口におしあてると…私は咽喉仏を鳴らして、ごくりごくりと一気に飲みほした」（木山捷平『尋三の春』）。また、「ごくり」の飲み込む様子よりも、「ごくん」の方が飲み込むときの咽喉の動きの様子が大きく感じられる。

◈参考 徳田秋声は「ごくりごくり」を「俥の上でごくりごくりと眠っている小野田の坊主頭をした大きい頭脳が」（『あらくれ』）のように、居眠りしている様子に使用しているが、これは清音の「こくりこくり」に対して強調的に用いたものか。（川嶋秀之）

こくん

①少量の液体や小さな固体状の物を、のどを軽く鳴らして飲み込むときの音。また、その様子。「こくん、こくん、こくん、きつねは、おいしそうにのどをならして飲みこみました」（松谷みよ子『きつねとたんぽぽ』）

②軽く首を振ってうなずいたり、会釈したりする様子。「すると子ねこは、こくんとうなずいて、いすの上に立ちあがりました」（あまんきみこ『よもぎのはらのたんじょうかい』）（川嶋秀之）

ごくん

液体や小さな固体状の物を、のどを鳴らして一息に飲み込むときの音。「モコは、つばをごくんと、のみこみました」（神沢利子『うさぎのモコ』）

◇類義語「ごくっ」「ごっくん」

「ごくん」は胃まで嚥下しおわった感じがあるが、「ごくっ」は飲み込む物がのどを通るときの音やのどの動きに中心がある。「ごっくん」は時間をかけて、のどを鳴らしながら一息に飲み込み、胃まで飲み込みおわる様子。（川嶋秀之）

❖**小島政二郎** 小説家。初め『三田文学』の編集にたずさわる。大正一二年、『一枚看板』でデビュー。以降、『人妻椿』など通俗小説で人気を得る。作品『眼中の人』（文壇回想録）、『円朝』（評伝）など。（一八九四〜一九九四）

❖**北杜夫** →P.30

❖**木山捷平** 詩人・小説家。昭和八年、太宰治らと『海豹』創刊。超俗的かつ飄逸な作風で知られ、同三八年『大陸の細道』で芸術選奨受賞。作品『野』（詩集）など。（一九〇四〜六八）

❖**徳田秋声** →P.42

❖**松谷みよ子** 児童文学作家。坪田譲治に師事。昭和三七年『竜の子太郎』で国際アンデルセン賞優良賞受賞。同三九年『ちいさいモモちゃん』で野間児童文芸賞受賞。民話研究室主宰。作品『アカネちゃんのなみだの海』『現代民話考』など。（一九二六〜二〇一五）

❖**あまんきみこ** 児童文学作家。昭和四三年『車のいろは空のいろ』で注目される。ぬくもりのあるファンタジックな作品が多い。作品『ちいちゃんのかげおくり』『おっこちゃんとタンタンうさぎ』など。（一九三一〜）

❖**神沢利子** →P.297

こけこっこー

鶏の、夜明けを告げる鳴き声。その声の写しかたは、時代によって変化している。「こけこっこー」に近い形は、江戸時代後期から。「治まれる御代は諫めの鼓にも こけかうとなく 鳥ぞかしこき」(『❖狂言鶯蛙集』)。「こけこー」が、その例。

明治時代の初めには「滑稽稿と鳥が啼く」(『❖西洋道中膝栗毛』)のように、「こっけいこー」となった。明治時代中頃になると、現在と同じ「こけこっこー」が一般的になった。「をんどりは、…はばたきをして、こけこっこーとなきました」(『❖尋常小学読本』)。以後、「真闇な道の傍で、忽ちこけこっこうと云う鶏の声がした」(❖夏目漱石『夢十夜』)に見るように、「こけこっこー」が鶏の時をつくる声として定着した。

鶏の時をつくる声は、室町時代までは、「かけろ」。その鳴き声から、鶏のことを「かけ」と呼んでいた。室町時代から江戸時代にかけて、鶏の声は「とーてんこー」。「東天光」「東天紅」の漢字が当てられ、当時の辞書にまで掲載された。夜明けを告げる鶏の声として、「東の天は光(紅)」の意味を担った聞き方は秀逸。

◇類義語「ここここ」「こっここっこ」

「こけこっこー」が鶏の時をつくる声であるのに対し、「ここここ」「こっここっこ」は、餌をついばんだりする時の穏やかな声。

■参考「東天紅」という鶏の品種がある。高知県特産で天然記念物。鳴き声が長く抑揚がある。その名は、江戸時代の日本人の聞いた鶏の声「とーてんこー」に由来する。なお、鶏の時をつくる声は、世界各国で異なる。英語ではcock-a-doodle-doo、フランス語ではcoquerico、ドイツ語ではkikeriki、ロシア語では、кукареку。（山口仲美）

こざっぱり

余計な物がなく、清潔で好ましい様子。身なりや住まいなどについていう。「こ」は接頭語で「やや」「少し」という意味。「こざっぱり」は「さっぱり」より意味範囲が狭く、味や気性などには用いない。「ぐるぐるッ、と、ひッつめにして、なんとも、小ざっぱりとした女であった」(❖安藤鶴夫『三木助歳時記』)、「おかげで私の部屋はとても小ざっぱりしたかんじになっていた」(❖村上春樹『世界の終りとハードボイルド・ワンダーランド』)（川嶋秀之）

❖狂言鶯蛙集 江戸時代の狂歌集。別名は『故混馬鹿集』で『古今和歌集』をもじる。朱楽菅江編。江戸で爆発的に流行した天明狂歌を代表する作品集。天明五年（一七八五）刊。

❖西洋道中膝栗毛 →P.22

❖尋常小学読本 国が著作し、全国の尋常小学校で使われた国語の教科書を広く国定読本と呼んだりする。そのうち、「尋常小学読本」は、明治三七年から大正六年までのものをさす。

❖夏目漱石 →P.8

❖安藤鶴夫 →P.160

❖村上春樹 →P.94

東天紅 その鳴き声にちなんで名付けられた天然記念物。

ごしごし

①汚れなどを落としたり塩などを揉みこむために、物と物を強くこすりあわせるときの音。また、その様子。「固く絞ったぞうきんに、住まいの洗剤をつけてごしごしふいています」(朝日新聞夕刊00・12・28)

②頭部を強くかくときの音。また、その様子。「鯨やんが自分の頭のてっぺんを片手でごしごしとかきむしりながら言った」(椎名誠『新橋烏森口青春篇』)

(川嶋秀之)

ごしゃごしゃ

物や人が雑然として入り乱れ、まとまりのない様子。「小さいのや大きなのや、古いのや新しいのやあまり上等とはいえぬ長屋風の家が、ごしゃごしゃと立並んでいた」、「その下のほうの細長く実にごしゃごしゃと読みづらい文字の中に」(共に北杜夫『楡家の人びと』)

◇類義語「ごじゃごじゃ」
「ごじゃごじゃ」は「ごしゃごしゃ」よりも一層雑然とした感じがある。

(川嶋秀之)

こせこせ

①どうでもよい細かなことにこだわったり、些細なことを必要以上に気にしたりするなど、気が小さく、考えや行動にゆとりや落ち着きがない様子。「性質も私のようにこせこせしていないところが、異性には気に入るだろうと思われました」(夏目漱石『こゝろ』)、「現代のようなこうもせせこましい世のなかになりますと、どうも人間はこせこせします」(古田紹欽『禅への道』)

②場所や空間が狭くゆとりのない様子。「〈兼六園は〉…日暮になるというほどではないにしても、妙にこせこせとしないでいて、実は、計算がゆき届いている庭だと思う」(曾野綾子『太郎物語』)

◈参考　「こせこせ」は鎌倉時代から見える語。意味は①と同じ。『栂尾明恵上人遺訓』に「こせこせと成ける者哉と」とある。この「こせ」をもとに鎌倉・室町時代には「こせがむ」「こせびる」「こせめく」など、細かなことにこだわる意の動詞が現れた。今日の「こすい」「こすっからい」のもとの形容詞である「こすし」も室町時代から見えるようになるが、「こせこせ」の「こせ」と関係があるであろう。

(川嶋秀之)

ごしごしごし　洗濯も修業のうち？

(蛭田達也『新・コータローまかりとおる！』柔道編 より)

❖椎名誠　→P.42
❖北杜夫　→P.30
❖夏目漱石　→P.8
❖古田紹欽　仏教学者。鈴木大拙に師事。仏教思想や禅文化を広範囲に研究し、北大、日大などの教授を歴任。著作『日本仏教思想史』『禅文化講義』など。(一九一一〜二〇〇一)
❖曾野綾子　→P.25
❖栂尾明恵上人遺訓　鎌倉時代の仏教書。高信編。嘉禎四年(一二三八)成立。

こそこそ

やましい気持ちがあるために、目立たないように気遣いながら行動する様子。「この異様な行列も…その場で面々御褒美を頂いた上、こそこそ退散致してしまいました」(芥川龍之介『邪宗門』)

古くはかすかな音、乾いたものどうしがこすれ合う音も表した。「主人、手をこそこそとすりて(=命乞いで手を合わせて)」(『宇治拾遺物語』)

室町時代には、少しずつ小刻みに、という意味で使われた例も見える。「これにてこそこそとよくならせおはしますべし(=膏薬で少しずつ良くおなりになるでしょう)」(『御湯殿上日記』)

また、狂言ではくすぐる様子を表す「こそこそ」の用法もあった。「それならば、ちとすかしましょう(=なだめましょう)。ソリャ、コソコソコソ、コソコソコソコソ」(狂言『子盗人』)

◇類義語 「こそ」「こそっ」「こそり」「こっそり」

「こそ」「こそっ」は「こそこそ」よりも行動がひそやかで、かける時間も短い様子。「こそ」の方が「こそっ」より古い形。江戸時代、内密の株取引を「こそ株」、内密の部屋を「こそ部屋」といった。

「こそり」「こっそり」は、全く目立たぬ様子。「こそり」の方が「こっそり」より古い。さらに古い形は「こそろ」。「背に刀さしながら、蛇は、こそろと渡りて、むかひの谷に渡りぬ」(『宇治拾遺物語』)

◆参考 江戸時代には、「こそこそ」のつくいろいろな言い方があった。男女の密通を「こそこそちぎり」、密会する宿を「こそこそ宿」などと言う例が浄瑠璃に見える。「こそこそ泥棒」は、ひそかに盗みを働くが、盗むものは大したものではない、という泥棒。ことわざにも、「こそこそ三里」というのがあった。「こそこそ話」は結局遠くまで届いてしまうものだ、という意である。

(高崎みどり)

ごそごそ

乾いてこわばったもの、あるいは、やや厚めのかたい紙や布などがこすれたりした時に出る音。また、目立たぬように動き回る様子。「加世子は黙って天井を見詰め…頭をかいていたが、又ごそごそ身動きをしたと思うと」(徳田秋声『縮図』)、「婆さんが…座布団やら、茶器やらを部屋の隅でごそごそと始末していた」(有島武郎『小さき者へ』)

室町末期の『日葡辞書』の「ごそごそ」の項に「縄などを綯う時のさま、またその音」とあり、当時の

❖芥川龍之介 →P.12

❖宇治拾遺物語 鎌倉時代の説話集。「鬼のこぶとり」などの昔話や、仏教説話、笑い話、平安後期の人物にまつわる説話など一九七話を収録。俗語をまじえた平易な和文脈で語られる。十三世紀初め頃成立。

❖御湯殿上日記 文明九年(一四七七)から文政九年(一八二六)までの、清涼殿の北西にある「御湯殿」に仕えた女房たちによる日記。宮中の生活や行事のみならず、女房詞を知る上でも貴重な資料。

❖子盗人 室町時代の狂言。泥棒が入った家の赤ん坊をあやしているうちに家人にみつかり、赤ん坊を盾にして逃げるが追い込まれるという話。

❖徳田秋声 →P.42

❖有島武郎 →P.12

❖日葡辞書 →P.15

生活様式がうかがえる。

なお、『枕草子』に、後朝(きぬぎぬ)に「指貫(さしぬき)の腰ごそごそと」させる興ざめな男が俎上にのせられている。

◆類義語「ごそ」「ごそっ」「ごそり」「ごそこそ」

「ごそごそ」が継続する音や様子であるのに対し「ごそ」「ごそっ」「ごそり」は一回短く立てる音や様子。その中では「ごそり」はややゆっくりした音の聞こえ方。「ごそ」は「ごそっ」よりやや古い形である。「風の無い静かな夜で、周囲の植木はごそともせず」(小栗風葉『青春』)。「ごそこそ」は「ごそごそ」に比べてやましさを伴う。

(高崎みどり)

ごそっ

①こわばった物がこすれて出る音。「(寝ている)ナオコがごそっと動くと」(朝日新聞98・1・16)

②大量の物やお金が失われる様子。「だが売り上げは、ごそっと税金で持っていかれてしまう」(AERA00・5・15号)

◆参考 江戸時代、①のような音をたてる意で「ごそめく」という語があった。「破れ紙子(かみこ)(=貧乏人が着る紙製の衣)の体(てい)なれば、ごそめきまはる甲斐ぞ無き」(仮名草子『竹斎(ちくさい)』)

(高崎みどり)

ごたごた

①ものごとが、秩序なくたくさん寄り集まって、雑然としている様子。「嫂も三十年振りでの帰省とあって、旧馴染の人達が出たり入ったりするだけでも、かなりごたごたした」(島崎藤村『嵐』)

②やっかいな問題や争いごとの解決が長引いて、混乱している様子。「いま党がゴタゴタしていては、政治決戦の参院選で戦えない」(朝日新聞00・12・22)。この場合、「霞が関や永田町や世間のごたごたについていくのが、ある日突然面倒臭くなったんだ」(週刊現代00・12・30号)のように、名詞の形で使われることも多い。

◆参考 やや古くは、「ごたごた」と同様の意味で、「ごたくた」「ごたくさ」「ごたすた」という形もあった。「今も静江さんに是々のごたくさがあったんだと此間中の顚末を委(くわ)しく話したんで」(内田魯庵『くれの廿八日』)

また、江戸時代には「ごた」という部分をとった「ごた寝(=雑魚寝)」や、その強調形「ごった」を使った「ごった店(=雑多な物を売る店)」などの語があった。現在でも「ごたまぜ」「ごったがえす」などが残って使われている。

(高崎みどり)

❖枕草子 →P.33

❖小栗風葉 小説家。尾崎紅葉に師事。『亀甲鶴』『恋慕ながし』で小説家の地位を確立。以降、『新小説』を舞台に活躍。作品はほかに『恋ざめ』『青春』など。(一八七五〜一九二六)

❖竹斎 江戸時代の仮名草子。富山道治著。「竹斎」(「知苦斎」とも書く)は藪医者のことで、その通りの名前を持つ主人公の藪医者「竹斎」の失敗談を描く。元和七年(一六二一)までには成立していたと考えられている。

❖島崎藤村 →P.102

❖内田魯庵 →P.12

こちこち

①かたい物どうしが連続して軽く触れ合って、たてる音。「細い杖の先で合土の上をこちこち叩いて立っている」（夏目漱石『虞美人草』）

②時計など小規模な機械が動く時にたてる、規則正しい小さな音。「彼は急いでストップ・ウォッチの釦を押した。針はこちこち秒数を刻み始めた」（久米正雄『競漕』）

③水気が失われたり、温度がひどく下がったりして、物の性質が変化し、凝り固まっているような様子。「もう谷かげの雪はこちこちに凍みついてしまっていた」（堀辰雄『風立ちぬ』）

④非常に緊張したり疲労したりして、精神や身体の動きが鈍くなっている様子。「塩だらのように堅くなりながら、こちこちとそこへ棒立ちになって」（佐々木味津三『右門捕物帖』）

⑤ものごとについての考え方や運び方に柔軟性がなく、一つの方向に凝り固まっている様子。「大人のこちこち頭が、子供のこころをとらえられなくなった」（朝日新聞01・10・14）

◆類義語「こちんこちん」「こちり」「こちん」

「こちんこちん」は①③④⑤の類義語。①の意味では「こちこち」よりも「こちんこちん」の方が少しゆっくりした音の響き方。③④⑤の意味では「こちんこちん」の方がかたさや緊張感、また、凝り固まる程度などが強い。「こちり」「こちん」は①の類義語で、「こちこち」よりも短く響く感じの音。

■参考　室町時代、「こちこち」を液体が濃いという意味で使っていた。「さてただ茶をこちこちとたててくれらるるほどに、之を飲みて」（『四河入海』）。また、色や模様、装飾などが過剰である様子もさした。「頭なんどに花鈿をしてこちこちとかざりたるは」（『四河入海』）

（高崎みどり）

ごちごち

①かたいものどうしが連続してぶつかり合ってたてる鈍い音。「岩石がごちごちとぶつかりあう」

②触ったり噛んだりした時に非常にかたく感じる様子。また、なめらかでなく、抵抗を感じる様子。「（野菜は）繊維ばかりの、ごちごちの、歯ごたえのありすぎるもの」（北杜夫『楡家の人びと』）

③考え方に柔軟性がない様子。「ごちごちのフェミニストで、何かというと男どもを罵倒する女友達」（AERA99・3・1号）

（高崎みどり）

❖夏目漱石　→P.8
❖久米正雄　→P.101
❖堀辰雄　→P.25
❖佐々木味津三　→P.45

❖四河入海　室町時代の抄物。建長寺の僧、笑雲清三編。北宋の詩人、蘇東坡の詩の注解。瑞渓周鳳など先人四人の説を集約し、自見を加えたもの。天文三年（一五三四）成立。

❖北杜夫　→P.30

こちょこちょの木　福岡県ではサルスベリのことをこう呼ぶ。

ごちゃごちゃ

①いろいろ種類の違うものごとが、たくさん入り混じって、区別のつかない様子。また、ものごととの本来の秩序が失われて、混乱している様子。「二人は二人の月給を机の上にごちゃごちゃに搗き交ぜて」(夏目漱石『永日小品』)

②価値のないことや無意味なことを、筋道もなく考えたり言ったりする様子。「ぼくはとたんに首をくくること、くくらないこと、正式に結婚すること、しないことなんぞを、同時にごちゃごちゃとかんがえた」(石川淳『処女懐胎』)

◇類義語「ごちょごちょ」
「ごちょごちょ」は②の類義語。「ごちゃごちゃ」より、くだけた感じの言い方になる。「細かいことをごちょごちょ言うな」というふうに使う。

◆参考 ごちゃごちゃする、という意味で「ごちゃつく」という言い方もあり、「内でゴチャついて嫌気が差したようだ」(日刊スポーツ新聞00・12・4)のように使う。

江戸時代には「ごちゃくちゃ」という形もあった。また、ごちゃごちゃさせて誤魔化す、の意味で「ごちゃまかす」も使われていた。(高崎みどり)

こちょこちょ

①敏捷に小さく動き回る様子。「ハムスターのようにこちょこちょ暮らしています」(朝日新聞夕刊01・6・19)

②つまらないことを言ったりしたりする様子。「こちょこちょと、言うつけた」(太宰治『雀こ』)

③くすぐる様子。「足の裏をこちょこちょと」

◆参考 福岡県などでサルスベリを「こちょこちょの木」と言う。幹をさすると枝と葉が動き、くすぐったがっているように見える。(高崎みどり)

こちん

①かたい物どうしが軽くぶつかって出る音。「壁に小石があたってこちんと音をたてた」

②ほとんど動かずに、凝り固まってしまったように見える様子。「砂浜には…女達が彼処此処にいくつかの固い群れになって、石ころのようにこちんと立っている」(有島武郎『生れ出づる悩み』)

③強く反感や不快感を覚える様子。「それ(＝せっかく結った髷)を結い直せなど、邦子にはコチンと来た」(日本経済新聞夕刊91・7・24) (高崎みどり)

こちょこちょ 身動きとれない。くすぐったい。やめてくれーっ。

コチョ、コチョ、コチョ。

(赤塚不二夫『おそ松くん』より)

❖**夏目漱石** →P.8
❖**石川淳** →P.30
❖**太宰治** →P.20
❖**有島武郎** 小説家。内村鑑三の影響を受け、キリスト教に入信。アメリカ留学後、明治四三年、雑誌『白樺』の創刊に参加。作品『カインの末裔』『或る女』など。(一八七八～一九二三)

ごちん

かたくて重い物どうしがぶつかって出る音。頭を打ったり叩かれたりした時の音にも。「神様がゴチンと頭たたいてくれて」(朝日新聞夕刊88・8・4)

◆類義語「こちん」「ごつん」

「ごちん」に比べて「こちん」は小さく澄んだ感じの音。「ごつん」は「ごちん」よりややこもった音の感じで、次例の「ごつん」などは「ごちん」と置き換え難い。「石の家にぼろんとごつんと冬がきて」(❖高屋窓秋『石の門』)

(高崎みどり)

こちんこちん

①水気や熱などを失って性質が変化し、かたくなっている様子。「弁当は、ご飯がこちんこちん。お湯をかけてふやかす」(朝日新聞96・5・19)

②非常に緊張して、精神や身体が滑らかに働かない様子。「実践報告会だ。はじめのうち、社員はこちんこちんだった」(朝日新聞夕刊93・3・13)

③ものごとについての考え方や取り組み方に柔軟性がなく、一つの方向に凝り固まっている様子。「こちんこちんの保守主義者」

(高崎みどり)

こぢんまり

ささやかだがそれなりに整ってある様子。小さくまとまっていて、感じのよい様子。主として建物や部屋のありさまについて言うが、住み方や暮らし方について言うこともある。「閑静な、こぢんまりとした住居で、台所の方へ寄った一部屋は別に後から建増でもしたものらしい」(❖島崎藤村『春』)

◆類義語「ちんまり」

「ちんまり」より「こぢんまり」の方が小さくまとまる様子に対する好感度が高い。

(高崎みどり)

ごっくごっく

水などの飲み物を、連続して勢いよく飲む時の音。またその様子。「理学士は箸もつけないで(味噌汁を)、ごっくごっく」(❖泉鏡花『婦系図』)のように、おいしそうに飲んでいる場合が多い。

◆類義語「ごくごく」「ぐびぐび」

「ごくごく」の方は一度に飲む量も少なく、飲んでいる速度が速い。「ぐびぐび」の方は酒類を盛んに飲む様子。「安酒を飲み、肴も吟味せずにぐびぐび飲んでいた」(朝日新聞01・11・28)

(高崎みどり)

❖高屋窓秋　俳人。水原秋桜子に師事。『馬酔木』同人で、新興俳句の旗手となるが、後、離脱。戦後『天狼』同人。平成三年、現代俳句協会大賞受賞。作品『白い夏野』(句集)など。(一九一〇〜九九)

❖島崎藤村　→P.102

❖泉鏡花　→P.8

こつこつ　たゆみない努力。課長目前のサラリーマン。

(東海林さだお『サラリーマン専科』より)

こっくり

①頭を前後に動かす様子。居眠りをしている時の無意識にする動作や、了解や肯定などの意を表す応答の動作をいう。「『多美ちゃんだね』と私がいうと、女の子はこっくりうなずき」(三浦哲郎『忍ぶ川』)

②味や色が、濃くて深みのある様子。「大根の煮物は卵をつぶして黄身をまぶしながら食べて。こっくりした味になるから」(朝日新聞夕刊00・11・20)。「鼠地に、ともの薄色であらい縞と、その間にこっくりした紅の通った英国製のセルに」(里見弴『多情仏心』)

◇類義語「こっくりこっくり」

①の意の類義語で、その動作を何度も繰り返す様子。「休憩しているうち、徐々にまぶたが下りてきて、こっくりこっくり」(朝日新聞01・5・16)

◈参考 江戸時代に、突然、頭や体が傾いて死ぬ様子を表すこともあった。「今朝こっくりお果てなされました」(咄本『春遊機嫌袋』)。また、長患いをせずに突然死ぬことを「こっくり往生」とも言った。「わんぐりと食ったが因果…その儘にこっくり往生」(滑稽本『浮世床』)

(高崎みどり)

ごっくり

液体や唾を一気に飲み込む時に出る音。またその様子。「君を愛す 決心をする 授業中 ごっくりと呑む かぼちゃミックス」(二又千文『ホワイトキッチン』)、「卯平はこそっぱい或物が喉へ支えたようにごっくりと唾を嚥んだ」(長塚節『土』)

◈参考 飲みにくい物を無理に飲み込む場合にも使うので「『先生、お言葉ですが…』と、のどまで出た言葉を、ごっくりのみ込んだ」(朝日新聞99・11・6)のように比喩にも使う。

(高崎みどり)

こつこつ

①かたい物が連続して軽くぶつかる音。また、その様子。「宗近君は例の桜の杖で、甲野さんの寝ている頭の先をこつこつと敲く」(夏目漱石『虞美人草』)、「(ギンナンは)ペンチでコツコツと割ってもいいですし」(週刊現代00・12・2号)

②地道にたゆみなく努力を重ねる様子。「会社の仕事をコツコツやるより仕方がないが」(谷崎潤一郎『痴人の愛』)、「おばあちゃんがコツコツ貯めたお金で買ってくれた」(SPA!00・12・27号)

❖三浦哲郎 →P.16

❖里見弴 →P.44

❖春遊機嫌袋 江戸時代の咄本。恋川春町著。本来の題名を「春遊機嫌噺」とする説もある。黄表紙仕立て絵本形式の笑い話集で、恋川春町が絵も描いている。安永四年(一七七五)刊。

❖浮世床 江戸時代の滑稽本。式亭三馬著。髪結床に出入りする人々の会話を通して庶民の暮らしを描いたもの。文化一〇年(一八一三)~一一年刊。

❖二又千文 歌人。早大在学中に早稲田短歌会に所属。平成一二年、『ホワイトキッチン』で栃木県・県芸術祭文芸賞受賞。(一九七九~)

❖長塚節 →P.21

❖夏目漱石 →P.8

❖谷崎潤一郎 →P.7

本来「兀々」などと書く漢語で、一心不乱に学ぶさまの意。①とは別語。鎌倉時代頃から見られる。明治期頃までは「終日終夜、机と首っ引をして、兀々（こつこつ）と出精しながら、妻と自分を安らかに養う程の働きもない」（夏目漱石『野分』）のように漢字で記したが、大正期頃から仮名書きが多くなった。

◇**類義語**「こつっ」「ごつごつ」
共に①の類義語。「こつっ」は勢いある瞬間的な音。「ごつごつ」は重く大きい物が当たる音。

◆**参考**　方言（兵庫県・熊本県）でキツツキを「こつこつ（どり）」とも言う。　（染谷裕子）

ごつごつ

①重量のあるかたい物が何かに連続してぶつかる音。「頭をゴツゴツ板へぶっつけた」（宮沢賢治『フランドン農学校の豚』）、「短くがっしりした銃をその銃床が腰へごつごつぶつかるような具合に肩へかけていた」（大江健三郎『不意の唖』）。江戸末期の和英辞典にも「ごつごつとたたく」（『和英語林集成』）とある。

②でこぼこがあって滑らかでない様子。かたくてこわばっている様子。「元来松は…いやにごつごつしている。従って松の幹程滑らないものはない」（夏目漱石『吾輩は猫である』）、「ごつごつした病衣」（福永武彦『草の花』）。また「ごつごつした男性的な顔立ちの人」（朝日新聞00・12・24）のように、特に体型や顔立ちに言うことも多い。

江戸時代には、こわばって滑らかでない衣類を「ごつごつ物」といい、粋なものとされた。

③かたく、しなやかさがない様子。粗削りで野蛮な様子。「極頑固な、極篤実な、敬神家や道学先生と、なんの択ぶところもない。只頭がごつごつしていないだけだ」（森鷗外『かのやうに』）、「金言も悪くはないが、どうもごつごつしている」（山本有三『路傍の石』）

◇**類義語**「ごつっ」「こつこつ」
共に①の類義語。「ごつごつ」と比べて、「ごつっ」はより激しく当たる瞬間的な音、「こつこつ」はより軽いものが当たった時の音。

◆**参考**「ごつごつ」は、明治時代には「ごつごつと馬鹿正直に働いて」（森鷗外『妄想』）のように、たゆまず努力を続ける様子をいう「こつこつ」の意味もあった。これは、この意味の「こつこつ」が本来「兀々」という字音語で、これを「ごつごつ」とも読んだことによる。　（染谷裕子）

❖**夏目漱石**　→P.8
❖**宮沢賢治**　→P.34
❖**大江健三郎**　→P.34
❖**和英語林集成**　→P.16
❖**福永武彦**　→P.27
❖**森鷗外**　→P.14
❖**山本有三**　劇作家・小説家。芥川龍之介らと第三次『新思潮』創刊。歴史劇などの戯曲を多く発表したが、後、小説に転向。作品『嬰児殺し』（戯曲）、『路傍の石』など。昭和四〇年、文化勲章受章。（一八八七〜一九七四）

こつこつどり　兵庫県や熊本県では、キツツキのことをこう呼ぶ。

こっそり

人に気づかれないように、ひそかに何かをする様子。「こっそり人を留めても、誰に遠慮もいらぬ」(森鷗外『山椒大夫』)、「マンションをこっそり引き払って」(SPA!00・12・20号)

「こっそり渡しゃあ」(歌舞伎『お染久松色読販』)のように江戸時代から見え、現代と同じ意で使われた。ひそかに事を行う意を表す語として「こっそり」の他に「こそこそ」、昔使われた「こっそ」などがある。まず、かすかな音の意から転じた「こそこそ」が鎌倉時代頃から使われ、室町時代には「有時はこっそと人に隠れて見えざる事もあり」(『杜詩続翠抄』)のように「こっそ」という形が現れた。さらに江戸時代に「こそり」「こっそり」という形が用いられた。

◇類義語「こそり」「こそこそ」

「こそり」は、「草むらでこそりと何かが動いた」のようにひそかにする音に視点がある。「こそこそ」は、人目を避けて何かをする意識に視点があり、どこか後ろめたい感じを伴う。

◆参考 「こっそり」を東北地方の方言で「こっちょり」「こっそら」等と言うこともある。

（染谷裕子）

ごっそり

一度に大量の物を取り去ったり取り入れたりする様子。「蔵の白かべが北がわだけごっそりはげていた」(壺井栄『二十四の瞳』)、「世界中の金を、ごっそり日本へ集めて来てやるんだがな」(阿川弘之『山本五十六』)

江戸時代から見える語で、浄瑠璃に「売り溜めの金銀根からごっそり」(『唐船噺今国性爺』)とある。また、江戸時代「ごっそり」は特に髪の毛を全部剃り落とす意にも用いられた。現在でも「ごっそり」は毛髪が大量に抜け落ちる時に使ったり、「この表からは、グローバルな勢力がごっそり抜け落ちている」(週刊現代00・12・9号)のように「抜ける」という語と共に用いることが多い。「ごっそり」は、大量の髪や草などを取り去ることが本来の使い方であって、大量の髪や草に触れたりする時の音から転じたか。「ごっそり」と共通する語根「ごそ」を持つ「ごそり」「ごそごそ」が共に音を表す語であることからも、音との関連を思わせる。

◇類義語「ごそっ」

「ごそっ」は大量の物を瞬時に取ったり与えたりする様子を表す。

（染谷裕子）

❖森鷗外 →P.14

❖お染久松色読販 江戸時代の歌舞伎。鶴屋南北作。文化一〇年(一八一三)初演。

❖杜詩続翠抄 室町時代の抄物。中国の唐代の詩人、杜甫の詩についての注釈書。江西龍派著。永享一一年(一四三九)頃成立。

❖壺井栄 →P.21

❖阿川弘之 小説家。高等学校時代に志賀直哉に師事、志賀門下の一員となる。海軍時代の体験を生かし、戦争を主題にした作品が多い。作品『山本五十六』『暗い波濤』など。(一九二〇)

❖唐船噺今国性爺 江戸時代の浄瑠璃。近松門左衛門作。享保七年(一七二二)初演。

こってり

①味などが濃厚な様子。また、塗り付ける量などが多く厚みのある様子。「メインのポークの詰め物は、あみ脂で包んで焼いたかなりのこってり味」(Hanako00・12・13号)、「おしろいをこってり化粧した細君」(❖伊藤左千夫『浜菊』)

江戸時代から見える語で、「こってり料理」という語も使われた。また、男女関係にたとえて言うことも古くから見え、現代でも「(娼婦に対して)ひとつ寄るか！　こってりたのむぜ！」(ドストエフスキー原作・米川正夫訳『罪と罰』)などと用いる例も見られる。

②ひどく叱られたり、説教されたりする様子。「親からこってりと油を絞られた」

◘**類義語**「**ごってり**」

①の類義語。「ごってり」の方が「こってり」より程度が激しく、特に量の多さに視点がある。

◘**参考**　鎌倉時代の語源辞書『❖名語記(みょうごき)』に「こてつくといへる、こて、如何。壁をこてにてぬるを准(じゅん)ぜる心歟(か)」とある。その語源はともかく「こて」は塗り付ける様子と関連のある語。「こってり」はこの「こて」を語根とする。　(染谷裕子)

ごってり

適量をはるかに超えている様子。「ちょいと、坊や坊や、首に石鹼がごってりついてるじゃないかよ」(❖三浦哲郎『幻燈画集』)

◘**類義語**「**こってり**」

「ごってり」はくどいほどの量の多さを表すが、「こってり」は味などが濃厚な様子に言う。また、「ごってり」は、「まずい料理をごってり食わされた」のように不快な感じを伴うことがあるが、「こってり」は快・不快の感覚の限定はない。　(染谷裕子)

ごとり

重く大きい物体がゆっくり動く時の音。また、その様子。「ごっとりと車輪が回った」

戸の開け閉めや、車輪が回る音を表す「ごとり」を強調した表現で、ようやく動く感じを伴う。

◘**類義語**「**ごっとりごっとり**」

「ごっとりごっとり」は、汽車や電車などが動き出す時に車輪が連続して回り始める音。「未練のない鉄車の音がごっとりごっとりと調子を取って動き出す」(❖夏目漱石『草枕』)　(染谷裕子)

❖**伊藤左千夫**　歌人・小説家。『アララギ』を主宰し、斎藤茂吉、長塚節ら多くの門下生を育てる。作品『野菊の墓』『分家』など。(一八六四〜一九一三)

❖**名語記**　鎌倉時代の語源辞書。経尊著。当代の口語を中心にいろは順に配列し、問答体で語源の説明を記す。俗語を多数収録する資料として貴重。建治元年(一二七五)成立。

❖**三浦哲郎**　小説家。井伏鱒二に師事。昭和三五年『忍ぶ川』で芥川賞受賞。血の系譜に悩み、それを克服して生きることをテーマとする。作品『白夜を旅する人々』『みのむし』など。(一九三一〜二〇一〇)

❖**夏目漱石**　英文学者・小説家。英語教師をへて、イギリスに留学。帰国後、『東京朝日新聞』の専属作家となり、同新聞に次々と作品を発表。森鷗外とともに近代日本文学の確立に貢献。作品『吾輩は猫である』『三四郎』など。(一八六七〜一九一六)

こっとん

かたい物が軽やかに回転や振動をしたり、軽くぶつかったりする時の音。童謡「森の水車」では水車の音を「コトコトコットン」と表す。「ことん」と違って、「こっ」で一度音が静止してまた「とん」と続く感じ。

◆類義語「こっとんこっとん」

「こっとんこっとん」はリズミカルに連続する軽やかな音。「憲兵の靴が、廊下にコットンコットンひびいた」（黒島伝治『武装せる市街』）　（染谷裕子）

ごっとん

大きな車輪や水車など輪状の物が、何らかの動力によってゆっくり動き出す時の音。「新幹線になってからは、レールもゴットンとは鳴らない」（五木寛之『風に吹かれて』）

◆類義語「ごっとんごっとん」

「ごっとんごっとん」は、汽車などが調子よく動き始める時の音やゆっくり動く時の音を表す。「ごっとん、ごっとん、のろすぎる電車にゆられながら」（太宰治『狂言の神』）　（染谷裕子）

ごっぽり

大量に取り去ったり取り込んだりする様子。「関連情報がごっぽり削られる」「罰金をごっぽり取られる」などと使う。

江戸時代、全体をすっかり覆う様子を表した「こっぽり」が転じて、「ごっぽり」となり、全体を覆うように大量に取り入れする意に変化したか。

◆参考　鳥取県（東伯耆地方）では「めでたしめでたし」の意味で、昔話の終わりに「昔ごっぽりごんぼの葉」と言う。　（染谷裕子）

こつん

かたい物同士が軽くぶつかった時に立てる音。「拳固で、前の円い頭をコツンと敲く真似して」（泉鏡花『売色鴨南蛮』）。また、「神経にこつんとこたえる」（曾野綾子『太郎物語』）のように、軽い精神的打撃を受ける様子に使うこともある。

◆類義語「ごつん」「こつこつ」

「こつん」は瞬時の響くような音を表すが、「ごつん」は衝撃が強く重い音、「こつこつ」はリズミカルな連続する音を表す。　（染谷裕子）

❖黒島伝治　小説家。『豚群』『渦巻ける烏の群』などの反戦小説でデビュー。労農芸術家連盟、日本プロレタリア作家同盟に所属。作品『武装せる市街』『橇』など。（一八九八〜一九四三）

❖五木寛之　小説家。昭和四二年『蒼ざめた馬を見よ』で直木賞受賞。終戦時の苛酷な引き揚げ体験が、作品の根幹をなす。作品『さらばモスクワ愚連隊』『青春の門』など。（一九三二〜）

❖太宰治　小説家。井伏鱒二に師事。昭和一〇年に『逆行』が芥川賞候補になるなど、戦前から作家として知られる。戦後、坂口安吾などとともに無頼派と呼ばれ、『斜陽』『桜桃』などで流行作家となる。作品『ヴィヨンの妻』『津軽』など多数。（一九〇九〜一九四八）

❖泉鏡花　小説家。能楽と江戸文学に造詣が深く、幻想性に富む独自の作品を創作。反自然主義作家としての評価も高い。作品『高野聖』『婦系図』など。（一八七三〜一九三九）

❖曾野綾子　小説家。昭和二九年『遠来の客たち』で注目される。以降、社会性の高いテーマを中心に活動を続ける。夫の三浦朱門とともにカトリック教徒。作品『無名碑』『神の汚れた手』など。（一九三一〜）

ごつん

①重くかたい物同士が強くぶつかった時の音。「寝がえりを打つと、ふとんの下のかまちがゴツンと背ぼねに響いた」(❖山本有三『路傍の石』)

②精神的打撃を与える様子。「ゴツンと喰わして遣りたいような気もした」(❖夏目漱石『明暗』)

◇**類義語**「ごつごつ」「こつん」

共に①の類義語。「ごつごつ」は何度もぶつかる感じで「ごつん」ほど衝撃は強くない。「こつん」は「ごつん」より軽い衝撃の音。

(染谷裕子)

こてこて

厚すぎる程に塗り付けたり、過度に飾りつけたり、多すぎる程に取り入れたりなどする様子。「見給え新らしい伯林青をじぶんでこてこて塗りあげて置きすてられたその屋台」(❖宮沢賢治「同心町の夜あけがた」)、「多勢の手で夕飯の餉台と共にお櫃や皿小鉢がこてこて並べられ」(❖徳田秋声『縮図』)、「女のコと行くならコテコテの居酒屋は避けたい」(SPA!00・12・20号)

「こてこてと左官の女房夕化粧」(❖『誹風柳多留』)のように江戸時代から見える語で、「こってこって」「こてこって」とも言った。江戸末期の和英辞典にも採られ「飯をこてこて盛る」(❖『和英語林集成』)の例文が見える。

◇**類義語**「ごてごて」

「ごてごて」は「こてこて」より不快感が増し、あらゆる面でのしつこさを言う。「こてこて」は塗ったり、飾ったりする量の多さに視点がある。

◼**参考**　江戸時代には手元がたどたどしい様子にも言った。「懐中さがしこてこてと、取出す肌うちがへ(=携帯袋)」(浄瑠璃『❖伽羅先代萩』)

(染谷裕子)

ごてごて

①厚すぎる程に塗り重ねたり、雑多に飾ったり、多すぎる程に存在したり、適度をはるかに超えてくどい様子。「白粉をごてごてと不器用にぬりつけて」(❖田山花袋『田舎教師』)、「ごてごてと飾りのついた石の欄干」(❖北杜夫『楡家の人びと』)

②しつこく文句を言ったり、あれこれ言い合ってもめたり、次から次へ事が起こったり、雑然としている様子。「なんでおめえだけがおらにゴテゴテいうのか、さっぱり合点がいかぬて」(カポー

❖**山本有三**　劇作家・小説家。芥川龍之介らと第三次『新思潮』創刊。歴史劇などの戯曲を多く発表したが、後、小説に転向。作品『路傍の石』など。昭和四〇年、文化勲章受章。(一八八七〜一九七四)

❖**夏目漱石**　→P.8

❖**宮沢賢治**　→P.34

❖**徳田秋声**　→P.42

❖**誹風柳多留**　→P.10

❖**和英語林集成**　江戸時代末期の日英辞書。ヘボン著。慶応三年(一八六七)に初版が刊行された。その後、増補改訂を行いながら、再版が明治五年(一八七二)に、三版が明治一九年(一八八六)に刊行された。三版は「改正増補和英語林集成」と呼ばれる。

❖**伽羅先代萩**　江戸時代の浄瑠璃。松貫四ら作。実際に起こった「伊達騒動」を題材にしたもの。歌舞伎『伽羅先代萩』(安永六年初演)と『伊達競阿国戯場』(安永七年初演)を元に作られたもの。天明五年(一七八五)初演。

❖**田山花袋**　→P.51

❖**北杜夫**　→P.30

ティ原作・龍口直太郎訳『わが家は花ざかり』)、「鎌公とおせいは、まだゴテゴテやっているようだった」(葛西善蔵『酔狂者の独白』)

◇**類義語**「こてこて」「ごたごた」

「こてこて」は①の類義語。「ごてごて」ほどにはしつこくない。「ごたごた」は②の類義語。しつこさに視点がある「ごてごて」に対して、整理されていない様子に視点がある。

◆**参考** ②は江戸時代から見え、「ごてごて言う」「ごてごてする」と言った。現代では「ごてごてする」の方は「ごたごたする」が普通。

(染谷裕子)

こてんこてん

徹底的にやっつけたり、やっつけられたりする様子。肉体的にも精神的にも使う。「相手チームにこてんこてんに負けた」。また、ぐったりする様子にも言う。「徹夜仕事でこてんこてんに疲れる」。しつこい様子を表す「こてこて」と関連の可能性もあるが、衝撃を音で表した語か。

◇**類義語**「けちょんけちょん」

「けちょんけちょん」は叱責、批判等で精神的に痛めつける様子に多く用いる。

(染谷裕子)

こてんぱん

完全に相手をうちのめすまで、徹底的にやっつける様子。また、やっつけられる様子。「その店は、主人の歯に衣を着せぬ八方破れの毒舌で有名だった。機嫌の悪い時には、それこそ客はこてんぱんにやっつけられる」(五木寛之『風に吹かれて』)

◇**類義語**「こてんこてん」「こてんぱあ」

「こてんこてん」は次から次へとやっつける感じを伴う。「こてんぱあ」は「こてんぱん」ほどには、手厳しい感じを伴わない。

(染谷裕子)

ことこと

①板などの面にかたい物が繰り返し軽く当たって響く小さな音、またその様子。「戸棚の中でことことと音がしだす」(夏目漱石『吾輩は猫である』)。物を刻む音「ことことさっきからキャベツを刻んでいる」(林芙美子『放浪記』)や戸を叩く音「ことことと戸を敲くと」(ツルゲーネフ原作・二葉亭四迷訳『片恋』)などを表す。但し最近は、これらの音は「とんとん」で表されることが多い。

②弱火で焦げ付かないように静かに煮込む時の

❖**葛西善蔵** 小説家。大正七年、『子をつれて』で文壇にデビュー。病気や貧困、酒びたりの自虐的な生活の中で、私小説作家としての姿勢を貫く。作品『湖畔手記』『蠢く者』など。(一八八七〜一九二八)

❖**五木寛之** 小説家。昭和四二年『蒼ざめた馬を見よ』で直木賞受賞。終戦時の苛酷な引き揚げ体験が、作品の根幹をなす。作品『さらばモスクワ愚連隊』『青春の門』など。(一九三二〜)

❖**夏目漱石** →P.8

❖**林芙美子** 小説家。昭和五年、自らの苦難の半生をつづった自伝的小説『放浪記』がベストセラーとなり、女流作家の道を歩む。作品はほかに『晩菊』『浮雲』など。(一九〇三〜一九五一)

音。また、その様子。「蕪(かぶ)はコトコト炊いていくと煮崩れて」(週刊現代00・12・16号)。最近はこの意味で使われることが多く、「じっくりコトコト煮こんだスープ」などと商品名にも使われている。

◇類義語「かたかた」「こつこつ」

共に①の類義語でかたい物が軽く当たる音。「かたかた」は高く澄んだ音で「ことこと」より当たる物が軽くかたい感じ。「こつこつ」は当たる部分の面積が小さく点に近い。「ことこと」「かたかた」は音が切れ目なく続くが、「こつこつ」はややテンポが遅く、音の輪郭が明瞭な感じ。　(小島聡子)

ごとごと

①重い物がかたい物と何度も接触する時に発生する大きな鈍い音。重い物が振動する様子に用いる。「今度はどんぶりか何かに掛ったらしい、重い音が時々ごとごととする」(夏目漱石❖『吾輩は猫である』)。また振動しながら少しずつ移動する場合にも用いる。「地下のマグマがゴトゴトしている状態」(週刊現代00・12・30号)

②鉄道の車輪や水車などかたくて重たい輪が転がる音、またその様子。「ごとごと鳴る汽車のひびきと」(宮沢賢治❖『銀河鉄道の夜』)

◇類義語「ごとんごとん」「ごとりごとり」「がたがた」「ことこと」

「ごとんごとん」「ごとりごとり」は①②の類義語。音と音の間が少しあいている。重い物が大きく動く様子、例えば四角い物が転がる時などに使う。「ごとりごとり」は一回ごとに止まる感じで「ごとんごとん」はリズミカルな感じ。「がたがた」「ことこと」は①の類義語。低くこもった音の「ごとごと」に対し「がたがた」は高い音。「ことこと」は軽い物が振動する音。　(小島聡子)

ことり

軽くてかたい物がかたい面に静かに触れる微かな音。「手紙のことりとおちた時から」(野坂昭如❖『プアボーイ』)。「ことりとも〜ない」で少しも物音がしないことを表す場合が多い。「隣室ではことりともしなかった」(新田次郎❖『孤高の人』)

◇類義語「ことりことり」

一度きりの「ことり」に対し、足音等の規則的に続く音。「お爺さんがことりことりハシゴ段をあがってきた」(山本有三❖『路傍の石』)　(小島聡子)

❖夏目漱石　→P.8

❖宮沢賢治　→P.34

❖野坂昭如　→P.26

❖新田次郎　小説家。中央気象台の職員として富士山レーダーの建設などを担当。かたわら小説を執筆し、昭和三一年『強力伝』で直木賞受賞。以降、山岳および歴史小説を次々に発表。作品『槍ヶ岳開山』『武田信玄』など。(一九一二〜八〇)

❖山本有三　→P.30

ごとごと　電気洗濯機が作動する。まず「ガタ」と鳴り、それから「ゴトゴト」。

(うえやまとち『クッキングパパ』より)

山口仲美の擬音語・擬態語コラム⑦

発音が意味を表す

——擬音語・擬態語の特色

どんどん水に沈み込む、「ずぶずぶ」と。「ぶ」の音に注目。
（あさりよしとお『宇宙家族カールビンソンSC完全版』）

擬音語・擬態語の特色は、発音が意味に直結していることである。「ぱちぱち」という擬音語は、「ぱちぱち」という発音が、小さくて堅い物がはぜる音や拍手の音を表しており、意味に直結している。

ふつうの言葉、つまり擬音語・擬態語以外の言葉は、発音と意味とが約束によって結びついている。たとえば、「歩く」という言葉では、「あるく」という発音が、「足を使って前に移動する」という意味に直結しているわけではない。「あるく」という言葉は、そういう動作を表すと約束したからできた意味である。つまり、「約束」という媒介を経て発音と意味とが間接的に結びついているだけなのである。だから、「約束」を変えれば違う結びつきも可能である。

ところが、擬音語・擬態語は発音と意味が直結しているから、発音と意味の結びつきを変更することができない。発音が意味を左右しているからである。

こうした擬音語・擬態語の性質は、次のような面白い現象をひきおこす。それは、ある音が一定の意味に結びつく傾向である。たとえば、「きらきら」「さらさら」「ひらひら」という清音で表された語は、「ぎらぎら」「ざらざら」「びらびら」という濁音で表された語よりも、明るく澄んで軽やかな印象を持っている。

また、ある音がある意味の語には共通に用いられるということも起こる。たとえば、「ぶ」の音。「がぶがぶ」「げぶげぶ」「ざぶざぶ」「じぶじぶ」「しゃぶしゃぶ」「ずぶずぶ」「だぶだぶ」「どぶどぶ」と、二つ目の音に「ぶ」が来ると、すべて水や水分に関係のある音や様子を表す語になっている。二音節目の「ぶ」には、そうした意味を与える力があるのだ。こんな発見を次々にしていけるのが、擬音語・擬態語の魅力である。

ごとり

重くてかたい物が何かに触れる大きな鈍い音。車輪など、重い物が静止状態から動き出す時にも用いる。「力任せに戸を引いた時、ごとりという重苦しい鏁(かきがね)の抵抗力を裏側に聞いた」(夏目漱石❖『明暗』)、「中継の柱のところで、急にごとりと車体が一度ずり下った」(横光利一❖『比叡』)

◇類義語「ごとりごとり」

「ごとり」は一度きりだが、「ごとりごとり」は少しずつ間を置きながら続く音。（小島聡子）

ことん

かたい物同士が軽く当たる低い音。また、その様子。軽くかたい物が板の上に落ちる時の音などに用いる。「フォークがテーブルの上に、コトン、と音をたてて落ちた」(赤川次郎❖『女社長に乾杯！』)

◇類義語「こつん」「ことり」「ことこと」

「こつん」は「ことん」よりも接触面が小さく、一瞬当たって離れる感じ。少し響く感じの「ことん」に比べ、「ことり」は響きもしない微かな音。「ことこと」は振動する感じで軽い音が続く。（小島聡子）

ごとん

重くてかたい物がかたい面に衝突してたてる大きな鈍い音、 またその様子。「舳(へさき)の方で、ごとんとはげしい音がして船が何か大きなものにぶつかったようす」(海野十三❖『恐竜島』)

◇類義語「ごつん」「ごとり」「ごとごと」

「ごつん」はかたい物が勢いよく当たる感じで「ごとん」より接触面が小さい感じ。「ごとり」は動きに勢いはなく、動きだすのに抵抗がある感じ。「ごとごと」は重い音が小刻みに続く感じ。（小島聡子）

ごにょごにょ

こもったような小さな声で、発音が不明瞭なため聞き取れないが、何かを言っている様子。「ひとりでもページをめくってゴニョゴニョと何やらお話を作っています」(朝日新聞00・12・14)、「ごにょごにょとあまりよく聞きとれない声で挨拶のようなものをした」(椎名誠❖『新橋烏森口青春篇』)

◇類義語「むにゃむにゃ」

「ごにょごにょ」は聞き取れないだけだが、「むにゃむにゃ」は言葉になっていない感じ。（小島聡子）

❖夏目漱石　→P.8
❖横光利一　→P.107
❖赤川次郎　→P.39
❖海野十三　→P.107
❖椎名誠　→P.42

ごとん　リンゴが落ちて床に衝突。

(植田まさし『コボちゃん』より)

ごほごほ

病気等で出る咳やむせて咳込む音。「ごほごほいやなせきをする音」（宮沢賢治『サガレンと八月』）

平安時代は濁音は無表記のため「ごぼごぼ」等と区別なく「こほこほ」と書かれた。「こほこほ」は咳のほか、現代語の「ごろごろ・ごとごと」に当たるような音も表した。「こほこほと鳴神よりも」（『源氏物語』）は雷の音、「こほこほと引きて」（『源氏物語』）は扉が動く音、「腹のこほこほと鳴れば」（『落窪物語』）は腹の鳴る音。（小島聡子）

ごぼごぼ

①液体が動いて、空気と混じり泡がたつなどして出るこもった音。また、その様子。水が湧き出る様子や、溜った水に流れこむ水音などを表す。「水の乾いた砂地のところでは、ごぼごぼと音をたてて靴が水を噴き出した」（井伏鱒二『黒い雨』）

②ゴムや膜のような物が波打つ時や密着した面から離れて空気が入る時の音。「長靴をごぼごぼ鳴らしながら駈けてきた」（三浦哲郎『恥の譜』）。これは長靴の中の水音ではなくゴムの音。（小島聡子）

ごぽごぽ

液体が流れたり揺れ動いたりする時、空気と混じりあって立てる音。酒などを注ぐ様子など。「臀の煤けた土瓶へごぽごぽと注いで」（長塚節『土』）

◆類義語「ごぼごぼ」「たぽたぽ」

「ごぼごぼ」はこもった感じの鈍い水音。「ふたをかぶせられたようなごぼごぼというくぐもった音」（村上春樹『世界の終りとハードボイルド・ワンダーランド』）。「たぽたぽ」は溜った水が容器の中で揺れ動く感じで流れていかない。（小島聡子）

ごぼっ

①大きな気泡が水面ではじける音。水が湧き出る時や物が沈む時に出る。「銃を水に投げた。ごぼっと音がして」（大岡昇平『野火』）は銃が沈む音。

②物が当たってへこむ音、またその様子。「ボディーは繊維を混ぜた強化プラスチック。たたくとゴボッと鈍い音がする」（AERA90・4・24号）。

③やわらかい所に物がはまる、または、はまった物が抜ける音や様子。「シャベルのさきを、土の中にごぼっといれて」（朝日新聞92・12・10）（小島聡子）

ごほごほ 風邪をひいて、咳がなかなか止まらない。

（うえやまとち『クッキングパパ』より）

❖**宮沢賢治** →P.34
❖**源氏物語** →P.194
❖**落窪物語** 平安時代の物語。作者未詳。落窪の姫君を主人公とする継子いじめの物語。後世、同類の物語に大きな影響を与えた。一〇世紀後半に成立。
❖**井伏鱒二** →P.7
❖**三浦哲郎** →P.16
❖**長塚節** →P.21
❖**村上春樹** →P.94
❖**大岡昇平** →P.95

ごぼり

泥状の物が動いて内部にできた気泡がつぶれる音。泥中から物を抜く様子などに使う。「ごぼりと音がして、シャベルいっぱいの土がもちあがった」(スタインベック原作・大久保康雄訳『怒りの葡萄』)

◆**類義語**「ごぼっ」「ごぼりごぼり」

「ごぼっ」は「ごぼり」より液体の粘性が低い感じ。「ごぼりごぼり」は連続する音で、泥の中を歩く様子などに使う。「泥は膝の上までしか無い…ごぼりごぼりと遣って行く」(森鷗外❖『雁』)　(小島聡子)

ごほん

①喉の奥から出る大きな咳の音。「『どうです胸が痛みますか』『痛みます、ごほん、ごほん、ごほん』」(宮沢賢治❖『三人兄弟の医者と北守将軍』)

②大きく咳払いをする音。「ごほん」の場合、「えへん」「おほん」に比べ、威張った感じは薄い。「ゴホンと大きな咳払いをするくらいで収めてしまう」(藤原正彦❖『若き数学者のアメリカ』)

◆**類義語**「ごほんごほん」

続いて出る深い咳、咳込む様子。　(小島聡子)

ごぼん

①弾力のあるやわらかい物に、めりこむくらい勢いよく物が当たる鈍い音。また、その様子。「頭にがつんときてごぼんといった」(朝日新聞78・3・25)

②液体が動いた時の水音。「ごぼんと水が湧く」

◆**類義語**「ごぼっ」「ごぼり」

共に①②の類義語。②に関して、大きな泡が緩やかに湧いてくる感じの「ごぼん」に対し、「ごぼっ」は泡がはじける感じで、「ごぼり」は粘り気の強い液体に泡ができた感じ。　(小島聡子)

こりこり

①歯ごたえのあるかたい物を噛(か)むときに出る音。また、歯ごたえのある様子。「焼きたての鶏の軟骨はこりこりしていてうまいなぁ」

②体の中にできる凝りがかたくなって、かたまりになっている様子。「重い荷物を運んだら、肩も首もこりこりしてしまったよ」

③ひどい目にあってうんざりする様子。一般的な表現では「こりごり」。「私はもう色々なものにこりこりしているのだ」(林芙美子❖『放浪記』)

❖**森鷗外**　→P.14

❖**宮沢賢治**　詩人・童話作家。岩手県の花巻で、農業指導のかたわら詩や童話を創作。大正一三年、詩集『春と修羅』と童話『注文の多い料理店』を自費出版。作品『銀河鉄道の夜』『風の又三郎』など。(一八九六〜一九三三)

❖**藤原正彦**　数学者・エッセイスト。昭和五三年『若き数学者のアメリカ』で日本エッセイスト・クラブ賞受賞。数学者の感性でとらえた、端正な文体のエッセイに定評がある。著作『数学者の言葉では』『遥かなるケンブリッジ―数学者のイギリス』など。(一九四三〜)

❖**林芙美子**　小説家。昭和五年、自らの苦難の半生をつづった自伝的小説『放浪記』がベストセラーとなり、女流作家の道を歩む。作品はほかに『晩菊』『浮雲』など。(一九〇三〜一九五一)

◇類義語「こりっ」「こりこりっ」「かりかり」
「こりっ」は①②の類義語。「こりこりっ」「かりかり」は①の類義語。歯ごたえとして「こり」を使うときは、美味しいものをいう場合が多い。「こりっ」「こりこりっ」のように促音の「っ」が入ると歯切れよく嚙み切る感じ。「こりこり」はこもる感じの音に対し、「かりかり」は乾いた感じの音。

■参考 名詞「こりこり」は古く室町時代には沢庵漬をさす女房詞として使われた。食べるときの音からできた語。「一ゐ殿よりこりこりまいる」(『御湯殿上日記』)

(中尾比早子)

ごりごり

①かたい物を嚙んだり、かじったりする時に出る音。また、歯ごたえのある様子。「とろとろしながら馬の草をゴリゴリ喰べる音を聞いていましたが」(宮沢賢治『馬の頭巾』)

②表面に凹凸があってなめらかでない様子。厚くてかたい布にもいう。「鬚だらけになった顎をゴリゴリなでまわしたりしているところへ」(夢野久作『冥土行進曲』)

③力を入れてかたい物をこする様子。「私はかきかた鉛筆をゴリゴリとボンナイフで削り」(群ようこ『万年筆』)

④筋肉など体が鍛えられていて、弾力があってかたい様子。「太さ五十二糎の筋肉でごりごりの太腿が現われた」(曾野綾子『太郎物語』)

◇類義語「こりこり」「がりがり」
「こりこり」は①の類義語。「ごりごり」はかたくて美味しくなさそうな感じ、「こりこり」は歯ごたえよく美味しそうな感じ。「がりがり」は①③の類義語。「ごりごり」はなかなか砕けない時に、「がりがり」は砕けやすい時に使用する。

(中尾比早子)

ころころ

①面白いときや楽しいときに出る笑い声。主に女性の笑い声をいう。「お万阿は、他愛もなくころころと笑った」(司馬遼太郎『国盗り物語』)

②コオロギやカエルの鳴き声。「蛙のコロコロと咽喉を鳴らす声が聞えて来ると」(嘉村礒多『崖の下』)。なお、「コオロギ」の名称は「コホロ」という鳴き声から名付けられた。福島県会津地方などでは「コロコロ虫」という呼び名がある。

③小さくて、丸みのある物が回転する様子。「金

ころころ コオロギ(上)やカエル(下)の鳴き声

❖女房詞 →P.53
❖御湯殿上日記 文明九年(一四七七)から文政九年(一八二六)までの、清涼殿の北西にある「御湯殿」に仕えた女房たちによる日記。宮中の生活や行事等のみならず、女房詞を知る上でも貴重な資料。
❖宮沢賢治 →P.180
❖夢野久作 小説家。奔放な空想力を駆使して幻想的世界を描き出す。作品『瓶詰地獄』『ドグラ・マグラ』など。(一八八九〜一九三六)
❖群ようこ →P.36
❖曾野綾子 →P.25
❖司馬遼太郎 →P.16
❖嘉村礒多 小説家。雑誌『不同調』の記者のかたわら、昭和三年、同誌に『業苦』『崖の下』を発表。作品『途上』『神前結婚』など。(一八九七〜一九三三)

網の上で鬼皮のままのギンナンをコロコロ転がして炙るだけの料理です」(週刊現代00・12・2)。なお、丸い物や小さい物を形容して「ころ」を付ける表現がある。「石ころ」「あんころ」など。

④肥えて丸くなっている様子。「里芋のコロコロしたのを薄く切って」(❖林芙美子『放浪記』)

⑤容易にことが行われる様子。「将棋界では四段にころころ負ける九段や八段が沢山居るのだ」(週刊現代00・12・30)

◇類義語「ころっ」「ころり」「ころりん」「ごろごろ」

「ころっ」「ころり」は①④⑤の類義語。「ころころ」はくり返し起こるさまに対し、「ころっ」「ころり」は瞬時に起こるさま。④の意味では「ころっ」は特にはちきれそうな感じ。「ころりん」は③の類義語。一回転のさまを表す。「ころりん」の方がリズミカルに回転する感じ。「ごろごろ」は③の類義語。「ころころ」より「ごろごろ」の方が重いものが回転するさまで、重量感がある。

◆参考 江戸時代には「ころころ」が目を頻繁に動かす「きょろきょろ」の意味で使われていた例がある。「廊下をころころして誰さまはなどと尋ることあり」(『❖魂胆惣勘定(こんたんそうかんじょう)』)

(中尾比早子)

ごろごろ

①雷が鳴っている音。「突然頭の上で、ごろごろと春の雷が鳴った」(❖芥川龍之介『路上』)

②猫の喉(のど)が鳴る音。なでられたり、おねだりするなど甘えるときに出す。「猫は…あおむけになってゴロゴロと喉を鳴らすという、最上級の喜びを表現する」(❖群ようこ『猫の正月』)

③車輪などが転がる音。「夏の短夜が間もなく明けると、もう荷車が通りはじめる。ごろごろがたがた絶え間がない」(❖国木田独歩『武蔵野』)

④目や喉などに異物を感じる様子。「鐘師が、ひどいぜんそくもちで、しょっちゅうのどをごろごろいわせていたので」(❖新美南吉『ごんごろ鐘』)

⑤冷えるなどして、腹の調子が悪い時の音や様子。「牛乳を飲んだらお腹がごろごろしてきた」

⑥重いものが転がる様子。「世界が激変したこの年、日本経済もゴロゴロと転落していった」(日刊スポーツ00・12・19)

⑦寝る様子。寝返りを打ちながら寝る感じ。「巌の上に熊がごろごろ昼寝をしているときなどは未だ尋常の方な…」(❖夏目漱石『彼岸過迄』)

⑧何をするともなく、無為に時間を費やす様子。

❖林芙美子 小説家。昭和五年、自らの苦難の半生をつづった自伝的小説『放浪記』がベストセラーとなり、女流作家の道を歩む。作品はほかに『晩菊』『浮雲』など。(一九〇三〜五一)

❖魂胆惣勘定 江戸時代の洒落本。石島政植著とされるが未詳。宝暦四年(一七五四)刊。

❖芥川龍之介 →P.12

❖群ようこ →P.36

❖国木田独歩 →P.141

❖新美南吉 児童文学者。童謡や童話を『赤い鳥』に投稿。民話風の話を、善意にもとづきユーモラスに描く。作品『ごん狐』『おぢいさんのランプ』など。(一九一三〜四三)

❖夏目漱石 →P.8

ごろごろ 腹の調子が良くない。

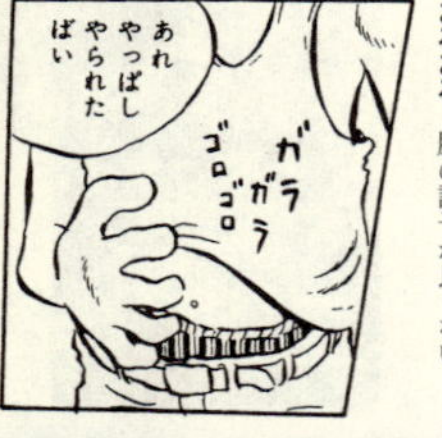

(松本零士『男おいどん』より)

「家でゴロゴロすることや、悩んでウダウダしていることも、全部が経験です」(朝日新聞00・12・17)

働きもしないで遊んでいる人を「ごろつき」という。「ごろごろ」の動詞化した「ごろつく」から。

⑨丸い物や長くて転がりそうな物がたくさんある様子。「これから架橋工事が始まるらしく四角に截(き)った御影石が幾つもごろごろと置いてあった」(佐左木俊郎❖『猟奇の街』)

⑩(⑨から転じて)同じような物や同じ役割を担える人が過剰に存在する様子。「パワーヒッターはゴロゴロいるのですが…1番打者タイプは不足している」(週刊現代00・12・2号)

◇**類義語「ごろっ」「ごろり」**

「ごろっ」は①⑥の類義語。①では「ごろごろ」は連続するのに対し、「ごろっ」は一回のみ鳴る雷の音。近くに雷が落ちたときは地響きがするような音がする。⑥では「ごろごろ」は連続してどこまでも転がりそうに回る様子に対し、「ごろっ」は一回勢いよく転がる様子。「ごろり」は⑥の類義語。「ごろり」は一回転がる様子で重量感がある。

◆**参考** 野球用語にある「ピッチャーゴロ」の「ゴロ」は、ボールが地面をごろごろ転がることから名付けられたとされている。(中尾比早子)

ころっ

①すばやく転がる様子、一回転する様子。「胡桃は少しも砕けることなく中味を見せてコロッと天井を向いていた」(群ようこ❖『胡桃のお尻』)

②それまでの状況と完全に変わる様子。「ちょっと美人という女たちに、たいていの男はコロッと騙されるのだ」(林真理子❖『アバタもエクボ』)

③急にあっけなく死んでしまう様子。「花にたくさん虫が付いていたのでスプレーをかけたら一回でころっと死んだ」(中尾比早子)

ごろっ

①雷が一度鳴る音。「遠くで雷がごろっと鳴った」

②重くて、大きな物が転がる様子。はずみをつけて寝そべる時に使うことが多い。「どこでごろっと横になってもだれも文句を言わない」(朝日新聞00・12・24)、「私はゴロッとあお向けになって」(群ようこ❖『満員電車に乗る日』)

◇**類義語「ころっ」**

②の類義語。「ごろっ」は重々しく転がる様子、「ころっ」は軽く転がる様子を表す。(中尾比早子)

ごろごろ あーあ、定年退職で暇だ。テレビを見ながら寝ころんでばかり。

(東海林さだお『サラリーマン専科』より)

❖**佐左木俊郎** 小説家。農民文学作家。作品『熊の出る開墾地』『黒い地帯』など。(一九〇〇〜三〇)

❖**群ようこ** →P.36

❖**林真理子** 小説家。コピーライターとして出発。昭和六一年『最終便に間に合えば』『京都まで』で直木賞、平成一〇年『みんなの秘密』で吉川英治文学賞受賞。作品『ルンルンを買っておうちに帰ろう』(エッセイ集)、『白蓮れんれん』など。(一九五四〜)

ころり

①小さい物が軽やかに転がる様子。「序に灰吹をぽんと敲いて銀の延打(のべうち)の烟管(きせる)を畳の上にころりと落とす」(夏目漱石『虞美人草』)

②横たわったり倒れたりする様子。「ころりと横になって胸のあたりをはたはたと打あふぐ」(樋口一葉『にごりえ』)

③以前の状況とはまったく変わる様子。「其内(そのうち)兄の熱がころりと除れた」(夏目漱石『道草』)、「ころりと先方を参らすやうな事になるかも知れないよ」(志賀直哉『赤西蠣太』)

④あっけなく死ぬ様子。「夫はチブスに罹ったなり一週間とは床につかず、ころりと死んでしまいました」(芥川龍之介『捨児』)

名詞化した「ころり」は法定伝染病コレラの異称として使われた。ころりと死ぬの意味と「コレラ」の音をかけてできた語。三日もすれば死んでしまうことから「三日ころり」ともいった。

◇類義語「ころっ」「ころりっ」「ごろり」

「ころっ」は①〜④の類義語。いずれも「ころりっ」より動作の素早さや軽快さを表す。「ころりっ」は「ころり」より軽やかで勢いのある様子、「ごろり」は「ころり」より重そうなものが動く様子を表す。

■参考　子守歌の一節に「ねんねんころりよおころりよ」がある。「ねんねん」とは「寝む寝む(=寝よう寝よう)」、「おころり」とは目下に命令するときの接頭語「お(御)」+「ころり」。歌の意味は「ころりと横になって寝よ」。

また、江戸時代には「百ころり」という表現が吉原などの遊郭で使われていた。女郎が百文で「ころりと寝る」ことに由来する。当時の物価で百文は米一升程度。

(中尾比早子)

ごろり

①人や物が重そうに転がる様子。「彼は寝ぐるしくなったのでごろりと向きを変えた」(山本有三『路傍の石』)

さらに「万一途中相果てたなれば金はごろりとこっちのものと、六平はひとりで考えて」(宮沢賢治『とっこべとら子』)のように、(多額の金銭など価値のあるものが)自分の方に転がり込む、根こそぎ手に入る、という表現にも用いられる。

②無造作に横たわる様子。「長身を座敷のまん

❖**夏目漱石**　英文学者・小説家。英語教師をへて、イギリスに留学。帰国後、『東京朝日新聞』の専属作家となり、同新聞に次々と作品を発表。森鷗外とともに近代日本文学の確立に貢献。作品『吾輩は猫である』『三四郎』など。(一八六七〜一九一六)

❖**樋口一葉**　小説家・歌人。歌を中島歌子に、小説を半井桃水に師事。明治二五年に第一作『闇桜』を発表。作品『大つごもり』『たけくらべ』『にごりえ』など。(一八七二〜一八九六)

❖**志賀直哉**　→P.39

❖**芥川龍之介**　小説家。在学中に『新思潮』に発表した『鼻』が夏目漱石に認められ、文壇にデビュー。才気あふれる理知的な文体で多くの作品を執筆。作品『羅生門』『河童』など。(一八九二〜一九二七)

❖**山本有三**　→P.30

❖**宮沢賢治**　→P.34

中にごろりと横たえて大の字になってしばらく天井を見つめていた」(国木田独歩❖『疲労』)

◇**類義語**「ごろっ」「ごろりごろり」

「ごろっ」は①②の類義語。「ごろっ」は「ごろり」より勢いのある動き方。「ごろりごろり」は①の類義語。「ごろり」が一回限りの動きであるのに対し、大きく何回も転がっていく感じ。

◈**参考** 九州西岸地方には「ごろり」という名前の押船があった。船が揺れる度に、ごろりと荷物が転がったのだろう。速力があって揺れやすいことから名付けられた。

(中尾比早子)

ころりからり

かたい物どうしが当たるときに出る音。特に櫓(ろ)をこぐときに櫓と櫓臍(ろべそ)が当たる音や下駄が地面と触れ合う音。現代ではあまり使われない。「ころりからりと舞妓さんの下駄の音が聞こえる」

「ころり」「からり」はどちらもかたい物が触れ合うときの澄んだ音。「からり」のほうが高く鋭い音である。

◇**類義語**「からりころり」

「ころりからり」も「からりころり」も使用される場面はほぼ同じで「からり」と「ころり」の順番が入れ替わっているだけである。室町時代の「空櫓(からろ)の音がころりからりと」(『閑吟集❖』)の例は写本により「からりころり」と記述されているものもある。

◈**参考**「ころ」「から」の組み合わせでは、「からころ」や「からんころん」というように、「か」が先で「こ」が後という順番になっているものがほとんどである。日本語の特徴として「あっちこっち」や「あれこれ」のように母音が「あ」「お」の順で組み合わさっていることが多い。「ころりからり」は逆順で使われる珍しい例である。

(中尾比早子)

ころりん

①丸みのある物が軽やかに転がる様子。「おむすびころりんすっとんとんころころころりんすっとんとん」(光村教育図書『こくご一上 かざぐるま』)。これは「おむすびころりん」という有名な昔話である。ネズミの穴から聞こえてくる歌で、「すっとんとん」は転がり落ちる様子を表す語。

人間がすべって転ぶ時にも使う。「猟服美々しく着飾った若い主人は、みるみる困惑、と見るうちに、すってんころりん」(太宰治❖『春の盗賊』)

❖**国木田独歩** 小説家・詩人。明治二七年、国民新聞記者として日清戦争に従軍。その後、浪漫主義的な詩や小説を発表。作品『抒情詩』(共著詩集)、『武蔵野』『牛肉と馬鈴薯』など。(一八七一〜一九〇八)

❖**閑吟集** 室町時代の歌謡集。編者未詳。室町時代の民間歌謡(小歌)を中心に三一一首を収める。恋愛歌謡が多いが、当代の風物や人生観を歌ったものなど内容も多彩。口語的な語句も少なくない。永正一五年(一五一八)成立。

❖**太宰治** 小説家。井伏鱒二に師事。昭和一〇年に『逆行』が芥川賞候補になるなど、戦前から作家として知られる。戦後、坂口安吾などとともに無頼派と呼ばれ、『斜陽』『桜桃』などで流行作家となる。作品『ヴィヨンの妻』『津軽』など多数。(一九〇九〜一九四八)

②琴を親指で素早く弾いたときの音。三本の絃を高い音から低い音へ順に弾く。「風に乗ってどこからかころりんと琴の音が聞こえてきた」

◆参考「おむすびころりん」は元は『鼠の浄土』という話で日本全国に分布する。滋賀県ではネズミが「あぁころりここん」と唄い、奈良県では「むすびすってんころりん」、広島県では「むすびころころすってでん」と穴の中に落ちるという。転がる様子を「ころりん」としている地域は多い。お爺さんも「爺はんころりん」（富山県）と表現されている。

（中尾比早子）

ころりんしゃん

琴を弾くときの音。琴を特色づける奏法の一つなので、「ころりんしゃん」が琴の音楽そのものを意味することがある。リズミカルな表現である。「琴を優雅にころりんしゃんとかき鳴らす」。江戸時代末期には「ころりんちゃん」の語形もあった。

◆参考「ころりん」は琴を奏でるとき親指で三本の絃を高い音から低い音へ速やかに弾く弾き方。次に「しゃん」は親指と中指で、一オクターブ違いの絃を同時に弾く方法である。

（中尾比早子）

ころん

倒れたり転がったりする様子。「外で突風が吹いて側にあった缶がころんと転がった」

◇類義語「ごろん」

「ころん」は軽やかな転がり方で、「ごろん」は重量感がある転がり方。

◆参考「ころんころん」は音を写すことが多い。「ころんころんと水の湧くような音」（宮沢賢治❖『銀河鉄道の夜』）、「玄関のベルがコロンコロンと鳴った」（曾野綾子❖『太郎物語』）

（中尾比早子）

ごろりん

丸くて転がりやすい物や重さがある物が、転がる様子。人が横になる様子。「向かいあってごろりんと横になり」（群ようこ❖『シジミの寝床』）

◇類義語「ころりん」

「ごろりん」は重量感があって転がるさまであるのに対し、「ころりん」は軽やかに転がるさま。「ごろりん」は単独で見られることが多く、「ころりん」は「すってんころりん」のように複合してよりリズミカルな表現に使われる。

（中尾比早子）

❖群ようこ　エッセイスト・小説家。本の雑誌社で編集のかたわら、昭和五九年『午前零時の玄米パン』でデビュー。退社後、エッセイ、小説、評伝などを執筆。作品『なたぎり三人女』『動く女』など。（一九五四〜）

❖宮沢賢治　詩人・童話作家。岩手県の花巻で、農業指導のかたわら詩や童話を創作。大正一三年、詩集『春と修羅』と童話『注文の多い料理店』を自費出版。作品『銀河鉄道の夜』『風の又三郎』など。（一八九六〜一九三三）

❖曾野綾子　→P.25

ごろりん　寝技にもちこむため、相手と一緒に地面に転がりこむ。

（蛭田達也『新・コータローまかりとおる!』柔道編 より）

ごろん

①重たそうに倒れたり、はずみをつけて転がる様子。「いざゴングが鳴ると猪木はごろんと寝転がり、あおむけの体勢からキックを放つだけ」(日本経済新聞00・12・30)

②寝ころんだり横になったりする様子。「酒の酔も醒めたように横にごろんとなっていた」(福永武彦❖『草の花』)

また、横たわっている状態にも使う。「ふたをとれば中に塩漬けの胡瓜（きゅうり）が丸のままごろんとあり」(野坂昭如❖『焼土層』)

◆**類義語**「ごろり」「ごろんごろん」

共に①②の類義語。「ごろん」も「ごろり」も重量感がある。「ごろり」は「ごろん」ほど勢いがない。「ごろん」は倒れかかる様子や一回限りの回転に対し、「ごろんごろん」は連続して回転する様子。

■**参考** 方言に「ごろんぼ」や「ごろんぼすいか」がある。「ぼ」は「ぼう(坊)」のことで、人の名前などにつける接尾語。転がりやすいものにもつけて親しみの気持ちを表す。「ごろんぼ」(三重県など)はごろんと転がる丸太、「ごろんぼすいか」(奈良県)はうらなりの西瓜（すいか）のこと。

(中尾比早子)

ごわごわ

かたくこわばっていて、しなやかさやなめらかさがない様子。布・紙・髪・皮革などについていう。「ウールにアンゴラ素材を混ぜたものは薄手でも暖かく、肌触りがなめらかで、ごわごわした感触がない」(読売新聞01・11・26)は布の例。「飛び出す絵本はごわごわしている」(朝日新聞01・3・25)は紙の例。「シャンプー後の髪はマイナスの電気を帯び、ごわごわした手触りになる」(朝日新聞00・5・1)は髪の例。「(ジンベイザメは)肩から後ろを通る二本のひだと、ゴワゴワした皮膚の感じが、甚平を着たような、というのが名の由来」(朝日新聞日曜版95・2・5)は皮膚の例。

■**参考** 平安時代に、かたくこわばっている様子を表した「こはごはし」という語がある。「(ご返事は)白き色紙のこはごはしきにてあり(=白い色紙でごわごわしたのに書いてあった)」(『源氏物語❖』)。それが江戸時代になり、最初の「こ」を濁音にして「ごわごわ」という形で用いるようになった。江戸時代の『書言字考節用集（しょげんじこうせつようしゅう）❖』には、衣服の様態を表す語として挙がっている。辞書に載るほど定着した語だったことがわかる。

(吉田永弘)

ごわごわ 長い間洗濯もしていなかったパンツ。かたくこわばっている。

(松本零士『男おいどん』より)

❖**福永武彦** 小説家・仏文学者。昭和二七年の『風土』、二九年の『草の花』で文壇的地位を確立。ほかに加田伶太郎、船田学の名でそれぞれ推理小説とSFを執筆。作品『死の島』『海市』など。(一九一八〜一九七九)

❖**野坂昭如** →P.26

❖**源氏物語** →P.194

❖**書言字考節用集** →P.154

こん

①咳をする音。また、その様子。「更にコン、コンと二つ弱い咳をした」(太宰治❖『あさましきもの』)。口の中だけでする軽く小さな咳に使う。

②狐の鳴き声。奈良時代には既に用いられていた。「夕べさみしい　村はずれ　こんときつねがなきゃせぬか」(清水かつら❖・童謡「叱られて」)

③ややかたい物どうしが、軽く打ち当たって出る高く澄んだ音。室町時代末には既に見られる語。「七輪の慈姑(くわい)が転げて、コンと向うへ飛んだ」(泉鏡花❖『古狢』)

◆類義語「ごほごほ」「こーん」

「ごほごほ」は①の類義語。「こん」より喉の奥の方でするこもったような咳を表す。また、「こん」が風邪を引いた時の咳のみを表すのに対し、「ごほごほ」は煙い時など、風邪以外の咳も表す。「こーん」は②③の類義語。後まで引くような、より長く響く音を表す。

■参考　江戸時代頃、狐のことを鳴き声から「こん吉」「こん印(じるし)」「こんちき」などと呼んでいた。また現在にも「こんさん」という語がある。これは狐が憑いた人のこと。

(佐藤有紀)

ごん

①重い鐘が鳴る音。「ごんと鳴る　鐘をつきけり春の暮」(夏目漱石❖)

②かたい物とかたい物とが、勢いよくぶつかる音。「こん」より濁った感じの音。「頭を電柱にぶつけたら、ごんとすごい音がした」

◆類義語「ごーん」

①②の類義語。「ごーん」の方が衝撃が強く、音が長く響く感じ。「ごうん、と除夜の鐘、万金の重みで鳴り響き」(太宰治❖『新釈諸国噺』)

(佐藤有紀)

こんがり

食品などが程よく、旨そうに焼ける様子。焼き色を表す「狐色」の語と共に用いることが多い。また、皮膚が日焼け、雪焼けなどにより、濃い褐色に変化する時にも使う。「こんがりとキツネ色に仕上がったタチウオ」(週刊現代00・12・9号)

■参考「焦がす」の語幹「こが」に撥音「ん」を挿入し、末尾に接尾語「り」をつけてできた語。「たまる」の「たま」から「たんまり」、「しみる」の「しみ」から「しんみり」ができたのと同じ。

(佐藤有紀)

❖清水かつら　→P.287

❖太宰治　小説家。井伏鱒二に師事。昭和一〇年に『逆行』が芥川賞候補になるなど、戦前から作家として知られる。戦後、坂口安吾などとともに無頼派と呼ばれ、『斜陽』『桜桃』などで流行作家となる。作品『ヴィヨンの妻』『津軽』など多数。(一九〇九〜一九四八)

❖泉鏡花　小説家。能楽と江戸文学に造詣が深く、幻想性に富む独自の作品を創作。反自然主義作家としての評価も高い。作品『高野聖』『婦系図』など。(一八七三〜一九三九)

❖夏目漱石　→P.8

こんこん　狐の鳴き声として奈良時代から用いられていた。左は『和漢三才図会』に描かれた狐。

こんこん

①狐の鳴く声。「小ぎつねコンコン、山の中、山の中」（唱歌「小ぎつね」）

「こん」「こんこん」は、奈良時代から見られる狐の鳴き声。「さし鍋に　湯沸かせこども　櫟津の　檜橋より来む　狐に浴むさむ」（『万葉集』）は、奈良時代の例。「柄つきの鍋に湯を沸かせ、…こんと鳴いてやって来る狐に浴びせてやろう」の意味。狐の声は「こむ」。「来む（＝来るであろう）」の意味に掛けている。「こんこん」の声は、しばしば「来ん来ん（＝来よう来よう）」に掛けて聞かれる。「こんこんと　言ひし詞の　跡なきは　さてさて我を　ふる狐かも」（『後撰夷曲集』）のように。

②続けて出る軽い咳の音。明治時代からこの意味で用いられている。「急に寒くなってきました！　街を歩けばあっちでコンコン、こっちでコンコン」（女性自身00・12・12号）

③かたいものを軽く続けて打ったときに出る音。室町時代からこの意味で用いられている。「叩く」「打つ」などの動詞に連なることが多い。「こんこんと石をたたいている弟」（毎日新聞73・2・17）

④雪、霰などが盛んに降ってくる様子。「こんこんと大降りになり出した往来の雪をぼんやり瞬きもせずに眺めながら」（有島武郎『星座』）。唱歌「雪」の歌詞は、もとは「雪やこんこ霰やこんこ」であったが、後に「雪やこんこん」と歌われるようになり、「こんこん」に④の意味が生じた。

◆類義語「ごんごん」「ごほごほ」「ごほんごほん」「とんとん」「こーんこーん」

「ごんごん」は、②③の類義語。「こんこん」よりも重く響く音。「ごほごほ」「ごほんごほん」は、②の類義語。「こんこん」よりも、器官の奥から出る深い咳。ただし、「ごんごん」ほど体の内部に入り込んだ咳ではない。「とんとん」「こーんこーん」は、③の類義語。「とんとん」は、「こんこん」よりも音が内部に吸収された柔らかい感じの音。「こーんこーん」は、「こんこん」よりも高らかに反響する音。「こーん、こーん、と凍っている夜空にひびく砧の音がある」（吉川英治『宮本武蔵』）

◆参考　狐の声は、室町時代から江戸時代にかけて「くゎいくゎい」という全く別の聞き方があった。「命を助けうほどに、くゎいくゎいと啼け」（狂言『寝代』）。「こんこん」と「くゎいくゎい」を合体させた「こんくゎい」の聞き方もあった。「後悔」の意味を掛けて聞くのである。

（山口仲美）

こんこん　入室前にドアをたたく。

（東海林さだお『平成サラリーマン専科』より）

❖**万葉集**　→P.23

❖**後撰夷曲集**　江戸時代の狂歌集。生白堂行風編。同編者の『古今夷曲集』（寛文六年刊）の続編にあたる。寛文一二年（一六七二）刊。

❖**有島武郎**　→P.12

❖**吉川英治**　→P.7

❖**寝代**　室町時代の狂言。女主人から、最近自分の所に夜な夜な出家がやってきて迷惑しているので、今夜は自分の代わりに寝代わってほしいと、太郎冠者が頼まれる。

ごんごん

①重い鐘が、連続して何度も鳴る音。また、その様子。一度鳴った鐘の音が、反響して繰り返し聞こえる場合もある。

②かたい物どうしが、強く連続して打ち当たる濁った音。また、その様子。「げんこつをつくり、自分の肩のあたりをごんごんと叩いた」(椎名誠『新橋烏森口青春篇』)

③水が激しく流れたり、火が勢いよく燃えたりする音。また、その様子。「ごんごんと音を立てて燃えている煖炉のそば」(ブロンテ原作・田中西二郎訳『嵐が丘』)

◇類義語「こんこん」「ぐおんぐおん」

共に①②③の類義語。「こんこん」は、「ごんごん」より小さく澄んだ音。「ぐおんぐおん」は「ごんごん」の変形。「ごんごん」より音が響く感じ。

◆参考　独楽の一種に「ごんごん独楽」がある。別名「唐独楽」と呼ばれ、日本には江戸時代頃に伝わった。上下をふさいだ竹筒の横に穴を開け、中央に通した軸に糸を巻きつけて勢いよく回すと、「ごんごん」と音を出しながら回る仕掛けになっていた。

(佐藤有紀)

こんもり

①樹木などが、一ヵ所に集まって生い茂っている様子。奥深くて薄暗い印象。安土桃山時代の『玉塵抄』に既に用例が見える語。「樫、桜、無花果などの樹がこんもりと繁って」(木下杢太郎『少年の死』)。「蓊鬱」「鬱葱」などの漢字を当てることもある。

②土、雪、飯、惣菜などが、ひとかたまりになって、丸く盛り上がっている様子。「鼻はこんもりともりあがって」(太宰治『陰火』)。例えば、ひときわ高くなっている様子をさす「こんもり高」はこの意味から生まれた語。

③ある一定の空間、囲いの中に包まれ、外に出ない様子。特に、気体などが空間いっぱいに満ちていて、外部に漏れないような時に使うことが多い。「草も木も花もみなこんもりと暖気にとぢこめられ」(小熊秀雄『春情は醗酵する』)

◆参考　「こんもり」は、込み入っている意の「こむ(込む)」と、うずたかく積み上げる意の「もり(盛り)」が合体してできたという説がある。また、動詞「籠る」の活用形「籠り」からできたという説もある。

(佐藤有紀)

❖椎名誠　→P.42

❖玉塵抄　室町時代の抄物。別名『玉塵』。中国の韻書『韻府群玉』の一部について、禅僧、惟高妙安が注釈したもの。室町時代後期の口語資料として貴重。永禄六年(一五六三)以降数年間に成立。

❖木下杢太郎　詩人・劇作家・キリシタン史研究者・小説家・美術家・医学者。明治四一年、北原白秋らとパンの会創立。翌年、雑誌『スバル』の創刊に参加。耽美派の一人。作品『南蛮寺門前』(戯曲)、『食後の唄』(詩集)など。(一八八五〜一九四五)

❖太宰治　→P.20

❖小熊秀雄　詩人。『旭川新聞』で詩や童謡を発表。昭和六年、プロレタリア詩人会に参加。同九年『詩精神』を創刊、以降、多くの長編詩、叙事詩を発表。作品『小熊秀雄詩集』『飛ぶ橇』など。(一九〇一〜一九四〇)

さーさー

①液体や気体が、連続して素早く移動する音。また、その様子。肌に触れた時に心地よい、雨や風の流れを表すことが多い。明治期の後半になって広く使われ始めた語。「煙りのなかに靡(なび)く上を、さあさあと雨が走っていく」(夏目漱石❖『二百十日』)

②風により、草木の葉がこすれあって立てる音。

◆**参考**「さーさー」は、別に、人を促す時に発する感動詞としての役割もある。別語。(佐藤有紀)

ざーざー

①大量の液体、粉や砂など粒状の物が、一気に激しく移動する音。また、その様子。特に、水が勢いよく流れる様子を表すのに用いることが多い。「夥しい雨量が、天からざあざあと直瀉(ちょくしゃ)する喧囂(けんごう)の中に、何も彼も打ち消され」(谷崎潤一郎❖『秘密』)

「ざーざー」からできた語に、激しい雨の降り方を表す「ざーざー降り」がある。「ざーざー」のアクセントは「**ざ**ーざー」だが、「ざーざー降り」になると平板化する。

②テレビやラジオなど電気器具の発する雑音。調子が悪い時、電波が乱れた時などに発する音。「『ザーザー』…(ビデオのたてる)雑音とともに画面は乱れ」(鈴木光司❖『バースデイ』)

◇**類義語**「さーさー」「ざんざん」

共に①の類義語。「さーさー」は「ざーざー」より軽い音で、量も勢いも少ない感じ。

「ざんざん」は、「ざーざー」が激しい流れ方に重きをおいているのに比べ、かなりのまとまった量の液体が、一気に激しく波状に落下する感じ。

◆**参考** 韓国語で水が勢いよく流れる音は、日本語と同じく「ざ」から始まる「ざるざる」。(佐藤有紀)

❖**夏目漱石** 英文学者・小説家。英語教師をへて、イギリスに留学。帰国後、『東京朝日新聞』の専属作家となり、同新聞に次々と作品を発表。森鷗外とともに近代日本文学の確立に貢献。作品『吾輩は猫である』『三四郎』など。(一八六七〜一九一六)

❖**谷崎潤一郎** 小説家。第二次『新思潮』に掲載の「刺青」でデビュー、耽美派の作家として注目される。関西に移住後は古典趣味を深め、多くの名作を発表。作品『痴人の愛』『細雪』など。(一八八六〜一九六五)

❖**鈴木光司** 慶応義塾在学中から「未来劇場」に所属。平成二年、『楽園』で日本ファンタジーノベル大賞優秀賞受賞。ホラー小説の旗手。作品『リング』『らせん』など。(一九五七〜)

さーっ

①雨、風、波、粉雪などが、一気に素早く移動する軽い音。また、その様子。「まっ白な波がさーっと、絶えまなしによせていて」（山本周五郎❖『さぶ』）。特に、若芽の季節の春雨など、肌に触れても濡れたと感じないような、細かく静かな、心地よい感じの降雨を描写することが多い。

②変化、動作などが素早く行われる様子。「さーっと鏡の中の顔が消えて、あぶり出しのようにまた現われた」（梶井基次郎❖『泥』）

（佐藤有紀）

ざーっ

①大量の液体、粉や砂など粒状の物が、まとまって勢いよく移動する音。また、その様子。「大広間いっぱいに豆をざあっと撒いて」（三浦哲郎❖『帰郷』）。特に、雨が激しく降る様子や、風が瞬間的に強く吹く様子に多く用いる。「他界からの音信のようにザーッと降頻る雨」（田山花袋❖『隣室』）

②人や物が、一時に流れこむように出現する様子。「あの当時、各界に新人がザーッと出てきた」（佐賀新聞01・12・8）

③テレビやラジオなどの雑音。電波の乱れた時や調子の悪い時などに発する耳障りな音。

④物事を、おおまかに一通り行う様子。近代になって現れた語。「ざあっと其状況を目撃さして頂けば沢山です」（夏目漱石❖『満韓ところどころ』）

◆類義語「さーっ」

①の類義語。「さーっ」の方が流れや勢いが弱く、量も少ない感じ。

■参考　テレビの放送終了後の画面を「砂の嵐」と呼ぶ。見た目と「ザーッ」という音が、砂が激しく風に舞う様子に似ているため。

（佐藤有紀）

さくさく

①林檎や揚げ物の衣、パイ生地などを、嚙んだり、切ったりする時の、リズミカルで軽い音。また、その時の歯ごたえ。旨そうな印象を与える語。「サクサクとした衣の中においしさがいっぱい詰まったポークカツ」（朝日新聞01・6・24）

②霜柱や雪、かき氷など、水分を含む固体が、踏まれたり混ぜられたりして崩れてゆく小気味よい音。また、その様子。「三人の足音がさくさくと気持よく皆の耳へひびく」（太宰治❖『道化の華』）

❖山本周五郎　小説家。新聞・雑誌記者をへて、『須磨寺附近』でデビュー。時代物を中心に、誠実に生きる庶民の側に立った物語を多く執筆。作品『青べか物語』『さぶ』など。（一九〇三〜一九六七）

❖梶井基次郎　→P.18
❖三浦哲郎　→P.16
❖田山花袋　→P.51
❖夏目漱石　→P.8
❖太宰治　→P.20

ざーっ　テレビやラジオで波の効果音を出すとき、よく小豆が使われることが多い。

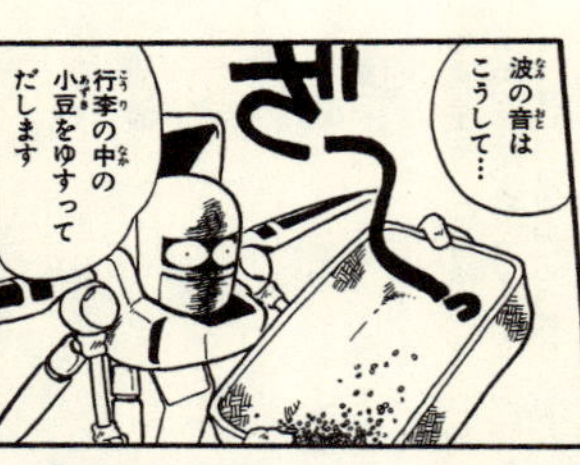

（あさりよしとお『宇宙家族カールビンソンSC完全版』より）

◇類義語「さくっ」「ざくざく」

共に①②の類義語。連続する音や様子を表す「さくさく」に対し、「さくっ」は一回だけ軽快に切ったり混ぜたりする時に使う。梨などを一噛みした時の爽やかな歯ざわりなどに用いられる。「ざくざく」は、「さくさく」よりやや重い音や様子。

◆参考 現代、若者を中心として、「手際よく、迅速に」という意味で使用されることもある。これは、もともと賭博仲間など一部の間で使われていた「速く」という意味が、広く浸透したものと思われる。「さくさく片付けて遊ぼう」 （佐藤有紀）

ざくざく

①ややかたさのある物を、粗く軽快に切ったり噛(か)んだりする音。また、その時の歯ごたえ。「私はコーンフレーク派。このザクザク感がいい」(女性自身00・12・5号)

②かたくて粗い粒状の物が、大量に混ざり合う音。また、その様子。「砂利道の上を、ザクザクと…歩きながら」(海野十三❖『ある宇宙塵の秘密』)

③切り方や編み目が、粗く大雑把である様子。「ザクザクに切って」(朝日新聞00・12・25)

④金銭など、価値のある物が、一ヵ所に大量に存在、出現する様子。「ざくざくと積まれた千両近い黄金の山」(佐々木味津三❖『京人形大尽』)

◇類義語「ざくっ」

①②の類義語。「ざくざく」が連続した音や動作なのに対し、「ざくっ」は一度だけ勢いよく切ったり混ぜたりして、その状態で静止した感じ。

◆参考 材料の切り方が、そのまま料理名になることがある。例えば「ざくざく汁」は、粗くざくざくと切った菜っ葉の汁物。「うざく」「ざくざく」は、粗切りにした胡瓜と魚の和え物。 （佐藤有紀）

さくり

①適度なかたさの物が、簡単に小気味よく切れたり割れたりする音。また、その様子。「汁気の多い稚木(わかぎ)の茎は、斧の一振でサクリと気持よく切れる」(中島敦❖『光と風と夢』)。昭和頃から一般に使われ始めた語。

また、現在ではあまり見られなくなったが、昔は、手際よく行動する様子、頭の働きが鋭い様子も表していた。「さくりとした人」(❖『日葡辞書(にっぽじしょ)』)

②雪、砂、霜柱などが、踏まれて崩れてゆく気

❖**海野十三** 小説家。昭和三年『電気風呂の怪死事件』で探偵小説界に登場、後、空想科学小説に転じる。日本のSF小説の先駆者。作品『俘囚』『地球盗難』など。(一八九七〜一九四九)

❖**佐々木味津三** 大正一〇年に『呪はしき生存』でデビュー。『文藝春秋』の創刊に加わったが、長兄の死による負債返済のため大衆小説に転向。作品『右門捕物帖』『旗本退屈男』など。(一八九六〜一九三四)

❖**中島敦** 小説家。女学校教師、南洋庁国語教科書編集書記などをへて、『光と風と夢』でデビュー。中国の故事や歴史を借りて近代人の苦悩を描く手法が高く評価される。作品『山月記』『李陵』など。(一九〇九〜一九四二)

❖**日葡辞書** 一七世紀初頭の、ポルトガル語で説明した日本語辞書。イエズス会の宣教師によって成る。室町末期の口語を中心に方言、文書語、歌語、女性語など、三万余語を収録。慶長八〜九年(一六〇三〜〇四)刊。

持ちのよい音。「外の雪がさくりと音を立てて、来客を知らせた」

◇**類義語**「さくりさくり」

①②の類義語。「さくりさくり」は連続してリズミカルに切ったりする音。「さくりさくりと切った蕎麦」

◆**参考**「さくり」は昔、しゃっくりを表していた。従って「さくりもよよ」はしゃくりあげて激しく泣くさまを表した。平安頃に多くの用例が見える。「児(ちご)どもなどのように、さくりもよよと泣き給ふ」(『源氏物語』)　(佐藤有紀)

ざくり

①物が、勢いよく割れたり裂けたりする音。また、その様子。「大太刀をふるって…首の付け根をざくりと斬った」(司馬遼太郎『国盗り物語』)

②布地の織り方や、編物の編み目が粗い様子。「手触りのざくりとした、濃い潮色(うしおいろ)の一重物(ひとえもの)を取り出して」(徳田秋声『仮装人物』)

③金銭や宝物など、価値のある物が大量に出現、存在する様子。「箱ん中の巾着からザクリと金が出る」(三遊亭円朝『政談月の鏡』)　(佐藤有紀)

ざぐり

①物が勢いよく割れたり、物にナイフなど鋭い物が一気に突き刺さった音。また、その様子。「さくり」「ざくり」より勢いが激しく、傷が深い感じ。「舟は磯の砂へざぐりと、舳をつき込んで動かなくなった」(夏目漱石『坊つちゃん』)

②布地の手触りや、編物の編み目が粗い様子。「ざぐりとした麻織の上衣」(徳田秋声『縮図』)

◆**参考**　②の用法は現在「ざっくり」の語で表すのが一般的。　(佐藤有紀)

ささっ

素早く動く様子。「物陰にささっと隠れる」

◇**類義語**「ざざっ」

「ざざっ」は、「ささっ」よりも大きな音を伴う激しい動作に用いる。

◆**参考**　鎌倉時代から「ささ」の形で見える。本来は弱い風が吹いて立てる音や、水が軽やかに流れる音を表した。「風のささとふく如何(いかん)。颯々をいふにや。音のささときこゆる也」、「水のながるるおとのささ如何」(共に『名語記』)　(矢田　勉)

❖**源氏物語**　平安時代の物語。紫式部作。現存の物語は「桐壺」以下「夢浮橋」までの五四帖から成る。美貌の貴公子・光源氏が、多くの女性と関わりながら到達した栄華と、その晩年の苦悩、さらに光源氏亡き後、次世代の物語を描いた長編。「橋姫」以下の最後の一〇帖は特に「宇治十帖」と呼ばれる。物語文学の最高峰とされ、後世の文学に与えた影響は多大である。一一世紀初頭成立。

❖**司馬遼太郎**　→P.16

❖**徳田秋声**　→P.42

❖**三遊亭円朝**　幕末から明治時代の落語家。話芸と創作力にすぐれ、人情噺や怪談噺を創作、口演。落語界中興の祖。作品『怪談牡丹灯籠』『鰍沢』など。(一八三九〜一九〇〇)

❖**夏目漱石**　→P.8

❖**名語記**　鎌倉時代の語源辞書。経尊著。当代の口語を中心にいろは順に配列し、問答体で語源の説明を記す。俗語を多数収録する資料として貴重。建治元年(一二七五)成立。

ざざっ

①水などが勢いよく流れたり降りかかったりする音、またその様子。特に、雨が勢いよく降りかかる音に使う。「頭から水をざざっと浴びせる」

②多量の粉状・粒状の物などを、勢いよく容器にあける音。「米びつへ米をざざっとあける」

③地面を蹴立てて素早く動く音、またその様子。「ランナーが一塁へざざっと滑り込む」

④大まかに物事を行う様子。もとは「ざっと」とすべきものの誤用で、最近の用法。　（矢田　勉）

さっ

①弱い風や雨が一瞬に通り過ぎ、草木などを揺らして発する音。「しだれた柳の葉は川風にさっとなびいて」（岡本綺堂❖『玉藻前』）

②素早くある動作に移ったり、完結させる様子。「女は青き畳の上に半ば敷ける、長き袖を、さっと捌いて、小野さんの鼻の先に翻がえす」（夏目漱石❖『虞美人草』）、「髭をさっと剃る」

③急にある状態に変わる様子。「玉藻の顔色はさっと変わったが」（岡本綺堂『玉藻前』）

❖参考　平安時代には、「一たびにさと笑ふ声のす」（『宇津保物語❖』）という例のように、「さと」の形で現われる。この語は本来、一斉にある状態が起こったり感じられたりする様子を表すが、やがて風などが立てる軽い音を表す語に変化する。「さ」の発音が平安時代の[tsa]から現代の[sa]に変わったために、語感も変化したものか。鎌倉時代の『名語記❖』では、「さときたり、さとちるなどいへる、さ如何。これは、風のふく、さの心か」とあって、この時代には現代と近い使われ方であったことが分かる。　（矢田　勉）

ざっ

①雨などが突然勢いよく降りかかる音、またその様子。「そのうち耕助がも一つの薮へ行こうと一本の栗の木の下を通りますと、いきなり上からしずくが一ぺんにざっと落ちてきましたので、耕助は肩からせなかから水へはいったようになりました」（宮沢賢治❖『風の又三郎』）。室町時代から現れた。「軽風がざっと吹たれば、宿雨がとくとくと落て、衣をしほとぬらいたぞ」（『中華若木詩抄❖』）

②手早く事を終らせる様子。大ざっぱに事を済

さっ　敵が近づいてきた。素早く身を隠す。

（あさりよしとお『宇宙家族カールビンソンSC完全版』より）

❖岡本綺堂　→P.141
❖夏目漱石　→P.8
❖宇津保物語　→P.28
❖名語記　→P.194
❖宮沢賢治　→P.34
❖中華若木詩抄　室町時代の抄物。如月寿印著。唐宋の詩人および日本の五山の禅僧の漢詩二百数十編に注釈を加えたもの。文章語的な性格が濃厚。一六世紀前半成立。

ませる様子。「ざっと見て捨てておいたのを、仕事が済んで、また取り上げて、はじめから読んでみます」(中里介山『大菩薩峠』)。室町時代から見える。「地がみよう、ほねにみがきをあてて、かなじめしつかとして、ざれるざっとかひたるをもとめてこい」(狂言『末広がり』)

③②から転じて、数量を表す語や指示語などの上について、おおよそ、の意を表す。「ざっと数えて」「ざっと見て」などの略。「唯今からざっと二十年ばかり以前、私はある思いもよらない出来事に出合いまして、その結果とんと私にも私自身がわからなくなってしまいました」(芥川龍之介『疑惑』)、「まあ、ざっとこう言う始末なの。——ああ、それから姉さんにわたしから手紙を上げたことね、あのことは大村にも話して置いたの」(芥川龍之介『春』)

■**参考**　③の意味が更に転じて、何かを成し遂げた後に言う、「ざっとこんなもんだ」のような自慢の言い方にも用いられる。また、江戸時代には、手早く作って、実がろくろく入っていない味噌汁を「ざっと汁」と言った。同じく江戸時代には②の意味の場合には、特に「ざっとぐし」と言うようなこともあった。

(矢田　勉)

ざっく

①物を勢いよく切ったり、叩いたりする音。「め組はどんぶりを、ざっくと叩き」(泉鏡花『婦系図』)、「スイカをざっくと二つに切り分ける」

②砂状のものや金銭などを、つかんだり踏みしめたり掘ったりしたときにこすれあって発する音。「地面をスコップでざっくと掘る」、「小判をかめの中からざっくとつかみ出す」

◇**類義語**「ざっくざっく」「ざっくばらん」

「ざっくざっく」は①②の類義語。①については、繰り返し勢いよく切り刻む音を表す。また、②については、砂状のものや金銭が繰り返しこすれあって連続的に発する音や、土中などから金銭が大量に出現する様子に用いる。「ざっくざく」とも言う。「ざっくばらん」の「ざっく」もこの語と関係があるかもしれない。

■**参考**　この語は室町時代から見えるが、鎧を素早く着込むときに、金具がふれあって立てる音を表すのが本来の使い方である。「ざっくと　鎧をきちんと着る着方を表す」(『日葡辞書』)、「草摺り(=鎧の胴から垂れ下がった部分)軽げに、ざっくと投げ掛け」(謡曲『夜討曾我』)

(矢田　勉)

❖**中里介山**　小説家。明治三九年都新聞社に入社し、大正二年から『大菩薩峠』を執筆。大衆文学に大きな影響を与える。作品はほかに『黒谷夜話』『百姓弥之助の話』など。(一八八五〜一九四四)

❖**末広がり**　室町時代の狂言。主人の命で太郎冠者が都へ「末広がり(=扇)」を買いにいくが、だまされて傘を売りつけられ帰る。叱られるが、囃子物で主人の機嫌直しに成功。

❖**芥川龍之介**　→P.12

❖**泉鏡花**　小説家。能楽と江戸文学に造詣が深く、幻想性に富む独自の作品を創作。反自然主義作家としての評価も高い。作品『高野聖』『婦系図』など。(一八七三〜一九三九)

❖**日葡辞書**　→P.15

❖**夜討曾我**　室町時代の謡曲。宮増作か。曾我兄弟の仇討を題材とするが、その前後の親子、主従の別れや仇討後の奮戦に中心がある。

ざくざく

①地中などから貴重なものが大量に出現する様子。「枯れ草から幼虫ざっくざく」(朝日新聞02・12・13)、「古墳から豪華な副葬品がざっくざくと出土した」

②掘り出し物などがたくさんある様子。大もうけする様子。「今度のバーゲンはお値打ち品がざっくざくあります」

◈参考 「ざっくざっく」と同じ意味だが、語調がよいため、新聞の見出しや広告などに効果的に用いられる。

(矢田　勉)

ざっくざっく

①砂状の物や金銭などを踏みつけたりつかんだりした時に出る音。「青白い刃が垂直に平行して密生した芝の針葉の影に動くたびにザックザックと気持ちのいい音と手ごたえがした」(寺田寅彦『自然と生物』)

②金銭が地中などから大量に出現する様子。「大判小判がざっくざっく」

③大もうけする様子。「黙っていても金がざっくざっく入ってくる」

(矢田　勉)

ざっくばらん

①心の内を隠さずに明らかにする様子。あけすけな様子。「もう少しざっくばらんにいってくださいよ。きのうきょうのお交際じゃなし」(有島武郎『或る女』)、「けしからぬ。これはひどく下品になって来た。よろしい。それではこちらも、ざっくばらんにぶっつけましょう。一尺二十円、どうです」(太宰治『黄村先生言行録』)

②おおざっぱな様子。「つづく三尺の仮の床は、軸を嫌って、籠花活に軽い一輪をざっくばらんに投げ込んだ」(夏目漱石『虞美人草』)

◈参考 江戸時代から明治時代にかけては、「ざっくばら」「ざっくばらり」「ざっくばれん」といった語形でも用いられていた。「ざっくばらんに話すが良い」(『和英語林集成』)、「ざっくばらりが気のかたをつれて出る」(『誹風柳多留』)、「ざっくばれんな御話が、旦那のめへだけれども」(高畠藍泉『怪化百物語』)。この語の成立は江戸時代中期で、「ざっくばれん」「ざっくばら」は後の訛りのようだが、「ざっくばらり」との先後は分からない。心を「ざっく」と割り「ばらり」とあかすのが語源という説がある。

(矢田　勉)

ざっくざく　盗んだ大金、大収穫。

(赤塚不二夫『おそ松くん』より)

❖寺田寅彦　→P.299
❖有島武郎　→P.12
❖太宰治　→P.20
❖夏目漱石　→P.8
❖和英語林集成　→P.16
❖誹風柳多留　→P.10
❖高畠藍泉　戯作者・新聞記者。『読売新聞』などの記者のかたわら、多くの小説を執筆。作品『怪化百物語』『巷説児手柏』など。(一八三八

さっくり

①切れやすい物を、軽い力で切る様子やその時に発する乾いた音。「光沢のある、長い安寿の髪が、鋭い鎌の一搔きにさっくり切れた」(森鷗外❖『山椒大夫』)。室町時代から見える。「なんばのほこをとりなをし、まん中にをしあて、さっくり。扨もかたわれもなふよふわれた」(『狂言記❖』)

②揚げ餅や天ぷらなどが軽く揚がっている様子。「外側はサックリ、中はふんわりと揚がった天ぷら」

③おおざっぱな様子。「火を止めてカイワレ菜を入れてサックリ混ぜればOK」(日刊スポーツ00・12・22)

④人柄があっさりしている様子。回りくどくない様子。「なに気が詰る所じゃア無い、さっくり能く解った人だよ、私を娘の様に可愛がって呉れるから一寸お寄りな、ねえ作さん」(三遊亭円朝❖『真景累が淵』)

◆**類義語「ざっくり」**

「ざっくり」は①③の類義語で、ややかたい物を力を込めて切る様子、あるいはそうして切れ味鋭く切れた様子や音を表す。

(矢田　勉)

ざっくり

①やや大きな物や切り応えのある物を勢いよく切る音。また、その様子。「刀を抜きざま、敵をざっくりと切りつける」室町時代から見える。「なんばの鉾を取なおし、まんなかからざっくりとふたつにわる」(狂言『連歌毘沙門❖』)

②①の結果として、切れ跡が鋭くえぐり取られたように切れた様子。「ザックリと割れた傷口」

③砂状の物や金銭などをつかんだ時、こすれあって発する音。「口不重宝な返事は待たずに、長火鉢の傍へ、つかつかと帰って、紙入の中をざっくりと攫んだ」(泉鏡花❖『婦系図』)

④大ざっぱな様子。特に混ぜ合わせる動作などにいう。「小麦粉と卵をザックリと混ぜる」

⑤衣服を、羽織るように大ざっぱに着込んだ様子。「お納戸の絹セルに、ざっくり、山繭縮緬の縞の羽織を引掛けて、帯の弛い、無造作な居住居は、直ぐに立膝にもなり兼ねないよう」(泉鏡花『婦系図』)。江戸時代から見える。「ざっくり女房着の儘の春」(雑俳『折句袋❖』)

⑥服地などが粗い編み方である様子。「ザックリと編んだセーター」

(矢田　勉)

❖**森鷗外** →P.14

❖**狂言記** 江戸時代に版本として市販された狂言の台本集。室町時代の狂言を読み物として楽しむために絵入りで刊行された。どの流派の台本によるものかは不明。万治三年(一六六〇)に初版刊行。

❖**三遊亭円朝** →P.141

❖**連歌毘沙門** 室町時代の狂言。鞍馬の毘沙門天に参詣通夜した御福として、二人の男が梨を一つ下される。この実を争って、二人が毘沙門を題材にした連歌を詠むと、毘沙門天が二人の前に現れる。

❖**泉鏡花** →P.8

❖**折句袋** 江戸時代の俳諧折句集。湖和尚の序があるが、編者については未詳。折句とは本来和歌の技法のひとつで、五文字の単語を各句の頭に折り込んだ歌のこと。これが俳諧に受け継がれて、三文字の単語を五・七・五の各句の頭に折り込んだり、二文字の単語を七・七の各句の頭に折り込んだりする技法が成立した。例えば「明石」という題で「あひおもふかやにあこぎのしのびづま」のようなもの。安永八年(一七七九)刊。

さっさ

動作が素早い様子。物事を素早く済ませる様子。「原発の地元に税金をつぎ込む新たな法律がさっさと出来てしまった」(朝日新聞00・12・6)、「勤務後はさっさと帰るべきなのに、忘年会だ、慰安旅行だと拘束される」(朝日新聞01・1・6)。江戸時代から見られる。「しまっておくには及ばぬから、さっさと着るがよいと斯申されますのさ」(❖『浮世床』)

◆**参考**　鎌倉時代には「ささ」の表記で見える。「風のささと吹く如何。颯々をいふにや。音のささときこゆる也」、「水のながるるをとのささ如何。さらさらの反ればささ也」(❖『名語記』)。室町時代には「さっさ」の確かな例が現われるが、用法は鎌倉時代の「ささ」と同じく、水などが弱く物に当たる音や、風が弱く吹いてくる音を表すのに用いられた。「さうして後に松風の如にさっさと涌ぞ」(❖『四河入海』)、室町時代末期の❖『日葡辞書』の「さっさ」の項には、「波が音をたてたり、木が風によって音をたてたりするさま」という説明がある。また、紙などが破れるときに音をたてるさま。さっさと紙を裂く」とも出ている。

(矢田　勉)

さっさっ

①動作などの素早い様子。用法。「いまはもう一つの緑いろの貝ぼたんのように見える森の上にさっさっと青じろく時々光ってその孔雀がはねをひろげたりとじたりする光の反射を見ました」(❖宮沢賢治『銀河鉄道の夜』)。江戸時代から見える。「どうで着た限雀ときてゐるから、気に入た着物をさっさっと着殺すがいいのさ」(❖『浮世風呂』)

②物と物とがこすれあって発する乾いた音。特に箒で床を掃く音に使うことが多い。「絣のきものの裾がサッサッと小気味よい切れ味ではためいている」(日本経済新聞00・12・15)、「やがて屋台店より一本の小さき箒を借り来り、尚も間断なく散り乱れ積る花びらを、この辺ですか、この辺ですか、と言いつつさっさっと左右に掃きわけ」(❖太宰治『花吹雪』)

③雪のやや激しく降る様子。「怒濤。白沫。さっさっと降りしきる雪。目をかすめて飛びかわす雲の霧」(❖有島武郎『生れ出づる悩み』)

◆**参考**　室町時代には風が草木を揺らす音を表すのに用いられた。「松吹く風もさっさっとし」(❖『天草本平家物語』)

(矢田　勉)

❖**浮世床**　江戸時代の滑稽本。式亭三馬著。髪結床に出入りする人々の会話を通して庶民の暮らしを描いたもの。文化一〇年(一八一三)～一一年刊。

❖**名語記**　→P.24

❖**四河入海**　→P.24

❖**日葡辞書**　→P.15

❖**宮沢賢治**　→P.34

❖**浮世風呂**　江戸時代の滑稽本。式亭三馬著。銭湯に出入りする人々の会話を通して庶民の暮らしを描いたもの。文化六年(一八〇九)～一〇年刊。

❖**太宰治**　→P.20

❖**有島武郎**　→P.12

❖**天草本平家物語**　織豊時代、イエズス会士のために作られた『平家物語』の口語訳本。日本人信徒である、不干ハビヤン編著。九州、天草で刊行。当時の口語資料として貴重。文禄元年(一五九二)成立。

さっぱり

①汚れなどがなくなって綺麗になった様子。清潔感にあふれた様子。「岡田の髪の毛は想像した通り薄くなっていたが、住居は思ったよりもさっぱりした新しい普請であった」(夏目漱石❖『行人』)

②食べ物・飲み物などがくどくなく、賞味しやすい様子。「口当たりがさっぱりしていて飲みやすく、選手の間で人気を集めている」(日刊スポーツ00・12・19)

③未練がなく、思い切っている様子。「交渉を終えた小野は、サッパリとした表情で話を始めた」(日刊スポーツ00・12・28)

④はっきりと明瞭な様子。「Nさんは僕の予想したよりも遥かにさっぱりと返事をした」(芥川龍之介❖『春の夜』)

⑤打ち消しを伴って、全くそうでないという意を表す。「本人以外の世界は明瞭に見えるだけで、どんな意味のある世界かさっぱり見当がつかない」(夏目漱石『坑夫』)、「選挙の行方はさっぱりわからなくなった」(週刊現代00・12・2号)

⑥⑤から転じて、全くだめである様子。「勉強不足がたって、試験の結果はさっぱりだった」

◆**類義語**「あっさり」

「あっさり」は②③の類義語。ただし、「さっぱり」が自分自身の心情を表現することが多いのに対し、「あっさり」は外側からの評価にかたむき、引っかかりのなく見える様子、何の困難も感じていないように見える様子を表す。

◆**参考**「きれいさっぱり」の形で用いられて、全く何もない様子、完全にそうでない様子を表す。「それより以来と云うものは奇麗さっぱり何にもやらない事にしてしまった」(夏目漱石『吾輩は猫である』)

(矢田 勉)

さばさば

①後腐れが無く、思い切りのよい様子。「離婚届は11月上旬に提出、この日はサバサバとした表情だった」(日刊スポーツ00・12・20)

②粘着質でない、こだわりのない性格である様子。「誠実で活発、サバサバしていて清潔な色気の漂う女性」(朝日新聞00・12・12)

③すっきりとして爽快な気分である様子。「世界じゅうに一本も電柱がなくなるというのはどんなにさばさばしたことでしょうね」(太宰治❖『彼は

❖**夏目漱石** 英文学者・小説家。英語教師をへて、イギリスに留学。帰国後、『東京朝日新聞』の専属作家となり、同新聞に次々と作品を発表。森鷗外とともに近代日本文学の確立に貢献。作品『吾輩は猫である』『三四郎』など。(一八六七〜一九一六)

❖**芥川龍之介** 小説家。在学中に『新思潮』に発表した「鼻」が夏目漱石に認められ、文壇にデビュー。才気あふれる理知的な文体で多くの作品を執筆。作品『羅生門』『河童』など。(一八九二〜一九二七)

❖**太宰治** →P.20

昔の彼ならず』)。室町時代から見える。「法眼の余風の凛々たるを聞けば今も胸襟がさばさばすずすずと成るぞ」(『人天眼目抄』)

④洗濯した衣類が、よく乾いて清潔感にあふれている様子。「上にあがれば洗ひ晒せしさばさばの浴衣を出して、お着かへなさいましと言ふ」(樋口一葉『にごりえ』)

◆類義語「さっぱり」

「さっぱり」は①②③の類義語。味がくどくない様子など、「さばさば」よりも意味が広い。「さばさば」は本来関東方言かと思われる。(矢田 勉)

ざぶざぶ

水を繰り返し大きく揺らせたときに発する音。また、汁や茶漬けなどをかきこむ音。「『この湯は何に利くんだろう』と豆腐屋の圭さんが湯槽のなかで、ざぶざぶやりながら聞く」(夏目漱石『二百十日』)

◆類義語「ざぶ」「ざぶっ」「ざぶー」

「ざぶ」「ざぶっ」「ざぶー」は、水を大きく一回だけ揺らせた音、特に人や大きな物などが勢いよく水に飛び込んだ音を表す。「ざぶっ」は特に勢いのよい音、「ざぶー」は長く続く音。

◆参考 現在余り用いないが、「さぶさぶ」の例も見られる。「盥の中の物をさぶさぶ洗い出す」(小栗風葉『青春』)。

また、平安時代末から室町時代にかけて、動詞化した「ざぶめく」「ざぶめかす」の語が用いられた。「此の兼時・敦行近く居たれば、腹の鳴る事糸頻也。ざぶめき喤るを、暫しは笏を以て札を扣て交はす」(『今昔物語集』)、「湯屋に入て、子を抱き乍ら、犬を具してざぶめかして湯を浴む」(『今昔物語集』)(矢田 勉)

ざぶり

人や大きな物などが、水に勢いよく飛び込んで発する音。また、水が勢いよく降りかかる様子。「やがて湯に入れと云うから、ざぶりと飛び込んで」(夏目漱石『坊っちゃん』)、「側にあった筆洗の水を、ざぶりとあの男の顔へ浴びせかけました」(芥川龍之介『地獄変』)。鎌倉時代から見える。「そふりときこゆる也。ざぶり同」(『名語記』)

◆参考 関西の一部地域の方言ではどしゃ降りのにわか雨を「ざぶり」という。(矢田 勉)

❖**人天眼目抄** 室町時代の抄物。中国、南宋の『人天眼目』の注釈書。数種あるが、川僧慧済の講義を聞き書きした書は、東国語的特徴も見え、当時の口語資料として貴重。文明五年(一四七三)成立。

❖**樋口一葉** 小説家・歌人。歌を中島歌子に、小説を半井桃水に師事。明治二五年に第一作『闇桜』を発表。作品『大つごもり』『たけくらべ』『にごりえ』など。(一八七二〜一八九六)

❖**夏目漱石** →P.200

❖**小栗風葉** →P.165

❖**今昔物語集** →P.92

❖**芥川龍之介** →P.200

❖**名語記** 鎌倉時代の語源辞書。経尊著。当代の口語を中心にいろは順に配列し、問答体で語源の説明を記す。俗語を多数収録する資料として貴重。建治元年(一二七五)成立。

ざぶん

人や大きな物などが、水に勢いよく飛び込んで発する音。また水が激しく物にぶつかる音。「津田はざぶんと音を立てて湯壺の中へ飛び込んだ」(夏目漱石❖『明暗』)、「汀まで雪に埋まった海岸には、見渡せる限り、白波がざぶんざぶん砕けて」(有島武郎❖『生れ出づる悩み』)

◇類義語「ざぶーん」

「ざぶーん」は「ざぶん」よりも物が水の深いところまで沈みこんで、長く続く音を表す。(矢田　勉)

さめざめ

①涙をたくさん流しながら、しかし声は立てずに泣く様子。「おかみさん風の女は、そう云ってさめざめと泣きだした」(井伏鱒二❖『黒い雨』)、「私はさめざめと涙をこぼしました」(林芙美子❖『放浪記』)。「さめざめと泣く」「さめざめと涙をこぼす(流す)」という形で使うことがほとんどだが、「その眼の縁には涙をさめざめと湛(たた)えながら」(谷崎潤一郎❖『痴人の愛』)のような使い方もある。

②深い思いを込めて物を言う様子。または、深く心にしみる様子。「恰(あたか)も人間に物言うが如くさめざめと親愛の情を含めて、…と掻(か)きくどきながら」(牧野信一❖『ゼーロン』)、「無明の涙に　さめざめとよみがへる薔薇の花」(大手拓次の詩「薔薇の散策」)

◆参考　現代では①の用法が多く②は少ないが、②の意味で使う場合には意味的な幅が大きい。右に挙げた例のほかにも、「男はさめざめと笑ひはにかんだ」(小熊秀雄の詩「春情は醗酵する」)、「(森が)さめざめと光りながら」(宮沢賢治❖『銀河鉄道の夜』)のような例がある。(池上　啓)

さやさや

物が触れ合って鳴る音。葉擦れの音や衣擦れの音など、乾いた軽い音の形容に使う。「稲田を撫(な)でる風の音がさやさや聞え」(太宰治❖『老ハイデルベルヒ』)、「さやさや妙なる衣摺(きぬず)れの音を立てながら」(佐々木味津三❖『旗本退屈男』)

なお、「さやさや」を形容詞化した「さやさやし」という語もある。「みすずかる　信濃のくにの　山がひに　声さやさやし　飛ぶほととぎす」(斎藤茂吉❖『ともしび』)

❖夏目漱石　→P.8
❖有島武郎　→P.12
❖井伏鱒二　→P.7
❖林芙美子　→P.25
❖谷崎潤一郎　→P.7
❖牧野信一　小説家。幻想的な作品で知られる。昭和六年から『文科』を主宰し、井伏鱒二や坂口安吾を文壇に推賞。作品『ゼーロン』『鬼涙村』など。(一八九六～一九三六)
❖宮沢賢治　→P.34
❖太宰治　→P.20
❖佐々木味津三　→P.45
❖斎藤茂吉　歌人。伊藤左千夫に師事。『アララギ』同人。大正二年『赤光』を刊行し文壇に衝撃を与える。作品『あらたま』『白き山』など。昭和二六年、文化勲章受章。(一八八二～一九五三)

◆参考「さやさや」は奈良時代の『古事記』の歌謡に既に例が見える。「冬木の 素幹が下木の さやさや」、「振れ立つ 漬の木の さやさや」の二例である。『日本書記』の歌謡にも後者の例が見られる。ただし、この二例については音ではなく、ゆらゆらと揺れる様子を示すとする説もあり、意味は確定していない。

平安時代以降に見える「さやさや」は明らかに音の例である。「次にさやさやと鳴る物を置く」(『今昔物語集』)、「とくさの狩衣に青袴きたるが…さやさやと鳴りて」(『宇治拾遺物語』)　(池上　啓)

さらさら

①軽い物が触れ合ったり、水が浅いところを流れたりする音。「笹の葉さらさら 軒端に揺れる」(唱歌「たなばたさま」)、「春の小川は さらさら行くよ」(唱歌「春の小川」)。このほかにも軽快な音を広く示す。「戸外ではさらさらと音を立てて霰まじりの雪が降りつづけている」(有島武郎『生れ出づる悩み』)、「鉛筆がさらさらと紙の上を走る音は」(山本有三『路傍の石』)、「お茶漬けさらさら、大好きな鯵の新切で御飯が済むと」(泉鏡花『婦系図』)

②動きや行動が軽快な様子。「それなりさらさらと木登をしたのは、何と猿じゃあるまいか」(泉鏡花『高野聖』)

③性格が陰湿でなく、さっぱりしている様子。「以前は言事がさらさらとしていて厭味気が無かったが」(二葉亭四迷『浮雲』)

④物に粘り気や湿り気がない様子。「青魚に含まれるEPA・DHAには、血をサラサラにする不飽和脂肪酸が豊富」(女性自身00・12・19号)、「灰いろのさらさらした袋が、むやみに憎らしかった」(山本有三『路傍の石』)

◆参考 用例としては①が最も古く、平安時代から例が見える。「伊予簾はさらさらと鳴るもつつまし」(『源氏物語』)、「浜の際に立つ浪、打ち寄する様にさらさらと懸る音の髴にするをば」(『今昔物語集』)。次に②の例が鎌倉時代から見える。「橋の行桁をさらさらと走りわたる」(『平家物語』)。③④は明治以降である。

また、さらさらと音を立てる意味の「さらめく」という語が平安時代から存在した。「それをまた同じ湯に指し入れて、さらめき、湯に初めのごとく茹づれば」(『今昔物語集』)　(池上　啓)

さらさら ペンが軽快に動く。

(うえやまとち『クッキングパパ』より)

◆古事記 →P.248
◆今昔物語集 →P.92
◆宇治拾遺物語 →P.164
◆有島武郎 →P.12
◆山本有三 →P.30
◆泉鏡花 →P.8
◆二葉亭四迷 →P.25
◆源氏物語 →P.194
◆平家物語 →P.74

ざらざら

①かたく小さな物、または粒状の物が混ざり合ったり流れ落ちたりする時の音。「(小銭を入れた花籠を)時々ざらざらと振っては籠の目からその小銭を振り落した」(長塚節『土』)、「(米の入った)布の袋を取って、膝のあたりに置いた桶の中へざらざらと一幅(ひとはば)、水を溢(こぼ)すようにあけて」(泉鏡花『高野聖』)、「枝や葉がざらざらと彼の蓙(ござ)に触れて鳴った」(長塚節『土』)

②物の表面がなめらかでない様子。またはそういう物に触れた時の感触。「すべすべに磨きをかけてある御影石の墓は、閃光に当った面だけざらざらに焼け爛れ」(井伏鱒二『黒い雨』)、「畳は色が変って御負けに砂でざらざらしている」(夏目漱石『坊つちゃん』)。また、比喩的に精神が荒んでいる様子を示すこともある。「心のおくまでざらざらにあらされたのだ」(壺井栄『二十四の瞳』)

◆**参考**　現代語の用法はほぼ①と②に限られるが、古くは「さらさら」と同じように、動きや行動が軽快な様子を示す用法もあった。「りんが痴話文書きて取らせんとざらざらと筆を歩ませ」(浮世草子『好色五人女』)

また、「ざらざら」の「ざら」の部分を使った語としては「ざらめく」「ざらつく」「ざらっぽい」などがある。このうち「ざらめく」の用例は江戸時代から見える。「娼(うば)、貝添(かいそへ)、中居、こしもとざらめき(＝ざわざわと騒ぎ)」(浮世草子『好色二代男』)。「ざらつく」「ざらっぽい」が一般的になるのは明治以降である。

このほかに、「ざらめ(粗目)」「ざらめとう(粗目糖)」「ざらめゆき(粗目雪)」などの語もある。「ざら目の紙に、品よく朱の書名を配置した扉も見える」(夏目漱石『虞美人草』)　(池上 啓)

❖**長塚節**　歌人・小説家。正岡子規に師事。明治三六年、伊藤左千夫らと『馬酔木』創刊。同四三年『東京朝日新聞』に小説「土」を連載。作品は歌集『病中雑詠』『鍼の如く』など。(一八七九〜一九一五)

❖**泉鏡花**　→P.8

❖**井伏鱒二**　→P.7

❖**夏目漱石**　→P.8

❖**壺井栄**　→P.21

❖**好色五人女**　江戸時代の浮世草子。井原西鶴著。全五巻で各巻一話完結の構成。それぞれ実際の恋愛事件を題材としたもの。貞享三年(一六八六)刊。

❖**好色二代男**　江戸時代の浮世草子。井原西鶴著。この名称は副題で、正式名称は「諸艶大鑑」と言う。西鶴の処女作『好色一代男』に続く第二作目。貞享元年(一六八四)刊。

さらっ

①物に粘り気や湿り気がない様子。また、そういう物に触れた感触。「さらっとした飲み口、アルコール度ちょっと高め」(日本経済新聞00・12・31)

②行動が軽快であったり、性格が淡白であったりする様子。場合によっては、親身でない・いい加減といったイメージを伴うこともある。「そもそも女って、さらっと仕事をこなす男の姿が好きでしょう」(SPA!00・12・20号)、「そしてはじめてお母さんと呼ばれた瞬間は、予想していたよりさ

らっと受け流し」(野坂昭如『プアボーイ』)、「だからへビーな相談はメル友がいい。顔も知らないから心配もかけない。サラッと相談してサラッと返事できる」(朝日新聞夕刊01・1・6)

◇類義語「ざらっ」

「ざらっ」は①の類義語。物の表面がかたく荒れている様子や、それに触れた時の感触を示す。また、そういう荒れた感じの音を示す場合もある。「豚は実にぎょっとした。…自分のからだ中の毛が、風に吹かれた草のよう、ザラッザラッと鳴ったのだ」(宮沢賢治『フランドン農学校の豚』)　(池上　啓)

さらり

①軽くて乾いた物が触れ合ったり擦れ合ったりする時の音。「青畳の上に、八反の座布団をさらりと滑べらせる」(夏目漱石『虞美人草』)

②動きや行動が軽快な様子。「何げなくさらりと、一行ばかり書き流された字の、魅力的だったことは忘れられない」(田辺聖子『新源氏物語』)、「そんな状況の中でサラリと結果を出してしまう」(日刊スポーツ00・12・18)。また、後に何も残さずさっぱりするといったニュアンスを伴って使われることもある。「強情張らないでさらりと水に流せ」(川端康成『雪国』)

③性格が陰湿でなく、さっぱりしている様子。「三吉さんのいいところは、そういう悪口が何となく、上品でさらりとしているところである」(曾野綾子『太郎物語』)

④物に粘り気や湿り気がない様子。「それはまるで粉砂糖のようにやわらかく、さらりとした感触だった」(村上春樹『世界の終りとハードボイルド・ワンダーランド』)、「喉越しがさらりとしているのが特徴だ」(Hanako00・12・20号)　(池上　啓)

ざらり

①かたく小さな物が混ざり合ったり、表面がなめらかでない物が擦れ合ったりする時の音。「打水すずしく箒木目のたつ細道を、からりざらりと百足下駄(むかでげた)に力を入れて」(樋口一葉『うもれ木』)、「畳には八本の紺の宝引糸がざらりと投げ出された」(長塚節『土』)

②物の表面がなめらかでない様子。または、そういう物に触れた時の感触。「額の中央にはざらりとした感触の小さなくぼみがひとつあった」(村

❖野坂昭如　→P.26
❖宮沢賢治　→P.34
❖夏目漱石　→P.8
❖田辺聖子　小説家。放送作家から、昭和三九年、『感傷旅行』で芥川賞受賞。男女の機微をたくみな大阪弁で描く。作品はほかに『花衣ぬぐやまつわる…』『ひねくれ一茶』など。(一九二八)
❖川端康成　→P.91
❖曾野綾子　→P.25
❖村上春樹　小説家。昭和五四年『風の歌を聴け』で群像新人文学賞受賞。以降、失ったものへの追想をテーマに多くの作品を発表。作品『ノルウェイの森』『ねじまき鳥クロニクル』など。(一九四九)
❖樋口一葉　→P.111
❖長塚節　→P.204

上春樹『世界の終りとハードボイルド・ワンダーランド』)。また、比喩的に精神的な不快感を示すこともある。「観客の囁きが、ざらりとする感触をともなって耳に届いてくる」(沢木耕太郎『一瞬の夏』)

③物や人が並んでいる様子。「ちゃぶ台には煮豆、数子…といふ風なものが雑然と並べてある」(国木田独歩『巡査』)

なお、室町時代末期の『日葡辞書』には、「ざらりと座敷に直る」という文について「大勢の者が順序に従って座敷に着座する」という意味の説明がある。 (池上 啓)

さわさわ

軽い物が比較的緩やかに触れ合う時の音。微風によって葉が揺れる時の音を示すのによく使われる。「風はさわさわと音を立てるように透き通った空を通りすぎていく」(週刊現代00・12・9号)、「風が水の音のように、サワサワと鳴っていた」(山本有三『路傍の石』)、「さわさわと音のするほど糊のきいた衣を一枚着て」(田辺聖子『新源氏物語』)

現代では「さわさわ」は比較的心地よいニュアンスを伴うことが多いが、中には次のようなものもある。「たとえていうなら、巨大なゴキブリがゴソゴソサワサワヒタヒタと水の中を這ってくるような」(井上ひさし『ブンとフン』)

◆参考 古くは、騒々しい音を示す用法(現代語の「ざわざわ」に当たる)や、落ち着かない様子を示す用法(現代語の「そわそわ」に当たる)もあった。「口大の尾翼鱸さわさわに(佐和佐和邇)引き寄せ上げて(=ざわざわと騒いで引き上げて)」(『古事記』)。「さわさわ」の「さわ」は「騒ぐ」の「さわ」と同じものであり、古い段階で右のような用法を持っていたことは自然なことである。 (池上 啓)

ざわざわ

①騒々しい音。強い風に木々の葉が鳴る音や、人々が騒いでいる音を示すのによく使われる。「ざわざわと木の葉が戦ぐ気色だった」(泉鏡花『高野聖』)、「ドアの前まで来ると、中からザワザワと人の話し声がする」(赤川次郎『女社長に乾杯！』)

また、比喩的に、混乱している様子を示すのにも使われる。「私の帰った当時はひっそりし過ぎる程静であった家庭が、こんな事で段々ざわざわし始めた」(夏目漱石『こゝろ』)

◆沢木耕太郎 →P.327
◆国木田独歩 →P.141
◆日葡辞書 →P.15
◆山本有三 →P.30
◆田辺聖子 →P.23
◆井上ひさし →P.25
◆古事記 →P.248
◆泉鏡花 →P.8
◆赤川次郎 →P.39
◆夏目漱石 →P.8

ざわざわ 結婚披露宴で、人々のおしゃべりに花が咲く。

(東海林さだお『サラリーマン専科』より)

②不安・恐怖などで心が動揺し落ち着かない様子。「チビは私をじっと見ている。心の底がざわざわとする。チビに聞いてみる。『もしかして、お父さんでしょう? ホントは』」(女性自身00・12・12号)、「ざわざわと全身の血が波立つほどの憎しみを感じました」(宮本輝『錦繍』)

◇**類義語**「さわさわ」

「さわさわ」は①の類義語。軽く心地よい音を示すことが現代では圧倒的に多い。ただし、古くは「さわさわ」も騒々しい音や落ち着かない様子を示した例がある。 (池上 啓)

ざんざん

雨が激しく降る様子。「あくる日は日曜日の雨、裏の森にざんざん降って」(田山花袋『蒲団』)。「ざんざん降り」とか「ざんざ降り」という語もある。「ざんざ降りの中を金魚のようにゆられて川添いに戻る」(林芙美子『放浪記』)

◆**参考** 宮沢賢治『春と修羅』第三集「圃道」に、「ざんざんざんざん木も藪も鳴ってゐるのは その重いつめたい雫が いま落ちてゐる最中なのだ」の例があるが、一般的な用法ではない。 (池上 啓)

ざんぶ

①大きな物が水に落ちる時の音。「太郎がざんぶと飛び込むと、二人も慌てて後を追って飛び込んだ」(曾野綾子『太郎物語』)、「アヤは怪力を発揮し、巨大の根っこを抱きかかえて来て、ざんぶとばかり滝口に投じた」(太宰治『津軽』)

②大きな波が打ち寄せる時の音や、水を勢いよくかぶる時の音。「どうと計(ばか)り打込む大濤(おほなみ)、渥美は頭よりザムブと被(か)ぶりて」(坪内逍遥『内地雑居未来之夢』) (池上 啓)

ざんぶり

①大きな物が水に落ちる時の音。「彼は船を乗り越えてざんぶりと海中に飛入り、桟橋までクロオルで泳ぎつきたい衝動に駆られた」(海野十三『地球発狂事件』)、「かついでいる早桶を大川へざんぶりと投げ込んで」(岡本綺堂『半七捕物帳』)。なお、「ざんぶりやる」という形で、川に身投げをすることを示す場合もある。

②大きな波が打ち寄せる時の音や、水を勢いよくかぶる時の音。 (池上 啓)

❖**宮本輝** 小説家。昭和五二年『泥の河』で太宰治賞、翌五三年『蛍川』で芥川賞受賞。人間の宿命を叙情豊かに描く作風に定評がある。作品『道頓堀川』『優駿』など。(一九四七〜)

❖**田山花袋** →P.51

❖**林芙美子** →P.25

❖**宮沢賢治** →P.34

❖**曾野綾子** →P.25

❖**太宰治** →P.20

❖**坪内逍遥** 小説家・劇作家・評論家。明治一八年、『小説神髄』(小説理論)と『当世書生気質』(小説)を発表、近代的写実主義をとなえる。また、『早稲田文学』の創刊とシェイクスピアの全作品を完訳。作品『桐一葉』『沙翁全集』など。(一八五九〜一九三五)

❖**海野十三** →P.107

❖**岡本綺堂** →P.141

じー

①かすれ気味の耳障りな音。蠟燭の芯が燃える音やベルの音、蟬の鳴き声などに使う。「受話器がジーと鳴りました」(宮沢賢治❖『グスコーブドリの伝記』)、「吸殻を灰吹の中へ打ち込んで、その底から出るじいという音を聴いたなり、すぐ夜具を頭から被った」(夏目漱石❖『明暗』)

②動かずにいる様子。または一点を凝視する様子。「じいと息を殺してみるのが人生」(林芙美子❖『放浪記』)

(池上 啓)

じーじー

①蟬や虫の鳴き声。「蟬はじいじいと鳴いている」(森鷗外❖『杯』)、「縁の下でじいじいと刻んでゆくような虫の声が又もや耳についた」(岡本綺堂❖『両国の秋』)

②蠟燭の芯などが燃える音。「あわただしく短檠(たんけい)がともされ、じいじいと陰に悲しく明滅するあかりのもとに」(佐々木味津三❖『右門捕物帖』)

③ベルなどの機械音。また、回路がショートした時などの電気的な雑音も示すこともある。「ジイジイと開幕ベルが鳴って」(曾野綾子❖『太郎物語』)、「このジイジイという音はこちらのF交換局の市外線の故障だ」(夢野久作❖『鉄鎚』)、「じいじいじいと、放電のような音もきこえる」(海野十三❖『宇宙女囚第一号』)

❖類義語「じりじり」

②③の類義語。②については油が焦げながら燃えている感じが強くなる。「じりじりと脂肪(あぶら)の煮える響がして、腥(なまぐさ)いのが、むらむらと来た」(泉鏡花❖『国貞ゑがく』)。③については「じーじー」よりも金属的でうるさい音になる。

(池上 啓)

しーん

物音や声などがまったくしないで、静まり返っている様子。「開会式直後でざわついていたマンモススタンドが、急にシーンと静まり返った」(日刊スポーツ00・12・24)

❖類義語「しん」

「しーん」が静かな状態が持続している様子を表すのに対して、「しん」は静けさを瞬間的にとらえた表現。なお、漫画によく見られる「し〜ん」は、さらに長時間の静寂を表している。

(間宮厚司)

❖宮沢賢治 →P.34
❖夏目漱石 →P.8
❖林芙美子 →P.25
❖森鷗外 →P.14
❖岡本綺堂 劇評家・劇作家・小説家。新聞に劇評を執筆するかたわら、二代目市川左団次と提携。戯曲『修禅寺物語』が成功し、以降作家生活に入る。作品『鳥辺山心中』『半七捕物帳』など。(一八七二〜一九三九)
❖佐々木味津三 →P.45
❖曾野綾子 →P.25
❖夢野久作 →P.48
❖海野十三 →P.107
❖泉鏡花 →P.8

しーん 他に誰もいない部屋で一人残業。

(うえやまとち『クッキングパパ』より)

山口仲美の擬音語・擬態語コラム⑧

鳴き声が言葉に聞こえる

――「聞きなし」と擬音語

「一筆啓上つかまつり候」と鳴くのは、どの鳥？

いま、あなたが子供たちのために菓子作りにいそしんでいたとしよう。庭にコジュケイがやって来て鳴く。「ピーチョホイ、ピーチョホイ」。すると、その声が「なんか呉れっ、なんか呉れっ」と言っているように思えたといった経験はありはしないか。鳥の鳴き声を写す言葉には、このように人間の言葉に置き換えて聞く「聞きなし」もある。実際の鳥の鳴き声をできるだけ忠実に模写しようとする「擬音語」とは、若干性質が異なっている。

「擬音語」は、実際の鳴き声とそれを表す言葉との間に音感の似寄りが感じられる。ところが、「聞きなし」は、両者の間の音感の類似よりも、言葉の意味を最優先させる。たとえば、ホオジロの声は、「チッチピーツツ　チチツツピー」などという擬音語で写せるが、「一筆啓上つかまつり候」と聞きなす。ツバメの声を「土食うて虫食うて渋ーい」、メジロの声を「長兵衛、忠兵衛、長忠兵衛」、ヒバリの囀りを「一升貸して二斗取る、利取る利取る、利に利食う、利に利食う、後に流すー」と聞くのも、有名な「聞きなし」。

地方によって異なる「聞きなし」もある。センダイムシクイの鳴き声を、長野県では「焼酎一杯ぐいー」、東京の檜原村では「四っ丁五丁、ぎいー」、仙台では「鶴千代ぎみー」と聞きなす。さらに、「爺や、爺や、起きい」と聞きなす人もいる。

「擬音語」と「聞きなし」は、むろん截然と区別されるわけではない。のみならず、両者はたやすく「掛詞」の形で融合してしまう。たとえば、鶯の声。われわれは、「ホーホケキョー」を鶯の声の擬音語だと思っている。しかし、「法法華経」と鳴いているのだと思えば、「聞きなし」である。両者は、このように融合していることも多いが、「聞きなし」という意味優先の聞き方を意識しておく必要はある。

じーん

①しびれるような痛みのため、頭の中などで音が鳴るように感じられる様子。「頭をじかに地べたにぶつけ、じーんと頭じゅうが鳴りわたって、あついなみだがうかんだ」(新美南吉『久助君の話』)

②深く感動して胸が熱くなり、今にも涙があふれ出そうになる様子。「韓国で『日本と手をつなぎ合っていかないと将来はないんです』と言われてジーンときました」(朝日新聞00・12・17)のように多く「じーんとくる」の形で用いられる。

◇類義語　「じん」「じんじん」

共に①②の類義語。「じーん」が持続したある程度の長さを表しているのに対して、「じん」は瞬間的にとらえた表現。「じんと骨身にこたえるほどに痛かった」(太宰治『人間失格』)。「じんじん」は痛みなどが繰り返し反復する様子を表す。「充血した眼は、読み終るとジンジンと痛んだ」(北条民雄『外に出た友』)

■参考　昭和四〇年代くらいまでは、「じーん」で電話の鳴る音を表す場合があった。「(電話が)じーんと鳴って、はいと出るとがちゃん」(朝日新聞73・2・2)

(間宮厚司)

しおしお

しかられたり、うち負かされるなどして、元気がなく、しおれるような様子。「シオシオと頸低(うなだ)れて出て行った」(夢野久作『芝居狂冒険』)

『源氏物語』の「しほしほと泣き給ふ」の「しほしほ」は涙に濡れる様子を、江戸時代の女房詞「しほしほ」は涙の意を表した。室町末期の『日葡辞書(にっぽじしょ)』の「しをしを」には、「人が力をおとしたり、意気消沈したりして萎れるさま」とある。

「しおしお」は、草木などが生気を失う意を表す「しをれる」の「しを」と関係がある。なお、「悄々」「悄然」に「しおしお」のルビを当てたものもある。「悄々(しおしお)として、首を垂れて」(島崎藤村『藁草履』)、「悄然(しおしお)としてふるえ声」(近松秋江『霜凍る宵』)

◇類義語　「しょぼしょぼ」「すごすご」

「しおしお」が元気なくしおれるような様子を表すのに対し、「しょぼしょぼ」は元気なく寂しそうでしぼむような様子、「すごすご」は目的が達成できず元気なくその場を立ち去る様子を表す。

■参考　方言「しおしお」には、生乾きで湿っぽい様子(愛媛県)や、柔軟性のある様子(新潟県佐渡郡)を表す用法が見られる。

(間宮厚司)

❖新美南吉　→P.44

❖太宰治　→P.20

❖北条民雄　小説家。ハンセン病に罹患。療養所での絶望と苦悩の生活の中で営まれる生を描いた「いのちの初夜」が『文学界』に発表され、注目された。作品『猫料理』など。(一九一四〜一九三七)

❖夢野久作　→P.48

❖女房詞　室町初期頃から御所などの女房たちが使い始めた隠語。酒を「くこん」のように、食物などに関する語を言い換える。江戸時代には将軍家や町家の女性にまで広がり、さらに「おでん」のように一般語として現代に残る語もある。

❖日葡辞書　→P.15

❖島崎藤村　→P.102

❖近松秋江　小説家。批評家として出発し、「読売新聞」に印象批判の先駆となる「文壇無駄話」を連載。後、『別れたる妻に送る手紙』で文壇的地位を確立。作品『黒髪』『執着』など。(一八七六〜一九四四)

しくしく

①静かな声で力なく、あわれな感じで泣く様子。「綺麗(きれい)な御姫様(おひめさま)が一人、しくしく泣いていらっしゃいました」(芥川龍之介『犬と笛』)。あわれげに力なく泣くことを、「しくしく泣き」という。

②胃など体の奥の方が鈍く刺すように絶えず痛む様子。「胃がしくしく、痛む」(芥川龍之介『出帆』)、「眼の奥がしくしく痛む」(楠山正雄『祖母』)

『万葉集』に見える「しくしく(=絶えず)思ほゆ」は現代語の「しくしく」と同源と考えられている。

◇類義語「めそめそ」「さめざめ」「きりきり」「ずきずき」「ちくちく」「がんがん」

「めそめそ」「さめざめ」は①の類義語。「しくしく」が静かにあわれな感じなのに対し、「めそめそ」は弱々しく目を潤ませ、「さめざめ」はしきりに涙を流して、泣く様子をそれぞれ表す。「きりきり」「ずきずき」「ちくちく」「がんがん」は②の類義語。「しくしく」が体の奥が絶えず鈍く刺すような痛みなのに対し、「きりきり」は鋭く切り込むような痛み、「ずきずき」はしきりに脈打つような痛み、「ちくちく」は針で刺すような痛み、「がんがん」は頭が鳴り響くような痛みを表す。(間宮厚司)

じくじく

①水分が表面ににじみ出る様子。またそういう状態で湿っている様子。「草を踏むとじくじく水が出た」(夏目漱石『道草』)、「じくじく湿(ぬ)れていてお気味が悪うございましょうから」(泉鏡花『高野聖』)

石川・滋賀県、京都府の方言では、山間の湿地や沼地などのことを「じくじく原(わら)」と呼ぶ。山形県の方言で「じくじく」は、ひどく濡れる様子を表す。

②少しずつ進む様子。「じくじくと考えている彼の眼がきゅうに輝きだして」(有島武郎『星座』)

山形・新潟・広島県の方言には、徐々にする様子を表す「じくじく」がある。

◇類義語「じゅくじゅく」「じめじめ」「じとじと」

共に①の類義語。「じくじく」よりも「じゅくじゅく」の方が水分が多い。「じくじく」は水分がにじみ出るような湿気を、「じめじめ」は陰気で不快な、「じとじと」は粘りつくような湿気を表す。

■参考 江戸時代に「じくじく谷(だに)」と言えば市谷町(今の新宿区住吉町にあたる)にあった岡場所(遊廓)を指した。「じくじく谷といふずっといやしき所有て」(洒落本『契国策(けいこくさく)』)(間宮厚司)

しくしく 思い通りにならなくて、あわれな声で泣くばかり。

(あさりよしとお『宇宙家族カールビンソンSC完全版』より)

❖**芥川龍之介** →P.12

❖**楠山正雄** 演劇評論家・児童文学者。劇評家として出発。後、島村抱月の芸術座で西洋演劇の翻訳・脚色にあたる一方、冨山房で児童文学を翻訳・編集。著作『近代劇十二講』『世界童話宝玉集』など。(一八八四〜一九五〇)

❖**万葉集** →P.23

❖**泉鏡花** →P.8

❖**有島武郎** →P.12

❖**契国策** 江戸時代の洒落本。著者未詳。安永五年(一七七六)刊。

しこしこ

①表面はやわらかいが、嚙んだ時に芯に歯ごたえのある様子。「北海道産のミズダコは、透けるまでに薄切りにされ、…そのしこしことした歯ごたえをたのしむ」(Hanako00・12・20号)

②急に懸命になってし続ける様子。「しこしこ勉強する」や「しこしこ作る」などのように使う。江戸時代の「大敵をしこしこうち候し」(『❖太閤記』)の「しこしこ」は、むやみやたらにする様子を表すが、これが現代の懸命にとか夢中になどという意味につながっていると考えられる。

◆類義語「しこっ」「しこしこっ」「こつこつ」

「しこっ」「しこしこっ」は①の類義語。「しこしこ」が繰り返し感じる歯ごたえなのに対して、「しこっ」は一回嚙んだ時の歯ごたえ、「しこしこっ」は「しこしこ」よりも切れのある歯ごたえを表す。「こつこつ」は②の類義語。「しこしこ」が急に行動するのに対し、「こつこつ」は地道で着実な行動。

◆参考 室町末期の『❖日葡辞書』の「しこしこ」の項を見ると、「場所がぬかるみになっているさま、または、そこに足がはまり込みそうなさま」とあり、現代の意味とは異なっていた。

(間宮厚司)

じたばた

①手足を激しく動かす様子。「子供は…一所懸命に手足をじたばたさせながらふんぞりかえっている」(❖水野仙子『輝ける朝』)

②ある事態に直面して慌てふためいたり、窮地を逃れようと焦ってもがく様子。「いまはつらくてもぐっと我慢し、ジタバタ悪あがきをしないように」(Hanako00・12・27号)

◆類義語「どたばた」「ばたばた」「あたふた」「おたおた」

「どたばた」「ばたばた」は①の類義語。「じたばた」が追い込まれて抵抗する様子を表すのに対して、「どたばた」は走り回ったり暴れたりして騒がしい様子を、「ばたばた」は落ち着きなく物事を慌ててする様子を表す。「あたふた」「おたおた」は②の類義語。「じたばた」が焦ってもがく様子を表すのに対し、「あたふた」は慌てて大急ぎでする様子を、「おたおた」は慌ててうろたえる様子を表す。

◆参考 各地方言における「じたばた」の意味は、忙しく立ち回る様子(大分県)、七転八倒する様子(大分県)、暴れ回る様子(長野県)などのように、激しく動くという点で共通している。

(間宮厚司)

❖太閤記 江戸時代の伝記文学。豊臣秀吉の一代記。小瀬甫庵著。寛永一〇年(一六三三)頃刊。

❖日葡辞書 一七世紀初頭の、ポルトガル語で説明した日本語辞書。イエズス会の宣教師によって成る。室町末期の口語を中心に方言、文書語、歌語、女性語など、三万余語を収録。慶長八〜九年(一六〇三〜〇四)刊。

❖水野仙子 小説家。田山花袋に師事。明治四二年、『文章世界』に発表した「徒労」でデビュー。同四四年『青鞜』同人。作品に『水野仙子集』。(一八八八〜一九一九)

じっ

①動かずに、そのままの状態を静かに保つ様子。「お客としてじっとしているのも気を使う。どこでごろっと横になってもだれも文句を言わない自分の実家が一番楽ですよ」(朝日新聞00・12・24)

②行動を起こさず静かに耐え忍んでいる様子。「『なんて目先が利かないんだ』と周辺から言われたが、じっと我慢していた」(朝日新聞00・12・6)

歌舞伎脚本のト書きに見える「じっとなる」は、じっとこらえて悔しさを表現する演技を指示した用語で、緊迫した場面に多く用いられる。

③視線をそらさずに対象をよく見つめる様子。「親や世の大人たちの生き方を、大人が思う以上にじっと注意深く観察しているのである」(週刊現代00・12・16号)

①②③は、いずれも「じっと」の形で使われる。方言に目を向けると、「じっと(=たびたび)来るで困る」(愛知県知多郡)のように共通語とは多少異なった意味を表すものがある。また、室町末期の❖『日葡辞書(にっぽじしょ)』の「じっ」の項を見ると、「締めつけるさま、または、手の中に物を握りしめるさま、など。…(手にじっと握る)力を入れて、物を手の中に握りしめる。…(じっと締むる)力をこめて締めつける」という説明があり、古く「じっと」には「ぎゅっと」の意のあったことがわかる。

◆類義語「じーっ」

「じーっ」は①②③の類義語。「じっ」よりも、「じーっ」の方が、①では静止している時間、②では我慢している時間、③では凝視している時間が、より長く続いている様子を表す。

■参考 江戸時代以前は「じっ」と書かれるのが普通であったが、江戸時代から明治時代にかけては「ぢっ」という表記も多くなった。

(間宮厚司)

しっかり

①建物などのつくりが確かで安定感のある様子。「しっかり建てられた日本家屋だが、簡素な居宅である」(日本経済新聞00・12・23)

②人柄や考えや見方などが堅実で信頼できる様子。「社長なんだから、しっかりしなさい」(日刊スポーツ00・12・2)

③勉強や仕事などを真剣に行ったり、間違いなく確実に行う様子。「『幼稚舎の生徒もしっかり勉強するべきだ』というのが持論」(週刊現代00・12・

しっかり 倒れた夫を抱き起こし、声をかけて励ます。

(赤塚不二夫『おそ松くん』より)

❖日葡辞書 一七世紀初頭の、ポルトガル語で説明した日本語辞書。イエズス会の宣教師によって成る。室町末期の口語を中心に方言、文書語、歌語、女性語など、三万余語を収録。慶長八〜九年(一六〇三〜〇四)刊。

9号)、「手抜きはしっかり減点されますから、勤務態度に気をつけて」(Hanako00・12・20号)

④心身が健全である様子。「気をしっかり」(三遊亭円朝『因果塚の由来』)、「しっかりした足取り」(北条民雄『いのちの初夜』)

⑤量が十分である様子。「しっかりと食べる」。なお、「しっかり」は「しっかりお金をためこんでいる」のように皮肉を込めた文脈で使われる場合もある。この「しっかり」は、抜け目がない様子を表す「ちゃっかり」に言い換えられる。

◇類義語「がっしり」「がっちり」「たっぷり」

「がっしり」「がっちり」は①の類義語。「しっかり」が建物などのつくりが確かで安定感のある様子を表すのに対して、「がっしり」は簡単に壊れそうにない強固な様子を、「がっちり」は隙間やゆるみがない堅固な様子を表す。「たっぷり」は⑤の類義語。「しっかり」が量が十分である様子を表すのに対して、「たっぷり」は必要な量よりも多くある様子を表す。

◆参考「しっかり」の最古の語形は、奈良時代の「しかとあらぬひげ(=多くはない髭)」(『万葉集』)に見られる「しかと」で、これは現代でも「しかと聞く」「しかと見分ける」などのように使われる。

この「しかと」の強調形が「しっかと」で、室町時代に「(扇の)かなめしっかとして」(狂言『末広がり』)という例がある。それが江戸時代になり、「しっかりとした商人のひとりむすこ」(洒落本『辰巳婦言』)のように、「しっかり」の例が出てくる。つまり、「しっかり」は「しかと→しっかと→しっかり」の順に変化した。なお、「しっかり」には、「しかと」や「しっかと」にはなかった用法がある。それは「しっかり者の細君が必要」(中村光夫『ある女』)の「しっかり者」のように名詞を「しっかり」の下に続ける用法である。

(間宮厚司)

しっくり

①組み合わせがよく、調和がとれて違和感のない様子。「あなた方の仕事とあなたがたの個性が、しっくり合った時」(夏目漱石『私の個人主義』)、「胃にしっくりなじむ料理」(Hanako00・12・13号)

②お互いに気持ちが通い合って、仲良く円満である様子。「芦川さんと私との間は、以前ほど、しっくり行かなくなって」(太宰治『誰も知らぬ』)

狂言には「目をしっくりとついた」、「しっくりとつめったれ(=抓れ)ば」のように痛みを与える

❖三遊亭円朝　幕末から明治時代の落語家。話芸と創作力にすぐれ、人情噺や怪談噺を創作、口演。落語界中興の祖。作品『怪談牡丹灯籠』『鰍沢』など。(一八三九〜一九〇〇)

❖北条民雄　→P.210

❖万葉集　→P.23

❖末広がり　→P.196

❖辰巳婦言　江戸時代の洒落本。式亭三馬著。三馬にとっての洒落本初作である。寛政一〇年(一七九八)刊。

❖中村光夫　評論家・劇作家・小説家。昭和一一年『二葉亭四迷論』で評論家としてデビュー。戦後は私小説を批判し、『風俗小説論』で日本の近代文学のひずみを追究。作品はほかに『志賀直哉論』『贋の偶像』(小説)など。(一九一一〜一九八八)

❖夏目漱石　→P.8

❖太宰治　→P.20

様子を表す「しっくり」の例が見られる。

◇類義語「ぴったり」「しっぽり」

「ぴったり」は①の類義語。「しっくり」が調和がとれているのに対し、「ぴったり」はずれがなく一致している様子を表す。「しっぽり」は②の類義語。「しっくり」が人間関係全般に使えるのに対して、「しっぽり」は男女関係に限定して用いられる。

◆参考 方言の「しっくり」には、落ち着いてする様子(滋賀県・兵庫県加古郡)、病状が落ち着いて小康を保っている様子(兵庫県加古郡)など、共通語とは多少異なった用法が見られる。 (間宮厚司)

じっくり

①十分に時間をかけ、腰を据えて落ち着いて物事を行う様子。「新しい大統領が選ばれたら反対政党でも百日間は人柄や政策をじっくりみて判断する」(朝日新聞00・12・6)。また、時間をかけて熟成・成熟した様子を表す例もある。「じっくり煮込んだカレーが評判だ」(Hanako00・12・20号)

②よく合って調和がとれている様子。江戸末期の『和英語林集成』❖の「じっくり」の項目には「ぴったり適合する」の訳が見える。「三味線と声がじっくり一つになった」(有吉佐和子❖『地唄』)。これは「しっくり」の意味と共通するが、このような用法は、現在ほとんど見られない。

◇類義語「しっかり」「じわじわ」「みっちり」

共に①の類義語。「じっくり」が時間をかけて入念に行う様子を表すのに対し、「しっかり」は十分に手堅く行う様子を、「じわじわ」は目立たないが少しずつ確実に行う様子を、「みっちり」は厳しく徹底的に行う様子を表す点でそれぞれ異なる。

◆参考 「じっくり」を「ずっくり」(富山県)、「じっくら」(福島県)と発音する方言もある。 (間宮厚司)

しっこり

食べた時に適度のかたさと粘りが感じられる様子。「そばのあの独特なかおり、口に入れたときのしっこりとしたこし」(サンケイ新聞72・11・22)

◇類義語「しこしこ」

「しっこり」が食べた時の適度のかたさと粘り強さを表すのに対して、「しこしこ」は表面はやわらかいのに噛(か)むと芯(しん)に歯ごたえがある様子を表す。

◆参考 「しっこり」は愛媛県や高知県の方言では程度の甚だしい様子を表す。 (間宮厚司)

❖和英語林集成 江戸時代末期の日英辞書。ヘボン著。慶応三年(一八六七)に初版が刊行された。その後、増補改訂を行いながら、再版が明治五年(一八七二)に、三版が明治一九年(一八八六)に刊行された。三版は「改正増補和英語林集成」と呼ばれる。

❖有吉佐和子 小説家。演劇にたずさわった後、昭和三一年に『地唄』でデビュー。多芸多才な才女といわれた。作品『華岡青洲の妻』『恍惚の人』など。(一九三一)

しっとり

①湿り気が適度に行きわたっている様子。「肌がしっとりふっくらして」(女性自身00・12・5号)

②静かで落ち着いた雰囲気があって、安らぎと味わいのある様子。「しっとり飲み明かしたい夜ならぜひここで」(SPA!00・12・13号)

③女性の上品でしとやかな様子。「彼女は、気のせいか前よりしっとりときれいになった」(東京新聞72・9・16)。室町末期の『日葡辞書(にっぽじしょ)』には、「(しっとりとした人)温和でもの静かな人」とある。

◆類義語「じっとり」「しっぽり」「しんみり」

「じっとり」「しっぽり」は①の類義語。「しっとり」が潤う程度に湿っている様子を表すのに対して、「じっとり」は水分が過剰で汗ばむような湿気を、「しっぽり」は十分に濡れなじんだ湿り気を表す。「しんみり」は②の類義語。「しっとり」が落ち着いて潤いのある様子を表すのに対して、「しんみり」はもの寂しくてしめやかな様子を表す。

◆参考「しっとり」は「しとしと」と関係があると考えられる。水分に関する同様の語に「じっとり―じとじと」「ぐっしょり―ぐしょぐしょ」「びっしょり―びしょびしょ」などがある。

(間宮厚司)

じっとり

したたりそうなほど湿り気を帯びた様子。特に、汗ばんだ様子を表す場合によく使う。「藁草履はじっとり湿った」(芥川龍之介『百合』)、「黄ばんだ髪の根に、じっとりと汗をにじませながら」(芥川龍之介『偸盗』)

なお、江戸時代には「あまりはすは(=上方の問屋(といや)に雇われて、夜に得意客の相手をつとめた女)でない、じっとりとした女子(をなご)」(滑稽本『浮世風呂』)のように、しとやかで落ち着いた様子の「じっとり」もあり、これは「しっとり」の意味に通じる。

◆類義語「しっとり」「しっぽり」「じくじく」「じとじと」「じめじめ」

「じっとり」が汗ばむような湿り気を表すのに対して、「しっとり」は潤う程度の心地よい湿り気を、「しっぽり」は十分に濡れなじんだ湿り気を、「じくじく」は水分が表面ににじみ出るような湿り気を、「じとじと」は粘りつくような不快な湿気を、「じめじめ」は陰気で不快な湿気を表す。

◆参考「じっとり」を島根県の方言では「じっとら」と発音し、落ち着いた様子や動かない様子の意味を表す。

(間宮厚司)

❖日葡辞書　一七世紀初頭の、ポルトガル語で説明した日本語辞書。イエズス会の宣教師によって成る。室町末期の口語を中心に方言、文書語、歌語、女性語など、三万余語を収録。慶長八～九年(一六〇三～〇四)刊。

❖芥川龍之介　小説家。在学中に『新思潮』に発表した「鼻」が夏目漱石に認められ、文壇にデビュー。才気あふれる理知的な文体で多くの作品を執筆。作品『羅生門』『河童』など。(一八九二～一九二七)

❖浮世風呂　江戸時代の滑稽本。式亭三馬著。銭湯に出入りする人々の会話を通して庶民の暮らしを描いたもの。文化六年(一八〇九)～一〇年刊。

しっぽり

①男女の愛情が細やかで仲むつまじい様子。「高級感漂うモダンなベトナム料理は、しっぽりデートにも友人との集まりにも」(Hanako00・12・20号)、「彼女が喜ぶあったか料理とウマイお酒が楽しめる店を紹介しよう。2人でしっぽりもヨシ、合コンで弾けるもまたヨシヨシ」(SPA!00・12・20号)などのように現代では男女で飲食をともに仲良くする際に多用される。

江戸時代には、男女の情愛の細やかな遊興の意を表す「しっぽり遊び」という名詞や、しめやかに男女が情を交わす意を表す「しっぽる」という動詞もあった。

②雨が降るなどして、濡れて十分に湿っている様子。「枝繁き(えだしげ)山桜の葉も花も、深い空から落ちたままなる雨の塊(かた)まりを、しっぽりと宿していたが」(夏目漱石❖『草枕』)

◆**類義語**「しっくり」「しっとり」「じとじと」「じめじめ」

「しっくり」は①の類義語。「しっぽり」が男女の交情の細やかさを表すのに対して、「しっくり」は男女関係に限らず気持ちが通じ合う円満さを表す。「しっとり」は②の類義語。「しっぽり」が十分に濡れる様子を表すのに対し、「しっとり」は潤う程度に湿っている様子を表す。「じとじと」「じめじめ」はともに②の類義語。「しっぽり」が濡れなじんだ「快」の湿り気なのに対し、「じとじと」は粘りつくような「不快」な湿り気を表し、「じめじめ」も陰気で「不快」な湿り気を表す。

◆**参考** 江戸の遊廓では、しんみりと落ち着いた様子を表す「しっぽり」があり、「しっぽり客(情趣の細やかな客)」「しっぽり酒(しんみりと飲む酒)」などのことばがあった。

(間宮厚司)

しとしと

①細かい雨が静かに降り続く様子。「朝からしとしとと、絹糸のような小ぬか雨です」(佐々木味津三❖『右門捕物帖』)。しめやかに降る雨を「しとしと雨」という。平安時代の『栄花物語❖』の「扇してしとしととうち奉らせ給ふ」の「しとしと」はもの静かな様子を表し、現代の静かに降る雨と通じる。なお、「ざあざあ」は大粒の雨が激しく降る様子を表す。

②ほどよく湿ったり、適度に濡れている様子。

❖**夏目漱石** 英文学者・小説家。英語教師をへて、イギリスに留学。帰国後、『東京朝日新聞』の専属作家となり、同新聞に次々と作品を発表。森鷗外とともに近代日本文学の確立に貢献。作品『吾輩は猫である』『三四郎』など。(一八六七〜一九一六)

❖**佐々木味津三** 大正一〇年に『呪はしき生存』でデビュー。『文藝春秋』の創刊に加わったが、長兄の死による負債返済のため大衆小説に転向。作品『右門捕物帖』『旗本退屈男』など。(一八九六〜一九三四)

❖**栄花物語** 平安末期の歴史物語。宇多帝から堀河帝までの約二〇〇年間について年代を追って物語風に記すが、その中心は藤原道長、頼通の栄華にある。正編三〇巻は一一世紀前半、続編は一一世紀末に成立。

「露にしとしとに濡れて、いろいろの草が花を開いてる」(伊藤左千夫『野菊の墓』)

◆類義語「ぽつりぽつり」「ぱらぱら」

共に①の類義語。「しとしと」がもの静かに雨が降る様子を表すのに対し、「ぽつりぽつり」は間を置いて雨が降る様子を、「ぱらぱら」は小粒の雨がまばらに降る様子を表す。

◆参考 室町末期の『日葡辞書』で「しとしと」の項を見ると、「物事をゆっくりときちんとするさま」とある。そこから「しとしと」の①は、「しとやか」の「しと」に通じるものと考えられる。(間宮厚司)

じとじと

粘りつくようなひどい湿気で不快な様子。「肌がじとじと」(武田麟太郎『大凶の籤』)、「夜露のじとじとしているような畠」(徳田秋声『あらくれ』)

◆類義語「じめじめ」「じくじく」「じっとり」

「じとじと」が粘りつくような不快な湿気であるのに対し、「じめじめ」は陰気で不快な湿気、「じくじく」は水分がにじみ出るような湿気、「じっとり」は汗ばむような湿気を表す。なお、「しっとり」は潤う程度の心地よい湿り気を表す。(間宮厚司)

しどろもどろ

動揺して、つっかえながら筋の通らないことを話す様子。まれに「しどもど」とも。「面喰らって、運転手にかねて聞き知った芙蓉の住所を告げるのも、しどろもどろであった」(江戸川乱歩『虫』)

◆参考 平安時代から見られ、広く無秩序な様子を表した。ただし、『源氏物語』は独特で、光源氏の筆づかいが自在である様子を表している。その後、室町時代は主に歩く様子を、江戸時代以降は専ら話す様子を表すようになった。(小柳智一)

しなしな

①やわらかく弾力があって、たわんだり身をくねらせたりしている様子。「白い柔らかいものが、しなしなと動いた」(江戸川乱歩『虫』)

②張りがなく、しぼんでいる様子。「(少しふくらんでいた茄子が)タレがしみるにつれてシナシナになっていく」(読売新聞夕刊01・8・6)

◆参考 ①は「しなやか」「撓う」に関連があり、②は「萎びる」に関連がある。現代では②の意味で用いることが多くなっている。(小柳智一)

❖伊藤左千夫 歌人・小説家。『アララギ』を主宰し、斎藤茂吉、長塚節ら多くの門下生を育てる。作品『野菊の墓』『分家』など。(一八六四～一九一三)

❖日葡辞書 一七世紀初頭の、ポルトガル語で説明した日本語辞書。イエズス会の宣教師によって成る。室町末期の口語を中心に方言、文書語、歌語、女性語など、三万余語を収録。慶長八～九年(一六〇三～〇四)刊。

❖武田麟太郎 小説家。労働組合運動から、プロレタリア文学作家として出発。のち、井原西鶴に傾倒し、『日本三文オペラ』などの風俗小説を発表。作品『暴力』『銀座八丁』『一の酉』など。(一九〇四～一九四六)

❖徳田秋声 小説家。尾崎紅葉に師事。明治二九年『藪かうじ』を発表。以降、『新世帯』『黴』などで自然主義文学を代表する作家となる。作品はほかに『仮装人物』『縮図』など。(一八七一～一九四三)

❖江戸川乱歩 →P.147

❖源氏物語 →P.194

しみじみ

①心の底まで情感がしみ入る様子。あるいは逆に、心の底から心情がわき起こる様子。やや暗い情緒に静かに浸る様子を表す。「彼女の優しさがしみじみ伝わってくるようです」(Hanako00・12・20号)、「そうだよ、人生は無残なんだよ、としみじみしてしまう」(ダ・ヴィンチ01・9号)

②心をこめてよく物を見つめる様子。見る対象となる物に何らかの情感を懐いている表現である。「あまり、しみじみと観察したことはなかったが」(北村薫❖『ターン』)

◇類義語「しんみり」「しげしげ」

「しんみり」は①の類義語。「しみじみ」よりも情感が暗く、深くうなだれるような感じがある。「しげしげ」は②の類義語。「しみじみ」とちがって情感を懐かず、物を細かく観察する様子。

◆参考 平安時代から見られる語。動詞「染む」の連用形「染み」が重なったものと考えられ、本来は擬態語ではない。しかし、「しとしと」「じめじめ」などに形が類似したり、「しんみり」と類義的であったりするなど擬態語と関連が強いために、現在では擬態語と意識されている。

(小柳智一)

じめじめ

①空気や地面が非常に多くの湿気を含み、肌にまとわりついてくるような様子。不快感を伴う表現である。「冬でも三十度以上の暑さの上に、じめじめと湿気があり」(日本経済新聞00・1・7)

②性格が消極的で、内にこもるような陰鬱さを抱えている様子。「平素のじめじめとした劣等意識から解放されて」(北杜夫❖『楡家の人びと』)

◇類義語「じとじと」「じくじく」

共に①の類義語。「じとじと」は「じめじめ」よりも多く湿気を含み、水分がにじみ出てきそうな感じ。「じくじく」はさらに多くの水分を含み、実際ににじみ出てくる感じ。

◆参考 江戸時代から見られ、かつては「じみじみ」(『和英語林集成』❖)ともいった。「じめじめ」「じみじみ」と音の似た語に「しめじめ」「しみじみ」があり、これらはみな水気や陰りの感じられる点で共通する。ただし、濁音で始まる「じめじめ」「じみじみ」は不快感を伴うが、清音で始まる「しめじめ」「しみじみ」は不快感を伴わない。なお、「しめじめ」は雨が降る様子や心が沈む様子を表す古語である。

(小柳智一)

しみじみ 長年乗った愛車を買い替える。淋しさがこみ上げてくる。

いよいよ あす 引きとりに くるのか

(東海林さだお『平成サラリーマン専科』より)

❖**北村薫** 小説家。高校教師のかたわら小説を書き、平成元年、『空飛ぶ馬』でデビュー。同三年、『夜の蟬』で日本推理作家協会賞受賞。作品『冬のオペラ』『スキップ』など(一九四九〜)

❖**北杜夫** →P.30

❖**和英語林集成** →P.16

しゃー

①小さな穴から液体が勢いよく一回噴射する音。また、その様子。「シャーという心地よい音とともに我が家は人工にわか雨で包まれる」(朝日新聞01・8・1)

②かすれるような感じのある鋭く瞬間的な雑音。たとえば何かが高速で飛ぶ時の、空気を切り裂くような音など。「B29から…、銀色の大きな光る物体がシャーという音とともに落ちてきた」(朝日新聞01・8・11)　(小柳智一)

じゃー

①注いだりこぼしたりして、一気に多量の液体が流れる音。また、その様子。「ミネラルウオーターの場合は…余ったらジャー、ができない」(❖東海林さだお『ワニの丸かじり』)

②比較的大きくて荒々しい、瞬間的な雑音。たとえば、機械の発する音や、高温の油で炒め物をする時の音など。「(野菜を)強火にかけます。ジャーと大きな音がしたら、かき混ぜます」(朝日新聞93・5・4)　(小柳智一)

しゃーしゃー

①クマ蟬の鳴き声。「大型で『シャーシャー』と鳴くクマゼミ」(朝日新聞98・8・23)

②ホースやシャワーなどの小さな穴から、液体が勢いよく流れ出る音。また、その様子。「往来で小便をし始めたのと同様に、…根の切れるまでシャアシャアやり続けている」(❖夢野久作『ドグラ・マグラ』)

③かすれる感じの鋭い雑音。機械の発する音や何かを削る時の音など。「シャーシャーと氷を削りながら、氷上を走る」(朝日新聞00・12・7)

④厚顔無恥なことを平気で口にする様子。「いけしゃーしゃー」の形で用いることが多い。ちなみに、「いけ」は「いけずうずうしい」「いけ好かない」などの「いけ」と同じで、非難する語につく。「しゃあしゃあと、常識で考えてよね、などと付け加える」(❖加納朋子『掌の中の小鳥』)

◇**類義語**「しゃっしゃっ」

「しゃっしゃっ」は③の類義語。かたい紙などが素早くこすれあって出る音。「奈緒子はトランプを取り出して、シャッシャッと切ると」(❖蒔田光治・❖林誠人『トリック』)　(小柳智一)

❖**東海林さだお**　漫画家。サラリーマンのペーソスを描いた『ショージ君』で人気漫画家に。『毎日新聞』に「アサッテ君」を長期連載のほか、名エッセイストとしても知られる。作品『新漫画文学全集』など。(一九三七)

❖**夢野久作**　→P.48

❖**加納朋子**　小説家。平成四年『ななつのこ』で鮎川哲也賞受賞。同七年『ガラスの麒麟』で日本推理作家協会賞受賞。作品『魔法飛行』『掌の中の小鳥』など。(一九六六)

❖**蒔田光治**　京都大学卒業後、東宝に入社。多くのドラマの脚本、プロデュースに参加。代表作に「リング～最終章～」(共同脚本)、「金田一少年の事件簿」(プロデュース)など。(一九五九)

❖**林誠人**　脚本家。代表作に「京都迷宮案内」「理想の上司」「もう誰も愛さない」など。(一九五九)

じゃーじゃー

①蛇口やポットの注ぎ口などのやや大きめの穴から、多量の液体が勢いよく流れ出る音。また、水などが出っぱなしで止まらない様子。「カップにじゃあじゃあコーヒーをつがれるのだ」(週刊文春01・9・13号)

②荒々しく耳障りに鳴り続ける雑音。たとえば機械が発する音など。「ジャージャーと音を立てて発電器が回転して、豆電灯がつくあれね」(江戸川乱歩❖『防空壕』)

(小柳智一)

じゃかじゃか

①楽器や機械が発する荒々しい騒音。「ジャカジャカとギターをかき鳴らすのは、はっきり言って迷惑」(朝日新聞夕刊00・3・29)

②うるさく感じられるほど物が多くあったり、動作が次々に行われたりする様子。「ややこしいのがじゃかじゃかいるから」(朝日新聞87・8・14)

◇類義語「しゃかしゃか」

小さいが耳につく雑音。「シャカシャカという歯磨きの音」(pen01・3・15号)

(小柳智一)

じゃかすか

わずらわしいほど、大量の物が乱雑にあったり、動作が盛んにくり返されたりする様子。乱暴な感じを伴う表現である。「(その雑誌は)流行の商品を追いかけるのが仕事みたいなものである。広告もジャカスカ入って」(AERA01・8・27号)

◇類義語「じゃかじゃか」

「じゃかじゃか」は、「じゃかすか」よりも騒音を伴う感じがあり、また同音のくり返しである分、単調な印象がある。

(小柳智一)

しゃきしゃき

①ほどよいかたさの物を続けて噛んだり、刻んだりする時に出る快い音。または、その時の歯ごたえや手ごたえの感じ。「野菜はお湯にさっとくぐらす程度で、しゃきしゃき食べるのがこの鍋の流儀だ」(週刊現代00・12・16号)

②話し方が歯切れよく、動作が機敏で、活力のある様子。「里子の軀はいつものとおりしゃきしゃきしていたが、顔だけは思いなしか心もち蒼く澄んでみえた」(水上勉❖『雁の寺』)

(小柳智一)

しゃきしゃき 小気味よさがあり、プラスイメージの語である。

(蛭田達也『新・コータローまかりとおる!』柔道編 より)

❖江戸川乱歩 小説家。大正一二年、雑誌『新青年』に「二銭銅貨」を発表。以降、本格推理小説を次々に発表し、日本の探偵小説の基盤を確立。作品『屋根裏の散歩者』『怪人二十面相』など。(一八九四〜一九六五)

❖水上勉 小説家。宇野浩二に師事。幼少時を寺で過ごし、後、還俗。昭和三六年『雁の寺』で直木賞受賞。社会派推理小説から、女の宿命を描いた『越前竹人形』まで、多彩な分野で活躍。作品『飢餓海峡』『五番町夕霧楼』など。(一九一九〜二〇〇四)

しゃきっ

①ほどよくかたい物を嚙んだり切ったりする時に出る快い音。また、その時の歯ごたえや手ごたえの感じ。爽快感を伴う表現である。「香りといい、シャキッとした歯ごたえといい、そば通もうなる」(Hanako00・12・20号)

②態度や気持ちが引き締まっていて、軽い緊張感があり、さわやかな様子。「(ラッキーカラーを)洋服などに取り入れれば、ボケ気味の心もシャキッとします」(Hanako00・12・13号)

(小柳智一)

しゃっきり

態度や気持ちが引き締まり、弱々しさや無気力な感じが全くない様子。歯切れの良さを伴う表現であるため、粋な感じを表す場面で用いられることも多い。「しゃっきりしていっしょに来なさい」(宮部みゆき『生者の特権』)、「(下町の女たちが着る市松の着物は)いかにもしゃっきりとして小粋な感じです」(林真理子『着物をめぐる物語』)

江戸時代から見られる語。「蜻蛉が羽根をひろげたやうにしゃっきりして幅の狭い帯でございませう」(滑稽本『浮世風呂』)

◇類義語「しゃきしゃき」「しゃきっ」

「しゃきしゃき」「しゃきっ」は態度や気持ちが引き締まっている点では「しゃっきり」と同じだが、「しゃきしゃき」は一つ一つの所作がいつも引き締まって機敏な様子を表し、「しゃきっ」は「背筋がしゃきっと伸びる」のように態度について用いることが多く、「しゃっきり」よりも引き締まり方が強くて軽い緊張感を伴う。また、「しゃきしゃき」「しゃきっ」は「しゃっきり」と違い、かたいものを嚙んだ時の音や歯ごたえも表す。

(小柳智一)

しゃっしゃっ

①手際よくすばやい様子。「シャッシャッと塗っていく」(中国新聞99・i・i)。長時間のすばやい動きには、「シャッシャッシャッと担いでいきますよ」(週刊現代00・12・9号)のように使う。

②直線的で軽やかな様子。「(髪が)シャッシャッと軽やかなかんじ」(小林聡美『東京100発ガール』)

③すばやい動きによって発せられる音。「少しいためてからキャベツを入れる。シャッシャッと音がする」(朝日新聞90・12・12)

(吉田永弘)

❖宮部みゆき →P.142
❖林真理子 →P.115
❖浮世風呂 →P.98
❖小林聡美 女優・エッセイスト。昭和五七年、映画『転校生』に初主演。その後、テレビドラマなどに出演するかたわら、エッセイストとしても活躍。作品『東京100発ガール』『マダムだもの』など。(一九六五)

しゃっしゃっ フライパンで手際よくいためる。

(うえやまとち『クッキングパパ』より)

しゃなりしゃなり

ゆっくりとしなやかに気取って歩く様子。女性の歩くさまをいうことが多い。「もうこの頃では稽古に行くにも着流しのまましゃなりしゃなりと出かけると云う風で」(❖谷崎潤一郎『痴人の愛』)、「温泉芸者になった私は〝果たしてこんなんでいいのか?〟と思いつつシャナリシャナリと式場へ向かった」(❖さくらももこ『もものかんづめ』)

明治期に使われるようになった語で、それ以前には「しゃならしゃなら」「しゃなしゃな」などの言い方があった。「戻ろやれ。我が古塚(ふるつか)へ、しゃならしゃならと」(狂言『❖釣狐(つりぎつね)』)。この例は僧に化けた年寄りのキツネが、機嫌よく歌いながら住処へゆっくりとしなやかに歩いて帰る場面。

◆**参考** 「しゃなり」という語も明治から使われているが、歩く様子に使ったものではなく、しなやかで気取っている様子を表した。「しゃなりとした婀娜(あだ)姿が立って」(❖中村星湖『少年行』)。なお、江戸時代には、しなやかさを表す「しゃなり」とは結びつけにくいが、わめき声の意で「しゃなり声」という言い方がある。「阿房(あほう)めがしゃなり声」(浄瑠璃『❖仮名手本忠臣蔵(かなでほんちゅうしんぐら)』)

(吉田永弘)

しゃぶしゃぶ

薄くて軽い物を水の中で動かす時に発する音。また、水気の多い様子。「粘度の薄いシャブシャブした昔風のカレー」(朝日新聞夕刊01・10・30)

◆**参考** 「しゃぶしゃぶ鍋」は、薄切りの肉を鍋の中のだし汁に色が変わる程度にくぐらせ、タレをつけて食べる料理。煮る時に肉をしゃぶしゃぶと泳がせるところからの命名。日本では戦後関西で始められたという。もとは北京料理で涮羊肉(ショワヤンロウ)と呼ばれる。「涮」には「すすぐ」意がある。

(吉田永弘)

じゃぶじゃぶ

多量の液体が揺れ動く音。洗濯・水遊びや瓶入りの液体をかける時に使う。「酒をじゃぶじゃぶとかけて」(❖開高健『新しい天体』)。また、金銭を無駄遣いする様子。「安ければ、ジャブジャブ使うことにつながりかねず」(朝日新聞00・12・13)

◆**参考** 江戸時代には「お経の文句が間違(まちが)っても、じゃぶじゃぶですましておけど」(滑稽本『❖大千世界楽屋探(だいせんせかいがくやさがし)』)のように、現代の「むにゃむにゃ」の意で使った。現代語の意は明治期から。

(吉田永弘)

❖**谷崎潤一郎** →P.7

❖**さくらももこ** 漫画家。昭和五九年、短大在学中に『教えてやるんだありがたく思え』でデビュー。昭和六一年、雑誌『りぼん』に「ちびまる子ちゃん」を連載、平成二年にテレビでアニメ化され人気を得る。(一九六五)

❖**釣狐** →P.149

❖**中村星湖** 小説家。『早稲田文学』の記者を務めると同時に、自然主義文学の作品や評論を発表。作品『少年行』『女のなか』、訳書に『ボバリー夫人』など。(一八八四〜一九七四)

❖**仮名手本忠臣蔵** →P.146

❖**開高健** 小説家。寿屋(現・サントリー)宣伝部のコピーライターをへて、昭和三二年、『裸の王様』で芥川賞受賞。作品『輝ける闇』『ロマネ・コンティ・一九三五年』など。(一九三〇〜一九八九)

❖**大千世界楽屋探** 江戸時代の滑稽本。式亭三馬著。文化一四年(一八一七)刊。

じゃぼじゃぼ

水を掻き回すなどして揺れ動く時に発する音。また、その様子。「じゃぼじゃぼお湯を掻きまわして」(太宰治❖『トカトントン』)

◆類義語「じゃぶじゃぶ」

「じゃぼじゃぼ」は少量の水でも使えるが、「じゃぶじゃぶ」は多量の水に限られる。そのため、金銭の無駄遣いの形容には「じゃぶじゃぶ」を使う。「巨額の公金をブラックボックスに移し、ジャブジャブ使う」(AERA01・1・29号) (吉田永弘)

じゃぼん

人が飛び込んだり、重い物が投げ込まれた時に発する水の音。「(温泉に)私はジャボンと飛び込んで知らないおばちゃんに怒られたもんです」(朝日新聞夕刊00・9・11)

◆類義語「じゃぼーん」「ざぶん」

「じゃぼーん」は、「じゃぼん」より勢いよく水の中に入った時の音。「ざぶん」は、水の動きに重点があり、水を浴びたり波が打ち寄せる時の音も表せる点で「じゃぼん」とは異なる。 (吉田永弘)

しゃらしゃら

①雪駄などを履いて歩く足音。また、気取って歩く様子。「しゃらしゃらとおちつきはらって運ぶ足どりが、人がちがうように高雅に見える」(海音寺潮五郎❖『おどんな日本一』)

②布や葉などの薄くて軽い物が擦れ合って発する静かな音。「阿蘇の名花ヒゴタイが五、六本、しゃらしゃら風にゆれていて、夢がさめた」(朝日新聞01・2・11)。また、少量の水の流れが物に当たって発する音も表す。「往来にしゃらしゃら川瀬の音を立てていた」(岡本かの子❖『巴里祭』)

③鈴などの小さくて軽い金属が触れ合って鳴らす音。「シャラシャラ シャンシャン 鈴つけた お馬にゆられて 濡れてゆく」(野口雨情❖「雨降りお月さん」)。「シャンシャン」は勢いよく鳴る鈴の音。

◆類義語「じゃらじゃら」

「じゃらじゃら」は③の類義語。小石や小銭などの重量感のある小さい物が触れ合って鳴らす音。

◆参考 ①は室町時代から例がある。『日葡辞書(にっぽじしょ)』❖によると、「雪駄などで歩くときにたてる音」のほかに、「物が低くぶらさがった様子」を表していた。②③は近代になってからの用法。 (吉田永弘)

❖太宰治 →P.20

❖海音寺潮五郎 小説家。昭和一一年『天正女合戦』で直木賞受賞。史料に基づいた歴史小説に定評がある。作品『海と風と虹と』『天と地と』など。(一九〇一〜一九七七)

❖岡本かの子 小説家・歌人・仏教研究家。漫画家岡本一平と結婚。画家岡本太郎は長男。昭和一一年、『鶴は病みき』で作家生活に入り、以降、作家として活躍。作品『母子叙情』『生々流転』など。(一八八九〜一九三九)

❖野口雨情 →P.374

❖日葡辞書 一七世紀初頭の、ポルトガル語で説明した日本語辞書。イエズス会の宣教師によって成る。室町末期の口語を中心に方言、文書語、歌語、女性語など、三万余語を収録。慶長八〜九年(一六〇三〜〇四)刊。

じゃらじゃら

①ポケット一杯の硬貨や大当たりして出てきたパチンコ玉のように、同じ種類でたくさんの重くて小さい物が触れ合って発する音。「銅貨や銀貨をじゃらじゃらと音させて、景気よく金を払って遣った」(田山花袋❖『田舎教師』)、「パチンコ屋から玉のじゃらじゃらいう音が絶え間なく聞えていた」(福永武彦❖『死の島』)

②色っぽくいやらしい感じがするほど派手で下品な様子。「じゃらじゃらと厭らしい人だとお米は思った」(田山花袋『生』)、「化粧をした、ジャラジャラした娘と違って」(野村胡堂❖『橋場の人魚』)

③なまめかしくふざけている様子。みだらなことを言う様子。「奥では若い女ども二三人ジャラジャラしている様子」(野村胡堂『女辻斬』)

◼参考 ③の用法は江戸時代に上方で使われ始めた。「これ見よがしに膝枕しながら、目を細めてじゃらじゃら言ひたがるは、いかう前方な(まえかた)(＝ひどく時代遅れな)素い(しろい)人と心得べし」(浮世草子『❖傾城禁短気(けいせいきんたんき)』)。やがて、近代になって③から派生して②の用法が生まれたものと思われる。①の用法も近代になってから現れた。 (吉田永弘)

じゃらり

同じ種類でたくさんの重くて小さい物が落ちたり触れ合ったりして発する一回の音。また、その様子。「じゃらりとその銭を財布の底に落した」(長塚節❖『土』)、「おはじきがじゃらりと入っている」(朝日新聞99・10・25)

◼参考 古くは「じゃらりくらり」という形で、なまめかしくふざけている様子やみだらなことを言う様子を表した。「女中捕へてじゃらりくらり」(浄瑠璃❖『新うすゆき物語』) (吉田永弘)

じゃらんじゃらん

鐘や大きい鈴などが繰り返し鳴ったり、金属が何度もぶつかったりして発する大きな音。「大きな鐘を持ち出して、ジャランジャラン振りはじめた」(山本有三❖『路傍の石』)。明治期に現れる語。

◼参考 リクルート社発行の旅行情報誌「じゃらん」は、「インドネシア語のjalanで『道』『プロセス』の意。jalan jalanで、『散歩する』『ブラブラ出かける』『旅行する』の意」に基づく命名であるようなので、擬音語とは関係がない。 (吉田永弘)

じゃらじゃら 硬貨がいっぱい。

(東海林さだお『平成サラリーマン専科』より)

❖田山花袋 →P.51
❖福永武彦 →P.27
❖野村胡堂 →P.77
❖傾城禁短気 →P.94
❖長塚節 歌人・小説家。正岡子規に師事。明治三六年、伊藤左千夫らと『馬酔木』創刊。同四三年『東京朝日新聞』に小説「土」を連載。作品は歌集『病中雑詠』『鍼の如く』など。(一八七九〜一九一五)
❖新うすゆき物語 江戸時代の浄瑠璃。文耕堂ら作。寛保元年(一七四一)初演。
❖山本有三 →P.30

しゃりしゃり

ややかたくて薄い物や細かい物が、繰り返しこすれ合って発する音。また、その様子。「海でも山でも家でもスイカが最高。シャリシャリと童心を誘う歯ごたえ」(読売新聞夕刊01・8・6)

◇類義語「しゃりっ」「じゃりじゃり」

食感を表す場合、「しゃりしゃり」はみずみずしくさわやかな感じを伴う。「しゃりっ」は一回の音で、歯切れのよい感じ。「じゃりじゃり」は、砂などを噛んだ時の音で、食感は悪い。 (吉田永弘)

じゃりじゃり

砂などの粒の粗い物を噛んだ時や小石や砂などが繰り返し触れ合って出す音。また、その様子。「粗い土埃と汗でじゃりじゃりする首筋」(柴田翔❖『ノンちゃんの冒険』)。室町時代から見られる語。近年は様子を表すことが多い。

◈参考 江戸時代に現れる「砂利」という語は「さざれ石」の「さざれ」が語源という。「さざれ石」が「じゃりじゃり」しているため、「じゃり」という音に引き寄せられてできた可能性もある。 (吉田永弘)

しゃりっ

ややかたくて薄い物や細かい物が、瞬間的にこすれ合って発する音。また、その様子。スイカを齧ったり、かき氷にスプーンをさした時などに使う。粗い物への触覚にも使う。「農家の縁側でかぶりついた時のシャリッとした甘みが今も舌によみがえる」(読売新聞夕刊01・8・13)

◈参考「しゃりっ」「がりっ」「ぱりっ」「ごそっ」のように、二音節の語に促音が付いた形は、近代になってから現れる語形である。 (吉田永弘)

じゃりっ

砂などの粒の粗い物を噛んだ時の音。小石や砂が触れ合って出す音。「口に含むと、じゃりっと、音を感じた。泥の多い黄河の水だった」(朝日新聞夕刊01・8・2)

◇類義語「じゃりじゃり」

「じゃりっ」は一回の音を表すが、「じゃりじゃり」は繰り返し発する音や様子を表す。しかし、最近は「じゃりっ」が音、「じゃりじゃり」が様子を表す傾向にある。 (吉田永弘)

❖柴田翔 小説家・独文学者。昭和三六年、『親和力研究』で日本ゲーテ協会より、ゲーテ賞を授与される。同三九年『されどわれらが日々―』で芥川賞受賞。作品『ファウスト』(訳書)、『贈る言葉』など。(一九三五)

しゃん 全員背を伸ばして正座。

(赤塚不二夫『おそ松くん』より)

しゃん

言動・状態が明瞭でしっかりしている様子。「そろそろ今日あたりから本気でしゃんとせねばならない」(朝日新聞01・1・4)。姿勢正しくきちんとしている様子をいうことが多い。「女はしゃんと坐って胸を張った」(川端康成『雪国』)

室町時代から例があり、言動がてきぱきとした様子を表していた。江戸時代には、あっさりした味を表す場合にも使われている。これは現在でも石川県の方言にある。

(吉田永弘)

じゃん

①鐘などを鳴らした時の音。「『ジャン!』と、袢纏(はんてん)姿の流しが胸元のギターを軽く叩いた」(椎名誠『新橋烏森口青春篇』)

②人や物が登場する様子。テレビ番組などで鐘などの音とともに人や物が登場する演出から転じて、実際に音が鳴らなくても使うようになった。「ジャーン」と伸ばして使うことが多い。「メイクブラシたちがジャーンと登場する」(小林聡美『東京100発ガール』)

(吉田永弘)

しゃんしゃん

①鈴が繰り返し鳴る音。「腰の後ろの鈴が、跳びはねるごとにシャンシャン鳴る」(朝日新聞夕刊97・9・25)。最近は馬を使うことがなくなったため用例はあまり見られないが、古くは馬につけた鈴の音をいうことが多かった。「シャラシャラ シャンシャン 鈴つけた お馬にゆられて 濡れてゆく」という野口雨情の「雨降りお月さん」は有名。

②大勢でする手拍子の音。「売買が成立すると、シャンシャンと威勢のいい手締めが行われる歳末光景は下町の風物詩だ」(朝日新聞00・12・17)。童謡「森の小人」に「森の木陰(こかげ)で ドンジャラホイ シャンシャン手拍子足拍子」の一節がある。また、一件落着した時に皆で手を打つ音や、物事が決着した様子を表す。「日程を淡々とこなすだけの『シャンシャン大会』だった」(朝日新聞夕刊01・3・13)

③からだがしっかりとして元気な様子。また、敏速で手際のよい様子。「私よりシャンシャンしてた人がぼけてきて」(朝日新聞92・5・7)

◇類義語「じゃんじゃん」「しゃきしゃき」

「じゃんじゃん」は①の類義語。「しゃんしゃん」よりも大きな音を表すので、鐘の音を表すことが

❖川端康成 小説家。大正一三年、横光利一らと雑誌『文芸時代』を創刊、新感覚派と呼ばれた。以降、独自の美的世界を追究し、昭和三六年文化勲章受章。同四三年ノーベル文学賞受賞。作品『伊豆の踊子』『雪国』『山の音』など。(一八九九〜一九七二)

❖椎名誠 小説家・編集者。昭和五一年、『本の雑誌』を創刊。同五四年、エッセイ『さらば国分寺書店のオババ』を刊行、平易な言葉を用いた昭和軽薄体の作家として人気を得る。作品『新橋烏森口青春篇』『岳物語』など。(一九四四〜)

❖小林聡美 女優・エッセイスト。昭和五七年、映画『転校生』に初主演。その後、テレビドラマなどに出演するかたわら、エッセイストとしても活躍。作品『東京100発ガール』『マダムだもの』など。(一九六五〜)

❖野口雨情 →P.374

多い。「しゃきしゃき」は③の類義語。ともに敏速な行動をする様子を表すが、「しゃんしゃん」は行動をする人に重点があるのに対して、「しゃきしゃき」は行動に重点がある。また、「しゃんしゃん」は老人についていうことが多い。

◆参考 ③の意味は室町時代、①②の意味は江戸時代から例が見られる。「一つ打ちませう。しゃんしゃんしゃん」(歌舞伎『韓人漢文手管始』)は②の例。また、「据る風呂もしゃんしゃんしゃんしゃん」(浄瑠璃『丹波与作待夜の小室節』)のように、湯が沸き立つ様子を表した例もあった。 (吉田永弘)

じゃんじゃん

①鐘などが繰り返し鳴る音。「ジャンジャンと放課の鐘が鳴る」(二葉亭四迷『平凡』)。江戸時代には、おもに「じゃんじゃん」の形で半鐘の音を表していた。「じゃんじゃんじゃんと五つの半鐘鳴る」(歌舞伎『韓人漢文手管始』)

②物事が次から次へと繰り返して行われる様子。「『もっと注げ、じゃんじゃん注げよ』とおたきに言った」(藤沢周平『囮』)。

◆参考 江戸時代には鎮火の際に半鐘を二度鳴らしたところから「物事が終わること」を表した。「川の中へすぽんと落っこちてヂャンヂャンよ」(滑稽本『八笑人』)。また、明治期には半鐘がやかましく鳴るところから「人が怒鳴る様子」を表す用法が生まれた。「夜店のステッキが又じゃんじゃんすると可けないから、貴女は早くお帰り」(徳田秋声『縮図』)。「夜店のステッキ」は男のあだ名。また、「怒鳴ること・喧嘩・いさかい」の意も表した。「『民さんはどうしたね』と聞く。『どうしたか、じゃんじゃんが好きだからね』『じゃんじゃん許りじゃやねえ…』」(夏目漱石『吾輩は猫である』) (吉田永弘)

しゅー

①気体や液体が小さな穴や隙間から勢いよく吹き出る音。また、ふくらんでいた物の中身が急に抜けてしぼむ様子。「シューと湯気の吹き出す音がして、…煙とはちがう蒸気のようなものが吐き出され」(野坂昭如『戦争童話集』)、「タコのやつは、たまげてまっ黒なスミをしゅーと、ふいたわい」(神沢利子『いたずらラッコのロッコ』)、「脊中と胸の厚さがしゅうと減って」(夏目漱石『坑夫』)

②絹の着物の布地などがすれあって出る音。

❖**韓人漢文手管始** 江戸時代の歌舞伎。並木五瓶作。通称「唐人殺し」。並木五瓶大坂在住時代の傑作のひとつとされる。寛政元年(一七八九)初演。

❖**丹波与作待夜の小室節** 江戸時代の浄瑠璃。近松門左衛門作。別名「丹波与作」、「伊達染手綱」。宝永五年(一七〇八)頃初演。

❖**二葉亭四迷** →P.25

❖**藤沢周平** 小説家。昭和四八年『暗殺の年輪』で直木賞受賞。下級武士や庶民を、哀感を込めて描く時代小説に定評がある。作品『用心棒日月抄』『蝉しぐれ』など。(一九二七〜)

❖**八笑人** 江戸時代の滑稽本。全五編のうち初編〜四編は滝亭鯉丈著。五編は渓斎英泉・与鳳亭枝成著。文政三年(一八二〇)〜嘉永二年(一八四九)刊。

❖**徳田秋声** →P.42

❖**夏目漱石** →P.8

❖**野坂昭如** →P.26

❖**神沢利子** →P.297

「桃色綸子の裏をシューと云わせながら、両手を通す」(小栗風葉『青春』)

◈**参考** 「しゅー」は鎌倉時代の『名語記』に「すずめのこゑのしう」とあって、古くは雀の鳴き声を表したこともあった。ただし、古代日本語のサ行音は現在のようなサやシャの摩擦音ではなく、チャまたはツァのような音(破擦音という)であったとする説もある。後者の考えによれば、「しう」はシューではなくチューまたはチュンに近い音を表したということになり、そうすれば、雀の鳴き声は今も昔も変わらないといえる。(川嶋秀之)

じゅー

物に含まれている水分が、絞ったり圧力を加えられたりして、外部ににじみ出てくるときの音。また、その様子。また、水分や油脂分が高温に熱せられたものと触れ合って蒸発するときにたてる音。「蒸気はここで露になって、ジューと火が消える」(泉鏡花『婦系図』)

◈**類義語** 「じゅーっ」

「じゅーっ」は水分が出きった感じ、また、熱せられて蒸発しきった感じがある。(川嶋秀之)

しゅーしゅー

気体や液体などが小さな穴から続けて吹き出す音。「象は小さなお祈りをしているような目をして、長い鼻を巻いたりのばしたりして、しゅうしゅうと息の音をたてながら」(竹山道雄『ビルマの竪琴』)、「へいたいさんは、はっと耳をすませました。…かすかにきぬずれの音が聞こえてきたのです。それからやかんのシュウシュウなる音も」(瀬尾七重『クリスマス・イヴのおくりもの』)

◈**参考** かつて「しゅうしゅう」は雀の鳴く声を表した。『色葉字類抄(いろはじるいしょう)』に「啾々 しうしう 雀声」とある。「啾々」は鳥や虫の鳴く声や女性や亡霊の細々とした泣き声を表す漢語だが、それをシウシウと発音するし、雀の鳴き声も和語でシウシウという、というのである。

藤原公重の「ねやのうへに すだくすずめの こゑばかり しうしうとこそ ねはなかれけれ」(『風情集』)の「しうしう」には、そうした事情を利用して、雀の鳴き声と人の泣き声が掛けられている。なお、当時のサ行音は破擦音だったとする説があり、それによれば、「しうしう」はチウチウのように発音されたことになる。(川嶋秀之)

じゅーっ 熱いフライパンで肉・野菜を焼く。

(うえやまとち『クッキングパパ』より)

❖**小栗風葉** →P.165
❖**名語記** →P.24
❖**泉鏡花** →P.8
❖**竹山道雄** →P.56

❖**瀬尾七重** 児童文学作家。福田清人に師事。昭和四三年『ロザンドの木馬』で野間児童文芸推奨作品賞受賞。『かんどうぃむ』同人。作品『ポカホンタス』『迷路の森の盗賊』など。(一九四二)

❖**色葉字類抄** 平安末期の国語辞書。橘忠兼編。語頭音から、いろは四七部に分け、各部をさらに意味によって、天象、地儀など二一門に分類。当時の漢字表記や読み方を知る上で貴重な資料。天養～治承年間(一一四四～八一)に成立。

❖**風情集** 平安時代の私家集。藤原公重(きんしげ)の歌集。着想や表現に異色な歌も含む。承安三年(一一七三)～治承二年(一一七八)の間に成立。

じゅーじゅー

物に含まれている水分や油脂分が、熱せられた物と触れ合って蒸発するときに出る音。「じゅー」よりも時間的に長く持続的である。魚や肉をじゅーじゅーと焼く音は、おいしそうで食欲をそそう。「あやしげなトタン板の上にちと目もとの赤くなった鰯をのせてじゅうじゅうと焼く」(石川淳❖『焼跡のイエス』)、「ポンプの水が一筋消しに向かうと、棟や梁がじゅうじゅう湯気を立てて傾きかかった」(川端康成❖『雪国』)　　(川嶋秀之)

しゅっ

①気体や液体などが、小さな穴や隙間から擦れるように吹き出す音。スプレーなどの音によく使う。「まずエアーサロンパス。これをラウンド中、ふくらはぎにシュッと吹きかける」(週刊現代00・12・30号)

②布やマッチなど、表面に細かな凹凸のあるものが強く擦れ合ったときに出る音。「山猫はおうようにわらって…マッチをしゅっと擦って」(宮沢賢治❖『どんぐりと山猫』)　　(川嶋秀之)

じゅっ

水と高温の物とが触れたとき、水分が蒸発して出る短く瞬間的な音。「蛭はたっぷりと血を吸って…マッチの炎をつけるとじゅっという湿った音がした」(村上春樹❖『世界の終りとハードボイルド・ワンダーランド』)、「天ぷらをジュッとくぐらせるのです」(週刊現代00・12・23号)

◈**参考**　鶯の笹鳴きの声の例がある。「じゅっじゅっという啼声がしてかなむぐらの垣の蔭に笹鳴きの鶯が」(梶井基次郎❖『冬の日』)　　(川嶋秀之)

しゅっしゅっ

①気体や液体などが、小さな穴から断続的に擦れるように吹き出す音。また、その様子。「スチームの管から白い蒸気がしゅっしゅっと洩れる音さえ佗びしかった」(福永武彦❖『草の花』)

②表面に細かな凹凸のあるものが、断続的に強く擦れ合ったときに出る音。「しゅっしゅっとお米をとぎながら」(太宰治❖『女生徒』)

◇**類義語**「しゅっ」

「しゅっ」は瞬間的な音を表す。　　(川嶋秀之)

❖**石川淳**　→P.30
❖**川端康成**　→P.91
❖**宮沢賢治**　→P.34
❖**村上春樹**　→P.94
❖**梶井基次郎**　小説家。大正一四年、学友らと雑誌『青空』創刊。「檸檬」「城のある町にて」などを発表。鋭い感受性の詩的作品が多い。作品『冬の日』『交尾』など。(一〜一九三二)
❖**福永武彦**　小説家・仏文学者。昭和二七年の『風土』、二九年の『草の花』で文壇的地位を確立。ほかに加田伶太郎、船田学の名でそれぞれ推理小説とSFを執筆。作品『死の島』『海市』など。(一九一八〜)
❖**太宰治**　→P.20

山口仲美の擬音語・擬態語コラム⑨

時代の価値観を表す

――擬態語が語るもの

なんてうまいんだ。「わしっわしっ」食った。三人分のチャーハンだった。（うえやまとち『クッキングパパ』）

私の若い頃と比べると、最近は耳にする擬態語が随分変わったと感じる。そこで現在の新聞・雑誌に見られる擬態語と三〇年前のそれとを比較してみた。

すると、三〇年前には慎み深くゆっくりとした様子を表す擬態語が頻出。たとえば「日曜日は特にごきげん。……夜は洋酒をちびりちびり」（日本経済新聞・一九七三年一月一四日）。「ちびりちびり」は、少しずつ、舐めるように飲んで楽しむ様子。「ちょこちょこ」「ちょこなん」「ちょびっ」「ちらちらっ」なども。いずれも、小刻みにわずかずつ遠慮っぽくなされている様子を表す擬態語。恋愛も、慎み深い。「K君好きの加賀美人。ぽーとして住所・氏名を聞きもらしたが」（産経新聞・一九七二年八月二日）。「ぽー」と、異性に顔を赤らめていた時代なのである。

ところが、現在は、こうした擬態語がほとんど出現しない。代わりに、過激で豪快さや手早さを表す擬態語が頻出する。たとえば、「ニュースをダダダッと読む」（朝日新聞夕刊・二〇〇一年一月九日）。「ダダダッ」は、ニュースを矢継ぎ早にこなしていく様子を表す擬態語。「アツアツのご飯の上に……超長身アナゴが並行に並んだのをわしわし食うというのは初めてだった」（週刊現代・二〇〇〇年一二月九日号）。「がしがしと食らいつく」こともある。恋のテレパシーも体内から過激にやってくる。「会ったとき、体と心でビビビッときたんです」（日刊スポーツ・二〇〇〇年一二月六日）。「ビビビッ」は、電気的に訪れる恋のインスピレーションの形容。怒りは「ぷっつん」、悲しさは「うるうる」と、おおっぴらに気持ちを表す。遠慮せずに、過激にすばやく豪快に行動することを良しとする現代を表しているのである。擬態語は、その時代の価値観を映し出す言葉なのだ。

しゅっぽしゅっぽ

蒸気機関車の走るときの音。また、その様子。「しゅっ」は蒸気を吹き出すときの音、「ぽ」は煙突が煙を吐き出す音とも、汽笛の音ともいう。童謡の「汽車ポッポ」に「汽車 汽車 ポッポ ポッポ シュッポ シュッポ シュッポッポ」とある。

◆参考 「汽車ポッポ」は昭和一三年に発表されたときは「兵隊さんの汽車」の題名で、右に続く所が「兵隊さんをのせて…僕等も手に手に日の丸の」とあり、軍国調の強いものだった。　（川嶋秀之）

じゅぼっ

①水分を含んだやわらかい物の中に、めりこむように入るときの音や様子。「泥でぬかるんだたんぼにじゅぼっと足がはまった」、「糠床に手をじゅぼっと突っ込む」

②ライターに火をつけるときの音。点火用の石と金属がこすれあう音が「じゅ」、火がついて炎が燃え立ったときの音が「ぼっ」。「高級ライターをおもむろに取り出し、じゅぼっと火をつける時の快感がたまらない」　（川嶋秀之）

しゅるしゅる

①コードや釣り糸など、細く長い物を伸ばしたり巻き戻したりするときに出る、軽く擦れるような音。「シュル、シュルと音を立てて、流れるように伸びてゆくライン」（週刊現代00・12・30号）

②空気中を球状の物が飛んでいくときに出る風を切る音。「池のような水溜まりがあったので、手榴弾を投げ込んでみた。シュッ、シュルシュル、パアン！と音がして、ザザンと水が飛び散った」（高木護❖『人夫考』）　（川嶋秀之）

じゅるっ

水分がたくさんにじみ出る様子。「新鮮なメロンにかぶりついたら、じゅるっと果汁があふれてきた」

◆参考 中部地方から関西・中国地方などにかけて、水分が多くやわらかい、あるいは、道がぬかっているという意味で「じゅるい」「じるい」という語が使われている。これらは形容詞であるが、語幹「じゅる」「じる」は擬態語「じゅるっ」と語源的に関係があると思われる。　（川嶋秀之）

❖高木護　詩人・小説家・評論家。『ポリタイア』同人。作品『裏町悲歌』（詩集）、『野垂れ死考』など。（一九二七）

じゅわじゅわ

料理で、肉汁と醤油などの調味料が交じり合い、煮立つときに出る音や様子。また、肉汁などがにじみ出る様子。「ジュワジュワと醤油が泡立つくらい煮立てます」(週刊現代00・12・30号)

◆類義語「じゅわっ」「じゅわーっ」

「じゅわじゅわ」は肉汁が口の中にじっくりと広がっていく感じ。「じゅわっ」は噛(か)んだとき肉汁が一気に出る感じで、「じゅわーっ」はそれがよりゆっくり広がる感じがある。

(川嶋秀之)

しゅん

何かがきっかけになって急に元気や活気をなくしてしまう様子。「ひどくしゅんとした顔になっている堅市の声で」(井上靖❖『あすなろ物語』)

◆類義語「しゅーん」「しょぼん」

「しゅん」に比べると「しゅーん」の方は気持ちの落ち込み方が激しい。「夫の『うるさい』には…思い出すだけでしゅーんと気持ちが沈んでいく」(朝日新聞94・9・30)。また「しょぼん」は「しゅん」よりも寂しげな感じ。

(高崎みどり)

しゅんしゅん

やかんで沸く湯が出す音。「火を入れる。やがて、湯がしゅんしゅんとわく」(林芙美子❖『放浪記』)

◆類義語「ぐらぐら」

「ぐらぐら」の方は、より盛んに煮えたぎっている様子を表す。「蛇の眼と蝙蝠の爪と、——鍋はぐらぐらと煮える」(夏目漱石❖『虞美人草』)

◆参考 江戸時代、沸騰する音や様子を「ちっぷかっぷ」とも言った。「ちっぷかっぷとお汁が煮え立ち」(❖『筆力士』)

(高崎みどり)

じょきじょき

はさみなどで物を続けざまに切る時の音。またその様子。「小諸は養蚕地ですから、寺の坊さんまでが…桑の葉じょきじょき」(島崎藤村❖『旧主人』)

◆参考 江戸時代、形の似た「しょぎしょぎ」があったが、意味は違っていて、「頭頂(ずちょう)に霜枯れの薄(すすき)を見る様な髪がしょぎしょぎと十筋ばかり」(狂言❖『縄綯』)のように、物がまばらに立つさまや「心しょぎしょぎいそいそと」(浄瑠璃❖『傾城三度笠』)のように嬉しい気持ちを表した。

(高崎みどり)

しゅん プロポーズにいい返事をもらえず、元気をなくしてしまった。

(うえやまとち『クッキングパパ』より)

❖井上靖 →P.92

❖林芙美子 →P.25

❖夏目漱石 →P.8

❖筆力士 江戸時代の俳諧選集。竺万編。「五文字」と呼ばれる様式の句を集めたもの。「五文字」は「短句」とも呼ばれ、五文字の題に五文字の句を付ける雑俳の一様式。寛政九年(一七九七)の自序があるが、正確な刊行年は不明。

❖島崎藤村 →P.102

❖縄綯 室町時代の狂言。某家から戻ってきた冠者が縄をないながら某家の悪口を語り出すが、主人だと思っていた相手は実は某家の主。追い回されるという話。

❖傾城三度笠 江戸時代の浄瑠璃。紀海音作。正徳三年(一七一三)初演。

しょぼしょぼ

①雨が弱々しく陰気に降り続ける様子。「夏の雨には似つかぬ、しょぼしょぼと煙るがごとき糠雨の侘びしさ」(田山花袋❖『重右衛門の最後』)

やや古くは「そぼそぼ」という形も使われた。「そぼそぼと 雨ふる中に おん忌(いみ)の 百日はあけぬ 萱草(かんぞう)の花」(金子薫園❖『覚めたる歌』)

②木や髪、ひげなどがまばらに生えていて、みすぼらしい様子。「どこまでも平らな荒れ地。巻き上がる砂。しょぼしょぼと生えている木」(朝日新聞00・7・30)

③疲労・眠気・涙・まぶしさ・心労・老化などのために、目を見開いていられず、力無くまばたきする様子。「無心な喜助の眼がしょぼしょぼと心配げにまたたくのに」(水上勉❖『越前竹人形』)

④体力や気力が衰えて、弱々しく哀れな様子。「しっかりして行っていらっしゃい。しょぼしょぼしたら馬鹿ですよ」(林芙美子❖『放浪記』)

また、反復して伸ばした次のような例もある。「風邪をひいて食事もとれず、コタツでゴロゴロしていた私を、小学四年の息子がじっと見て言った。『老いたね。効果音をつけるとしたら、しょぼしょぼしょぼしょぼー』」(朝日新聞00・3・19)

◇類義語「しょぼん」「しょんぼり」

ともに④の類義語。「しょぼん」は「しょぼしょぼ」よりも急に、勢いや元気をなくす様子。「しょんぼり」は「しょぼしょぼ」よりもはっきりと気持ちの落ち込みが外側に現れている様子。

■参考 江戸時代、①のような雨を「しょぼしょぼ雨」、③のような目を「しょぼしょぼ目」と言ったりした。現代では、「しょぼ」をつけて「しょぼつく」「しょぼくれる」「しょぼたれる」「しょぼい」などで③や④の状態になることを表す。(高崎みどり)

しょぼん

勢いや気力を失って、寂しげになる様子。「男は退職すると途端に、自分は要らん人間だ、としょぼんとする」(朝日新聞99・2・9)

◇類義語「しゅん」「しょんぼり」

「しゅん」は「しょぼん」ほど侘びしげな暗さがない。「しょんぼり」は寂しい感じがより強い。

■参考「しょぼーん」は落ち込み感を強調した語。「パシッとおしりをたたかれる。それでしょぼーんとして」(朝日新聞90・7・14)(高崎みどり)

❖田山花袋 →P.51

❖金子薫園 歌人。『あさ香社』同人。明治三五年、尾上柴舟とともに和歌革新運動に参加し明星派に対抗、翌年「白菊会」を結成。平明温和な歌風で知られる。作品『かたわれ月』『伶人』など。(一八七六〜一九五一)

❖水上勉 →P.110

❖林芙美子 →P.25

しょんぼり 思うようにならず気落ちし、寂しさがつのる。

(東海林さだお『平成サラリーマン専科』より)

じょりじょり

①かみそりでひげを剃っていく時などに出る音。またその様子。ひげに触れた時の感じを表す場合もある。「先生に抱き上げられ、ひげ面でほおをじょりじょりされ」(朝日新聞夕刊98・3・27)

②口中に異物感や不快感のある様子。「じょりじょりとこそっぱい口の泥」(長塚節『土』)

類義語「じょりっ」「しょりしょり」

「じょりっ」は一回短く剃る場合。「しょりしょり」は剃る時の抵抗が少ない感じ。

(高崎みどり)

しょんぼり

元気がなく、侘びしく寂しげである様子。「物も言い得ないで、しょんぼりと悄れていた不憫な民さんの俤、どうして忘れることが出来よう」(伊藤左千夫『野菊の墓』)

類義語「しょんぼりしょんぼり」

「しょんぼり」よりも、一層、落ち込んで元気のない様子。「コラー ちゃんとせんかぁ こんな声がどこからか とんで来る しょんぼりしょんぼりする なんでおこられたりするんだろう」(朝日新聞99・8・10)

参考 江戸時代にも見える語。「しょんぼりと山田のかがし しぐれけり」(『卯辰集』)

江戸時代には、同じ意味で「しょぼり」の形もあった。『ひん田のよこたの若苗をしょんぼりしょぼりとうへた物、今くるよめにからしょかの』(『俳諧類船集』)と「しょんぼり」に続けた形で見える。

また、同じく江戸時代に「しょぼくない」という語がありしょんぼりした様子を表した。「しょぼくない(=元気のない) 若衆なづな(=春の七草の一種)を 売って来る」(『誹風柳多留』)

(高崎みどり)

じりじり

①ベルの鳴る音やぜんまいが巻かれる時の音。「目ざましの音がじりじりと鳴った」(鈴木三重吉『桑の実』)

②脂分が少しずつ燃えて焼ける時に出る音。脂を含む魚や肉が、火にあぶられる時に出る音を表す場合が多い。「炉辺で鮠の焼ける香は、じりじり落ちて燃える魚膏の煙に交って、この座敷までも甘そうに通ってきた」(島崎藤村『破戒』)

③太陽が鋭く食い込んでくるように照りつける

❖**長塚節** →P.21

❖**伊藤左千夫** →P.28

❖**卯辰集** 江戸時代の俳諧選集。北枝編。加賀の俳人楚常の遺稿を刊行しようとしたのがはじめと考えられている。成立には芭蕉の指導があったことが知られ、芭蕉の句をはじめ、加賀の蕉門俳人達の句も収録している。元禄四年(一六九一)刊。

❖**俳諧類船集** 江戸時代の付合語集。高瀬梅盛著。ここで言う付合語とは、前句に付句をする時に付句に含ませる、前句のことばとセットになることばのこと。例えば前句に「梅」があれば付句には「鶯」といったもの。この書は前句に想定されることばを見出し語としていろは順に並べ、それに対する付合語を複数列挙する形をとっている。延宝四年(一六七六)もしくは五年刊。

❖**誹風柳多留** →P.10

❖**鈴木三重吉** →P.124

❖**島崎藤村** →P.102

様子。「外は黄熟した八月の暑熱が、じりじり大地に滲透るようであった」(徳田秋声『あらくれ』)

④ものごとを、少しずつゆっくりではあるが力強く進めていく様子。「一旦その企図が頭を擡げたが最後…藻掻き苦しみながらも、じりじりとそれを成就する」(有島武郎『生れ出づる悩み』)

⑤心がだんだん苛立ってきて、落ち着かない様子。「『お話を為すって不好と、誰も申しは致しません』とじりじりと肝癪筋を額に現しながら」(二葉亭四迷『其面影』)

◆類義語「じりじりっ」「じりっ」

「じりじりっ」は①②④の類義語で、「じりじり」よりスピードが速く勢いのある音や様子。「じりっ」は④の意の類義語で、「じりじり」より短く力強い動きである様子を表す。

◆参考 だんだん貧乏になるなど、徐々に状況が悪化することを「じり貧」というが、江戸時代には「じりじり貧乏」という語もあった。「先祖より受つたへし、相応の身躰(=受け継いだ相当な財産)を、いつともなしのじりじり貧乏」(『売卜先生安楽伝授』)。また、江戸時代、時間に迫られて慌て物事をする様子をいう「じりじり舞」という語もあり、「きりきり舞」と同じように使われた。

他にも「じりじり」と他の語を組み合わせた語があって現在でも使われているものがある。「じりじり押し」「じりじり寄り」は、徐々に押していったり寄ってきたりする様子。「嘗めたさは嘗めたし、烏散な奴は見ているし、という顔付をして、じりじり寄りに寄って来る」(島崎藤村『破戒』)

また、江戸末期の『和英語林集成』の「じりじり」の項には、⑤にあたる意味の説明の他、「湯が沸き始める音」と、「何か重いものが床をこする音」、という、現在とはやや異なった意味の説明もなされている。

(高崎みどり)

じりっ

ものごとを一瞬、わずかではあるが、力強く進めて行く様子。「その男が一歩じりっと近づいたので」(朝日新聞00・10・24)

◆参考「じりっ」は、単独で使うより読点で区切りながら重ねて使うことが多い。「警戒したPL学園の外野陣がじりっ、じりっと、後ろへ下がった」(朝日新聞00・8・19)。「じりっ」だけより緊迫感が増す。また、経済用語で相場が徐々に高くなるのを「じり高」、逆を「じり安」という。

(高崎みどり)

❖徳田秋声 →P.42

❖有島武郎 →P.12

❖二葉亭四迷 小説家・翻訳家。明治二〇年、言文一致体の小説『浮雲』を発表。同三七年、大阪朝日新聞社に入社し、『其面影』を連載。特派員としてロシアに渡り、帰国の船上で客死。作品『平凡』『あひゞき』など。(一八六四～一九〇九)

❖売卜先生安楽伝授 江戸時代の心学書。脇坂義堂著。寛政八年(一七九六)刊。

❖島崎藤村 →P.102

❖和英語林集成 江戸時代末期の日英辞書。ヘボン著。慶応三年(一八六七)に初版が刊行された。その後、増補改訂を行いながら、再版が明治五年(一八七二)に、三版が明治一九年(一八八六)に刊行された。三版は「改正増補和英語林集成」と呼ばれる。

じろじろ

視線を上下に動かして、無遠慮に繰り返し見る様子。蔑みや非難、疑い、好奇などの感情が視線にこめられていることが多い。「その子供はふりかえりながら、上眼を使って、蔑むように、じろじろ五位の姿を見た」(❖芥川龍之介『芋粥』)

◇類義語「じろっ」「じろーっ」「じろり」

三語とも無遠慮に一度、見つめる様子。「じろっ」と「じろり」は短い時間、「じろーっ」はやや長く視線を送る。

(高崎みどり)

じろっ

無遠慮に、一度、見る様子。非難や蔑み、あるいは疑いなどの感情が視線にこめられていることが多い。「おつたは狭い戸口にたったまま…勘次の方をじろっと見つついきり立って」(❖長塚節『土』)

◇類義語「じろーっ」

「じろーっ」の方が「じろっ」に比べてやや長い時間、にらみつける感じで視線を送る様子を表す。「門のそばの番犬は、私が前を通りすぎるまで、じろーっと見ていた」

(高崎みどり)

じろり

黒目の部分を横ざまに動かし、にらむように見る様子。批判や非難、軽蔑、警戒などの気持ちの現れとして使われることが多い。「じろりと見た女の目つきが非常に意地悪そうに義雄には見えた。顔は少しもそッちへ向かないで、黒い目の玉だけが細い長い目の中でじろりと動いた」(❖岩野泡鳴『放浪』)、「お勢の澄ましようは、じろりと文三を尻眼に懸けたまま、奥坐舗へ」(❖二葉亭四迷『浮雲』)

◇類義語「じろりっ」「じろりじろり」

「じろりっ」は「じろり」よりも素早く鋭く見る様子。「じろりじろり」は繰り返し何度もにらみつけるように見る様子で、「じろり」より、悪意を感じさせる場合が多い。「眼鏡の球を袖口でこすりながら下から覗き込むようにじろりじろりと裕佐の顔を視入るのだった」(❖長与善郎『青銅の基督』)

◆参考「じろり」や「じろりじろり」のような黒目の動かし方を「流し目」ととらえる場合がある。「が、平六はそれを知ると、流し眄にじろりと彼の顔を見て」(❖芥川龍之介『偸盗』)、「退屈男の方をじろりじろりと流し目に見眺めながら」(❖佐々木味津三『仙台に現れた退屈男』)

(高崎みどり)

じろっ 余計な告げ口をする者に挑戦のまなざしをなげかける。

(赤塚不二夫『おそ松くん』より)

❖**芥川龍之介** →P.12

❖**長塚節** →P.21

❖**岩野泡鳴** 詩人・小説家・劇作家・評論家。新体詩人として名を知られ、後、『耽溺』で自然主義作家に転身。「神秘的半獣主義」を主張。作品は、五部作『放浪』『断橋』『発展』『毒薬を飲む女』『憑き物』など。(一八七三～一九二〇)

❖**二葉亭四迷** →P.236

❖**長与善郎** 小説家・劇作家。『白樺』の同人として小説や戯曲を発表。後、『不二』を主宰。作品『青銅の基督』『項羽と劉邦』(戯曲)など。(一八八八～一九六一)

❖**佐々木味津三** →P.45

しわくちゃ

年を取ったり、笑ったりして、顔などにしわがたくさんできている様子。また、紙や布などが折れたり曲がったりしてしわがより、表面が平らではない状態。「清は皺苦茶だらけの婆さんだが」(❖夏目漱石『坊っちゃん』)、「着ている服も、品物はいいのだろうが、しわくちゃで、靴も埃だらけだ」(❖赤川次郎『女社長に乾杯!』)

江戸時代の俳句にも「皺くちゃな羽織座敷も勤まらず」(❖『誹風柳多留』)とある。また「しはくたなばア」(❖『東海道中膝栗毛』)のように「しわくた」とも言った。「しわくちゃ」「しわくた」の「しわ」は「皺」。「くちゃ」は「くた」の変化と言われ、「くた」は「くたくた」の「くた」と同じで、布や紙などが張りがなくなる意を表す。「くちゃ」を「苦茶」と書くのは当て字。

◆**類義語**「くしゃくしゃ」

「しわくちゃ」がしわがあっても比較的平らな状態を保っているのに対して、「くしゃくしゃ」は丸まるなどして形が崩れている様子に言う。「私は白いエプロンをくしゃくしゃに円めて」(❖林芙美子『放浪記』)

(染谷裕子)

しわしわ

①しわがたくさんよっている様子。多く年を取ったり、笑ったりして顔にしわができる時に言う。「九十四歳のワイルダーは、とても小さく、しわしわで、しかし眼光だけはやけに鋭かった」(朝日新聞夕刊00・12・19)

室町末期の『❖日葡辞書』にも「しわしわ」の項に、「年寄って皺がよっているさま」とある。

②細長い棒や木の枝などが、たわむ音。また、その様子。「柳に雪折れなし、しわしわと撓み切った揚句、ぎっちりとこたえる力が…お澄に、感じられないこともないような気がして来た」(❖里見弴『多情仏心』)

たわむ意の「しわ(撓)る」と同根の語で、①とは別語。明治以降に見られる。

◆**参考** 江戸時代には「胸がしわしわする」という形で、胸がしめつけられる様子を表した。「人も聞程に泣出せば、大臣胸元がしわしわとしてきて」(浮世草子『❖傾城禁短気』)。鎌倉・室町時代には「胸がしわる(=空腹でひもじい)」という言い方があったことから考えると、江戸時代の「しわしわ」は②と関わるか。

(染谷裕子)

❖**夏目漱石** →P.8
❖**赤川次郎** →P.39
❖**誹風柳多留** →P.10
❖**東海道中膝栗毛** 江戸時代の滑稽本。十返舎一九著。享和二年(一八〇二)～文化六年(一八〇九)刊。
❖**林芙美子** →P.25
❖**日葡辞書** →P.15
❖**里見弴** →P.44
❖**傾城禁短気** 江戸時代の浮世草子。江島其磧著。西鶴没後、大坂に代わって勢力を得た京都の書肆八文字屋から出版された、いわゆる「八文字屋本」のひとつ。ただし、内容的には西鶴好色物の模倣の域を出ていないとされる。正徳元年(一七一一)刊。

じわじわ

ゆっくりと少しずつ確実に、ある物事が進んだり、ある現象が現れていったりする様子。「その社会不安は、あれからずっと、じわじわとおしすすめられていた」(新田次郎❖『孤高の人』)

江戸時代の朝鮮語学習書『交隣須知(こうりんすち)』の訳文にも「爨(＝かまど)火 たくこと じわじわして 柔らかに飯を 炊けい」とある。一方、江戸時代には、「じはじはと する弁天の 御岩屋」(『誹風柳多留(はいふうやなぎだる)』❖)のように、湿り気や寒さが少しずつ身にしみる様子にも言った。また、特に芝居の用語として、芝居の役者や演技に感動して、しばし呆然としてざわめく様子を「じわじわ」と言った。

◇類義語「じわっ」「じわーっ」「じわじわっ」「じわり」

「じわじわ」が物事の進行に視点があるのに対して、「じわっ」は物事が現れゆく結果に視点がある。「じわーっ」も同様だが「じわっ」よりも進行に時間がかかる。「じわじわっ」は「じわじわ」よりも進行がはやく、その結果も鋭さを伴う。「じわり」は、進行よりも結果に視点があり、結果の確実性が強調される感じ。

(染谷裕子)

じわっ

ある変化などが静かに少しずつ進行して確実に現れる様子。汗や涙がにじむ様子に言うことが多い。「気がつくと『じわっ』と額のあたりから汗がにじみ出ていた」(椎名誠❖『怒の日』)

◇類義語「じわーっ」

「じわーっ」は、「じわっ」に比べて変化が現れるのに時間がかかり、その分結果が強調される感じ。「みぞおち周辺がジワーっと熱くなる」(日本経済新聞夕刊01・1・4)

(染谷裕子)

じわり

ゆっくりと少しずつ確実に物事が進んだり、現象が現れたりする様子。「わたしの重みで、じわりと凹んだ腹のあたりも、べつに異状がないようです」(三浦哲郎❖『忍ぶ川』)。進行した結果に視点があるため、水面下で確実に進行していたものが急に目に立ち、強い影響を及ぼすといったような不気味さが感じられる場合がある。「最大派閥の橋本派を中心に、『森離れ』の空気がじわりと広がっている」(朝日新聞00・12・6)

(染谷裕子)

❖新田次郎 小説家。中央気象台の職員として富士山レーダーの建設などを担当。かたわら小説を執筆し、昭和三一年『強力伝』で直木賞受賞。以降、山岳および歴史小説を次々に発表。作品『槍ヶ岳開山』『武田信玄』など。(一九一二〜一九八〇)

❖誹風柳多留 →P.10

❖椎名誠 小説家・編集者。昭和五一年、『本の雑誌』を創刊。同五四年、エッセイ『さらば国分寺書店のオババ』を刊行、平易な言葉を用いた昭和軽薄体の作家として人気を得る。作品『新橋烏森口青春篇』『岳物語』など。(一九四四〜)

❖三浦哲郎 小説家。井伏鱒二に師事。昭和三五年『忍ぶ川』で芥川賞受賞。血の系譜に悩み、それを克服して生きることをテーマとする。作品『白夜を旅する人々』『みのむし』など。(一九三一〜二〇一〇)

しん

①物音や声がすることなく、あたりが静まりかえっている様子。また、おし黙る様子。「屋敷のなかは人の住む気合も見えぬ程にしんとしている」(夏目漱石『虞美人草』)。物音一つしない感じを強調する場合には「しーん」を用いる。

②寒さや音などが身にしみ通る様子。「土間へ入ると、しんと寒くて」(川端康成『雪国』)

参考 現代では一般に、①では「しーん」、②では「しんしん」を用いる。 (染谷裕子)

じん

感覚や感情が、身体や心の芯に響くように伝わる様子。特に、涙があふれ出そうなくらい心にしみいる様子。「酸っぱいものを食べた後のように、歯がじんと浮いてきた」(林芙美子『放浪記』)、「悲惨な生活の苦しさがじんと伝わってきました」(遠藤周作『沈黙』)

類義語「じーん」

「じーん」は「じん」よりも、感動などが徐々に深くしみ通っていく感じを伴う。 (染谷裕子)

じんじん

①響くように鳴る音や虫の鳴き声。「唯この一言だけは鼓膜に響いたなり、何時までも其処でじんじん熱く鳴っていた」(夏目漱石『行人』)

②身体の一部が、芯に響くようにたえまなく痛む様子。「充血した眼は、読み終るとジンジンと痛んだ」(北条民雄『外に出た友』)

参考 柳田国男によれば、明治中頃、兵庫県あたりでは、片足跳びを「ジンジン」(頭に響く感覚を形容した音)と呼んでいたという。 (染谷裕子)

しんなり

かたさがなくやわらかで、折れることなくなめらかに曲がる様子。一般に、身体のしなやかな様子や、菜っ葉などが熱や塩気でやわらかくなる様子に言う。「葉子はしんなりと立上ってその写真の前に行った」(有島武郎『或る女』)、「小松菜が少ししんなりとしてきたら隠し味にちょっと砂糖を加え」(週刊現代00・12・16号)

江戸時代の雅俗辞書『詞葉新雅(しようしんが)』では「しんなりとした」を「しなやかなる」と説明する。 (染谷裕子)

夏目漱石 →P.8
川端康成 →P.91
林芙美子 →P.25
遠藤周作 小説家。敬虔なカトリック教徒であるかたわら、狐狸庵の名で、軽妙なエッセイストとしても知られる。作品『海と毒薬』『沈黙』など。平成七年、文化勲章受章。(一九二三〜一九九六)
北条民雄 →P.210
有島武郎 →P.12
詞葉新雅 江戸時代の辞書。富士谷御杖著。和歌・連歌などを詠む時の助けとするために、当時の日常語(里言と言っている)と、それに対応する雅語(古言と言っている)を上下に並べて示したもの。ただし、日常語を雅語に訳すという観点から見ると正確さに欠ける面があるとされる。寛政四年(一七九二)刊。

しんねりむっつり

陰気で態度が煮え切らず、無口な様子。また、そのような性質の人。「彼女の様に万事明けっ放しに腹を見せなければ気の済まない者から云うと、何時でも、しんねりむっつりと構えている僕などの態度は、決して気に入る筈がないのだが」（夏目漱石『彼岸過迄』）、「だって旦那はシンネリムッツリで好かないんだもの」（二葉亭四迷『くされ縁』）。本来は、右のように人の態度や性質を、どちらかというとマイナスに評して言うが、現代では「しんねりむっつりと読書を続ける」、「しんねりむっつりした仕事」のように、しつこく黙々と物事を行う様子についても使う。

明治頃から用いられた語で、「しんねり」と「むっつり」が融合した語。「しんねり」は、「性質は鈍重であり、しんねりした押の強さが、東京育ちの銀子にずうずうしくさえ思えるのだった」（徳田秋声『縮図』）のように、陰気でしつこい様子をいう。「むっつり」は無口で不機嫌な様子。

◆参考　「しんねりむっつり」と音調が類似する語に「ずんぐりむっくり」がある。共に明治頃から見え、四迷や鷗外等に用いられた。

（染谷裕子）

しんみり

①静かでしめやかな様子。どことなく感じられる物悲しさや物寂しさを伴う場合が多い。「その日の彼女は病気の所為（せい）か何時もよりしんみり落付いていた」（夏目漱石『彼岸過迄』）

②寂しさや悲しさが心にしみいるようで、心が沈んでいる様子。「『生きていれば、またあうこともあるけれど、死んでしまっちゃあね。』ミサ子もしんみりと声をおとし」（壺井栄『二十四の瞳』）

③思いやりのある言動などが、静かに深く心にしみいるように感じられる様子。また、しっとりとした交流が互いになされる様子。「灰に袖のつくほどに、しんみり聞いてやった姉さんが」（泉鏡花『歌行燈』）、「弟と僕は、この頃わりと、しんみりいってます」（曾野綾子『太郎物語』）

◇類義語　「しみじみ」

③の類義語。「しんみり」は心の穏やかさや落ち着きに視点があるが、「しみじみ」は心に深くしみいるような趣に視点がある。

◆参考　「しんみり」は本来心にしみる静けさを表した語か。江戸時代には「閑幽」の字を当てた例（人情本『春色梅児誉美（しゅんしょくうめごよみ）』）もある。

（染谷裕子）

❖夏目漱石　→P.8

❖二葉亭四迷　→P.25

❖徳田秋声　→P.42

❖壺井栄　→P.21

❖泉鏡花　小説家。能楽と江戸文学に造詣が深く、幻想性に富む独自の作品を創作。反自然主義作家としての評価も高い。作品『高野聖』『婦系図』など。（一八七三〜一九三九）

❖曾野綾子　小説家。昭和二九年『遠来の客たち』で注目される。以降、社会性の高いテーマを中心に活動を続ける。夫の三浦朱門とともにカトリック教徒。作品『無名碑』『神の汚れた手』など。（一九三一〜）

❖春色梅児誉美　江戸時代の人情本。為永春水著。一人の男と三人の女の恋愛関係を描いたもの。天保年間の文壇の主流が読本から人情本に代わる契機となった作品。天保三年（一八三二）〜四年刊。

じんわり

ゆっくり少しずつ確実に、物事が進んだり、現象が表れたりする様子。特に、涙や汗、汁などの水分がしみでる様子。「水は、しだいにその小枝をとりかこんで高くなっていき、じんわりと土手を這いあがっていった」（スタインベック原作・大久保康雄訳『怒りの葡萄』）、「噛み応えがあって、肉汁がじんわりとにじみ出てくる」（週刊現代00・12・2号）。「じわり」のような圧迫感はなく進み方がゆっくりでやわらかい感じを伴う。（染谷裕子）

すい

何かにさえぎられることなく、ためらいなしにすばやく行動したり、高くまっすぐ伸びたりする様子。直線的な動きに言うことが多い。「すいと起って障子をあける」（夏目漱石❖『野分』）、「黄金の槍が水平線から大空の高みにすいと伸びる」（トーマス・マン原作・高橋義孝訳『ヴェニスに死す』）

江戸時代は「まもり刀をすいとぬき、心もとにさし」（浄瑠璃『清原右大将❖』）のように、刀などを躊躇することなく一気に抜く様子に用いた。

◇類義語「すいっ」「すいーっ」「すいすい」
「すいっ」は動きが速く勢いのある感じ。「相手が取ろうとしたらすいっと引っ込める」。「すいーっ」は動きがスムーズな感じ、「すいすい」は軽快な動きが続く感じを言う。

◆参考　能力などが人より抜きんでている場合に用いることもあるが、現在ではあまり用いられない。「美しかった人か何様かは知らぬが、如何にも聡明で、すいとしたところの有る人だから、さも美しい、風神のすぐれた人らしく思へる」（幸田露伴❖『王羲之』）（染谷裕子）

ずい

ためらうことなく一気に通行したり、力にまかせて勢いよく行動したりする様子。「衝立の陰からずいと出た武家」（三遊亭円朝❖『政談月の鏡』）、「早瀬は、ずいと立って、格子を開けながら、手招きをする」（泉鏡花❖『婦系図』）

室町時代から使われた語。「飛礫矢なんどのづいと喝て来る声を云う也」（『碧巌抄❖』）のように、本来は物がまっすぐ勢いよく飛んでくる様子に言ったのを、後に人間の行動にも言うようになった。

❖**夏目漱石**　→P.8
❖**清原右大将**　江戸時代の浄瑠璃。作者、初演年など未詳。明暦四年（一六五八）までには成立していたと推定されている。
❖**幸田露伴**　→P.451
❖**三遊亭円朝**　→P.141
❖**泉鏡花**　→P.8
❖**碧巌抄**　室町時代の抄物。碧巌録抄。中国の宋代の仏教書『碧巌録』に注釈を加えたもの。室町時代には禅宗で重んじられ、多くの抄者が存する。

ずいっ　妹をかばおうと、ためらうことなく立ちはだかる。
（うえやまとち『クッキングパパ』より）

か。一方、室町から江戸時代には、「扇の画に高麗のことをずいとかいたほどに」(『山谷詩集抄』)のように、余すことなくすべてにわたる様子を言った。明治以降、一般に使わないが、歌舞伎の口上で「隅から隅までずいとごらんあれ」のような決まり文句として、現代にも残っている。

◆類義語「ずいっ」「ずいーっ」

「ずいっ」は、「ずい」より動きが大きくスピードがある感じ、「ずいーっ」は、動きにある程度の時間を要する感じ。現代では、「ずい」よりこの二語を使うことの方が多い。

(染谷裕子)

すいすい

①何かにじゃまされることなく、軽やかに自由に通ったり、進んだりする様子。「白いかもめが…すいすいとんで行きます」(『尋常小学読本』)

室町時代から用いられた語。本来は風や水などが、滞りなくすみやかに通る様子に言った。

②植物などが、何の障害もなく、まっすぐに伸びている様子。「その太い蕗の茎がすいすいと薄暗い中に青く描かれていた」(夏目漱石『行人』)

③次から次へと、何の問題もなく、いとも簡単に物事をすませていく様子。「すいすいと答案用紙を片づけ」(野坂昭如『プアボーイ』)

◆類義語「すい」「ずいずい」

「すい」は①②の類義語。繰り返しの行為や複数の主体に視点のある「すいすい」に対して、一回の行為や一つの主体に視点がある。「ずいずい」は①③の類義語。「すいすい」より進行が力強く行動が派手な感じ。

■参考 「垂々と汗が流れる」のように漢字で書く「すいすい」があるが、下に落ちる意の別語。明治以降は「たらたら」と読ませる。

(染谷裕子)

ずいずい

①虫の鳴き声。「夜は名の知れぬ虫が頻にズイズイと鳴き」(田山花袋『田舎教師』)

②何にも憚ることなく、目的に向かって勢いよく力強く進んだり進めたりする様子。「剣風相競う間をずいずいと押し進みました」(佐々木味津三『旗本退屈男』)

■参考 時にゆっくり時に突進する様子を俗に次のように言う。「好き勝手放題、ノンノンズイズイと生きることだ」(辻潤『生理』)

(染谷裕子)

❖山谷詩集抄 室町時代の抄物。一韓智翃(いっかんちこう)著。北宋の黄庭堅(号は山谷道人)作の詩集『山谷詩集』の注解。京都五山の僧によって読まれた写本が、江戸時代に版本として刊行され広く禅林の間で読まれた。

❖尋常小学読本 →P.162

❖夏目漱石 →P.8

❖野坂昭如 →P.26

❖田山花袋 →P.51

❖佐々木味津三 大正一〇年に『呪はしき生存』でデビュー。『文藝春秋』の創刊に加わったが、長兄の死による負債返済のため大衆小説に転向。作品『右門捕物帖』『旗本退屈男』など。(一八九六〜一九三四)

❖辻潤 評論家。放浪生活などをしながら、文明批評の翻訳や著述を行う。著作『浮浪漫語』(評論)、『唯一者とその所有』(訳書)など。(一八八四〜一九四四)

すいっちょ

ウマオイムシの鳴き声。この声から、ウマオイやそれに類する虫の異名にも言う。「すいと(=馬追虫)はすいっちょすいっちょとなきます」(『尋常小学読本』)。「すいっちょん」とも言い、現在ではこの方が一般的。「あとから馬おい おいついて ちょんちょんちょんちょん すいっちょん」(唱歌「虫のこえ」)。また、若者の間ではスイッチを押す意で「すいっちょん(=スイッチオン)する」などと使う例も見える。　(染谷裕子)

すー

①物事が静かに素早く行われる様子。特に、音もなく滑らかに移動したり、いつの間にか現れたり消えたりする時に用いる。「寝室の障子がスーと明いて」(夏目漱石『吾輩は猫である』)、「てすりを手でなでるだけで、スーと立ち去る人」(日本経済新聞72・11・6)

②感情の高ぶりが引いて落ち着き、気分がはれる様子。「くしゃくしゃしとった気持ちがスーとしますね」(朝日新聞72・10・10)

③隙間などを空気が通り抜ける音、またその様子。考え込む時などに歯の間から息を吸う音なども表す。「歯をスーと吸って」(泉鏡花『婦系図』)

息を吸う「すー」と吐く「はー」を組み合わせた「すーはー」や「すーすーはーはー」の形は、大きく呼吸する音や様子を表す。「肺が息をしてスースーハーハーいってる」(シリトー原作・河野一郎訳『長距離走者の孤独』)

参考　最近は「すーっと線を引く」のように、最後に促音を付加した形で用いるのが普通で、「すー」の形はあまり用いられなくなった。　(小島聡子)

ずー

①周囲を押しのけて真っ直ぐな様子。強引に進む感じ。「ズーと押徹った鼻筋」(二葉亭四迷『浮雲』)

②気持ちが落ち着いてくる様子。「苛立つようであった純一の心が…差していた汐の引くように、ずうと静まって来た」(森鷗外『青年』)

③時間的または空間的に連綿と続く様子。「ずっ」の強調。「極端から極端までずうとつながっています」(夏目漱石『創作家の態度』)。最近は末尾に促音を付加した形「ずーっ」を使う。　(小島聡子)

尋常小学読本　→P.162

夏目漱石　英文学者・小説家。英語教師をへて、イギリスに留学。帰国後、『東京朝日新聞』の専属作家となり、同新聞に次々と作品を発表。森鷗外とともに近代日本文学の確立に貢献。作品『吾輩は猫である』『三四郎』など。(一八六七〜一九一六)

泉鏡花　→P.8

二葉亭四迷　→P.25

森鷗外　→P.14

すいっちょ　ウマオイムシ(写真)の鳴き声。この鳴き声がウマオイムシの異名ともなっている。

すーすー

①狭い所を空気が通り抜ける音。また、その様子。隙間風や呼吸の描写等に用いる。「どうもすうすう風がはいって困りますから」(ドイル原作・延原謙訳『まだらの紐』)。「御米は依然としてすうすう寐ていた」(夏目漱石『門』)は静かな寝息の例。

②風が肌をなでる感じで、風に体温が奪われ涼しい感じ。「股の中へすうすうと風がはいって来る」(林芙美子『放浪記』)。ハッカ等をなめて息の通りがよくなり冷たく感じられる時にも使う。「おお薄荷だこら、口ん中すうすうすら」(長塚節『土』)

③滞りや妨げなく移動する様子。動きの滑らかさ「白い石鹸をすうすうと髪剃の刃で心持宜さそうに落し始めた」(夏目漱石『行人』)や、すり抜ける感じを表す。「凄いものが手元から、すうすうと逃げて行く様に思われる」(夏目漱石『夢十夜』)

◇類義語「すーはー」

①の類義語。「すーはー」の「すー」は吸気「はー」は呼気で、大きく深呼吸する様子を表す。

◈参考 江戸時代には荒い鼻息を立てる様子から「それで精一杯」の意も表す。「これでやっと喰うのがすうすう」(歌舞伎『船打込橋間白浪』)(小島聡子)

ずーずー

①液体を空気と共に吸い込む音。鼻をすする音や音を立てて汁を飲む時に使う。「ずーずーすすりながら」(朝日新聞99・9・26)は聞き酒の様子。

②「ずうずう弁」で話す様子。「ずうずうずうという発音のため」(北杜夫『楡家の人びと』)。「ずうずう弁」は、「じ・じゅ」等の発音が「ず」に聞こえることから、北関東・東北・出雲等の方言をさす語。

◈参考 江戸時代は「図々しい」の意でも用いた。「いけずうずうと昼寝さ」(『浮世風呂』) (小島聡子)

すかすか

①容器に対し中身が足りず、隙間が多くある様子。「スカスカになった棚」(朝日新聞02・2・17)。また、本来の物より密度が極端に低い時にも使う。「骨がすかすかになって」(朝日新聞01・10・28)

「すかすかだ(な・に)」と助詞がつかない場合のみアクセントは「すかすか」。ほかは「すかすか」。

②隙間を風が通る様子。呼吸も表すが、多くは肌寒く感じる時に使う。「すーすー」とも。「背筋がすかすかするのは、あながち夜が冷え込んで来

❖夏目漱石 →P.244

❖林芙美子 →P.25

❖長塚節 →P.21

❖船打込橋間白浪 江戸時代の歌舞伎。河竹黙阿弥作。別称「富治三升扇曾我」。慶応二年(一八六六)初演。

❖北杜夫 小説家。斎藤茂吉の次男。昭和三五年、『夜と霧の隅で』で芥川賞受賞。どくとるマンボウの名でユーモアに富むエッセイも多い。作品『どくとるマンボウ航海記』『楡家の人びと』など。(一九二七〜二〇一一)

❖浮世風呂 江戸時代の滑稽本。式亭三馬著。銭湯に出入りする人々の会話を通して庶民の暮らしを描いたもの。文化六年(一八〇九)〜一〇年刊。

たばかりでもあるまい」(曽野綾子『太郎物語』)

③滞りなく行われる様子。特に鋭く切れる時に使う。「茨など生ひしげりて…さへぎるにあへば、すかすかと切って払ひて」(泉鏡花『竜潭譚』)

◇類義語「すかっ」

①の類義語。「すかすか」は空間を隙間と捉えるが「すかっ」は何もない空間が爽快な感じ。

◆参考　室町末期の『日葡辞書』では「すかすか」「すかと」について「高い所を越えて通る様、矢で的を射損なう様」と説明しており、現代の意味と異なる。当時の「すかり・すっかり」とは同義。(小島聡子)

すがすが

(「すがすがする」の形で)気分が晴れ、爽快な様子になること。「するともう身体の痛みもつかれも一遍にとれてすがすがしてしまいました」(宮沢賢治『ふた子の星』)、「自分は友と別れて電車に乗った後でも気持がすがすがして清涼剤を飲んだやうな気がした」(国木田独歩『湯ヶ原ゆき』)

◆参考「すがすが」は「すがすがしい」と同じ成分から成り立ち、意味も「すがすがしい」と同様の、爽やかな様子を表す。但し、明治・大正期の一時期に右のようなサ変動詞の例があるほかは、現代語では擬態語としての用例は殆ど見られない。

現代語にはないが、平安時代を中心に古語には「すがすがと」という例が見られる。意味は現代語の「すがすがしい」に似た爽快な様子を表すが、気持ちの爽快さではなく、主に、物事が爽快に進行する様子を表すのに用いる。例えば、滞りなく進む様子「沼尻といふ所もすがすがと過ぎて」(『更級日記』)や、思い切りよく物事を行う様子「すがすがともえ参らせ奉り給はぬなりけり」(『源氏物語』)などを表す。

(小島聡子)

ずかずか

普通なら遠慮したり躊躇したりするはずのところに少しの遠慮もなく立ち入る時の、歩く様子。例えば、挨拶もなしに家の中に入る場合や、部屋に土足で上がりこむ場合などに用いる。「信長は土足のままズカズカと室内に入り」(司馬遼太郎『国盗り物語』)

また、詰め寄るように、平然と人に歩み寄る場合にも用いる。「ぼくはそれを無視して、ずかずかと彼に近づくと、テーブルに二枚の画を投げつけ

❖曽野綾子　→P.25
❖泉鏡花　→P.8
❖日葡辞書　→P.15
❖宮沢賢治　→P.34
❖国木田独歩　→P.141
❖更級日記　平安時代の日記。菅原孝標女作。晩年になって少女時代から現在に至るまでの約四〇年間を回想して綴った日記。夢に関する記事が多い。康平二年(一〇五九)頃成立。
❖源氏物語　→P.194
❖司馬遼太郎　小説家。昭和三四年『梟の城』で直木賞受賞。卓抜な文明批評と、独自の史観にもとづく歴史小説によって、広い読者層を持つ。作品『竜馬がゆく』『坂の上の雲』など多数。平成五年、文化勲章受章。(一九二三)

た」(開高健『裸の王様』)

◇**類義語** 「つかつか」

「ずかずか」は無礼な感じだが、「つかつか」は決然とした感じで、遠慮はないが不躾ではない。「ずかずか」は古くは「づかづか」と書かれた例もあり「つかつか」とは清濁の対立関係にある。

◆**参考** 室町時代の狂言では「『のこぎりをもってきた』…『さあらばきらふ』(づかづかと、二つきるまねをする)」(『連歌盗人』)のように、のこぎりで物を切る音にも用いられた。現代語なら「ぎこぎこ」「ごしごし」などを用いる。 (小島聡子)

すかっ

何もなくて爽快な様子。雲一つない青空などに使う。「すかっと抜けた真っ青な…晴天」(日本経済新聞00・12・30)。気持ちが晴れることもいう。「殴っちまえば胸がすかっとしてくるわ」(立原正秋『冬の旅』)。無駄がなく潔いと感じられる時にも使う。「姿形も立ち居振舞いもスカッとしていて実に格好いい」(日刊スポーツ00・12・9)

◆**参考** 古くは「すか」といい、鋭く切れるさまや矢が的を外れる時などに用いた。 (小島聡子)

ずきずき

表面ではなく奥の方で、神経を直接刺すような痛みが、脈打つように続く様子。頭痛・歯痛などをいうことが多い。「脈のリズムと一緒に頭の片側がズキズキと痛む」(日刊スポーツ00・12・9)。奥が「ずきずき」と痛むことを「疼(うず)く」という。

◇**類義語** 「ずきっ」「ずきん」

持続的な「ずきずき」に対しどちらも一度強く痛む様子。「ずきっ」は一瞬鋭く痛みが走る感じ。「ずきん」は鈍重な痛みで余韻が残る感じ。 (小島聡子)

すきっ

切れがよく爽快な様子。特に、悩みや鬱憤がなくなり、心の風通しがよくなったような爽やかな気持ちになる時に用いる。「単なるボールのやり取りだけど、スキッとしてストレス解消になるし」(日本経済新聞00・12・23)。また、飾りなどの余分なものをそぎ落として美しいさまにも用いる。

◇**類義語** 「すかっ」

「すきっ」は余分がなく締まった感じだが、「すかっ」は何もなくて爽快な感じを表す。 (小島聡子)

❖**開高健** 小説家。寿屋(現・サントリー)宣伝部のコピーライターをへて、昭和三二年、『裸の王様』で芥川賞受賞。作品『輝ける闇』『ロマネ・コンティ・一九七三年』など。(一九三〇〜一九八九)

❖**連歌盗人** 室町時代の狂言。貧しい二人が金持ちの家に盗みに入るが、発句を書いた懐紙を見つけ、連歌に熱中してしまう。主人に発見されるが、その添え句の見事さによって許され、太刀などを与えられる。

❖**立原正秋** 小説家。韓国で生まれ、昭和一二年、母の姉の婚家がある横須賀に転居。日本の古典に傾倒し、能や書画、骨董に造詣が深い。昭和四〇年、『白い罌粟』で直木賞受賞。作品『冬のかたみに』『帰路』など。(一九二六〜一九八〇)

ずきん

一瞬、神経の奥に鈍重な痛みが強く響く様子。「わたしの靴はとうに底が破れて…いつも踏みつけるたびごとにずきんと虫歯で石を嚙んだような思いをしているのだが」(石川淳『山桜』)

◇**類義語**「ずきんずきん」

一度きりの「ずきん」に対し「ずきんずきん」は断続的に脈打つ痛みで、「ずきずき」より深く強い。「ずきんずきんと来る痛みでなくて…一貫して左右均斉に来る痛み」(井伏鱒二『黒い雨』)　(小島聡子)

すくすく

①時の経過に従い滞ることなく順調に成長・発達する様子。「彼独特の数理的な天才をスクスクと伸ばして行った」(夢野久作『木魂』)。子供や植物が順調に成長して丈が伸びる場合に用いるほか、ひげが伸びる時などにも使う。「すくすくと育った戦後世代を導く」(朝日新聞夕刊01・1・9)、「鼻の下にすくすく生えた短い胡麻塩髭」(徳田秋声『軀』)。植物では特に筍の生長ぶりをいう。平安時代の『竹取物語』に「この児(=かぐや姫)、養ふ程にすくすくと大きになりまさる」とあるが、この成長の異常な早さは竹との関連を想起させる。

②空に向かって真っ直ぐ伸びるように背の高いものが並んでいる様子。「大なる樹のすくすくとならべるが」(泉鏡花『竜潭譚』)

③洟をすすって静かに泣く様子。「しくしく」と同じ。但し、普通はあまり用いられない。「すくすく泣いている声」(伊藤左千夫『野菊の墓』)

■**参考**　奈良時代の『古事記』に「楽浪路をすくすくと我が行せばや」とある。滞らない点は現代と同じだが、成長ではなく移動の様子。　(小島聡子)

すくっ

勢いよく真っ直ぐ伸びる様子。垂直に上に向かう時、例えば急に立ちあがる場合などに用いる。「久助君は…もうひとりの久助君が、すくっと立ちあがって、『先生!』といいはじめる幻影を…はっきり見たのだった」(新美南吉『川』)

◇**類義語**「すっく」

「すっく」は「すくっ」より伸びていく感じが薄い。

■**参考**　室町時代の狂言では「すくとたっておぢゃる」(『狂言記』)と促音がつかない。　(小島聡子)

❖**石川淳**　→P.30
❖**井伏鱒二**　→P.7
❖**夢野久作**　→P.48
❖**徳田秋声**　→P.42
❖**竹取物語**　平安時代の物語。我が国最古の物語。翁に竹の中から見出されたかぐや姫が美しく成長し、五人の貴公子や帝から求婚されるが、拒否して月世界へ帰っていく物語。平安初期成立。
❖**泉鏡花**　→P.8
❖**伊藤左千夫**　→P.28
❖**古事記**　奈良時代の歴史書。我が国最古の歴史書。稗田阿礼が誦習していた故事を、太安万侶が撰録したもの。神世から推古天皇の時代までの神話・伝説・系譜・歌謡を物語風に述べる。和銅五年(七一二)成立。
❖**新美南吉**　→P.44
❖**狂言記**　江戸時代に版本として市販された狂言の台本集。室町時代の狂言を読み物として楽しむために絵入りで刊行された。どの流派の台本によるものかは不明。万治三年(一六六〇)に初版刊行。

すけすけ

内側や奥、また向こう側が透けて見える様子。「住宅といっても、屋根を四本の柱が支えているだけで、戸外からはすけすけだ」(朝日新聞夕刊96・5・16)。衣服の薄さをいう例が多いが、髪が薄く地肌が見える時にも使う。「すけすけの髪の中まで、真赤になった父親」(曾野綾子『太郎物語』)

どちらかというと透けては困るのに透けてしまっているというニュアンスが感じられる。

◆参考 「透ける」の「すけ」を重ねた形。(小島聡子)

ずけずけ

普通なら言いにくいようなことを、露骨に無遠慮に容赦なく言う様子。「おやじも私と同じで口が悪く、ずけずけものを言う性格」(朝日新聞00・12・4)。不躾で悪い印象を与えるのが普通だが、包み隠さず率直にものを言う様子がよい印象につながることもある。「『…』とずけずけいった。声も体も大きいが、目が笑っている。信夫は一目で隆士が好きになった」(三浦綾子『塩狩峠』)

書く内容が無遠慮なことをいう例もある。「『よけいな贈り物は、なさらぬ方がましですよ』と、ずけずけ書いて」(田辺聖子『新源氏物語』)

◇類義語「つけつけ」「ずかずか」

「つけつけ」は「ずけずけ」と同じく無遠慮に言う様子。「ずけずけ」は一面豪快な感じもあるが、「つけつけ」には豪快さはなく少し嫌味な感じ。「ずかずか」は「ずけずけ」と似ているが、「ずけずけ」が普通は話し振りの不躾さをいうのに対し、「ずかずか」は行動の無遠慮振りを形容する点で異なる。

◆参考 江戸時代には同様の意で「ずっかり」「ずっけり」という言い方もあった。(小島聡子)

すごすご

それ以前には旺盛にあったはずの元気や勢いをなくして、小さくなっている様子。また、落胆してさびしげな感じをいう時にも用いる。「大学の試験を…落っこちた連中はすごすごとしていたから」(福永武彦『草の花』)、「翁はすごすごと小石をまた懐へ入れた」(岡本かの子『富士』)

特に「すごすごかえる」という例が多い。つまり、何かに挑んだが、何ものかに阻まれて力及ばず、思い通りの結果が出せないままに引き下がっ

すごすご 叱られてすっかり元気をなくし、さびしそう。

(赤塚不二夫『おそ松くん』より)

❖**曾野綾子** →P.25
❖**三浦綾子** →P.30
❖**田辺聖子** →P.23
❖**福永武彦** →P.27
❖**岡本かの子** 小説家・歌人・仏教研究家。漫画家岡本一平と結婚。画家岡本太郎は長男。昭和一一年、『鶴は病みき』で作家生活に入り、以降、作家として活躍。作品『母子叙情』『生々流転』など。(一八八九

てくる時の意気消沈した感じに用いられる。「玄関さきでことわられて…すごすごかえるのはずいぶんみじめで」（石川淳『処女懐胎』）

明治・大正期には、「悄々還りぬ」（尾崎紅葉『続金色夜叉』）の例のように、「すごすご」に「悄々」や「悄然」という漢字を当てた例もある。

◆参考　鎌倉時代から用例がある。現代と同じく落胆している様子のほか、一人でいる様子をも表した。室町末期の『日葡辞書』でも「すごすごと」は、「物寂しくしているさま、または、ただひとり居るさま」と説明されている。（小島聡子）

すこん

①記憶がすっかり抜けてしまう様子。「何度も練習したセリフが演劇会本番ですこんと抜けた」

②勢いよく当たったりはまったりする音。「ゴルフボールがすこんと穴の中に入る」

◇類義語「すこーん」

①②の類義語。「すこん」は短時間で起こり、「すこーん」は「すこん」より長く響き渡る感じ。

◆参考　古くは狐の鳴き声もある。「狐が…すこんすこんと鳴いて」（狂言『釣狐』）（中尾比早子）

ずしずし

生き物（特に体の重いもの）が動くときに振動する音。また、その振動で揺れる様子。「庄九郎は真剣な形相をし、板橋が、ずしずしと揺れるほどに踏みこんでくる」（司馬遼太郎『国盗り物語』）

◇類義語「ずしっ」

「ずしずし」は振動する音や様子を表すのに対し、「ずしっ」はその意味に加えて、衝撃を与える様子にも使う。「ずしっと云った」（司馬遼太郎『国盗り物語』）（中尾比早子）

ずしり

力強く重さがかかる様子。手応えがある様子。「両耳を強く押さえつける手が頭上にズシリとのしかかってきた」（さくらももこ『夢が叶った悪夢』）、「兵士たちが人間性を失う姿を描き、戦争の異常さがズシリと伝わってくる」（週刊現代00・12・30号）

◇類義語「ずっしり」

「ずっしり」は「ずしり」よりもさらにのしかかるような重さを感じる様子。（中尾比早子）

❖石川淳 →P.30
❖尾崎紅葉 →P.101
❖日葡辞書 →P.15
❖釣狐 →P.149
❖司馬遼太郎 →P.16
❖さくらももこ →P.223

すたすた　怒って早足で歩きだす。

（植田まさし『コボちゃん』より）

ずしん

強い振動や衝撃を受ける様子。「腹にずしんと響く独特の音色が、島を思い出させるのだという」(朝日新聞00・12・4)

◇類義語 「ずしんずしん」

「ずしん」は衝撃を一気に受ける様子に対し、「ずしんずしん」は強い振動が徐々に迫り来る様子で、歩くときの近づいてくる振動として描かれることが多い。「ずしんずしんという足どりではいって来た」(有島武郎❖『或る女』)

(中尾比早子)

ずずん

重い物どうしが接触や衝突をする音。また、その様子。「流れに乗った氷は一塊となって下流の氷にズズンと衝突し、氷と氷とが押し合う」(加賀❖乙彦『湿原』)

◇類義語 「ずんずん」

「ずずん」は勢いよく迫ってくる感じであるのに対し、「ずんずん」は同じ間隔で近寄ってくる感じを出す語。「大きな氷はズンズンと低音でうなっている」(加賀乙彦『湿原』)

(中尾比早子)

すたこら

急ぎ足で歩く様子。また、一目散に逃げていく様子。「小僧さん、調子はずれに竹の杖を肩にかついで、すたこら遁げたわ」(泉鏡花❖『高野聖』)、「逃げるが如くすたこら山の方へ歩いて行って」(太宰❖治『惜別』)

◆参考 早くするの意味の「さっさ」と複合して「すたこらさっさ」の形で使うことが多い。「お嬢さんお逃げなさい スタコラサッサササノサ」(馬場❖祥弘・童謡「森のくまさん」)

(中尾比早子)

すたすた

急いで歩く様子。足取り軽く歩く様子。「彼はうなだれながらも、ひとりですたすたと歩いているのであった」(玖保キリコ❖『うなだれる人』)、「とても70歳とは思えぬ軽い足取りで、スタスタと歩き始めた」(FRIDAY02・6・21号)

江戸時代には「すたすた」はほかの語と複合して「すたすた息」「すたすた声」「すたすたもの」などと用いられた。「すたすた」は息づかいの荒い様子を表した。それぞれ荒い息づかいのせわしい呼

❖有島武郎 →P.12

❖加賀乙彦 小説家・精神科医。昭和四三年『フランドルの冬』で芸術選奨新人賞受賞。以降、犯罪と狂気を追究し続け、同五四年から執筆活動に専念。作品『帰らざる夏』『宣告』など。(一九二九〜)

❖泉鏡花 →P.8

❖太宰治 →P.20

❖馬場祥弘 放送作家、作詞家、小説家。テレビのディレクターなどを経て、作詞のほか、多方面の分野で活躍。(一九四四〜)

❖玖保キリコ 漫画家。昭和五七年、「ララまんがスクール」に『シニカル・ヒステリー・アワー』が入選しデビュー。幅広い人気を持つ。作品『いまどきのこども』『動物占いヒ・ト・ロ・ジー』など。(一九五九〜)

吸、息ぜわしく話をする声、息せききって走ること、という意味がある。

◆**類義語**「すたこら」

「すたすた」は先を急ぐ様子を表すのに対し、「すたこら」はその場から去るという意味合いで使用される。さらに「すたこら」は「さっさ」と複合してリズミカルな感じを表現することが多い。

◆**参考**　江戸時代初期の『日本大文典』には「露・水などすたすたと落つる」の例がある。水滴などが軽やかに落ちるさまの意味。今も鹿児島県の一部にこの意味が残っている。

（中尾比早子）

ずたずた

①物を切ったり裂いたりちぎったりする様子。紙や布などを細かく切れ切れに、乱雑にする様子。「ハリケーンにずたずたにやられた跡が、まだ無残に残っていたよ」（森瑶子『ホロスコープ物語』）、「かちかちに凍った紐を切るには、ずたずたにしなければならなかった」（新田次郎『孤高の人』）。まれに人を斬る場合にも使われる。「その代わりおれの眷属たちがその方をずたずたに斬ってしまうぞ」（芥川龍之介『杜子春』）

②ひどく傷つくさまを意味する。比喩的に、心や神経を切り裂くという表現をすることが多い。「病的になったぼくの神経をずたずたに切り苛みます」（田中英光『オリンポスの果実』）

◆**類義語**「ずだずだ」

①の類義語。「ずだずだ」は「ずたずた」の切り方よりさらに細かくかつ激しく切り刻む感じ。

◆**参考**「ずたずた」は漢字で表記されることも多く、「寸々」「寸断寸断」を当てる。「主人は必ず寸断寸断に引き裂いてしまうだろう」（夏目漱石『吾輩は猫である』）

（中尾比早子）

すっ

①素早く手際よく、または静かに物事が進んだり行動したりする様子。「『お荷物、お持ちしましょう』とすっと手を伸ばし、私が抱えていた荷物の入った紙袋を持って」（女性自身00・12・12号）

②細長い状態で、まっすぐに伸びる様子。「ひょろ長い穂がすっと伸びて来て、うしろからくすぐるようにちらちらするのに」（石川淳『変化雑載』）

③気分が晴れやかになってすがすがしい様子。「これを乗り越えると気分がスッと楽になって」

❖**日本大文典**　一七世紀初頭の、ポルトガル語で解説した日本語文法書。ロドリゲス著。日本語を学ぶ宣教師のために、当時の口語文法を中心に、発音、方言、文書、和歌、人名などの日本語について広く解説する。慶長九～一三年（一六〇四～〇八）刊。

❖**森瑶子**　小説家。昭和五三年『情事』ですばる文学賞受賞。ヨーロッパなどの国際的な都会を舞台に男女の性愛を描く。作品『誘惑』『熱い風』など。（一九四〇～九三）

❖**新田次郎**　→P.125
❖**芥川龍之介**　→P.12
❖**田中英光**　→P.131
❖**夏目漱石**　→P.8
❖**石川淳**　→P.30

（中島らも『うばたま』）

④静かに素早く息を吸い込む様子。「すっと息を吸い込んだら急に泣きたくなって」（太宰治『ろまん燈籠（どうろう）』）

◆類義語「すっすっ」「すーっ」

「すっすっ」は①の類義語。「すっ」はさりげなく行動するのに対し、「すっすっ」は断続的に調子よく進んでいく様子。「すーっ」は①〜④の類義語。「すっ」が瞬間的な様子であるのに対し、「すーっ」は持続的な感じ。特に②では「すーっ」は「すっ」より伸び方が長い感じ。

（中尾比早子）

ずっ

①ある状態が長く続く様子。また、一列に並ぶ様子。時間的な長さや距離の長さをさす。「一度試すとずっとひたっていたくなるホカホカ暖房」（日本経済新聞00・12・26）、「両側に桜並木のずっとならんだ紅葉坂は」（有島武郎『或る女』）

②近寄る様子やにじり寄る様子。一歩踏み込んだ感じ。「まあ、こっちへずっと寄ってお酌をしてください」（太宰治『親友交歓』）

③勢いよく、物ごとをすすめていく様子。「…と云いながらズッと番頭を引立てに掛るから」（三遊亭円朝『業平文治漂流奇談』）

◆類義語「ずーっ」

「ずーっ」は①の類義語。「ずっ」は単に時間や空間の隔たりを表すのに対し、「ずーっ」は表現する人の感覚が実際より長く感じるときに使う。「ながぐつをずーっとひきずると」（佐野洋子『じーじーかたん』）

◆参考　江戸時代は「ずっ」は「ずい」という語形で使われ、ほぼ③と同じ意味だった。「ずいとお宿へお帰り遊して」（『浮世風呂』）

（中尾比早子）

すっかり

余すところなくすべてが、あるいは、完全に、そうである様子。「夏目漱石全集にすっかりはまり読破」（朝日新聞01・1・8）、「おれの云おうと思うところをおれの代りに山嵐がすっかり言ってくれた様なものだ」（夏目漱石『坊っちゃん』）

特に、以前の状態が完全に失われてその新しい状態に移行したことをいう場合が多い。「すっかり〜（に）なる」など変化した結果の状態を後に伴う形で使う。「すき焼きは食卓への登場回数も減

すっ　封筒の中から素早く書類を取り出す。

（東海林さだお『平成サラリーマン専科』より）

❖**中島らも**　プランナー・小説家。テレビ番組の構成、ラジオのディスクジョッキーなど、多方面で活躍。平成四年『今夜すべてのバーで』で吉川英治文学新人賞受賞。同六年『ガダラの豚』で日本推理作家協会賞受賞。（一九五二〜二〇〇四）

❖**太宰治**　→P.20
❖**有島武郎**　→P.12
❖**三遊亭円朝**　→P.141
❖**佐野洋子**　→P.387
❖**浮世風呂**　→P.98
❖**夏目漱石**　→P.8

ってすっかり影が薄くなっています」(週刊現代00・12・16号)、「チビはすっかり大人になって」(女性自身00・12・12号)。望ましい変化にも望ましくない変化にも用いられる。ただ、良きにつけ悪しきにつけ、状態が変化したこと、特にその変化によって失われた状態に対して、何らかの深い感慨がある場合が多い。「すっかりがたがたになったこの自転車は」(朝日新聞夕刊00・12・28)

漢字としては「悉皆」「全然」などが当てられた。

◆**参考** 古くは室町時代から用いられた語。現代語では「完全に」「全て」という意味に限られているが、室町時代から江戸時代にかけては、様々な意味で用いられた。

例えば、室町末期の『日葡辞書』には、「すっかりと」は「すかりと」と同義で「高いところを越えて通る様、あるいは、矢で的を射そこなうさまなど」との説明がある。ほかに「すらり」や「すっきり」に通じるような、見栄えがよく格好がいい様子を表す例「手足もすっかりとかるげに」(『天草本伊曾保物語』)、「すっぱり」に通じるような、思い切りよく物事を行う様子を表す例などがある。

また、これら古い例では、多くの場合「すっかりと」と「と」を伴って用いられた。 (小島聡子)

すっきり

①無駄がなく洗練されている様子。「財布や小物入れなどが、すっきりと棚にディスプレイ」(Hanako00・12・6号)、「すっきりとした辛口の大吟醸にぴったり合って」(週刊現代00・12・30号)

②顔立ちや姿が引き締まっていて、見た目がよい様子。「ダイワルージュはすっきりした馬体が印象的だ」(日刊スポーツ00・12・3)

③疲労や怠さなどの体調不良や悩みなどがとれて、気分的につかえるものがない快い様子。「週に二回はスポーツクラブに通って頭をすっきりさせた」(朝日新聞00・12・27)

④あいまいな部分がなく、明確な様子。「この起訴についてよく考えると、どうもすっきりしない点がある」(星新一『人民は弱し官吏は強し』)

◆**参考** 「すっきり」はもともと「すき」という形であった。現代にはみられない意味で、少しも残るところのないさま、すっかり、まったくの意味。「此ですきと減たぞ」(『史記抄』)

同じ意味で促音の「っ」が入って強調された形「すっき」が並行して室町時代頃使われる。その後「すっきり」に変化した。 (中尾比早子)

❖**日葡辞書** →P.15

❖**天草本伊曾保物語** 織豊時代、イエズス会士のために作られた『イソップ物語』の日本語訳本。九州天草で印刷された活字本で、ローマ字で記される。当時の口語資料として貴重。文禄二年(一五九三)刊。

❖**星新一** →P.129

❖**史記抄** →P.54

すつく 何か決心したらしく、勢いよく立ち上がる。

(東海林さだお『サラリーマン専科』より)

すっく

①勢いよく立つ様子。「男は初めて眼の覚めた様に、矗然と立ち」(内田魯庵❖『くれの廿八日』)

②まっすぐ立っている様子。「長短さまざまに鮮黄色の花をすっくと立てている」(日本経済新聞00・12・16)

◆**参考**「すっく」は①の意で「びくともせずすっくと立ち」(浄瑠璃『曾我扇❖八景』)や、②の意で「すくと立っておぢゃる」(『狂言記❖』)とあるように、江戸時代から現れる語である。

（金子 彰）

すっくり

①まっすぐに立っている様子。「孟宗が中途に二本、上の方に三本程すっくりと立っている」(夏目漱石❖『門』)。江戸末期の『和英語林集成❖』に「なにかすっくり立っている」が見られるように、江戸時代から現れる語。

②すべて、全部である様子。「大切なものはその抽斗の中にすっくり這入ってゐます」(鈴木三重吉❖『小鳥の巣』)

◇**類義語**「すっくら」

「すっくら」は①の類義語。「どうしようと迷って居ると女はすっくら立ち上がった」(夏目漱石『趣味の遺伝』)がある。この「すっくり・すっくら」の語形は、驚く様子を意味する「びっくり・びっくら」にも見られる。「私もビックラして」という江戸時代の例がある。

◆**参考** 江戸時代、こわめに飯をたく様子の「飯は赤まじりのひね臭いをすっくりとたかせ」(浄瑠璃『心中❖宵庚申』)や、鮮やかである様子を表す「雪の白づきすっくりと、鹿子まだらに黒豆散らし」(浄瑠璃『大職冠❖』)もあった。

（金子 彰）

ずっしり

①重い手ごたえが感じられる様子。「途端にズッシリ、と重量感のある引きに変わり、サオが大きく折れ曲がった」(日刊スポーツ00・12・30)

②重々しく威厳のある様子。「いや実にうまかった。ズッシリとさびのきいた人相が」(加東大介❖『南の島に雪が降る』)、「二人の拮抗が生んだ二十世紀最後の年の一作、ずっしり深い」(朝日新聞00・12・28)、「ずっしりと重みのある年季の入った戸は」(Hanako00・12・6号)

❖**内田魯庵** →P.12

❖**曾我扇八景** 江戸時代の浄瑠璃。近松門左衛門作。後に改題されて『曾我花橘』とも言う。宝永三年(一七〇六)初演。

❖**狂言記** 江戸時代に版本として市販された狂言の台本集。室町時代の狂言を読み物として楽しむために絵入りで刊行された。どの流派の台本によるものかは不明。万治三年(一六六〇)に初版刊行。

❖**夏目漱石** →P.8

❖**和英語林集成** →P.16

❖**鈴木三重吉** →P.124

❖**心中宵庚申** 江戸時代の浄瑠璃。近松門左衛門作。一一編ある近松心中物の最後の作品。享保七年(一七二二)初演。

❖**大職冠** 江戸時代の浄瑠璃の題名。近松門左衛門作。藤原鎌足の蘇我入鹿討伐について玉取り伝説をからませて語った、幸若舞・古浄瑠璃に基づき脚色したもの。正徳元年(一七一一)頃初演。

❖**加東大介** 映画俳優。前進座に入団の後、映画に転向。昭和一八年ニューギニア戦線に従軍。戦後、東宝の「社長シリーズ」、黒澤明監督の『羅生門』『七人の侍』などに出演。著作に『南の島に雪が降る』。(一九一一〜一九七五)

③重く感ぜられるほど数量の多い様子。「一万円札の束をずっしりと入れている」(朝日新聞00・12・27)

◇類義語「ずしり」

「ずしり」は①③の類義語。「ずしりと俵おとす音」(『❖誹風柳多留(はいふうやなぎだる)』)の「ずしり」は、「ずっしり」よりは重さの程度や地響きの程度が軽い様子を表している。

■参考　江戸時代には、重い物が大地や床に落ちる音も表した。「ずっしりと地響きがして」(滑稽本『❖浮世風呂』)

(金子　彰)

すっすっ

①薄い物の表面どうしが、連続してかすかにこすれ合う音。「父がすっすっと鰹節(かつおぶし)を削る」

②物事が滞りなく順調、なめらかに繰り返される様子。「堂々たる大門のなかへ駕籠はスッスッと入って行きました」(❖中里介山『大菩薩峠』)

■参考「すっすっ」には、昭和前期頃まで、激しい呼吸音やすすり泣く音を表す用法もあった。「口を、畳んだ手巾(はんけち)で圧へたが、スッスッと息が忙(せわ)しく」(❖泉鏡花『婦系図』)

(佐藤有紀)

すってん

はずみをつけて、勢いよく転ぶ様子。「バナナの皮にすべって派手にスッテンと転んだ」。「すってん」より勢いが感じられ、おどけた語感。

◇類義語「すってんころり」

その場で転ぶ「すってん」に対し、「すってんころり」は、転倒後、転がる感じを強く伴う。

■参考「すってん」は、多くの複合語を形成する。例えば茨城県の一部の方言には「すってんからりん」(無一文の意)の語が見える。

(佐藤有紀)

すってんころり

はずみをつけて派手に倒れ、その勢いで転がる様子。「勢いづくとつまずいてスッテンコロリ」(日刊スポーツ00・12・5)。江戸時代から見える語。

◇類義語「すってんころりん」

「すってんころりん」は、転倒の勢いがさらに強く、そのまま一回転しそうな感じ。

■参考　擬態語「すってん」と「ころり」が合わさってできた語。「すってん」は人がすべる意で、「ころり」は人や物が転がる意。

(佐藤有紀)

❖誹風柳多留　→P.10

❖浮世風呂　江戸時代の滑稽本。式亭三馬著。銭湯に出入りする人々の会話を通して庶民の暮らしを描いたもの。文化六年(一八〇九)～一〇年刊。

❖中里介山　小説家。明治三九年都新聞社に入社し、大正二年から『大菩薩峠』を執筆。大衆文学に大きな影響を与える。作品はほかに『黒谷夜話』『百姓弥之助の話』など。(一八八五～一九四四)

❖泉鏡花　小説家。能楽と江戸文学に造詣が深く、幻想性に富む独自の作品を創作。反自然主義作家としての評価も高い。作品『高野聖』『婦系図』など。(一八七三～一九三九)

山口仲美の擬音語・擬態語コラム⑩

一千年も生き延びる
——擬音語・擬態語の寿命

女の幽霊におどされつつも、季武が河を渡る、「ざぶりざぶり」と。(『今昔物語集』倭部、実践女子大学図書館蔵)

擬音語・擬態語は、生まれてはすぐに消える語だと思われている。しかし、検討してみると、意外に長寿。普通の言葉の寿命と何ら変わりがない。

九〇〇年前の『今昔物語集』という説話集に見られる擬音語・擬態語を抜き出し、それらの語が現在どのくらい生き残っているのかを調査してみた。すると、なんと五三%の語が現代まで生き延びて活躍していたのである。

「季武、河をざぶりざぶりと渡るなり」。これは、『今昔物語集』に見られる擬音語の例。「ざぶりざぶり」は、季武が幽霊の出るという河を豪快に渡っていく時の水の音。現在でも、こういう場合には「ざぶりざぶり」を用いる。「日のきらきらと指し入りたるに」は、『今昔物語集』の擬態語の例。「きらきら」は、日が差し込む様子や日に反射して物の光る様子に用いられており、現在と同じである。また、『今昔物語集』では、相手に気づかれないようにひそかに物の入ってくる音を「こそこそ」、湯漬けを口にかきこむ音を「ざぶざぶ」、大蛇と大蜈の食い合う音を「ひしひし」、鉢が回転しながら飛ぶ様子を「くるくる」、物の萎えるさまを「くたくた」と表現しており、現在と同様である。こうした例が、『今昔物語集』の擬音語・擬態語の五三%を占めたのである。

この他、わずかに変形された形で現在に継承されている語がある。たとえば、「あさましく臭き尿をさと馳せかけたりければ」に見る「さと」。現代では、「さっと」と促音「っ」の入った形で用いる。こうした語も現在に生き延びた語と考えると、五八%、つまり六割近くの語が一千年近い寿命を保っていることになる。

擬音語・擬態語は、決して流行語ではない。日本語の歴史を脈々と生き続ける日本人の心なのである。

すってんてん

金や物がまったくなくなる様子。無一文になる様子。江戸時代頃から一般に使われてきた語。「インチキ賭博に引っかかってスッテンテンにされて」(夢野久作❖『S岬西洋婦人絞殺事件』)

江戸時代には、「すっぺらぽん」という語も「すってんてん」と同じ意味で使われていた。

◆**参考** 博打などで負けて金を使い果たす意の「擦る」が変化してできた語。「てんてん」は「天々」で、天井をつく、の意味か。(佐藤有紀)

すってんどー

非常に重くて大きい物が、勢いよく、ものの見事に転倒、落下する様子。「相手にかわされた力士は、勢いあまってスッテンドウと転がった」。はずみをつけて転ぶ様子を表す「すってん」と、重量のあるものが強く当たる音を表す「どー」とが合わさった語。転倒の瞬間から、転倒後地面を揺るがす様子までをまとめて表現する語。

◆**参考** やや古めかしい語で、現在ではあまり使われない。(佐藤有紀)

すっぱすっぱ

①煙草を途切れさせず、連続して吸う様子。江戸時代頃から使用されていた語。「煙草をすっぱすっぱやりながら」(小山内薫❖『息子』)。元々は、キセルで煙草を吸う音を写した語であった。キセルを使う習慣が消えて後、喫煙する様子を表す語として使われるようになった。

②物事や動作を、次々と躊躇なく行う様子。「たまった仕事をすっぱすっぱと片付けよう」。「すぱすぱ」よりリズミカルに行う感じ。(佐藤有紀)

すっぱり

①鮮やかに、思い切りよく切り離す様子。一刀で完全に断ち切り、傷口が見事に一直線になる感じ。江戸時代には既に使われていた語。「手を触れただけですっぱりと切れちまう」(村上春樹❖『世界の終りとハードボイルド・ワンダーランド』)

昔は、刀で勢いよく切る音そのものを表していたが、現在では切る様子へと意味が変容した。

②爽快さを感じるほど思い切りよく、物事を処理する様子。完全に未練を断ち、心機一転する時

❖**夢野久作** 小説家。奔放な空想力を駆使して幻想的世界を描き出す。作品『瓶詰地獄』『ドグラ・マグラ』など。(一八八九〜一九三六)

❖**小山内薫** 劇作家・演出家・小説家・詩人・演劇評論家。西欧近代演劇の移入を志し、大正一三年、土方与志らとともに東京築地に築地小劇場を創設。作品『第一の世界』『息子』『西山物語』など。(一八八一〜一九二八)

❖**村上春樹** 小説家。昭和五四年『風の歌を聴け』で群像新人文学賞受賞。以降、失ったものへの追想をテーマに多くの作品を発表。作品『ノルウェイの森』『ねじまき鳥クロニクル』など。(一九四九〜)

に使う。「止める」「諦める」などの語と共に使うことが多い。「男らしく、すっぱりそのしょうばいは棄てて」(❖新美南吉『おじいさんのランプ』)

③完全にある状態、状況になる様子。「来るたんびにそれを聞いたもんですが、それをすっぱりと忘れてしまう」(❖北杜夫『楡家の人びと』)

◆**参考** 江戸時代、「すっぱり」には他にもいくつもの意味があった。その中の一つ、物の性質や人の性格に嫌味、こだわりがない様子(現在でいう「さっぱり」)は、今でも方言(石川県金沢市・奈良県など)に残っている。 (佐藤有紀)

ずっぷり

①水、湯など液体状の物に、全身が完全に浸り切っている様子。雨などで、全身がくまなく濡れる時などに使う。江戸時代から一般に使われていた語。「竪川の中へ身を浸して、ずっぷり頭まで水に隠したまま」(❖芥川龍之介『妖婆』)

そこから、ある状態に完全に身を置いている様子も表すようになった。特に、好ましくない状態にはまり込んでいて、抜け出すのが困難な様子を表すのに用いられることが多い。「酒とギャンブルにズップリで、稼ぎの大方をつぎ込んだ」

②ナイフや針など鋭い物が、奥深くまで刺さっている様子。「胸元を、一歩退いた与一がズップリと一刺し」(❖夢野久作『名君忠之』)

◇**類義語「すっぽり」**

①の類義語。液体に浸る「ずっぷり」に対し、「すっぽり」は乾いている物にはまり込む感じ。

◆**参考** 江戸時代には、「ずっぷり」も「すっぽり」と同様、乾いた物に包まれる、という意味でも使われていた。「子役のずっぷり着るものゆゑ、縫ひぐるみといふ也」(❖『絵本戯場年中鑑』) (佐藤有紀)

すっぽり

①全体が完全にはまり込む様子。「頭からすっぽりとふとんをかぶって」(❖有島武郎『或る女』)

②うまくはまっていた物が、勢いよく完全に抜け出る様子。「もみ合ううち、背負っていたリュックも肩からすっぽり」(佐賀新聞00・3・7)。さらに、存在していたものが完全に消えてなくなる様子をも表すようになった。「右腕をすっぽりと切ってとられて」(❖佐々木味津三『右門捕物帖』)

「すっぽり」と関係する語に「すっぽ抜け」があ

❖**新美南吉** →P.44

❖**北杜夫** →P.30

❖**芥川龍之介** →P.12

❖**夢野久作** →P.258

❖**絵本戯場年中鑑** 江戸時代の歌舞伎劇書。劇書とは、歌舞伎に関する年中行事や慣習を紹介する書物のこと。篁竹里著。享和三年(一八〇三)刊。

❖**有島武郎** 小説家。内村鑑三の影響を受け、キリスト教に入信。アメリカ留学後、明治四三年、雑誌『白樺』の創刊に参加。作品『カインの末裔』『或る女』など。(一八七八〜一九二三)

❖**佐々木味津三** 大正一〇年に『呪はしき生存』でデビュー。『文藝春秋』の創刊に加わったが、長兄の死による負債返済のため大衆小説に転向。作品『右門捕物帖』『旗本退屈男』など。(一八九六〜一九三四)

る。はまっていた物が完全に抜けたり、当てにしていたことが全くはずれてしまうこと。「木刀は私の手からすっぽぬけて、焼け残った胡弓にあたった」(三浦哲郎❖『忍ぶ川』)

◇**類義語**「すぽっ」「すぽん」

共に①②の類義語。はまったり抜けたりした結果の状態を表す「すっぽり」に対し、「すぽっ」「すぽん」は、動きの瞬間の勢いに注目している。

◆**参考**　江戸時代、「すっぽり」は罵倒語としても使われていた。間抜け、とんまの意味。すっぽりと注意力が抜けているところから。

（佐藤有紀）

すてん

突然すべって、勢いよく転んだり、倒れたりする様子。昭和期から広く使われ始めた語。「調子よく、すてんと身体を投げ出された」(小林多喜二❖『防雪林』)

◇**類義語**「ずでん」

「ずでん」の方が倒れる物がより重い感じ。また、転倒、落下の勢い、転倒時の音の出方が、「すてん」より激しい感じ。

◆**参考**「素転(すてん)」という当て字もある。

（佐藤有紀）

ずでんどー

非常に重くて大きい物が、地面が揺れ動くほど激しく転倒、落下する音。また、その様子。江戸時代の終わり頃から用例が見える。「巨体を宙に一廻転させて、ずでんどうと土俵のまん中に仰向けに倒した」(太宰治❖『新釈諸国噺』)。「頭顛倒(ずでんどう)」と漢字を当てる場合もある。「頭顛倒と庭前に転墜(まろびお)ちぬ」(泉鏡花❖『義血侠血』)

◆**参考**　やや古めかしい語で、現在はあまり使われない。

（佐藤有紀）

すとん

①物が一気に、あるいは抵抗感をまったく感じさせず、拍子抜けするほど簡単に、まっすぐ下に落ちたり倒れ込んだりする小さな音。また、その様子。江戸時代から広く用例が見える語。「はずみを食った将軍は、床にすとんと落された」(宮沢賢治❖『北守将軍と三人兄弟の医者』)

②他から抵抗を受けることなく出現する様子。「ベエさんはすとんと日比谷公園から街の通りに出ていた」(椎名誠❖『新橋烏森口青春篇』)

❖**三浦哲郎**　小説家。井伏鱒二に師事。昭和三五年『忍ぶ川』で芥川賞受賞。血の系譜に悩み、それを克服して生きることをテーマとする。作品『白夜を旅する人々』『みのむし』など。(一九三一〜二〇一〇)

❖**小林多喜二**　小説家。労働運動に関わり、昭和三年、「一九二八年三月十五日」で注目をあびる。翌四年『蟹工船』『不在地主』でプロレタリア文学の代表的作家となる。昭和八年、特高警察の拷問により虐殺。作品『転形期の人々』『党生活者』など。(一九〇三〜一九三三)

❖**太宰治**　小説家。井伏鱒二に師事。昭和一〇年に『逆行』が芥川賞候補になるなど、戦前から作家として知られる。戦後、坂口安吾などとともに無頼派と呼ばれ、『斜陽』『桜桃』などで流行作家となる。作品『ヴィヨンの妻』『津軽』など多数。(一九〇九〜一九四八)

❖**泉鏡花**　→P.8

❖**宮沢賢治**　→P.34

❖**椎名誠**　→P.42

③値段や価値、数量などが急激にあっけなく下がったり、減ったりする様子。「体重がストンと落ちてきた」(主婦の友02・5月号)

◆**類義語**「すとんすとん」

①②③の類義語。一回の動きを表す「すとん」に対し、「すとんすとん」は連続した動作や音。また、③の場合、落下、減少の速度があまりに速いために、誰にも手の打ちようがないような印象。

◆**参考** 前評判が高い割に、封切り後客足が伸びない映画のことを「ストーン落ち」という。客数が予想と比べ、すとんと減ることから。(佐藤有紀)

ずどん

①鉄砲や大砲など、銃器類を撃つ時の大きく鈍い音。また、その様子。「ピストルが俺の眉間を睨みつけて ズドンと云った」(夢野久作❖『猟奇歌』)。江戸時代に現れた語。

②かなり重い物が、落ちたり、倒れたり、ぶつかり合ったりする音。また、その様子。「まさかりを振り下ろすと、クマは崩れるように『ズドン』と倒れた」(朝日新聞01・12・1)

◆**類義語**「ずどーん」

①②の類義語。「ずどーん」は「ずどん」の強調形。「ずどん」より発砲の音や落下時の衝撃音などが長く響く感じ。

◆**参考**「ずどん」には、他にも隠語として複数の意味があった。例えば、昭和頃まで花柳界を中心に「肘鉄砲」、つまり拒絶の意味で使われていた。「女部屋でもズドンを食わされた」(高見順❖『いやな感じ』)。また、同じく昭和初期頃まで、スリが仲間の上前をはねる、という犯罪隠語としての意味もあった。ピストルを突きつけて脅して利益を奪い取るところから。(佐藤有紀)

すぱすぱ

①タバコの煙などを繰り返し吸い込む音。「主人は無言のまま座に着いて寄木細工の巻煙草入から『朝日』を一本出してすぱすぱ吸い始めたが」(夏目漱石❖『吾輩は猫である』)

②鋭利な刃物によって、鮮やかに繰り返し切り放つ様子。「きゅうりをスパスパ切る」

③物事を思い切りよく処理していく様子。物事が滞りなく進んでいく様子。「できるならば余り人の込み合わない家で、閑静な髯を生やした爺さ

すぱすぱ 絶え間なくタバコを吸い続ける。

(赤塚不二夫『おそ松くん』より)

❖**夢野久作** →P.48

❖**高見順** →P.62

❖**夏目漱石** 英文学者・小説家。英語教師をへて、イギリスに留学。帰国後、『東京朝日新聞』の専属作家となり、同新聞に次々と作品を発表。森鷗外とともに近代日本文学の確立に貢献。作品『吾輩は猫である』『三四郎』など。(一八六七〜一九一六)

んが奇警な言葉で、簡潔にすぱすぱと道い破ってくれるのがどこかにいればいいがと思った」（夏目漱石『彼岸過迄』）、「まるで権現さまの尾っぱ持ちのようにすまし込んで、白いシャッポをかぶって、先生についてすぱすぱとあるいて来たのです」（宮沢賢治『風の又三郎』）

◆**類義語**「すぱっ」

「すぱっ」は②③の類義語。「すぱすぱ」が連続して、あるいは継続して動作が行われる様子を表すのに対して、「すぱっ」は、一回限りの、瞬間的な様子を表す。（矢田　勉）

ずばずば

①物を勢いよく続けて断ち切る様子。「剣術の極意は相手をずばずばと斬りさへすればいいのだ」（岡本綺堂『正雪の二代目』）

②遠慮無く物を言う様子。「よく自分の思ったままをずばずば云っちまった後で、取り返しのつかない事をしたと後悔する場合がよくあるんですが」（夏目漱石『明暗』）

③思い切りよく物事を処理する様子。「ただ男に対してだけは、ずばずば応対して女の子らしい羞らいも、作為の態度もないので」（岡本かの子『鮨』）

④予想を繰り返し当てる様子。「高配当をズバズバ的中させました」（日刊スポーツ00・12・2）

⑤スポーツで、ゴールなどを次々に決める様子。「ロングパットがズバズバと決まりました」（日刊スポーツ00・12・20）

◆**類義語**「ずばっ」「ずけずけ」

「ずばずば」が連続して、あるいは継続して動作が行われる様子を表すのに対して、「ずばっ」は、一回限りの瞬間的な様子を表す。「ずけずけ」は②の類義語だが、やや悪い意味になる。（矢田　勉）

すぱっ

①鋭利な刃物などで、物が鮮やかに切り放たれる様子。「マンボウは下半分をスパッと切られたような体をしている」

②思い切りよく物事を処理する様子。決断力のある様子。「間違ってると思ってスパッとやめました。やめてよかったと思ってます」（週刊現代00・12・9号）

◆**類義語**「すぱ」

「すぱっ」ほどの切れ味はない。（矢田　勉）

❖**夏目漱石**　英文学者・小説家。英語教師をへて、イギリスに留学。帰国後、『東京朝日新聞』の専属作家となり、同新聞に次々と作品を発表。森鷗外とともに近代日本文学の確立に貢献。作品『吾輩は猫である』『三四郎』など。（一八六七〜一九一六）

❖**宮沢賢治**　詩人・童話作家。岩手県の花巻で、農業指導のかたわら詩や童話を創作。大正一三年、詩集『春と修羅』と童話『注文の多い料理店』を自費出版。作品『銀河鉄道の夜』『風の又三郎』など。（一八九六〜一九三三）

❖**岡本綺堂**　劇評家・劇作家・小説家。新聞に劇評を執筆するかたわら、二代目市川左団次と提携。戯曲『修禅寺物語』が成功し、以降作家生活に入る。作品『鳥辺山心中』『半七捕物帳』など。（一八七二〜一九三九）

❖**岡本かの子**　→P.91

ずばっ

①刃物によって、大きい物を思い切りよく切り放つ様子。「マグロを真ん中からズバッとさばく」

②要点をついた物言いをする様子。「この占い師は悩みをずばっと言いあてた」

③思い切りよく物事を処理する様子。「困難をずばっと解決する」

■**参考**　室町時代には器に水がいっぱいになっている様子を「づば」と言った。「水がづばと御座る」(『日葡辞書(にっぽじしょ)』)

(矢田　勉)

すぱり

①物を鮮やかに勢いよく切り放つ様子。「腕が良いのに切物が良いから、すぱり、きゃっと云うばかりで」(三遊亭円朝『業平文治漂流奇談』)

②はっきりと言いきる様子。「『…わざわざやって来た』とすぱりと云う」(夏目漱石『虞美人草』)

③思い切りよく物事を処理する様子。「すぱりと越して了ふんですな」(葛西善蔵『子をつれて』)

④タバコを吸う音。「やがてすぱりと一服すうのである」(太宰治『ロマネスク』)

(矢田　勉)

ずばり

①刃物などで勢いよく切り放つ様子。「ずばりずばりと切り裂く」。鎌倉時代から用いられた。「ずばりずばりと切る如何」(『名語記』)

②的確に物事を言い当てる様子。「たった一言で好いから、思い切った自分の腹をずばりと云って見たいと考えていたが」(夏目漱石『彼岸過迄』)

③他の語の上下について全くその通り、の意を表す。「ずばり愛をテーマにしたシングル」(朝日新聞00・12・5)、「そのものずばり」

(矢田　勉)

ずぶずぶ

①湿地など湿った場所に物や人がはまり込んでいく様子。「沼の岸に行きついて、自転車の前輪が、ずぶずぶぬかった」(太宰治『懶惰(らんだ)の歌留多』)

②①から転じて、人間同士が、深い関係にはまり込んでいる様子。多く、馴れ合い・癒着・利権関係などにいう。「政・官・業のずぶずぶの関係」

③人体などの弾力性のある物に刃物をじわじわと差し込んでいく様子。「老人の小吏は、磨ぎすました出刃を逆手に持つと、獣の肉をでも割くよ

❖**日葡辞書**　→P.15

❖**三遊亭円朝**　→P.141

❖**夏目漱石**　→P.262

❖**葛西善蔵**　小説家。大正七年、『子をつれて』で文壇にデビュー。病気や貧困、酒びたりの自虐的な生活の中で、私小説作家としての姿勢を貫く。作品『湖畔手記』『蠢く者』など。(一八八七〜一九二八)

❖**太宰治**　小説家。井伏鱒二に師事。昭和一〇年に『逆行』が芥川賞候補になるなど、戦前から作家として知られる。戦後、坂口安吾などとともに無頼派と呼ばれ、『斜陽』『桜桃』などで流行作家となる。作品『ヴィヨンの妻』『津軽』など多数。(一九〇九〜一九四八)

❖**名語記**　鎌倉時代の語源辞書。経尊著。当代の口語を中心にいろは順に配列し、問答体で語源の説明を記す。俗語を多数収録する資料として貴重。建治元年(一二七五)成立。

うに、死体の胸をずぶずぶと切り開いていった」(❖菊池寛『蘭学事始』)

④完全に濡れそぼった様子。「にわか雨に降られてずぶずぶに濡れた」

⑤意識のないほどに酔った様子。やや古い使い方。「ずぶずぶに酔いつぶれる」

◆**参考** ④の意味を元にしてできたのが「ずぶぬれ」の語である。「コレ、此通り水瓶へ鼠が落たやうに十分濡(ずぶぬれ)だ」(❖『浮世風呂』)。また、⑤に関連して、江戸時代には「ずぶ」「ずぶろく」で正体無く酔った人を言った。 (矢田 勉)

ずぶり

①水中や泥沼・湿地などにはまりこむ様子。「奥様の真似して子供の顔をのぞき込んでやさしく二、三度うなずき、いきなりずぶりと盥に入れた」(❖太宰治『新釈諸国噺』)。平安時代から用いられた。「づぶりとおちいりぬ」(❖『大和物語』)

②体などの柔らかい物に、刃物などが突き刺さる様子。「わたしはほとんど、夢うつつの内に、夫の縹(はなだ)の水干の胸へ、ずぶりと小刀を刺し通しました」(❖芥川龍之介『藪の中』) (矢田 勉)

すべすべ

物の表面が滑らかで、撫でても摩擦がない様子。「砂場でスベスベ、ピカピカの石を見つけた」(朝日新聞00・12・29)。室町時代から用いられた。「木賊(とくさ)むくの葉を以(もつ)て七日七夜みがいたによって、撫(なず)れば此ごとくにすべすべいたす」(狂言❖『末広がり』)

◆**参考**「すべる」の「すべ」と同源か。江戸時代には「ずべずべ」の形も見える。また、日本近海に生息する有毒の蟹の一種「スベスベマンジュウガニ」は甲羅の様子からの命名。 (矢田 勉)

すぽっ

人や物が穴などに勢いよくはまる音。またその様子。「体が雪のなかへすぽっと沈んでしまって見えなくなるの」(❖川端康成『雪国』)

◇**類義語**「すぽすぽ」「すぽっすぽっ」「ずぽっ」「ずぼっ」

「すぽすぽ」「すぽっすぽっ」は、はまったり抜けたりを繰り返す音や様子。「ずぽっ」「ずぼっ」は「すぽっ」よりも、穴に入るのに抵抗のある感を表す。「ずぼっ」は、よりそれが強い。 (矢田 勉)

❖菊池寛 小説家・劇作家。大正五年、芥川龍之介、久米正雄らと第四次『新思潮』を創刊。『忠直卿行状記』など、簡潔な表現のテーマ小説によって作家としての地位を確立。作品『父帰る』『恩讐の彼方に』など。(一八八八〜一九四八)

❖浮世風呂 →P.98

❖太宰治 →P.20

❖大和物語 平安中期の歌物語。作者未詳。天暦五年(九五一)頃成立。

❖芥川龍之介 →P.12

❖末広がり →P.196

❖川端康成 →P.91

スベスベマンジュウガニ 甲羅の表面が滑らかなところから名付けられた。

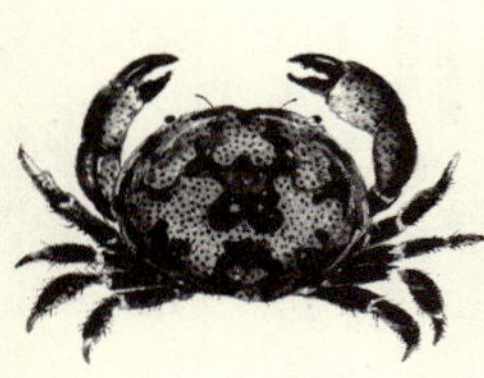

ずぼっ

人や大きな物が穴などに勢いよくはまる音。またその様子。「ずぼっと足が沈んで唸り声をあげて飛びのく」（朝日新聞00・12・28）

◇類義語「ずぼずぼ」「ずぼり」「ずぼん」

「ずぼずぼ」は、はまったり抜けたりを繰り返す様子。「ずぼっ」が瞬間的にはまり込む様子を表すのに対して、「ずぼり」「ずぼん」は「ずぼっ」とほとんど同じ語感だが、僅かながら時間をかけてはまっていく様子を表す。

（矢田　勉）

すぽり

①物などが穴に勢いよくはまったり、また抜けたりする音。またその様子。「私たちは、不相応の大きい貝殻の中に住んでいるヤドカリのようなもので、すぽりと貝殻から抜け出ると、丸裸のあわれな虫で」（太宰治❖『親友交歓』）

②頭から完全にかぶる様子。現在は「すっぽり」をよく用いる。「外套の頭巾をすぽりと被ってなるべく人の目につかないような注意をしました」（夏目漱石❖『吾輩は猫である』）

（矢田　勉）

すぽん

物などが穴に勢いよくはまったり、また抜けたりする音。またその様子。「すぽんとはまりこむほどの余地があった」（中勘助❖『銀の匙』）、「するとそのたんびに腹の中から騎兵が十人ずつかたまって、すぽんすぽんととび出しました」（鈴木三重吉❖『ぶくぶく長々火の目小僧』）

■参考　江戸時代には、まんまとだまされたり逃げられたりする様子も表した。『俚言集覧❖』には「すぽんとだまされる」とある。

（矢田　勉）

すやすや

よく寝ている人が立てるかすかな寝息の音。また、安らかによく寝ている様子。現代では、多く乳児や幼児がよく寝ている場合に関して用いる。「多加志は妻の母の腕を枕に、すやすや寝入っているらしかった」（芥川龍之介❖『子供の病気』）、「意外な答を聞いたという面持で、豊世は母衣蚊屋の内にスヤスヤ眠っている乳呑児の方を眺めた」（島崎藤村❖『家』）。江戸時代から見られる。「すやすやおもはずまどろみける夢に」（『金々先生栄花夢❖』）、

すやすや　安らかに寝ている幼児。

（うえやまとち『クッキングパパ』より）

❖太宰治　→P.20
❖夏目漱石　→P.8
❖中勘助　→P.52
❖鈴木三重吉　→P.124
❖俚言集覧　→P.321
❖芥川龍之介　→P.12
❖島崎藤村　→P.102
❖金々先生栄花夢　江戸時代の黄表紙。恋川春町著。安永四年（一七七五）刊。

「ふたりとも、たびづかれにや、おもはずすやすやとひとねいりし」(『東海道中膝栗毛』)

◆参考　安らかによく寝ている人のかく、静かないびきを「すやすやいびき」と呼ぶことがある。また、徳田秋声は、心地よい眠りを誘う夜風を表すのに、「すやすや」という表現を好んで用いている。独特な用法である。「窓の外が白々と明けかかって、すやすやした風が蚊帳の中まで滲みて来た」、「窓からは、すやすやした夜風が流れ込んで、軽い綿蚊帳が、隣の廂間から差す空の薄明りに戦いでいた」(共に徳田秋声『黴』)　(矢田　勉)

すらすら

①事が順調に運ぶ様子。「事がこうすらすらはこんだのは、滅法便利な仕掛けである」(石川淳『かよい小町』)、「話がすらすらまとまりましてね」(井上靖『あすなろ物語』)

②物事を軽々とこなす様子。「昨日までどうしても解けなかった問題が何題かすらすらと解けた」(井上靖『あすなろ物語』)、「つっかえることなくすらすら読めるかどうかもさることながら」(日本経済新聞01・i・7)、「文章はまだ幼稚な点はあるが、癖の無い、すらすらした(文章)」(田山花袋『蒲団』)

◇類義語「すらっ」

「すらっ」は①②の類義語。「すらすら」が継続的な動作を言うのに対して、「すらっ」は瞬間的な動作を言う。「何でも入ってくるものはすらっと受け入れる」(高野悦子『二十歳の原点』)

また、「すらっ」は「すらすら」にはない用法として、「スラッとした二人の細身美人が現れた」(週刊現代00・12・30号)のような、見た目を形容する用法を持っている。　(池上　啓)

ずらずら

①物や人がたくさん並んでいる様子。「長老から若手の作家に至るまでの短編がずらずら並び」(朝日新聞00・12・26)

②物事を続けて流れるように行う様子。「芸者が六人ばかりずらずらと舞台にはしりだして」(宇野浩二『苦の世界』)

◆参考　①は「つらつら」を強めた「づらづら」が「四つ仮名の混同」によって「ずらずら」になったもので②とは別語とする意見もある。　(池上　啓)

❖**東海道中膝栗毛**　江戸時代の滑稽本。十返舎一九著。享和二年(一八〇二)～文化六年(一八〇九)刊。

❖**徳田秋声**　小説家。尾崎紅葉に師事。明治二九年『藪かうじ』を発表。以降、『新世帯』『黴』などで自然主義文学を代表する作家となる。作品はほかに『仮装人物』『縮図』など。(一八七一～一九四三)

❖**石川淳**　→P.30

❖**井上靖**　→P.92

❖**田山花袋**　→P.51

❖**高野悦子**　→P.27

❖**宇野浩二**　小説家。大正八年『蔵の中』でデビュー。饒舌な説話体の文体で注目される。戦後は広津和郎らと松川事件判決の不当を訴える。作品『枯木のある風景』『世にも不思議な物語』など。(一八九一～一九六一)

すらり

①動きや行動がなめらかな様子。「言葉がすらりと出た」(三島由紀夫『金閣寺』)、「其屋の板障子をすらりと開けた」(泉鏡花『歌行燈』)、「国主は従者の一人に持たしてある刀を執って、それをすらりと抜いた」(田中貢太郎『村の怪談』)

②見た目がほっそりとして丈が高い様子。「店の中から白い前掛けを締めたスラリとした男が出てきた」(朝日新聞00・12・18)、「白樺がすらりとした幹を見せていた」(福永武彦『草の花』)

また、見た目以外でも、すっきりとした感覚を示すのに使われる場合がある。ただし用例は少ない。「なるべく材料そのものの味を生かし、塩、醬などの調味料で殺さない。すらりとした風味をこそ、都の貴顕紳士は好むのである」(司馬遼太郎『国盗り物語』)

◇類義語「すらりすらり」

「すらりすらり」は①の類義語。「すらり」が一回性の動作を示すのに対して、「すらりすらり」は連続した動作を示す。「そう言って御自分の財布から、すらりすらりと紙幣を抜き取り、そっと私に手渡した」(太宰治『帰去来』)

(池上 啓)

ずらり

物や人がたくさん並んでいる様子。「4番打者をズラリ並べた重量打線」(SPA!00・12・20号)、「庄九郎は、ずらりと手代、売り子の群れを見まわした」(司馬遼太郎『国盗り物語』)

◈参考 「ずらり」は物事が順調に運ぶ意を示すこともあった。この意味の「ずらり」は「すらり」を強めたもの、物が並ぶ意の「ずらり」は「つらり」を強めたもので、本来別語という説もある。後者の「づらり」を「ずらり」と書いたことから混同。(池上 啓)

するする

①麵などをすする音。または、衣擦れの音。「するするとおうどんを啜(すす)って」(太宰治『斜陽』)、「トタンに次の書斎で、するすると帯を解く音がしたので」(泉鏡花『婦系図』)

②物事を軽々とこなす様子。または、動きや行動がなめらかな様子。「切腹の刀の運びがするすると渋滞なく、手際の最も立派であったのは」(森鷗外『堺事件』)、「二三回乗っているうちにペダルが足について来て、するするとハンドルでかじが

❖三島由紀夫 →P.7

❖泉鏡花 →P.8

❖田中貢太郎 小説家。大町桂月に師事。実録、情話、怪異譚を得意とし、おもに『中央公論』の「説苑」欄に執筆。また、雑誌『博浪沙』を創刊。作品『田岡嶺雲・幸徳秋水・奥宮健之追懐録』『旋風時代』など。(一八八〇～一九四一)

❖福永武彦 小説家・仏文学者。昭和二七年の『風土』、二九年の『草の花』で文壇的地位を確立。ほかに加田伶太郎、船田学の名でそれぞれ推理小説とSFを執筆。作品『死の島』『海市』など。(一九一八～一九七九)

❖司馬遼太郎 →P.16

❖太宰治 →P.20

❖森鷗外 小説家・劇作家・評論家。陸軍軍医のかたわら、多彩な文学活動を展開。夏目漱石と並ぶ、明治を代表する作家の一人。作品『舞姫』『雁』など。(一八六二～一九二二)

取れるようになった」(林芙美子『放浪記』)、「レースのカーテンがスルスルと開かれた」(日刊スポーツ00・12・11)、「おろしじょうゆをつけて口に放り込むと、粘り気のあるもちがするするのどを通っていくから不思議だ」(日本経済新聞00・12・23)

③棒状のものや糸状のものが勢いよく伸びる様子。「(赤い糸が)するすると長く伸びて」(太宰治『思ひ出』)

◇類義語「すらすら」

「すらすら」は②の類義語。「するする」が具体的な動作のなめらかさを言うのに対して、「すらすら」は思考や発話など、抽象的な行動のなめらかさを言う。例えば、「すらすらと問題を解く」、「すらすらと読み上げる」とは言えるが、「するすると問題を解く」、「するすると読み上げる」とは言えない。

◆参考 「するする」は「御するする」という形で女房詞として使われた。意味は「無事に」とか「支障なく」というものである。「ひめ宮の御かた御するすると(=ご無事に)御たんじゃうのよし、までのこうぢより申さるる」(『御湯殿上日記』)

なお、「するする」という女房詞もあり、こちらは「するめ」のことをさした。「するめよこがみ。するするとも」(『大上臈御名之事』) (池上 啓)

ずるずる

①麺や汁をすする音。また、すするとそういう音がしそうな状態。「それから桃をいくつか食べ、缶に口をつけてずるずると汁を飲んだ」(村上春樹『世界の終りとハードボイルド・ワンダーランド』)、「洋食をとって、初めて肉の匂いをかぎ、ずるずるした油をなめていると」(林芙美子『放浪記』)

②物が擦れ合いながら滑ったり滑り落ちたりする様子。物を引きずる時などによく使われる。「ステッキずるずるひきずりながら上野公園まで歩いてみる」(太宰治『座興に非ず』)、「鋲の打ってない靴の底はずるずる赤土の上を滑りはじめた」(梶井基次郎『路上』)

③態度や行動がしっかりしない様子。または、同じ状態を漫然と続ける様子。「40キロではまだ二位だったが、残り2キロで三人にズルズルと抜かれた」(朝日新聞00・12・4)、「彼は落ちつかない腰を、ただずるずると落ちつけているよりしかたがない状態だった」(山本有三『路傍の石』)

④物が崩れて柔らかくなっている様子。「バナナのたたき売りが一山十銭。ずるずるにくさりかけたのを食べたせいか」(林芙美子『放浪記』)

❖**林芙美子** →P.25
❖**太宰治** →P.20
❖**女房詞** →P.53
❖**御湯殿上日記** →P.164
❖**大上臈御名之事** 御所に仕える女房の世界の有職故実を記したもの。「女房詞」という名称の初出文献としても知られる。一六世紀初頭(室町時代)成立。
❖**村上春樹** →P.94
❖**梶井基次郎** →P.18
❖**山本有三** →P.269

ずるずる ネズミに手をとられ、地面を引きずられていく。

(あさりよしとお『宇宙家族カールビンソンSC完全版』より)

◆**類義語**「ずるずるべったり」

「ずるずるべったり」は③の類義語。「ずるずる」に比べて、漫然とその状態を続けている、ある状態を長く続けそこに安住しているというニュアンスがより強い。よって、「ずるずると後退した」とは言えるが、「ずるずるべったりと後退した」とは言えない。

◆**参考**「ずるずる」の用例は江戸時代から見え、①②③の意味で使われている。「一度手なみを見せ給はば、跡はずるずるこっちの物」(浄瑠璃『釈迦如来誕生会❖』)　(池上　啓)

ずるずるべったり

同じ状態をけじめなく、漫然と続ける様子。または同じ状態が漫然と続く様子。「それをそのまままずるずるべったりに妻に持ったら、私は又しても憂き目を見るのだ」(谷崎潤一郎❖『痴人の愛』)、「金川しまとその子はずるずるべったりに、多幡家に居候になり」(新田次郎❖『孤高の人』)

◆**参考**　この語の用例は江戸時代から見える。「お性根さへ入れたれば、其跡(そのあと)はずるずるべったり」(浄瑠璃『敵討御未刻太鼓(かたきうちおやつのたいこ)❖』)　(池上　啓)

するっ

物がなめらかに滑る様子。または、動きや行動がなめらかな様子。「花の衣服をするっと脱いだら」(太宰治❖『あさましきもの』)、「蛸は驚いてするっと壺から逃げる」(長塚節❖『土』)

◆**類義語**「するするっ」「するするするっ」

「するっ」が一瞬の動きを示すのに対して、これらの語形は連続した動きを示す。「するとテねずみは紙切れを出してするするするっと何か書いて」(宮沢賢治❖『クンねずみ』)　(池上　啓)

ずるっ

①麺や汁をすする音。また、鼻水をすする音。「彼はずるっという音を立ててスープをすすった。これが欧米人には嫌われる。」

②物が擦れ合いながら滑る様子。重い物や表面がなめらかでない物など、動く時に抵抗がある物について使う。「彼はからだをいくらか斜めにして、…太いまくら木にぴったりとまたをこすりつけながら、ずるっ、ずるっと、少しずつ下へおろしていった」(山本有三❖『路傍の石』)　(池上　啓)

❖**釈迦如来誕生会**　江戸時代の浄瑠璃。近松門左衛門作。宝永七年(一七一〇)初演。

❖**谷崎潤一郎**　→P.7

❖**新田次郎**　→P.125

❖**敵討御未刻太鼓**　江戸時代の浄瑠璃。長谷川千四作。享保一二年(一七二七)初演。

❖**太宰治**　→P.20

❖**長塚節**　→P.21

❖**宮沢賢治**　詩人・童話作家。岩手県の花巻で、農業指導のかたわら詩や童話を創作。大正一三年、詩集『春と修羅』と童話『注文の多い料理店』を自費出版。作品『銀河鉄道の夜』『風の又三郎』など。(一八九六～一九三三)

❖**山本有三**　劇作家・小説家。芥川龍之介らと第三次『新思潮』創刊。歴史劇などの戯曲を多く発表したが、後、小説に転向。作品『嬰児殺し』(戯曲)、『路傍の石』など。昭和四〇年、文化勲章受章。(一八八七～一九七四)

するり

①物がなめらかに滑る様子。または、動きや行動がなめらかである様子。「大将は…腰に釣るした棒の様な剣をするりと抜き掛けた」（夏目漱石『夢十夜』）、「彼女は私のわきにするりともぐりこんで」（村上春樹『世界の終りとハードボイルド・ワンダーランド』）、「今にも自分の胸中を打ちあけてしまいそうな言葉が、するりと流れ出るかと思われる危険さを」（横光利一『旅愁』）

また、「するり」には次のような比喩的な使い方もある。「『ああ、それはな、院代先生に相談なさって…』院長はじかに答えることはせず、するりと身体をかわしたわけだ」（北杜夫『楡家の人びと』）

②食感として物がなめらかに口や喉を通る様子。「これを頭から、その脳味噌をするりとな、ひと囓りにめしあがりますのが、おいしいんでございまして」（泉鏡花『眉かくしの霊』）

◆参考　①の例は鎌倉時代から見える。「此の太刀、まくらのうへに立たりけるが、みづからするりと抜けて」（『平治物語』）、「（道沿いの家々に灯りをともして）山中三里は此の光にてするりと越えにけり」（『源平盛衰記』）

（池上　啓）

ずるり

①物が擦れ合いながら滑る様子。また、そのように感じられる状態。表面がなめらかでない物や粘り気がある物について使う。「着換える拍子にずるりと襦袢を滑り落して」（谷崎潤一郎『痴人の愛』）、「（川魚の）鱗がずるりと剝げたり背鰭が抜けたりする」（井伏鱒二『黒い雨』）、「それより更に大きい一匹は、…ずるりと宙に吊り下って」（芥川龍之介『老いたる素戔嗚尊』）

②粘り気を感じさせながら、物が抜け落ちていく様子。「こんな幸運もズルリと抜けてゆきそうだ」（林芙美子『放浪記』）、「表口で口笛の呼出がかかると、直にずるりと脱けて行ってしまった」（徳田秋声『黴』）

◇類義語「ずるりずるり」

①②の類義語。継続的な動作を示し、重い物を引きずって歩く様子や、だらしない感じで物が抜け落ちていく様子を示す。

なお、室町末期の『日葡辞書』には「物事が、何の困難も障害もなくなされるさま」という説明があり、古くは「するりするり」と同じ意味で使われることがあったことがわかる。

（池上　啓）

❖夏目漱石　英文学者・小説家。英語教師をへて、イギリスに留学。帰国後、『東京朝日新聞』の専属作家となり、同新聞に次々と作品を発表。森鷗外とともに近代日本文学の確立に貢献。作品『吾輩は猫である』『三四郎』など。（一八六七～一九一六）

❖村上春樹　小説家。昭和五四年『風の歌を聴け』で群像新人文学賞受賞。以降、失ったものへの追想をテーマに多くの作品を発表。作品『ノルウェイの森』『ねじまき鳥クロニクル』など。（一九四九～）

❖横光利一　→P.107
❖北杜夫　→P.30
❖泉鏡花　→P.8

❖平治物語　鎌倉時代の軍記物語。作者未詳。平治の乱の顛末を和漢混淆文で描く。敗者、悪源太義平の活躍や常盤御前の悲話が有名。多数の異本があるが、原形は鎌倉初期成立。

❖源平盛衰記　→P.158
❖谷崎潤一郎　→P.7
❖井伏鱒二　→P.7
❖芥川龍之介　→P.12
❖林芙美子　→P.25
❖徳田秋声　→P.42
❖日葡辞書　→P.15

ずん

①腹に響くような重々しい音。重い物が地面に落ちた時などの音の形容によく使われる。「何小二(かしょうじ)の頸のつけ根へは、何とも云えない、つめたい物(=刀)が、ずんと音をたてて、はいったのである」(芥川龍之介❖『首が落ちた話』)

②力を込めて何かをする様子。または、勢いよく何かをする様子。「ひっそりして、ずんと抑へかかるやうな沈黙が其処に広がった」(南部修太郎❖『猫又先生』)、「机をはさんで対座していると、机の上に五臓六腑ずんとさらけ出して、要るなら持って行けというような感じがあった」(阿川弘之❖『山本五十六』)

③程度の激しい様子。「おれはな、中州の盛り場で、一つ大きな料理茶屋をはじめてみてえのだ。ずんとおもしろい趣向をこらしてなあ」(池波正太郎❖『芸者変転』)

◆類義語「ずしん」「ずずーん」

「ずしん」は①の類義語。「ずん」よりもさらに重い音を示す。「ずずーん」も①の類義語。大規模な爆発などの、「ずしん」よりも更に重い、地響きを伴うような音を示す。

(池上　啓)

ずんぐり

丈が短くて胴回りが太い様子。生き物の体型や物の形を示すのに使われる。「あの時にも京造のずんぐりした姿は、丸ばしらのように、どっしりと見えたが」(山本有三❖『路傍の石』)、「頭は坊主刈りで、鼻はずんぐりとしていて」(村上春樹❖『世界の終りとハードボイルド・ワンダーランド』)

◆参考「ずんぐり」の用例は江戸時代から見える。「かみがたすぢの女。ずんぐりとした風俗」(滑稽本❖『浮世風呂』)

(池上　啓)

ずんぐりむっくり

背が低くて丸々と太っている様子。生き物の体型を示すのに使う。「私は若いのに、かさかさ乾いている。ずんぐりむっくりだ。今戸焼きの狸みたいだ」(林芙美子❖『放浪記』)

◆参考「ずんぐり」と「むっくり」の単独例は江戸時代からあるが、「ずんぐりむっくり」の例は明治以降である。「ずんぐり」と「むっくり」は共に太っている様子を示し、その二語を重ねて強調したのが「ずんぐりむっくり」である。

(池上　啓)

ずん　柔道の試合。相手の足が重々しい音をたてて目の前に。

(蛯田達也『新・コータローまかりとおる!』柔道編 より)

❖芥川龍之介　→P.12

❖南部修太郎　小説家。『三田文学』の編集主任を務め、大正五年『修道院の秋』で注目される。その後、三田派の作家として多くの作品を発表。作品『若き入獄者の手記』など。(一八九二〜一九三六)

❖阿川弘之　→P.97

❖池波正太郎　→P.133

❖山本有三　→P.30

❖村上春樹　→P.270

❖浮世風呂　→P.98

❖林芙美子　→P.25

ずんずん

①迷わず一途に行動する様子。遠慮や容赦をせずに行動する様子。人が脇目もふらずに歩いたり進んだりする時の形容に多く用いられる。「真直に前を向いたまま、ずんずん足を急がせた」（❖福永武彦『草の花』）、「何か仰ることがあるなら、ずんずん仰って下さい」（❖島崎藤村『破戒』）

②状態がすみやかに変化していく様子。「陽はずんずん暮れて行くのだった」（❖有島武郎『生れ出づる悩み』）、「どうも若いものがずんずん大きく成るのには驚いて了(しま)うねえ」（島崎藤村『破戒』）

③重々しい音が体に響く様子。または、痛みが脈拍に合わせて断続的に体に感じられる様子。「頭はずんずんと痛む、之(これ)で八里余も行かねばならぬと思ふと悲しくなる」（与謝野鉄幹・北原白秋ら『五足の靴』）

◇**類義語**「すんすん」「ずきずき」

「すんすん」は①②の類義語。「ずんずん」よりも軽快な感じがある。あまり一般的でない。「桜すんすん伸びゆけり」（❖室生犀星の詩「桜と雲雀」）

「ずきずき」は③のうち痛みを示す場合の類義語。「ずんずん」よりも鋭い痛みを示す。（池上　啓）

すんなり

①見た目がほっそりとしてしなやかな様子。「僕は困ったように首を垂れ、すぐ眼の前にすんなりした千枝子の両脚を見た」（福永武彦『草の花』）

②物事が障害もなく順調に進む様子。または、いとも簡単に事を成し遂げる様子。「首相が決めればいいことだ。決めようと思えば、すんなり決まる」（朝日新聞夕刊00・12・5）、「この女人は、無垢な心だけに、すんなりと物の本質を見ぬくのかもしれない」（❖田辺聖子『新源氏物語』）（池上　啓）

ぜーぜー

痰がつまったりした時の呼吸の音。または、激しい運動の後などの荒い息づかいの音。「この姉は喘息持(ぜんそくもち)であった。年が年中ぜえぜえ云っていた」（❖夏目漱石『道草』）

◇**類義語**「せーせー」

「せーせー」は「ぜーぜー」に比べて呼吸の擦過音が小さく、苦しさの度合いがいくぶん小さい印象になる。「（疲れて）木の根に腰を掛けて、せえせえ云っています」（夏目漱石『行人』）（池上　啓）

❖**福永武彦**　小説家・仏文学者。昭和二七年の『風土』、二九年の『草の花』で文壇的地位を確立。ほかに加田伶太郎、船田学の名でそれぞれ推理小説とSFを執筆。作品『死の島』『海市』など。（一九一八〜七九）

❖**島崎藤村**　詩人・小説家。明治二六年、『文学界』の創刊に参加。同三〇年、詩集『若菜集』刊行。同三九年、小説『破戒』を出版し、自然主義文学の作家としての地位を確立。作品『新生』『夜明け前』など。（一八七二〜一九四三）

❖**有島武郎**　→P.12

❖**室生犀星**　→P.90

❖**田辺聖子**　→P.23

❖**夏目漱石**　→P.8

ぜーぜーぜー　急に激しく動いたため、息づかいが荒い。

（あさりよしとお『宇宙家族カールビンソンSC完全版』より）

せかせか

行動や言動がせわしない様子。または、気持ちが何かにせきたてられるようで落ち着かない様子。「彼は人ごみのなかをせかせか歩きまわり」(❖開高健『巨人と玩具』)、「おかみさんは、せかせかした口調で、前の席に座っている妻に話掛けます」(❖太宰治『たずねびと』)、「なにしろ、庄九郎は京に山崎屋というぼう大な富があり、せかせかと百姓どもを搾らねばならぬようなしみったれた小領主ではない」(❖司馬遼太郎『国盗り物語』)

◆参考 「せかせか」は動詞「急く」と同源の「せか」という単位を重ねたものである。動詞「急く」は「あせる・いらつく」という意味を持ち、「気が急く」とか「急いては事を仕損ずる」などと使う。この「急く」と同源の「せか」を重ねることによって、「せかせか」は行動や言動がせわしない様子や気持ちが落ち着かない様子を示すのである。また「せっかち」という語もある。これは「急く」の連用形「急き」に「勝ち」がついた「せきかち」が変化したものである。

なお、「急く―せかせか」と同じ関係にあるものとしては、「浮く―うかうか」や「連る―つらつら」などが挙げられる。

(池上　啓)

せっせ

怠けず一所懸命に何かをし続ける様子。「そんな彼女の本音を全く知らず、彼はせっせとバイトに励んでいるそうだ」(SPA!00・12・13号)。「せっせっ」という形も使う。「表では大工が、…せっせっと木拵えに働いていた」(❖徳田秋声『あらくれ』)

◆参考 二人で歌を歌いながら掌を合わせる子供の遊びに「せっせっせ」というのがある。その掛声も「せっせっせ」と言う。「『せっせっせ、青山墓地から…』」(❖北杜夫『楡家の人びと』)

(池上　啓)

ぞくぞく

①寒さや悪寒などで、体が震える様子。「裾のほうから冷気が這いあがって来て、ぞくぞく寒く、やりきれなかった」(❖太宰治『未帰還の友に』)

②恐ろしさなどによる極度の緊張のため、鳥肌が立つような感じで震える様子。「もう身体中がゾクゾクして、いても立ってもおられないくらい空恐ろしい、今にも逃げ出したいような気持になってしまいました」(❖夢野久作『少女地獄』)

③期待感や嬉しさで、震えるように心が騒ぐ様

(植田まさし『コボちゃん』より)

せっせせっせ お父さんがいつもと違ってなぜか熱心に食事の仕度。

❖開高健 →P.64
❖太宰治 →P.20
❖司馬遼太郎 →P.16
❖徳田秋声 →P.42
❖北杜夫 →P.30
❖夢野久作 →P.48

子。「次はどうなるんだろうっていうゾクゾクするようなドラマ的な面白さ」(Hanako00・12・10号)、「スーパーの精肉売場に行くと、ぞくぞくしちゃうほど生肉が好き」(女性自身00・12・5号)

◇類義語「ぞくっ」「ぞくぞくっ」「びくびく」「うきうき」「わくわく」「ひやり」

「ぞくっ」「ぞくぞくっ」はともに①②③の類義語。「ぞくぞく」が連続的に震える様子を表すのに対して、「ぞくっ」は一回だけ震えてそこで止まる様子を表す。「ぞくぞくっ」は「ぞくぞく」よりも切迫感がある。「びくびく」は②の類義語。「ぞくぞく」が背筋が凍てつく恐怖心なのに対し、「びくびく」は不安におびえる恐怖心を表す。「うきうき」と「わくわく」はどちらも③の類義語。「ぞくぞく」が震えるように心が騒ぐ感じなのに対して、「うきうき」は「浮き」を繰り返してできた語なので心が浮き上がるような感じを、「わくわく」は「沸く」を反復した語であるから沸き上がるような感じを表すところに特徴がある。「ひやり」は①の類義語。「ぞくぞく」が継続的な寒けなのに対し、「ひやり」は一回限りの瞬間的な冷たさをいう。

◆参考 あとからあとから続いて絶えない様子を表す「ぞくぞく」は、漢語「続々」で別語。(間宮厚司)

そそくさ

慌ただしく行動する様子。「首相は会議終了の二十分前、そそくさと退席」(朝日新聞01・1・7)

◇類義語「あたふた」「そわそわ」

「そそくさ」が追い立てられるようで落ち着かない様子を表すのに対して、「あたふた」は予定外の出来事に慌て騒ぐ様子を、「そわそわ」はじっとしていられず落ち着かない様子を表す。

◆参考「そそくさ」は、せわしくする意を表す古語の「そそく」「そそくる」と関連する。(間宮厚司)

そっ

①音を立てず、静かに行動する様子。「背後からソッと近づき、一撃で倒す」(SPA!00・12・6号)

②他人に気づかれないように物事を行う様子。「最後まで地味なまま、そっとグラウンドを去る」(日刊スポーツ00・12・3)

③手や口を出さず、そのままにしておく様子。「そっと見守ってあげよう」(朝日新聞00・12・29)

①②③すべて「そっと」の形で用いられる。古くは「そと」という形で表した。

そっくり 六つ子の兄弟が勢揃い。みんなそっくり。
(赤塚不二夫『おそ松くん』より)

◆類義語「そーっ」「こそこそ」「しずしず」
「そーっ」は①②③の類義語。「そっ」より「そーっ」の方が動作や状態が持続している様子を表す。「こそこそ」「しずしず」は①②の類義語。「そっ」が音を立てず気づかれない様子なのに対し、「こそこそ」は人に知られないように隠れてする様子、「しずしず」は落ち着いてしとやかな様子。
◆参考　室町末期の『日葡辞書』には「そと」「そっと」の説明に「少しばかり」、「そっとしたこと」には「少しの事」とある。現代語の「ちょっとやそっと」の「そっと」は、この少しの意を表す。（間宮厚司）

ぞっ

①寒さや恐ろしさで、体が震え上がる感じのする様子。「急にぞっとする涼気に、眼をさましました」（織田作之助『秋の暈』）、「ドアを閉めていなかったらと思うとぞっとする」（日本経済新聞00・12・20）
「慄然」に「ぞっ」の振り仮名を当てた例もある。「慄然として震えるような」（小島烏水『雪の白峰』）
②非常に感動して鳥肌が立つ様子。「女たちをうっとりさせると同時に、ぞっとした寒けを感じさせる美貌だ」（織田作之助『土曜夫人』）

◆類義語「ぞーっ」「ぞくっ」「ひやっ」
「ぞーっ」「ぞくっ」は①②の類義語。「ぞっ」より「ぞーっ」の方が、動作や状態が持続している様子を表す。「ぞっ」が身の毛がよだつ様子なのに対し、「ぞくっ」は冷や汗が出る様子を表す。「ひやっ」は①の類義語。「ぞっ」が体が震え上がる感じを表すのに対して、「ひやっ」は一瞬の危険に冷たくなる感じを表す。
◆参考「ぞっとしない」は感心しないの意で、現在の「ぱっとしない」に当たる。「浅草はあんまりぞっとしない」（芥川龍之介『一夕話』）（間宮厚司）

そっくり

①全体がそのままの状態で、違ったり欠けたりしない様子。「大金をそっくり返してくれた」（女性自身00・12・19号）。また、「そっくりそのまま」は、まったく同じである様子を表す。「私はみんなの言うことをそっくりそのまま信じたのではないが」（太宰治『春の盗賊』）
②よく似ている様子。「似ているでしょう？先生にそっくりですよ」（太宰治『母』）、「我が家は磯野家にそっくりである」（女性自身00・12・12号）

❖**日葡辞書**　一七世紀初頭の、ポルトガル語で説明した日本語辞書。イエズス会の宣教師によって成る。室町末期の口語を中心に方言、文書語、歌語、女性語など、三万余語を収録。慶長八～九年（一六〇三～〇四）刊。
❖**織田作之助**　小説家。昭和一五年、同人誌『海風』に発表した「夫婦善哉」でデビュー。戦後、坂口安吾、太宰治らとともに無頼派作家として活躍。作品『世相』『土曜夫人』など。（一九一三～一九四七）
❖**小島烏水**　登山家・紀行文家。志賀重昂の『日本風景論』に影響を受け、登山を志す。明治三八年、山岳会を設立。昭和六年、「日本山岳会」の初代会長。浮世絵に関する著作でも知られる。著作『日本アルプス』『浮世絵と風景画』など。（一八七三～一九四八）
❖**芥川龍之介**　→P.12
❖**太宰治**　→P.20

◆**類義語**　「ごっそり」「ぴったり」

「ごっそり」は①の類義語。「そっくり」がそのままの状態を保っているところに重点があるのに対して、「ごっそり」は全部が移動するところに重点があり、一度に物がなくなる場合に多く使われる。「ぴったり」は②の類義語。「そっくり」が違うものどうしが極めてよく似ているのに対し、「ぴったり」は差がなく完全に一致する様子を表す。

◆**参考**　福島県の方言「そっくり」は、音を立てたり壊したりしないよう、静かに穏やかに物事を行う様子を表し、「そっくら」とも言う。（間宮厚司）

そよそよ

風が心地よく吹く音やその様子。「小気味よい風がそよそよと吹く」（❖国木田独歩『武蔵野』）

平安時代の❖『詞花和歌集』にある「風吹けば楢のうら葉のそよそよと言ひ合わせつついづち散るらむ」の「そよそよ」は、ふと思い出したり相づちを打ったりする時に発する感動詞「そよ」を重ねた語で、「そよそよ（=そうだそうだ）」を葉のすれ合う音「そよそよ」に掛けた表現（掛詞）になっている。

このように古くは、風で草木の葉がふれ合って、かすかに立てる連続的な音も多く表していた。

◆**類義語**　「さわさわ」「ひゅーひゅー」

「そよそよ」が風が心地よく吹く音や様子を表すのに対し、「さわさわ」は風がさわやかに吹く音や様子、「ひゅーひゅー」は風が強く速く吹く音や様子をそれぞれ表す。

◆**参考**　「そよそよ」の「そよ」は、古く奈良時代の❖『万葉集』に「…負ひ征箭（=背負った戦闘用の矢）のそよと鳴るまで嘆きつるかも」とある。「そよ」を動詞化した語に、「そよぐ」「そよつく」「そよふく」「そよめく」がある。（間宮厚司）

そより

風が静かに吹く様子。「風はそよりともない」（❖泉鏡花『人魚の祠』）。江戸時代の歌謡❖『松の落葉』には「そより」を重ねて風が続けて吹く様子を表す「そよりそよりと吹きくる風」という例が見える。

◆**参考**　平安時代には「そより」「そよろ」は共に物が立てる軽い音を表したが、現代では「そより」は風の吹く様子を、「そよろ」はかすかな音を表す。「梧桐の葉を打ち揺りて降る雨にそよろはひ渡る青蛙一つ」（❖長塚節『長塚節歌集』）（間宮厚司）

❖**国木田独歩**　小説家・詩人。明治二七年、国民新聞記者として日清戦争に従軍。その後、浪漫主義的な詩や小説を発表。作品『抒情詩』（共著詩集）、『武蔵野』『牛肉と馬鈴薯』など。（一八七一〜一九〇八）

❖**詞花和歌集**　院政期の歌集。第六番目の勅撰和歌集。崇徳上皇の下命で藤原顕輔が撰。反伝統的な傾向が濃厚であるため、その評価は当時高くなかったが、多様な歌風が新しい和歌の流れの母体となった。仁平元年（一一五一）頃成立。

❖**万葉集**　→P.23

❖**泉鏡花**　→P.8

❖**松の落葉**　江戸時代の歌謡集。編者未詳。元禄一七年（一七〇四）刊『落葉集』を増補。歌謡集『松の葉』に漏れた、元禄期の流行歌謡を集めた。宝永七年（一七一〇）刊。

❖**長塚節**　→P.21

ぞりぞり

ひげを連続して剃(そ)る時に出る音、またその様子。「西洋剃刀(かみそり)を持って、吾輩の咽喉(のど)の処を、ゾリゾリやっている」(夢野久作❖『山羊髯編輯長』)

◆類義語「じょりじょり」

「ぞりぞり」はひげを剃る音や様子のみを表すが、「じょりじょり」はひげが肌に触れた感じも表す。

◈参考 江戸時代の幼児語「ぞりぞり」は、頭髪の意を表していた。滑稽本『浮世風呂❖』に、「大分ぞりぞりが生(は)へました」とある。

(間宮厚司)

そろそろ

①探るように注意深くゆっくりと動いたり行動したりする様子。「足をそろそろと前に出し、地面を確かめるようにしながら、またしばらく歩いた」(井上ひさし❖『新釈遠野物語』)

②事態が推移してそのような状態になる様子。「おれの艶書の文体にしても、そう無際限にある訳じゃなし、そろそろもう跡が続かなくなった」(芥川龍之介❖『好色』)

③その時間が間近である様子。「もう、そろそろ店の終わる時刻だな」(吉行淳之介❖『砂の上の植物群』)

◆類義語「そろっ」

「そろっ」は①の類義語。「そろっ」は一度だけのゆっくりした動作で、その動作の最後が急に止まる様子。

◈参考 鎌倉時代の『名語記❖』に「虫や蛇(くちなは)などのそろそろと這(は)ふ」とあって、虫や蛇がはう様子がもとの意味であろう。室町時代には、風の吹く音や様子も表した。「風がそろそろと吹たれば、花自落(おのづからおつる)ぞ」(『四河入海(しがにっかい)❖』)

(川嶋秀之)

ぞろぞろ

①人や同じような物がたくさん並んでいたり、あとに続いて移動したりする様子。「やがて、切符を売出した。人々はぞろぞろ動きだした」(島崎藤村❖『破戒』)

②次から次に物事が起こったり出現したりする様子。「こぎゃんぞろぞろ子どもがうまれたら、やしないきらんぞ」(竹崎有斐❖『石切り山の人びと』)

③衣服などをだらしなく引きずるように着ている様子。「絹物(やわらかもの)を着てぞろぞろして、白粉をつけ

❖夢野久作 →P.48
❖浮世風呂 →P.98
❖井上ひさし →P.25
❖芥川龍之介 →P.12
❖吉行淳之介 →P.36
❖名語記 →P.24
❖四河入海 →P.24
❖島崎藤村 詩人・小説家。明治二六年、『文学界』の創刊に参加。同三〇年、詩集『若菜集』刊行。同三九年、小説『破戒』を出版し、自然主義文学の作家としての地位を確立。作品『新生』『夜明け前』など。(一八七二〜一九四三)
❖竹崎有斐 児童文学作家。『びわの実学校』同人。昭和五二年『石切りの山の人びと』で小学館文学賞、同五五年『花吹雪のごとく』で路傍の石文学賞受賞。作品『にげだした兵隊』など。(一九二三〜)

て路を歩いて居ることもある」(田山花袋『妻』)

◇類義語「ぞろっ」
「ぞろっ」は①③の類義語。①の場合、「ぞろぞろ」は数が多いが整わず、「ぞろっ」は数が少なく整っている感じ。③の場合、「ぞろぞろ」の方が「ぞろっ」よりも引きずるように長く、だらしない感じが強い。

◈参考 落語に「ぞろぞろ」という噺がある。お稲荷様に願を掛けた店では、天井から草鞋がぞろぞろ出てきて売れて繁盛するが、それをまねようとした床屋では客の髭がぞろぞろと生えてきて失敗する噺。　　(川嶋秀之)

ぞろっ

①人や物がそろって並んでいる様子。「みんなは、みちの両側に、垣をきずいて、ぞろっとならび」(宮沢賢治『北守将軍と三人兄弟の医者』)
②衣服をだらしなく着ている様子。「頭を綺麗に分けてぞろっとした服装(なり)をしているので」(山本有三『波』)

◇類義語「ぞろり」
「ぞろり」は①②の類義語。「ぞろり」の方が「ぞろっ」より整然とした感じがある。　　(川嶋秀之)

そろり

動作を、相手に配慮したり気づかれないように、静かに行う様子。「影になって、忍び走った。庄九郎はそろりと剣をぬいた」、「使者が待つ部屋の襖をそろりとあけて」(共に司馬遼太郎『国盗り物語』)

◇類義語「そろーり」「そろりそろり」
「そろり」は静かに行う様子をいうが、「そろーり」はさらに静かにゆっくり行う様子。「そろり」「そろーり」は一度だけの動作だが、「そろりそろり」は、何度も繰り返し行う様子。「小森さんは、すこし安心して…そろりそろりとおきあがると、ひからびた声で、そっとたずねてみました」(安房直子『熊の火』)

◈参考 室町時代から江戸時代には、「そろり」は物がなめらかに滑る様子の意味もあった。「刀をさし入るに、そろりと鞘口よくあふゆゑに、異名を曾呂利(そろり)といひけるが」(『曾呂利狂歌咄』)、これは頓智で名高い曾呂利新左衛門の名前の由来を語ったもの。曾呂利は堺に住んで鞘師をしていたが、彼が作る鞘は刀がそろりと収まるので曾呂利といわれたという。　　(川嶋秀之)

❖**田山花袋**　小説家。江見水蔭に師事。明治三九年、博文館発行の『文章世界』の主筆となる。翌四〇年『蒲団』を発表、私小説の出発点となる。作品『重右衛門の最後』『田舎教師』など。(一八七一〜一九三〇)

❖**宮沢賢治**　詩人・童話作家。岩手県の花巻で、農業指導のかたわら詩や童話を創作。大正一三年、詩集『春と修羅』と童話『注文の多い料理店』を自費出版。作品『銀河鉄道の夜』『風の又三郎』など。(一八九六〜一九三三)

❖**山本有三**　→P.30

❖**司馬遼太郎**　→P.16

❖**安房直子**　→P.87

❖**曾呂利狂歌咄**　江戸時代の仮名草子。浅井了意著。寛文一二年(一六七二)刊。

ぞろり

①人などがたくさん並んでいる様子。「建保三年十一月の末、和田左衛門尉義盛以下将卒の亡霊が、将軍家の御枕上に、ぞろりと群をなして立ったという」(太宰治❖『右大臣実朝』)

②着物をひきずるように、だらしなく着る様子。また、くずれた感じに着流す様子。「お千さんは、伊達巻一つの艶な蹴出で、お召の重衣の褄をぞろりと引いて」(泉鏡花❖『売色鴨南蛮』)、「私は絹のものを、ぞろりと着流してフェルト草履を履き」(太宰治『服装に就いて』)

③粋な格好や服装をする様子。派手に着飾る様子。くずれた感じに着流す様子が粋に感じられたことから派生した意味。「真白く化粧した女がぞろりと派手な着物を着て坐っている家の前で」(織田作之助❖『青春の逆説』)

◘類義語「ずらり」

「ずらり」は①の類義語。「ぞろり」は一ヵ所にかたまって並んでいる様子をいい、「ずらり」は横に広くそろって並んでいる様子をいう。また、「ぞろり」はおもに人に用いるが、「ずらり」は人にも物にも用いる。

(川嶋秀之)

そわそわ

気にかかることがあって落ち着かない気持ちでいる様子。「灯の消えている千鶴子の部屋の窓が五階の上に見え始めると、胸がそわそわして来て胸を一寸揺ってみた」(横光利一❖『旅愁』)。また、落ち着かない気持ちが動作に表れて、浮き足立った動作をする様子を表す。「形だけの茶菓の用意をしながら、桃子はそわそわと動きまわり」(北杜夫❖『楡家の人びと』)

最近では用いられることが少なくなったが、「そわそわしている」と同じ意味で、「そわつく」「そわそわしい」という語もあった。「そういう琴子の様子が、少しそわついてることに気がついた石中先生は…」(石坂洋次郎❖『石中先生行状記』)、「木村の様子の方が却てそわそわしく眺めやられた」(有島武郎❖『或る女』)

◙参考 江戸時代から見える語。「此の比はそそはと何も手に付かぬと見た」(❖『冥途の飛脚』)。室町時代には、「ろりろり」という言い方で「そわそわ」の意を表していた。❖『日葡辞書』の「ろりろり」には、「不安などで落ち着かなかったりうろたえたりする様子」という解説がある。

(吉田永弘)

❖太宰治 →P.20
❖泉鏡花 →P.8
❖織田作之助 →P.139
❖横光利一 →P.107
❖北杜夫 →P.30
❖石坂洋次郎 →P.34
❖有島武郎 小説家。内村鑑三の影響を受け、キリスト教に入信。アメリカ留学後、明治四三年、雑誌『白樺』の創刊に参加。作品『カインの末裔』『或る女』など。(一八七八〜一九二三)
❖冥途の飛脚 江戸時代の浄瑠璃。近松門左衛門作。近松が歌舞伎界を去り、竹本座の専属作者として再び浄瑠璃に専念するようになってからの傑作のひとつ。正徳元年(一七一一)初演。
❖日葡辞書 一七世紀初頭の、ポルトガル語で説明した日本語辞書。イエズス会の宣教師によって成る。室町末期の口語を中心に方言、文書語、歌語、女性語など、三万余語を収録。慶長八〜九年(一六〇三〜〇四)刊。

だーっ

勢いよく一気に目標に向かって突き進む様子。また、勢いよく何かを行う様子。「走る」「迫る」などの速く移動する動作に連なることが多い。「ダーッと勢いよく登場したのである」（佐渡裕❖『僕はいかにして指揮者になったのか』）

◆参考　気合いを込めてあげる雄叫（おたけ）び の声としても用いる。プロレスラーのアントニオ猪木によって広まった。「猪木はリングに上がって、恒例のダーッ」（週刊プロレス01・8・7号）

（小柳智一）

たーっ

素早く軽やかに目標に向かって駆けていく様子。また、一気に何かを行う様子。『かくれんぼ！』と言って、駅までたーっと走っていったかと思えば」（AERA02・2・4号）

◇類義語「だーっ」

「だーっ」は勢いよく突進する様子。なお、「たーっ」と「だーっ」、「たたーっ」と「だだーっ」など、清音「た」は素早さや軽やかさを表し、濁音「だ」は勢いの強さや重厚さを表す。

（小柳智一）

だーん

爆音や、重量のある物が衝突した時の大きな音。振動を伴う重厚な音。「この部員が『耳がダーンとする』と訴え、鼓膜が損傷していることがわかった」（朝日新聞01・12・23）、「ダーンダーンと体育館にこだまするドリブル」（朝日新聞01・3・19）

◆参考　爆発や衝突が立て続けに起こった場合には、「だ」をくり返した形を用いる。「ダダダーンと大きな音がして、玉突き事故になっていた」（朝日新聞00・12・13）

（小柳智一）

❖佐渡裕　指揮者。小沢征爾に見いだされ、レナード・バーンスタインに師事。平成二年プロ・デビューし、多彩な活動を展開中。著作『僕はいかにして指揮者になったのか』など。（一九六一）

だーっ　地面に落ちたおでんを取ろうと勢いよくダッシュ。

（赤塚不二夫『おそ松くん』より）

だくだく

全身から汗が次々にふき出して、大量に流れる様子。辛い物を食したり、暑中に活動したりして、体が発熱している状態にあることを表す。「辛味マゼマゼ、汗ダクダク、気分サッパリってわけだ」(散歩の達人01・8月号)

室町時代から見られる語。ただし、当時は馬が疾走する音または様子や、激しく脈打つ様子を表した。「馬の足音がだくだくと致す」(『日本大文典』)、「胸がだくだくする」(『日葡辞書』)。体液が流れ出す様子を表すのは江戸時代以降だが、当初は汗に限らず乳や血などにも用いた。「乳母は乳をだくだくこぼす 初の首尾」(『知恵車』)

◆**参考** 「だくだく(dakudaku)」のように「d—k」という子音の組み合わせをくり返した語は、体液の激しい流動を表すものが多い。「どきどき」「どくどく」。また、これらは、まず口の中の開き方が大きい広母音ア・オが来て、次に口の中の開き方が小さい狭母音イ・ウ(daku・doki・doku)が来る点でも共通しており、母音の広狭のくり返しがまるで血管の伸縮のくり返しを写すような印象を与える。

(小柳智一)

たじたじ

相手の言動や雰囲気に圧倒され、萎縮して何もできないでいたり、引き下がったりする様子。ふだん堂々としている人物が、このような様子になる場合に用いることが多い。「これには、先任の火付盗賊改である長谷川平蔵もたじたじとなっている」(週刊現代00・12・2号)

室町時代から見られる語。『日葡辞書』の「たぢたぢ」の項に「弱々しく歩き、倒れそうな様子」と説明があるように、当時は足取りが不安定で倒れそうな様子を表した。江戸時代には「はったとにらませ給ふにぞ。覚えずしさって(=退いて)たぢたぢたぢ」(浄瑠璃『源平布引滝』)のような用例が見られ、現代の意味に近づいている。

◆**参考** 「たぢたぢ」と関係のある「たじろぐ」は「たぢろく」の形で平安時代から見え、もとは能力や水準の低いことを表した。「文の道は、少したぢろくとも」(『宇津保物語』)。鎌倉時代以降、現代と同じくひるむ意を表すようになるが、室町時代には「足がたぢろく」(『日葡辞書』)のように、足取りが不安定な様子も表し、また「たぢめく」という類義語もあった。

(小柳智一)

❖**日本大文典** →P.252

❖**日葡辞書** 一七世紀初頭の、ポルトガル語で説明した日本語辞書。イエズス会の宣教師によって成る。室町末期の口語を中心に方言、文書語、歌語、女性語など、三万余語を収録。慶長八～九年(一六〇三～〇四)刊。

❖**知恵車** 江戸時代の俳諧選集。大坂の書肆野村長兵衛が、京阪神を中心に俳人・点者として活躍した瓢水評の句集三種を合わせて刊行したもの。享保年間(一七一六～三六)刊。

❖**源平布引滝** 江戸時代の浄瑠璃。並木宗輔ら作。通称「実盛物語」。寛延二年(一七四九)初演。

❖**宇津保物語** →P.28

たたーっ

素早く軽やかに目標めがけて走り抜けていく様子。「たた」が足音を、「(たた)ーっ」が走り抜ける過程とその際の勢いを表す印象がある。「(ニホンザルの移動は)バリアーがなければもっと早くタターッと行く」(朝日新聞夕刊01・3・23)

◆**類義語**「たたっ」

「たたっ」は「ー」がない分、ほんの一瞬で走り抜ける感じ。「あれっという間もなくたたっと家に上がり」(朝日新聞夕刊98・11・17)　(小柳智一)

だだーっ

まるで轟音を立てているかのような勢いで、目標めがけて走る様子。また、わき目もふらず一つの事を一気になし遂げる様子。「三回ぐらいダダーッと演説して」(朝日新聞93・7・24)

■**参考**　かかる時間・距離や勢いに応じて「だ」の数が増えることがある。「親父がダダダーッて入ってきて」(週刊文春02・1・3特大号)、「ダダダダダーッと走って来る音が」(佐渡裕❖『僕はいかにして指揮者になったのか』)　(小柳智一)

だっだっ

重量感のある物が力強く突き進む音。また、その様子。大勢の人や物が進む場合に用いる。「ネクタイ姿や買い物袋を下げた人たちがダッダッと早足で乗船する」(朝日新聞98・4・4)

◆**類義語**「だっ」

「だっ」は一気に突き進む音や様子を表し、多くの場合、一人の人や一つの物が進む。「奈緒子がダッと階段を上がって部屋に入ると」(蒔田光治❖・林誠人❖『トリック』)　(小柳智一)

たっぷり

①物の量が余るほど十分にある様子。液体にも固体にも用いる。「北海道小豆のあんこがたっぷり入っている」(日刊スポーツ00・12・10)

②事柄の程度が少しも不足を感じないほど十分である様子。「スキー、スノーボードをたっぷり楽しんだ後は」(日刊スポーツ00・12・13)

◆**類義語**「たーっぷり」

「たーっぷり」は①②の類義語で、「たっぷり」よりも量や程度が大きい。「たーっぷりのおろし大

❖**佐渡裕**　指揮者。小沢征爾に見いだされ、レナード・バーンスタインに師事。平成二年プロ・デビューし、多彩な活動を展開中。著作『僕はいかにして指揮者になったのか』など。(一九六一)

❖**蒔田光治**　→P.220

❖**林誠人**　→P.220

根」(朝日新聞夕刊00・12・2)

◆**参考** 「たっぷり」には名詞や、数量を表す語に直接付く用法もある。「余裕たっぷりに持論を展開」(日刊スポーツ00・12・1)、「十二時間たっぷり眠ってやろう」(村上春樹『世界の終りとハードボイルド・ワンダーランド』)。これらは「余裕がたっぷりに」「十二時間をたっぷり」と言えない点で、①②とは用法が異なる。なお、以前は上にくる名詞は「嫌味」「色気」「自信」などの抽象名詞が普通だったが、最近では「野菜たっぷり」のように、それ以外のものもくるようになった。（小柳智一）

だぶだぶ

①衣服などが体に対して大きすぎ、たるみができている様子。「船長はダブダブの肌着を貸してくれるし」(小沢征爾『ボクの音楽武者修行』)

②大量の液体が容器の中で揺れ動く音。また、その様子。「金盥(かなだらい)に、血がダブダブする」(獅子文六『娘と私』)、「皿にあふれるほどのソースをだぶだぶとかけた」(北杜夫『楡家の人びと』)

③贅肉が揺れそうなほど太った様子。「もっと肉がだぶだぶついていて」(倉橋由美子『聖少女』)

◇**類義語** 「ぶかぶか」「たぷたぷ」

「ぶかぶか」は①の類義語。「だぶだぶ」が衣服のたるみ具合に重点を置くのに対し、「ぶかぶか」は体に対する衣服の大きさに重点を置く。「たぷたぷ」は②③の類義語。「だぶだぶ」に比べて、弾みを伴って揺れるような感じがある。

◆**参考** 室町時代から見え、古くは「たぶたぶ」ともいった。「だぶだぶ(dabudabu)」のように「d－b」という子音の組み合わせをくり返した語は、大量の液体が動く様子を表すものが多い。「だぼだぼ」「どばどば」「どぼどぼ」など。（小柳智一）

だぼだぼ

①衣服などが体に対して大きすぎ、たるみ方が甚だしい様子。「(ユニホームを)ダボダボにしてみようかと思うんです」(日刊スポーツ00・12・21)

②液体があふれるほど大量に注ぎかけられる様子。「ブルドッグソースを(コロッケ)全体にまんべんなくだぼだぼにかけてくれた」(椎名誠『気分はだぼだぼソース』)

◆**参考** ごく最近用いられはじめた語で、類義語の「だぶだぶ」より程度が大きい。（小柳智一）

❖**村上春樹** →P.94

❖**小沢征爾** 指揮者。桐朋学園短大で斎藤秀雄教授に指揮法を学び、昭和三四年、ブザンソン国際青年指揮者コンクールで優勝。昭和四八年、ボストン交響楽団音楽監督。現在ウィーン国立歌劇場音楽監督。著作『ボクの音楽武者修行』など。(一九三五～)

❖**獅子文六** →P.153

❖**北杜夫** →P.30

❖**倉橋由美子** →P.101

❖**椎名誠** 小説家・編集者。昭和五一年、『本の雑誌』を創刊。同五四年、エッセイ『さらば国分寺書店のオババ』を刊行、平易な言葉を用いた昭和軽薄体の作家として人気を得る。作品『新橋烏森口青春篇』『岳物語』など。(一九四四～)

たらたら

①液体が途切れることなく静かに滴り落ちる様子。何かを伝って落ちる場合によく用いる。「わきの下からは、冷たい汗をタラタラ流しながら」(❖江戸川乱歩『人間椅子』)

②不平や文句など、ただでさえ聞き苦しいことを、苦痛を感じるくらい長々と言い続ける様子。「負けた清水は、微妙な判定に不平たらたらだった」(日本経済新聞00・1・3)

◇類義語「たらっ」「たらーっ」

共に①の類義語。「たらっ」は液体が一滴垂れ落ちる様子で、「たらーっ」は液体が時間をかけて一筋垂れ落ちる様子。また、「たらーっ」は、急がずに何となく動作を行う様子を表すこともある。「近所からたらーっと来ました的客」(散歩の達人01・8月号)

◆参考 室町時代から①の意味で見られるが、『❖日葡辞書』の「水がたらたらと落つる」の解説に「水が高い所から音を立てて落ちる」とあり、当時は現代よりも激しく落ちる様子を表した。②は①からの派生だろう。アクセントが異なり、①は「**た**らたら」、②は「た**らたら**」である。 (小柳智一)

だらだら

①いくらか粘り気のある液体が途切れることなく滴り落ちる様子。「血がダラダラ、いっぱい出て来た」(❖黒柳徹子『窓ぎわのトットちゃん』)

②ものごとがしまりなく、特に目立った変化もないまま長々と続く様子。「元日は朝からおせちをつまみ日本酒を飲みながら、ダラダラと過ごす」(日本経済新聞夕刊00・1・6)

③坂道の傾斜がゆるやかで、目立った急勾配がない様子。「今度はだらだらと坂を下りてクリニックの門をくぐる」(朝日新聞夕刊00・1・6)。なお、「だらだら」した坂を表す「だらだら坂」、それを上り下りすることを表す「だらだら降り」「だらだら下り」「だらだら上り」という語がある。

◇類義語「だらっ」

「だらっ」は①②の類義語。粘り気のある液体が一滴垂れ落ちたり、瞬間的に力が抜け弛緩したりする様子。「お仕事のときと、だらっとしていいときの切り替え」(朝日新聞夕刊00・1・4)

◆参考 室町時代から見られる。『❖日葡辞書』の「だらだらと」の項はまず①を、次に比喩として②を載せる。③は②からの派生だろう。 (小柳智一)

❖江戸川乱歩 小説家。大正一二年、雑誌『新青年』に「二銭銅貨」を発表。以降、本格推理小説を次々に発表し、日本の探偵小説の基盤を確立。作品『屋根裏の散歩者』『怪人二十面相』など。(一八九四〜一九六五)

❖日葡辞書 一七世紀初頭の、ポルトガル語で説明した日本語辞書。イエズス会の宣教師によって成る。室町末期の口語を中心に方言、文書語、歌語、女性語など、三万余語を収録。慶長八〜九年(一六〇三〜〇四)刊。

❖黒柳徹子 タレント。NHK放送劇団に所属し、昭和二九年、「ヤン坊ニン坊トン坊」でデビュー。以降、テレビドラマや司会などで活躍。昭和五九年からユニセフ親善大使。著作『窓ぎわのトットちゃん』など。(一九三三〜)

たらり

①液体が一滴または一筋垂れ落ちる様子。「唇の端から顎にかけて、唾液がタラリと伝っている」(❖二階堂黎人『地獄の奇術師』)

②重量感のない物が弛緩して垂れ下がっている様子。「幣帛の方は、…たらり白く垂れ下っているばかり」(❖横光利一『旅愁』)

◇類義語「たらりたらり」

「たらりたらり」は①の類義語で、液体が数滴または数筋滴り落ちる様子を表す。(小柳智一)

だらり

長細い物が弛緩して力なく垂れ下がっている様子。生気や活力が全く感じられない表現である。以前は液体について用いることもあったが、現代ではほとんど用いない。「半開きの口からは乾いた舌がダラリと横に垂れていた」(❖二階堂黎人『吸血の家』)。なお、両端を長く垂らすように結ぶ帯の結び方を「だらり結び」といい、そのように結んだ帯を「だらり帯」という。

室町時代から見られる語。❖『日葡辞書(にっぽじしょ)』には現代と同じ意味の「だらりと」のほかに、「だらりだらりと」の項があり、「軒から雨が落ちる、または滴る様子」と解説されている。

■参考「だらり」「だらだら」の「だら」は「たらり」「たらたら」の「たら」が濁ったもので、語源的に「垂らす」「垂れる」と関連があると考えられる。また、「だらり(darari)」「だらだら(daradara)」のように「d－r」という子音の組み合わせを含む語は、停滞感や無気力感など、重量感があって不活発な印象を伴う場合が多い。「だれる」「だるい」「でれでれ」「どろどろ」など。(小柳智一)

だらん

物が弛緩して、垂れ下がったり緩んだりしている様子。縄などの無生物に限らず、人の肢体にも用いる。「筋肉を緊張させたら、つぎは左のようにだらんと力を抜きます」(with01・10月号)

◇類義語「たらん」「だらーん」

「たらん」は「だらん」に比べて軽い物に用い、「だらーん」は「だらん」よりも弛緩の度合いが大きい。「リラックスして本当にだらーんとしているとき」(朝日新聞夕刊00・1・3)(小柳智一)

だらん 無風で鯉幟(のぼり)も垂れ下がる。

(植田まさし『コボちゃん』より)

❖二階堂黎人 推理小説作家。平成四年『地獄の奇術師』でデビュー。作品『バラ迷宮』『人狼城の恐怖』シリーズなど。(一九五九)

❖横光利一 →P.107

❖日葡辞書 →P.284

たんたん

鼓や舌などを鳴らす音。「その男は窓の下まで這ってきて、タンタンと舌を鳴らしたのである」(❖三浦哲郎『忍ぶ川』)、「舌鼓たんたんと打ち」(浄瑠璃『❖堀川波鼓』)

◆参考 鎌倉時代から見られる語。「さみだれに つつみの滝の 水増さり 岩打つ音は たんたんと なる」(『❖為忠集』)。この和歌は、「堤が湛湛と成る(=堤が水でいっぱいとなる)」と「鼓がたんたんと鳴る」の意味が掛けられている。 (吉田永弘)

たんまり

物が十分に多い様子。「たんまり金を貰って上方へ逃げたが」(❖野村胡堂『垣の内外』)。「集まって多くなっていること」の意を表す「溜まり」から派生してできた語かもしれない。

◇類義語 「たっぷり」「どっさり」

物が積み重なったり溜まったりして十分な感じを伴う「たんまり」に対して、「たっぷり」は十分さを表せばいいので、「ミルクたっぷりのコーヒー」のようにも使える。「どっさり」は単に物が多いことを表し、十分な感じは伴わない。

◆参考 江戸時代から例がある語で、当初は、「ホンニホンニ、たんまりと湯へも這入れません」(『❖浮世風呂』)のように、「ゆっくり」と訳せるような「ゆとりのある様子」の意を表していた。この意味で使っているのは、一九世紀初めから中頃にかけての短い期間で、流行語のように盛んに使われていた。現代語と同じ「十分な様子」の意を表すようになったのは、一九世紀後半頃である。「さうされぬ前たんまりと金を盗んで随徳寺」(歌舞伎『❖青砥稿花紅彩画』) (吉田永弘)

ちーちー

①小鳥・虫・鼠の鳴き声。特に、江戸時代では雀と鼠の声として「ちいちい」が盛んに用いられた。「さっきの鼠の遁げたところを突き留めなければ…天井でちいちいと鳴く」(❖鈴木三重吉『山彦』)

②湯の煮え立つ音。現在では稀にしか使わない。「風呂はとろとろ火ながら、ちいちいと音がして」(❖伊藤左千夫『隣の嫁』)

◆参考 けちな様子も、昔は「ちいちい」と言った。今も方言(栃木・山梨県)に残る。 (山口仲美)

❖**三浦哲郎** 小説家。井伏鱒二に師事。昭和三五年『忍ぶ川』で芥川賞受賞。血の系譜に悩み、それを克服して生きることをテーマとする。作品『白夜を旅する人々』『みのむし』など。(一九三一〜二〇一〇)

❖**堀川波鼓** 江戸時代の浄瑠璃。近松門左衛門作。宝永四年(一七〇七)頃初演。

❖**為忠集** 室町時代の私家集。この集は「為忠」なる人物をめぐって、平安時代成立説、鎌倉時代末成立の説があったが、その表現等から室町時代の歌人の私家集であるということが最近わかった。

❖**野村胡堂** →P.77

❖**浮世風呂** →P.98

❖**青砥稿花紅彩画** 江戸時代の歌舞伎。河竹黙阿弥作。通称「白浪五人男」。文久二年(一八六二)初演。

❖**鈴木三重吉** →P.124

❖**伊藤左千夫** →P.28

ちーちーぱっぱ

雀の鳴き声と羽音を写した語。「ちーちー」が鳴き声、「ぱっぱ」が羽音。「ちいちいぱっぱ ちいぱっぱ 雀の学校の先生は むちを振り振り」(清水かつら・童謡「雀の学校」)の歌で有名になった。歌詞に「お口をそろえてちいぱっぱ」とあるので、「ぱっぱ」までを鳴き声と思いやすいが、「ぱっぱ」は羽音。雀は鳴いては羽を打ち合わせるので、声と羽音が一語化したもの。「ちゅんちゅんばたばた」「ちゅうちゅうぱたぱた」とも言う。

(山口仲美)

ちかちか

①光が点滅している様子。「チカチカ点滅している赤いランプ」(小林聡美『東京100発ガール』)

②光などによって、目が刺されるように痛む様子。「私には、新緑がまぶしく、目にちかちか痛くって」(太宰治『葉桜と魔笛』)

③肉体的・心理的に刺すような刺激が小刻みに続く様子。「『むかえに来たのだよ。』青扇はひくい声でそう言ったのであるが、あたりの静かなせいか、僕にはそれが異様にちかちか痛く響いた」(太宰治『彼は昔の彼ならず』)

◆類義語「ちかちかっ」「ちかっ」「ぴかぴか」

「ちかちかっ」は①の類義語。すばやく点滅する様子。「照明をチカチカッと点滅させて、もうすぐ開演することを知らせるところがあるそうです」(朝日新聞99・12・9)。「ちかっ」は①の類義語。一瞬鋭く光る様子。「山頂がチカッと光ったような気がした」(朝日新聞00・9・3)。「ぴかぴか」は①の類義語。「ちかちか」が小さく鋭く光るのに対して、「ぴかぴか」は光り輝く様子を表す。「ピカピカ輝いている」(AERA99・3・15号)

(吉田永弘)

ちかっ

①一瞬鋭く光る様子。「授業中、目の中に星がチカッと光る女の子の絵をよく描いていたな」(朝日新聞00・1・19)

②光るようにすばやい様子。「チカッと〝鹿児島〟といい、つづいてそれが連想をさそってチカッと〝酒ずし〟といった」(開高健『新しい天体』)

◆参考 昭和になって現れる語。明治から使われる「ちかちか」から派生して①の意味ができた。②は比喩のように用いた例。

(吉田永弘)

❖清水かつら 童謡詩人、作家。弘田龍太郎の曲を得て、「靴が鳴る」「あした」「叱られて」「雀の学校」などを作詞。(一八九八〜一九五一)

❖小林聡美 女優・エッセイスト。昭和五七年、映画『転校生』に初主演。その後、テレビドラマなどに出演するかたわら、エッセイストとしても活躍。作品『東京100発ガール』『マダムだもの』など。(一九六五〜)

❖太宰治 小説家。井伏鱒二に師事。昭和一〇年に『逆行』が芥川賞候補になるなど、戦前から作家として知られる。戦後、坂口安吾などとともに無頼派と呼ばれ、『斜陽』『桜桃』などで流行作家となる。作品『ヴィヨンの妻』『津軽』など多数。(一九〇九〜一九四八)

❖開高健 →P.64

ちくたく

時計が時を刻む音。「ちっくたっく」は勢いのあるやや大きな音。ともに英語の ticktack から取り入れた語で、もとは振り子時計の振り子が揺れる音を表していたが、やがて時計全般の秒針が動く音を表すようになった。「セコンドの針がチクタク、チクタクと、円を一周する間を、百八十回こらえねばならない！」（谷崎潤一郎『痴人の愛』）、「おじいさんと一緒にチクタクチクタク」（保富康午訳詞・童謡「大きな古時計」）　（吉田永弘）

ちくちく

①針などの先のとがった物で小刻みに刺す様子。「初め芝生の上歩かしたら、ちくちくしていやだって泣いたの」（曾野綾子『太郎物語大学編』）

②刺すような痛みを心情的に感じる様子。「こんなことをしていてどうするという意識が、ちくちくと心を責めた」（北杜夫『楡家の人びと』）

③皮肉や批判などを言って、人に②の刺激を与える様子。「森政権を支える公明党をチクチクと批判した」（朝日新聞01・2・6）

◇類義語「ちくっ」「ちくり」「ちくん」
「ちくっ」は①②③の類義語。瞬間的に刺したり刺激を感じたりする様子。「やせた胸にちょっと〝チクッ〟とささるトゲがイタイ」（YUKI「そばかす」）。「ちくり」「ちくん」は①②③の類義語。一度刺したり刺激を感じたりする様子。「ちくん」の方が痛みが響く感じで、より口語的。「針が刺さる瞬間はチクリとするが、注射ほど痛くはない」（週刊朝日01・9・21号）、「人の心をチクンと刺激するようなドラマや映画」（読売新聞88・1・21）

◆参考　古くは「僅か・徐々に」の意を表した。「笛吹くまねをし教へければ、ちくちくうなづき合点したる顔にて（＝僅かずつうなずいて納得した顔で）」（『醒睡笑』）。現代語と同じ意味を表すのは、明治に入ってから。それ以前には「いらいら」で表した。『日葡辞書』に「手にいらいらとさわる」の例がある。また、「しくしく」でも表した。古くはスズメの鳴き声を「しうしう」で表すように、現代語で「ち」で捉えるものを「し」で表すことがあった。「何やら身内（＝全身）がしくしくすると思うたれば」（狂言『蚊相撲』）。「ちくっ」にあたる「しく」という言い方もある。「閻魔の顔をぞしくと刺す」（狂言『餌差』）　（吉田永弘）

❖谷崎潤一郎　→P.7

❖保富康午　作詞家。構成作家としてテレビに携わり、テレビアニメの「おれは鉄平」「一球さん」など多くの作詞を手がけた。（一九三〇〜八四）

❖曾野綾子　→P.25

❖北杜夫　→P.30

❖YUKI　ミュージシャン。バンド・メンバーとして活躍した後、平成一四年ソロデビュー。著作『メッセージ』など。（一九七二〜）

❖醒睡笑　→P.33

❖日葡辞書　→P.15

❖蚊相撲　室町時代の狂言。相撲好きの大名が新参者と勝負して負ける。が、新参者が蚊の精であることがわかり、再び勝負。蚊の精を大団扇であおいで勝つ。流派によって内容が多少異なる。

❖餌差　室町時代の狂言。六道の辻で閻魔大王と出会った餌差の政頼が、閻魔王を捕えて地獄ではなく、極楽への道案内をさせる。

山口仲美の擬音語・擬態語コラム⑪

伝統が残っている

――方言と擬音語・擬態語

鹿は妻を求めて「かひよ」と鳴いた。（鹿の群れる奈良公園の風景。）

方言には、共通語では忘れ去られた擬音語・擬態語が残っている。たとえば、「いがいが」。この語は、現在、徳島県美馬郡・新潟県佐渡市・大阪府大阪市などでは、子供が泣いたり駄々をこねたりする声や様子を表している。赤ん坊そのものを「いがいが」「いが」と呼ぶ地方もある。

これらの「いがいが」「いが」は、いずれも平安時代の赤ん坊の泣き声「いがいが」に由来する。「児の音にていがいがと泣くなり」（『今昔物語集』）のように、平安時代では赤ん坊の泣き声を「いがいが」という擬音語で表すのが普通であった。

また、奈良県吉野郡では、鹿の鳴き声を「かいよ」と聞くが、これも平安時代まで遡れる古い擬音語。『古今和歌集』には、「秋の野に　妻なき鹿の　年を経て　なぞ我が恋の　かひよとぞ鳴く」（巻一九）という歌がある。「かひよ」が、「甲斐よ」の意味を掛けた鹿の声である。このほか、蟋蟀の声「つうつう　つんづりさせ」（岐阜県の飛騨地方）、「つづれさせ　ちょっとさせ」（富山県砺波市）、「針させ　つづりさせ」（群馬県）などに見る「つづり（れ）させ」にしても、平安時代から綿綿と継承されてきたもの。

擬態語にしても同様である。たとえば「ゆぶゆぶ」。この語は、新潟県佐渡では水分を含んで揺れ動く様子を表すのに用いているが、これまた平安時代まで遡ることができる。「一身ゆぶゆぶと腫れたる者」（『今昔物語集』）のように、水分を含んで「ぶよぶよ」になっている状態を意味している。「きろきろ」という擬態語も、新潟県佐渡では落ち着きなく目を「きょろきょろ」と動かす様子を表す擬態語。これまた平安時代に例がある。「目のきろきろとして」（『堤中納言物語』）のように。

方言には古い擬音語・擬態語が残存し、それに出会える楽しみは格別である。

対の物が不揃いだったり、不調和だったりする様子。「この佐山とお時という女との間は、重太郎には、何かちぐはぐなものが感じられてならない」(❖松本清張『点と線』)

◆参考　江戸時代から例がある。「ちぐはぐの顔は貰った桟敷なり」(『❖誹風柳多留』)。この例は、途中で帰った人から譲り受けた桟敷で芝居を見ている人の不似合いさを読んだ川柳。また、明治期には「ちごはご」という語もあった。（吉田永弘）

ちくり

①針などの先のとがった物で刺す様子。「現在最もよく使われるのはミツバチ。しかし、扱いに気をつけないと、慣れた人でもチクリと刺される」(朝日新聞夕刊97・7・2)。童謡「めえめえ児山羊」に「藪こあたれば 腹こがちくり」の一節がある。

②先のとがった物で刺すような痛みを心情的に感じる様子。「はっきりとうそをいったことになる。耕の心が、ちくりと痛む」(❖丹羽文雄『顔』)

③皮肉や批判などを言って、人の心に痛みを与える様子。「相次ぐ企業不祥事の背景に潜む問題をチクリと批判する意見もあった」(日本経済新聞01・1・8)

◆参考　古くは「僅かな様子」の意を表した。『❖日葡辞書』では「ちくりとしたこと」の例に「僅かなこと」と説明する。「杏は、正月の末の時分に開て、寒食(＝冬至後一〇五日目)の時分は、はや子をちくりと結ぞ」(『❖四河入海』)という例もある。現代語と同じ意味の例は明治になってから現れた。それ以前には「しくり」で表していた。「針をしくりと立るやうに」(古活字版『❖毛詩抄』)（吉田永弘）

ちくん

①針などの先のとがった物で刺す様子。「時々チクンと刺すだけの虫」(朝日新聞96・11・29)

②刺すような痛みを心情的に感じる様子。「胸がチクンとして、うろたえた」(朝日新聞92・12・4)

③皮肉や批判などを言って、人に刺激を与える様子。「大人にとってはチクンと痛みを覚えるような作品」(朝日新聞夕刊89・3・6)

◆参考　口語的な表現で、「ちくり」より痛みが響く感じを与える。（吉田永弘）

❖**松本清張**　小説家。昭和二七年『或る「小倉日記」伝』で芥川賞受賞。同三二年、雑誌『旅』に連載した「点と線」で社会派推理小説の分野を開拓。以降、歴史・ノンフィクション分野でも活躍。作品『砂の器』『昭和史発掘』など。（一九〇九〜一九九二）

❖**誹風柳多留**　→P.10

❖**丹羽文雄**　小説家。昭和七年『鮎』でデビュー。女性の愛憎を描いた風俗小説を得意としたが、のち仏教に傾斜し、『親鸞』『蓮如』などを発表。作品はほかに『青麦』『一路』など。昭和五二年、文化勲章受章。（一九〇四〜二〇〇五）

❖**日葡辞書**　→P.15
❖**四河入海**　→P.24

❖**毛詩抄**　室町時代の抄物。中国最古の詩集『詩経』の注釈書。清原宣賢講述、林宗二など筆録。天文四年(一五三五)頃成立。宣賢自筆の抄や、その他の抄も存する。

ちちちち

小鳥・虫・鼠などの鳴き声。「チチ、チチ、とどこかで、人間の無残な振舞いとはおよそ遠い小鳥の声がしていた」（吉川英治『宮本武蔵』）、「草のなかに虫がそこにも此処にも、ちちちちと啼いていた」（徳田秋声『爛』）

◆参考　江戸時代には「ちち」が、鼓を打つ音も表した。「小鼓をちちとうちはやすも、いとしをらしき手もとなれば」（『よだれかけ』）。鼓の音は、「ちぽぽ」「ちっぽう」とも表す。　（山口仲美）

ちちっかい

鶉の鳴き声。室町〜江戸時代には、鶉を飼うことが流行り、鳴き声が珍重された。「ちちくゎいと啼くは子飼ひの　鶉かな」（『鷹筑波集』）。江戸時代の句。雛から育てた鶉が自分に向かって「ちちっかい」と啼くという意味。「父かい？」に掛けて聞いたもの。当時は、鶉の鳴き声の優劣を競い合う「鶉合せ」という催し物があった。一等賞をとるのは、「ちちっかい」という普通の声ではなく、「くわくわくゎい」と鳴く鶉であった。　（山口仲美）

ちっ

①不愉快な時に発する舌打ちの音。「『ちッ』と安田は舌打ちして、私を見た」（大岡昇平『野火』）　②小鳥や虫が鳴く声。「アオジがやぶの中でチッと鳴く」（朝日新聞96・4・12）

◆参考　古くは笛の音に使った。「腰より横笛抜き出しちっと鳴らいて」（『平家物語』）。また、鼓の音にも使った。「ちっともぽうとも」は少しもの意の「ちっとも」と鼓を叩く「ちっ」を掛けた表現。連想で鼓の音の「ぽう」を引き出した。　（吉田永弘）

ちっくたっく

時計が時を刻む音。「ちくたく」よりも勢いのあるやや大きな音を表す。英語の ticktack から取り入れた語。「ちっくたっく　ちっくたっく　ぼーんぼん　おはよう　おはよう　夜があけた」で始まる冨原薫作詞の童謡「早起き時計」が有名。

◆参考　時をしらせる音から「ボンボン時計」と呼ばれたぜんまい式の振り子時計が初めて輸入されたのは明治八（一八七五）年。輸入品とともにその擬音語も輸入された例は珍しい。　（吉田永弘）

❖吉川英治　→P.7
❖徳田秋声　→P.42
❖よだれかけ　江戸時代の仮名草子。楳条軒著。茶・浄瑠璃・碁・酒などの故事来歴を説いたもの。寛文五年（一六六五）刊。
❖鷹筑波集　江戸時代の貞門俳諧の選集。山本西武編。松永貞徳が三十数年の間に判じた発句・付句を作者別にまとめたもの。寛永一九年（一六四二）刊。
❖大岡昇平　→P.95
❖平家物語　→P.74
❖冨原薫　童謡詩人。擬音語をふんだんに用いた作詞で子どもたちに親しまれた。童謡集に『お花の兵隊さん』がある。（一九〇五）

ちっちっ

①小鳥や虫などが続けて鳴く声。「どこかで小鳥もチッチッと啼き」(宮沢賢治『山男の四月』)
②舌を鳴らす音。不愉快な時や子どもをあやす時などに使う。「チッチッと舌を鳴らして行く船員の群が多かった」(林芙美子『放浪記』)
◆参考 「ちっち蟬」は、沖縄以外のほぼ全国で見られる日本特産の蟬。体長18〜24㎜で、日本で見られる蟬の中では最小。「チッ、チッ、チッ」と単調に鳴く。鳴き声に基づく命名。

(吉田永弘)

ちびちび

物事を少しずつする様子。「課長は楊枝のさきについた血をちびちびなめた」(開高健『パニック』)、「今まで嫂にちびちび、無心を吹き掛けた事は何度もあるが」(夏目漱石『それから』)
◆参考 江戸時代に現れる語で、「少しずつ出す」意を表す「ちびる」という語(「おしっこちびった」の「ちびる」もこれ)と関係がある。『和英語林集成』には、「金をちびちび渡す」と「ちびちび酒を飲む」の例が挙がっている。

(吉田永弘)

ちびりちびり

物事を少しずつする様子。「焼酎をちびりちびり遣りながら」(泉鏡花『高野聖』)、「ちびりちびりと二五セント(約七五円)ずつ賭けていた」(藤原正彦『若き数学者のアメリカ』)。江戸時代から見られ、「ちびちび」と同じように使われていたが、現代では飲酒の場合がほとんど。「十品もの皿をついてはちびりちびりと飲んだ」(読売新聞夕刊01・11・20)とあれば、何を飲んだかわかる。「ちびちび」よりゆっくり飲む感じ。

(吉田永弘)

ちまちま

小さくまとまっている様子。よくない意味で使われることが多い。「役所の中のチマチマした改革では駄目で、経済構造改革まで踏み込むかどうかだ」(日本経済新聞00・12・23)
◇類義語 「ちんまり」
「ちんまり」は、「ちんまりと洒落た小座敷」(林不忘『丹下左膳』)のように、一つのまとまりについても言え、否定的な意味はない。「こぢんまり」と言うと、落ち着きのある感じが伴う。

(吉田永弘)

❖宮沢賢治 詩人・童話作家。岩手県の花巻で、農業指導のかたわら詩や童話を創作。大正一三年、詩集『春と修羅』と童話『注文の多い料理店』を自費出版。作品『銀河鉄道の夜』『風の又三郎』など。(一八九六〜一九三三)
❖林芙美子 →P.25
❖開高健 →P.64
❖夏目漱石 →P.8
❖和英語林集成 →P.16
❖泉鏡花 →P.8
❖藤原正彦 →P.71
❖林不忘 →P.72

ちっち蟬 「ちっち」と鳴くところから名付けられた。

ちゃかちゃか

①金属片などかたい物が当たって出る高い音。また、小さな機械などを作動させるときやキーを操作するときに出る音。「女の方は、チャカチャカと、携帯のｉモードを押し続けているし」（女性自身00・12・26合併号）

②小さな物などが小刻みにめまぐるしく動くときの音。また、その様子。「ダイバーウォッチの秒以下の時間を刻む針がちゃかちゃかと動く」

③動作や態度に落ち着きがなく、軽率で軽薄な様子。「ちゃかちゃかしないで落着いているのよ」（❖徳田秋声『縮図』）、「その夜から『クレオパトラ』の女給となって、又チャカチャカ立ち働くようになった」（❖井上友一郎『銀座川』）、「調教でもチャカチャカしているように、気性的に子供っぽい」（日刊スポーツ00・12・6）

◆**類義語**「**かちゃかちゃ**」

「かちゃかちゃ」は①②の類義語。「ちゃかちゃか」も「かちゃかちゃ」も高く軽い音を表すが、「ちゃかちゃか」にはややうるさい感じがあるのに対し、「かちゃかちゃ」は「ちゃかちゃか」ほどうるさい感じはない。（川嶋秀之）

ちゃきちゃき

①はさみで物を切るときの音。「白い男は矢張り何も答えずに、ちゃきちゃきと鋏を鳴らし始めた」（❖夏目漱石『夢十夜』）

②勢いがあって生き生きしている様子。「若手の売出しのチャキチャキなので、お客の半分は其方のですよ」（❖木下尚江『良人の自白』）、「ガイドヘルパーをするなど、意欲的というか、チャキチャキの毎日を送っています」（朝日新聞01・1・7）

③言葉などが歯切れよい様子。「関西風の漫才とちがって、江戸弁のチャキチャキが、東京下町の人たちに人気を呼んだのであった」（❖渋沢青花『浅草っ子』）、「東京の下町生まれでチャキチャキした語り口」（日本経済新聞00・12・24）

④手早く手際よく行う様子。「それぞれのおはこびを一人でちゃきちゃきやって行った」（❖室生犀星『続女ひと』）

◆**参考**「ちゃきちゃきの江戸っ子」というときの「ちゃきちゃき」は生粋であることの意味の漢語「嫡嫡（ちゃくちゃく）」が語源か。この「ちゃくちゃく」が「ちゃきちゃき」となり、擬態語のように受け取られて、②③④の意味が派生したのであろう。（川嶋秀之）

❖**徳田秋声** →P.42
❖**井上友一郎** 小説家。昭和一四年、『都新聞』の記者時代に『残夢』を執筆、その後作家生活に入る。戦後、丹羽文雄らと『風雪』を創刊。おもに風俗小説で人気を得る。作品『竹夫人』『絶壁』など。（一九〇九～一九九七）
❖**夏目漱石** →P.8
❖**木下尚江** →P.104
❖**渋沢青花** →P.82
❖**室生犀星** 詩人・小説家。幼少時代を逆境の中で送る。詩人を志し詩を投稿、終生の友萩原朔太郎を得て、昭和七年『抒情小曲集』を刊行。後、小説に転じ、『あにいもうと』などを発表。作品『杏っ子』『かげろふの日記遺文』など。（一八八九～一九六二）

ちゃっかり

ずうずうしく行動したり、要領よく抜け目なくふるまい、いいところをものにする様子。「気が付くと、入口のすぐ上にある一番前の特等席にちゃっかりと腰をすえていた」（藤原正彦『若き数学者のアメリカ』）

◆**参考**　ちゃっかりしている人のことを「ちゃっかり屋」という。「藤村は…人間として面白みの乏しいちゃっかり屋であったようです」（中村光夫『風俗小説論』）

（川嶋秀之）

ちゃぶちゃぶ

水や湯をかき混ぜるときに出る音。「瓢箪池の石に腰をかけ、足の先をちゃぶちゃぶ水につけて」（川端康成『浅草紅団』）

◇**類義語**「ちゃぷちゃぷ」「ちゃっぷちゃっぷ」

これらの方が、水面の浅いところで出る軽快な音を表す。北原白秋の童謡「あめふり」には、「蛇の目で お迎い うれしいな ぴっちぴっち ちゃっぷちゃっぷ らんらんらん」とあり、これは水たまりでたてる音を表している。

（川嶋秀之）

ちゃぽちゃぽ

水や湯をかき混ぜるときなどに出る音。また、波が揺れ動いて、かたい物に当たって出る音。「風呂でちゃぽちゃぽ波をたてて遊んだ」

◇**類義語**「ちゃぷちゃぷ」「じゃぶじゃぶ」

「ちゃぽちゃぽ」は水面よりやや深いところまで含めて出る音をいうのに対し、「ちゃぷちゃぷ」は水面のごく浅いところで出る音。「ちゃぽちゃぽ」も「ちゃぷちゃぷ」も、「じゃぶじゃぶ」などにくらべ、軽くかわいらしい感じがある。

（川嶋秀之）

ちやほや

相手の機嫌をとっておだてたり、甘やかして取り扱う様子。「当座の一週間位は下にも置かないように、ちやほや歓待されるのに」（夏目漱石『こゝろ』）、「みんなあんたをちやほやするが、冴子もそうだと思うと当てが違ってよ」（井上靖『あすなろ物語』）

◆**参考**　同じ意味を表す語に「ちやふや」がある。「見ず知らずの人に取巻かれてチヤフヤ云われて」（福沢諭吉『福翁自伝』）

（川嶋秀之）

❖藤原正彦 →P.71
❖中村光夫 →P.214
❖川端康成 →P.91
❖北原白秋 →P.11
❖夏目漱石 →P.8
❖井上靖 →P.92
❖福沢諭吉 →P.540

ちゃぽちゃぽ　寝ぼけたのか、金魚ばちで手を洗う。

（松本零士『男おいどん』より）

ちゃぽん

あまり大きくない物が水面に打ち当たって沈むときに出る音。「チャポンチャポンと何だか水に飛び込む物があります」(小泉節子『思ひ出の記』)

◆類義語「ちゃぷん」

「ちゃぽん」がある程度の深さのある水の音であるのに対し、「ちゃぷん」はより浅い所で出る軽い音。「ちゃぷんと、音をたてて、おじいさんは、くびをむこうにむけたようです」(神沢利子『いたずらラッコのロッコ』)

(川嶋秀之)

ちゃらちゃら

①小さな金属片などかたい物がいくつかふれあってたてる軽く高い音。「銀の股引を穿いた箸をチャラチャラ云わして、飯を食って居ちゃァ飯が食えねえ」(三遊亭円朝『塩原多助一代記』)、「わずかに荷車二三台を頼む銭をちゃらちゃらと音させながら出て行くと」(田山花袋『田舎教師』)

②女性が人の気を引こうとしてしなをつくる様子。「残り惜しそうに絢爛な着物の色を眺めたり、袖口をちゃらちゃらと振って見たりした」(谷崎潤一郎『秘密』)

③派手で軽薄な服装などをする様子。また、軽薄なふるまいや行動をする様子。そのような人柄についていうこともある。「うちのお母ちゃんは、娘みたいなちゃらちゃらしたもんに、厚化粧してから」(野坂昭如『プアボーイ』)、「おれはチャラチャラした服装をするような男とはわけが違う。中身で勝負する男なんだ」(土屋賢二『哲学者かく笑えり』)、「いまさらタレントになりたいといって相撲協会を退職しても、チャラチャラした印象しかない」(週刊現代00・12・23号)

(川嶋秀之)

ちゃりん

小さな金属製の物がかたい物に当たって出る音。「きりきり舞して振った袖から、ちゃりんと地にひびいて落ちたのを」(石川淳『おとしばなし集』)

◆類義語「ちゃりーん」

「ちゃりーん」は響きが長く持続する様子。

◆参考 自転車のことを「ちゃりんこ」という。もと子供の掏摸を「ちゃりんこ」(語源未詳)といったことから転じたとされるが、ハンドルに付いたベルの音から転じた可能性もある。

(川嶋秀之)

ちゃりん 金属製の錫杖がぶつかりあって音がよく響く。

(赤塚不二夫『おそ松くん』より)

◆小泉節子 →P.83
◆神沢利子 →P.297
◆三遊亭円朝 →P.141
◆田山花袋 →P.51
◆谷崎潤一郎 →P.7
◆野坂昭如 →P.26
◆土屋賢二 哲学者・お茶の水女子大教授。笑いの哲学を記した著書が多い。著作『われ笑う、ゆえにわれあり』『人間は笑う葦である』など。(一九四四〜)
◆石川淳 →P.30

ちゃん

①三味線を弾くときに出る音。「お座附をチャンと弾きおさめると、すぐに送り甚句を弾き出し、スッテケスッテケと太鼓になる」（❖森まゆみ『明治東京畸人伝』）

②さまざまな状況のもとで、それにもっともふさわしい行動をとる様子。「何、安田の名刺を貰って行けば、向うでちゃんと案内してくれますよ」（❖芥川龍之介『路上』）、「少年はたっぷり食べた。『お雑作でがんした（＝お手間をかけました）』礼もちゃんと言った」（❖岡本かの子『みちのく』）

③まっとうで恥ずかしくない様子。立派な様子。「ちゃんとした職業についていると健康保険を受けられたが」（❖福永武彦『草の花』）、「一方、大海人はもう、ちゃんとしたオトナで、三十をすぎていただろう」（❖田辺聖子『小町盛衰抄』）

④そのことの成立することが、確実で疑いようのない様子。「かくしたってだめだよ。ちゃんとねたが上がってるんだ」（❖石川淳『葦手』）、「だってぼく、ちゃんと見たんだからね。あの電信柱が、大男になったところをさ」（❖佐藤さとる『だいだらぼっち』）

（川嶋秀之）

ちゅーちゅー

①鼠や雀の鳴き声。江戸時代から見られる。現在では、雀の声は「ちゅんちゅん」、鼠の声は「ちゅーちゅー」と区別している。だが、ごく最近まで雀の声も「ちゅーちゅー」で表してきた。日本人は、長い間鼠と雀の鳴き声を共通の語で写してきた。今でも、「日本の子供は雀はチューチュー鴉はカーカー鳴くものと教えられて」（❖川村多実二『鳥の歌の科学』）とあるように、雀の声も「ちゅーちゅー」と写すことがある。鼠の声は、むろん「ちうちうと苦しげな声を立て鳴いた」（❖長塚節『土』）。

②口をすぼめて飲み物などを連続的に吸う音。「お関は汗になった襦袢を抜き襟して、チウチウと氷水を吸っている」（❖木下尚江『良人の自白』）、「男と一緒にチューチュー音をたてて吸った」（❖村上龍『限りなく透明に近いブルー』）

◆類義語「ちゅちゅ」「ちゅっちゅっ」「ちゅー」

いずれも①②の類義語。「ちゅちゅ」は、「ちゅーちゅー」よりもせわしない声や音。「雀はちゅちゅで烏はかあかあとも云う」（❖夏目漱石『虞美人草』）、「何かつるつる、ちゅちゅ食ってた連中が」（夏目漱石『坊っちゃん』）。「ちゅっちゅっ」は、

❖森まゆみ　編集者・エッセイスト。昭和五九年、タウン誌『谷中・根津・千駄木』を創刊し、NTT全国タウン誌賞、サントリー地域文化賞受賞。平成一〇年『鷗外の坂』（評伝）で芸術選奨新人賞受賞。著作『明治東京畸人伝』など。（一九五四〜）

❖芥川龍之介　→P.12

❖岡本かの子　→P.91

❖福永武彦　→P.27

❖田辺聖子　→P.23

❖石川淳　→P.30

❖佐藤さとる　児童文学作家。平塚武二に師事。昭和三四年、全六部からなる『コロボックル物語』の第一作『だれも知らない小さな国』で毎日出版文化賞受賞。作品『おばあさんのひこうき』など。（一九二八〜）

❖川村多実二　動物学者。京都帝国大学教授、京都市立美大（現・京都市立芸術大学）学長を歴任。日本初の動物生態学講座を開設し、陸水生物学の基礎を築く。著作『日本淡水生物学』『動物生態学』など。（一八八三〜一九六四）

❖長塚節　→P.21

❖木下尚江　→P.104

❖村上龍　→P.100

❖夏目漱石　→P.8

「ちゅーちゅー」よりも短く強い感じ。「ちゅー」は、「ちゅーちゅー」が繰り返される声や音であるのに対し、一回限りの声や音。また、「ちゅー」は、「ちゅーちゅー」と違って、軽いキスの音も表す。「お父さんとお母さんは二人でチュウして、おはなししてねんねしてね」(朝日新聞00・12・15)

◆**参考** 「ちゅーちゅー」は、鼠や雀そのものを意味する語にもなる。「チウチウがたんといたべ」(田山花袋❖『一兵卒の銃殺』)の「ちゅーちゅー」は、雀。また、昔話・童謡などに出てくる鼠は、鳴き声に掛けて「忠太郎」などの名を持つ。　(山口仲美)

ちゅちゅ

①雀などの鳴き声。「雀はちゅちゅで烏(からす)はかあかあとも云う」(夏目漱石❖『虞美人草』)、「聞き馴れた自分の家の雀が思いきって一番声を立てると、近所でもつぎつぎに騒がしくなって、ちゅちゅ、ちゅちゅ、ちゅちゅちゅちゅっちゅっです」(北原白秋❖『雀の生活』)

②口をすぼめて、飲み物などを吸うときの音。「何かつるつる、ちゅちゅ食ってた連中が」(夏目漱石『坊つちゃん』)　(川嶋秀之)

ちゅっ

①口をすぼめて、飲み物などを一度吸うときの音。「ちゅっと吸いこむウニの、なんておいしいこと」(神沢利子❖『いたずらラッコのロッコ』)

②キスをするときの音。「ちゅっ、と、ひとつ、盛夫の、ほっぺたを、吸った」(安藤鶴夫❖『三木助歳時記』)

◇**類義語** 「ちゅっちゅっ」
「ちゅっちゅっ」は①②の類義語。吸う行為が繰り返し行われる音を表す。　(川嶋秀之)

ちゅっちゅっ

①雀などの鳴き声。「戸の外で雀の声がちゅっちゅっとでもしようものなら、それこそもう凝(じっ)としていられません」(北原白秋❖『雀の生活』)

②口をすぼめて、飲み物などを吸うときの音。「残ったミルクをちゅっちゅっと吸った」

③キスをするときにでる音。「そこにはやはり鼻も、横目をしている目も、ちゅっちゅっと音を立てている唇もあった」(トルストイ原作・木村浩訳『アンナ・カレーニナ』)　(川嶋秀之)

❖**田山花袋** →P.51
❖**夏目漱石** →P.8
❖**北原白秋** →P.11
❖**神沢利子** 児童文学作家。昭和三六年『ちびっこカムのぼうけん』でデビュー。同四八年『銀のほのおの国』でファンタジーの世界を確立。作品『いないいないばあや』『タランの白鳥』など。(一九二四)
❖**安藤鶴夫** 演劇評論家・小説家。都新聞(現・東京新聞)から読売新聞社嘱託となり、歌舞伎・文楽・落語の批評を担当。昭和三九年『巷談本牧亭』で直木賞受賞。作品『年年歳歳』『雪まろげ』など。(一九〇八)

ちゅんちゅん

雀の鳴き声。大正時代から、雀の鳴き声専用の語として使われるようになった。それまでは、雀の声は、鼠の声と共通の語で写してきた。「あちらの屋根でチュンチュン チュンチュン」(葛原しげる・童謡「すずめ」)、「ちゅんちゅん雀が鳴いている」(倉田百三『出家とその弟子』)

雀の声は、鼠の声とともに時代によって変化してきた。平安時代から室町時代までは「しうしう」。「すずめのなく しうしう」(『名語記』)は、鎌倉時代の例。江戸時代になると、雀の声はまず「ちーちー」が人々に広く知れ渡った。「烏(からす)のかあかあと鳴きくらし、雀のちいちいと同じ事さへづるに、飽かずやありけむ」(『風俗文選』)とある。烏は「かあかあ」、雀は「ちいちい」と鳴くばかりで、よく飽きないものだという意味。雀の声といえば「ちーちー」であったことが分かる。次いで、雀の声は「ちゅーちゅー」で写すのが一般的になった。「したきりすずめお宿はどこだチウチウチウ」(『赤本昔はなし』)は、江戸時代の昔話の例。舌を切られた雀が「ちゅーちゅーちゅー」と鳴いている。

◇類義語「ちゅんちゅく」

「ちゅんちゅく」の方が「ちゅんちゅん」よりも人間のおしゃべりを連想させる。「ちゅんちゅく雀も呼んでいる」(童謡「早起き時計」)の歌もある。

◈参考 江戸時代には、「ち」「ちゃ」「ちゅ」「ちょ」で聞く雀の声が多数出現した。既にあげた「ちーちー」「ちゅーちゅー」が最もよく知られた雀の声であるが、「ちゃちゃくちゃ」「ちゃちゃくちゃくちゃ」という鳴き声もある。人間のおしゃべりを表す「ぺちゃくちゃ」の「くちゃ」を、雀の鳴き声にもつけたもの。雀の早口で鳴き合う様子は、人間のおしゃべりによく似ている。

(山口仲美)

ちょい

動き・程度・数量などがわずかである様子。「ちょいと首を傾けたが」(森鷗外『護持院原の敵討』)、「あとでちょいと顔を出すから」(小島政二郎『葛飾北斎』)、「あと原稿用紙にして一枚ちょいですよ」(養老孟司・南伸坊『解剖学個人授業』)

◈参考「ちょいと」の形で人に呼びかけるときに使う。「ちょいと画描きさん」(林芙美子『放浪記』)。

また、演劇・映画・テレビなどに出演する端役を「ちょい役」という。

(川嶋秀之)

❖**葛原しげる** →P.115

❖**倉田百三** 劇作家・評論家。作品『出家とその弟子』『愛と認識との出発』『超克』など。(一八九一〜一九四三)

❖**名語記** →P.24

❖**風俗文選** 江戸時代の俳諧書。五老井許六の撰。俳諧にかんする種々の文章を収集分類したもの。最初は『本朝文選』と題されたが、後、内容を若干変更し『風俗文選』と題して刊行。宝永三年(一七〇六)刊。

❖**赤本昔はなし** 江戸時代後期の絵入り童話集。江戸時代前期に多数刊行された「赤本」(絵を主として仮名書きの文を添えた丹表紙の童話絵本)に載っていたような童話を集めたもの。「桃太郎」や「舌切雀」が収められている。夷福山人ら文、歌川広重ら画。刊行年は未詳。

❖**早起き時計** 富原薫(一九〇五〜一九七五)作詞、河村光陽作曲。昭和一二年六月キングレコードでレコーディング。

❖**森鷗外** →P.14

❖**小島政二郎** →P.161

❖**養老孟司** 解剖学者。著作『ヒトの見方』『脳の中の過程』など。(一九三七〜)

❖**南伸坊** イラストレーター・エッセイスト。著作『ハリガミ考現学』など。(一九四七〜)

❖**林芙美子** →P.25

ちょいちょい

①短い間隔をおいて、軽い動作を繰り返す様子。「淀尾は…立止まってる予の肩をちょいちょいと突いて」(岡本一平『どぜう地獄』)、「絶対に自分の優越を信じているような子猫は、時々わき見などしながらちょいちょい手を出してからかってみるのである」(寺田寅彦『ねずみと猫』)、「栗栖はパレットを離さず、刷毛でちょいちょい絵具を塗っていた」(徳田秋声『縮図』)

②動作が、繰り返しやや頻繁に行われる様子。「江戸にはちょいちょい火事があるんでまあ息がつけます、しごとにありつけますなんて」(島崎藤村『夜明け前』)、「このビルマ僧はちょいちょいこの町に来るとみえて、ときどき姿を見かけました」(竹山道雄『ビルマの竪琴』)、「『キミはくわしいなあ。ちょいちょい、この図書館へ来るのかい』『うん、ちょいちょいでもないけれど、たまにくるわ』」(木山捷平『苦いお茶』)

③こまごましている様子。「お増は暮の町を珍しがるお今をつれて、ちょいちょいした物を買いに、幾度となく通の方まで出ていったり」(徳田秋声『爛』)

(川嶋秀之)

ちょきちょき

はさみを軽く続けて動かし物を切るときの音。「細君に見せびらかした鋏をちょきちょき云わして爪をとって居る」(夏目漱石『吾輩は猫である』)

◈**参考** 江戸時代には包丁で切る音も表した。「薄刃追取五尺の大芋三寸斗切りととのへ、つひ皮むいてちょきちょきちょき」(『心中宵庚申』)また、江戸時代には「今も小手廻よきをチョキチョキといふ」(『嬉遊笑覧』)のように、手の動作のすばやく手際のよいさまも表した。

(川嶋秀之)

ちょくちょく

あまり間をおかずに物事が繰り返される様子。「時々」よりは頻繁である場合に用いる。「風邪の引き始めには、三〇分おきくらいにちょくちょくこまめにビタミンCを補給」(女性自身00・12・12号)、「その前はね、ちょくちょくって程でもないが、それでも時々は来たのさ」(夏目漱石『道草』)

◈**参考** ふだんの、ちょっとした外出によく着る着物を「ちょくちょく着」と言うことがある。「ちょいちょい着」とも言う。

(高崎みどり)

❖**岡本一平** 漫画家。かの子の夫、太郎の父。帝国劇場の舞台美術にたずさわった後、『東京朝日新聞』で「漫画漫文」形式の紙面を担当、人気を得る。漫画時評の草分け的存在。著作『紙上世界漫画漫遊』など。(一八八六〜一九四八)

❖**寺田寅彦** 物理学者・随筆家。夏目漱石に師事。東大教授・理化学研究所所員などを兼任。地球物理・海洋物理・応用物理などを研究。かたわら多くの随筆を執筆。作品『冬彦集』『藪柑子集』など。(一八七八〜一九三五)

❖**徳田秋声** →P.42

❖**島崎藤村** →P.102

❖**竹山道雄** →P.56

❖**木山捷平** →P.161

❖**夏目漱石** →P.8

❖**心中宵庚申** 江戸時代の浄瑠璃。近松門左衛門作。一一編ある近松心中物の最後の作品。享保七年(一七二二)初演。

❖**嬉遊笑覧** 江戸時代の随筆。喜多村信節(きたむらのぶよ)著。風俗習慣に関する事項について古今の書籍からの引用による解説を行い、更に私見を加えたもの。項目の選択・配置が体系的になされており、風俗関係の百科事典的側面もある。文政一三年(一八三〇)頃成立。

ちょこちょこ

①動作が小刻みにせわしなく行われる様子。歩き方や走り方について言うことが多い。「(馬が)チョコチョコと小走りに進むのは良くない」(日刊スポーツ新聞00・12・24)

②小規模な物事や動作が、繰り返し行われる様子。「杯洗、鉢肴などを、ちょこちょこ運んで小ぢんまりと綺麗に並べる」(泉鏡花❖『婦系図』)

③大げさにせず、小規模に簡単に物事をする様子。「楽屋で、忙しない人出入のなかで、ちょこちょこと挨拶でもして来るのが関の山と」(里見弴❖『多情仏心』)

◆類義語「ちょこっ」「ちょこちょこっ」

「ちょこっ」「ちょこちょこっ」は共に③の類義語。二語とも「ちょこちょこ」に比べて規模の小ささや簡単さが、際だっている感じがある。「大阪や神戸からちょこっと行ける定番行楽地の六甲山」(朝日新聞夕刊01・8・24)、「この本は、趣味人の大使が、任地の国民の機嫌をとるため、ちょこちょこっと書いたきわものでは決してなかった」(朝日新聞00・12・10)

また、「ちょこっ」と「ちょこちょこっ」を比べると、「ちょこちょこっ」の方が、規模の小ささや簡単さが、より強調されている感じがある。

◆参考 幼児などが短い歩幅で小刻みに歩く様子を「ちょこちょこ歩き」、同様に走る様子を「ちょこちょこ走り」と言う。「ちょこちょこ走りに長屋の細道へ駆け込むに」(樋口一葉❖『たけくらべ』)

また、江戸時代には、ひそかに手早く情事などを行う様子を「ちょこちょこ」と言うこともあった。「幸いあたりに人もなし。福徳の三年目(=久々の幸運)。屏風のかげでついちょこちょこ」(浄瑠璃❖『菅原伝授手習鑑』)

(高崎みどり)

ちょこっ

物事の量や程度などがわずかである様子。「少し」や「ちょっと」の語よりも口語的。「食虫植物フサタヌキモが…直径わずか数ミリ、水面からちょこっと黄色い顔を出して」(朝日新聞01・8・30)、「これまでリポーター役でちょこっとドラマに出たことはあるのですが」(日刊スポーツ00・12・12)

◆参考 長野・静岡・愛知県などの方言では「ちょこっと」を「ちょっと」のかわりによく使う。宮城県では小さい様子の形容に用いる。

(高崎みどり)

❖泉鏡花 小説家。能楽と江戸文学に造詣が深く、幻想性に富む独自の作品を創作。反自然主義作家としての評価も高い。作品『高野聖』『婦系図』など。(一八七三〜一九三九)

❖里見弴 小説家。有島武郎の末弟。明治四三年、雑誌『白樺』創刊に参加。大正五年『善心悪心』でデビュー。同八年、久米正雄らと『人間』創刊。作品『多情仏心』『安城家の兄弟』など。昭和三四年、文化勲章受章。(一八八八〜一九八三)

❖樋口一葉 小説家・歌人。歌を中島歌子に、小説を半井桃水に師事。明治二五年に第一作『闇桜』を発表。作品『大つごもり』『たけくらべ』『にごりえ』など。(一八七二〜一八九六)

❖菅原伝授手習鑑 江戸時代の浄瑠璃。並木宗輔ら作。延享三年(一七四六)初演。

ちょこなん

一つだけ他のものから離れて、小さくまとまってある様子。「小さな体の、小さな狸そのものの顔へ胡麻塩の髷がちょこなんと乗っている」(池波正太郎❖『剣客商売』)

幼い子や小動物などが、行儀よくかしこまっている様子を描写する時に使われることも多い。「受付で記帳していると、目の前のいすにちょこなんと座って、あどけない笑顔を見せたあの男の子」(朝日新聞89・7・26)

(高崎みどり)

ちょこまか

小刻みな動作を、めまぐるしいほど速く行う様子。「Kの仕切りで、先輩アナがちょこまかと動かされるわけで」(週刊現代00・12・30号)

小柄な人や幼い子、また小動物などが、速く動き回る様子を言う場合も多い。「カルガモのひなが誕生した。ちょこまかと動く可愛らしい姿に」(朝日新聞00・5・24)

◈参考　江戸時代に「ちょこすか」という形もあり、同じように使われた。

(高崎みどり)

ちょこん

①動作が、わずかな動きで軽くなされる様子。「『お待たせしました』とちょこんと頭を下げて、軽く笑った」(週刊現代00・12・30号)

②他と離れていて、それだけで小さくまとまってある様子。人にも物にも使う。「駒子は床の上にちょこんと坐ると、一枚しかない座布団を島村にすすめて」(川端康成❖『雪国』)、「(鍋が)直径十二センチ前後で、手のひらにちょこんとのる大きさ」(朝日新聞夕刊01・10・11)

(高崎みどり)

ちょちょ

①千鳥の鳴き声。多く「千代(＝千年)」の意味に掛けて用いられる。「我君を　かぞへあげてや　浜千鳥　ちよちよといふ　声のみのする」(『言継集』❖)。主君の寿命を千鳥は千年千年と数えたてているよといった意味。さらにひねって、千鳥の声を「八千代」と聞いた例がある。「しほの山　さしでの磯に　すむ千鳥　君が御代をば　八千代とぞ鳴く」(『古今和歌集』❖)。「八」というめでたい数字をつけて、寿ぎの気持を強めたもの。

❖**池波正太郎**　小説家・劇作家。都庁に勤務のかたわら、新国劇の脚本などを執筆。昭和三五年、小説『錯乱』で直木賞受賞。作品『鬼平犯科帳』『真田太平記』など。(一九二三〜一九九〇)

❖**川端康成**　小説家。大正一三年、横光利一らと雑誌『文芸時代』を創刊、新感覚派と呼ばれた。以降、独自の美的世界を追究し、昭和三六年文化勲章受章。同四三年ノーベル文学賞受賞。作品『伊豆の踊子』『雪国』『山の音』など。(一八九九〜一九七二)

❖**言継集**　室町時代の私家集。権大納言言継卿集。山科言継が公宴等で詠んだ歌を年月順に抄録したもの。永禄五年(一五六二)〜天正二年(一五七四)までの歌を収載。室町期の公武の歌界の状況がうかがえる。

❖**古今和歌集**　→P.156

現在でも千鳥の声は、「川瀬にさわぐむらちどり…ちちちちちちちよ」(唱歌「川瀬の千鳥」)

②文鳥の鳴き声。「文鳥は千代千代と鳴くそうである」(夏目漱石『文鳥』)

◇類義語「ちんちん」

「ちんちん」は、①の類義語。「ちよちよ」よりも、実際の鳴き声に近い感じ。千鳥の鳴き声は、高く細く透きとおっていて鈴の音を思わせる。

◆参考 鎌倉・室町時代から江戸時代まで、「ちよちよ」は鶯の地鳴きの声をも表した。繁殖期以外の鶯は、笹の茂った所で地味な声で鳴く。(山口仲美)

ちょっきり

数量や規模、程度が、ある区切りにちょうど達していて、過剰も不足もない様子。「ちょっきり約束の時間に行ってましたら」(谷崎潤一郎『卍』)

◇類義語「きっちり」

「ちょっきり」が余分のないことに重点があるのに対し、「きっちり」はある基準にちょうど合っていることに重点がある。「『お・れ・は・す・ご・い・あ・ほ・で・す』時間切れギリギリにやっと言葉をひねりだした。…『きっちり十文字でちょっきり二十秒』」(朝日新聞98・8・20)の例は「きっちり」と「ちょっきり」がともに使われている。

◆参考 江戸時代、「ちょっきり」は、現在と同じ意味の他、はさみで物を切る音や様子、あるいは小綺麗にきちんと整っている様子や、程度がわずかである様子なども表した。「情盛りにちょっきりこっきり(=きちんとしていて小柄で愛らしい様子の)小女房の」(浄瑠璃『心中宵庚申』)、「このしんなんざ、宵にちょっきり、つらをつん出したまま(=ちょっとの間、顔を出しただけ)」(洒落本『遊子方言』)(高崎みどり)

ちょっきん

はさみで物を一度に一気に切る時の音。またその様子。「はやく 木になれ かきのめよ はやくならぬと きっちゃうよ ちょっきん!」(『さるかにばなし』)。また「蟹が店出し 床屋でござる チョッキン チョッキン チョッキンナ」(北原白秋・童謡「あわて床屋」)は、連続して切る場合。

◆参考 切る時の音を「ちょん」と言う場合もある。「そなたの首を チョンと切るぞ」(浅原鏡村・童謡「てるてる坊主」)(高崎みどり)

❖川瀬の千鳥 明治二〇年文部省編纂による『幼稚園唱歌集』に収められた唱歌。一番の歌詞には千鳥が、二番には鈴虫が登場する。

❖夏目漱石 英文学者・小説家。英語教師をへて、イギリスに留学。帰国後、『東京朝日新聞』の専属作家となり、同新聞に次々と作品を発表。森鷗外とともに近代日本文学の確立に貢献。作品『吾輩は猫である』『三四郎』など。(一八六七〜一九一六)

❖谷崎潤一郎 小説家。第二次『新思潮』に掲載の「刺青」でデビュー、耽美派の作家として注目される。関西に移住後は古典趣味を深め、多くの名作を発表。作品『痴人の愛』『細雪』など。(一八八六〜一九六五)

❖心中宵庚申 江戸時代の浄瑠璃。近松門左衛門作。一二編ある近松心中物の最後の作品。享保七年(一七二二)初演。

❖遊子方言 江戸時代の洒落本。田舎老人多田爺著。明和七年(一七七〇)頃刊。

❖北原白秋 →P.11

❖浅原鏡村 本名浅原六朗。小説家。浅原六郎の名で『混血児ジョオヂ』などの小説を、浅原鏡村の名で童謡を作詞。(一八九五〜一九七七)

ちょっくら

数量や程度が少しである様子。また、物事をするのにかける時間や手間などがわずかである様子。「ちょっと」の俗語的表現。「ほんならちょっくら食ってみっか」(北杜夫❖『楡家の人びと』)

◆類義語「ちょっくらちょいと」

「ちょっくら」を強めて口調を良くした言い方。「(月が)どうしてあんなにすました顔をしていられるのか、そいつを、ちょっくらちょいと言うことができねえ」(山本有三❖『路傍の石』)

(高崎みどり)

ちょっこり

①小さくまとまってある様子。小さな物が一つ他と離れてある様子。「猿が車の窓の横にちょっこり座ってえさをねだって」(朝日新聞94・6・9)

②程度や数量が少しである様子。「(防波堤の形が)ちょっこり(=ちょっと)格好よいものになった」(朝日新聞94・7・31)

◆類義語「ちんまり」

「ちんまり」は①の類義語で、小さくてまとまっている感じがより強調される。

(高崎みどり)

ちょっぴり

数量や程度などの少ない様子。「ちょっと」より口語っぽい言い方。「酒造りの大変さを取材していくうちに、ちょっぴり自分でも造ってみたくなっちゃいました」(女性自身00・12・19号)

◆参考 明治期以前には、「ちょっぽり」「ちょっぴら」という形もあった。「その上から富士がちょっぽりのぞいてる」(徳冨蘆花❖『不如帰』)、「これ、かみさんかみさん。ちょっぴら、あいたい」(洒落本❖『遊子方言』)

(高崎みどり)

ちょびちょび

数量や程度が少しである様子。また、少しずつ物事をする様子。「老後の心配? そうですねえ。お金はなくても、ここでちょびちょびやっていければ」(朝日新聞01・6・5)、「(お香の調合で)粉にして、ちょびちょび入れてみる」(朝日新聞94・1・16)

◆参考 青森県の方言では「ちょぴかぴ」という。

また、江戸時代、内緒の話をすることや、ささやき声で女性を口説くことを「ちょびちょび口」と言い、浄瑠璃などに例が見える。

(高崎みどり)

❖北杜夫 小説家。斎藤茂吉の次男。昭和三五年、『夜と霧の隅で』で芥川賞受賞。どくとるマンボウの名でユーモアに富むエッセイも多い。作品『どくとるマンボウ航海記』『楡家の人びと』など。(一九二七〜)

❖山本有三 劇作家・小説家。芥川龍之介らと第三次『新思潮』創刊。歴史劇などの戯曲を多く発表したが、後、小説に転向。作品『嬰児殺し』(戯曲)、『路傍の石』など。昭和四〇年、文化勲章受章。(一八八七〜一九七四)

❖徳冨蘆花 小説家。兄・徳富蘇峰の民友社に入り、小説などを執筆。明治三三年『不如帰』を発表し、好評を得る。作品『自然と人生』『思出の記』など。(一八六八〜一九二七)

❖遊子方言 江戸時代の洒落本。田舎老人多田爺著。明和七年(一七七〇)頃刊。

ちょびっ

数量や程度が少しである様子。「途中で試食タイムとかあって、ちょびっとだけ食べさせてもらえんねんけど」(朝日新聞夕刊00・9・12)

■参考　鼻の下に少しの量生やした形の髭を「ちょび髭」と言う。江戸時代にも「ちょび」を種々の語に付けた。「ちょびおごり(=少し贅沢する)」「ちょびじゃれ(=少し洒落たことをする)」「ちょびたばね(=ちょっとだけ束髪に結う)」など。最近の流行語「プチ家出」などに通じる造語法。(高崎みどり)

ちょびりちょびり

物事を少しずつ、何度か繰り返してする様子。「縁の厚い大きな湯呑一杯で尽きてしまう冷酒を、ちょびりちょびりと舌の先でなめずりながら」(❖島木健作『鰊漁場』)

◆類義語「ちょびちょび」

「ちょびりちょびり」がゆっくりと、割合長く感じられる時間にわたって繰り返される様子であるのに対し、「ちょびちょび」は、行われるスピードはあまり問題になっていない。(高崎みどり)

ちょぼちょぼ

①数量や程度が少しである様子。「30センチ大のサバがちょぼちょぼという感じで、太公望も渋い表情」(朝日新聞99・10・15)

②わずかな物がまばらにある様子。「(雛の)地肌の上に、枯れ枝をさしたように、ちょぼちょぼにうす汚い毛が生えかけて」(❖曾野綾子『太郎物語』)

まばらに生えた「ちょぼちょぼ髭」「ちょぼちょぼ髪」などという語もある。

◆類義語「ちょぼっ」

「ちょぼっ」は①の類義語で、一つだけ小さくまとまってある様子。「(ポインセチアの)花のように見えるのは『苞』と呼ばれる器官で、花はその真ん中にちょぼっと咲いて」(朝日新聞98・12・20)

■参考　点を並べて打つ符号「・・」や踊り字「〻」などを「ちょぼちょぼ」と言うことがある。中国渡来の遊び「樗蒲」に使うさいころの目に似ているので点を「ちょぼ」と言うようになり、それを重ねたところから。また、前と同じであることも「〃」と表すことから、二つ以上の物事が同程度である様子も「ちょぼちょぼ」と言う。「おしなべてちょぼちょぼの得票で」(朝日新聞00・8・1)(高崎みどり)

❖島木健作　小説家。農民運動から共産党に入党。その後検挙され、転向。獄中体験を綴った『癩』『盲目』で注目される。作品はほかに『再建』『生活の探求』など。(一九〇三〜四五)

❖曾野綾子　小説家。昭和二九年『遠来の客たち』で注目される。以降、社会性の高いテーマを中心に活動を続ける。夫の三浦朱門とともにカトリック教徒。作品『無名碑』『神の汚れた手』など。(一九三一〜)

ちょろちょろ

①水などの液体が少しずつ流れる音や様子。また、液体にかかわらず量や程度がわずかな様子。「廊下のすぐ下をちょろちょろと流れる水の音にも佇ずんだ」（夏目漱石『思ひ出す事など』）、「本日は朝から敵機がちょろちょろ入って来ると思ったら」（海野十三『敗戦日記』）

②小さな炎が小刻みに揺れ動く様子。「ちょろちょろと燃える木節（きぶし）の囲炉裡火」（有島武郎『生れ出づる悩み』）

③子どもや小動物が動き回る様子。また、人が小刻みに動く様子。「一寸ばかりの蟷螂（かまきり）が斧を擡（もた）げてちょろちょろと歩き出した」（長塚節『土』）

◆類義語「ちょろっ」「ちょろり」

共に①②③の類義語。音や小さな動きが繰り返される「ちょろちょろ」に対して、「ちょろっ」は「ちょろっとしゃべってしまった」のように瞬間的な様子に言い、時間の短さが強調される。「ちょろり」は一回限りの様子で、わずかな程度や時間と共にその現れ出た結果が強調される。

■参考 ①②は室町時代から見える。「松火をちょろちょろとたくが」（『三体詩抄』）

（染谷裕子）

ちょろり

①液体が少し流れ出る音や様子。また、量や程度がわずかに現れ出る様子。「醤油をちょろりとたらす」、「ちょろりと垂れた口ひげを生やし」（シリトー原作・河野一郎訳『土曜の午後』）

②小動物などがすばやく小刻みに動く様子。「リスがちょろりと巣穴から出てきた」

③すばやく行動する様子。特に、相手が気がつかないうちに、相手からとがめられる前に、ほんのちょっとの間をうまく利用するというニュアンスを伴うことがある。「もらいものに有頂天となっているすきを、ちょろりと細工されちまったんだ」（佐々木味津三『右門捕物帖』）

④簡単であっけない様子。「四人目の子どもをちょろりと出産」

◆類義語「ちょろりっ」

①〜④の類義語。「ちょろり」よりもさらにわずかで瞬間的に現れ出る感じ。「監督も最後のシーンにちょろりっと登場」

■参考 ③④と「ちょろい」「ちょろまかす」に共通する「ちょろ」は、すばやく簡単なという意。三語共に江戸時代頃から見える。

（染谷裕子）

ちょろちょろ 小刻みにめまぐるしく動き回るので、気が気でない。

（赤塚不二夫『おそ松くん』より）

❖夏目漱石 →P.8

❖海野十三 →P.107

❖有島武郎 →P.12

❖長塚節 →P.21

❖三体詩抄 室町時代の抄物。唐代の詩人一六七人の詩集である『三体詩』の注解。『三体詩』は京都五山僧の間で繁行し、室町時代には様々な抄者の『三体詩抄』がある。

❖佐々木味津三 大正一〇年に『呪はしき生存』でデビュー。『文藝春秋』の創刊に加わったが、長兄の死による負債返済のため大衆小説に転向。作品『右門捕物帖』『旗本退屈男』など。（一八九六〜一九三四）

ちょん

①拍子木を一回打つ音。また、その様子。「芝居ならば、ここでチョンと柝がはいる幕切れです」(岡本綺堂『半七捕物帳』)

また、芝居の幕切れに拍子木を打ったことから、物事の終わりの意味も表す。「この計画も経済不況でちょんになった」

②小さく軽いものをはさみなどで一気に切る音や様子。容易にという感じを伴う。「ちょんぎる」の「ちょん」はこの意。「そなたの首をチョンと切るぞ」(浅原鏡村・童謡「てるてる坊主」)

③動作がすばやくリズミカルな様子。「(雀が)お爺さんの頬杖ついている机の端にちょんと停る」(太宰治『舌切雀』)

④軽く触れたり、押したり、叩いたりする様子。「小さい手で膝をちょんと叩いた」(岡本かの子『雛妓』)、「マウスボタンをちょんと押す」

⑤点を一つ打つ様子。また、点そのもの。「点を書くときは、やはり穂先が紙に垂直に突き刺さるよう、リズミカルにちょん、ちょんと打ち込みます」(「デジタル書道協会」HP)

⑥それだけが、かしこまってすわっていたり、きちんと置いてある様子。「あまっちょのねこめも愛いやつじゃ。サテ、煙突のすみっこに、ちょんとすわる」(北原白秋訳『まざあ・ぐうす』)、「前足は手首を曲げて、胸の上にちょんと置く」(朝日新聞01・8・9)

◆参考　江戸時代には短い間という意味で「ちょんの間」とも言った。特に、短い時間の情事や遊里での遊びの意も表し、かなり流行した。「ちょんの間あそび」「ちょんぎまり」などとも言った。「親玉(=親)隠れの、ちょんの間と出かけやした」(洒落本『辰巳之園』)

(染谷裕子)

ちょんちょん

①拍子木などを続けて打つ、調子よく高く響く音や様子。また、はさみや庖丁などで調子よく切る音や様子など。「今夜は雪が降って来たので、廻りの者も自然役目を怠って、余りちょんちょん叩いて廻らんようだが」(三遊亭円朝『菊模様皿山奇談』)、「ポケットから鋏を取り出して、チョンチョンと枝を剪って、枝ぶりをととのえる」(太宰治『禁酒の心』)

また、手をたたきあわせる音や侍が刀で切りあ

❖岡本綺堂　劇評家・劇作家・小説家。新聞に劇評を執筆するかたわら、二代目市川左団次と提携。戯曲『修禅寺物語』が成功し、以降作家生活に入る。作品『鳥辺山心中』『半七捕物帳』など。(一八七二〜一九三九)

❖浅原鏡村　→P.302

❖太宰治　→P.20

❖岡本かの子　→P.91

❖辰巳之園　江戸時代の洒落本。夢中散人寝言先生著。明和七年(一七七〇)刊。

❖三遊亭円朝　→P.141

う音などに使うことがあるが現在では一般的ではない。「チョンチョン お手々を打ち合って」(童謡「森の小人」)

②点などを、続けて、二つ、あるいはいくつも打つ様子。また、その点。「ウーサンボウボウハッチョンチョン」(「寒」の字の書き方)

③次から次へとすばやく物事を繰り返し行う様子。また、小さなものが軽やかに調子よく連続して動く様子。「ずんずんと消え行く雪を悦ぶように頬白がちょんちょんと渡った」(長塚節『土』)

◆**参考**　江戸時代から用いられた語。　(染谷裕子)

ちらちら

①雪や小雨、花びら、紙片、灰など、小さく薄く軽く細かい物が、次から次へと、空中を舞いながら落ちたり、散ったりする様子。「もうわたしは宙にちらちらする花びらよりほか何も見えなくなってしまった」(石川淳『山桜』)

②残り火や蠟燭などの炎、星、灯、薄日や木漏れ日などの弱い光が、あわただしくついたり消えたりするように見える様子。「蠟燭の火がちらちらとする」(泉鏡花『歌行燈』)。また、鮮やかな色が急激に目に入ったり、細かい字を見続けたりして、目が疲れて光が点滅するように見える様子にも言う。「手紙は細かい字で書いてあった…代助の眼はちらちらした」(夏目漱石『それから』)

③人の姿や物事があわただしく見え隠れする状態を繰り返す様子。「二人は、ホームの人の群れの間を、見えたり隠れたりして、ちらちらしながら列車の後部の方に向って歩いていた」(松本清張『点と線』)。頭に浮かんだり消えたりする様子などにも言う。「そういう考えはちらちらと無頓着な自分の頭をさえ横切ったのである」(夏目漱石『行人』)

④何度も見たり、聞いたりする様子。「出席者は村井さんの顔色をちらちらとうかがう」(日本経済新聞01・1・5)

◇**類義語「ちらっ」**

①～④の類義語。瞬間的に一回散ったり、点滅したり、見えたり、見たりする様子。「ちらちら」は何度も中断しつつ続く様子。

◆**参考**　鎌倉時代の『名語記(みょうごき)』に「もののちらちらとちらめく(=ちらつく)」とあることから、本来は小刻みに揺れ動く様子に言ったと思われる。室町末期の『日葡辞書(にっぽじしょ)』でも「ある物が揺れる、すなわち、動くさま」と説明する。　(染谷裕子)

❖**森の小人**　昭和二二年、キングレコードでレコーディングされた童謡。作詞山川清、作曲山本雅之。小人というメルヘンの世界が人気を集めた。

❖**長塚節**　→P.21

❖**石川淳**　→P.30

❖**泉鏡花**　→P.8

❖**夏目漱石**　→P.8

❖**松本清張**　→P.46

❖**名語記**　鎌倉時代の語源辞書。経尊著。当代の口語を中心にいろは順に配列し、問答体で語源の説明を記す。俗語を多数収録する資料として貴重。建治元年(一二七五)成立。

❖**日葡辞書**　一七世紀初頭の、ポルトガル語で説明した日本語辞書。イエズス会の宣教師によって成る。室町末期の口語を中心に方言、文書語、歌語、女性語など、三万余語を収録。慶長八～九年(一六〇三～〇四)刊。

ちらほら

①あちらこちらにまばらに見えたり、存在したりする様子。「梅がちらほらと眼に入る様になった」(夏目漱石『門』)、「歩道に落ちたギンナンを拾う人たちの姿もチラホラ見かけます」(週刊現代00・12・2号)

②ある物事が少しずつ見えたり、聞こえたり、行われたりする様子。「脚本家を養成する私塾が、慢性的な経営難から近々閉鎖されるらしい、という噂もちらほら聞こえていたし」(椎名誠『新橋烏森口青春篇』)

◇**類義語**「ちらりほらり」

①②の類義語。「ちらほら」より、さらにまばらで量の少ない感じを言う。

■**参考**「雛まではちらほら松のこぼれ客」(『誹風柳多留』)のように、江戸時代から使われた語。物事が①のように空間的にも、②のように時間的にもわずかに散在する様子を言った。江戸時代には、わずかに見える様子を表す「ほらほら」という語があったが、この「ほらほら」に、物事が見えたり隠れたりする意の「ちらちら」が合わさって「ちらほら」となったか。

（染谷裕子）

ちらり

ほんのわずかな時間、ある行為をしたり、変化が現れたりする様子。多く、わずかに見る様子に言う。「チラリと彼の顔色や目の輝きを見るだけで」(女性自身00・12・5号)

江戸時代から見える語。小林一茶の句に「月ちらり 鶯ちらり 夜は明けぬ」とある。

◇**類義語**「ちらっ」

「ちらっ」は「ちらり」よりさらに短い時間の行為や変化の様子を言う。

（染谷裕子）

ちらりほらり

わずかな量が、こちらにも確認、あちらにも確認できるというように、わずかな物が散在している様子。わずかに雪の降る様子にも言う。「生憎夜は更けて居ます事で、待合室にもちらりほらりの人でげす」(三遊亭円朝『根岸お行の松 因果塚の由来』)

◇**類義語**「ちらほら」

「ちらほら」は「ちらりほらり」に比べて散在する量がやや多い感じにいう。

（染谷裕子）

❖夏目漱石 →P.8
❖椎名誠 →P.42
❖誹風柳多留 →P.10
❖三遊亭円朝 →P.141

ちりちり　ライターの火がひげに燃え移って、焼け縮れる。

（植田まさし『コボちゃん』より）

ちりちり

①小さい鈴などが連続して鳴る音。「うちの子ねこは　かわいい子ねこ　くびのすずを　ちりちりならし」(唱歌「うちの子ねこ」)

②毛などが焼け縮れる音。また、その様子。「屈辱を恥じ入る気持さえ、トンボの羽に火をつけたような、あっけなさで、ちりちりと灰になってしまった」(安部公房『砂の女』)

③物が縮れたりしわがよったりしている様子。「ちりちりと縮れた縮緬だの、羽二重だの、繻子だのの」(谷崎潤一郎『青い花』)

④小さな痛みが連続的に襲ってくる様子。「棘が手や顔や首を掻くと汗がしみてチリチリ痛んだ」(開高健『輝ける闇』)

⑤恐れなどで神経が縮み上がっておびえている様子。「丁稚、手代どもまで、妙にちりちりと緊張している」(山崎豊子『ぼんち』)

◇**類義語**「ちりっ」「じりじり」「きりきり」「ひりひり」

「ちりっ」は、①②③の類義語。「ちりちり」が連続した音や様子であるのに対し、「ちりっ」は、一回的な音や様子。「じりじり」は、①②の類義語。「ちりちり」よりも、濁って低い音や迫力のある様子。「きりきり」「ひりひり」は、④の類義語。「きりきり」の方が「ちりちり」よりも、内部まで痛みが差し込む。「ひりひり」は、「ちりちり」と同じく表層的な痛みだが、「ちりちり」よりも鋭く痛む。

◈**参考**　昔は、「ちりちり」が雲雀や千鳥の澄んだ美声をも表した。「うれしげに　囀る雲雀　ちりちりと」(『冬の日』)は、芭蕉の句。「ちりちり」は、雲雀の囀り。千鳥の声も、室町時代から江戸時代に栄えた狂言に「ちりちりや、ちりちり」(狂言『千鳥』)と写されている。

(山口仲美)

ちりりん

鈴やベルなどを鳴らす音。軽やかで響くような音。偶然鳴ったというより、合図など意識的に鳴らす音に言うことが多い。「自転車　ちりりん　ちりりんりん」(勝承夫・童謡「歌の町」)、「ちりりん、ときれいな澄んだ鐘の音がした」(曾野綾子『太郎物語』)

室町末期の『日葡辞書』に「鈴の鳴る音」とある。

◈**参考**　壺井栄『二十四の瞳』では鈴を鳴らしやってくる便利屋を「ちりりん屋」と呼ぶ。

(染谷裕子)

❖**安部公房**　→P.102

❖**谷崎潤一郎**　→P.7

❖**開高健**　→P.64

❖**山崎豊子**　小説家。毎日新聞記者を経て、昭和三三年『花のれん』で直木賞受賞。社会的テーマを追求した小説で知られる。作品『白い巨塔』『大地の子』など。平成三年、菊池寛賞受賞。(一九二四〜)

❖**冬の日**　江戸時代の連句集。山本荷兮編。松尾芭蕉と尾張蕉門との歌仙五巻と追加六句を収録。『俳諧七部集』の一つ。貞享二年(一六八五)刊。

❖**千鳥**　室町時代の狂言。太郎冠者が酒屋に行き、千鳥や流鏑馬の話をして酒屋を油断させ、酒樽を取って逃げる。

❖**勝承夫**　詩人。ビクター専属となり、「歌の町」「灯台守」などの作詞で知られる。詩集に『惑星』『朝の微風』など。(一九〇二〜)

❖**曾野綾子**　→P.25

❖**日葡辞書**　→P.15

❖**壺井栄**　→P.21

ちりん

鈴や旧式電話などのベルの鳴る音。偶然鳴った音にも意識的に鳴らす音にも言う。「ドアが開くと、二階にある鈴がちりんと涼しい音をたて」(市川陽『放課後のロックンロール・パーティ』)

◆類義語「ちりんちりん」

「ちりんちりん」はベルなどが調子よく連続して鳴る音。「彼方の方で電話がちりんちりんと鳴った」(夏目漱石『彼岸過迄』)。「ちりん」は一回鳴って止まる感じ。(染谷裕子)

ちろちろ

①小鳥や虫の鳴き声。また、鈴などの鳴る音。「いつも鈴が、ちろちろと鳴った」(司馬遼太郎『国盗り物語』)

②水などがほんの少しずつ流れる音や様子。「篠の根を洗って行く水の響がちろちろと耳に近く聞える」(長塚節『土』)

③落ち着きなく、見え隠れする様子。多く小さな光がゆらめく様子に言うが、舌を動かす様子などにも言う。「豆ランプが、ちろちろゆらぎながら」(壺井栄『二十四の瞳』)、「うすい下唇をちろちろ舐めながら」(太宰治『思ひ出』)

◆類義語「ちょろちょろ」

②③の類義語。「ちろちろ」は動き方に視点があるのに対し、「ちょろちょろ」は、見え隠れする行為に視点がある。また、「ちろちろ」よりやや大きい音。

◆参考　①②は明治以降に見えるが、③は室町末の『日葡辞書』にも「星や彗星などが、時々見えなくなってはまた見えるようになるさま。また、物のゆれ動くさま」とある。小さく揺れ動くことを「ちろめく」「ちろつく」とも言った。(染谷裕子)

ちろり

ほんのちょっとの間、またはわずかに、見えたり見たりする様子。「先客の二人がチロリと我々の顔を眺め」(椎名誠『新橋烏森口青春篇』)。室町時代から見え、すばやく行動する様子に言った。「功を成てちろりと帰るは天の道ぞ」(『論語抄』)

◆類義語「ちろりっ」

「ちろりっ」は、一瞬で動きがすばやい感じ。

◆参考　酒を入れ温める金属製の容器を「ちろり」と呼ぶのと関連ありという説も。(染谷裕子)

❖市川陽　テレビ制作者。昭和五一年、番組製作会社テレビマンユニオンに参加。おもにドキュメンタリー番組の制作に当たる。制作番組に『世界ふしぎ発見!』など。(一九五二)

❖夏目漱石　→P.8

❖司馬遼太郎　→P.16

❖長塚節　→P.21

❖壺井栄　→P.21

❖太宰治　→P.20

❖日葡辞書　→P.15

❖椎名誠　小説家・編集者。昭和五一年、『本の雑誌』を創刊。同五四年、エッセイ『さらば国分寺書店のオババ』を刊行、平易な言葉を用いた昭和軽薄体の作家として人気を得る。作品『新橋烏森口青春篇』『岳物語』など。(一九四四)

❖論語抄　室町時代の抄物。孔子の言行を記した『論語』についての注釈書。清原宣賢などによるものが多数存する。

山口仲美の擬音語・擬態語コラム⑫

掛詞の技法

――和歌と擬音語

鶯が鳴く、「人が来る人が来る」と。私は梅の花を見に来ただけなのに。（歌川広重「梅に鶯」、村上浜吉氏蔵）

擬音語は、ふつう掛詞にすることはない。たとえば「閼伽（＝仏に供える水）たてまつるとて、からからと鳴らしつつ」（『源氏物語』）のように。「からから」は、金属製の杯の触れ合う音。他に何か別の意味が掛けられているわけではない。

ところが、和歌では擬音語を掛詞にして二重の意味を持たせる特殊な用法が見られる。たとえば、風にそよぐ稲葉の音。

ひとりして 物をおもへば 秋の田の
稲葉のそよと いふ人のなき
（『古今和歌集』）

「ただ一人で物思いにふけっているので、秋の田の稲葉が『そよ』と風に靡くように、『そうよ』と相づちを打ってくれる人もいない」といった意味。「そよ」は、葉擦れの音を表すと同時に女性のなよやかな相づち語「そうよ」の意味を掛けている。意味を二重に働かせたウィットに富む擬音語。

こうした掛詞式の擬音語は、とりわけ鳥や虫や鹿といった動物の鳴き声を写す擬音語によく現れる。たとえば、鶯の声。

むめの花 見にこそ来つれ 鶯の ひと
くひとくと 厭ひしもをる
（『古今和歌集』）

「私は、梅の花を見に来ただけなのに、鶯が『人が来る人が来る』と嫌がっているのは、どうしたことだ」といった歌。鶯の鳴き声「ひとくひとく」に、「人来人来」の意味を掛けている。

なぜ、和歌では、こうした掛詞式の擬音語が愛用されたのか？　和歌は、文字数が三十一字と限定されている。そこで最大限の効果を上げるには、こうした掛詞式の擬音語が打ってつけ。鳥や虫の鳴き声に己が心情を意味する言葉を重ねあわせ、重層的な効果を上げる掛詞式擬音語は、和歌の世界で洗練され、一つの技法になっていったのである。

ちん

①金属やガラスなどでできた物を、かたい物でたたいた時に鳴る、響くような音。多く小さな鐘やベルなどが鳴る音に言う。また、電子レンジで調理が終わった時に鳴る音。電子レンジで調理することを俗に「チンする」とも言う。「戦死した父の遺影に箱一つそなえてチンと鉦をならし」(野坂昭如『アメリカひじき』)、「ラップをしてレンジで約一分チン」(女性自身00・12・5号)

②鼻をかむ音。また、鼻をかむ意の幼児語。「ちんと鼻をかんでから」(有島武郎『或る女』)

③とりすましている様子。「柔和に構えて、チンとすましていられると、その険のある眼つきが却って威を示し」(国木田独歩『酒中日記』)

◆類義語「ちーん」

①②の類義語。「ちん」よりも長く響く感じ。

◆参考「ちん」の表記は室町時代から見える。はね返って響く音や、そのようにすばやく行う様子に言ったが、平安時代はこれを「ちう」と記していた。なお、『日葡辞書』には「ちんとしている」を「現世の俗事や交際から離れて居る…」等と説明する。③はこの転。(染谷裕子)

ちんちろりん

①松虫の鳴く声。松虫そのものにも言う。「チンチロリン、チンチロリンと松虫が鳴いています」(新美南吉『ごん狐』)

室町時代は「ちんちりりん」、江戸時代には「ちんちろり」とも言った。

②陶器がかたい物と軽くぶつかって立てる、響くような音。「茶碗の端を箸でたたくとチンチロリン」。博打の一つ「ちんちろりん」は、サイコロが茶碗と当たって立てる音から言う。(染谷裕子)

ちんちん

①小さな鐘やベルを鳴らす音。特に、路面電車や自転車などが警告・合図のために鳴らす鐘やベルの音など。路面電車は、発車・停車の合図に「ちんちん」と鐘を鳴らしたので「ちんちん電車」と呼ばれていた。「運転手は君だ 車掌はぼくだ…お乗りはお早く 動きます ちんちん」(井上赳・唱歌「電車ごっこ」)、「幸子はひとり首を振り振りペタルを踏む真似をして『チンチンチン』と云いながら室の中を駈け廻った」(横光利一『御身』)

❖野坂昭如 →P.26
❖有島武郎 →P.12
❖国木田独歩 →P.141
❖日葡辞書 →P.15
❖新美南吉 →P.44
❖井上赳　国語教育学者。『新小学国語読本』の編集を手がけ、教科書との関わりで、「正しい童話の研究」などの論文がある。(一八八九〜一九六五)
❖横光利一 →P.107

ちん　電子レンジで加熱。予定時間になったので、合図の音が鳴る。

(東海林さだお『平成サラリーマン専科』より)

②鉄瓶や薬缶などで湯の沸き立つ音。「鉄瓶の湯もちんちん音がして来た」(島崎藤村『夜明け前』)、「ストーブの上にやかんがチンチンと音を立てている」(産経新聞夕刊72・11・24)

③鼻を続けてかむ音。「清さんはチンチンと手鼻をかんで」(伊藤左千夫『隣の嫁』)

④千鳥の鳴き声。大正時代から見られる。「ちんちん千鳥の啼く夜さは 啼く夜さは 硝子戸しめてもまだ寒い」(北原白秋・童謡「ちんちん千鳥」)。千鳥の声は、室町時代までは「ちよちよ」、室町時代から江戸時代までは「ちりちり」。「ちんちん千鳥」の「ちんちん」は、千鳥の声を写すと同時に「千鳥」という語を引き出す役目も果たす。

◆類義語「ちん」「ちーん」

「ちん」「ちーん」は、①③の類義語。「ちんちん」が、二回以上の連続音であるのに対し、「ちん」「ちーん」は、一回限りの音。

■参考　犬が前足を上げ、後ろ足だけで立つ動作をすることを「ちんちん」という。これは、子供が遊びで片足をあげ、他の片足ではねる動作を意味する「ちんちん」から来たもの。『はい、ちんちん』犬は行儀よくうしろ足で立ち…餌を待っていた」(源氏鶏太『御苦労さん』)

(山口仲美)

ちんまり

小さくそれなりにまとまっている様子。「老母は瀬戸の置き物のように綺麗に、ちんまり座って」(太宰治『火の鳥』)、「場末のちんまりした飲み屋」(朝日新聞01・1・15)。江戸時代から見える語。

◆類義語「ちまちま」

「ちまちま」は、まとまっている小ささに視点があり、時にマイナス評価にもなる。「ここの連中はね、いい若いもんでも、ちまちましてやがんのさ」(曾野綾子『太郎物語』)

(染谷裕子)

つー

①糸で引かれたように、真っ直ぐ移動する様子。『魚がまたツウと戻って下流の方へ行きました」(宮沢賢治『やまなし』)。また、汗など液体が糸状に細く流れる時にも使う。「こめかみからツーと汗が流れる」(朝日新聞97・1・1)

総じて、線が真っ直ぐのびていく感じに捉えられる様子を表し、素早く動く時などにも使う。

②電子的な音。甲高くない音に使う。特にモールス符号の長符号を表す電信音。ちなみに短符号

つー　滑らかな床を真っ直ぐ移動。

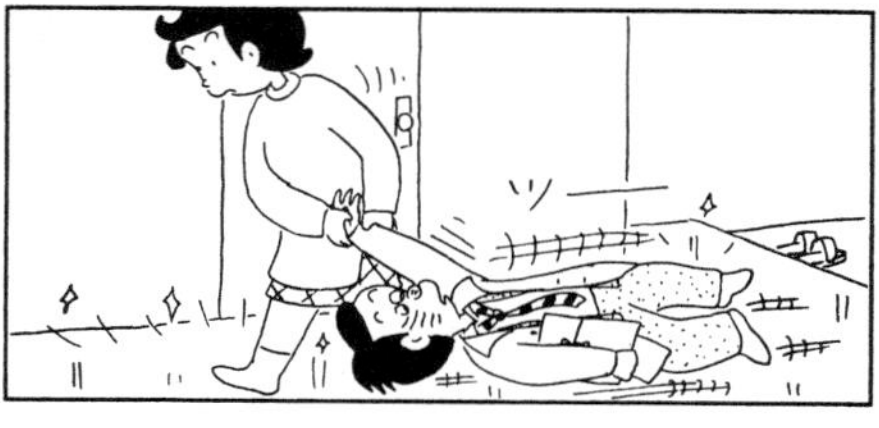

(植田まさし『コボちゃん』より)

❖島崎藤村　→P.102
❖伊藤左千夫　→P.28
❖北原白秋　→P.11
❖源氏鶏太　→P.9
❖太宰治　→P.20
❖曾野綾子　→P.25
❖宮沢賢治　→P.34

は「トン」か「ト」。「それはへである。トンであって、ツーではない」(五木寛之❖『風に吹かれて』)

◆類義語「つーっ」

①の類義語。「つー」とほとんど同じで、現在はこの形の方がよく用いられる。「つー」よりすみやかに動き、勢いのある感じ。「その盃をばツーッと一つ片付けさっしゃい」(夢野久作❖『笑う唖女(おしおんな)』)

◆参考 電話が切れた時等の発信音は複数回の「つー」で表し、「話し中」の音は「プープー」ということが多い。「ツー、ツー、ツー…。…携帯電話が、通話中に突然切れた」(佐賀新聞00・10・3) (小島聡子)

つーかー

事細かに説明しなくとも、わずかな言葉でお互いの言いたいことが分かり合える様子。「商売の方は…つうかあと何でも読めるようになってンのやけども」(水上勉❖『越前竹人形』)。「つーといえばかー(という)」という言い方もある。

さらに、陰で密かに情報を通じ合っている時などにも使う。「担当者は連絡を取り合い、ツーカーでやっていたという印象だ」(佐賀新聞94・6・21)

◆参考「通過」の転という説もある。 (小島聡子)

つーつー

①滞りなく滑らかに行われる様子。特に、移動がすばやく滑るような感じの場合に用いる。「身のさばきみごとです。つうつうと身を走らせて、依田の重三郎が射構えた右前深くへさっとはいりました」(佐々木味津三❖『右門捕物帖』)

②馴れ合いで情報が筒抜けの様子。「知事とは先輩、後輩の仲でツーツーだ」(朝日新聞02・3・7)

◆参考 ②について「つーかー」は良い意味でも使うが「つーつー」は普通悪い意味で使う。 (小島聡子)

つかつか

①躊躇なく決然とした感じで、勢いよく数歩足を運ぶ様子。「身体に勢を入れて、つかつかと足を運んだ」(泉鏡花❖『国貞ゑがく』)。多くは歩く様子だが、勢いがあるので走る様子の場合もある。「その断崖から半ば宙に乗出した危石の上につかつかと老人は駈上り」(中島敦❖『名人伝』)。単なる歩みでなく、何かに近寄る、部屋から出るなど、目的・目標に向け意志を持って移動する時にいう。

②無遠慮に内部に踏み込む様子。「ずかずか」と

❖五木寛之 小説家。昭和四二年『蒼ざめた馬を見よ』で直木賞受賞。終戦時の苛酷な引き揚げ体験が、作品の根幹をなす。作品『さらばモスクワ愚連隊』『青春の門』など。(一九三二〜)

❖夢野久作 小説家。奔放な空想力を駆使して幻想的世界を描き出す。作品『瓶詰地獄』『ドグラ・マグラ』など。(一八八九〜一九三六)

❖水上勉 →P.110

❖佐々木味津三 →P.45

❖泉鏡花 →P.8

❖中島敦 小説家。女学校教師、南洋庁国語教科書編集書記などをへて、『光と風と夢』でデビュー。中国の故事や歴史を借りて近代人の苦悩を描く手法が高く評価される。作品『山月記』『李陵』など。(一九〇九〜一九四二)

似た意味。「人のうちへ案内も乞わずにつかつか這入り込むところは迷惑の様だが」(❖夏目漱石『吾輩は猫である』)

◇類義語「つか」

「つかつか」は数歩は動くが、「つか」は一歩踏み出すような感じ。

◆参考　室町時代から現代と同様の意味で用いられた。但し江戸時代には現代の意のほかに、軽率な様子や、「ずけずけ」のようにためらいなくものを言う様子などにも用いられた。「母がつかつかと親仁殿へ話し」(浄瑠璃❖『女殺油地獄』)　(小島聡子)

つくつくほーし

ツクツクボウシ(セミ科の昆虫)の鳴き声。夏の半ばから秋の初めころまで鳴く。ツクツクボウシという蟬の名前も、その鳴き声に由来する。

室町時代の中頃までは、「くつくつぼ(ほ)うし」と聞いていた。現在の「つくつく」ではなく、「くつくつ」である。例えば、平安時代には「蟬鳴く。おどろおどろしき声ひきかへ道心起こしたる、くつくつ法師と鳴くも」(❖『成尋阿闍梨母集』)とある。「くつくつ」と聞いて、履物の「沓沓」を掛けることもあった。後半の鳴き声「ほうし」には、昔から「法師」の意味を掛けて聞く。現代でも、「彼岸入り　ま昼の空に　つくつく法師　声張り上げて　季の移り告ぐ」(❖四賀光子『現代短歌分類辞典』)のように、「法師」の字を当てることがある。

ツクツクボウシの鳴き声は、他にもさまざまな聞き方がある。平安時代には「美し佳し」「美しや」という雅やかな聞き方もした。「女郎花　なまめきたてる　姿をや　うつくしよしと　蟬の鳴くらん」(❖『散木奇歌集』)という歌もある。室町中期以降になると、「筑紫佳し」「筑紫恋し」「つくづく憂し」「つくづく惜し」という鳴き声も見られた。

◇類義語「おしいつくつく」「おうしいつくつく」「おおしいつくつく」「おーしんつくつく」

すべてツクツクボウシの鳴き声。「高い木の枝にとまっておしいつくつくと鳴いている連中を捕まえるのである」(❖夏目漱石『吾輩は猫である』)。また、島崎藤村は、童謡「蟬の子守唄」で、赤ん坊が母の乳を吸う場面を想定し、「おうしいつくつく」の声に「美味しいちゅくちゅく」の意味を掛けて用いている。

◆参考　現在「ツクツクボウシ」と呼ぶ蟬は、平安時代は「クツクツボウシ」と呼んだ。　(山口仲美)

ツクツクボウシ　その鳴き声から名付けられた。

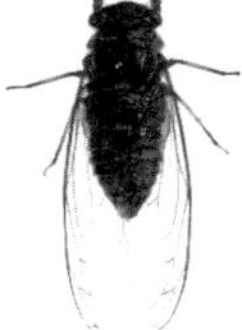

❖夏目漱石　→P.8

❖女殺油地獄　江戸時代の浄瑠璃。近松門左衛門作。実際に起こった事件を題材にしたと言われているが、その事件の真偽は不明。享保六年(一七二一)初演。

❖成尋阿闍梨母集　平安後期の日記的歌集。成尋阿闍梨母編。老母が入宋するわが子への思いを綴る。延久五年(一〇七三)頃成立。

❖四賀光子　歌人。大正四年、夫で歌人の太田水穂創刊による『潮音』に参加し、夫の死後、同誌を主宰。作品『藤の実』『麻ぎぬ』など。(一八八五〜一九七六)

❖散木奇歌集　院政期の和歌集。源俊頼編。自身の詠歌約一六〇〇首を収める。短歌以外に連歌等も収め、奇語や俗語を歌語として用いるなど、革新的歌人、俊頼の全貌を知る好資料。大治三年(一一二八)頃成立。

つけつけ

①思うままに、相手に不快感を与えるようなことまで、臆面もなく言い立てる様子。「何でもつけつけと、赤面しようが、冷汗をかこうが、お構いなしに真正面から遣り込める」（宮本百合子『三郎爺』）、「註文を聞くと、江戸ッ子らしくつけつけと口を利いた『まだお早くて材料が準備してございません』」（夢野久作『暗黒公使（ダーク・ミニスター）』）

②相手に対する配慮や思いやりもなく、振る舞う様子。不躾で無礼な感じ。「前にはあのようにつけつけとは嗤（わら）わなんだて」（芥川龍之介『鼻』）、「じゃあたしの方でも奥さんの顔をああ遣ってつけつけ見ても好い訳ね」（夏目漱石『明暗』）

◆参考　江戸時代から用いられている語。江戸末期の辞書『和英語林集成』では、「つけつけいう」という項目に「怒った様子で人に話す」という説明がある。但し、近年は②の意味ではあまり用いられず、①でも多くは「ずけずけ」が用いられ、「つけつけ」の例は多くない。ちなみに「ずけずけ」は「つけつけ」の「つ」が濁音化した形。また、壱岐地方などでは、同様の意で「け」の方が濁音化した「つげつげ」という語も用いられる。（小島聡子）

つつー

①滑るように移動する様子。音もなく上下動せずに小刻みに走る感じ。「その小ねずみが、つつーと走るたびに」（海野十三『怪星ガン』）

②液体が糸を引くように流れる様子。「つつーと涙が頬をつたう」

◇類義語「つつーっ」「つつっ」

「つつーっ」は「つつー」より勢いがついた動きで、液体なら流れて滴り落ちるような感じ。「つつっ」は「つつー」より動く距離が短い感じ。（小島聡子）

つべこべ

①聞き手や周囲の人がわずらわしくてうるさいと感じるようなことを、しつこく言い立てる様子。普通は、話の内容についていう。具体的には、言い訳や文句などをあれこれと並べ立てる場合や口答えする場合などに多く用いる。「元祖だの、分家だのとつべこべ申すでない！」（井上ひさし『ブンとフン』）。また、内容にかかわらず、不快に感じられるようなおしゃべりの様子にも用いる。「その傍にお勢がベッタリ坐ッて、何かツベコベと

❖宮本百合子　小説家。『貧しき人々の群』で文壇にデビュー。ソ連に留学後、日本共産党に入党し宮本顕治と結婚。プロレタリア作家として非転向を貫く。作品『伸子』『播州平野』など。（一八九九〜一九五一）

❖夢野久作　小説家。奔放な空想力を駆使して幻想的世界を描き出す。作品『瓶詰地獄』『ドグラ・マグラ』など。（一八八九〜一九三六）

❖芥川龍之介　→P.12

❖夏目漱石　→P.8

❖和英語林集成　→P.16

❖海野十三　→P.107

❖井上ひさし　→P.25

端手(はした)なく囀(さえず)ッていた」(二葉亭四迷❖『浮雲』)

②相手のほうがよく知っているようなことを知ったかぶりをして出しゃばって話す様子。「このは勘九郎のごとき、都のことをつべこべとしゃべるのははずかしい」(司馬遼太郎❖『国盗り物語』)

◆類義語「つべらこべら」「つべつべ」

共に①②の類義語。「つべらこべら」は「つべこべ」よりもくどい感じ。「つべつべ」は「つべこべ」とほとんど同じ意だが、最近ではほとんど用いられない。但し、方言では「つべつべ」を「すべすべ」「つるつる」などの意で用いる場合がある。(小島聡子)

つやつや

①表面が滑らかでやわらかい光沢を帯びている様子。絹や髪の毛等の繊維や肌のきめが細やかに整って美しい場合など。「馬も手入れのいい毛並がつやつやとして」(竹山道雄❖『ビルマの竪琴』)

②新鮮でみずみずしい感じのつやがある様子。炊き立てのご飯の光沢など、食べ物の表面に適度な水分や油分が保たれおいしそうな時などにいう。「果物の籠には青林檎(あおりんご)やバナナが綺麗(きれい)につやつやと並んでいた」(芥川龍之介❖『お律と子等と』)

③金属などの表面に汚れやくもりがなく光っている様子。「草色のドラム缶、焼けたドラム缶はようけみたが、これは新品のつやつやで」(野坂昭如❖『アメリカひじき』)

◆参考 平安時代から使われ、「艶々」とも書く。

これとは別に、院政期から江戸時代にかけて「全くない」という打ち消しの強めや熟考する様子などに用いる「つやつや」もあった。室町末期の『日葡辞書(にっぽじしょ)❖』でも「つやつや返事を申さず」という例で掲載されている。現代では「つやつや考えるに」などの古めかしい言い方にわずかに残る。(小島聡子)

つるつる

①凹凸や傷等がなく表面が滑らかな様子。滑らかで滑りやすそうな様子。禿げ頭などにも使う。「つるつるに磨き込んだ大きなガラス球のように、針の刺さらない感じ」(吉行淳之介❖『樹々は緑か』)。見た目のほか触った感じをいうことも多い。

②麺類など表面の滑らかな物をすすって食べる音、またその様子。「ちょいと汁を付けてからツルとすするように口に入れ」(日本経済新聞夕刊00・12・21)。「つるつる」で蕎麦(そば)を指す方言もある。

つるつる すするようにしてスパゲティを食べる。

(うえやまとち『クッキングパパ』より)

❖二葉亭四迷 →P.25
❖司馬遼太郎 →P.16
❖竹山道雄 →P.56
❖芥川龍之介 →P.12
❖野坂昭如 →P.26
❖日葡辞書 →P.15
❖吉行淳之介 小説家。吉行エイスケの長男。第三の新人の一人として注目され、昭和二九年、『驟雨』で芥川賞受賞。性を通して人間存在の意味を追求。作品『暗室』『砂の上の植物群』など。(一九二四〜九四)

③滑らかな表面上を物が滑る様子。「つるつる湯の中で滑って」(谷崎潤一郎『痴人の愛』)

◇**類義語**「つるっ」「つるつるっ」

共に①②③の類義語。「つるっ」は一瞬滑る感じ。「つるつるっ」は、例えば滑って勢いあまって転ぶ様子などを表し、滑った後接触面が離れる感じ。

◆**参考** 夏目漱石は軽率によくしゃべる様子、つまり「口が滑る」様子にも用いている。「つるつると口を滑らして」(夏目漱石『野分』)

また、室町時代には走る様子などにも用いられた。「つるつるとはしる」(『日葡辞書』) (小島聡子)

つるてん

三味線の音。特に口三味線で「つるてん」というと、音の長短・高低や、上から弾いたり、下からはじいたり、弦を押さえる・押さえない、など様々な弾き方を含んだもので、象徴的に言うのに用いる。

さらに、明治時代の楽屋言葉では三味線そのものを指す語としても用いられた。

◆**参考**「つるつるてん」という語もあるが、これは三味線の音とは関係なく、滑らかな様子を表す。例えば禿げ上がった頭などをいう。 (小島聡子)

つるり

①表面が滑らかな様子。「つるつる」に比べると、丸みを帯びている感じの面に用いる。「頭はつるりとはげわたり、いいつやであった」(井上ひさし『ブンとフン』)

②水や油で覆われていることなどによって摩擦が少ない表面の上を、密着して素早く移動する様子。但し移動する距離は短く一瞬。「踏ん張った足がつるりとすべりそうな気がして」(石川淳『葦手』)、「ほんの三口でつるりと呑みこんでしまった」(北杜夫『楡家の人びと』)

③滑らかな表面を一撫でする様子。「顔をつるりと撫で」(司馬遼太郎『国盗り物語』)

④薄い皮や膜等が一気に綺麗にはがれる様子。むけた表面が滑らかな感じ。「皮を指先でつまんでキュッと引っ張る。ペリッと気持ちいい音がして、つるりと取れる」(週刊現代00・12・23号)

◇**類義語**「つるりっ」「つるりん」

共に①②の類義語。「つるりっ」は勢いがついていて、例えば滑って足を取られ一瞬宙に浮くような感じ。「つるりん」は「つるり」よりもさらに丸みを帯びた感じ。 (小島聡子)

❖**谷崎潤一郎** 小説家。第二次『新思潮』に掲載の「刺青」でデビュー、耽美派の作家として注目される。関西に移住後は古典趣味を深め、多くの名作を発表。作品『痴人の愛』『細雪』など。(一八八六〜一九六五)

❖**夏目漱石** 英文学者・小説家。英語教師をへて、イギリスに留学。帰国後、『東京朝日新聞』の専属作家となり、同新聞に次々と作品を発表。森鷗外とともに近代日本文学の確立に貢献。作品『吾輩は猫である』『三四郎』など。(一八六七〜一九一六)

❖**日葡辞書** →P.15
❖**井上ひさし** →P.25
❖**石川淳** →P.30
❖**北杜夫** →P.30
❖**司馬遼太郎** →P.16

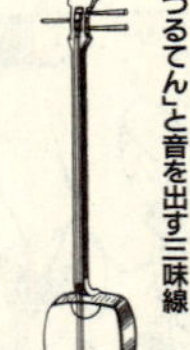
「つるてん」と音を出す三味線

つるりん

①滑らかで丸みを帯びた様子。丸さにどこか愛嬌がある感じ。「ツルリンとした顔の何処に『間抜の狡猾』とでも言ったような所があって」(国木田独歩『湯ケ原ゆき』)

②滑る様子。足を滑らせて円を描くように動く感じ。「わにとバナナが踊りますポンポコツルリン ポンツルリ」(片岡輝・童謡「とんでったバナナ」)の例はバナナが滑った勢いであちこち飛んでいき食べられるまでを歌った歌の一節。(小島聡子)

つるん

①表面が滑らかな様子。全体の形が丸みを帯びていて表面に張りがある感じ。「その髭の生えていた鼻の下や顎がつるんとなっている」(遠藤周作『沈黙』)。特に、食感や手触りなど直接触れた感触を表すことが多い。「つるんとした皮を噛むと、白い身がはじけ出てきた」(週刊現代00・12・16号)

②滑るように滑らかに動く様子。「黙々とカキをむく。殻から外れた中身がつるんとボウルに落ちる」(佐賀新聞02・1・12)(小島聡子)

つん

①鋭角に、または細長く突き出ている様子。特に先がとがっている感じ。多くは上に向かって他より高く突き出している様子。「元禄袖の両手をつんと伸ばして」(新田次郎『孤高の人』)、「つんと鼻の高い時ちゃんの顔」(林芙美子『放浪記』)

②先端の細い物、または棒状の物で、一瞬軽く突く様子。「そういってひたいをつんと指さきでおした」(壺井栄『二十四の瞳』)

③強いにおいが鼻の奥を針でついたような刺激を与える様子。良い匂いにも悪臭にも用いる。また、におい以外でも、刺激が神経を刺す時に用いる。「つんと鼻をつく線香の匂いが」(週刊現代00・12・23号)、「腐った魚の臭いが、つんと鼻をつく」(安部公房『砂の女』)、「すこしコメカミのあたりがつんと痛くなり」(椎名誠『新橋烏森口青春篇』)

④鼻などを突き出すように顔を上向けて、他人を見下すようにとり澄ました態度をとる様子。また、拗ねたり怒ったりしてそっぽを向く時にも用いる。「患者の前ではいつもつんと澄ましていたが、女どうしではよく笑った」(福永武彦『草の花』)、「つんとそっぽを向き」(北杜夫『楡家の人びと』)

つるりっ 滑って一瞬宙に浮く。

(赤塚不二夫『おそ松くん』より)

❖**国木田独歩** →P.141
❖**片岡輝** 詩人、児童文学者。元TBSラジオプロデューサー。著書に『日本人と感性』ほか。(一九三三)
❖**遠藤周作** →P.240
❖**新田次郎** →P.125
❖**林芙美子** →P.25
❖**壺井栄** →P.21
❖**安部公房** →P.102
❖**椎名誠** →P.42
❖**福永武彦** →P.27
❖**北杜夫** →P.30

◇**類義語**「つーん」
①③④の類義語。「つん」のとがった感じを強調した感じ。③の意では、刺激がより長く持続する感じ。「外耳炎なら時々つーんと痛いだけで大したことない」(曾野綾子❖『太郎物語』)。④については、ひどく怒って取り付く島もない感じ。

◆**参考**　鎌倉時代から江戸時代にかけては、①〜④のほか、放屁の様子や物を切る様子、また、洟(はな)をかむ様子(現代なら「ちん」という)なども表した。また、「つんと解(げ)せぬ(＝全く理解できない)」のように強調の副詞としても用いられた。(小島聡子)

つんけん

周囲の人に、突っかかるようにけんか腰でものを言うなど、冷たくとげのある態度を取る様子。「つんけんしてた社長がさ、『お疲れさま』なんて言うんだ」(朝日新聞夕刊98・8・22)

無愛想で怒ったような顔つきにも用いる。「つんけんした面がまえだった」(林芙美子❖『放浪記』)

◇**類義語**「つんつん」
「つんけん」は周囲を刺すが、「つんつん」はとげが出ているが刺すには至らない感じ。(小島聡子)

つんつるてん

服の着丈や袖丈が、ちょうどよい長さに達していないために、脚や手があらわになっている様子。「着ているものといえば、つんつるてんの袷(あわせ)一枚」(日本工業新聞00・12・25)。服と身体の大きさが合わない場合に用い、ミニスカートなどのように本来丈が短いものについてはあまりいわない。

◆**参考**「つる」という音から「つるつる」に通じるのか、方言では、禿げ上がっていることや服が擦れて光っていることを言う地方もある。(小島聡子)

つんつん

①先端がとがった細い物が、並んでいたり、あちこちからつき出していたりする様子。「髪の毛はツンツン立って」(朝日新聞夕刊00・6・9)

②細い物やとがった先端で何度か連続して軽く突く様子。「色紙の角で、おなかをつんつんとつつかれ」(朝日新聞00・1・7)

③軽くつまんで引っ張る感じが連続する様子。「ツンツンと、アタリがきた」(日刊スポーツ00・12・31)の例は、釣りで魚が糸を引く様子。

❖**曾野綾子**　小説家。昭和二九年『遠来の客たち』で注目される。以降、社会性の高いテーマを中心に活動を続ける。夫の三浦朱門とともにカトリック教徒。作品『無名碑』『神の汚れた手』など。(一九三一〜)

❖**林芙美子**　小説家。昭和五年、自らの苦難の半生をつづった自伝的小説『放浪記』がベストセラーとなり、女流作家の道を歩む。作品はほかに『晩菊』『浮雲』など。(一九〇三〜五一)

(うえやまとち『クッキングパパ』より)

つんつん　竿に当たりがきて、何度も軽く引っぱられる。

④澄まして冷たい態度をとる様子。機嫌が悪い感じ。「つん」は高慢な感じだが「つんつん」は高慢なだけでなく苛ついている感じ。「ツンツンしながらも一応言葉が返ってくる」(朝日新聞98・10・3)

⑤強いにおいが鼻の奥の神経を刺すように小刻みに刺激する様子。「気息(いき)づまるような不快な匂が彼れの鼻の奥をつんつん刺戟(しげき)した」(有島武郎❖『カインの末裔』)。味覚などの刺激全般にも用いる。

⑥三味線の音。「三味線のおもちゃを拵えて…後には…本物を借りて来て、二人でツンツン言わせていたこともある」(堺利彦❖『私の母』) (小島聡子)

てかてか

表面が光沢を帯びて光る様子。頭や顔につやがあって光る時に用いることが多い。布地がすり切れて表面に光が出てくるときにも用いる。「赤ん坊は顔をてかてかと光らせて」(群ようこ❖『シジミの寝床』)、「事務用の椅子に座っているとスカートのお尻のあたりがテカテカになってしまうので」(赤川次郎❖『女社長に乾杯!』)

◆**参考** 江戸時代では太陽が輝く様子も。「てかてか、日のてる事」(『俚言集覧(りげんしゅうらん)❖』) (中尾比早子)

でかでか

並はずれて大きく目立つ様子。記事・ポスター・宣伝など人の目に触れるものに、文字や写真などが大きく取り上げられるときに使う。「三面のトップにでかでかと報ぜられていた」(新田次郎❖『孤高の人』)、「外壁にでかでかとそこの会社で売り出しているミシンの名前が書いてあった」(曾野綾子❖『太郎物語』)

◆**参考** 「でかでか」は大きいという意味の「でかい」の語幹「でか」を重ねた語。 (中尾比早子)

てきぱき

①無駄なく手際よく物ごとをすすめ、こなしていく様子。性格をいうこともある。「でも人間、気が動転するとテキパキ行動できないものですね」(Hanako00・12・27号)

②言葉や態度が明確である様子。「しっかりとした口調でテキパキと話す快活な女性だ」(週刊現代00・12・2号)

◇**類義語** 「はきはき」

②の類義語。「てきぱき」は主に動作に関して明

❖**有島武郎** →P.12

❖**堺利彦** 明治・大正期の社会主義者・ジャーナリスト。『万朝報』の記者として日露非戦論を展開。明治三六年、幸徳秋水と平民社をおこし『平民新聞』を発行。大正一一年、日本共産党を創立し、初代委員長に。その後立場を変え、無産党勢力の結集に努める。著作『堺利彦伝』など。(一八七一〜一九三三)

❖**群ようこ** →P.36

❖**赤川次郎** →P.39

❖**俚言集覧** 江戸時代の国語辞書。太田全斎(一七五九〜一八二九)の著作『諺苑(げんえん)』に村田了阿らが手を加えて成立したもの。最終的な成立年は不明。書名は石川雅望著の『雅言集覧』に対するもので、その名の通り、方言、俗語、諺などを集めてある。地域としては江戸語が大半を占める。なお、写本として伝わっていた本書を明治期に井上頼圀らが増補改訂して刊行した『増補俚言集覧』がある。

❖**新田次郎** →P.125

❖**曾野綾子** →P.320

確であることをいうのに対し、「はきはき」は応答など発言が歯切れのよいことをいう語。また元気よく機敏に声を出す様子をいう。「審査員の質問にもハキハキと答える」(FRIDAY02・4・5号)

◆参考　江戸時代には「てきぱき」のほかに「てきはき」の語形も用いられた。「てきぱきと早手まはしな事」(『浮世風呂』❖)、「てきはきと天気にならぬ」(『和英語林集成』❖)の例が見える。

また、地方では様々な語形がみられる。秋田県では「てちぱち」、青森県津軽地方では「てつぱつ」、栃木県では「てっきぱっき」。　(中尾比早子)

てくてく

同じペースでひたすら地道に歩く様子。「なんでそんなにテクテク歩いたと思う? バス代浮かせて…」(田辺聖子❖『あんたが大将』)、「郵便配達夫は鶴川とよぶ村からテクテク山路をのぼってくるのだから、大変なものだナ」(遠藤周作❖『ぐうたら生活入門』)

◆参考　大正期に、歩くことを「てくる」、ほぼ時を同じくして乗り物に乗らずに歩くことをタクシーをもじり「テクシー」といっていた。　(中尾比早子)

でくでく

際限なく太ってきたり、よく太っていたりする様子。「高校に入学して相撲部に入ったら、途端にでくでくふとってきた」

◇類義語「でぶでぶ」

「でくでく」は大きくて重さのある感じを表すのに対し、「でぶでぶ」は締まりのない感じを表す。

◆参考　岩手県気仙郡では、太って大きい魚を「でく」、魚などが太っていて大きいことを「でぐでぐじー」という。　(中尾比早子)

でこでこ

①必要以上にたくさん飾りなどを取り付けている様子。「どうもそういうでこでこな服装をして…」(夏目漱石❖『明暗』)

大げさに飾り付けた頭を「でこでこ頭」という。

②髷(まげ)などを大げさに膨らして結っている様子。「髪はデコデコに大きな耳隠しに結って」(里見弴❖『今年竹』)

◆参考　方言では、山形県や新潟県で、肥満しているさまを表す語。　(中尾比早子)

❖浮世風呂　→P.98

❖和英語林集成　→P.16

❖田辺聖子　小説家。放送作家から、昭和三九年、『感傷旅行』で芥川賞受賞。男女の機微をたくみな大阪弁で描く。作品はほかに『花衣ぬぐやまつわる…』『ひねくれ一茶』など。(一九二八)

❖遠藤周作　小説家。敬虔なカトリック教徒であるかたわら、狐狸庵の名で、軽妙なエッセイストとしても知られる。作品『海と毒薬』『沈黙』など。平成七年、文化勲章受章。(一九二三)

❖夏目漱石　→P.8

❖里見弴　→P.44

てっぺんかけたか　そう鳴いているように見えるホトトギスの図。

(葛飾北斎「子規・杜鵑花」・東京国立博物館蔵)

でっぷり

太っていて肉付きがよい様子。恰幅がよく堂々としている感じ。「でっぷり太った小柄なおじさん」（群ようこ『満員電車に乗る日』）、「痩せていた彼はでっぷりと太り、髪も鬚も真っ白な本物のサンタクロースとなり」（週刊現代00・12・30号）

◆参考 江戸時代には太っていて重いさまという意味で「でっくり」という語があった。当時の方言集に「でっくり どっしりなども重きかたか（＝重いさまか）」（『かたこと』）とある。

（中尾比早子）

てっぺんかけたか

ホトトギスの鳴き声。「天辺翔けたか（＝一番高いところを飛んだか）」の意味をもたせている。ホトトギスは、五月頃、南の国からやってきて、九月には再び南方に帰っていく渡り鳥。「鳴いて血を吐くほととぎす」の句があるように、その鳴き声は人の胸をえぐるような一種独特の激しい声。オッキョ、キョキョキョキョと聞こえる。「特許許可局」と写すのが、実際の声に最も近い写し方だと言われている。

「てっぺんかけたか」は、江戸時代から、ホトトギスの鳴き声として有名になった。「『テッペンカケタカ、ホホホホホ…』と、それは夜など、凄いばかりにいたましく聞こえる」（中河与一『天の夕顔』）のように使う。「一声の 初音も高き ほととぎす 是ぞ天辺 掛値なしなる」（『徳和歌後万載集』）のように掛詞として用いることもある。

◇類義語「ほぞんかけたか」

江戸時代には、「てっぺんかけたか」の声に次いで「ほぞんかけたか」の声も知られていた。「本尊掛けたか（＝本尊を仏壇に掛けたか）」の意味を担っている。現在でも、地方によってさまざまな聞き方があり、声の背後には、悲しい伝説のあることが多い。

◆参考 ホトトギスという鳥の名は、鳴き声に由来する。室町時代まで、ホトトギスの声の一般的な聞き方は、鳥の名前と同じ「ほととぎす」であった。奈良時代の『万葉集』に「暁に 名告り鳴くなる ほととぎす いや珍しく 思ほゆるかも」という歌がある。ホトトギスが、自分の名を名乗るように鳴いていたことがわかる。平安時代の『俊頼髄脳』には、ホトトギスが「ほととぎす」と鳴いて飛び立ったという話が出ている。

（山口仲美）

❖群ようこ →P.36

❖かたこと 江戸時代の方言集。俳人安原貞室著。当時の京都の訛語や方言を集めたもので、正語と対比しながら適宜批判や注釈をつけている。慶安三年（一六五〇）刊。

❖中河与一 小説家。大正一三年、川端康成らと『文芸時代』創刊。新感覚派の作家として活躍。昭和一三年、恋愛小説『天の夕顔』が好評を得る。作品『恋愛無限』『失楽の庭』など。（一八九七〜一九九四）

❖徳和歌後万載集 江戸時代の狂歌集。四方赤良（大田南畝）編。『万載狂歌集』の続編にあたる。天明五年（一七八五）刊。

❖万葉集 →P.23

❖俊頼髄脳 平安時代の歌学書。源俊頼著。歌体の説明、和歌に関する様々な論、故実や説話をまじえた和歌の注釈・解説などから成る。後の歌人や歌学書に多大な影響を与えた。永久三年（一一一五）頃成立。

でぶでぶ

見苦しいくらいに締まりがなく太っている様子。「横肥り、でぶでぶと背の低い、ばらりと髪を長くした…これも医学の落第生」(泉鏡花『売色鴨南蛮』)

◈参考「でぶでぶ」は江戸時代に用例がみられたが、「でぶ」という名詞は明治時代になってから使われるようになった。「でぶでぶ」からか。「ハゲとデブにはまだ希望がある」(林真理子『女のことわざ辞典』) (中尾比早子)

てらてら

表面につやがあって光っている様子。顔、額、頰(ほお)など肌の脂っぽい光沢を表現することが多い。血色がよく元気なことを表す。「顔の皮膚がばかにてらてら光っている」(林芙美子『放浪記』)、「雨にぬれた黒いビニール合羽をてらてらひからせながら帰っていった」(三浦哲郎『恥の譜』)

◇類義語「てかてか」

「てらてら」「てかてか」はともにつやがあって光っている様子を表すが、「てらてら」の方が脂ぎった感じが強い。

また、「てかてか」は布地などがすり切れて光っている時にも使うが、「てらてら」はそういう場合には余り用いない。「黒いてかてかした半巾(ハンカチ)」(宮沢賢治『風の又三郎』)

◈参考「照る」の未然形「てら」を重ねてできた語。すでに室町時代には使われ、夕日や月が「てらてら」と輝くと表した。

一方、連用形「てり」を重ねた「てりてり」という語も室町時代にみられた。「絹のてりてりと光色のあるに」(『四河入海(しがにっかい)』) (中尾比早子)

でれでれ

態度や言動、身なりにしまりのない様子。好きな人やものの前で嬉しさを隠せず、気が緩んだり、異性に対して甘ったるく接したりする時によく使う。「ふだんはでれでれ話すことで有名な私なのに」(林真理子『女のことわざ辞典』)、「子供の写真を手に、鋭いプレーからは想像できないデレデレの笑顔を見せた」(朝日新聞00・12・15)

◇類義語「でれっ」「でれり」「でれーっ」

「でれでれ」は締まりのない態度や言動をとり続

❖**泉鏡花** 小説家。能楽と江戸文学に造詣が深く、幻想性に富む独自の作品を創作。反自然主義作家としての評価も高い。作品『高野聖』『婦系図』など。(一八七三〜一九三九)

❖**林真理子** 小説家。コピーライターとして出発。昭和六一年『最終便に間に合えば』『京都まで』で直木賞、平成一〇年『みんなの秘密』で吉川英治文学賞受賞。作品『ルンルンを買っておうちに帰ろう』(エッセイ集)、『白蓮れんれん』など。(一九五四〜)

❖**三浦哲郎** 小説家。井伏鱒二に師事。昭和三五年『忍ぶ川』で芥川賞受賞。血の系譜に悩み、それを克服して生きることをテーマとする。作品『白夜を旅する人々』『みのむし』など。(一九三一〜)

❖**林芙美子** →P.25
❖**宮沢賢治** →P.34
❖**四海入海** →P.24

ける様子で、動作が機敏ではない感じ。それに対し「でれっ」「でれり」は瞬間的にそういう態度になる様子で、力が抜けるような感じ。「でれっと鼻の下を伸ばし」（群ようこ『御祝儀袋』）、「すると此処のがでれりと御座って」（樋口一葉『われから』）。「でれーっ」は一回的だがその状態が長め。

◆参考　明治期以後「でれすけ」という語が見られる。締まりのない男や好色でだらしない人あるいは愚図で間抜けな人を表す。「でれ助野郎め」（谷崎潤一郎『幇間』）。現在は関東以北の地域で、使われている。

（中尾比早子）

でん

大きくて重い物がその場を占めて、動きそうもない様子。重量感や、存在感があることを表す。人に使う場合は、堂々としている感じも表す。「それも一流ホテル並みの、豪華な部屋で、特大のベッドがデンと居座っているのである」（赤川次郎『女社長に乾杯！』）

◇類義語「でーん」

「でーん」は「でん」よりも大きくて重い物が対象で、存在感の大きいことを表す。

（中尾比早子）

てんてん

①小太鼓などを軽快に打つときの音。「相撲の触れ太鼓が両国界隈にてん、てん、てんてんと鳴り響いた」

②手まりをつく音。「天神さまのお祭りで、てんてん手まりを買いました」（武内俊子・童謡「手まり歌」）の「てんてん」は「てまり」の「手」の語を引き出しているという。

③鍛冶で鉄をうつ槌の音。「てんてんからり」

◆参考　別語として、手で頭を軽く打つ遊びの意の「てんてん」がある。「おつむてんてん」。「てんてん」はまた、頭のことをいう幼児語として愛媛県大洲方言などに見られる。頭と「天」との関係があったのだろうか。「てんてん」にはこのほか、散らばっている様子を表す「秋の夜の灯火が所々に点々と少量の暖かみを滴らした」（夏目漱石『明暗』）、「暮れた海上にてんてんと浮かぶイカ釣り船」がある。また、次から次へと移動していく様子を表す「球はてんてんと外野の塀に達した」もある。平安時代末期の辞書『色葉字類抄』や室町末期の『日葡辞書』には「転々　テンデン」とあり、古くは濁音化した形も見られた。

（金子　彰）

❖**群ようこ**　エッセイスト・小説家。本の雑誌社の編集者時代、昭和五九年に『午前零時の玄米パン』でデビュー。退社後、エッセイ、小説、評伝などを執筆。作品『なたぎり三人女』『動く女』など。（一九五四〜）

❖**樋口一葉**　→P.111

❖**谷崎潤一郎**　→P.7

❖**赤川次郎**　→P.39

❖**武内俊子**　童謡詩人、童話作家。野口雨情に師事し、文筆活動を開始。童謡の作品に「かもめの水兵さん」「赤い帽子白い帽子」など。（一九〇五〜一九四五）

❖**夏目漱石**　→P.8

❖**色葉字類抄**　→P.229

❖**日葡辞書**　→P.15

でんでん

①太鼓・鼓などの音。「講道館の太鼓がでんでんと鳴り響いた」。江戸時代の浄瑠璃に「八つの太鼓がでんでんでんぼ」(浄瑠璃『心中刃は氷の朔日』)と見られるように江戸時代から現れる語。

②太棹の三味線の音色。「人形浄瑠璃の太夫のでんでんという太棹の音」

◆類義語「てんてん」

「てんてん」は①の類義語。「でんでん」が太鼓や三味線の太い低音を表すのに比べ、「てんてん」は空高く澄み渡って聞こえる高音の軽快な音。

◆参考「でんでん太鼓」は鈴などをつけた太鼓の柄をふると鈴が太鼓を打って鳴るおもちゃ。「でんでん太鼓だの笛だのを取出して」(島崎藤村『家』)。「でんでん物」は義太夫狂言のことで、「でんでん物の旧劇は民衆的であると云える」(谷崎潤一郎『蓼喰ふ虫』)がある。これらの「でんでん」は太鼓や三味線の音に由来している。

また、「でんでんむし」は「かたつむり」の異名で、「でむし」から転じたかという。柳田国男は『蝸牛考』で「でんでん」が「出よ出よ」に由来するとしている。

(金子　彰)

どー

①大きく重い物が、勢いよく落ちたり倒れたりする音。また、その様子。「宙に舞いながら、味方の陣中へどうと落ち」(芥川龍之介『きりしとほろ上人伝』)

中世の軍記物などでは、「どうど」と「と」の部分が濁っていた。「押し並べてむずと組んで、どうど落つ」(『平家物語』)。室町末期の『日葡辞書』でも「ど」と濁って表記されている。

②ごく大量で重量のある液体や気体が、一気に移動する音。また、その様子。「青ぞらで風がどうと鳴り」(宮沢賢治『風の又三郎』)

◆類義語「どーどー」

②の類義語。全体を一まとまりと捉え、その重量感に焦点を置く「どー」に対して、「どーどー」は流れ方の連続性、激しさを描写している。

◆参考「どー」には以前、他にもいくつかの意味があった。例えば江戸時代頃には、「沢山、たいそう」という意味の用例が見える。「千石の米をも万石の米をも。蔵にどうと納めて」(『狂言三百番集』)。この用法は現在でも方言(島根県など)に残っている。

(佐藤有紀)

❖心中刃は氷の朔日　江戸時代の浄瑠璃。近松門左衛門作。大阪北野で起こった心中事件を扱った作品。宝永六年(一七〇九)初演。

❖島崎藤村　→P.102

❖谷崎潤一郎　→P.7

❖柳田国男　民俗学者。著作『遠野物語』『雪国の春』など。(一八七五〜一九六二)

❖芥川龍之介　→P.12

❖平家物語　→P.74

❖日葡辞書　→P.15

❖宮沢賢治　→P.34

❖狂言三百番集　狂言のテキスト。上下二巻。野々村戒三・安藤常次郎校注。昭和一三〜一七年(一九三八〜四二)刊。

でんでん太鼓　柄を持って振ると、鈴が太鼓の部分を打って音が出る。

どーどー

大量の水がまとまって勢いよく落下したり、流れたり、打ち寄せたりする音。また、その様子。室町時代末頃から用例が見える。「スワは、どうどうと落ちる滝を眺めて」(太宰治❖『魚腹記』)

◇**類義語**「どーど」

「どーど」の方が、水をまとまりとして捉(とら)える感じ。少し古めかしい語で、現在ではあまり使わない。「雨はどうどと車軸を流す様に降って」(三遊亭円朝❖『真景累が淵』)　(佐藤有紀)

どかっ

①物がまとまって大量に出現、移動する様子。江戸時代から使用されていた語。「いつなんどき、どかっと来るか分りません」(安部公房❖『砂の女』)

②重量、体積のある物が、堂々と、ある一定の場所を占めている様子。「空いている椅子にどかっと腰をおろした」(沢木耕太郎❖『一瞬の夏』)

◇**類義語**「どさっ」

①の類義語。物の存在感を表す「どかっ」に対し、「どさっ」は多量さにのみ着目する。　(佐藤有紀)

どかどか

①まったく遠慮せず、乱暴に足を踏み鳴らして進退したり、動きまわったりする音。また、その様子。江戸時代から使用されていた語。「どかどかと足音を立てて入り、慌てて障子を閉めた」(曾野綾子❖『太郎物語』)

②人や物が、大量にまとまって出現、増減、移動する様子。移動時の勢いの激しさ、無遠慮さも含めて表す。「綺麗で安い古本がどかどか供給される」(西澤保彦❖『書店、ときどき怪人』)

◇**類義語**「どさどさ」「どしどし」「どたどた」「どやどや」

共に①②の類義語。粗暴さを意味の中心に置く「どかどか」に対し、「どさどさ」は無秩序さ、「どしどし」は遠慮のない連続性、「どたどた」は鈍重さ、「どやどや」は騒々しさに焦点を当てる。

◆**参考**「どか雪」「どか食い」「どか貧」など、「どかどか」の「どか」が接頭語として使われる語は数多い。これらはみな、「どかどか」の②の用法から生まれた語。例えば「どか雪」は、一挙に大量に降り積もる雪のこと。「冬将軍の到来で、どか雪に何回も見舞われた」(佐賀新聞01・3・20)　(佐藤有紀)

❖**太宰治** →P.20

❖**三遊亭円朝** →P.141

❖**安部公房** 小説家・劇作家。昭和二三年、花田清輝らと「夜の会」結成。同三一年『壁―S・カルマ氏の犯罪』で芥川賞受賞。同三七年発表の『砂の女』が国際的評価を得る。作品『他人の顔』『箱男』など。(一九二四)

❖**沢木耕太郎** ノンフィクション作家。昭和四八年、『若き実力者たち』でデビュー。同五三年『テロルの決算』で大宅壮一ノンフィクション賞受賞、ニュージャーナリズムの旗手となる。作品『一瞬の夏』『深夜特急』など。(一九四七)

❖**曾野綾子** →P.25

❖**西澤保彦** 推理作家。謎と緻密な論理をめぐらしたミステリーをめざし、『解体諸因』でデビュー。作品『黄金色の祈り』など。(一九六〇)

どかん

①爆弾や大砲などが、爆発したり破裂したりする音。また、その様子。「時限爆弾みたいなもんさ。時間がくればどかんと爆発する」(村上春樹『世界の終りとハードボイルド・ワンダーランド』)

②重い物が、激しく衝突したり落下したりする時の衝撃音。また、その様子。「げんこつでむなもとを、ドカンとやられた」(山本有三『路傍の石』)。さらに、精神的に激しく衝撃を受ける様子にも使う。「彼女のひと言がドカンと胸にきた」

③重量、体積のある物が、堂々とある一定の場所を占めている様子。「父の隣の席に移って、どかんと坐った」(曾野綾子『太郎物語』)

④一挙に大量の変化が生じたり、一気にまとめて物事に取り掛かる様子。「わるいことは一度に大きくどかんとやって」(石川淳『処女懐胎』)

◇類義語「どがん」「どかーん」

共に①～④の類義語。「どがん」はより複雑な濁った音。「(焼夷弾が)落ちたとき、どがんという音」(井伏鱒二『黒い雨』)。「どかーん」は衝撃を感じる時間が長い。「シシトウをパクッとやると、途端にドカーンと来た」(林望『音の晩餐』)

(佐藤有紀)

どきどき

①激しい運動や病気などにより、心臓が連続して激しく鼓動する音。「思い切り走ったのでドキドキした」

②心臓の鼓動が聞こえるほどに気持ちが高ぶる様子。恐怖、興奮、期待などを表す。「実に待ち遠しい、ドキドキする三時間でした」(江戸川乱歩『目羅博士』)。「どきどき」は「はらはら」「わくわく」と合わせて使うことも多い。「はらはらどきどきしながら読める楽しい本」(北村薫『空飛ぶ馬』)

また、「どきどき」からできた語に期待や喜びなどで心がおどる意の「ときめく」がある。

◇類義語「どきっ」

②の類義語。連続して鼓動が聞こえる「どきどき」に対し、一度だけ強く鼓動して静止する感じ。心臓が一瞬止まりそうなほどショックを受けるさま。「ドキッとするような大胆でシャープな線」(佐藤多佳子『からっぽのバスタブ』)

■参考　室町末期の『日葡辞書』では、「だくだく」の項目に「胸がだくだくする」という用例を挙げている。これは現在の「どきどき」と同じ意味だと考えられる。

(佐藤有紀)

❖村上春樹　→P.94
❖山本有三　→P.30
❖曾野綾子　→P.25
❖石川淳　→P.30
❖井伏鱒二　→P.7
❖林望　書誌学者・国文学者。平成三年、ケンブリッジ大学客員教授時代の体験をつづった『イギリスはおいしい』で日本エッセイスト・クラブ賞受賞。著作はほかに『林望のイギリス観察辞典』など。(一九四九)
❖江戸川乱歩　→P.147
❖北村薫　小説家。高校教師をしながら小説を書き、平成元年、『空飛ぶ馬』でデビュー。同三年、『夜の蟬』で日本推理作家協会賞受賞。作品『冬のオペラ』『スキップ』など(一九四九)
❖佐藤多佳子　児童文学作家。会社勤務の後、作家生活に。平成元年『サマータイム』で月刊MOE童話大賞受賞。作品『イグアナくんのおじゃまな毎日』など。(一九六二)
❖日葡辞書　→P.15

どぎまぎ

不意を衝かれてとっさに対応できず、慌て、うろたえる様子。「思いもつかない客におそわれて、栄之丞はどぎまぎしながら」(岡本綺堂❖『籠釣瓶』)

「どきどき」は、驚きで心臓が鼓動する現象を指すが、「どぎまぎ」は、心臓の鼓動の結果、行動が混乱する様子まで含めて表現する語。

◆**参考** 「どぎ」は「どきり」等と同源。心臓の鼓動が激しいさま。「まぎ」は前後のわきまえがなくなってしまう意の「まぎれ」から。　(佐藤有紀)

どきり

恐怖、驚き、興奮、不安などにより、突然一気に気持ちが高ぶる様子。明治時代頃から一般に使われ始めた語。「『恐ろしい風だなあ』和尚の言葉に法信はどきりとした」(小酒井不木❖『死体蠟燭』)

また、瞬間的に衝撃を与えるほど印象的なものを形容することもある。「レインコートよ。どきりとするような赤の」(北村薫❖『空飛ぶ馬』)

◆**参考** 「どきり」は、恐怖などマイナスの感情が原因の動悸を表す用例が多い。　(佐藤有紀)

どきん

恐怖、驚き、興奮、期待、喜びなどにより、突然一気に気持ちが高ぶり、激しく動悸が打つ音。また、その様子。「最初の晩辻陽子を一眼見て、なぜかどきんとした」(織田作之助❖『土曜夫人』)

◇**類義語「どきんどきん」**

瞬時に一度だけ鼓動する「どきん」に対し、「どきんどきん」は非常に強い鼓動が連続する様子。「こわいわ、花火なんて。みぞおちのとこがどきんどきんする」(新美南吉❖『病む子の祭り』)　(佐藤有紀)

とくとく

①液体が連続して滴り落ちる音。また、その様子。特に、容器の細い口から、酒などがリズミカルに流れ出る時に多く使う。「油壺の嘴(くち)からとくとくと飴色の種油をつぐ」(中勘助❖『銀の匙』)

②脈が打ったり、心臓が鼓動したりする音。また、その様子。「老人のひしがれた胸をとくとく打ち鳴らし」(太宰治❖『逆行』)

◆**参考** 「徳利(とっくり)」は、酒を注ぐ音「とくとく」に接尾語「り」がついて生まれた語。　(佐藤有紀)

とくとく　徳利から酒がリズミカルに流れ出る。

(うえやまとち『クッキングパパ』より)

❖**岡本綺堂**　→P.141
❖**小酒井不木**　医学者・小説家。病気で東北帝大教授を辞職後、翻訳および探偵小説を執筆。作品『人工心臓』『疑問の黒枠』など。(一八九〇〜一九二九)
❖**北村薫**　→P.328
❖**織田作之助**　→P.139
❖**新美南吉**　→P.44
❖**中勘助**　→P.52
❖**太宰治**　→P.20

どくどく

①液体が連続してさかんに流れ出る音。また、その様子。「とくとく」より勢いが激しく、量も多い感じ。特に、体内から血液が大量に流れる様子に用いることが多い。「鼻孔からは、鼻血がどくどく流れ出し」(太宰治❖『火の鳥』)

②興奮や怒りなどで心臓が高鳴ったり、脈が激しく打ったりする音。また、その様子。「心臓は爆発する寸前のように『ドクドク』と高なり」(佐賀新聞97・12・29)　(佐藤有紀)

とげとげ

①棘(とげ)などの先の尖った突起物が多くあり、手に刺さりそうな様子。「薔薇の枝はとげとげしていて触ると痛い」

②口調、表情、態度などが鋭く尖っている様子。優しさがなく険を含んでいて、他人に不快感を与える感じ。「自分の待っている多少トゲトゲした陰鬱の気流」(太宰治❖『人間失格』)

◆**参考**　形容詞「とげとげしい」と同じく、「棘」を繰り返して生まれた語。　(佐藤有紀)

とことこ

①人や動物が、狭い歩幅で、足早に歩いたり走ったりする様子。「とことこ杖ついて歩き始める」(野坂昭如❖『プアボーイ』)

②乗り物が遅い速度で進む様子。特に、一昔前の電車が、のどかに進む様子を連想させる。「花畑の中をとことこ走る一両の車両」

◇**類義語**「すたすた」

①の類義語。可愛らしく進む「とことこ」に対し、「すたすた」はただ急いで進む様子。　(佐藤有紀)

どさどさ

①重くて柔軟性のある物が、続けざまに落下する音。また、その様子。「ドサドサと二十個近くをビニール袋に」(佐賀新聞01・12・15)

②遠慮せず、乱雑に進退する音。また、その様子。「不機嫌をろ骨に見せてどさどさとあがって行った」(幸田文❖『流れる』)

③多数の人や動物、非常に多量の物が、まとまって移動、出現、出入りする様子。移動時に生じる騒音、混乱した様子まで含めて表現する。「ド

❖**太宰治**　小説家。井伏鱒二に師事。昭和一〇年に『逆行』が芥川賞候補になるなど、戦前から作家として知られる。戦後、坂口安吾などとともに無頼派と呼ばれ、『斜陽』『桜桃』などで流行作家となる。作品『ヴィヨンの妻』『津軽』など多数。(一九〇九～四八)

❖**野坂昭如**　小説家。CMソングの作詞、コントの制作などで活躍。昭和三八年『エロ事師たち』でデビュー。同四三年『アメリカひじき』『火垂るの墓』で直木賞受賞。戦時体験から焼跡闇市派を自称。作品はほかに『骨餓身峠死人葛』など。(一九三〇～)

❖**幸田文**　小説家・随筆家。幸田露伴の次女。昭和二二年、露伴の臨終を描いた『終焉』で注目される。歯切れのよい端正な文体で知られる。作品『流れる』『おとうと』など。(一九〇四～九〇)

サドサと荷物が届き、狭い家が埋め尽くされた」

◇**類義語**「どさどさっ」

①②③の類義語。「どさどさ」を強調した語。移動、出現などの多量さ、乱雑さに注目する「どさどさ」の意味に加えて、「どさどさっ」は、ある短期間に多量の物が移動、出現する時の勢いのよさまで含めて表す。「どさどさっと送られてくる読者カード」(鈴木輝一郎❖『やりなおせないか』)

■**参考**　警察が犯人の潜伏場所に捜査に入ることを「どさ」という。「どさどさ」と乱暴に踏み込む様子から生まれた隠語。

(佐藤有紀)

どさり

①重たくて大きい物が、一度に落下する音。砂袋や人など、柔軟性があって、ある程度変形可能な物に使うことが多い。「砂煙を舞い上げながら、どさりと大きな尻餅」(芥川龍之介❖『素戔嗚尊』)

②物事が一気にまとまる様子。「徹底的にどさりと納まりをつけたい」(夏目漱石❖『硝子戸の中』)

◇**類義語**「どさっ」

「どさっ」の方が、瞬間的に素早く行われ、勢いがある感じ。

(佐藤有紀)

どさん

非常に重くて大きい物が、一気に落下したり、倒れ込んだりする時の音。「どさり」同様、砂袋や人など、柔軟性があり、変形可能な物の落下音を表すのに多く使われる。「わざとどさんと大きい音をたてて蒲団にたおれる」(太宰治❖『女生徒』)

◇**類義語**「どさり」

「どさん」が後に残るような震動音を伴う、勢いのよい倒れ方であるのに対して、「どさり」は倒れた直後に沈黙が戻る感じ。

(佐藤有紀)

どしっ

①重い物が、下に落ちたり物にぶつかったりして発する鈍い音。「両大関がドシッとぶつかる」

②重い物にのしかかられる様子。「周囲の期待が肩にドシッとのしかかる」

③重い足音。「怪獣がドシッ、ドシッと迫る」

■**参考**　江戸時代には「どし」を「どっしり」「しっか」と同じく目方の重い意でも用いた。「旨く騙して旅へ売り金をどしと握る積りだ」(河竹黙阿弥❖『勧善懲悪孝子誉(かんぜんちょうあくこうしのほまれ)』)

(矢田　勉)

❖**鈴木輝一郎**　小説家。平成三年『情断!』でデビュー。同六年『めんどうみてあげるね』で日本推理作家協会賞を受賞。作品『国書偽造』『美男忠臣蔵』など。(一九六〇〜)

❖**芥川龍之介**　小説家。在学中に『新思潮』に発表した『鼻』が夏目漱石に認められ、文壇にデビュー。才気あふれる理知的な文体で多くの作品を執筆。作品『羅生門』『河童』など。(一八九二〜一九二七)

❖**夏目漱石**　→P.8

❖**太宰治**　→P.330

❖**河竹黙阿弥**　歌舞伎狂言作家。五世鶴屋南北に師事。生世話物を得意とし、江戸歌舞伎の大成者とされる。作品『天衣紛上野初花』『青砥稿花紅彩画』など。作品は三六〇編におよぶ。(一八一六〜一八九三)

どしどし

①足を力強く地面に踏みつけて立てる足音。「私は飛泥の上がるのも構わずに、糠る海の中を自暴にどしどし歩きました」（夏目漱石『こゝろ』）

②ある事柄を、間断なく立て続けに行う様子。また、大勢が続けざまに行う様子。「じゃ、もっと早くどしどしかたづけるが好いじゃないか、いつまでたってもぐずぐずで、はたから見ると、いかにも煮え切らないよ」（夏目漱石『手紙』）、「どうか女性の皆さんから、ドシドシ声を掛けてやって下さい」（週刊現代00・12・30号）

◇**類義語**「どしっ」「どっしり」
共に①の類義語。「どしっ」は足音に限らず、重たい物が一回ぶつかり合う音を表す。「どっしり」は「どしっ」の語感をさらに強めた語であるが、他に、物が重々しいことを表す静的な用法もある。

◆**参考**　室町・江戸時代には「どし」が動詞化した「どしめく」「どしつく」といった語があった。騒ぎ立てる、の意である。「『ここ許に雁や鴨はないか。買はうず』と言うてどしめくによって」（『天草本伊曾保物語』）、「赤小豆餅こ餅粟餅どしつくとわが銭無くは粳も得搗かじ」（『仁勢物語』）　（矢田　勉）

どしゃどしゃ

①雨が非常に激しく降って発する音。また、その様子。「晴れ空から一転してどしゃどしゃ雨が降り出した」

②大勢が立てる大きな足音。また大勢が一斉に勢いよく歩く様子。「フスマはガッと開けられ、仲居さんがどしゃどしゃと入ってきて」（SPA!00・12・27号）

◆**参考**「どしゃぶり」は①の関連語。「どしゃ」を「土砂」と書くのは当て字。　（矢田　勉）

どしん

重い物が下に落ちたり、ぶつかったりして発する鈍い音。「この宿直部屋は二階じゃないから、いくら、どしんと倒れても構わない」（夏目漱石『坊っちゃん』）、「『出してくれ！』『やかまし！』どしんのもの音ありて、秋の日あえなく暮れむとす」（太宰治『HUMAN LOST』）

◇**類義語**「どしーん」「どしんどしん」
「どしーん」は「どしん」よりも長く響く音、「どしんどしん」は繰り返す音を表す。　（矢田　勉）

❖**夏目漱石**　英文学者・小説家。英語教師をへて、イギリスに留学。帰国後、『東京朝日新聞』の専属作家となり、同新聞に次々と作品を発表。森鷗外とともに近代日本文学の確立に貢献。作品『吾輩は猫である』『三四郎』など。（一八六七～一九一六）

❖**天草本伊曾保物語**　織豊時代、イエズス会士のために作られた『イソップ物語』の日本語訳本。九州天草で印刷された活字本で、ローマ字で記される。当時の口語資料として貴重。文禄二年（一五九三）刊。

❖**仁勢物語**　江戸時代の仮名草子。作者未詳。『伊勢物語』の行文を忠実に追いながら徹底してもじったもの。寛永二一年（一六四四）頃刊。

❖**太宰治**　→P.20

どすん

重い物が地面に落ちたりぶつかったりして発する鈍い音。「ドスンと船上に投げ出されたクエは、もう気息エンエン」(週刊現代00・12・16号)

◇類義語「どすーん」「どすどす」「どすんどすん」

「どすーん」は「どすん」よりも長く響く音を表す。「どすどす」はやや小刻みに繰り返し発せられる音、特に足音に用いられる。「どすんどすん」は物が立て続けに落ちたり、ゆっくりと重い足音が繰り返される音を表す。

(矢田　勉)

どたどた

①大勢の、あるいは盛んに繰り返される激しい足音。「しばらくして、ええ！　口惜いと、台所へ逃込んで、売卜屋(ばいぼくや)の畜生め、どたどたどた」(泉鏡花❖『婦系図』)

②物が崩れ落ちてくるなどして発せられるけたたましい音。「『どたどた、ざーっ』と物凄い音がして、パン粉のような粉雪が、ふわーっと子狐におっかぶさって来ました」(新美南吉❖『てぶくろを買ひに』)

◇類義語「どたっ」「どたーっ」「どさどさ」「どかどか」

「どたっ」「どたーっ」は②の類義語。物が一度に倒れる音を表す。「どたーっ」はそれが長く響く場合に用いる。「どさどさ」も②の類義語だが、比較的軽い物が覆い被さるようにして崩れかかってくる音。「どかどか」は①の類義語。足音から転じて、無遠慮に上がり込む様子を表現する。

◈参考「どた」を動詞化した「どたつく」が江戸時代には用いられた。また、「どた靴」はぶかぶかで歩くと大きな音を立てる靴をいう。

(矢田　勉)

どたばた

①暴れるなどして立てる大きな音。「一しょう懸命になって、跳ね返そうとする。上から押える。どたばたするので、書生が二三人覗きに来た」(森鷗外❖『ヰタ・セクスアリス』)

②主に室内を走り回って立てる激しい足音。「大声を揚げさせての騒動、ドタバタと云う足音も聞こえた」(二葉亭四迷❖『浮雲』)

③あわてふためいて右往左往する様子。非常に混乱した様子。「そのときにはドタバタ逃げちゃ

どたどた　激しい足音をたてて、廊下を走る。

(蛭田達也『新・コータローまかりとおる！』柔道編 より)

❖泉鏡花　→P.8

❖新美南吉　→P.44

❖森鷗外　→P.14

❖二葉亭四迷　小説家・翻訳家。明治二〇年、言文一致体の小説『浮雲』を発表。同三七年、大阪朝日新聞社に入社し、『其面影』を連載。特派員としてロシアに渡り、帰国の船上で客死。作品『平凡』『あひゞき』など。(一八六四〜一九〇九)

だめですよ」(週刊現代00・12・9号)

④扉などが激しく開いたり閉まったりして立てる音。「ドアをどたばたする」。江戸時代から見える。「此時表の格子戸がぐゎらりひっしゃり、どたばたとするかと思ふと」(『七偏人』)

◆参考 「どたばた踊り」は足音を激しく立てて踊る踊り。「どたばた劇」や「どたばた喜劇」は役者が舞台上を激しく走り回る喜劇。転じて混乱した状況を皮肉っていうのにも用いられ、単に「どたばた」ともいう。「どたばた騒ぎ」は、理不尽でむちゃくちゃな騒ぎをいう。(矢田 勉)

どたり

①重く平らな物などが倒れたりぶつかったり落ちたりして立てる鈍い音。江戸時代から見える語。「二叉の黒甜郷裡(こくてんきょうり)から庭の敷石の上へどたりと落ちていた」(夏目漱石『吾輩は猫である』)、「私は机のうえの原稿をとりあげて、どたりと雪の方へなげてやった」(太宰治『断崖の錯覚』)、「どたりと塀の ころぶあきかぜ」(『炭俵』)

②人が、脱力して座り込んだり横たわったりする音。また、その様子。「やがて、どたりと畳に腰をおろして坐ったような物音が聞えまして、あとはただ、はあっはあっという荒い呼吸ばかりで、何をしている事やら」(太宰治『ヴィヨンの妻』)

③大きな足音。「『結婚の晩にね。庭のヴィーナスがどたりどたりと玄関を上がって…』」(夏目漱石『野分』)

◆参考 最近では「どたん」のほうがよく用いられる。江戸時代には、重い物が立てる音の語感から転じて、肥満している様子を表すのにも用いられた。「すうわり(=すらりとしたさま)が 三分どたりが 壱分也」(『誹風柳多留(はいふうやなぎだる)』)(矢田 勉)

どたりばたり

主に室内で、人などがぶつかり合って立てる鈍い音。「が、酔っておりますから階子に打突って、ドタリバタリ」(三遊亭円朝『真景累が淵』)、「すると座敷のうちで、突然どたりばたりという音がした。だれか組打ちを始めたらしい」(夏目漱石『三四郎』)、「づしり、どたり、ばたり、ばたり。お一、二一、お一、二一」(萩原朔太郎「軍隊」)

◆参考 最近では「どたんばたん」のほうがよく用いられる。(矢田 勉)

❖七偏人　江戸時代の滑稽本。梅亭金鵞著。角書は「妙竹林話」とあり、中国の「竹林の七賢」をもじった書名である。安政四年(一八五七)〜文久三年(一八六三)刊。

❖夏目漱石　→P.8

❖太宰治　→P.20

❖炭俵　松尾芭蕉一門の俳諧選集。志田野坡(しだやば)編。「芭蕉七部集」の六番目にあたるもので、芭蕉晩年の「かるみ」をよく表したものとされる。元禄七年(一六九四)刊。

❖誹風柳多留　→P.10

❖三遊亭円朝　幕末から明治時代の落語家。話芸と創作力にすぐれ、人情噺や怪談噺を創作、口演。落語界中興の祖。作品『怪談牡丹灯籠』『鰍沢』など。(一八三九〜一九〇〇)

どたん

重く平べったい物が倒れたりぶつかったりして立てる鈍い音。「書斎の戸がどたんと閉まる声がして、後は静になった」(夏目漱石❖『行人』)、「鉄製のわが万寿丸も、この苦悶には堪えかねて、断末魔の叫びをあげる。ミリミリ、ドタンーとうなる」(葉山嘉樹❖『海に生くる人々』)

◇類義語「どたーん」

「どたーん」は「どたん」よりも音が長く響くさまを表す。（矢田　勉）

どたんばたん

①主に室内で、暴れたり取っ組み合ったりして立てる騒がしい音。「富さんの家で何かどたんばたんという音が聞えたから、どうしたのかと思って駆けつけてみると」(岡本綺堂❖『半七捕物帳』)、「夕方、職場から帰った産業戦士たちが、その道場に立寄って、どたんばたんと稽古をしている」(太宰治❖『花吹雪』)

②扉などを激しく開け閉めする音。「書生は玄関どたんばたん」(泉鏡花❖『婦系図』)（矢田　勉）

どっ

①何かの刺激に反応して大勢の人が瞬間的に出す笑い声、歓声、また拍手の音。「ざわめきがドッと笑い声に変わって、たちまち機内に広がった」(山浦弘靖❖『スチュワーデスは探偵がお好き』)

②大勢の人や大量のものが一気に押し寄せたり流れ出たりする様子。「行列していた観客がどっと建物の内部へなだれこんできた」(梶山季之❖『黒の試走車』)、「どか雪というのは…ザルか何かに入れた粉を、一度にどっとこぼす感じの濃密さであった」(畑正憲❖『わが王国の住人たち』)

③汗、疲れ、涙、抑えていた感情などが一気に出てくる様子。「夫の額にどっと汗がふき出していた」(樹下太郎❖『目撃者なし』)、「仏壇の前に坐ると、何か自分でもわからぬ悲しみがドッと胸に溢れた」(三浦綾子❖『塩狩峠』)

◇類義語「どーっ」「どどっ」

「どーっ」は①②③の類義語で「どっ」よりもやや長く続く様子。「どーっと拍手がわき上がった。まさに神業を見た思いであった」(胡桃沢耕史❖『ベランダ刑事怒りの標的』)

「どどっ」は②の類義語で、「どっ」より勢いが強

❖夏目漱石 →P.8
❖葉山嘉樹 →P.35
❖岡本綺堂 →P.141
❖太宰治 →P.20
❖泉鏡花 →P.8
❖山浦弘靖 推理小説作家・シナリオライター。作品『ザ・ガードマン』(シナリオ)、『女子高生・星子一人旅』シリーズなど。(一九三八〜)
❖梶山季之 小説家。推理小説、時代小説、風俗小説など、多方面の分野の小説を発表。作品『赤いダイヤ』『李朝残影』など。(一九三〇〜七五)
❖畑正憲 動物文学作家。昭和四三年『われら動物みな兄弟』で日本エッセイスト・クラブ賞受賞。作品『天然記念物の動物たち』『ムツゴロウの博物志』など。(一九三五〜)
❖樹下太郎 小説家。短編の名手として知られ、作品に『銀と青銅の差』『鎮魂の森』など。(一九二一〜二〇〇〇)
❖三浦綾子 →P.30
❖胡桃沢耕史 小説家。昭和三二年『近代説話』に参加し、清水正二郎の本名でポルノ小説を量産。のち筆名を変更し、同五八年『黒パン俘虜記』で直木賞受賞。作品『翔んでる警視』シリーズなど。(一九二五〜九四)

い様子を表す。「扉が開くと、ダムが決壊して水が溢れ出るように、ドドッと人が吐き出される」(赤川次郎❖『女社長に乾杯！』)

◆**参考**「どっ」の早い例は鎌倉時代の軍記物などに見え、軍勢が鬨(とき)の声を作る場面を表す例や、大勢でいっせいに笑う声を表す例などがある。「六波羅より平家よせたりといひもあへず、大宮面に三千余騎にて鬨をどっとつくりければ、大内ひゞきわたりておびたゝし」(『平治物語❖』)、「敵も御方もこれをきいて、一度にど(ッ)とぞわらひける」(『平家物語❖』)　(佐々木文彦)

どっか

ある場所に重々しく居座る様子。「谷田はどっかとソファに腰を落とし、ピースライトに火をつけた」(津村秀介❖『諏訪湖殺人事件』)のように人の動作を表すのが普通だが、「五キロほどの粘土が作業机にどっかと置かれ」(朝日新聞99・10・14)のように物の様子を表したり、「重厚長大産業は生産性が低いのにのさばってどっかと居座り」(朝日新聞99・10・14)のように抽象的な意味にも用いる。

◆**参考**　常に語尾に「と」を伴う。　(佐々木文彦)

どっかり

ある場所に重々しく居座る様子。「長椅子へどっかりとからだをおろして足を組んですわり」(宮沢賢治❖『セロ弾きのゴーシュ』)、「冬将軍どっかり長崎は34年ぶり大雪」(朝日新聞01・1・16)

◇**類義語**「どっか」

「どっか」もほぼ同じ意味。「どっかり」には「寒波どっかり」「雪どっかり」などの気象を表す用法があるが、「どっか」にはない。また、一時に大量に降り積もる雪を「どか雪」という。　(佐々木文彦)

どっきり

心臓が止まるかと思うほど驚いた様子。「封筒に至急の朱印、どっきりして開いて見て」(幸田露伴❖『艶魔伝』)。なお、「どっきり映像」とか「どっきりレポート」のような形で使うこともある。

◇**類義語**「どっきん」

本来心臓の鼓動を示す点では両者同じだが、「どっきん」のほうが鼓動をより直接的に示す。よって、「心臓がどっきんどっきん」とは言うが、「心臓がどっきりどっきり」とは言わない。　(池上　啓)

❖**赤川次郎**　小説家。昭和五一年『幽霊列車』でオール読物推理小説新人賞受賞。以降、「三毛猫ホームズ」シリーズなど、ユーモア推理小説を多数発表。作品『悪妻に捧げるレクイエム』『ふたり』など。(一九四八〜)

❖**平治物語**　→P.270
❖**平家物語**　→P.74
❖**津村秀介**　→P.128
❖**宮沢賢治**　→P.34
❖**幸田露伴**　→P.451

どっか　重々しく座席につく。

(東海林さだお『サラリーマン専科』より)

どっきんどっきん

驚き、恐怖、期待、または激しい運動などによって動悸が激しくなっている様子。「年をとると、少し走っただけで心臓がドッキンドッキンして、しばらく休まないとしゃべることもできない」

◇類義語「どきんどきん」

「どきんどきん」は、「どっきんどっきん」に比べて動悸の程度が多少軽くなる。非促音形と促音形のこのような関係は、「どくんどくん」と「どっくんどっくん」などにも見られる。 （池上　啓）

とっくり

十分に時間をかけて、納得のいくまで何かをする様子。「考える・見る・聞く・話す」といった動作の形容によく使われる。「ゆうべ彼はとっくり考えて、それはもうあきらめることにしてしまった」（❖山本有三『路傍の石』）、「てめえ、なんで俺にだけ焦げ飯を盛ったのだ。とっくりわけをきかせてもらおうじゃないか」（❖立原正秋『冬の旅』）

なお、「とっくり」は何かを決めようとか誰かを説得しようという目的を持った上で、十分に時間をかける意である。そのために「考える・見る・聞く・話す」といった動作と結びつきやすくなる。なお、十分に時間をかけるからといって、右のような目的を持たない散歩のような場合、「とっくりと散歩をする」とは言わない。

◈参考「とっくり」が「十分に」の意で使われた例は室町時代から見え現代まで一貫している。ただし、江戸時代には更に次のような意味でも用いられていた。「それじゃ窮屈で、とっくり（＝ゆっくり）しいせん」（洒落本『❖自惚鏡』）、「とっくり（＝とっぷり）と暮れて参りました」（歌舞伎『❖鳴神』）（池上　啓）

どっさり

人や物、または仕事などが大量にある様子。単に数が多いというのではなく、量や重さの感覚を伴っていることが多い。「息子一家が帰省するときにはお菓子をどっさり買い込んで孫娘二人を迎える」（日本経済新聞夕刊01・1・9）、「（野薔薇の花に）黄褐色のきたならしい斑点がどっさり出来てしまっている」（❖堀辰雄『美しい村』）

◇類義語「どっしり」

「どっしり」が数量を示す場合は「どっさり」より

❖山本有三　→P.30

❖立原正秋　→P.98

❖自惚鏡　江戸時代の洒落本。振鷺亭著。吉原における客と遊女の諸相を描いたもの。寛政元年（一七八九）刊。

❖鳴神　江戸時代の歌舞伎。いわゆる「歌舞伎十八番」のひとつ。はじまりは初代市川団十郎が万延元年（一六八〇）頃に演じた鳴神劇（竜神が登場する劇）だとされる。その後、安田蛙文ら作の『雷神不動北山桜』（寛保二年初演）などを経て現在のような形になった。

❖堀辰雄　小説家。室生犀星・芥川龍之介に師事。昭和五年『聖家族』で注目される。リルケ、プルーストなどに親しみながら結核のため終生療養生活を送る。作品『風立ちぬ』『菜穂子』など。（一九〇四〜五三）

も更に強く重さの感覚を伴う。ただし、現代では「どっしり」が数量を示すことは少ない。現代語ではほぼ、「どっしり」が重量を、「どっさり」が数量を担当している。

◆**参考**「どっさり」には、重い物が地面に落ちた時の音を示す用法もあった。「懐からまたぐらを辷(すべ)って、どっさりと落(おち)たは最前の包金」(滑稽本『古朽木(ふるくちき)』)。数量を示す用法、音を示す用法共に江戸時代に見え、「重さ」の意識がある点で共通している。ただし現代では音を示す場合には「どさっ」や「どさり」を使うのが普通である。　（池上　啓）

どっしり

①物に重量があって重く感じる様子。また、そこから転じて、重々しい態度や重厚な様子などを示すのに広く使われる。「どっしりと落付いた君の坐り形は、私より五寸も高く見えた」(有島武郎『生れ出づる悩み』)、「日本の大半の土地にはまだ古い考えがどっしりと根を下ろしていた」(渡辺淳一『花埋み』)

②物が大量にある様子。数の多さだけでなく量や重さも意識されている。ただし、現代語ではあまり使われない。「さあ沢山(どっしり)入れろ　一わたりよ、二わたりよ」(島崎藤村『破戒』)

◇**類義語「どっさり」**

「どっさり」は②の類義語。「どっさり」と「どっしり」はどちらも、②の意味の場合でも数だけでなく量や重さの感覚を伴っている。「どっさり」はその重さの感覚が「どっしり」に比べて小さい。

◆**参考**「どっしり」には、「どっさり」と同様に重い物が地面に落ちた時の音を示す用法もあった。「胴巻が裂けて中からドッシリと落(おち)るとたんに」(三遊亭円朝『塩原多助一代記』)　（池上　啓）

とっと

行動が素早い様子。早いことを示す形容詞「疾(と)し」の連用形を重ねた「とくとく」が変化したもの。「彼は同じ歩調で、とっとと坂を登っていった」(新田次郎『孤高の人』)。なお、命令文で使われる場合には、強要するような悪い印象になることが多い。「とっととおやすみよ、いつまでしゃべってんだね」(野坂昭如『プアボーイ』)

◆**参考**　古くは「たった」の形も使った。「たったと説かしゃませ」(『連獅子』)　（池上　啓）

❖**古朽木**　江戸時代の滑稽本。朋誠堂喜三二著。十返舎一九や式亭三馬によって滑稽本が隆盛期を迎える前の、いわゆる初期滑稽本のひとつ。安永九年(一七八〇)刊。

❖**有島武郎**　→P.12

❖**渡辺淳一**　小説家。札幌医大講師をへて文筆生活に入り、昭和四五年『光と影』で直木賞受賞。特に男女の性愛をテーマとした恋愛小説を多く発表。作品『遠き落日』『失楽園』など。(一九三三〜)

❖**島崎藤村**　→P.102

❖**三遊亭円朝**　→P.141

❖**新田次郎**　→P.125

❖**野坂昭如**　→P.26

❖**連獅子**　江戸時代の所作事。所作事とは歌舞伎の舞台で演じられる舞踊のことで、唄(長唄が多い)と踊りが一対になったもの。「連獅子」は河竹黙阿弥作詞、杵屋勝三郎作曲、花柳寿輔振付で文久元年(一八六一)に初演された。これを「勝三郎連獅子」と言う。その後、明治五年(一八七二)に黙阿弥が詞を増訂し、杵屋正治郎が作曲したものがあり、これを「正治郎連獅子」と言う。

とっぷり

①日が暮れて十分に暗くなっている様子。「夕焼けもなく日はとっぷりと暮れて」(有島武郎『生れ出づる悩み』)、「ふと我に返ると陽はとっぷり落ちていた」(藤原正彦『若き数学者のアメリカ』)。また、比喩的に「二十世紀はとっぷりと暮れかかり」(日本工業新聞00・12・28)のような使い方をすることもある。

②物が、何かに十分に覆われている様子。液体に浸っている場合に使うことが多いが、必ずしも液体である必要はない。「そうして、とっぷりと湯舟につかっていると」(三浦哲郎『忍ぶ川』)、「『こら暖くってええ塩梅だ、冷させちゃえかねえ』彼は掛蒲団をとっぷり蓋した」(長塚節『土』)

◇類義語「どっぷり」

「どっぷり」は②の類義語。液体に関してのみ使う点で「とっぷり」と異なる。「お湯にどっぷりつかる全身浴は、日本人が好む入浴姿勢です」(朝日新聞夕刊00・12・28)。また、「とっぷり」とは違って悪い意味で使われることが多い。「汚れた水が淀み、こちら岸の葉桜並木の影をどっぷりと涵していた」(三島由紀夫『金閣寺』)　(池上　啓)

どっぷり

①物が液体に十分に浸っていたり、水分を十分に吸っていたりする様子。悪い意味で使うことが多い。「息子の口のまわりがどっぷりと黒豆の煮汁で染まっているのを」(有吉佐和子『華岡青洲の妻』)

②ある環境に完全にはまっている様子。「既成の枠組みの中にどっぷり浸かっているように見える」(SPA!00・12・20号)、「私は自分という存在に首までどっぷり浸っているような気がした」(三島由紀夫『金閣寺』)　(池上　啓)

どてっ

人などが、だらしなく倒れ込んだり、座り込んだりする様子。「岡みどりは自分もドテッとソファへ体を落とすと」(赤川次郎『女社長に乾杯！』)、「一日中、何にもせんと、寝台の上でどてっとしてやがって」(野間宏『真空地帯』)

◇類義語「ぱたっ」

「ぱたっ」は不意に倒れるというニュアンスが強い。対して「どてっ」には重い感じがあり、そのためだらしなく倒れるというニュアンスになる。　(池上　啓)

❖有島武郎　→P.12
❖藤原正彦　→P.71
❖三浦哲郎　→P.16
❖長塚節　→P.21
❖三島由紀夫　→P.7
❖有吉佐和子　→P.91
❖赤川次郎　小説家。昭和五一年『幽霊列車』でオール読物推理小説新人賞受賞。以降、「三毛猫ホームズ」シリーズなど、ユーモア推理小説を多数発表。作品『悪妻に捧げるレクイエム』『ふたり』など。(一九四八)
❖野間宏　小説家。昭和二一年『暗い絵』でデビュー、第一次戦後派と呼ばれる。同二七年、反戦小説『真空地帯』を発表。その後も狭山事件裁判などに関わった。作品『わが塔はそこに立つ』『青年の環』など。(一九一五)

どでっ

人などが、だらしなく倒れ込んだり、座り込んだりする様子。「彼は疲れ切った様子で、ドデッと体を横たえた」

◇類義語「どてっ」

「どてっ」もだらしなく倒れ込む様子を示すが、「どでっ」に比べるとだらしなさの程度が多少軽く感じられる。これは、「どてっーどでっ」のような「濁音一つー濁音二つ」のペアの場合、前者のほうが多少軽い印象になるからである。（池上　啓）

どてん

人がだらしなく寝転んだり、重い物がひっくりかえったりする様子。「ドテンと身を投げたままで」（高見順❖『故旧忘れ得べき』）

◇類義語「どてっ」

「どてん」はひっくりかえる（上下逆になる）意を含むが、「どてっ」は単に倒れ込む様子を示す。

■参考「どてん」は江戸時代にあべこべになることを示す名詞としても使われた。相場用語の「どてん売り」などがその名残である。（池上　啓）

どでん

人がだらしなく寝転んだり、重い物がひっくりかえったりする様子。「彼は口から泡を吹いてドデンと床に転がった」

◇類義語「どてん」

「どてん」もだらしなく寝転んだりする様子を示すが、「どでん」に比べるとだらしなさの程度が多少軽くなる。これは、「どてんーどでん」のような「濁音一つー濁音二つ」のペアの場合、前者のほうが多少軽い印象になるからである。（池上　啓）

どどっ

大波が一度に押し寄せたり、土砂が一気に崩れ落ちたりする時の大きな音。または、そのような音を立てながら何かが一気に行われる様子。「どっと笑う」などと使う「どっ」を強めたもの。「『ドドッ。』という、ものすごい地響きとともに、東京の何十万の家は、一度に震動した」（初等科国語❖　三）、「扉が開くと、ダムが決壊して水が溢れ出るように、ドドッと人が吐き出される」（赤川次郎❖『女社長に乾杯！』）（池上　啓）

❖**高見順**　小説家・詩人。学生時代から左翼運動に参加、その後転向。『故旧忘れ得べき』が芥川賞候補となり、文壇にデビュー。戦後は日本近代文学館の創設に尽力、初代館長。作品『いやな感じ』『死の淵より』（詩集）など。（一九〇七〜一九六五）

❖**初等科国語　三**　文部省著作の小学校用国語教科書。昭和一六年から使われた国定国語教科書第五期（俗称「アサヒ読本」）の中の一つ。

❖**赤川次郎**　小説家。昭和五一年『幽霊列車』でオール讀物推理小説新人賞受賞。以降、「三毛猫ホームズ」シリーズなど、ユーモア推理小説を多数発表。作品『悪妻に捧げるレクイエム』『ふたり』など。（一九四八〜）

山口仲美の擬音語・擬態語コラム⑬

擬態語で人物造型

――物語と擬態語

「あざあざ」と美しかった紫の上。今は病に倒れ、夫の光源氏に今生の別れを告げている。(国宝「源氏物語絵巻」御法絵 部分、(財)五島美術館蔵)

擬音語・擬態語は、昔から場面を生き生きさせるために使うのが普通である。たとえば、「火の中にうちくべて焼かせ給ふに、めらめらと焼けぬ」のように。「めらめら」は、物の燃える様子を表す擬態語。場面に臨場感を与えるために使われている。

ところが、日本の誇るべき古典『源氏物語』では、全く違った使い方が見られる。登場人物を造型するために擬態語を使うのである。たとえば、女主人公・紫の上の最盛期の容姿は、「にほひ多くあざあざとおはせし盛りは、なかなかこの世の香りにもよそへられ(=色香が溢れ華やかにお見えになった盛りの頃には、この世に咲く花の美しさにたとえられ)」と表現されている。「あざあざ」は、色彩が鮮明で目のさめるような派手やかさを意味する擬態語。『源氏物語』は、この語を紫の上という特定の人物の形容にだけ用いている。

また、「けざけざ」は、すっきりと際立つ美しさを表す擬態語であるが、これは、玉鬘という美人で賢い女性にだけ使っている。「おぼおぼ」は、ぼんやりしていることを表す擬態語。これは、正体のつかみにくい浮舟という女性にだけ使用。「たをたを」「なよなよ」「やはやは」という擬態語も、いずれも特定の登場人物の人柄の形容にのみ用いている。つまり、『源氏物語』は、登場人物の人柄や容貌を描き分けるために擬態語を使うのである。

黒髪の形容にしても、光沢美を表す「つやつや」は、女主人公の髪だけに、こぼれかかる美しさを表す「はらはら」は、重要な脇役の女性の髪に、動きの美しさを表す「ゆらゆら」は、子供の髪に、という使い分けをしている。『源氏物語』以外の作品で、擬態語を使い分けることによって人物造型をしていく作品に私は接したことがない。『源氏物語』の非凡な言語操作の方法に舌を巻くばかりである。

どどん

腹に響くような大きな打撃音。波が打ち寄せる音や大太鼓の音などの形容によく使われる。「ただ防波堤に当って砕ける浪の音のみが、どどんどどんと何時までも響いた」(夏目漱石❖『行人』)

◇類義語「どん」

「どん」も波や太鼓の打撃音を示すが、単発的な音である。対して「どどん」は連続音、それも「どんどん」のような単純な連続ではなく半ば重なって聞こえるような連続音を示す。(池上 啓)

ととんとん

太鼓をリズムをとりながらたたく音。「とん」自体は木などに物が当たった時の乾いた軽い音を示すもので、いろいろな音の形容に使われる。また、「とんとん」も、太鼓の音に限らず階段を昇ったり扉をたたいたりする音を広く示す。ただし、「ととんとんとん」になるとほぼ太鼓の音に限られる。そもそも「ととん」という形が太鼓の音を示す場合が多い。「三味線太鼓で、トトン、ジャカジャカ」(泉鏡花❖『歌行燈』)(池上 啓)

どばっ

大量に勢いよく噴き出る様子。「血便がドバッと出た」(朝日新聞00・12・29)、「熊本ラーメンの具は、…チャーシュー、揚げたニンニクに青ネギがドバッとかかった」(朝日新聞01・1・5)

◇類義語「どばーっ」「どっ」

「どばっ」と比べて、「どばーっ」は出続ける様子を表す。「アドレナリンがドバーッと体中を駆け巡る」(Hanako00・12・20号)。「どっ」の方が、「どばっ」よりも飛び散る程度が弱い。(間宮厚司)

どぶどぶ

大量の液体が揺れ動いて立てる音や、その様子。「雪解けの水が、一冬の塵埃(じんあい)に染まって、泥炭(でいたん)地(ち)のわき水のような色でどぶどぶと漂っている」(有島武郎❖『生れ出づる悩み』)

◇類義語「ざぶざぶ」「どうどう」

「どぶどぶ」が大量の水が揺れ動く音や様子を表すのに対し、「ざぶざぶ」は大量の水を盛んにかける音や様子を、「どうどう」は大量の水が激しく流れる音や様子を表す。(間宮厚司)

❖夏目漱石 英文学者・小説家。英語教師をへて、イギリスに留学。帰国後、『東京朝日新聞』の専属作家となり、同新聞に次々と作品を発表。森鷗外とともに近代日本文学の確立に貢献。作品『吾輩は猫である』『三四郎』など。(一八六七〜一九一六)

❖泉鏡花 小説家。能楽と江戸文学に造詣が深く、幻想性に富む独自の作品を創作。反自然主義作家としての評価も高い。作品『高野聖』『婦系図』など。(一八七三〜一九三九)

❖有島武郎 小説家。内村鑑三の影響を受け、キリスト教に入信。アメリカ留学後、明治四三年、雑誌『白樺』の創刊に参加。作品『カインの末裔』『或る女』など。(一八七八〜一九二三)

どぶり

①水の中に落ちる時の音。また、その様子。「私はそれを避けようとしてドブリと湯の中へ落ち込んだ」(夢野久作『鉄鎚』)

②波のうち寄せる音。また、その様子。「浪の音どぶりどぶり」(芥川龍之介『往生絵巻』)

◆類義語「どぶん」「どぶどぶ」

「どぶん」は①②の類義語。「どぶん」は「どぶり」より激しい。「どぶどぶ」は②の類義語。「どぶどぶ」は大量の液体が揺れ動く音や様子。(間宮厚司)

どぶん

①水の中に落ちたり、飛び込んだりする時の音。また、その様子。「どぶんと逆(さか)まに淵へ飛び込んだ」(宮沢賢治『さいかち淵』)

②波のうち寄せる音。また、その様子。「波の音が、どぶんどぶんと聞える」(太宰治『佐渡』)

◆類義語「どぼん」

「どぼん」は①の類義語。「どぶん」が水の飛び散る感じを表すのに対して、「どぼん」は水中に深く潜り込む感じを表す。(間宮厚司)

とぼとぼ

①元気のない足取りで、うつむき加減で寂しそうに小股で歩く様子。「暗い夜道をとぼとぼと歩いた」(朝日新聞00・12・29)

②疲れ果てたり、勢いがなく衰えた様子。「今ははや精も張りもぬけはてとぼとぼとしている」(総生寛(ふそうかん)『西洋道中膝栗毛』)、「とぼとぼ燃えている乞食の石油カン」(安部公房『詩人の生涯』)

◆類義語「てくてく」「ふらふら」「ぶらぶら」「よたよた」「よちよち」

いずれも、①の類義語。「とぼとぼ」が元気のない足取りでうつむき加減で歩く様子を表すのに対して、「てくてく」はやや長い道のりを一定のペースで根気よく歩き続ける様子を表し、「ふらふら」は体を揺れ動かしながら歩く様子を、「ぶらぶら」は目的もなく心の向くまま歩く様子を表す。また、「よたよた」は足がもつれて倒れそうに歩く様子、「よちよち」は幼児が頼りない足取りで歩く様子をそれぞれ表す。

◆参考 茨城県稲敷郡の方言「とぼとぼ」にもうろくした様子の意があるので、「とぼとぼ」の「とぼ」は「とぼける」と通じる可能性がある。(間宮厚司)

とぼとぼ 上司に叱られ、元気なく立ち去る。

(東海林さだお『平成サラリーマン専科』より)

❖夢野久作 →P.48
❖芥川龍之介 →P.12
❖宮沢賢治 →P.34
❖太宰治 →P.20
❖総生寛 戯作者。仮名垣魯文の友人で、魯文の『西洋道中膝栗毛』を引き継ぎ第一二～一五編を執筆。作品『千変万化世界大演劇一幕噺』など。(一八四一)
❖安部公房 →P.102

どぼん

水の中に落ちたり、飛び込んだりする時の音。また、その様子。「極寒のなか苦闘1時間、自作の温泉にドボン」(日刊スポーツ00・12・7)

◆**類義語**「どぶん」

「どぼん」は水中に深く潜り込む感じを、「どぶん」は水の飛び散る感じを表す。

■**参考** 滋賀県彦根地方で「どぼどぼ」と言えば、水にひどく濡れる様子を表すが、これは水中に落ちる「どぼん」の「どぼ」と関係しよう。 (間宮厚司)

どやどや

大勢が群がって、声をあげて騒がしく出入りする様子。「私たちは、どやどやと玄関に出た」(太宰治❖『チャンス』)、「先生はどやどやと這入って来た僕達を見ると」(有島武郎❖『一房の葡萄』)

「どやどや」は江戸時代から例が見られる。例えば、仮名草子『東海道名所記❖』に、「宿のうちどやどやと、にぎやかなるに目をさまし」とある。

また、「どやどや」に接尾語「めく」を付けた動詞「どやどやめく」という語も江戸時代に見える。

大正期の「どやどや」は火事をいう盗人仲間の隠語であった。火事が起こると人が集まって「どやどや」と騒々しくなるからだろう。

◆**類義語**「どかどか」「どたどた」「どたばた」

「どやどや」が声をあげて騒がしく出入りする様子を表すのに対し、「どかどか」は大きな足音を立てて歩く様子、「どたどた」は大きな足音を立てて小走りする様子、「どたばた」は暴れたり大きな足音で走り回って騒がしい様子をそれぞれ表す。

■**参考**「どやどや」の「どや」は「どやす」の「どや」や「どよめく」の「どよ」と関係がある。 (間宮厚司)

とろとろ

①固形物がとけてやわらかくなったり、液状物が粘り気を帯びている様子。「お米がとろとろになるまで煮込んだリゾット」(Hanako00・12・13号)。女房詞❖「とろとろ」は、とろろ汁のこと。とろろは、ヤマノイモなどをすりおろした粘り気のある食べ物で、「とろとろ」の語と粘りのある点で相通じる。「とろける」の「とろ」も「とろとろ」と関係する。

②火が勢いなく燃えたり、動作が緩慢な様子。

❖**太宰治** 小説家。井伏鱒二に師事。昭和一〇年に『逆行』が芥川賞候補になるなど、戦前から作家として知られる。戦後、坂口安吾などとともに無頼派と呼ばれ、『斜陽』『桜桃』などで流行作家となる。作品『ヴィヨンの妻』『津軽』など多数。(一九〇九〜四八)

❖**有島武郎** 小説家。内村鑑三の影響を受け、キリスト教に入信。アメリカ留学後、明治四三年、雑誌『白樺』の創刊に参加。作品『カインの末裔』『或る女』など。(一八七八〜一九二三)

❖**東海道名所記** 江戸時代の仮名草子。浅井了意著。道中記形式の名所案内記。万治年間(一六五八〜六一)刊。

❖**女房詞** 室町初期頃から御所などの女房たちが使い始めた隠語。酒を「くこん」のように、食物などに関する語を言い換える。江戸時代には将軍家や町家の女性にまで広がり、さらに「おでん」のように一般語として現代に残る語もある。

「ストオブの火は息をするように、とろとろと黄色に燃え上ったり」(芥川龍之介『寒さ』)、「作業をとろとろするな」。江戸時代の辞書『書言字考節用集』に「粘々 トロトロ」とある。「とろ火」「とろい」の「とろ」は「とろとろ」の「とろ」と同じで、勢いや力が弱いとか動作や反応がのろいという意味。

③眠気を催して目を開けていられなかったり、短時間の浅い眠りに入る様子。「とろとろと眠りかけたかとおもうと」(島木健作『鰊漁場』)、「とろとろ浅く眠る」(太宰治『犯人』)

また、「とろ」に接尾語「つく」「めく」を付けて動詞にした語に、「とろつく」「とろめく」がある。

◇類義語「ぬるぬる」「ねとねと」「うとうと」

「ぬるぬる」「ねとねと」は①の類義語。「とろとろ」がとけて粘り気のある様子なのに対し、「ぬるぬる」は粘り気があり滑りやすい様子、「ねとねと」は粘ってくっつく不快な様子。「うとうと」は③の類義語。「とろとろ」が眠気を催したり浅い眠りに入る様子を表すのに対して、「うとうと」は心地よい半眠りの様子を表す。

◆参考 「とろとろ下り」とは長く続くゆるやかな下りの坂道。「とろとろ下りを下りると、漁師の家らしい…」(鈴木三重吉『小鳥の巣』)　(間宮厚司)

どろどろ

①遠くで雷が鳴ったり、太鼓が連続して鳴り響く低い音。「どろどろと雷が鳴った」(芥川龍之介『妖婆』)。現在、雷の音は「ごろごろ」が普通。「試合始めのお太鼓が今しドロドロドンと鳴り出しかけた」(佐々木味津三『後の旗本退屈男』)。なお、「ひゅうどろどろ」は幽霊が現れ出る時の音。

②泥などが多く付いて、ひどく汚れている様子。「くつはどろどろ」(毎日新聞夕刊72・5・1)

③固形物がとけるなどして粘り気の強い不透明な液状になる様子。「アロエをすりおろしただけのドロドロの物体」(女性自身00・12・5号)

④感情が複雑に絡み合って、釈然としない様子。「ドロドロした政治の世界」(朝日新聞00・12・18)

◇類義語「どろん」「とろとろ」

共に③の類義語。「どろどろ」が固形物がとけて粘り気のある液状になる様子なのに対し、「どろん」は空気や液体が重くよどんでいる様子。「とろとろ」は「どろどろ」よりもねばり気が弱く、滑らかな様子を表す。

◆参考 方言「どろどろ」には雑炊(三重県志摩市)やぬかるみ(香川県)を表す例がある。　(間宮厚司)

❖芥川龍之介 →P.12

❖書言字考節用集 江戸時代の国語辞書。和漢音釈書言字考節用集。槙島昭武著。語彙や説明が多く百科辞書的な傾向が強い。語彙を意義分類した上で、いろは順に並べる。享保二年(一七一七)刊。

❖島木健作 →P.61

❖太宰治 →P.344

❖鈴木三重吉 小説家・児童文学者。夏目漱石に師事。大正七年、芸術性の高い童話・童謡のための雑誌『赤い鳥』を創刊。新美南吉などすぐれた童話作家を育てた。作品『千鳥』『桑の実』など。(一八八二〜一九三六)

❖佐々木味津三 大正一〇年に『呪はしき生存』でデビュー。『文藝春秋』の創刊に加わったが、長兄の死による負債返済のため大衆小説に転向。作品『右門捕物帖』『旗本退屈男』など。(一八九六〜一九三四)

とろり

①固形物がとけて液状になったり、それが滑らかに流れる様子。「とろりととろけるフォアグラ」(Hanako00・12・20号)。うま味を表現する時に、「とろり」はよく使われる。

室町末期の『日葡辞書』で「とろり」の項を見ると、「溶け、または、軟化するさま」とある。

②快い眠気を催したり、少しまどろんだりする様子。「甘い、香しい、暖かな、とろりとした、春の野に横わる心地」(泉鏡花『婦系図』)、「とろりとした目付きをして語った」(岡本かの子『家霊』)

類義語「とろっ」「とろーり」「とろとろ」

共に①②の類義語。「とろり」よりも、「とろっ」の方が状態を瞬間的にとらえて切れのある感じを表す。また、「とろり」と比べて、「とろーり」の方が持続的でより滑らかに流れる感じを表す。「とろり」が状態を一回で切り取って把握するのに対して、「とろとろ」は何度も繰り返して継続的な感じを表す。

参考　室町時代の辞書『運歩色葉集』には、「曇トロリ」とあり、天候の曇っているのを「とろり」と言っていたことがわかる。

(間宮厚司)

どろり

固形物がとけてやわらかくなったり、液状の物が濁っていて粘り気が強い様子。「溝は僕の知っている頃にはもう黒い泥水をどろりと淀ませているばかりだった」(芥川龍之介『本所両国』)

室町末期の『日葡辞書』の「どろり」の項には、「蠟など、物が溶けるさま」との意味記述があり、例文「どろりとなった」には、比喩として「だらりとして、元気のない人について言われる」という説明が見られる。

類義語「とろり」「どろっ」「どろん」「どろーり」

「とろり」の方が「どろり」よりもねばり気が弱く、軽い感じで、滑らかに流れる様子を表す。「どろり」よりも「どろっ」の方が、状態を瞬間的にとらえて切れのある感じを表す。「どろり」が固形物がとけて粘り気の強い不透明な液状になる様子を表すのに対して、「どろん」は空気や液体が重くよどんでいる様子を表す。「どろり」と比べて、「どろーり」の方が持続的で広がりのある感じを表す。

参考　高知県旧香美郡の方言「どろり」には、全く、皆、すっかりの意味がある。

(間宮厚司)

日葡辞書　一七世紀初頭の、ポルトガル語で説明した日本語辞書。イエズス会の宣教師によって成る。室町末期の口語を中心に方言、文書語、歌語、女性語など、三万余語を収録。慶長八〜九年(一六〇三〜〇四)刊。

泉鏡花　→P.8

岡本かの子　→P.91

運歩色葉集　室町時代の国語辞書。当時の通俗語をいろは順に記す。巻末に、動植物を分類した項目も付す。当時の文化を知る上でも貴重な資料。天文一七年(一五四八)成立。

芥川龍之介　→P.12

どん

①銃の発砲音。「突然ドンという銃声が彼の一間ばかり前で起った」（夏目漱石『明暗』）

②重い物が落ちたり、勢いよくぶつかったり、強くたたいたりした時に出る音。また、その様子。「荷物を置くような荒っぽさで、ドンと娘を手放した」（朝日新聞00・12・24）、「いすを、いきなりどんとけり飛ばされた」（朝日新聞00・12・31）、「テーブルをどんとたたいた」（太宰治『令嬢アユ』）

③物事が威勢よく進む様子。「やれ行け、それ行け、どんと行け」（SPA!00・12・27号）

④物がたくさんある様子。「ボーナスはドンとやっていい」（週刊現代00・12・9号）

⑤ゆるぎない態度でいる様子。「どんと構える」

◇類義語「どーん」「とん」「どかん」

「どーん」は①〜⑤の類義語。「どん」に比べて「どーん」の方が大きく長く甚だしい様子を表す。「とん」は②の類義語。「どん」よりも「とん」の方が軽く弱く小さな音や様子を表す。「どかん」は①〜④の類義語。「どん」が銃声を表すのに対し、「どかん」は大砲などの大きな爆発音を表す場合が多く、「どん」よりもすさまじい様子。（間宮厚司）

どん うれしさのあまり、思いっきりぶつかって抱きつく。

（うえやまとち『クッキングパパ』より）

とろん

①空気や液体が何となくよどんだり沈んだりしている様子。「とろんとした鉛色の海が見えた」（宇野浩二『苦の世界』）

②眠気などで何となく目に輝きがなくいくぶん濁っている様子。「春隆のトロンと濁った目は急に輝いた」（織田作之助『土曜夫人』）

◇類義語「どろん」

「どろん」は①②の類義語。「どろん」は「とろん」と比べて、より重く濁った感じを表す。（間宮厚司）

どろん

①空気や液体が重くよどんだり沈んだりしている様子。「空気はどろんと濁ったまま穴倉のように不気味な静けさで」（北条民雄『いのちの初夜』）

②眠気などで目に輝きがなく濁っている様子。「目が、どろんと濁っている」（太宰治『女生徒』）

③姿をくらます様子。「どろんと消え失せる」

◇類義語「とろん」

「とろん」は①②の類義語。「とろん」は「どろん」と比べて、程度の軽い状態を表す。（間宮厚司）

❖宇野浩二 →P.266
❖織田作之助 →P.139
❖北条民雄 →P.210
❖太宰治 →P.20
❖夏目漱石 英文学者・小説家。英語教師をへて、イギリスに留学。帰国後、『東京朝日新聞』の専属作家となり、同新聞に次々と作品を発表。森鷗外とともに近代日本文学の確立に貢献。作品『吾輩は猫である』『三四郎』など。（一八六七〜一九一六）

どんちゃん

酒宴などで大きな声で話したり、歌を歌ったり、踊ったりして、大騒ぎをする時の音。また、はその様子。「朝の3時半までドンチャン騒ぎです」(週刊現代00・12・16号)

◆**参考** 「どんちゃん」の「どん」は太鼓の「どん」の音、「ちゃん」は鉦(かね)(縁のついた円盤形の小型で平たい銅製の打楽器)の音を表したもの。江戸時代の国語辞書『❖俚言集覧(りげんしゅうらん)』に、「どんちゃん ドンは鼓声也、チャンは鐘声也」という説明がある。本来「どんちゃん」は、歌舞伎の合戦場面を盛り上げるところで打ち鳴らす音そのものだった。しかし、中には「あぁ百二十五両棒に振らうかと思へば、心は太鼓鐘よりどんちゃんします」(浄瑠璃『❖車還合戦桜(くるまがえしかっせんざくら)』)のように、心配事で心が乱れて胸がどきどきする様子に転用した例も江戸時代に見える。

現代では酒を飲んで歌ってにぎやかに遊興する様子を「どんちゃん騒ぎ」という(まれに「どんちき騒ぎ」という場合もある)が、江戸時代には「どんちゃんつかす」あるいは「どんちゃんつく」などと言っていた。

(間宮厚司)

どんちんかん

話が噛(か)み合わなかったり、その場にそぐわないことをしたりする様子。転じて、頭の回転が鈍く間の抜けたことをする様子。また、そのような人。「頭脳がトンチンカンな動きして本物を疑いニセ物に入れ込む」(日刊スポーツ00・12・19)

◆**参考** 鍛冶屋が交互に槌(つち)を叩くために常にずれて響く音が語源とされる。漢字で「頓珍漢」と書くのは当て字。ちなみに、槌の音からきた語には他に「とんかち(金槌)」がある。

(小柳智一)

とんとん

①軽い物が続けて調子よく当たる音。まな板上で物を刻む音など、木製の物が当たる音を表す場合が多い。「陳さんは(ヴァイオリンを)光にかざし、トントンたたいた」(朝日新聞00・12・13)

②物事が中断せず順調に進行する様子。以前は単独で「とんとんと進む」のように用いたが、最近はおもに「とんとん拍子」の形で用いる。「とんとん拍子に出世するが」(週刊現代00・12・2号)

③二つの物がほぼ同程度である様子。主に収支

❖**俚言集覧** 江戸時代の国語辞書。太田全斎(一七五九〜一八二九)の著作『諺苑(げんえん)』に村田了阿らが手を加えて成立したもの。最終的な成立年は不明。書名は石川雅望著の『雅言集覧』に対するもので、その名の通り、方言、俗語、諺などを集めてある。地域としては江戸語が大半を占める。なお、写本として伝わっていた本書を明治期に井上頼圀らが増補改訂して刊行した『増補俚言集覧』がある。

❖**車還合戦桜** 江戸時代の浄瑠璃。文耕堂作。享保一八年(一七三三)初演。

や能力について用いる。「黒字と収支トントンがそれぞれ三割強」（日本工業新聞00・12・8）

◇類義語「とん」

「とん」は①の類義語。軽い物がはずみをつけて一回当たる音を表す。「政雄は孝の肩をとんと小突いた」（井上ひさし『下駄の上の卵』）

◈参考　江戸時代から見られる語。「玄関の戸をとんとんと。たたく」（浄瑠璃『夕霧阿波鳴渡』）。叩く音に変化をつけ、「とかとん」「とことん」などとなることもある。「トカトントンとあの金槌の音が」（太宰治『トカトントン』）　（小柳智一）

どんどん

①重い物が続けて衝突したり破裂したりして出す、低く大きな音。たとえば、太鼓やドアを叩く音、花火が爆発する音、床を強く踏みならす音など。「ピーヒャラ、ドンドン、カンカンカン―笛や太鼓、かねを鳴らして練り歩き」（朝日新聞00・1・8）。なお、以前は激流や滝の音または様子を表すこともあったが、現在ではあまり用いない。「どんどんと砕ける波に」（中勘助『銀の匙』）

②物事が停滞せず勢いに乗って進行する様子。「行く」「来る」「増える」「たまる」などの進行や増進を表す動作・変化に連なることが多い。「声もどんどん遠くなってゆく」（宮部みゆき『震える岩』）、「データーはどんどんふえて来てさ」（曾野綾子『太郎物語』）

◇類義語「どん」「どしどし」

「どん」は①の類義語。重い物が一回勢いよく衝突したり破裂したりして出す音。また、その様子。「雨戸にどんとぶっつかる」（川端康成『雪国』）。さらに、「どんと行く」「どんと来い」などの形で、思い切って挑戦する様子を表す。「そら勝負だ。こいよどんとな」（椎名誠『新橋烏森口青春篇』）。「どしどし」は②の類義語。「どんどん」が意志の有無にかかわらないのに対して、「どしどし」は意志をもって積極的に推し進める様子。

◈参考　江戸時代から見られる語。「間近く寄る鐘太鼓。音はどんどん」（浄瑠璃『源平布引滝』）。「どんどん」を物の俗称として用いることがある。たとえば、江戸時代には、太鼓持ちが叩く太鼓の音から、太鼓持ちの俗称として用いた。現代でも、雷鳴を「どんどん」と聞き、そこから雷の俗称や幼児語として、「どんどん」「どんどんさま」「どんどんさん」などという地方がある。　（小柳智一）

どんどん　ドアを強く思いきりたたく。

（赤塚不二夫『おそ松くん』より）

❖**井上ひさし**　→P.25
❖**夕霧阿波鳴渡**　江戸時代の浄瑠璃。近松門左衛門作。正徳二年（一七一二）初演。
❖**太宰治**　→P.20
❖**中勘助**　→P.52
❖**宮部みゆき**　→P.142
❖**曾野綾子**　→P.25
❖**川端康成**　→P.91
❖**椎名誠**　→P.42
❖**源平布引滝**　江戸時代の浄瑠璃。並木宗輔ら作。通称「実盛物語」。寛延二年（一七四九）初演。

どんぴしゃり

両手の手のひらが寸分のずれもなく打ち合うように、二つの物が少しの狂いもなく完全に一致する様子。「どん」は「どんけつ」「どん詰まり」の「どん」や「ど真ん中」の「ど」と同じで強調を表す。「ぴしゃり」は勢いよくものが当たる音または様子。「どんぴしゃりのタイミングで出てきたお化けだったなあ、あれ」(宮部みゆき『生者の特権』)「どんぴしゃ」ともいう。「一休役はどんぴしゃで決まり」(週刊文春01・9・13号)　(小柳智一)

どんより

①空が曇ったり水が濁ったりして、重苦しい鉛色をしている様子。不安や不気味さなどの鬱屈した感情を伴う表現である。「どんよりとした鉛色の空」(二階堂黎人『吸血の家』)、「鉛色の水がどんよりと流れている」(北村薫『スキップ』)

②病気などのせいで、意識が澄明でなく、混濁している様子。また、生気の感じられないような目の様子。倦怠感や無気力感など、閉塞した感情を伴う表現である。「発熱のためにドンヨリとうるんだ脳の中」(江戸川乱歩『虫』)、「どんよりした眼を作さんの方に向けた」(夏目漱石『こゝろ』)

◈**参考**　①は人間の外界の状態で、②は人間の内面の状態だが、ともに、暗くふさぎ込むような感情を伴う点で共通する。そのため、小説などでは、①であっても、登場人物の②を反映させた表現であることが多い。

なお、暗く陰のあるような目をさすことばに「どんよりまなこ」がある。「鶏冠(とさか)めかして亜麻色の前髪をたてた、快い曇眼(どんよりまなこ)の、背の高い、壮年の男」(二葉亭四迷『めぐりあひ』)　(小柳智一)

❖**宮部みゆき**　小説家。平成四年『本所深川ふしぎ草紙』で吉川英治文学新人賞受賞。同一一年、『理由』で直木賞受賞。SF・推理・時代小説と多彩な分野で活躍。作品はほかに『火車』『蒲生邸事件』など。(一九六〇)

❖**二階堂黎人**　→P.285

❖**北村薫**　小説家。高校教師をしながら小説を書き、平成元年、『空飛ぶ馬』でデビュー。同三年、『夜の蝉』で日本推理作家協会賞受賞。作品『冬のオペラ』『スキップ』など(一九四九)

❖**江戸川乱歩**　→P.147

❖**夏目漱石**　→P.8

❖**二葉亭四迷**　→P.25

なみなみ

液体が容器の縁いっぱいまで入っている様子。あるいは、表面張力で水面が盛り上がり、今にもあふれ出しそうなほど満ちている様子。飲み物、特に酒を注ぐ場面で用いることが多い。「ぼくのコップにはいつの間にかシュナップス(＝チロル地方の強い酒)がまたなみなみと入っているではないか」(小沢征爾❖『ボクの音楽武者修行』)

◆参考　江戸時代から見られる語。「大盃へなみなみとつぐ」(咄本『楽牽頭(がくたいこ)❖』)　(小柳智一)

なよなよ

①細長い物が力なく萎(な)え、曲がったり倒れかかったりしている様子。弱々しさを表す一方で、完全に折れてしまわないしなやかさも表す。「馬は…、突張った脚もなよなよとして身震をしたが」(泉鏡花❖『高野聖』)、「青柳のしだれ初めたころの、なよなよした風情」(田辺聖子❖『新源氏物語』)

②印象や態度が弱々しくはかない様子。主にひ弱なことをいう「なよなよした(人)」「なよっちい(奴)」もこの意味である。「彼女の姿は、…なよなよと夢のようで」(江戸川乱歩❖『虫』)

◆参考　平安時代から見られる語。「なよなよとして、ものも言はず、息もしはべらず」(『源氏物語❖』)。「なよなよ」は「なよ」をくり返した語だが、この「なよ」から派生した語には古く、物や態度が柔らかく優美であることを表す「なよぶ」「なよよか」「なよやか」などがあった。また、「なゆ」ともいい、若くしなやかな竹は「なよ竹」(「なよ竹のかぐや姫」の「なよ竹」)とも「なゆ竹」ともいった。語源的には「萎(な)ゆ」(今の「萎える」)と関係があると考えられる。　(小柳智一)

にこにこ

人がうれしそうに微笑(ほほえ)んでいる様子。「弟のほうは遊んでもらえると勘違いしてニコニコする」(朝日新聞00・12・7)。鎌倉時代から見られる語。『伊呂波(いろは)字類抄❖』に「莞爾　ニコニコト」とある。それ以前は、「にここ」という語が「にこにこ」の意味を表した。「面を見れば、にここに咲(え)むで宣(のたま)はく」(『今昔物語集❖』)

◇類義語「にこ」「にこっ」「にこり」

「にこにこ」は、微笑みが反復されたり長く続い

にこにこ　親しみをこめて、うれしそうに笑う。

(うえやまとち『クッキングパパ』より)

❖**小沢征爾**　→P.283

❖**楽牽頭**　江戸時代の咄本。稲穂編。江戸の笑い話愛好者の集まり(「咄の会」と呼ばれた)に寄せられた創作小咄を集めたもの。明和九年(一七七二)刊。

❖**泉鏡花**　→P.8

❖**田辺聖子**　→P.23

❖**江戸川乱歩**　→P.147

❖**源氏物語**　→P.194

❖**伊呂波字類抄**　三巻本の『色葉字類抄』(→P.229)を増補した一〇巻本をいう。鎌倉初期成立。

❖**今昔物語集**　平安時代の説話集。編者未詳。インド・中国・日本の一〇〇〇余りの説話を収録。仏教的、教訓的な傾向が強いが、内容は多彩であり、あらゆる階層の人間が登場する。一二世紀初頭成立。

たりするのに対し、「にこ」「にこっ」「にこり」は、微笑みが一回的で短時間である時に使う。「二人はニコと遠い笑いを見交わして別れた」(吉川英治『宮本武蔵』)、「小柄な豊田にチラチラ視線を送って、思わずニコッ」(週刊現代00・12・2号)

◆参考　昔は、なごやかな様子も表した。「いかにして 垣根に生ふる にこ草の にこにことのみいもにあひ見ん」(『新撰和歌六帖』)。また、物を嚙む音や様子も表した。「口に物をかむに、にこにことかむといへる」(『名語記』)。現代の「にちゃにちゃ」に近いか。　(山口仲美)

にこり

声を出さずに、嬉しそうな微笑を一回浮かべる様子。「お初の顔を見ると、辰三はにこりとした」(宮部みゆき『天狗風』)。また、「にこりともしない」の形で、無愛想に仏頂面をしている様子を表す。「理一はにこりともしないで息子に言った」(立原正秋『冬の旅』)

◇類義語「にっこり」

「にっこり」は「にこり」より笑顔が鮮明で、その分、嬉しさの程度も大きい。　(小柳智一)

にたにた

①声を立てずに、良からぬ下心のありそうな薄笑いを、顔一面にへばりつかせるように浮かべる様子。いやらしさや気味悪さを伴う表現である。「見張りの男は、ちょいとニタニタし始めた」(宮部みゆき『天狗風』)。また、「にたにた」と笑うことを「にたにた笑い」といい、小説などで、悪巧みの成功しそうな人物が思わず笑みを浮かべてしまう場面で多く用いられる。「抑えつけても抑えつけても、溢れ出すようなニタニタ笑いを、顔一杯にみなぎらせながら」(江戸川乱歩『二銭銅貨』)

②物が粘りつく様子。ただし、現代ではほとんど用いず、「にちゃにちゃ」を用いるのが普通。「脂じみた雲脂が一ぱいにたまってにたにたする」(鈴木三重吉『小鳥の巣』)

◇類義語「にこにこ」「にやにや」

「にこにこ」「にやにや」は声を出さずに笑い顔になっている点では「にたにた」と同じだが、「にたにた」がいやらしさや気味の悪さを伴うのに対して、「にこにこ」は嬉しそうな明るい笑い方を表す。「にやにや」もいやらしい感じを伴うが、「にたにた」ほど気味悪くはない。　(小柳智一)

❖**吉川英治**　小説家。大正三年、『剣難女難』『鳴門秘帖』で流行作家となり、昭和一〇年から『東京朝日新聞』に連載の「宮本武蔵」で時代小説に新境地を開く。作品『私本太平記』『新書太閤記』など。昭和三五年、文化勲章受章。(一八九二〜一九六二)

❖**新撰和歌六帖**　鎌倉時代の類題和歌集。新撰六帖題和歌。藤原家良、藤原為家などの五人が、平安時代の『古今和歌六帖』に倣って、それぞれ同じ歌題で詠じたものを収めた歌集。奇語が多く、特異な歌風に特色。寛元二年(一二四四)頃成立。

❖**名語記**　→P.24

❖**宮部みゆき**　→P.142

❖**立原正秋**　→P.98

❖**江戸川乱歩**　→P.147

❖**鈴木三重吉**　→P.124

にたり

声を出さずに、いやらしい薄笑いを顔いっぱいに浮かべる様子。気味悪さを伴う。「ニタリと頬に不敵な笑いを浮かべて」(椎名誠『気分はだぼだぼソース』)

◆**類義語**「にたりにたり」

薄笑いを浮かべ続ける様子で、その分一回的な笑いの「にたり」よりも気味が悪い。「ニタリニタリと笑っている、あの古い物語の恐ろしい妖婆の姿」(江戸川乱歩『屋根裏の散歩者』)　(小柳智一)

にちゃにちゃ

粘り気が強く、物がくっついたり離れたりする時に出る不快な音。また、その様子。糊や油などで物が粘性を持っている場合に広く用いるが、口の中で物が唾液と混ざり、それを噛んでいる場合に用いることが多い。「このにちゃにちゃした脂ッ手が不快を与えはしなかろうか」(谷崎潤一郎『痴人の愛』)、「(干し柿を)にちゃにちゃと噛みながら」(司馬遼太郎『国盗り物語』)

◆**類義語**「ねちゃねちゃ」「ねばねば」「くちゃくちゃ」

「ねちゃねちゃ」は物が潰れて粘り気を帯びた様子で、「にちゃにちゃ」よりも粘り気がある。「ねばねば」はさらに粘り気が強く、糸を引く感じ。「くちゃくちゃ」は「にちゃにちゃ」よりも用い方が狭く、物を噛む場合に限られる。ただし、紙などが丸められて皺だらけになった様子も表す。

■**参考**　江戸時代から見られる語。古く鎌倉時代から「にたにた」「にやにや」が粘りつく様子を表していたので、「にちゃにちゃ」はこの二つが混じり合って出来た語かもしれない。　(小柳智一)

にっ

声を立てず、瞬間的に唇を左右に引き歯をのぞかせて笑う様子。誉められたりして、満足した場合に用いる。「おじさんは、にっとして、行ってしまおうとする」(北村薫『スキップ』)

◆**類義語**「にーっ」

「にーっ」は「にっ」よりも笑顔を浮かべている時間が長く、笑っている表情が鮮明である。

■**参考**　室町時代から見られる語。「にっと笑ふ」(『日葡辞書』)　(小柳智一)

❖**椎名誠**　→P.42

❖**江戸川乱歩**　→P.147

❖**谷崎潤一郎**　→P.7

❖**司馬遼太郎**　小説家。昭和三四年『梟の城』で直木賞受賞。卓抜な文明批評と、独自の史観にもとづく歴史小説によって、広い読者層を持つ。作品『竜馬がゆく』『坂の上の雲』など多数。平成五年、文化勲章受章。(一九二三〜一九九六)

❖**北村薫**　小説家。高校教師をしながら小説を書き、平成元年、『空飛ぶ馬』でデビュー。同三年、『夜の蝉』で日本推理作家協会賞受賞。作品『冬のオペラ』『スキップ』など(一九四九〜)

❖**日葡辞書**　一七世紀初頭の、ポルトガル語で説明した日本語辞書。イエズス会の宣教師によって成る。室町末期の口語を中心に方言、文書語、歌語、女性語など、三万余語を収録。慶長八〜九年(一六〇三〜〇四)刊。

にっこり

声を立てずに、嬉しそうな笑顔を浮かべる様子。「老婦人が私たちの会話に耳をそばだて、にっこりとほほ笑んだ」（日本経済新聞00・12・20）

◇類義語「にっこ」「にっこにこ」

「にっこ」は「にっこり」とともに室町時代から見られ、同じ様子を表すが、現代では古めかしい表現である。「にっこりする」とはいうが、「にっこする」とはいえないなど、用法も狭い。「にっこにこ」は満面に笑みを浮かべる様子。（小柳智一）

にゃーにゃー

猫の鳴き声。「にゃんにゃん」よりもか細い声。「薄暗いじめじめした所でニャーニャー泣いていた」（夏目漱石❖『吾輩は猫である』）

現代、猫の声として最も一般的なのは、「にゃーにゃー」「にゃんにゃん」であるが、江戸時代では、「にゃーにゃー」がその代表。「ふところにて猫ニャアとなく。『なんだニャアだ。…あんまりおさだまりだ』」（『浮世床❖』）とある。「にゃー」の声が当時の決まりきった猫の声であった。（山口仲美）

にやにや

声を出さずに、薄笑いを浮かべている様子。自分にとって有利なことや愉快なことを密かに考えている場合に用い、他人から見るといやらしさを伴う笑い方を表す。「竜司はさもおかしそうにニヤニヤしている」（鈴木光司❖『リング』）

「にやにや」は鎌倉時代から見られるが、当時は物が粘りつく様子を表した。「ねばき物を『にやにやとある』といへる如何（＝ねばつく物を『にやにやとある』といっているのはなぜか）」（『名語記❖（みょうごき）』）。「にやにや」笑うことを意味する「にやつく」も本来は、粘りつくことを表す語だった。また、現代語の「にやつく」の類義語である「にやける」は本来は男色に関わる語で、男性が女性のように艶っぽくふるまうことを表した。「にやにや」「にやつく」「にやける」が、薄笑いを浮かべる様子を表すようになるのは、明治時代以降である。

◇類義語「にやっ」「にやーっ」

「にやっ」は瞬間的に薄笑いを浮かべる様子。「ふいにニヤッとした」（女性自身00・12・19号）。「にやーっ」は「にやっ」に比べて、薄笑いの表情がゆっくり顔全体に広がる感じがある。（小柳智一）

❖夏目漱石 →P.8
❖浮世床 →P.102
❖鈴木光司 →P.191
❖名語記 →P.24

にっこり 帰宅した夫に妻が満面の笑みを浮かべてお酌する。

（うえやまとち「クッキングパパ」より）

にやり

声を出さずに、いやらしい薄笑いを浮かべる様子。自分の目論見通りにことが運び、満足した場合などに用いる。「天井から長い首の子供の顔が垂れ下がっていて、目が合った瞬間ニヤリと笑われた」(ダ・ヴィンチ01・9月号)

◇類義語「にやりにやり」「にやにや」

「にやり」が一回的なのに対し、「にやりにやり」「にやにや」は連続的・持続的。ただし、「にやりにやり」の方がいやらしさが強い。

（小柳智一）

にゃんにゃん

猫の鳴き声を写す語。現在最も一般的な猫の声。犬の「わんわん」に並び称せられる。「『わんわん』『にゃんにゃん』とにぎやかな鳴き声が今にも聞こえてきそうだ」(朝日新聞00・12・10)。童謡や流行歌にも頻出する。童謡「犬のおまわりさん」でも、犬の声の「わんわん わわん」に対して、猫の声は、「にゃんにゃん にゃにゃん」。

猫の声を「にゃんにゃん」と写すようになったのは、江戸時代から。「オオ可愛やと猫撫声(ねこなでごえ)。にゃんにゃん甘える女猫の声」(『❖大経師昔暦(だいきょうじむかしごよみ)』)のごとくである。ただし、江戸時代では猫の声としては「にゃーにゃー」の方がより一般的。「にゃんにゃん」は、女性を連想させるような特殊な場面で使われることが多い。時代を遡った平安時代では、猫の声は、「ねうねう」(『❖源氏物語』)と記されている。「ん」の表記が確定していなかったために「う」で記されているが、実際の発音は、「ねんねん」であったと推測される。「寝ん寝ん(寝よう寝よう)」の意味に掛けて聞かれている。江戸時代になっても、「にょう」と写し、「寝よう」の意味に聞く猫の声の流れがある。

◇類義語「にゃん」「にゃごにゃご」「にゃごーにゃごー」「にゃーごにゃーご」

「にゃん」は、「にゃんにゃん」と違って、一回限りの鳴き声。「にゃごにゃご」「にゃごーにゃごー」「にゃーごにゃーご」は、「にゃんにゃん」よりも切羽詰まった声を表し、訴えかける力が強い。

◆参考 飼い猫は、奈良時代に大陸から渡来した。平安時代になると、天皇をはじめ貴族たちは、中国から渡来した唐猫を愛育している。その可愛がり方は並一通りではなく、猫が子を産めば祝賀パーティまで催すほどであった。

（山口仲美）

❖大経師昔暦 江戸時代の浄瑠璃。近松門左衛門作。正徳五年(一七一五)初演。

❖源氏物語 平安時代の物語。紫式部作。現存の物語は「桐壺」以下「夢浮橋」までの五四帖から成る。美貌の貴公子・光源氏が、多くの女性と関わりながら到達した栄華と、その晩年の苦悩、さらに光源氏亡き後、次世代の物語を描いた長編。「橋姫」以下の最後の一〇帖は特に「宇治十帖」と呼ばれる。物語文学の最高峰とされ、後世の文学に与えた影響は多大である。一一世紀初頭成立。

にゅっ

長い物が急に突き出るように現れる様子。「にゅっと船頭が首を出して」(❖火野葦平『山芋』)。また、長い物を無遠慮に突き出す様子。「豪勢なパンティを出すと、にゅっと足を突っ込み」(❖幸田文『流れる』)。明治時代から使われている語。

◇**類義語**「にゅー」「にゅーっ」

「にゅっ」が急に突き出る感じであるのに対し、「にゅー」はゆっくりと突き出ている感じ。「にゅーっ」は突き出て止まった感じ。(吉田永弘)

にゅるにゅる

手でつかむと滑り出てしまうくらいに、表面にぬめりがある様子。ウナギなど細長い物について言うことが多い。「裸足でにゅるにゅるする泥道を通った小学生のころの思いも捨てがたく」(朝日新聞01・7・24)。近代になって現れた語。

◇**類義語**「にょろにょろ」

「にゅるにゅる」は感触に重点を置くが、「にょろにょろ」はヘビなどの細長い物がうねり進む様子を表し、動作に重点を置く。(吉田永弘)

にゅるり

表面にぬめりのある物が滑り出る様子。また、ぬめりのある様子。「知らずに踏んだコオロギの雌の腹から、にゅるりとはみ出した黄金の卵の塊」(日本農業新聞97・8・4)

◇**類義語**「にゅるっ」

「にゅるっ」は、一瞬にして滑る様子を表す。「にゅるっとした一風変わった食感が何とも言えません」(北國新聞夕刊01・7・6)は、カレーそうめんの紹介記事の例。(吉田永弘)

にょきっ

①細長い物が瞬間的に伸びる様子。「にょきっと何本かの太い汚れた指を相手の鼻先に突き立てる時の狡猾な口許」(❖井上靖『射程』)

②物が勢いよく伸びていたり突き出していたりする様子。「枝豆の畑には五六本の芒(すすき)がにょきっと伸びていた」(❖丹羽文雄『愛欲』)

■**参考**　近代に現れる語。江戸時代には、物が突き出る様子を「つい」で表した。「長竿がツイと出てゐるから」(滑稽本『❖浮世風呂』)(吉田永弘)

❖**火野葦平**　小説家。昭和一三年『糞尿譚』で芥川賞受賞。日中戦争に従軍した体験を生かし、戦後、『麦と兵隊』『土と兵隊』『花と兵隊』の三部作を発表。作品はほかに『花と竜』『青春と泥濘』など。(一九〇七〜六〇)

❖**幸田文**　小説家・随筆家。幸田露伴の次女。昭和二二年、露伴の臨終を描いた『終焉』で注目される。歯切れのよい端正な文体で知られる。作品『流れる』『おとうと』など。(一九〇四〜九〇)

❖**井上靖**　小説家・詩人。大阪毎日新聞入社後、昭和二四年『闘牛』で芥川賞受賞。作品『氷壁』『天平の甍』など。昭和五一年文化勲章受章。(一九〇七〜九一)

❖**丹羽文雄**　→P.290

❖**浮世風呂**　→P.98

にょきにょき

細長い物が伸びる様子。また、伸びている様子。「至る所から腕ぐらいの太さの幹がにょきにょきと、五メートルほどの高さまで伸びている」(朝日新聞00・12・6)。複数の細長い物が次から次へと伸びる様子や伸びた様子も表す。「四百六十本のドラム罐が、杙みたいにニョキニョキと埋って、掘る人を待っている」(❖石坂洋次郎『石中先生行状記』)

◇類義語「にょきっ」「にょっき」「にょっきり」

徐々に伸びる「にょきにょき」に対して、「にょきっ」は、瞬間的に伸びる様子を表す。また、「にょきにょき」よりも勢いよく突き出ている様子を表す。「にょっき」「にょっきり」は、「にょきにょき」よりきわだって伸びている様子。「にょっきり」の方が「にょっき」よりいっそうきわだった感じを伴い、よく使われる。

◈参考 江戸時代一七世紀後半頃から使われている。当初は、「突然、勢いよく人が現れる様子」を表していた。「奥の襖をぐゎらりと明け、風呂敷わいがけ旅の僧にょきにょきと立ち出づれば」(浄瑠璃『❖義経千本桜』)。現代語と同じ意味の例が現れるのは、一九世紀になってから。

(吉田永弘)

にょっき

細長い物が目立って伸びている様子。「外套の下から、うす汚い股引をつけた両脚がにょっきと出ている」(❖太宰治『道化の華』)。近代に現れる語。最近は意味の近い「にょっきり」に押されて滅びつつある。「にょっきり」は「にょっき」よりきわだった感じを伴う語で、「がっくり」「ちゃっかり」「ばっさり」など類似の語形も多いが、「にょっき」は類似の語形も「どっか」「はっし」など少ないため劣勢となったのだろう。

(吉田永弘)

にょっきり

細長い物がきわだって伸びている様子。「にょっきりとそのしなしなした二本の腕を真っ直ぐに伸ばし」(❖谷崎潤一郎『痴人の愛』)。童謡「お山の杉の子」に、「にょっきり芽が出る」の一節がある。

◈参考 江戸時代から見られる語。当時は同様の意を表す語に「にょっこり」「にょっぽり」があった。「へびのあたまがにょっこり出る」(『❖東海道中膝栗毛』)、「にょっぽりと 秋の空なる 富士の山」(『❖鬼貫句選』)

(吉田永弘)

❖石坂洋次郎 →P.34

❖義経千本桜 江戸時代の浄瑠璃。並木宗輔ら作。延享四年(一七四七)初演。

❖太宰治 →P.20

❖谷崎潤一郎 小説家。第二次『新思潮』に掲載の「刺青」でデビュー、耽美派の作家として注目される。関西に移住後は古典趣味を深め、多くの名作を発表。作品『痴人の愛』『細雪』など。(一八八六〜一九六五)

❖東海道中膝栗毛 江戸時代の滑稽本。十返舎一九著。享和二年(一八〇二)〜文化六年(一八〇九)刊。

❖鬼貫句選 江戸時代の俳人上島鬼貫の選集。炭太祇編。鬼貫の句集『仏兄七久留万』から秀句を選んだもので、与謝蕪村の跋があり、鬼貫が世間に認められる契機となった。明和六年(一七六九)刊。

にょろにょろ

①ヘビなどの細長い生き物がゆっくりうねりながら進む様子。「落葉のかげから季節はずれの山かがしが一ぴき、力なく身体をのたくらせながら、にょろにょろと出てきたのである」(尾崎士郎『人生劇場愛欲篇』)

②細長く伸び出ている様子。「鼻の穴から、何時も無恰好な鼻毛を二三本にょろにょろと覗かせている」(尾崎士郎『人生劇場青春篇』)

③細くて頼りない様子。「女というものはああいう風ににょろにょろしたやつでないと惚れる気にならんのかな」(尾崎士郎『人生劇場残侠篇』)

◇類義語「**にょろっ**」「**にょろり**」「**にゅるにゅる**」

「にょろっ」「にょろり」は①の類義語。動き続ける「にょろにょろ」に対して、一回の動作や出現を表す。「にょろり」より「にょろっ」の方が瞬間的な動作。「にゅるにゅる」も①の類義語。「にょろにょろ」が動作に重点を置くのに対して、「にゅるにゅる」はぬめりのある感触に重点を置く。

◆参考　江戸時代から例がある。①から②③が派生した。首や足が細長い鷺(さぎ)の如(ごと)しとの意を含んだ「如鷺如鷺(にょろにょろ)」の字を当てることが多い。(吉田永弘)

にょろり

ヘビなどの細長い生き物が動いたり現れたりする様子。「向うの溝から鰌(どじょう)にょろり、此方の溝から鰌にょろり」(泉鏡花『国貞ゑがく』)

◆参考「にょろにょろ」よりも成立が古く、室町時代から例が見られる。「何やら鼻の先へ、にょろりにょろりとおこすると思ふたれば」(狂言『鼻取相撲』)のように、相撲を取っていて、相手の鼻に向けて手を伸ばした描写に「にょろり」を使っている。(吉田永弘)

にんまり

思い通りにいったと満足感に浸りながら、声を出さずに笑みを浮かべる様子。イヤらしい感じが伴うこともある。「わたしはその時、ニンマリと微笑んだかもしれない」(幸田文『流れる』)

◇類義語「**にこにこ**」「**にやり**」

「にんまり」と同様、声を出さずに笑みを浮かべる様子を表す語であるが、「にこにこ」は邪気のない感じを伴い、「にやり」は意味ありげな感じを伴う点で「にんまり」とは異なる。(吉田永弘)

❖**尾崎士郎**　小説家。昭和八年、『都新聞』に連載の「人生劇場」がヒット、流行作家となる。以降、おもに歴史小説を執筆。作品『成吉思汗』『伊勢新九郎』など。(一八九八〜一九六四)

❖**泉鏡花**　小説家。能楽と江戸文学に造詣が深く、幻想性に富む独自の作品を創作。反自然主義作家としての評価も高い。作品『高野聖』『婦系図』など。(一八七三〜一九三九)

❖**鼻取相撲**　室町時代の狂言。相撲好きの大名が、新参者と相撲を取るが、鼻をつかまれて負けてしまい、次は鼻に土器を当てて勝負にいどむ。

❖**幸田文**　小説家・随筆家。幸田露伴の次女。昭和二二年、露伴の臨終を描いた『終焉』で注目される。歯切れのよい端正な文体で知られる。作品『流れる』『おとうと』など。(一九〇四〜一九九〇)

ぬくぬく

①寒い時に布団に入ったり服を着たりして身があたたかい様子。「蔵高三之助は妾の家で、ぬくぬくと朝の蒲団にぬくもりながらそのことを考えた」(尾崎士郎『人生劇場夢現篇』)

②あたたかい所で大事に育てられたように、苦労をしないで気楽に過ごしている様子。非難の意味を込めて使われる。「何の苦労もせずに親の財産でぬくぬくと育ってきた奴には、人生の苦しみや人の情が何もわかっていないんだなあ」(週刊現代00・12・2号)

③他人を出し抜いて苦労をしないで利益を得る様子。「世間付合いの良い伯父は、誰にも怪まれずに、そのまま出雲屋の主人に納まり、あの身上をヌクヌクと自分のものにしてしまいました」(野村胡堂『春宵』)

参考 室町時代に現れる語。「温柔家は、ぬくぬくやわやわとした処ぞ」(『四河入海』)。「ぬく」には「温」の意味があり、温まる意の「ぬくむ」「ぬくまる」、温かい意の「ぬくい」などと関係がある。「ぬく麦」は冷や麦に対する温かい麺類、「ぬく飯」は冷や飯に対する炊き立ての飯。(吉田永弘)

ぬけぬけ

周囲をはばからないで、あつかましく振る舞って悪びれない様子。「ぬけぬけと嘘をつく息子に、生理的な憎悪をおぼえた」(立原正秋『冬の旅』)、「むなもとに手を入れるようなぶえんりょさで、ぬけぬけといった」(壺井栄『二十四の瞳』)

室町時代には、おもに「ぬけぬけに」の形で、「人が集団からひそかに一人一人抜け出ていく様子」を表していた。「兵衛佐の郎従共をば、兼て皆抜々に鎌倉へ遣したり」(『太平記』)。『日葡辞書』では「ぬけぬけに参る」を「徐々にこっそりやって来た」と解説している。また、「ぬけぬけと」の形で「間抜けな様子・愚かな様子」の意味も表した。「子細を問へば、返事もせず。ぬけぬけとぞ見えける」(『沙石集』)。ともに「抜ける」から派生した語であった。現代語と同じ意味になるのは江戸時代からで、愚かな人が他人を気遣わないで行動するところから派生したのだろう。「嘘ばかりぬけぬけと言ふて」(仮名草子『難波鉦』)

参考 江戸時代には「ぬくぬく」で「ぬけぬけ」の意も表した。「此の孫右衛門をぬくぬくとだまし」(浄瑠璃『心中天の網島』)(吉田永弘)

❖**尾崎士郎** →P.358
❖**野村胡堂** →P.77
❖**四河入海** →P.24
❖**立原正秋** →P.98
❖**壺井栄** →P.21
❖**太平記** →P.31
❖**日葡辞書** →P.15
❖**沙石集** 鎌倉時代の仏教説話集。無住著。庶民を仏道に導くための啓蒙書であるが、著者が直接見聞きした話などに当時の世相がうかがわれ、ユーモラスな説話も多い。弘安六年(一二八三)頃成立。
❖**難波鉦** 江戸時代の仮名草子。酉水庵無底居士著。遊女が客の問いに答えるという形で、諸分(遊里における作法や遊びのコツ)を解説したもの。延宝八年(一六八〇)刊。
❖**心中天の網島** 江戸時代の浄瑠璃。近松門左衛門作。近松末期の作品で、心中物の傑作とされる。享保五年(一七二〇)初演。

ぬっ

①音もなく突然現れる様子。「不思議に気配の感じられなかった巫先生が、ぬっとばかりに現れてきたのだ」（北村薫『冬のオペラ』）。人の場合が多いが、「鉄砲の銃口をヌッと突き出して」（泉鏡花『眉かくしの霊』）のような例もある。

②何も言わず突然動く様子。立ち上がる動作に言うことが多い。「小兵衛がぬっと立ちあがった」（池波正太郎『芸者変転』）、「私はぬッと顔をあげて睨んだ」（高見順『如何なる星の下に』）

③落ち着いて構えている様子。また、何も言わず立ちはだかる様子。「ぬっと突っ立っているタイルの円柱」（三浦哲郎『忍ぶ川』）

◆参考　江戸時代から見られる語。「押し開きぬっと出づれば」（浄瑠璃『平家女護島』）。また、同じ意味で「のっ」という語もあった。『俚言集覧』に「のッと　ヌッとと云に同じ意」とある。「梅が香に　のっと日の出る　山路かな」（『炭俵』）は芭蕉の句。なお、江戸時代以前には「にょっ」で表した。『日葡辞書』「にょっと」の項に、「思いがけず現れるさま。不意に出るさま」という解説がある。「にょっとお出やりまして」（狂言『縄綯』）　（吉田永弘）

ぬっく

①毅然とした態度で立っている様子。「（馬は）脚から根をつけたごとくにぬっくと立っていてびくともせぬ」（泉鏡花『高野聖』）

②何も言わず急に立ち上がる様子。「ぬっくと立って歩いて来る」（夏目漱石『虞美人草』）

◆参考　江戸時代から見える語。「ぬっくと立ちはだかった」（滑稽本『七偏人』）。現代では使われることが少ない。山形県の方言では、「ぬっくと立っている」は「ぼんやり立っている」の意。（吉田永弘）

ぬめぬめ

なめらかで濡れたような光沢を帯び、触ると滑りやすそうな様子。「あの美しく血の滑らかな唇は、小さくつぼめた時も、そこに映る光をぬめぬめ動かしているようで」（川端康成『雪国』）

◇類義語「ぬめっ」

「ぬめっ」は、「ぬめぬめ」に対して、つかんだとたんに滑り抜ける感じがある。また、瞬間的に光る感じもある。「うろこがぬめっと光るブラックコブラ」（朝日新聞00・12・23）　（川嶋秀之）

❖**北村薫**　→P.148
❖**泉鏡花**　→P.8
❖**池波正太郎**　→P.133
❖**高見順**　→P.62
❖**三浦哲郎**　→P.16
❖**平家女護島**　江戸時代の浄瑠璃。近松門左衛門作。享保四年（一七一九）初演。
❖**俚言集覧**　→P.321
❖**炭俵**　→P.334
❖**日葡辞書**　→P.361
❖**縄綯**　→P.233
❖**夏目漱石**　→P.8
❖**七偏人**　→P.334
❖**川端康成**　→P.91

ぬっ　テーブルの下から音もなく突然現れる。

（赤塚不二夫『おそ松くん』より）

ぬらぬら

①物の表面に油や粘液が付いて光沢を帯び、つかむと滑る様子。『うなぎだぞ』…みんながよってたかってつかまえようとするが、ぬらぬらしてつかまらない」(加藤明治『水つき学校』)、「その筒がぬらぬらするので庄吉さんが手拭で拭いたり擦ったりしていると」(井伏鱒二『黒い雨』)

②まとわりつくような湿り気を帯びている様子。「ぬらぬらした馬の鼻息が体中へかかって気味が悪うござんす」(泉鏡花『高野聖』)

③濡れたような光沢を帯びている様子。「そのコートも演歌歌手やキャバレーのボーイなどがタキシードなどでよく着る、光の角度によってぬらぬらと鈍い色で光る、という独特の生地が多かった」(椎名誠『新橋烏森口青春篇』)

◆類義語「ぬらっ」「ぬるぬる」

共に①の類義語。「ぬらぬら」がつかもうとして何度も滑る様子をいうのに対し、「ぬらっ」は一度滑って手をのがれる様子をいう。また、「ぬらぬら」は視覚的に滑りそうな光沢を帯びた様子も含めていうが、「ぬるぬる」は触れて滑る感じのみをいい、視覚的な様子は含まない。

(川嶋秀之)

ぬらり

表面が粘液などでおおわれていて滑る様子。「指先で撫でて見るとぬらりと露にすべる。指先を見ると真赤だ」(夏目漱石『倫敦塔』)、「しかし皮膚の滑らかな河童は容易に、我々にはつかまりません。その河童もぬらりとすべり抜けるが早いかいっさんに逃げ出してしまいました」(芥川龍之介『河童』)、「とにかくあの淀江村の山椒魚は、世界の学界に於いても有名なものなのである。…だぶりと水が動く。暗褐色のぬらりとしたものが、わずかに見えた」(太宰治『黄村先生言行録』)

◆類義語「ぬらりぬらり」

「ぬらり」は一度滑る様子をいうのに対し、「ぬらりぬらり」は何度も滑る様子。「ぬらりぬらり」は、『日葡辞書』に「蛇などのように、やんわりと進み行くさま。また、無精にのろのろと、気乗りしないふうで物事をするさま」とあり、ゆっくりした動きや人間の緩慢な行動の意味も表した。

◆参考 室町時代には、「ぬらり」は、漫然としていてとらえどころのない様子もいった。「曼は漫の心ぞ。きわもなう、へいへいとぬらりとすることを、漫と云ぞ」(『玉塵抄』)とある。

(川嶋秀之)

❖加藤明治 →P.158
❖井伏鱒二 →P.7
❖泉鏡花 →P.8
❖椎名誠 →P.42
❖夏目漱石 →P.8
❖芥川龍之介 →P.12
❖太宰治 →P.20
❖日葡辞書 一七世紀初頭の、ポルトガル語で説明した日本語辞書。イエズス会の宣教師によって成る。室町末期の口語を中心に方言、文書語、歌語、女性語など、三万余語を収録。慶長八～九年(一六〇三～〇四)刊。
❖玉塵抄 室町時代の抄物。別名『玉塵』。中国の韻書『韻府群玉』の一部について、禅僧、惟高妙安が注釈したもの。室町時代後期の口語資料として貴重。永禄六年(一五六三)以降数年間に成立。

ぬらりくらり

あれこれと言を左右にして言い逃れたり、あいまいなことやとりとめのないことを言ったりして、態度にとらえどころのない様子。「『留守かえ』『へえ』『どこへ出かけた。御用かえ』『いいえ』。なにを訊いてもぬらりくらりとしているので、半七は入口に腰をおろした」(❖岡本綺堂『半七捕物帳』)、「その他のことでは、ぬらりくらりとした返答を聞かされるだけで、何ひとつとして得るところがなかった」(❖井伏鱒二『黒い雨』)、「あのとき問いただせば、なまずみたいにぬらりくらりしたテイイ事務長といえども、顔色をかえて、泥をはくしかなかったと思う」(❖海野十三『怪星ガン』)

◇類義語「のらりくらり」
「ぬらりくらり」は言を左右にして質問をかわし言い逃れる様子をいうが、「のらりくらり」はそういう様子に加えて、応対が鈍くまともに取り合わない態度で接する感じがある。

■参考 現在では、「ぬらりくらり」は言葉をめぐるやりとりでの人の態度について用いるが、もともとは、鰻(うなぎ)や鯰(なまず)などが滑ったりして、つかみにくい様子をいった。

(川嶋秀之)

ぬるぬる

表面が粘液などでおおわれ、触ると滑る様子。「ときどき熊谷が寝返りを打つと、べっとり汗ばんだ手だの膝だのが、互にぬるぬると触りました」(❖谷崎潤一郎『痴人の愛』)、「それからなめくじがまたすごかった。…灰褐色のぬるぬるしたやつで、錐で突いても踏みつぶしても血さえ出ない」(❖結城昌治『志ん生一代』)、「夥しい血のぬるぬると首から胸にかけて流れ落ちていた感触をまざまざと思い出しました」(❖宮本輝『錦繍』)

◇類義語「ぬるっ」
「ぬるぬる」は何度つかんでも滑る様子をいうのに対し、「ぬるっ」はちょっと触れたときの感じや一度つかもうとして滑り抜ける様子をいう。

■参考 奈良時代には、「入間道の 大家が原の いはゐ蔓 引かばぬるぬる 吾にな絶えそね」(❖『万葉集』)のように、髪や蔓などがゆるみ抜ける様子をいう「ぬるぬる」があった。また、室町時代には、なまぬるい様子を意味する「ぬるぬる」もある。「塩湯ぬるぬるとして用ゐ給へ」(御伽草子❖『福富長者物語』)。これは、形容詞「ぬる(温)し」からでたものである。

(川嶋秀之)

❖岡本綺堂 劇評家・劇作家・小説家。新聞に劇評を執筆するかたわら、二代目市川左団次と提携。戯曲『修禅寺物語』が成功し、以降作家生活に入る。作品『鳥辺山心中』『半七捕物帳』など。(一八七二〜一九三九)

❖井伏鱒二 →P.7

❖海野十三 →P.107

❖谷崎潤一郎 →P.7

❖結城昌治 小説家。東京地方検察局に勤務の後、肺結核のため療養生活を送る。昭和四五年『軍旗はためく下に』で直木賞受賞。同六〇年『終着駅』で吉川英治文学賞受賞。作品『夜の終る時』『志ん生一代』など。(一九二七〜一九九六)

❖宮本輝 →P.29

❖万葉集 →P.23

❖福富長者物語 室町時代の御伽草子。別名福富草子。作者未詳。放屁の芸で長者となった福富のまねをして、大失態を演じた男の話。南北朝頃の成立。

ぬるり

表面が粘液状の物でおおわれ、つかもうとしてもつかめないほどよく滑る様子。また、それに触れたときの感じ。「酢なまこのうまい季節。ぬるりとしているのに硬いので、歯のない人も歯のある人も噛むのが大変」(朝日新聞00・12・24)

◆**類義語「ぬるりぬるり」**
「ぬるりぬるり」は滑りやすい物に何度も触れる様子。また、それを何度押さえようとしても、滑ってのがれる様子をいう。(川嶋秀之)

ねちねち

①粘り気のある物がしつこくくっつく様子。「船の中の淡水では洗っても洗ってもねちねちと垢の取り切れなかったものが」(有島武郎『或る女』)、「岩塩で味つけて、煮つまったところで味見したら、これはねちねち歯ごたえがあるばっかりで」(野坂昭如『アメリカひじき』)

②相手をしつこく問いつめたり、追い込んだりする様子。性格や態度がしつこく執念深い時にも用いる。「『…お前も忘れちゃいない筈だ』養父はねちねちした調子で、そんなことまで言出した」(徳田秋声『あらくれ』)、「一度行っとかなくっちゃならないが可厭だなア、またねちねちやられるのか」(里見弴『多情仏心』)、「こんな、しつこい、毒悪な、ねちねちした、執念深い奴は大嫌だ」(夏目漱石『吾輩は猫である』)

◆**参考**「ねちねち」は不快感をともなって用いられることが多いが、「石川君の将棋は手厚くてネチネチしている」(朝日新聞00・12・10)のように、簡単にあきらめずに粘り強く対応するという、いい意味で用いられることもある。(川嶋秀之)

ねっちり

①粘り気のある物がすき間なくくっつく様子。「荒井は晃子を抱き寄せた。唇がねっちりと絡みついてくる」(赤川次郎『女社長に乾杯!』)

②人の言動・話し方や、性格・態度がくどくしつこい様子。「生一本の男の心と、細工に富んだねっちりした女の心とが」(田村俊子『木乃伊の口紅』)

◆**類義語「ねちねち」**
「ねちねち」は②の類義語。「ねちねち」の方が「ねっちり」よりしつこく不快な感じがある。(川嶋秀之)

ねちねち 部下をしつこく問いつめて、小言を言い続ける。

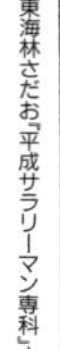
(東海林さだお『平成サラリーマン専科』より)

❖**有島武郎** →P.12
❖**野坂昭如** →P.26
❖**徳田秋声** →P.42
❖**里見弴** →P.44
❖**夏目漱石** →P.8
❖**赤川次郎** →P.39
❖**田村俊子** 小説家。幸田露伴に師事。明治四四年『あきらめ』で文壇にデビュー。大正二年『木乃伊の口紅』で流行作家となる。カナダに渡った後、上海で『女声』創刊。(一八八四〜一九四五)

ねっとり

①粘液状の物がからみつくように一面をおおう様子。「ねっちり」より水分が多く粘りが強い。「車輛の下から押し出された熱風が私の体にねっとりと搦みついてきた」（沢木耕太郎『一瞬の夏』）、「食べると口いっぱいにねっとりとした舌ざわりと栗の風味が」（女性自身00・12・19号）

②人の性格・態度がしつこくねばっこい様子。「佑子が妙にねっとりと喰い下るのもいつもの例だった」（瀬戸内晴美『蘭を焼く』）

（川嶋秀之）

ねとねと

①粘り気があってなかなか離れない様子。「時々頭を擡（もた）げて、当がわれた金盥（かなだらい）にねとねとしたものを吐出した」（徳田秋声『黴』）、「それともこの小部屋が生臭いねとねとした血におおわれるか」（北杜夫『楡家の人びと』）

②話し方などが重たく感じられたり、粘りつくようではっきりしない様子。「処が私は至って不弁で、ネトネト話を致す所から」（三遊亭円朝『真景累が淵』）、「ねとねととからみつくような大阪弁の話し振り」（阿川弘之『春の城』）

◇類義語「ねっとり」「ねちねち」「ねばねば」

「ねっとり」は①の類義語。粘液状のものが粘る様子をいい、「ねとねと」より「ねっとり」の方がよりまとわりつく感じがある。「ねちねち」は①②の類義語。「ねちねち」の方が「ねとねと」よりしつこくへばりつくようにくっつく感じがあり、話し方もしつこく嫌味がある。「ねばねば」は①②の類義語。「ねばねば」は粘り方のもっとも普通の様子をいい、「ねとねと」よりまとわりつく感じは少ない。また、重たい感じも少ない。

（川嶋秀之）

ねばねば

①粘り気があってよくくっつく様子。「いたるところに大きな蜘蛛がねばねばとした巣をはっていて、それが僕の顔や首や手にまとわりついた」（村上春樹『世界の終りとハードボイルド・ワンダーランド』）、「ねばねばしたゴムのような鳥もちのようなものが吸いついたまま」（竹山道雄『ビルマの竪琴』）

②話し方などが歯切れ悪くもたもたする様子。何か言葉の裏に意を含んでいる時にも用いる。

❖**沢木耕太郎**　ノンフィクション作家。昭和四八年、『若き実力者たち』でデビュー。同五三年『テロルの決算』で大宅壮一ノンフィクション賞受賞、ニュージャーナリズムの旗手となる。作品『一瞬の夏』『深夜特急』など。（一九四七〜）

❖**瀬戸内晴美**　小説家。昭和三五年『田村俊子』で田村俊子賞受賞。同三八年『夏の終り』で女流文学賞受賞。同四八年に得度受戒し、天台宗大律師。法名寂聴。作品『かの子撩乱』『美は乱調にあり』など。（一九二二〜）

❖**徳田秋声**　→P.42

❖**北杜夫**　→P.30

❖**三遊亭円朝**　→P.141

❖**阿川弘之**　→P.97

❖**村上春樹**　→P.94

❖**竹山道雄**　→P.56

「ねばねばした語調で、すべての事を一度に話そうとするように」(鈴木三重吉『小鳥の巣』)、「『刻限はずれだが特別のお許しが出た、いって会ってやれ』ねばねばするような口ぶりである」(山本周五郎『さぶ』)

◆**参考** 動詞「ねばる」は「ねばねば」の「ねば」を語根として派生したもの。「ねば」は他にも「ねばつく」「ねばっこい」などの語を派生している。室町時代には動詞「ねばす」「ねばむ」、形容詞「ねばし」もあった。この派生語を多く作る特徴は「ねちねち」「ねとねと」にはない。 (川嶋秀之)

のーのー

心配事がなくのびのびと気楽にしている様子。「清さんがここで死んでしまえば、それこそ松造のやつはのうのうするぜ」(山本周五郎『さぶ』)

最近では、そういう気楽な態度を非難していうことが多い。「君たち二、三人だけでのうのうと食事しているとは何事だ」(日本経済新聞01・1・7)

◇**類義語「のほほん」**

「のほほん」は、「のーのー」の気楽さに加え、より無邪気でのんびりした様子をいう。 (川嶋秀之)

のこのこ

①のんびりと歩く様子。「なるほど小金井は桜の名所、それで夏の盛りにその堤をのこのこ歩くもよそ目には愚かにみえるだろう」(国木田独歩『武蔵野』)

②事情を知らなかったりして、本来なら行かないほうがよいところへ無頓着に現れる様子。「バシー海峡から台湾付近まで、すでにアメリカ潜水艦が自由に出没している。そんなところへノコノコ出かけるんだから、ケンノンなことおびただしい」(春風亭柳昇『与太郎戦記』)、「柳左衛門という名前をつけやがったことはまあ我慢するとして、僕の中学生時代いつも教室へのこのこ参観しに来やがるんだ」(織田作之助『青春の逆説』)、「いまさら、奴等が、のこのこ姿を現わしたりするはずがないじゃないか」(安部公房『砂の女』)

◆**参考**「のこのこさいさい」という、より無頓着で臆面のない様子をいう言い方もあった。「若い女の許へ臆面もなくノコノコサイサイやって来る」(内田魯庵『社会百面相』)。この「さいさい」は「お茶の子さいさい」の「さいさい」と同じく囃子詞(はやしことば)から出たものであろう。 (川嶋秀之)

❖**鈴木三重吉** →P.124
❖**山本周五郎** →P.15
❖**国木田独歩** →P.141
❖**春風亭柳昇** 落語家。昭和二一年、六代目春風亭柳橋に入門。同三三年に真打となり、春風亭柳昇となる。多くの新作落語を林鳴平の名で執筆、また、兵隊体験をつづった『与太郎戦記』などが映画化された。(一九二〇〜二〇〇三)
❖**織田作之助** →P.139
❖**安部公房** 小説家・劇作家。昭和二三年、花田清輝らと「夜の会」結成。同二六年『壁―S・カルマ氏の犯罪』で芥川賞受賞。同三七年発表の『砂の女』が国際的評価を得る。作品『他人の顔』『箱男』など。(一九二四〜一九九三)
❖**内田魯庵** 評論家・翻訳家・小説家。『女学雑誌』に評論を連載。また社会小説『くれの廿八日』などを執筆。作品『罪と罰』(翻訳)、『思ひ出す人々』など。(一八六八〜一九二九)

のそのそ

①ゆっくりと鈍重な足取りで歩く様子。「自分はのそのそ歩きながら、何となく此の都に居づらい感じがした」（夏目漱石『永日小品』）、「ナッパ服のズボンのポケットに手を突込んで、なにか考えこみながら、のそのそ歩いている彼の姿が」（新田次郎『孤高の人』）

②動作が鈍かったり、行動が緩慢だったりする様子。「独仙君は例の通り山羊髯を気にしながら、のそのそ弁じたてた」（夏目漱石『吾輩は猫である』）、「ぼくはのそのそと立上り、とくにどうという意味もなく髪の毛と顎のあたりを交互にかきむしった」（椎名誠『新橋烏森口青春篇』）

◇類義語「のろのろ」「のそり」「のっそり」

すべて①②の類義語。「のそのそ」は足取りや行動に時間的に遅いこととともに鈍重さを感じさせるのに対し、「のろのろ」は時間的に遅いことが中心で鈍重さはあまり感じさせない。また、「のそのそ」は動作が継続的に行われるのに対し、「のそり」「のっそり」は一度の動作を表す。「のっそり」はとくに鈍さを感じさせ、また、立っている様子や姿を表す時にも用いられる。

（川嶋秀之）

のそり

動作・行動が鈍重に感じられるくらいゆっくりしている様子。「小野田がのそりと入って来たときも」（徳田秋声『あらくれ』）、「カメは、しばらく考えてから、のそりと首をあげて、こういいました」（安房直子『だれも知らない時間』）

◇類義語「のそりのそり」

「のそりのそり」はゆっくりした動作を繰り返す様子をいう。「一疋の狐が…のそりのそり歩いて行く」（芥川龍之介『芋粥』）

（川嶋秀之）

のたり

大きく構えている様子。また、緩慢な動作の様子。「（蛇が）両方の叢に尾と頭とを突込んで、のたりと橋を渡している」（泉鏡花『高野聖』）

◇類義語「のたりのたり」

「のたりのたり」は緩やかにうねる様子で「のたり」に比べて動きが感じられる。「春の海 ひねもすのたり のたりかな」（『蕪村句集』）

◆参考　這い進む意、またはうねるように進む意の古語「のたる」と関係がある。

（高崎みどり）

❖夏目漱石　→P.8
❖新田次郎　→P.125
❖椎名誠　→P.42
❖徳田秋声　→P.42
❖安房直子　→P.87
❖芥川龍之介　→P.12
❖泉鏡花　小説家。能楽と江戸文学に造詣が深く、幻想性に富む独自の作品を創作。反自然主義作家としての評価も高い。作品『高野聖』『婦系図』など。（一八七三〜一九三九）
❖蕪村句集　江戸時代の俳諧選集。几董編。几董が与謝蕪村の秀句八六八句を選び季節ごとに配列したもの。天明四年（一七八四）刊。

のっ

大きな物が、前触れもなしにいきなり出現する様子。「月が温泉の山の後からのっと顔を出した」(夏目漱石『坊っちゃん』)

◇類義語「ぬっ」

「ぬっ」は、人の動作を形容する場合が多い。「赤シャツが席に復するのを待ちかねて、山嵐がぬっと立ちあがった」(夏目漱石『坊っちゃん』)

■参考「梅が香に のっと日の出る 山路かな」(『炭俵』)はよく感じの出た句。

(高崎みどり)

のっしのっし

広い歩幅で力強くゆっくりと歩む様子。「大烏が向こうから肩をふって、のっしのっしと大股にやって参りました」(宮沢賢治『双子の星』)

■参考「のしのし」という形もある。「じゃりの新道のしのしと、野ら着ふたりが歩いてく」(与田準一・童謡「父と兄」)。江戸時代以前には、これに形の似た「のさのさ」があり、平然とした様子を表した。「土佐は腹をも切らで、武蔵坊にのさのさと(=平気な風で)捕られける」(『義経記』)(高崎みどり)

のっそり

①動作が鈍くてゆっくりしている様子。「おんぼろチャーター機は…雪を頂くヒンドゥークシ山系の美しい山々をのっそりと飛び越えた」(週刊朝日01・4・13号)

②物や人が静かに立っている様子。立っている様子が、まだるこしさや圧迫感を感じさせる様子をいうことが多い。「私は、部屋の硝子戸越しに、富士を見ていた。富士は、のっそり黙って立っていた」(太宰治『富岳百景』)

◇類義語「のそのそ」

「のそのそ」は①の類義語で、鈍くゆっくりした動作が、連続して行われる様子。「山羊髯を気にしながら、のそのそ弁じ出した」(夏目漱石『吾輩は猫である』)

■参考 ①②の意味で、「のそり」という形も使われる。「夏の女 のそりと坂に 立っていて 肉透けるまで 人恋うらしき」(佐佐木幸綱『群黎(ぐんれい)』)

明治期には①の意味で、「のっしり」という形も使われた。「(男が)のっしりとした腰つきで、井戸から撥釣瓶(はねつるべ)でざぶりと汲上げ」(泉鏡花『二、三羽―十二、三羽』)

(高崎みどり)

❖夏目漱石 →P.8

❖炭俵 松尾芭蕉一門の俳諧選集。志田野坡(やば)ら編。「芭蕉七部集」の六番目にあたるもので、芭蕉晩年の「かるみ」をよく表したものとされる。元禄七年(一六九四)刊。

❖宮沢賢治 →P.34

❖与田準一 児童文学者。北原白秋に師事。童謡、童話の創作を続ける。童話の作品に『五十一番目のザボン』『十二のきりかぶ』など。(一九〇五〜一九九七)

❖義経記 室町時代の軍記物語。作者未詳。源義経の悲劇的生涯を伝説を織り交ぜながら描く。「判官びいき」の気運を産み、後の文芸に大きな影響を与えた。室町前期に成立。

❖太宰治 →P.20

❖佐佐木幸綱 歌人・国文学者。『心の花』同人。後、同誌編集長。昭和四六年『群黎』で現代歌人協会賞受賞。作品『滝の時間』(迢空賞)、『アニマ』(芸術選奨)など。(一九三八〜)

❖泉鏡花 →P.366

のったり

①大きく構えていて、あわてない様子。「それをも気づかずにのったりと眠りをむさぼろうというのは、どこまでこの家は阿呆にできていることか」(司馬遼太郎『国盗り物語』)

②動きが、非常にゆるやかで遅い様子。「やたらに高い天井にはインドのホテルにあるようなまことに回転スピードの遅い扇風機が、冬でも夏でものったりと回っていた」(椎名誠『新橋烏森口青春篇』)

(高崎みどり)

のっぺり

表面がなめらかで起伏が少ない様子。均質で単調な様子。「自分の画いたものは、まるで千代紙細工のようにのっぺりして」(太宰治『人間失格』)人について言う時は、顔の造作や表情がめりはりや変化に乏しく、個性のない様子を表す。「(若者が)のっぺりとしていて表情がない。何も考えていないように見えた」(朝日新聞01・1・14)

◇**類義語**「のぺっ」「ぬっぺり」「のっぺら」

「のぺっ」は「のっぺり」に比べ、なめらかさや単調さが強調されない。「凸凹のない、のぺっとした街になったらつまらない」(朝日新聞96・4・12)。「ぬっぺり」は「のっぺり」より古い言い方で、内心を表さぬ平然とした様子の意味もある。「のっぺら」は「のっぺり」の方言形で各地で使用される。それに「ぼう」を付けた「のっぺらぼう」で、背が高く、目鼻口の無いお化けをさす場合もある。

■**参考** 江戸時代は「のっぺり」の他に「ぬっぺり」「ぬっぺら」「ぬっぽり」も使われ、「ぬっぺりこっぺり」「ぬっぺりそっぺり」「ぬっぺらぼん」など変化形が多彩にあった。

(高崎みどり)

のびのび

抑えつけられたり妨げられたりすることなく、ものごとを大らかに考えたり行ったりする様子。「彼は敵という言葉の意味を正当に解し得ない楽天家として、若い世をのびのびと渡った」(夏目漱石『門』)、「昔の人の方が男女同権について、のびのびとしていた」(朝日新聞01・12・2)

◇**類義語**「のーびのび」

「のーびのび」は、抑えつけられない自由な感じが一層強い。「色紙には『いき生きのーびのび い

❖**司馬遼太郎** 小説家。昭和三四年『梟の城』で直木賞受賞。卓抜な文明批評と、独自の史観にもとづく歴史小説によって、広い読者層を持つ。作品『竜馬がゆく』『坂の上の雲』など多数。平成五年、文化勲章受章。(一九二三)

❖**椎名誠** 小説家・編集者。昭和五一年、『本の雑誌』を創刊。同五四年、エッセイ『さらば国分寺書店のオババ』を刊行、平易な言葉を用いた昭和軽薄体の作家として人気を得る。作品『新橋烏森口青春篇』『岳物語』など。(一九四四)

❖**太宰治** →P.20

❖**夏目漱石** →P.8

つもニコニコ』と書いている。『今は縮こまっている子どもが多い。伸び伸び、楽しく生きて欲しいというメッセージ』」(朝日新聞98・3・31)

◆**参考** 『源氏物語』には「のびらか」という独自の形で出現している。「木の芽もうちけぶり、おのづから人の心ものびらかにぞ見ゆるかし」。平安時代の他作品には見られない。作者の造語かもしれない。なお、「のびやか」は中世から現れる。

「のびのび」「のびらか」「のびやか」に共通する「のび」は、広がる・長くなるという原義をもつ「伸びる」と関係している。 (高崎みどり)

のほほん

ものごとに頓着せず、気をつかわないで平気でいる様子。大らかで気楽な性格や様子。「どうにか仙台の医学部にははいりましたが、身体ばかり大きく、相変わらずのほほんと柔道か何かそんなことばかりやって」(北杜夫『楡家の人びと』)、「(女性落語家が)丁稚の小生意気な雑言も、のほほんとした味に仕上げてしまう」(朝日新聞01・8・15)

◇**類義語** 「のーのー」

「のほほん」が、平気で気楽に見える状態をユーモラスに余裕をもって捉えている感じであるのに対し、「のーのー」には、そうした状態を、平然としている、と捉えて非難するような感じがある。「買春事件を起こした警察官が、組織の中でのうのうとしていることを許せないと感じていた」(朝日新聞01・8・26)

◆**参考** 最近は特に、「のほほん」を「のんき」あるいは「のんびり」に近い意味で使って、プラスのイメージを込める場合が目立つ。「一度手にしたシアワセはなかなか手放せない。子供とのほほんと付き合う時間」(AERA01・4・30号) (高崎みどり)

のらくら

働かずに怠けて遊び暮らす様子。また、目標や打ち込むこともないままに、何となく時を過ごす様子。「夜は酒飲んで昼はのらくらしているっていいですよ」(朝日新聞夕刊97・5・8)

江戸時代から見える語。「のらくらや 勿体なくも 日の長き」(小林一茶『文政句帖』)

明治期には、柔らかくてつかまえどころのない、あるいはどっちつかずで位置が定まらないような物事の様子をさすのにも使われた。「真中に

❖**源氏物語** →P.194

❖**北杜夫** 小説家。斎藤茂吉の次男。昭和三五年、『夜と霧の隅で』で芥川賞受賞。どくとるマンボウの名でユーモアに富むエッセイも多い。作品『どくとるマンボウ航海記』『楡家の人びと』など。(一九二七)

❖**文政句帖** 小林一茶の句日記。文政五年(一八二二)から八年までのもの。まとまった形の一茶の句日記としては最晩年のものである。一茶の自筆稿本には題名はなく、「文政句帖」の名は昭和三年の刊行に際して小池直太郎がつけたもの。なお、それ以前には「九番日記」と呼ばれたこともある。

印半天を着た男が、立つとも坐るとも片付かずに、のらくらしている。今までも泥の中へ何度も倒れたとみえて」(夏目漱石『永日小品』)

◆参考「のらくら」の「のら」は怠けることや怠けている人をさす語。「のらの節供働き」ということわざは、ふだん怠けている者ほど皆が休む時に働く、という意。また、「のら」で、遊びのために身を持ち崩すことやそのような人をさすこともあった。「一夜に百金を散じた昔の栄華を思出して飢と疾とに顫きながら斃れた放蕩息子の果て」(三島霜川『解剖室』)

(高崎みどり)

のらり

物事に対し正面きって対応せず、いい加減である様子。「彼はすぐにのらりと言い逃れてしまう」

◇類義語「のらりくらり」「のらりのらり」

二語とも、「のらり」と比べて、いい加減な状態が何度か繰り返される様子を表す。加えて「のらりくらり」は怠け暮らすという意味も持つ。「日が長い 長いとのらり くらり哉」(小林一茶『八番日記』)。「のらりのらり」は動作が遅い様子やのんきに暮らす様子も表す。

(高崎みどり)

のらりくらり

①仕事につかずに遊んで暮らす様子。「女房に女優をさせて自分がのらりくらりしている了見が判らない」(佐藤春夫『都会の憂鬱』)

②物事にまじめに取り組まず、怠けている様子。「ノラリクラリとやりすごす優柔不断さ社会に漂い決め手に欠く1日」(日刊スポーツ00・12・27)

③答弁や言い訳の際、要点をそらしたり明確なことを言わないなど、さまざまに言い抜ける様子。「じいさまがとぼけた顔で役人の質問にのらりくらりと返事をしました」(遠藤周作『沈黙』)

◇類義語「のらりのらり」「ぬらりくらり」

「のらりのらり」は①②の類義語。「のらりくらり」に比べて、物事をするスピードが遅いという感じが加わる。

「ぬらりくらり」は③の類義語。「のらりくらり」よりもっと言を左右にして言い逃れる感じが強い。「ぬらりくらりとした返答を聞かされるだけで、何ひとつとして得るところがなかった」(井伏鱒二『黒い雨』)。また、ウナギが逃げる時の形容にも使う。「ウナギはぬらりくらり、アユはすいすい逃げ回り」(朝日新聞01・8・15)

(高崎みどり)

❖**夏目漱石** →P.8

❖**三島霜川** 小説家・演劇評論家。明治三一年、『新小説』の懸賞に「埋もれ井戸」が当選。その後、演芸画報に入って歌舞伎批評に転じ、『役者芸風記』などを執筆した。作品『解剖室』など。(一八七六〜一九三三)

❖**八番日記** 小林一茶の句日記。文政二年(一八一九)〜四年までのもの。書名は一茶がつけたものではなく、昭和二年に大久保逸堂・栗生純夫が翻刻刊行した時、年代的に一茶の『七番日記』に続くものであるところから名づけたもの。一茶の自筆稿本は伝わらず、門人の風間新蔵が書写したものが伝わっている。

❖**佐藤春夫** →P.44

❖**遠藤周作** →P.240

❖**井伏鱒二** →P.7

山口仲美の擬音語・擬態語コラム⑭

口で唱える効果音

——狂言と擬音語・擬態語

「ヒッカリ　ヒッカリ」と口で唱えながら雷が落ちてきた。
（『絵入続狂言記』針立雷、筑波大学附属図書館蔵）

室町時代から栄えた狂言ほど、擬音語・擬態語の活躍する舞台芸能は見当たらない。なぜ、狂言では、溢れるばかりの擬音語・擬態語が用いられるのか？　狂言は、滑稽感をかもし出して観客を笑わせくつろがせるために発達したセリフ劇。笑いをとるための王道は物まね。とぼけた梟の鳴き声と仕草のまねを見所にする狂言『梟山伏』は、言葉の通じぬ外国人でさえ笑わせることができる。梟をはじめ、蚊・鳥・鳶・鶏・千鳥・犬・猿・狐・牛の鳴き声を写す擬音語が、狂言では、笑いをとるための必須アイテムなのである。

さらに、狂言に擬音語・擬態語の多用される原因が、もう一つある。それは、擬音語・擬態語に状況説明の役割が負わされていることである。場面が良く変わるのに、狂言は大道具が全くない。家も、戸も。そんな舞台で、他人の家の玄関前にいることを観客に分かってもらうにはどうしたらいいのか？　演者が、戸を開ける仕草をして「サラ　サラ　サラ」と言うのである。これで、戸が開いた。では、戸を閉めるには？　戸を閉める仕草とともに「サラ　サラ　サラ　パッタリ」と言えば、戸が閉まったのである。

また、雷が地上に落ちてくる場面では、演者が口で唱える。「ヒッカリ　ヒッカリ、グヮラリ　グヮラリ、グヮラ　グヮラ　グヮラ　グヮラ　ドー」と。照明があれば、稲光の効果を受け持ってくれる。効果音があれば、雷の大音響を響かせることができる。でも、狂言の基本は、セリフ劇。あくまで仕草と口で唱える擬音語・擬態語だけで状況説明を行わねばならない。

酒樽から酒を注ぐときも「ドブ　ドブ　ドブ　ドブ」と演者がセリフとして言う。まさに、口で唱える効果音。狂言は、擬音語・擬態語がなければ成り立たない舞台芸能なのである。

のろくさ

動作が遅く、鈍くて重い様子。「井戸へ近づくと、五郎（=犬の名）は鼻さきを地面にたれ、目をしょぼつかせながら巨体をゆすってのろくさと私のために道をあけた」（❖三浦哲郎『驢馬（ろば）』）。「実際の富士は、鈍角も鈍角、のろくさと拡がり」（❖太宰治『富嶽百景』）は、物の状態について用いた例。

◆参考 「のろくさい」という形でも使われる。「うん、あの鈍臭（のろくさ）いバスがまだ幅を利かしていた時代だよ」（❖夏目漱石『明暗』）　（高崎みどり）

のろのろ

動作が遅い様子。また、物事の進行する速度がゆっくりしている様子。「（列車の）のろのろ運転が恒常化しており」（朝日新聞01・10・4）

◇類義語 「のろっ」「のろり」

「のろっ」「のろり」は「のろのろ」にあるマイナスの感じが少ない。「ヒョロリと背の高いノロッとした給仕男」（❖内田魯庵『くれの廿八日』）

◆参考 室町時代に見える「のろのろ」は、「呪（のろ）わしく」の意味で別語かと思われる。　（高崎みどり）

のろり

動作やものごとの状態が、慌ただしくなく、気の長い様子。「（白鷺が）ずぶりと、頭を泥の中へ突っ込む。…しばらくして、また、のろりと頭を持ち上げ、のほんと立っている」（朝日新聞97・8・9）

また、江戸時代には、明確な目的や意図がなくて物事をする様子について言うこともあった。現代の「ふらり」にあたる。「ゆふべのろりと帰った所が、内へは這入られねへ」（滑稽本『❖浮世風呂』）

◇類義語 「のろりのろり」

「のろり」を重ねた形だが、意味は「のろのろ」の方に近く、それよりもさらに遅く重い感じを表す。「（原爆で火傷を負った）人たちが、のろりのろりと歩きながら、道端に一人倒れ二人倒れて行くのです」（長田新編『原爆の子』）

◆参考 「のろり」「のろのろ」などは「のろい」という語と関係があるが、この「のろい」は江戸時代、異性に甘いという意味もあり「のろける」はそこからきた語。「うっかりしてゐて、おめへの艶情（のろけ）を受けるやつサ。いつの間にか惚意（のろく）なってゐるの」（人情本『❖春色梅児誉美（しゅんしょくうめごよみ）』）。また、女性に甘い男性を「のろ作」「のろ助」と言った。　（高崎みどり）

❖三浦哲郎　小説家。井伏鱒二に師事。昭和三五年『忍ぶ川』で芥川賞受賞。血の系譜に悩み、それを克服して生きることをテーマとする。作品『白夜を旅する人々』『みのむし』など。（一九三一〜二〇一〇）

❖太宰治　→P.20
❖夏目漱石　→P.8
❖内田魯庵　→P.12
❖浮世風呂　→P.98
❖春色梅児誉美　→P.89

のろのろ　渋滞で、車がほとんど動かない。

（東海林さだお『サラリーマン専科』より）

のんびり

身体的・精神的に解放されていて、苦痛や緊張もなく楽である様子。どことなく余裕が感じられる様子。「日本ほど暑くなくて、みんな日射しの下でのんびりハンバーガーを食べている」(村田喜代子❖『人が見たら蛙に化れ』)、「日本ものんびりしてはいられない」(朝日新聞01・11・11)

◆参考 江戸時代、似た意味で「のんどり」の形もあった。春の季語。俳人服部嵐雪に「のんどりと古き駿河の 町つづき」の句がある。

(高崎みどり)

は行

ひんひん

ばーっ

物事がいっぺんに広がる様子。また一気に物事を行う様子。「その噂(うわさ)を村上がバーッと流してしまったんだ」

◇類義語「ぱーっ」「ばばーっ」

「ぱーっ」は、「ばーっ」に比べて軽く抵抗がない感じ。「ばばーっ」は「ばーっ」より勢いがある感じ。「ばばーっと小一時間で仕上げる」

◆参考「いないいないばーっ」の「ばーっ」は急に顔を見せる時に発することば。

(染谷裕子)

ぱーっ

①一瞬のうちに散ったり、なくなったりする様子。「散歩の人たちは、蜘蛛の子を散らすように、ぱあっと飛び散り」(太宰治❖『愛と美について』)

②一瞬のうちに広がる様子。「青いけむりがしばらく、くすぶっていたが、まもなく、ぱあっと燃えあがった」(山本有三❖『路傍の石』)

③急に目立つ変化が見えたり、派手な行動をしたりする様子。「一つパーッと騒いで」(赤川次郎❖『女社長に乾杯！』)

(染谷裕子)

ぱーっ 大ぜいでにぎやかに飲み会などをする。

あれっ
行かないの？
みんなパーーーッと
パーーーッと

(うえやまとち『クッキングパパ』より)

❖**村田喜代子** 小説家。昭和五一年『水中の声』でデビュー。同六二年『鍋の中』で芥川賞受賞。以降、平成二年に『白い山』で女流文学賞を受賞するなど、多くの文学賞を受賞。作品『望潮』『熱愛』など。(一九四五)

❖**太宰治** →P.20

❖**山本有三** →P.30

❖**赤川次郎** →P.39

はーはー

①激しい運動をした後や、病気で息苦しい時などに、口を大きく開けて息を続けて吐く音や様子。「息がはあはあしてからだがだるくてたまらなくなりました」(宮沢賢治❖『グスコーブドリの伝記』)、「はあはあと息を切らしながら」(堀辰雄❖『風立ちぬ』)

江戸時代から見られる語。心が動揺すると息づかいが激しくなることから、特に、事のなりゆきを危ぶみ心配する様子を表した。「喧嘩にでもならうかと思ってはあはあするわナ」(洒落本『南客先生文集』❖)。また、不安に思う様子を「はあはあは」とも言った。「さりとてはあぶない首尾、はあはあはあはあと思ひし故」(浄瑠璃『百日曾我』❖)

②意識的に息を吹きかける音や様子。「鏡にハーハーと息を吹きかける」

◆参考　宮沢賢治の童話では、息を切らすように大笑いする声を多く「はあはあ」と表す。「すると丁度それと一緒に向うではあはあ笑う声がしたのです」(『風の又三郎』)。特殊な例と思われるが、笑い声を表す「はあ」は古く鎌倉時代にも見える。「家の軒にあまたこゑして、はあとわらひて」(『古今著聞集』❖)

(染谷裕子)

ぱーぱー

①車の警笛や管楽器などを鳴らす音。「クラクションをパーパー鳴らして軽快に飛ばす」

②立て続けに軽々しく話す様子。「自慢話をよくも次から次へとぱーぱー話すもんだ」

③お金や物を何も考えずむやみに使う様子。「給料をもらったさきからぱーぱー使ってしまう」

江戸時代から見える語。まったくお金がなくなってしまうことや、せっかく作り上げたものが白紙の状態に戻ってしまうことにも言った。現代では「虎の子の百万円がぱー」「すべてがパーになる」のように「ぱー」を用いるのが一般的である。この「ぱー」も江戸時代から見える。

◇類義語「ぱっぱっ」

①②③の類義語。①より短い音の繰り返しや、②や③より派手な行為に言う。

◆参考　野口雨情❖作詞の童謡に「南京さんの ことばは 南京ことば パーピヤパーパー パーチクパ」(「南京ことば」)とある。この「パーパー」は外国語など意味不明の言葉を表した音。江戸時代から見え、明治時代には「西洋人」をも意味したが、現代では使わない。

(染谷裕子)

❖宮沢賢治　→P.34

❖堀辰雄　→P.25

❖南客先生文集　江戸時代の洒落本。南楼坊路銭(大田南畝)著。安永九年(一七八〇)頃刊。

❖百日曾我　江戸時代の浄瑠璃。近松門左衛門作。元禄一三年(一七〇〇)頃初演。

❖古今著聞集　鎌倉時代の説話集。橘成季(たちばなのなりすえ)編。全説話を神祇、釈教、政道、公事などの三〇編に分類して掲げる。王朝貴族世界に関するものが多いが、世俗的な説話も少なくない。建長六年(一二五四)成立。

❖野口雨情　詩人。『金の船』(後の『金の星』)に童謡を発表しながら、北原白秋らと童謡運動を推進。「雨降りお月さん」など、現在も多くの歌が愛唱されている。(一八八二〜一九四五)

ばかすか

次から次へと軽く物事を行う様子。また軽い気持ちで、ある物事をひんぱんに行う様子。「落としたいなら、原爆でもバカスカ落とすがいい」(シリトー原作・河野一郎訳『長距離走者の孤独』)。さらに強調した形で「ばっかんすっかん」ともいう。

◆参考 「ばか」は、「ばかあたり」のように程度の激しい様子の意。「すか」は江戸時代、滞りなく物事が行われるさまに言った「すかすか」と関連するか。 (染谷裕子)

ばかっ

①閉じた物が、大きく開いたり、割れたりする様子。「スイカが割れてばかっと口を開ける」

②量や程度の激しい様子。「箱ごとばかっと買い占める」、「アクセルをばかっと踏んで加速する」

◇類義語 「ぱくっ」

「ぱくっ」は①の類義語。一瞬にして開いた感じで、開き具合も「ばかっ」ほど広くはないので、大きな物には言えない。「するととつぜん、パクッと人形が口をあき」(新美南吉❖『ごん狐』) (染谷裕子)

ぱかっ

閉じた状態にある物が、大きく開いたり、はずれたり、割れたりする様子。「口をパカッとあけちゃってさ」(さくらももこ❖『もものかんづめ』)

◇類義語 「ばかっ」

「ばかっ」は「ぱかっ」よりやや抵抗があって大胆な感じ。「ぱかっ」は軽く抵抗感があまりない。

◆参考 「大きく開く様子」が「ぱかっ」の本義だが、蓋などの着脱の音と誤解されて「パカッと蓋をする」のように言うこともある。 (染谷裕子)

ばかばか

①大きめの蓋状の物が何度も開閉する音やまわりに隙間があるなどして、大きく平たい物が振動して立てする音。また、その様子。「ランドセルの中の本がばかばか音を立てる」

②量や程度のはげしい様子。多く大量に物事が出入りする様子に言う。「ばかばかお金を使う」

◆参考 方言では、凍ったり乾燥したりしてかたくなった様子(東北地方)や、けばけばしい様子(岐阜県)にも言う。 (染谷裕子)

❖新美南吉 児童文学者。童謡や童話を『赤い鳥』に投稿。民話風の話を、善意にもとづきユーモラスに描く。作品『ごん狐』『おぢいさんのランプ』など。(一九一三〜一九四三)

❖さくらももこ 漫画家。昭和五九年、短大在学中に『教えてやるんだありがたく思え』でデビュー。昭和六一年、雑誌『りぼん』に「ちびまる子ちゃん」を連載、平成二年にテレビでアニメ化され人気を得る。(一九六五〜)

ぱかぱか

①馬が軽快に走る時の音や様子。稀に人間の足音等にも言う。「ぱかぱかと馬を鳴らしてはいって行った」(宮沢賢治❖『北守将軍と三人兄弟の医者』)
②大きすぎるなど、隙間ができてぴったり合わない様子。「靴が大きすぎてぱかぱかする」
③綴じ目、合わせ目のある物を何度も軽く開く音や様子。「フォルダーをパカパカ開く」
④量や程度のはげしい様子。「どんどん、ぱかぱか食べる」(曾野綾子❖『太郎物語』)

(染谷裕子)

ばきっ

①板や棒きれなど、かたい物が一気に折れる音や様子。「バキッと言う金属音とともにタモ網が破損してしまった」(日刊スポーツ00・12・31)
②人に対して、手厳しく接する様子。「視線などまったく無視するか、バキッとはねのけてしまうのだが」(椎名誠❖『お告げ』)

◆**類義語**「ばきばき」
①②の類義語。徐々にまたは何ヵ所も折れる様子や繰り返し厳しくあたる様子に言う。

(染谷裕子)

はきはき

人の物言いや態度が明るく、反応がすばやく、とまどうところがなく、きわめて明確である様子。人を寄せ付けない態度とは異なり、相手に好印象を与える様子に言う。「日頃は快活な、はきはきとした青年だが、まるで腑抜のようになっている」(井伏鱒二❖『黒い雨』)、「幸名ちゃんは…リーダーシップを発揮し、はきはきして印象的だった」(朝日新聞夕刊00・12・21)

◆**類義語**「ぱきぱき」
「はきはき」は主に言動から観察される総合的な人間観察に視点があるのに対して、「ぱきぱき」はある物事を滞りなく進める様子に言う。「齢に似合わずパキパキと英明振りを発揮して」(長与善郎❖『青銅の基督』)

■**参考**「はきはき」は物事が明確な様子を表す「はき(と)」を強調した形で室町時代から見える。明確に物事を行う様子に言ったが、当時は必ずしもプラス評価のことばではなかった。「はきはきと物をいふて、心のかるさうなものじゃよ」(狂言『粟田口❖』)。現在のように好印象を与える様子を表したのは江戸時代以降である。

(染谷裕子)

❖**宮沢賢治**　詩人・童話作家。岩手県の花巻で、農業指導のかたわら詩や童話を創作。大正一三年、詩集『春と修羅』と童話『注文の多い料理店』を自費出版。作品『銀河鉄道の夜』『風の又三郎』など。(一八九六〜一九三三)

❖**曾野綾子**　小説家。昭和二九年『遠来の客たち』で注目される。以降、社会性の高いテーマを中心に活動を続ける。夫の三浦朱門とともにカトリック教徒。作品『無名碑』『神の汚れた手』など。(一九三一〜)

❖**椎名誠**　→P.42

❖**井伏鱒二**　→P.7

❖**長与善郎**　→P.49

❖**粟田口**　室町時代の狂言。名刀「粟田口」が刀だということを知らずに「粟田口」と名乗る人間を買ってきたために起こる喜劇。

ばきばき

①かたい物などが、折れたり壊れたりする音や様子。また、整体などで、骨や関節などを鳴らす音や様子。「枯れ木がバキバキと音を立てる」「力任せに骨をバキバキさせる」

②何かが振動したり、きしんだりして立てる音。「車の窓がバキバキする」

③凝り固まっている様子。「首筋がバキバキ」

④勢いよく物事を進める様子。「バキバキ仕事をする」

（染谷裕子）

ぱくっ

①口を大きく開けて一気に飲食したり、軽く噛（か）みついたりする様子。「パクッとエサに食いつく感じかな？」（日刊スポーツ00・12・15）

②割れ目やとじ目が大きく開いている様子。「傷口がぱくっと開いてしまった」

◇**類義語**「ぱくぱく」「ぱくり」

共に①②の類義語。「ぱくぱく」は開け閉めを繰り返す感じを言う。「ぱくり」は口を開ける（口が開く）という結果に視点がある。

（染谷裕子）

ぱくぱく

①口を繰り返し開け閉めする様子。特に、そのようにして、盛んに食べる様子。「ひ鯉は ぱくぱく ぱっくりこ」（❖勝承夫・童謡「歌の町」）、「食事を取り寄せた場合も、衆人環視の中、ムシャムシャパクパク」（SPA!00・12・27号）

②とじ目などがほどけたりはがれたり、蓋やカバーなどを閉め忘れたりして、何度も開いたり閉じたりする様子。「わたしの靴はとうに底が破れてぱくぱくになり」（❖石川淳『山桜』）

③しきりにタバコを吸う様子。明治・大正期頃までは使ったが、現代では「ぱかぱか」が普通の言い方。「きせるをくわえて、ぱくぱく煙をふきだしました」（❖宮沢賢治『風の又三郎』）

◆**参考**「ぱくぱく」は本来③の意で、江戸時代から見える。江戸時代、①の意では「ばくばく」の方が普通だった。特に、歯の抜けた老人が口を繰り返し開閉する様子に用いた。現在では①の意でも「ばくばく」を使うこともあるが、若い世代の言い方では心臓の音を表す。「小料理屋は敷居が高い。〝時価〟なんてあった日にゃ、心臓バクバクだ」（SPA!00・12・27号）

（染谷裕子）

ぱくぱく 休みなく盛んに食べ続ける。

（うえやまとち『クッキングパパ』より）

❖**勝承夫** →P.309

❖**石川淳** 小説家・評論家。昭和一〇年『佳人』で文壇にデビュー。翌年『普賢』により芥川賞受賞。仏文学、中国文学、江戸文学に造詣が深い。作品『焼跡のイエス』『鷹』『夷斎虚実』など。（一八九九〜一九八七）

❖**宮沢賢治** 詩人・童話作家。岩手県の花巻で、農業指導のかたわら詩や童話を創作。大正一三年、詩集『春と修羅』と童話『注文の多い料理店』を自費出版。作品『銀河鉄道の夜』『風の又三郎』など。（一八九六〜一九三三）

ぱくり

①口を大きく開ける様子。また、大きく口を開けて、一口で食べてしまう様子。「木之助は、ほんとにそうだと思って、ぱくりと喰いついた」(新美南吉『最後の胡弓ひき』)、「では食べてみようか、とひと口パクリ」(女性自身00・12・5号)

江戸時代末頃から見えるが、明治頃まではタバコを吸う様子にも言った。「煙草をパクリパクリ呑んで居りまするとﾞ」(三遊亭円朝『真景累が淵』)

なお、店で物を盗んだり、人から金品をだましとったり、人のアイデアなどを盗んで使ったりすることを「ぱくり」と言う。この①の意から転じた名詞。「あの歌は昔のヒット曲のぱくりに過ぎない」。動詞「ぱくる」としても使う。

②通常は閉じているものが、大きく開く様子。多く傷口などが開く様子に言う。「鼻のわきの化膿部がぱくりと口をあけ」(井伏鱒二『黒い雨』)

◆参考 「ぱくり」を「厚い唇をばくりと開けた」(泉鏡花『高野聖』)のように「ばくり」と言うこともある。現在でも稀に使う。「バクリとブリの照り焼きをほおばった」(さくらももこ『もものかんづめ』)

(染谷裕子)

ばさばさ

①紙や繊維状の物などの束がゆすられたり、かたい面にふれたりする音、またその様子。アクセントは「ばさばさ」。鳥の羽ばたきや箒で掃く様子などに用いる。「鶏が…みんな籠(かご)からばさばさと飛びおりて」(長塚節『土』)、「箒を持出しばさばさと座敷の真中だけを掃いて」(伊藤左千夫『浜菊』)

②紙や大きな布等をあおるように動かす音、またその様子。旗や幟(のぼり)などをいうことが多い。「ばさばさと風の中でコートをはたいた」(椎名誠『新橋烏森口青春篇』)、「いくつもの小旗を振る音がばさばさと夜風を切った」(石川淳『マルスの歌』)

③潤いがなく整わない様子。髪がまとまらない時などに使う。「顔はバサバサで不潔で」(高野悦子『二十歳の原点』)、「赤くてばさばさした髪の毛」(夏目漱石『門』)。アクセントは「ばさばさ」とも。

◇類義語 「ばさっ」「ばっさばっさ」

共に①②の類義語。連続的な「ばさばさ」に対し「ばさっ」は一度きりで紙束などが落ちる音。「ばっさばっさ」は「ばさばさ」より大きく動く感じ。

◆参考 「ばさつく」という語もあり、「ばさばさ」と音を立てるような動作を表す。

(小島聡子)

❖新美南吉　児童文学者。童謡や童話を『赤い鳥』に投稿。民話風の話を、善意にもとづきユーモラスに描く。作品『ごん狐』『おぢいさんのランプ』など。(一九一三〜一九四三)

❖三遊亭円朝　幕末から明治時代の落語家。話芸と創作力にすぐれ、人情噺や怪談噺を創作、口演。落語界中興の祖。作品『怪談牡丹灯籠』『鰍沢』など。(一八三九〜一九〇〇)

❖井伏鱒二 →P.7
❖泉鏡花 →P.379
❖さくらももこ →P.223
❖長塚節 →P.21
❖伊藤左千夫 →P.28
❖椎名誠 →P.42
❖石川淳 →P.30
❖高野悦子 →P.27
❖夏目漱石 →P.8

ぱさぱさ

本来あるべき水分や油分などが失われて乾いている様子。あまり乾くことが望ましくない場合に用いられることが多い。

例えば、髪の毛が乾燥して毛筋がまとまらない時などに用いる。「髪は間違った場所に植えられた植物のようにぱさぱさとして」(❖村上春樹『世界の終りとハードボイルド・ワンダーランド』)

また、料理が乾いてしまった時にも用いる。熱の通しすぎや調理後の放置のために、水分が蒸発してしまったり、油が必要以上に失われたりした状態をさす。多くは、味が損なわれていることを言外に含む。「身によく火を通そうとしたらパサパサになって皮が脂臭くなってしまったというような失敗談」(週刊現代00・12・30号)の例は鳥肉料理。

◆類義語「ばさばさ」「ぱさっ」

「ぱさぱさ」は乾燥した様子が主眼だが「ばさばさ」は乾いて乱れ汚い感じ。「ぱさっ」は乾燥して軽い感じ。「ぱさっとした生地と…しっとりしたクリームは相性が良くて」(朝日新聞夕刊02・6・18)

◈参考 水気や油気が不足しがちで乾燥して「ぱさぱさ」することを「ぱさつく」という。 (小島聡子)

ばさり

①大きな布や紙など薄い平面状の物が、覆い被さるように落ちたりする時の、空気を含んだ乾いた音、またその様子。「机の上に持ってきた新聞をバサリと置いた」(❖椎名誠『新橋鳥森口青春篇』)、「蛾が一匹…やがてばさりと音を立てて私の紙の上に落ちる」(❖堀辰雄『風立ちぬ』)

②髪の毛や雪など細かい物の束や塊が、落ちて面に当たる音、またその様子。「葉につもっていた雪が、ときどき、ばさりと音をたてて女のケットに落ちた」(❖水上勉『越前竹人形』)、「長く伸ばした髪をわざと結ばずに、両方の肩にばさりと垂らしていて」(❖石川達三『青春の蹉跌』)

③あおるように一度大きく上から下に振る音、またその様子。「肱をばさりと振ったけれども」(❖泉鏡花『高野聖』)

◆類義語「ばさっ」「ばさりばさり」「ぱさり」

「ばさっ」は①②③の類義語。「ばさり」に比べやや乱暴で落ちた後散る感じ。「ばさりばさり」は①②③の類義語。「ばさり」は一度限りだが「ばさりばさり」は何度か続く音や動き。「ぱさり」は①②の類義語。「ばさり」より軽い、かすかな音。 (小島聡子)

❖**村上春樹** →P.94

❖**椎名誠** →P.42

❖**堀辰雄** →P.25

❖**水上勉** 小説家。宇野浩二に師事。幼少時を寺で過ごし、後、還俗。昭和三六年『雁の寺』で直木賞受賞。社会派推理小説から、女の宿命を描いた『越前竹人形』まで、多彩な分野で活躍。作品『飢餓海峡』『五番町夕霧楼』など。(一九一九～二〇〇四)

❖**石川達三** 小説家。昭和一〇年『蒼氓』で第一回芥川賞受賞。戦後は時代を鋭くとらえた多くの作品を発表。作品『風にそよぐ葦』『人間の壁』など。(一九〇五～一九八五)

❖**泉鏡花** 小説家。能楽と江戸文学に造詣が深く、幻想性に富む独自の作品を創作。反自然主義作家としての評価も高い。作品『高野聖』『婦系図』など。(一八七三～一九三九)

ぱさり

布・紙や髪の毛の束など軽く乾いた物が、覆い被さるように落ちるなどして、面に触れるかすかな音、またその様子。「小さな顔にぱさりと落とした前髪が決まっている」(朝日新聞夕刊00・11・21)。また、髪をかき上げる場合などにも用いる。

◇類義語「ぱさっ」

「ぱさり」とほぼ同じだが、「ぱさっ」の方はやや乱雑で、落ちた後散る感じ。また「ぱさっ」は「ぱさぱさ」に似て乾いた様子も表す。(小島聡子)

ばしっ

①かたい面と面が合わさるようにして勢いよく当たる音、またその様子。叩きつける感じ。「ねずみ取りを…バシッと大地にたたきつけ雫をきった」(野坂昭如❖『死児を育てる』)

②乾いたかたい板などを割る音、またその様子。

③態度等が隙なくきまった様子。また厳しい態度をとる様子。「ブンブンきたから、バシッと決めたら」(沢木耕太郎❖『一瞬の夏』)、「朝から体調も精神もバシッと整う」(Hanako00・12・20号)(小島聡子)

ぱしっ

①面と面を軽く鋭く打ち合わせる音、またその様子。例えば手を打ち合わせる音。「女はまた両手をぱしっと打ち合せた」(山本周五郎❖『さぶ』)

②軽いかたい物が割れたり、壊れたりする音、またその様子。「枝をぱしっと折る」

◇類義語「ばしっ」「ぱちっ」

共に①②の類義語。「ばしっ」は「ぱしっ」より衝撃が強く重い物が当たる感じ。「ぱちっ」は「ぱしっ」より接触面が小さく緊密な感じ。(小島聡子)

ばしばし

①続けて何度も打ち当たる音、またその様子。「その波の砕けるしぶきは砂でも叩きつけるようにばしばしと顔を打った」(山本周五郎❖『さぶ』)

②積極的に、容赦なく着々と物事を行う様子。特に、意見を述べる様子などに用いる。何事も見逃さないような厳しさは感じられるものの、積極性が望ましく感じられる場合に用いることが多い。「写真を見せるだけで、その人の職業や性格をばしばし言い当てる」(AERA97・12・29号)(小島聡子)

❖**野坂昭如**　小説家。CMソングの作詞、コントの制作などで活躍。昭和三八年『エロ事師たち』でデビュー。同四三年『アメリカひじき』『火垂るの墓』で直木賞受賞。戦時体験から焼跡闇市派を自称。作品はほかに『骨餓身峠死人葛』など。(一九三〇)

❖**沢木耕太郎**　→P.327

❖**山本周五郎**　→P.15

ぱしっ　平手で思いっきり頭を叩く。

(赤塚不二夫『おそ松くん』より)

ばしゃばしゃ

水が物に当たったり揺れ動いたりしてはねる音、またその様子。水をかき混ぜる、水の入った容器を振る、大量に水をかけるなどの場合に用いる。

「水をバシャバシャかぶる」(朝日新聞01・1・14)

◇類義語「ばちゃばちゃ」「ぱしゃぱしゃ」

「ばしゃばしゃ」は水をすくうように動かす感じだが、「ばちゃばちゃ」は水面を激しく叩く感じ。「ぱしゃぱしゃ」は「ばしゃばしゃ」より静かな軽い水音で、はねる水の量が少ない感じ。

(小島聡子)

ぱしゃぱしゃ

①少量の水をかけたり、水面で小さく手足を動かす音、またその様子。顔を洗うさまなど。「メジロがパシャパシャと始めた」(朝日新聞98・2・5)

②カメラのシャッターを連続して切る音、またその様子。「二人が泣く姿を平気でパシャパシャ写真に撮ってしまう」(朝日新聞99・3・11)

◇類義語「ぱちゃぱちゃ」

①の類義語。「ぱしゃぱしゃ」より水に当たる面が広く、水面を叩く感じ。

(小島聡子)

ぱしゃん

①水がかたい面に当たりはね散る音。静かな波音や軽い物が落ち水面を叩く音など。「パシャンといってピラニアにげた」(朝日新聞夕刊96・1・6)

②薄い物が割れて砕ける音。「皿が割れる。一気に十枚が粉々になる。『カシャン、パシャン、ガッシャーン』」(朝日新聞夕刊94・11・21)

◇類義語「ばしゃん」

①の類義語。「ぱしゃん」よりも、当たりが強く、例えば重い物が水に落ちた感じ。

(小島聡子)

はたはた

①ごく軽い物が板などに連続して当たる静かな音、またその様子。例えば軽い足音など。「はたはた駆けよって」(樋口一葉❖『たけくらべ』)

②薄い物や張った紐などが風をはらんであおられるように動く音、またその様子。

例えば、扇であおぐ時、幕・旗・紐や草花などが風であおられて揺れる時、鳥や虫の羽ばたきなどに用いる。「勢いの好い扇の音が、再びはたはたと致しますと」(芥川龍之介❖『邪宗門』)、「黒白の幕が、

❖**樋口一葉**　小説家・歌人。歌を中島歌子に、小説を半井桃水に師事。明治二五年に第一作『闇桜』を発表。作品『大つごもり』『たけくらべ』『にごりえ』など。(一八七二〜九六)

❖**芥川龍之介**　小説家。在学中に『新思潮』に発表した「鼻」が夏目漱石に認められ、文壇にデビュー。才気あふれる理知的な文体で多くの作品を執筆。作品『羅生門』『河童』など。(一八九二〜一九二七)

はたはたとはためいて」(三浦哲郎❖『幻燈画集』)、「花に似た葯は、わずかの風にもハタハタ揺れる」(日本経済新聞夕刊01・8・29)、「はたはたと大きな羽ばたきの音がして」(竹山道雄❖『ビルマの竪琴』)

◇**類義語**「ばたばた」「ぱたぱた」
共に①②の類義語。「ばたばた」は「はたはた」より大きな音。「ぱたぱた」は軽く高い音で、「はたはた」に比べるとやや響く感じ。

◆**参考**「はたはた」はショウリョウバッタの異名。バッタやイナゴを指す方言もある。いずれも羽音から付けられた名前という説がある。(小島聡子)

ばたばた

①面と面が繰り返し激しく当たる音、またその様子。慌てた足音などに使う。「リビングの方にバタバタと走っていった」(朝日新聞00・12・29)
②布や板等の平板な物が大きくあおられる音、またその様子。例えば扇などで大きくあおぐ音や、旗のはためき、鳥の羽ばたきなどにも用いる。「その旗がばたばたと風に煽られて音を立てる」(有島武郎❖『生れ出づる悩み』)
③腕・脚を大きく振り動かす様子。もがいて暴れる感じ。「足をバタバタさせ」(SPA!00・12・20号)
④次々と倒れる様子。連鎖的な感じ。「中小企業は、ばたばたつぶれている」(朝日新聞98・8・12)
⑤手早く次々と物事が処理・始末される様子。「たった4日間でばたばたと3人の逮捕者が出た」(SPA!00・12・13号)
⑥忙しくて少し混乱している様子。「まだ片づけが残っていてバタバタしていますが」(朝日新聞99・12・24)。特に、事態の対応に追われ統制が取れない感じにも用いる。「決戦目前、自民バタバタ内閣不信任案めぐり攻防」(朝日新聞00・11・20)

◇**類義語**「ばたっ」「ばたり」「ばたん」「ばたばたっ」
「ばたっ」「ばたり」「ばたん」は①～④の類義語で、連続的な「ばたばた」に対し、一度きりの音・動き。倒れ方なら「ばたっ」は勢いよく倒れた大きな音で、「ばたり」は静止していた物が突然倒れ、「ばたん」はあおられて倒れる感じ。「ばたばたっ」は①～⑥の類義語。「ばたばた」より勢いがついた感じで、⑤の意では一気に進む感じ。「決断すると、ばたばたっと、工事が進み」(朝日新聞00・12・18)

◆**参考** 歌舞伎で、慌ただしい場面をさす。慌ただしい出入りの際「ばたばた」と拍子木を打つことから。かつては裏で足音を立てていた。(小島聡子)

❖**三浦哲郎** 小説家。井伏鱒二に師事。昭和三五年『忍ぶ川』で芥川賞受賞。血の系譜に悩み、それを克服して生きることをテーマとする。作品『白夜を旅する人々』『みのむし』など。(一九三一～)
❖**竹山道雄** →P.383
❖**有島武郎** →P.12

ぱたぱた 急がしく音をたてて扇子であおぐ。

(蛭田達也『コータローまかりとおる!』より)

ぱたぱた

①面と面が繰り返し打ち合わさって出る高くて軽い音、またその様子。軽い足音などに用いる。「ぱたぱたとスリッパを鳴らして」(三浦哲郎❖『初夜』)。軽く叩く時にも使う。「指でぱたぱた叩いたんです」(大江健三郎❖『人間の羊』)

②薄く張りのある平板な物があおられて鳴る軽い音、またその様子。旗などが翻る時や扇であおぐ時などに用いる。「旗を、風にぱたぱた云わせていた」(宮沢賢治❖『北守将軍と三人兄弟の医者』)、「パタパタといそがしくうちわをつかう」(三浦綾子❖『塩狩峠』)。他に鳥の羽ばたきなどにも用いる。

③動物が尾を振る音、またその様子。「チビはパタパタと尻尾を振った」(女性自身00・12・12号)。また人が手足を小刻みに振る時にも使う。

④次々と物事が行われる様子。「ナオミは独りでぱたぱたと進行させて」(谷崎潤一郎❖『痴人の愛』)

◇類義語「ぱたぱたっ」「ぱたっ」「ぱたり」

「ぱたぱたっ」は①〜④の類義語。「ぱたぱた」より勢いがある。「ぱたっ」「ぱたり」は①②の類義語。一回限りの音。突然止む様子にも使う。「パタッと途切れるだろう」(SPA!00・12・27号)(小島聡子)

はたり

①軽い物の落下など、静かに当たる音や様子。「はたりと画筆を取り落した」(夏目漱石❖『草枕』)

②突然で思いがけない様子。急な停止や予想外の出会いなどに用いる。「急にはたりとやみました」(竹山道雄❖『ビルマの竪琴』)、「私は…はたりとKに出合いました」(夏目漱石『こゝろ』)

◇類義語「はたりはたり」「はたはた」

共に①の類義語。「はたりはたり」は間を置いて続く音で、「はたはた」は小刻みな音。(小島聡子)

ばたり

①板状の物と物が、面で打ち当たる大きな音。「ばたりと一つ草履の音をさせたのは思わず力がはいったのであろう」(石川淳❖『葦手』)

例えば、突然物が落ちたり倒れたりする時などに用いる。特に、大きな物が倒れる様子を表し、相撲で力士が土俵に倒れる様子に多く用いられる。「はたき落とされてばたり」(朝日新聞01・7・12)

ほかに、扉を勢いよく開け閉めする時にも用いる。「私の目の前でばたりと扉をしめ」(ブロンテ

❖**三浦哲郎** →P.382
❖**大江健三郎** →P.34
❖**宮沢賢治** →P.34
❖**三浦綾子** 小説家。結核による闘病生活からキリスト教に入信。昭和三九年、『氷点』が朝日新聞の懸賞小説に入選、テレビドラマ化されて人気作家となる。作品『積木の箱』『塩狩峠』など。(一九二二〜一九九九)
❖**谷崎潤一郎** →P.7
❖**夏目漱石** →P.8
❖**竹山道雄** 独文学者・評論家。戦後に書かれた小説『ビルマの竪琴』で知られる。全体主義に反対し、左右双方の全体主義を批判する評論活動を行った。著作『昭和の精神史』『剣と十字架』など。(一九〇三〜一九八四)
❖**石川淳** →P.30

原作・田中西二郎訳『嵐が丘』)

②続いていたものが突然途絶える様子。「途端に、ばたりと風が止んだ」(朝日新聞夕刊97・10・17)

◆**類義語**「はたり」「ぱたり」「ばたっ」「ばたりばたり」

「はたり」「ぱたり」「ばたっ」は①②の類義語。大きな音の「ばたり」に対し「はたり」は微かな音で「ぱたり」は軽くて高い音。「ばたっ」は動きに勢いがある感じ。「ばたりばたり」は①の類義語。少しずつ間をおいて続く音。「ハタオリ機で白い絹布をバタリバタリ」(朝日新聞夕刊00・5・18)　(小島聡子)

ぱたり

①物が落ちる軽い音や冊子を閉じる音、またその様子。「太郎は本をぱたりと閉じ」(曾野綾子『太郎物語』)。驚いて物を取り落とす時などに使う。

②突然、完全に物事をやめる様子。「先生は又ぱたりと手足の運動を已めて」(夏目漱石『こゝろ』)

◆**類義語**「ぱたっ」「ぱたぱたっ」

「ぱたっ」は①②の類義語。「ぱたり」よりやや勢いがついている感じ。「ぱたぱたっ」は①の類義語で音が続いた後突然やむ感じ。　(小島聡子)

ばたん

板状の物が煽られて当たる大きい音、またその様子。「バタンと扉を閉めた」(朝日新聞00・12・27)

板でないが大きい物が一気に倒れて、面で当たる時にも使う。「急にバタンと前に倒れた」(週刊現代00・12・30号)。特に、寝床に倒れこんですぐに寝付くことを「ばたんきゅー」という。「夜はバタンキューで一気に就寝」(朝日新聞00・12・18)

◆**類義語**「ばたんばたん」

一回ではなく何度か続けて当たる音。　(小島聡子)

ぱたん

面と面が打ち当たる軽く高い音。「ズックは…汚水溜めのふちにぱたんと落ち」(三浦哲郎『幻燈画集』)。冊子を閉じる音や扉の開け閉てにもいう。「書物をぱたんと閉じた」(朝日新聞夕刊02・5・7)。また物や人が倒れる時などにも使う。そこから寝入ることや死ぬことも表す。「早く残しておかないとパタンといっちゃうから」(朝日新聞00・11・2)

◆**類義語**「ぱたんぱたん」

少しずつ間をおいて続く音や動き。　(小島聡子)

❖**曾野綾子**　小説家。昭和二九年『遠来の客たち』で注目される。以降、社会性の高いテーマを中心に活動を続ける。夫の三浦朱門とともにカトリック教徒。作品『無名碑』『神の汚れた手』など。(一九三一〜)

❖**夏目漱石**　英文学者・小説家。英語教師をへて、イギリスに留学。帰国後、『東京朝日新聞』の専属作家となり、同新聞に次々と作品を発表。森鷗外とともに近代日本文学の確立に貢献。作品『吾輩は猫である』『三四郎』など。(一八六七〜一九一六)

❖**三浦哲郎**　小説家。井伏鱒二に師事。昭和三五年『忍ぶ川』で芥川賞受賞。血の系譜に悩み、それを克服して生きることをテーマとする。作品『白夜を旅する人々』『みのむし』など。(一九三一〜二〇一〇)

ぱちくり

まばたきをしたり、目を丸くしたりする様子。不審に思ったり、驚いたり、眩しかったりした時の目の様子。「お茶を持って、恐る恐る入って来た受付の子が、談笑している二人を目をパチクリさせて、眺めていた」(赤川次郎『女社長に乾杯!』)

◆類義語「ぱちり」

「ぱちくり」は不審に感じたり驚いたりと感情を伴う時に使うが、「ぱちり」は単に目を開けたり閉じたりという動きを表す。

(中尾比早子)

ばちばち

①勢いよく燃えたり、はぜたりする音。また、火花の散る音。「いっせいに火の手上げて庭木のバチバチはぜる音」(野坂昭如『火垂るの墓』)

②かたい物が当たるなどして発する連続した強い音。「正太は白い扇子をバチバチ言わせながら」(島崎藤村『家』)

◆類義語「ぱちぱち」

「ぱちぱち」は①②の類義語。「ぱちぱち」は「ばちばち」より軽い感じの音。

(中尾比早子)

ぱちぱち

①勢いよく燃える音。また、燃えている物がはぜる音。火花が散る音や静電気が起きるときにも使う。「焚木が…ぱちぱちと音を立てながら燃えるのを見守っていた」(堀辰雄『風立ちぬ』)

②かたい物が当たって出る連続した音。算盤(そろばん)をはじく音、碁を打つときの音など。「扇子をぱちぱち開閉させている」(司馬遼太郎『国盗り物語』)

③拍手をする音。「私の周囲からはパチパチと拍手が起こった」(群ようこ『満員電車に乗る日』)

④スイッチを連続して入れるときに出る音。シャッターを切る音。「ぱちぱちと街行く人を写すカメラマン」

⑤何度もまばたきをする様子。「男というのは、嘘をつく時、どうして目をパチパチするのであろうか」(林真理子『女のことわざ辞典』)

⑥太って服がきつい様子。「食べたらはまらなくなっちゃったんだ。ほら、家を出るときにもうパチパチだっただろう」(群ようこ『御祝儀袋』)

◆参考　玉をはじく音から、戦前「パチパチ」は関西で「パチパチ」と呼ばれていた。「パチンコ」という名称が広まったのは戦後から。

(中尾比早子)

❖赤川次郎　→P.39

❖野坂昭如　→P.26

❖島崎藤村　→P.102

❖堀辰雄　→P.25

❖司馬遼太郎　→P.16

❖群ようこ　エッセイスト・小説家。本の雑誌社で編集のかたわら、昭和五九年『午前零時の玄米パン』でデビュー。退社後、エッセイ、小説、評伝などを執筆。作品『なたぎり三人女』『動く女』など。(一九五四)

❖林真理子　小説家。コピーライターとして出発。昭和六一年『最終便に間に合えば』『京都まで』で直木賞、平成一〇年『みんなの秘密』で吉川英治文学賞受賞。作品『ルンルンを買っておうちに帰ろう』(エッセイ集)、『白蓮れんれん』など。(一九五四)

ばちゃばちゃ

①水面をたたいたり、水が物に勢いよく当たる音。「バチャバチャと洗濯の音をさしている」(石川啄木❖『鳥影』)

②カメラのシャッターの音。「軍人たちは遠慮なく写真をばちゃばちゃ撮った」

◇**類義語**「ぱちゃん」「ぱちゃぱちゃ」

「ばちゃばちゃ」が音の連続ややや重い音を表すのに比べ、「ばちゃん」は一度きりの音、「ぱちゃぱちゃ」は、やや軽い音を表す。(金子　彰)

ぱちゃぱちゃ

①水面をたたいたり、水が物に勢いよく当たる音。また、その様子。「庭のビニールプールの中で、幼稚園児の娘は、水槽の金魚がはねるように、はしゃいでぱちゃぱちゃと泳ぐまねをしている」

②勢いよく続けて果物などを木からむしる様子。あまり一般的でない。「ふうふう息をつきながら、大きな木鉢へ葡萄のつぶをパチャパチャむしっています。耕平のおかみさんは、ポツンポツンとむしっています」(宮沢賢治❖『葡萄水』)(金子　彰)

ばちゃん

人や物が水に飛び込んだり、落ちたりした時、水がはねかえって出る音。「ときどきばちゃんと水のなかに飛びこんで」(宇野浩二❖『苦の世界』)

◇**類義語**「ぱちゃん」「ばちゃばちゃ」

「ばちゃん」は、かなりの重量による音や様子を表すのに比べ、「ぱちゃん」は「風船がぱちゃんと割れた」のように、その音や様子の程度は小さくて軽い。また、「ばちゃん」は「ばちゃばちゃ」に見られる音や状態の連続性はない。(金子　彰)

❖**石川啄木**　歌人・詩人・評論家。貧困と家庭内の葛藤に苦しみながら、多くの作品を生む。歌集『一握の砂』『悲しき玩具』、評論『時代閉塞の現状』など。(一八八六〜一九一二)

❖**宮沢賢治**　詩人・童話作家。岩手県の花巻で、農業指導のかたわら詩や童話を創作。大正一三年、詩集『春と修羅』と童話『注文の多い料理店』を自費出版。作品『銀河鉄道の夜』『風の又三郎』など。(一八九六〜一九三三)

❖**宇野浩二**　小説家。大正八年『蔵の中』でデビュー。饒舌な説話体の文体で注目される。戦後は広津和郎らと松川事件判決の不当を訴える。作品『枯木のある風景』『世にも不思議な物語』など。(一八九一〜一九六一)

❖**三浦綾子**　→P.30

ぱちり

①金属などのかたい物が当たるなどして出る軽やかな音。「先生は扇子をパチリと音をさせて開き」(三浦綾子❖『塩狩峠』)

②カメラのシャッターを切る音。写真をとる様子。「デジカメが続々誕生している。フィルムいらずで簡単にパチリ」(日刊スポーツ00・12・6)

③瞼(まぶた)を動かす様子。目が大きくあいている様子。目元がはっきりしている感じ。「大きい眼をパチリと開いて、…なんという美しさでしょう」

（野村胡堂❖『銭形平次捕物控』）

❖**類義語**「ぱちぱち」「ぱっちり」

「ぱちぱち」は①②③の類義語。「ぱちり」は一回の音や様子であるが、「ぱちぱち」はくり返す動作の間隔が短く忙(せわ)しない音や様子。「ぱちぱち」は、驚きや半信半疑の様子を表す場合もある。「ぱっちり」は③の類義語。主に「ぱちり」はまばたきによる目の開閉を表し、「ぱっちり」は目を大きく開いている状態を表すことが多い。子供や女性のかわいらしさを表現する語でもある。「パッチリとした目もと」（三浦綾子❖『塩狩峠』）

（中尾比早子）

ぱちん

金属などのかたい物をとめたり、当てたりするときに発する音。また、頬や手を打ったり、指をはじいたりする音。「スイッチをパチンと切って、ちいさいくらいでんきにしました」（佐野洋子❖『わたし いる』）、「パチンと指を鳴らしてキュー出しをした」（日本経済新聞00・12・30）

◈**参考**　名詞「ぱちん」には、ぱちんと音がしてしまることから「帯留めの両端につける金具」の意味がある。「ぱちんどめ」とも。

（中尾比早子）

はっ

①急に思い当たる様子。「素材の新しさ、はっとする美しさが、若いカップルたちに大受けしている」（日本工業新聞00・12・5）

②動作や状態の変化が急である様子。「生き残ろうと走る中学生の姿に食らいついたカメラが絶命と同時に、ハッと切り捨て『○×死亡』といった字幕処理へと変わる」（SPA!00・12・20号）

③思いがけない事で驚いたり、当惑したりする様子。「その母の激しい言葉に、理絵さんはハッとした」（女性自身00・12・12号）

❖**類義語**「ばっ」「ぱっ」

「ばっ」は②の類義語。「はっ」が心理的動揺をも表すのに比べ、「ばっ」は動作、状態の変化の様子を主に表す点で違いがある。「ぱっ」は②の類義語。「ぱっ」は変化や拡散がより一瞬で派手さがあるが、「はっ」が持つ心理的な意味は薄い。

◈**参考**　古くは、人が一斉に笑う声や様子をも表した。「人皆はとわらひけり」（『宇治拾遺物語❖』）は鎌倉時代の例。鎌倉時代は促音「っ」や濁音表記が確立されておらず、「はと」の例も実は「はっと」「ばっと」の可能性もある。

（金子　彰）

はっ　急に何か思い当たることがあり、当惑している。

（東海林さだお『平成サラリーマン専科』より）

❖**野村胡堂**　→P.77

❖**三浦綾子**　→P.30

❖**佐野洋子**　絵本作家。昭和四九年、『おじさんのかさ』で注目され、同五一年『わたしのぼうし』で講談社出版文化賞受賞。作品『100万回生きたねこ』『わたしが妹だったとき』（エッセイ）など。（一九三八〜）

❖**宇治拾遺物語**　→P.164

ばっ

①動作や状態の変化が突然または瞬間的である様子。「記者たちはドアがあくと一斉にそちらに向かってばっと押し寄せていった」。室町時代から現れる語。『太平記』に「敵あまた討ち取ってばっと駆け出で見給へば」が見られる。

②一時に物が四方へ広がる様子。「ばっと散る」。鎌倉時代から現れる語。『平治物語』に「五十余騎しころをかたむけ、おめひてかけければ、平家の軍兵ばっとあけていれにけり」とある。江戸末期の『和英語林集成』には「花はばっと開く」と花の開く様子に用いている。

◇**類義語**「ばーっ」「ぱっ」

共に①②の類義語。「ばーっ」は変化や拡散の度合いが広いのに対し、「ばっ」はそれがより一瞬と感じられる点に違いがある。「ぱっ」は派手で見栄えがし目立つ様子の用法があるが「ばっ」には見られない。

■**参考**　江戸時代には、「ばっ」が派手で目立つ様子や、見栄えのする様子を表した。「五人の太鼓持ち、ばっとしたる出で立ちに」(浮世草子『好色一代男』)。これは、今日「ぱっと」の形で表す。(金子　彰)

ぱっ

①行動、動作が突然または瞬間的である様子。「ぱっと一斉に手をあげて」(中勘助『銀の匙』)、「何も考えないから、パッと行けるんですよ」(SPA! 00・12・20号)

②一時に、物事が四方へ広がる様子。「にわかにパッと明るくなり」(宮沢賢治『やまなし』)、「最初の一口で、口の中にはショウガの新鮮な辛さがパッと広がり」(日本経済新聞00・1・4)

③派手で見栄えがし目立つ様子。「お上着はパッとした宜引縞(いいしま)の糸織で」(二葉亭四迷『浮雲』)、「疲れているはずだが、食べ物の話になると表情がパッと輝いた」(日刊スポーツ00・12・17)。否定表現とともに使うこともある。「高校まで成績がぱっとしませんでした」(日本経済新聞00・12・28)

◇**類義語**「ぱーっ」

「ぱーっ」は①②③の類義語。「ぱっ」の変化が瞬間的であるのに比べ、その度合いは広く緩い。

■**参考**　古い例では室町末期の『日葡辞書(にっぽじしょ)』に「血煙がぱっとたった」がある。日本語で半濁音paの表記「ぱ」が確認できるのは、室町末期のキリシタンのローマ字文献以降である。(金子　彰)

❖**太平記**　室町時代の軍記物語。後醍醐天皇の倒幕計画から始まる南北朝の争乱を、南朝側の立場から描いたもの。流麗な和漢混淆文体。一四世紀後半成立。

❖**平治物語**　鎌倉時代の軍記物語。作者未詳。平治の乱の顛末を和漢混淆文で描く。敗者、悪源太義平の活躍や常盤御前の悲話が有名。多数の異本があるが、原形は鎌倉初期成立。

❖**和英語林集成**　→P.16

❖**好色一代男**　江戸時代の浮世草子。井原西鶴著。上方の町人「世之介」の七歳から六〇歳までの好色生活を描いたもの。天和二年(一六八二)刊。

❖**中勘助**　→P.52

❖**宮沢賢治**　→P.34

❖**二葉亭四迷**　→P.25

❖**日葡辞書**　→P.15

ぱっかり

①大きな口をあける様子。「うつろな目でぱっかり口をあけている」

②大きな割れ目や穴があいている様子。「道路に大きな穴がぱっかりとあいている」。江戸時代から現れる語。『❖誹風柳多留（はいふうやなぎだる）』に「ぱっかりと雲のわれ目に十三夜」とある。

③暖かい様子。「ぱっかり暖い室の空気に」（上田敏❖『うづまき』）。これは明治時代の例であるが今はふつう「ぽっかり」という。（金子 彰）

はっきり

①他と紛れることがなく、明らかな様子。「黒白の微妙な差異まではっきりとわかる」（週刊現代00・12・9号）、「病の様子が判然（はっきり）と解りませんでしたが」（❖三遊亭円朝『怪談牡丹灯籠』）

②あいまいでなく、確かな様子。「彼のように、はっきりと見、はっきりと思ったところを素直に歌った歌人は、万葉の幾人かの歌人以来ないのである」（❖小林秀雄『西行』）、「インネンをつけられたとき、ハッキリと否定すること」（SPA!00・12・6号）、「はっきりいって私はこんなところでぐずぐずしてる暇なんかないんだ」（週刊現代00・12・16号）

③体調や気分が爽快な様子。「睡眠を十分とったので頭がはっきりする」

参考 室町時代の狂言『❖梟（ふくろう）』に②の用法の「気をはっきりと持て」がある。江戸末期の『❖和英語林集成』に③の用法「（まだはっきりと治りませぬ）十分には」がある。『❖東海道中膝栗毛』にも「ちからなささうに『アアア、今すこしはっきりした』」が見えるところから、③の用法は江戸時代から現れるようになったと考えられる。（金子 彰）

ぱっくり

①思い切り大きく口を開ける様子。また、大口で物にかぶりつく様子。「ぱっくりと魚類のように口をあいて呼吸をし」（❖北杜夫『楡家の人びと』）

②傷口や割れ目が鮮やかに、大きく裂けて広がる様子。「喉をぱっくりと、ほとんど首がちぎられんばかりの勢いで掻き切られ」（❖西澤保彦『書店、ときどき怪人』）

参考 「ぱっくり」は、福島県や山形県の一部などの方言で「がま口」を指す。（佐藤有紀）

❖**誹風柳多留** →P.10

❖**上田敏** 評論家・外国文学者・詩人。卓越した語学力と感性を生かし、ヨーロッパ文学の紹介に努める。作品『海潮音』『牧羊神』（ともに訳詩）など。（一八七四〜一九一六）

❖**三遊亭円朝** →P.141

❖**小林秀雄** 評論家。昭和四年、雑誌『改造』の懸賞評論に「様々なる意匠」が入選。以後、評論家としての道を歩み、新たな近代批評の分野を開拓。著作『無常といふ事』『本居宣長』など。昭和四二年、文化勲章受章。（一九〇二〜八三）

❖**梟** 室町時代の狂言。兄の依頼で、梟が憑（つ）いたと思われる弟の祈禱を山伏が始めたところ、今度は兄や山伏までもが「ほほん」と奇声を発するという話。

❖**和英語林集成** →P.16

❖**東海道中膝栗毛** →P.26

❖**北杜夫** →P.30

❖**西澤保彦** 推理作家。謎と緻密な論理をめぐらしたミステリーをめざし、『解体諸因』でデビュー。作品『黄金色の祈り』など。（一九六〇〜）

ばっさばっさ

①大型の鳥の羽音。または、ある程度重量と柔軟性のある物が、激しく触れ合ったり打ち当たったりする音や様子。「鷹はバッサバッサと飛んだ」

②大量の物を、連続してリズミカルに切断する様子。切断時に全く遠慮、躊躇が見られない様子や、胸が透くほど勢いよく切り捨ててゆく様子に用いる。「ばさばさ」よりテンポ、痛快感が増す感じ。「しがらみをバッサバッサと絶ち切る」(森下典子❖『典奴のぷるっときた話』)　(佐藤有紀)

ばっさり

①一気に勢いよく、大量の物を切断する様子。「今までのショートカットを更にばっさりやった」(北村薫❖『空飛ぶ馬』)。特に、切断の際に全く遠慮、躊躇が見られない場合に多く用いる。さらに、殺したり、完全に関係を絶ったり、容赦なく人を解雇したりする時にも使う。「やっぱり、ばっさり殺すときに、殺す相手が人間的だと困るんだろうね」(曾野綾子❖『太郎物語』)、「辞表を出してくれと言ってきた…突然、ばっさり、やりゃがったのさ」(山本有三❖『路傍の石』)

②ある程度重量のあるやわらかい物が、触れ合ったり打ち当たったりする音。また、その様子。「濡れ髪がばっさりかぶさった蒼白の顔から、水滴が滴り落ち」(有吉佐和子❖『華岡青洲の妻』)

◇類義語「ばっさばっさ」

①②の類義語。一気に全量を切断する「ばっさり」に対し、「ばっさばっさ」は次々とテンポよく切ってゆく時に使う。

■参考「ばっさり」は明治期まで、物がまとまりなく広がる様子も表していた。　(佐藤有紀)

はっし

①かたくて軽い物どうしが、激しくぶつかり合う音。また、その様子。「棘の先端を以てハッシと鏃を叩き落した」(中島敦❖『名人伝』)

②かたい物が一直線に的に向かって勢いよく飛んで行く様子。「黒い影へ私は思い切りビールびんをハッシと投げつけた」(林芙美子❖『放浪記』)

■参考　関連語に「丁丁発止」(激しい音を立てて互いに打ち合う様子)がある。「丁丁」は、激しい金属音を表す古い擬音語。　(佐藤有紀)

❖森下典子　エッセイスト。大学在学中に『週刊朝日』の「デキゴトロジー」の取材を担当。以降、体験ルポ、エッセイなどを執筆。作品『典奴どすえ』『典奴の日本遊覧』など。(一九五六〜)

❖北村薫　小説家。高校教師をしながら小説を書き、平成元年、『空飛ぶ馬』でデビュー。同三年、『夜の蟬』で日本推理作家協会賞受賞。作品『冬のオペラ』『スキップ』など(一九四九〜)

❖曾野綾子　小説家。昭和二九年『遠来の客たち』で注目される。以降、社会性の高いテーマを中心に活動を続ける。夫の三浦朱門とともにカトリック教徒。作品『無名碑』『神の汚れた手』など。(一九三一〜)

❖山本有三　→P.30

❖有吉佐和子　→P.91

❖中島敦　→P.193

❖林芙美子　→P.25

はった

①一点を非常に強く睨む様子。室町時代には既に一般的に使用されていた語。「隆は焰を吐くような視線で、ハッタと夫人の横目を睨まえた」(宮本百合子『渋谷家の始祖』)

②突然、物が勢いよくぶつかったり、打ち当たったりする様子。「飛んで来た拳大の石をハッタと受けて、『…さあ来い！』」(中里介山『大菩薩峠』)。以前は使用例が多かった用法だが、現在ではあまり見られない。

③突然何かを思い付いたり、何かに気付いたりする様子。「彼の顔を見た瞬間、私ははったと真実に思い当たった」

◆類義語「はた」

①②③の類義語。「はった」は「はた」の強調形。「はった」同様文語的な印象だが、「はた」は、現在でも③の意味では、広く使用される。「ほんの少し手前で、来栖の唇ははたと止った」(岸恵子『風が見ていた』)

■参考 文語的で、やや古い印象の語。室町時代の抄物に非常に使用例が多い。「手を。はったと打(うっ)て」(『蒙求抄(もうぎゅうしょう)』)

(佐藤有紀)

ばったばった

①かたい物が連続して打ち当たる音。また、その様子。足音を立てて力強く歩く様子によく使う。

②次々に相手を倒したり、負かしたりする様子。そこから、物事をテンポよく片付けたり、こなしたりする様子をも表す。「棒切れでバッタバッタと、なぎ倒して遊んでいた」(佐賀新聞99・9・24)

■参考 極端な安売りを行う業者をバッタ屋という。「ばったばった」と倒産した会社から、放出品を持ってくるところからか。

(佐藤有紀)

ばったり

①人やかたい物が、突然激しく倒れる音。また、その様子。徐々に崩れ落ちるのではなく、全体が一気に真っ直ぐ倒れ込む感じ。「なにかにつまずいて草叢(くさむら)の中にばったり倒れると」(新田次郎『孤高の人』)、「焼けのこりの大きな炭火がばったり落ちてくる」(井伏鱒二『黒い雨』)

②人や動物が予期せず突然死ぬ様子。「あの若さでばったり逝くなんて」

③思いがけなく偶然出会う様子。「自分と寸分

はった 強く睨んで大きさ比べ。

(東海林さだお『平成サラリーマン専科』より)

❖**宮本百合子** →P.316
❖**中里介山** →P.60
❖**岸恵子** 女優・エッセイスト。著作『巴里の空はあかね雲』『ベラルーシの林檎』など。(一九三二)
❖**蒙求抄** 室町時代の抄物。中国、唐代に作られた、初学者の読本『蒙求』についての注釈書。清原宣賢講述、林宗二筆録。天文三年(一五三四)成立。宣賢自筆の抄も存する。
❖**新田次郎** →P.125
❖**井伏鱒二** →P.7

もちがわない男と、ばったり顔を合わせた」（芥川❖龍之介『二つの手紙』）

この意味から、慣用句「行き当たりばったり」が生まれた。「行き当たりばったり」は、「無計画で成り行きまかせ、どのような出来事に出会うか、直面するまで分からない」という意味。

④急に途絶える様子。「その後ぱったり報道が跡絶えている有様で」（北杜夫❖『楡家の人びと』）

◆参考　江戸時代には、「すっかり、まったく」という意味でも使われていた。「ぱったり暑さを忘るるなり」（洒落本❖『大抵御覧』）

（佐藤有紀）

ぱったり

①人や物が突然倒れる音。また、その様子。「ぱったり」同様、全体が一気に真っ直ぐ倒れ込む感じ。「真青になってぱったり倒れた」（織田作之❖助『土曜夫人』）。江戸時代末期の『和英語林集成❖』にも、「ぱったりと倒れる」とある。

②人や動物が、予期せず突然死ぬ様子。

③思いがけなく偶然出会う様子。「ぱったりと戸口で二人が逢えばどんなに嬉しかろう」（林芙美❖子『放浪記』）

④急に途絶えたり、完全に消滅する様子。「何かの手紙が来たきりでぱったり消息が途絶えてしまった」（有島武郎❖『生れ出づる悩み』）

◇類義語「ばったり」

①〜④の類義語。①の場合、「ばったり」の方が、より重たい物が転倒する感じ。また②③④の場合、「ぱったり」の方が、周囲の人々が受ける衝撃度がより強い感じ。

◆参考　明治頃まで、日が完全に暮れる様子も「ぱったり」で表した。「既にして日はパッタリ暮れる」（二葉亭四迷❖『浮雲』）

（佐藤有紀）

ばったん

①人やかたい物が、突然一気に倒れる音。また、その様子。「布団にばったんと倒れ込んだ」

②かたい物どうしが打ち当たる音。また、その様子。特にシーソー、織機などが動く音を表す時に使うことが多い。また、「どったん」と組み合わせて「どったんばったん」という形で多く使う。これは、騒々しく暴れるという意味。

◆参考　山形県の一部では、機織りの女性のことを「ばったんこ」と呼ぶ。

（佐藤有紀）

❖**芥川龍之介**　小説家。在学中に『新思潮』に発表した「鼻」が夏目漱石に認められ、文壇にデビュー。才気あふれる理知的な文体で多くの作品を執筆。作品『羅生門』『河童』など。（一八九二〜一九二七）

❖**北杜夫**　→P.30

❖**大抵御覧**　江戸時代の洒落本。朱楽菅江著。書名は中国宋代の『太平御覧』をもじったもの。「高田の新富士」など、当時の江戸の新名所を紹介する内容。安永八年（一七七九）刊。

❖**織田作之助**　→P.139

❖**和英語林集成**　→P.16

❖**林芙美子**　→P.25

❖**有島武郎**　→P.12

❖**二葉亭四迷**　→P.25

ばっちり

①落ち度がなく、完璧で十分である様子。「すぐにできて見栄えばっちり」(anan00・9・26号)。変形「ばっちし」は、よりくだけた感じ。

②閉じていた物が大きく割れたり、開いていた物が決して揺るがないようにかたく閉じる音。また、その様子。「バッチリと…手錠をかけて」(夢❖野久作『冗談に殺す』)

◈参考　江戸時代、処女を奪うことを「ばっちり割る」と言った。

(佐藤有紀)

ぱっちり

①目を大きく訴えかけるように見開く様子。また、目元が華やかで、美しい様子。「女はぱっちりと眼を開けた」(夏目漱石❖『夢十夜』)、「目元ぱっちりの優しげな美人だ」(女性自身00・12・19号)。江戸時代頃から一般に広まった語。

②物が割れたり、閉まったりする音。「ばっちり」より軽く、小さい音。

◈参考　江戸時代、水につけると音をたてて弾ける固形白粉(おしろい)を「ぱっちり」と呼んだ。

(佐藤有紀)

ぱっぱ

①手際よく、または躊躇をまったく見せないで手早く無造作に物事を行う様子。「ぱっぱと着替え、ポーズをとって」(群ようこ❖『燃える母』)。特に、金銭を惜しげもなく使う様子を表すことが多い。「皆パッパと金を遣(つか)う」(夢野久作❖『暗黒公使』)。江戸時代頃から盛んに使われてきた用法。

②少しも遠慮せずに威勢よく、言いたいことを何でも言う様子。「互いに何でもパッパと口に出すたちだから、けんかも度々」(佐賀新聞95・2・15)

③炎や水しぶきなどが、小刻みにとび散る様子。芳香など、形のないものが、瞬間的に次々と放出される様子にも使う。室町時代には既に使われていた用法。「まるい棒片のようなものを喫えてパッパと煙をはき出して」(大杉栄❖『続獄中記』)

④光が小刻みに点滅する様子。「花火がパッパと光っては消える」

◇類義語「ぱぱっ」

①〜④の類義語。「ぱぱっ」の方がかかる時間が短い。①②の場合、「ぱぱっ」の方がより威勢がよく目まぐるしい。③④の場合、放出や点滅の速度がより速く、間隔が短い印象。

(佐藤有紀)

❖夢野久作　小説家。奔放な空想力を駆使して幻想的世界を描き出す。作品『瓶詰地獄』『ドグラ・マグラ』など。(一八八九〜一九三六)

❖夏目漱石　→P.8

❖群ようこ　エッセイスト・小説家。本の雑誌社の編集者時代、昭和五九年に『午前零時の玄米パン』でデビュー。退社後、エッセイ、小説、評伝などを執筆。作品『なたぎり三人女』『動く女』など。(一九五四〜)

❖大杉栄　明治・大正期の社会運動家。幸徳秋水の影響で無政府主義者となる。大正元年、月刊『近代思想』を創刊。関東大震災直後、妻の伊藤野枝、甥の橘宗一とともに憲兵大尉甘粕正彦によって虐殺された。(一八八五〜一九二三)

ぱっぱか

馬が自由に走る軽快な音。また、その様子。童謡「おんまはみんな」(中山知子❖作詞)で「おんまはみんな　ぱっぱかはしる」と歌われ浸透した。

◆類義語「ぱかぱか」

「ぱかぱか」は、馬車馬やロバが、一定の速度で歩いたり走ったりする音や様子。

■参考　馬の足音は唱歌「オウマ」では「ぽっくり」、唱歌「こうま」では「ぱかぱか」で、みな「ぱ行」と「か行」の組み合わせである。　(佐藤有紀)

はっはっ

①楽しそうに笑う声。また、その様子。思い切りよく大口を開けて、いかにも愉快そうに笑う感じ。どちらかというと、男性の笑い方。「『ハッハッ…』青年は…ほがらかに哄笑していた」(林芙美子❖『放浪記』)。既に鎌倉前期に、豪快に声を立てて笑う様子を「は」や「はっ」などと「は行」音で表した例が見える。

②短い息を激しく、連続して吐き出す音。また、その様子。運動直後の息切れや、激しい恐怖、不安のために呼吸が荒くなる様子を表すのに使用する。「さぶは、両手で栄二の衿を摑み、はっはっと大きく喘いで」(山本周五郎❖『さぶ』)

◆類義語「はっはっは」

①の類義語。笑い声が連続しそうな「はっはっ」に対し、「はっはっは」は、そこだけでまとまって終結している感じ。「『はっはっは。』と大きく笑いとばし」(石川淳❖『処女懐胎』)

■参考　江戸時代には、心配する気持ちを表す用法もあった。「はっはっと思ふべし(=心配するはずだ)」(洒落本『傾城買四十八手❖』)　(佐藤有紀)

ぱっぱっ

①手際よく、あるいは躊躇をまったく見せないで、テンポよく無造作に物事を行う様子。「その場その場で、パッパッと切りかえるんですよ」(阿川弘之❖『山本五十六』)

②煙や炎、水しぶきなどが、小刻みにはじけるように放出される様子。室町時代には既に使われていた用法。「煙草を、ぱっぱっ」(泉鏡花❖『歌行燈』)。音や思考など、形のないものが、瞬間的に次々と広がる場合にも使う。「眼をつぶっていると、…ぱ

❖中山知子　童謡詩人、童謡作家。童話作品に『星の木の葉』『夜ふけの四人』などがあり、作詞や翻訳も手がける。(一九二六〜二〇〇八)

❖林芙美子　→P.25
❖山本周五郎　→P.15
❖石川淳　→P.30

❖傾城買四十八手　江戸時代の洒落本。山東京伝著。寛政二年(一七九〇)刊。

❖阿川弘之　→P.97
❖泉鏡花　→P.395

ははは　親しみのある快活な笑い。

(うえやまとち『クッキングパパ』より)

っぱっと聯想がとぶ」(❖林芙美子『放浪記』)

③光が小刻みに繰り返し点滅する様子。「方々がパッパッと光って、小銃の煙がふきあがりました」(❖竹山道雄『ビルマの竪琴』)

◇類義語「ぱっぱ」

①②③の類義語。①の場合、「ぱっぱ」より「ぱっぱっ」の方が、行動の勢いが強く、リズミカルな印象。②③の場合、現象が規則正しくいつまでも連続する感じの「ぱっぱっ」に対し、「ぱっぱ」は、点滅などの連続現象を、一まとまりとして捉える語。

(佐藤有紀)

ははは

快活に笑う時の声。「はははははは」「がははは」など、笑う時間と強さによっていろいろに語形が変わる。「ははは、勝手に道楽で忙しいんでしてな」(❖泉鏡花『国貞ゑがく』)、「もとの杢阿弥とは、この事じゃな、あはははははは」(❖中山義秀『斎藤道三』)、「でも話が始まると『がははは』って豪快に笑いながら、まったく飾りっけがない。きっと男がほれる男ってこういう人なんでしょうね」(朝日新聞00・6・27)

(佐々木文彦)

はらはら

①そばで見ていて、失敗しないかどうか、心配でたまらない様子。動詞「はらはらする」として用いられるのが普通。「拳を握りしめて、ハンドルを叩いているので、水原ははらはらさせられた」(❖邦光史郎『小説エネルギー戦争』)、「あのころは特に、美智子さまは周囲もハラハラするほどお心を痛めていらしたといわれていましたから」(女性自身00・12・5号)

②花びら・木の葉・雪など、小さくて薄いものが間断なく空から散ったり降ったりする様子。また、涙を流す様子。「花びらははらはらと枝を離れだし、風に舞って」(❖田中雅美『雪月花殺人紀行』)

◇類義語「どきどき」「ぱらぱら」「ばらばら」

「どきどき」は①の類義語。「どきどき」が恐怖・不安・期待・驚きなどの心理状態を広く表すのに対し、「はらはら」は誰か他の人の身に起こっていることを見守る立場で心配したり気をもんだりする心理状態を表すのが普通。

「ぱらぱら」「ばらばら」は②の類義語。「はらはら」は雪・花びら・木の葉など薄くて小さなもの、「ぱらぱら」は雨・クルトン・ふりかけなど小さくて

❖林芙美子 →P.25

❖竹山道雄 →P.56

❖泉鏡花 小説家。能楽と江戸文学に造詣が深く、幻想性に富む独自の作品を創作。反自然主義作家としての評価も高い。作品『高野聖』『婦系図』など。(一八七三〜一九三九)

❖中山義秀 小説家。明治三三年、横光利一らと『塔』創刊。昭和一三年『厚物咲』で芥川賞受賞。戦後は戦記文学や歴史小説を執筆。作品『テニヤンの末日』『咲庵』など。(一九〇〇〜一九六九)

❖邦光史郎 小説家。放送作家をへて小説家となり、昭和三七年、産業推理小説『欲望の媒体』を発表。以降、ミステリー、企業小説、歴史小説など多彩な執筆活動を展開。作品『三井王国』『楠木正成』など。(一九二二〜一九九六)

❖田中雅美 小説家。中央大学文学部四年のとき、青春小説新人賞・小説新潮新人賞受賞。作品『恋の罪』『謎いっぱいのアリス』など。(一九五八〜)

軽いもの、「ばらばら」は大粒の雨・土・大きな葉など重みのあるものがそれぞれ落ちたり散らばったりする様子について用いられる。

◼参考　現代語では①の意味で用いられることが多く、②の意味で用いると詩的な響きを伴う。古くは「御衣に、御髪のかゝり、はらはらと清らにて(お着物に御髪がかかってはらはらと美しく)」(『源氏物語』)のように髪の毛が美しく広がる様子を表す例や、衣擦れの音を表す例が多い。ただし、②のような意味も平安時代には現れた。①の意味は江戸時代ごろから現われた。　(佐々木文彦)

ばらばら

①やや大きめの粒状のものが、勢いよく散らばったり落ちたりする様子や、その時に生じる音を表す。「帯をとくと、五十銭玉がばらばらと畳にこぼれる」(林芙美子『放浪記』)

②大勢の人が一斉に勢いよく集まったり散らばったりする様子。「院長先生が怪我もなく戻られたとわかると、ばらばらと大勢の者が馳せ集まって来(き)」(北杜夫『楡家の人びと』)

③一つにまとまっていたものが個々、部分に分かれる様子。「体じゅうの骨が、ばらばらになるような気がした」(井伏鱒二『黒い雨』)

④物事がまとまっていなかったり、統一されていなかったりする様子。「ドカ食いしたり、まったく食べなかったりと、日によって食事量がバラバラ」(Hanako00・12・27号)、「ところが家じゃあてんでばらばらに自己流にやるんです」(北杜夫『楡家の人びと』)

◇類義語「ばらばらっ」「ばらっ」
共に①②の類義語。「ばらばら」に比して、「ばらばらっ」はより短時間にものが散らばり落ちる様子、「ばらっ」はさらに短く一瞬で終わってしまう様子。

◼参考　①②は動きの様態(物が落ちたり、人が走ったりする時の様子)を表すが、③④は物の状態・あり方(部品が床に散らばっている様子など)を表すという点で意味が異なる。①②は「ばらばらと」の形で副詞として用いられるが、③④は形容動詞として用いられる。アクセントは①②が「ばらばら」、③④が「**ばらばら**」。

①②の意味の用法が古く、室町時代末の『日葡(にっぽ)辞書(じしょ)』の「ばらばら」の項目に「人がばらばらと立つ」という用例がある。また、③の意味の用例は江戸時代から見える始める。　(佐々木文彦)

❖**源氏物語**　平安時代の物語。紫式部作。現存の物語は「桐壺」以下「夢浮橋」までの五四帖から成る。美貌の貴公子・光源氏が、多くの女性と関わりながら到達した栄華と、その晩年の苦悩、さらに光源氏亡き後、次世代の物語を描いた長編。「橋姫」以下の最後の一〇帖は特に「宇治十帖」と呼ばれる。物語文学の最高峰とされ、後世の文学に与えた影響は多大である。一一世紀初頭成立。

❖**林芙美子**　小説家。昭和五年、自らの苦難の半生をつづった自伝的小説『放浪記』がベストセラーとなり、女流作家の道を歩む。作品はほかに『晩菊』『浮雲』など。(一九〇三～五一)

❖**北杜夫**　→P.30

❖**井伏鱒二**　→P.7

❖**日葡辞書**　→P.15

ぱらぱら

①小さい粒状のものが、散らばったり落ちたりする音、またその様子。「塩は、パラパラと雨が降るような感じでまんべんなく振る」(週刊現代00・12・2号)、「キザミネギをパラパラと入れる」(❖嵯峨島昭『ラーメン殺人事件』)

②本やノートのページをめくる音、またその様子。「親と保母が毎日交換する連絡ノートをパラパラとめくりながら」(朝日新聞00・12・31)

③人の集まりがよくない様子。「花見の宴会も始まったが、15日は平日のため見物客はぱらぱら」(朝日新聞02・4・16)

④一ヵ所に固まらずに散在する様子。「藪のはしに、四、五本、ぱらぱらに植わってますのんやけんど」(❖水上勉『越前竹人形』)

■参考　現代語の用例として最も多く用いられるのは②のページをめくる様子を表す例である。

「ぱらぱら」と同様に①②は動きの様態を表すのに対し、③④は物の状態・あり方を表す。①②は語尾に「と」を伴い、③④は形容動詞として用いられる。アクセントは①②が「ぱらぱら」、③④が「ぱらぱら」。

(佐々木文彦)

はらり

①衣服・布・髪の毛など、軽い薄いものがはがれ落ちたり、なびいたりする様子。「スカーフのような布切れをはらりと取り、それをひらひらと宙に舞わせながら」(❖沢木耕太郎『一瞬の夏』)、「はらりと長い前髪をなびかせてステージに登場した木村大は」(朝日新聞02・1・23)

②突然音もなく何かが起こったり何かをしたりする様子。「衣紋を直したと思うと、はらりと気早に立って、踞った婢の髪を、袂で払って、最う居ない」(❖泉鏡花『婦系図』)、「人間でなくなる。お万阿でなくなる。奈良屋の御料人様でなくなり、お万阿にかぶさっている人の世の制約が、はらりと解けてしまうわけだ」(❖司馬遼太郎『国盗り物語』)

◇類義語「ぱらり」「はらりはらり」「はらっ」

「ぱらり」は①の類義語。「はらり」はやや古風な表現であるが、「ぱらり」の方は現代の小説などでもよく使われる。「パラリと片方のツケマツゲが丼の中に落ちた」(❖五木寛之『風に吹かれて』)

「はらりはらり」も①の類義語であるが、手のひらを動かし続けるなど、継続性をもった意味を表す。「あの宙へ下げている手を風で煽(あお)るように、は

ぱらぱら　本のページをめくる。

(うえやまとち『クッキングパパ』より)

❖嵯峨島昭　小説家。宇能鴻一郎の筆名でも知られる。昭和三四年『半世界』の同人となり、同三六年『鯨神』で芥川賞受賞。嵯峨島昭は推理小説作家としての筆名。作品『デリシャス殺人事件』『軽井沢夫人』など。(一九三四)

❖水上勉　→P.110
❖沢木耕太郎　→P.327
❖泉鏡花　→P.8
❖司馬遼太郎　→P.16
❖五木寛之　→P.133

らりはらり」(❖泉鏡花『高野聖』)

「はらっ」は①②の類義語。「はらり」よりも勢いよく、瞬間的に起こる感じ。「書棚の手垢のついた歳時記を開いていたら、はらっとメモが落ちました」(朝日新聞02・3・16)

◆参考「はらり」は鎌倉時代ごろから用いられるようになった語で、用法も「鏑(かぶら)はざっとわれてはらりと落(お)つ。兵共はばっとさわぎてあきれたり」(❖『保元物語』)、「今ゆた髪が、はらりととけた、いか様心も、たそにとけた」(❖『閑吟集』)のようにほぼ現代と同様である。 (佐々木文彦)

ばらり

ひとまとまりのものが乱れたり離れ離れになる様子。「うるさく眉にこぼれかかって来る角前髪を、白い手でばらりと刎(は)ねて呼びかけた」(❖海音寺潮五郎『武道伝来記』)、「虚勢のように腕組みをしていた男はばらりと腕をとくと、わざと、加藤の頭からつま先まで何度も何度も眺めまわしてから」(❖新田次郎『孤高の人』)

◇類義語「ぱらり」

「ぱらり」も同じように用いるが、「ばらり」よりも軽い感じ。「携えた扇を…美保代は、受取って、ぱらりとひろげた」(❖柴田錬三郎『海賊往来』)

◆参考 江戸時代には「近づく敵をかけ悩し、ばらりずんと斬り伏せ給へば」(❖『椿説弓張月』)のように「ばらりずんと」(あるいは「ばらりずんど」)の形で、相手を一刀両断に斬り捨てる様子を表す例が見られる。現代でも「子規にこれをさせたかったと思うのは、夕刊の短評だ。どの新聞も本来錬磨の記者がばらりずんと世事万般を切ってみせる」(朝日新聞97・3・23)のように、鋭い言葉で喝破するたとえに用いられる。 (佐々木文彦)

ぱらり

ひとまとまりのものが乱れたり離れ離れになる様子。また、本のページなどをめくる様子。「薄い眉にパラリとかかった前髪」(❖司凍季『首なし人魚伝説殺人事件』)、「吾一はぱらりぱらり手帳をめくっていたが」(❖山本有三『路傍の石』)

◇類義語「ぱらっ」

「ぱらっ」は「ぱらり」より軽い感じ。「だし汁に塩・コショウをパラッと落としただけのすまし汁」(朝日新聞夕刊02・1・16) (佐々木文彦)

❖**泉鏡花** →P.8
❖**保元物語** →P.31
❖**閑吟集** →P.185
❖**海音寺潮五郎** →P.224
❖**新田次郎** →P.125
❖**柴田錬三郎** 小説家。佐藤春夫に師事。昭和二七年『イエスの裔』で直木賞受賞。同三一年から「眠狂四郎無頼控」を『週刊新潮』に連載し、剣豪作家としての地位を確立。作品はほかに『赤い影法師』『図々しい奴』など。(一九一七〜七八)
❖**椿説弓張月** 江戸時代の読本。曲亭馬琴著。中国清代の『水滸後伝』や日本の『保元物語』から構想を得たもの。文化四年(一八〇七)〜八年刊。
❖**司凍季** 小説家。平成三年『からくり人形は五度笑う』でデビュー。作品『さかさ髑髏は三度唄う』『首なし人魚伝説殺人事件』など。(一九五八〜)
❖**山本有三** →P.30

山口仲美の擬音語・擬態語コラム⑮

オノマトペの創造
——詩と擬音語・擬態語

無数の蝶の羽根を打ち震わせる音が聞こえてくる。「てふてふ……」。

オノマトペ(=擬音語・擬態語)を多用する詩人は、北原白秋、宮沢賢治、草野心平、萩原朔太郎など。ここでは、オノマトペ使いの名手、萩原朔太郎に注目して、詩のオノマトペを作り出す方法を探ってみたい。

こんもりとした森の木立のなかで
いちめんに白い蝶類が飛んでゐる
むらがる　むらがりて飛びめぐる
てふ　てふ　てふ　てふ　てふ　てふ　てふ
みどりの葉のあつぼつたい隙間から
ぴか　ぴか　ぴか　ぴかと光る　そのちひさな鋭どい翼
いつぱいに群がつて　とびめぐる　てふ　てふ　てふ　てふ　てふ　てふ　てふ　てふ
てふ　てふ　てふ　てふ　てふ

（「恐ろしく憂鬱なる」）

「てふ　てふ　てふ　てふ」は、無数の蝶が厚ぼったい羽根を打ち震わせる空気の振動音を表すオノマトペ。生きものの臭いのする鱗粉まで飛んで来るような錯覚さえ起こさせる。これほど見事なオノマトペ「てふ」は、考えてみると、もともとは歴史的仮名遣いで書いた蝶のこと。つまり、物の名前を表す名詞にすぎない。朔太郎は、いわゆる物の名前に音を聞き、オノマトペに転用したのである。

また、朔太郎は、「鶏」という詩で不思議な鶏の声を使っている。「とをてくう、とをるもう、とをるもう」と。鶏の時を告げる声は、現在では普通「こけこっこー」。だから「とをてくう」「とをるもう」は、とてつもなく奇妙な鶏の声に見える。しかし、これも、類似した鶏の声が既にある。一つは、方言に残る鶏鳴「とってこう」。一つは、江戸時代の鶏鳴「とうてんこう」。ともに、朔太郎の「とをてくう」に通じている。独創的な詩のオノマトペは、既成の言葉の見事な応用の上に成り立っている。

ぱらん

布や紙状のものなどを軽く落とす様子。また、何かが立てる軽い感じの音。「ご飯の上に、のりをぱらんとのせる」

◈**参考** 小説・新聞・雑誌等を通じてあまり使用されることがない。インターネットのHPでは「帽子をぱらんと床に落とす」、「楽琵琶は…アルペジオ風に『ぱららん』とか『ぱらん』とかのように弾きます」などの例が見えるが、例が少ないだけに固定した意味を持たないようである。　（佐々木文彦）

ばらんばらん

ひどくまとまりのない様子。「ツアー優勝を目前にして敗れたが、『パットがばらんばらんで、二位で十分』と疲れ切った様子」（朝日新聞夕刊93・4・12）、「家まで三十分、マントのすそはばらんばらんに凍り重たい（＝凍ったためにすその形にまとまりがない）」（朝日新聞98・1・27）

◇**類義語**「ばらばら」
「ばらばら」より「ばらんばらん」の方が一層まとまりのない感じ。　（佐々木文彦）

ばりっ

①かたい物をかじる時の音。何かを勢いよくはがしたり割ったりする時の音、またその様子。「吉川はバリッと音を立てて、せんべいをかじった」（三浦綾子❖『塩狩峠』）、「左右から力を加えた板がバリッと割れるイメージだ」（朝日新聞00・10・20）
②新しいスーツ、制服などを立派に着こなしている様子。「そこで目にしたのは、スーツをバリッと着こなした男性や良家の子女とおぼしき娘さんたちだった」（朝日新聞02・2・3）　（佐々木文彦）

ぱりっ

ワイシャツやパイの生地・麺類など、薄いものや細いもののかたく張りのある、心地よい様子。「クリーニングからかえってきたばかりのパリッと糊のきいた診察衣」（井上ひさし❖『ブンとフン』）、「こうしてできあがった若狭焼きは皮はぱりっと身はふっくら」（Hanako00・12・20号）、「ピザはオーダーを取ってから生地を伸ばして焼き上げる。…生地の薄くてパリッとした歯ごたえは本物の味わいだ」（日刊スポーツ00・12・19）（佐々木文彦）

❖**三浦綾子** 小説家。結核による闘病生活からキリスト教に入信。昭和三九年、『氷点』が朝日新聞の懸賞小説に入選、テレビドラマ化されて人気作家となる。作品『積木の箱』『塩狩峠』など。（一九二二〜一九九九）

❖**井上ひさし** 劇作家・小説家。放送作家として人形劇『ひょっこりひょうたん島』、劇作家として『道元の冒険』などを発表した後、昭和四七年『手鎖心中』で直木賞受賞。作品『下駄の上の卵』『吉里吉里人』など。（一九三四〜二〇一〇）

ばりっ 勢いよくぶつかって、ふすま紙をやぶく。

（赤塚不二夫『おそ松くん』より）

ばりばり

①かたいもの、厚みのあるものなどを破ったり砕いたりする音。「瓦は踏むとばりばり割れる」(井伏鱒二❖『黒い雨』)、「固定してあるテープはばりばりはがす」(日本経済新聞00・12・17)、また「バリバリとエンジン音をひびかせて、舟は進んでいく」(井原まなみ❖『悪魔の果実殺人事件』)のようにエンジンの音を表すのに用いられることもある。

②精力的に活躍する様子。また活力に満ち溢れる様子。「ひとりでバリバリ頑張っている人と親しくなるなど、周りから刺激を受けることも」(Hanako00・12・27号)、「ほんとうにバリバリの第一線のプロは、後継者を育てようなんて考えないですよ」(吉村達也❖『ミステリー教室殺人事件』)

③本来はしなやかなものがこわばっている様子。「エアコンの利きすぎる職場で、肌が乾燥してバリバリ」(Hanako00・12・15号)

◇類義語「ばりっ」「ばりばりっ」

共に①の類義語。「ばりっ」は瞬間的、「ばりばりっ」は短時間の音を表す。「突然、青白い火の玉がバリバリッと小さな音を立てて燃えた」(村山知義❖『忍びの者』)

◆参考 ②は「現役バリバリ」のようにも用いるが、これから派生したのか、「炎熱全開バリバリの、くそ暑いニッポンの夏である」(朝日新聞01・8・19)のように何かの状態が最高潮に達している様子を表す例も見られる。

アクセントは①および②の副詞用法が「ばりばり」で②の形容動詞用法および③が「ばりばり」。

「バリバリノキ」(別名アオカゴノキ)というクスノキ科の常緑高木があるが、これは葉や枝に油分を多く含み、バリバリと音を立てて燃えることが名前の由来という。

(佐々木文彦)

ぱりぱり

①薄いものあるいは小粒のものを、破ったり砕いたりする時の乾いた軽い音。「乾し小魚をぱりぱり食べて、甘納豆をほおばっていると、腹はすぐくちくなる」(新田次郎❖『孤高の人』)

②新しくて立派なものを表す。「女学校の師範科を出た正教員のぱりぱりは、芋女出え出えの半人まえの先生とは、だいぶようすがちがうぞ」(壺井栄❖『二十四の瞳』)、「五円もあれば、秋田米のぱりぱりが一斗かえる」(林芙美子❖『放浪記』)

ばりばり 音をたてて数の子を嚙(か)み砕く。

(東海林さだお『サラリーマン専科』より)

❖**井伏鱒二** →P.7
❖**井原まなみ** →P.129
❖**吉村達也** 小説家。作品『金閣寺の惨劇』『京都魔界伝説の女』など。(一九五二〜)
❖**村山知義** 劇作家・演出家。作品『暴力団記』(戯曲)、『忍びの者』(小説)など。(一九〇一〜七七)
❖**新田次郎** →P.125
❖**壺井栄** →P.21
❖**林芙美子** →P.25

③薄くてかたい様子、または表面がかたい様子。「私はぱりぱりに乾いてゆく傘の下で、じいっと赤い夕陽を眺めていた」(林芙美子『放浪記』)

◆類義語「ぱりっ」
「ぱりっ」は①②③の類義語。「ぱりぱり」②が必ずしも好ましいものを表すとは限らないのに対して、「ぱりっ」は次に挙げた例に見るように概ね好ましいもの、心地よいものを表す語として用いられる。「たまには、ぱりっとした白米に、揚げたての天麩羅やコロッケで腹いっぱいになってみてぇよ」(立原正秋❖『冬の旅』)

(佐々木文彦)

ぱりぽり

薄いせんべいや生のキャベツなどを食べるときの音。「『草加地区手焼煎餅組合』がテーマソング制作…せんべいを食べる音をイメージした『パリポリマーチ』」(朝日新聞96・2・2)

◆類義語「ばりぼり」
「ばりぼり」は「ぱりぽり」と比べると厚くてかたいせんべいを豪快に食べる感じ。「1時間半後、死ぬかと思った、と言いつつ煎餅をバリボリかじっていた」(朝日新聞92・12・31)

(佐々木文彦)

ばりん

①厚いガラスや氷などが割れる音。「近所の人の話では、バリンというガラスが割れる音で安部さん宅に駆けつけ、バケツで火を消すなどしたが間に合わなかったという」(朝日新聞98・2・21)

②氷のように何かがこわばったり固まったりする様子。「『そう言うなら、内閣法制局も民営化しろということになるね』と技官が返した。その場の空気が一瞬、バリンと凍った――と居合わせた官僚は振り返る」(AERA99・4・19号)

(佐々木文彦)

ぱりん

①氷やガラスなど、薄くてもろいものが割れる音。「おじさんは飴細工を作り続けている…半透明のガラス細工に見える。それはパリンと割れる音を想像させる美しさだった」(朝日新聞98・1・7)、「犬の割った薄氷がパリンと小気味よい音をたて、句心を催させる」(朝日新聞97・2・6)

②薄いものがかたく乾いた様子。「洗濯物は外へ干したら二時間ほどでパリンと乾くほどの気候なのに」(朝日新聞94・6・21)

(佐々木文彦)

❖立原正秋　小説家。韓国で生まれ、昭和一二年、母の姉の婚家がある横須賀に転居。日本の古典に傾倒し、能や書画、骨董に造詣が深い。昭和四〇年、『白い罌粟』で直木賞受賞。作品『冬のかたみに』『帰路』など。(一九二六〜一九八〇)

ばん　黒板を強くたたき、聞き手の注意を喚起する。

(あさりよしとお『宇宙家族カールビンソンSC完全版』より)

ばん

①机などのかたい物を手で強くたたいたり、かたいところに物を勢いよく置いたり、戸を勢いよく閉めたりした時の音。「『ちょっと待って…』と私は言って立ちあがろうとしたが、小男がテーブルを平手でばんと打って、それを止めた」(村上春樹❖『世界の終りとハードボイルド・ワンダーランド』)

②風船などが破裂したり、銃を発砲したりした時の音。「ばん。一発銃声がとどろいた」

③何かが劇的な形で出現したり、何かをこれ見よがしに示したりした時の様子。「奴は、こんなばんとした家にすみ、指には光った石をはめている」(村上春樹『世界の終りとハードボイルド・ワンダーランド』)

◆類義語「ばーん」

「ばーん」は①②③の類義語。①②の場合、つまり音を示す場合は、「ばん」よりも時間的な長さを感じさせる音になる。「バーンという重い発砲音がして、何か事件があったのかと思った」(日刊スポーツ00・12・20)

また③の場合、つまり様子を示す場合は、「ばん」よりも更に劇的な印象になる。

(池上　啓)

ぱん

①手をたたいたり、干した布団をたたいたりした時の乾いた音。「『パン、パン』。手を合わせる音が青空に小気味よく響く」(朝日新聞01・1・5)

②風船などが破裂したり、銃を発砲したりした時の音。「小さな虫だしな。噛まずに飲みこむと、胃の中でパンと破裂して死ぬそうなんだ」(椎名誠❖『新橋烏森口青春篇』)

◆類義語「ぱーん」「ばん」

「ぱーん」は①②の類義語。「ぱん」よりも時間的な長さを感じさせる音になる。「以前なら捕手のミットでパーンと響いたのに、最近はパスーッという感じ」(日本経済新聞00・12・23)、「(急に泣き出した理由を訊かれて)おなかの中でがまんがふくらんで、ママ見たら口からパーンと出てきちゃったの」(朝日新聞00・12・29)

「ばん」も①②の類義語。「ぱん」が軽く乾いた音を示すのに対して、「ばん」は重く強い音を示す。また、「ぱん」は音を示す用法しか持たないが、「ばん」は何かが劇的な形で出現したり、何かをこれ見よがしに示したりした時の様子を示す用法も持っている。

(池上　啓)

ぱん　祝宴でクラッカー(玩具花火)のひもを引いて破裂させた。

(あさりよしとお『宇宙家族カールビンソン(5)完全版』より)

❖村上春樹　→P.94
❖椎名誠　→P.42

ばんばん

①机や戸などを手で強く、続けてたたく音。「この間、眠けを覚まそうとバンバン自分の顔を叩いてるオヤジがいてさ」(女性自身00・12・26合併号)

②何かが連続して破裂したり、銃を連続発射した時の音。「バンバンという発砲音が遠くから響いてきた」

③精力的に仕事をこなす様子、または物事が順調に進んでいる様子や機械が順調に勢いよく動いている様子。「エンジンだってバンバン回る540iの4・4リッターV8がそのまんま積まれてて」(SPA!00・12・20号)

④無遠慮に何かをする様子。「不平不満をばんばんぶつけ合った」、「人の欠点をばんばん指摘する」

◆類義語「ぱんぱん」「ばりばり」「ばしばし」

「ぱんぱん」は①②の類義語。「ばんばん」よりも軽く乾いた音を示す。「ばりばり」は③の類義語。「ばんばん」よりも更に精力的に仕事をする感じ、勢いよく機械が動いている感じになる。「彼はばりばり仕事をする」。「ばしばし」は④の類義語。「ばんばん」よりも更に手厳しい印象になる。「人の欠点をばしばし指摘する」

（池上 啓）

ぱんぱん

①机や戸を続けてたたく音。「さらにお尻をパンパンたたいてもらうと」(女性自身00・12・5号)

②何かが連続して破裂したり、銃を連続発射した時の音。「ぱんぱんと鉄砲をうつような音も聞こえていた」(有島武郎❖『火事とポチ』)

③風船などがはち切れんばかりに膨らんでいる様子や、筋肉などがかたく張っている様子。「肩がパンパンで、自信はなかったんです」(日刊スポーツ00・12・4)

（池上 啓）

ひー

①苦しみや痛みのためにあげる泣き声。「私は顔を伏せてヒイと泣き出したが、もう万事遅かった」(嘉村礒多❖『途上』)

②笛の音。また、息切れした時に発する声。「須賀はそこまでいうと息がきれてひいと笛のような声を出した」(円地文子❖『女坂』)

③トラツグミの鳴き声。「火(ひー)」と聞き、火事の予告ととって忌む地方(新潟県の柏崎地方の谷根(たんね)など)がある。トラツグミは、古くはヌエと言われ

❖有島武郎 小説家。内村鑑三の影響を受け、キリスト教に入信。アメリカ留学後、明治四三年、雑誌『白樺』の創刊に参加。作品『カインの末裔』『或る女』など。(一八七八〜一九二三)

❖嘉村礒多 →P.158

❖円地文子 →P.143

ばんばん 銃の連続発射。

(あさりよしとお『宇宙家族カールビンソンSC完全版』より)

ており、怪鳥扱いされることが多かった。その鳴き声は、昔から「ひいと鳴く」(『源平盛衰記』)と写されている。なお、トラツグミの鳴き声を「死」と聞き、死人が出る予告ととって、忌む地方(愛知・愛媛・滋賀県など)もある。

◆類義語「ひーっ」「ひーひー」
「ひーっ」は、①の類義語。「ひー」よりも、一層切羽詰まった感じ。「べつに手をあげたわけでもないのに、ヒイッと死にそうな声をあげて床にへばりつく」(安部公房『犬』)。「ひーひー」は、①③の類義語。「ひー」が、一回限りの声であるのに対し、「ひーひー」は、二回以上連続している時の声。

◆参考　天狗や鳶の鳴き声も、昔は「ひー」「ひーひー」と写した。天狗と鳶は、変化自在の関係であると考えられていた。天狗は鳶の姿をとって空を飛ぶ。また、天狗が霊力を失うと翼の折れた鳶になって姿をあらわす。天狗は、すなわち鳶であった。したがって、その鳴き声も共通している。狂言『柿山伏』では、山伏が鳶の鳴き声をまねて「ひー」と鳴いてみせている。また、狂言『天狗の婚』『聟入天狗』では、天狗たちがセリフの後に、あるいは、セリフの代わりに「ひー」「ひーひー」の鳴き声をあげている。　(山口仲美)

びー

①紙などの薄いものを振動させて出す音。「紙を唇にあててびーと吹き鳴らす」

②布や紙などを勢いよくはがしたり破ったりする時の音。「腹が立ったので、相手のよこした用紙をびーと破って捨てた」

③機械の出す濁った音。「ブザーがいきなりビーと鳴ったので、驚いた」

④鹿の鳴き声。「ぴーっ」「ぴゃっ」とも写す。「びいと啼く　尻声悲し　夜の鹿」という句を芭蕉が詠んだことから、鹿の鳴き声として有名になった。

◆類義語「びーっ」「ぴー」
「びーっ」「ぴー」は、①〜④の類義語。「びーっ」の方が、「びー」よりも切れ味のある音。「夜ごちそう食べるときは(絆創膏を)ビーッと外して食べてもらって」(週刊現代00・12・9号)。「ぴー」は、「びー」よりも澄んで高い音に用いる。

◆参考　奈良時代には鼻汁をすすり上げる音を写した「びしびし」の語がある。「糟湯酒　うちすすろひて　しはぶかひ(=咳き込んで)　鼻びしびしに」(『万葉集』)。当時、濁音が語頭に来ることはないが、擬音語に限っては許されていた。　(山口仲美)

❖源平盛衰記　→P.158
❖安部公房　→P.102
❖柿山伏　室町時代の狂言。柿を盗む山伏を持ち主が見つけ「あれは猿だ」「鳶だ」とからかい、山伏はそのまねをする。
❖天狗の婚　鷺流(=室町末期に成り江戸期に栄えた流派)狂言の一。天狗が愛宕山から花嫁を迎え、酒宴を催す。元禄年間頃の台本に掲載。
❖聟入天狗　室町時代の狂言。大蔵流に伝わる。愛宕山に住む聟天狗が、鞍馬山に住む舅天狗の所に挨拶に行く。
❖万葉集　奈良時代の歌集。現存する我が国最古の歌集。撰者未詳。二〇巻。当代及びそれ以前に作られた歌、約四五〇〇首を収める。作者の階層は広きにわたっており、中央のみならず地方の歌も収録。短歌以外に長歌・旋頭歌なども含み、その内容も素朴な民謡から繊細優美な歌まで多様。

ぴー

①笛の音や鳥の鳴き声などの高く鋭い音。テレビの試験放送の電子音や、鍋から蒸気が勢いよく噴き出している音などを示すのにも使う。

②下痢をしている時の音。「ピーゴロゴロ」という形で、腹具合の悪い様子を示すことも多い。

③薄い紙などを勢いよく破ったりする時の音。「薄地の布をぴーと引き裂いた」

④鉛筆などで紙に勢いよく線を引く様子。「紙の中央に線を一本ピーと引いた」　（池上　啓）

ぴーちく

①ひばりの鳴き声。ひばり以外の小鳥にも使う。「まわす絵日傘　花ふぶき　ひばりもぴーちくきてあそび」（大村主計❖・童謡「絵日傘」）、「小鳥がピイチク啼（な）いて居りました」（太宰治❖『駈込み訴へ』）

②人がにぎやかにしゃべっている様子。「騒がしい」という悪いニュアンスを伴う。

◆**類義語**「ぴーちくぱーちく」

①②の類義語。鳥のさえずりを示す「ぴーちく」と「ぱーちく」を重ねて強調したもの。　（池上　啓）

ひーひー

①苦しみや痛みのために連続的にあげる悲鳴や泣き声。また、その様子。「仙吉は滅茶滅茶にされて崩れ出しそうな顔の輪郭を奇態に歪めながらひいひいと泣いていたが」（谷崎潤一郎❖『少年』）、「で、カンヅメの合間をぬって、ひいひい言いながら大学行って」（SPA!00・12・20号）

なお、激しく続く悲鳴や泣き声を「ひいひい声」という。「咲子はいつものように兄に泣かされていて、ひいひい声が、いかにも寒そうに空気をふるわせている」（阿部知二❖『冬の宿』）

②犬や鳶などの動物の鳴き声。「あのひいひいと風邪声（かざごえ）のようなかすれた声で啼（な）いている方がピオニーであろう」（谷崎潤一郎『蓼喰ふ虫』）。「ひいひい」は、コリーの牝犬の鳴き声。

◆**類義語**「ぴーぴー」

「ぴーぴー」は、①の類義語。「ひーひー」が、苦痛を意識的にとらえられる年齢の人間の泣き声であるのに対し、「ぴーぴー」は、赤ん坊などの泣き声に用いる。「赤児がぴーぴー泣いている」

■**参考**　天狗の鳴き声も、「ひいひい」（狂言❖『天狗の婿（よめとり）』）。天狗の登場は平安時代から。　（山口仲美）

❖**大村主計**　童謡詩人。童謡に「花かげ」、童謡集に『麦笛』など。（一九〇四～八〇）

❖**太宰治**　→P.20

❖**谷崎潤一郎**　→P.7

❖**阿部知二**　小説家・評論家・英文学者。作品『黒い影』など。（一九〇三～七三）

❖**天狗の婿**　→P.405

ぴー　テレビの試験放送の電子音。

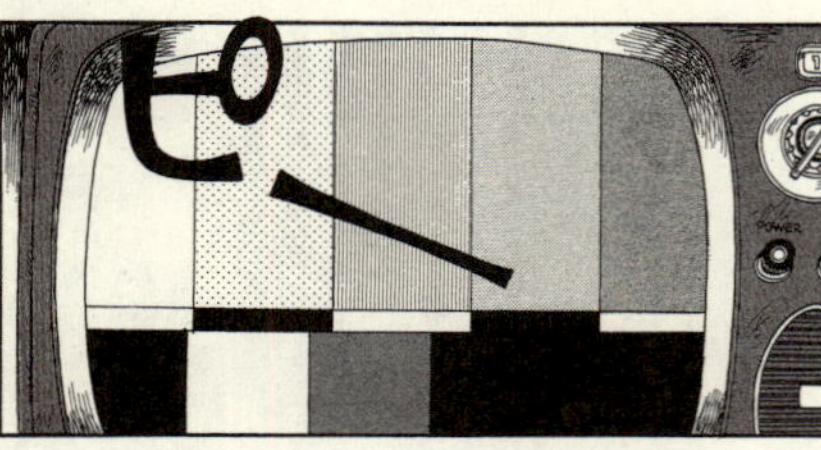

（あさりよしとお『宇宙家族カールビンソンSC完全版』より）

びーびー

①子供がだだをこねたりして激しく泣く声。「一晩中びーびー泣いて困らせた」

②薄い紙が風に吹かれて細かく振動して鳴る音や、虫の羽音など、うなりを伴った不快な音。「びいびいといやらしい紙うなりを鳴らしながら」(中勘助『銀の匙』)

◈参考「びーびー」は名詞として少女をさすこともあった。「コリャびいびい、あんにぁさァどこへいぎをった」(滑稽本『続膝栗毛』)

（池上　啓）

ぴーぴー

①子供が激しく泣く声。「下座敷で赤児のピイピイ泣く声が手に取るように聞える」(二葉亭四迷『平凡』)

②笛の音や小鳥のさえずり、ラジオの発する騒音などの高く連続した音。「角さんが俯いたままラジオの器械をぴいぴい言わせ始めた」(福永武彦『草の花』)

③下痢をしている時の音。「腹がぴーぴーだ」のように、腹具合の悪い様子を言うのにも使う。

④金に困っている様子。「いつもお金がなくってぴいぴいしていた」(北杜夫『楡家の人びと』)

◇類義語「びーびー」「ひーひー」

「びーびー」は①②の類義語。「ぴーぴー」よりも不快な、うなりを伴った泣き声や音を示す。

「ひーひー」は①の類義語。「ぴーぴー」が主として子供の泣き声を示すのに対して、「ひーひー」は大人の泣き声を示すことが多い。

◈参考「ぴーぴー」は名詞として、子供の玩具として使われたある種の笛、貧乏な人、未熟者などをさすこともあった。

（池上　啓）

ぴーひゃら

祭りなどの笛の演奏の音。「ぴー」や「ぴーぴー」が単に笛の音を示すのに対して、「ぴーひゃら」は音階やリズムを伴った演奏の音を示す。「ピーヒャラ、ドンドン、カンカンカン――笛や太鼓、かねを鳴らして練り歩き」(朝日新聞01・1・8)

◇類義語「ひゃらら」

「ひゃらら」は太鼓の音と一体化した形で使うことが多い。「どんどんひゃらら どんひゃらら 朝から聞える笛太鼓」(唱歌「村祭」)

（池上　啓）

❖中勘助　→P.52

❖続膝栗毛　江戸時代の滑稽本。十返舎一九著。『東海道中膝栗毛』の続編。文化七年(一八一〇)～文政五年(一八二二)刊。

❖二葉亭四迷　→P.25

❖福永武彦　小説家・仏文学者。昭和二七年の『風土』、二九年の『草の花』で文壇的地位を確立。ほかに加田伶太郎、船田学の名でそれぞれ推理小説とSFを執筆。作品『死の島』『海市』など。(一九一八～一九七九)

❖北杜夫　→P.30

ぴーひょろ

鳶の鳴き声。「ぴーひょろひょろ」とも言う。

「鳶。雨の降る前にぴーひょろと鳴くのは、水が出て川端の親の墓が流れる心配からだという」(関敬吾『日本昔話大成』)、「トビ。ピーヒョロヒョロと鳴く」(高野伸二『野鳥小図鑑』)

鳶の鳴き声の古い例は、鎌倉時代末期の『雑談集』に見られる。「かの巣くひたる鳥は、すがたは(鷹に)似たり。ただし、鵄の音か『ひよろ』といふ」とある。鳶の声は「ひよろ」と記されているが、当時は長音表記が厳密でないので、実際には「ひーよろ」と聞いていた可能性もある。室町時代の狂言では、鳶の声を「ヒイヨロヨロヒイヨロ　ヒイヨロ」(『柿山伏』)と写している。

江戸時代でも、鳶の声は「ひいよろ」が一般的。当時の百科辞書『和漢三才図会』は、鳶の声を「比伊与呂与呂」と記している。また、江戸時代には「ひいりよりよ」(『醒睡笑』)という鳶の声もある。

◇類義語「ぴんよろー」「ぴんひょろ」「ぴろろん」

「ぴんよろー」は、古くから見られる鳶の声の継承。「ぴーひょろ」よりも古い聞き方。「鳴け鳴けとんび青空に　ピンヨロローピンヨロロー」(葛原しげる・唱歌「とんび」)。「ぴんひょろ」は、奈良県などに伝わる鳶の声。「雨の前には『ぴんひょろ』と悲しそうに鳴き」(関敬吾『日本昔話大成』)。「ぴろろん」の声は、椋鳩十『山窩調』に見られる。

◆参考　江戸時代には鳶と烏の小競り合いを鳴き声にからめて描く笑話が多い。次は『醒睡笑』にある話。鳶のくわえていた魚を烏が横取りした。鳶が「昼盗人」と叫ぶと、烏は「買うた買うた」と鳴いて自分のものにしちゃったとさ。『噺物語』では、逆に盗んだ餌を烏にとがめられて鳶は「拾うた」と答える話になっている。

(山口仲美)

ぴーぽーぴーぽー

救急車のサイレンの音。「ぴーぽーぴーぽーと救急車が走り去った」。救急車のサイレンは元々は消防車のサイレンと同じ音色のものだったが、昭和四五年に現在のものに改められた。これは、けが人などを乗せる救急車にはソフトな音色のサイレンが望ましいからだという。

なお、「ぴーぽーぴーぽー」のほとんどの用例は救急車のものだが、まれにパトカーのサイレンや警報装置の音を示した例が見られる。

(池上　啓)

❖関敬吾　民俗学者。柳田国男に師事。日本各地の民話を採集し、民話を体系的に分類。著作『日本昔話集成』『民話』など。(一八九九〜一九九〇)

❖高野伸二　→P.499

❖雑談集　鎌倉時代の説話集。無住著。仏教説話以外にも滑稽譚など幅広い説話を集める。嘉元三年(一三〇五)成立。後に増補。

❖柿山伏　→P.405

❖和漢三才図会　→P.116

❖醒睡笑　→P.33

❖葛原しげる　→P.115

❖噺物語　江戸時代の仮名草子。幸佐著。「噺」字はふつう「はやし」だが、ここでは「はなし」と読む。別称「咄し物語」。三〇の笑い話(つまり「咄し」)と、それに対応する三〇の物語とを収める。延宝八年(一六八〇)刊。

ぴーひょろ　鳶の鳴き声。左は『和漢三才図会』に描かれた鳶。

びーん

①ガラスや強く張った弦が振動した時に出る、うなりを伴った高い音。「ぶーん」よりも高く鋭い音を示す。虫の羽音や機械の回転音などに広く使われる。「ビインと響く父の声が、背なかまで追いかけてきた」(山本有三❖『路傍の石』)

②頭を強くぶつけた時などに、その衝撃が全身にまわっていく様子。または、正座の後などに、足のしびれの感覚が全身にまわっていく様子。「びーんという衝撃が全身に走った」 (池上　啓)

ひかひか

星やイルミネーションの光がまたたく様子。「星がひかひかと輝いていた」、「クリスマスツリーがひかひかしてきれいだった」。「ぴかぴか」に比べて輝きの具合がやわらかい感じになる。

◈**参考**「ひかひか」は「ぴかぴか」の古い形で、室町時代末期から用例が見える。光がまたたく様子のほかに、物の表面につやがある様子も示した。「ざくろぐちのまいら戸は黒ぬりにてひかひか光るゆゑ」(滑稽本『浮世風呂❖』) (池上　啓)

ぴかぴか

①星などの光が鋭く点滅する様子。「そらのあちこちに星がぴかぴかしだしたのです」(宮沢賢治❖『ひのきとひなげし』)、「魂にスパンコールや電飾をつけて神戸のルミナリエみたいにぴかぴか、パチパチできれば」(朝日新聞01・1・1)

②物の表面が光沢のある輝きを放っている様子。「靴やバッグなど、クリーナーでざっと磨くだけでピカピカに」(Hanako 00・12・27号)、「砂場でスベスベ、ピカピカの石を見つけた」(朝日新聞00・12・29)

③物が真新しい様子。または、新人が初々しい様子。「ごはんはピカピカのコシヒカリ」(Hanako 00・12・20号)

◈**類義語**「ひかひか」「ぴっかぴか」「ぴっかぴっか」

「ひかひか」は①の類義語。「ぴかぴか」よりも点滅する光がやわらかい感じになる。

「ぴっかぴか」「ぴっかぴっか」は②③の類義語。「ぴかぴか」よりも輝きの程度や真新しさの程度がより強調される。「ピッカピカの新車なんだから、気をつけてね」(日刊スポーツ00・12・14)、「ぴっかぴっかの小学校一年生」 (池上　啓)

❖**山本有三**　劇作家・小説家。芥川龍之介らと第三次『新思潮』創刊。歴史劇などの戯曲を多く発表したが、後、小説に転向。作品『嬰児殺し』(戯曲)、『路傍の石』など。昭和四〇年、文化勲章受章。(一八八七〜一九七四)

❖**浮世風呂**　江戸時代の滑稽本。式亭三馬著。銭湯に出入りする人々の会話を通して庶民の暮らしを描いたもの。文化六年(一八〇九)〜一〇年刊。

❖**宮沢賢治**　詩人・童話作家。岩手県の花巻で、農業指導のかたわら詩や童話を創作。大正一三年、詩集『春と修羅』と童話『注文の多い料理店』を自費出版。作品『銀河鉄道の夜』『風の又三郎』など。(一八九六〜一九三三)

ぴかり

①光が瞬間的に鋭く光る様子。「硝子にぴかりと日光が反射した」（福永武彦❖『草の花』）

②頭の中でいい考えがひらめいた様子。「忽ち音楽の二字がぴかりと眼に映った」（夏目漱石❖『草枕』）

◆参考 「ぴかり」は名詞として広島・長崎に投下された原爆をさすことがある。ピカドンとも言う。「ピカリの閃光を見て数秒後に、ドワァッという音を聞いたと」（井伏鱒二❖『黒い雨』）

（池上　啓）

びくっ

驚きなどで一瞬体を震わせる様子。「思わずビクッとする人も多いのでは？」（週刊現代00・12・16号）

◆類義語 「ぴくっ」「びくん」「どきっ」

「びくっ」よりも「ぴくっ」の方が動きが小さく軽い感じを表す。「びくっ」が震えるような動作なのに対し、「びくん」は飛び上がるような動作を表す。「びくっ」が身体の動きを表すのに対し、「どきっ」は心臓の動きを表す。

（間宮厚司）

ひくひく

手足や唇などが弱々しく小刻みに震え動く様子。「手や足をひくひくさせていた」（佐々木味津三❖『右門捕物帖』）、「何か言いたそうに唇をひくひく動かした」（佐左木俊郎❖『錯覚の拷問室』）

室町末期の『日葡辞書（にっぽじしょ）❖』の「ひくひく」の項には、「身体のある部分、たとえば、腹、目、口などが、外側へ突き出たり、内側へ引っ込んだりしながら揺れたり、ぴくぴく動いたりするさま」とある。

長野県旧更級郡の方言で「ひくひく」は、乳幼児の頭の前頂部の鼓動を言う。まだ十分に骨と骨が接合していないため、鼓動の度に動くところから、一般には「ひよめき」と言う。

◆類義語 「ひくっ」「ぴくぴく」「びくびく」

「ひくひく」が何度もわずかに痙攣（けいれん）したような様子なのに対し、「ひくっ」は一度引きつって静止する様子、「ぴくぴく」は「ひくひく」より痙攣（けいれん）の程度がより大きい様子を表す。「ひくひく」が力なく小刻みに動く様子であるのに対し、「びくびく」は神経が張りつめて震えるように動く様子。

◆参考 岩手県気仙郡の「ひくひく」は、落ち着きのない様子や軽率な様子を表す。

（間宮厚司）

❖**福永武彦** 小説家・仏文学者。昭和二七年の『風土』、二九年の『草の花』で文壇的地位を確立。ほかに加田伶太郎、船田学の名でそれぞれ推理小説とSFを執筆。作品『死の島』『海市』など。（一九一八〜七九）

❖**夏目漱石** →P.8

❖**井伏鱒二** →P.7

❖**佐々木味津三** →P.45

❖**佐左木俊郎** 小説家。農民文学作家。作品『熊の出る開墾地』『黒い地帯』など。（一九〇〇〜三三）

❖**日葡辞書** →P.15

びくびく

①体の一部分(手足など)が引きつるように小刻みに動く様子。「眉と眉との間をびくびく動かしながら」(有島武郎❖『星座』)。これは肉体的な意味を表す「びくびく」である。

②悪い事態が今にも起こるのではないかという恐怖心におののいて神経が張りつめている様子。「蜘蛛の足がまきついて来はしまいかと、びくびくして居た」(浜尾四郎❖『途上の犯人』)。これは精神的な意味を表す「びくびく」。また、恐ろしいことなどが起こりはしないかと心配させるような物事や状況にあることを「びくびくもの」という。「父の方があべこべに怒鳴り始めるのではないかと、内心びくびくものでいました」(菊池寛❖『勝負事』)

◇類義語「びくっ」「びくり」

共に①の類義語。「びくびく」が何回か連続した動作であるのに対して、「びくっ」「びくり」は一回の動作を表す。

◈参考 「びくびく」に関する語に、「びくつく」がある。これは「びく」に「ごたつく」「べたつく」などの「つく」が付いたもの。「今更、この期になってびくつくまいぞ」(岡本かの子❖『富士』)

(間宮厚司)

ぴくぴく

血管や眉(まゆ)や鼻などが痙攣(けいれん)したように小刻みに震えて動く様子。「血管がぴくぴくする」(日刊スポーツ00・12・8)、「その濃い眉がピクピクと波打って」(夢野久作❖『巡査辞職』)、「時々その団子っ鼻がぴくぴく動く」(夏目漱石❖『吾輩は猫である』)

「ぴくぴく」は江戸時代から見られる。

「ぴくぴく」の「ぴく」を動詞化した語に、「ぴくつく」がある。「生きてるものでなくっちゃ、こうぴくつく訳がない」(夏目漱石『坊っちゃん』)

◇類義語「ぴくっ」「ぴくん」「びくびく」「ひくひく」

「ぴくぴく」が何回も連続して引きつるように動く様子を表すのに対して、「ぴくっ」は一回だけ震え動いて静止する様子、「ぴくん」は一度飛び上がる動きをして静止する様子を表す。「ぴくぴく」より「びくびく」の方が引きつる動きが大きい。また、「ぴくぴく」が肉体の動きのみを表すのに対して、「びくびく」は肉体と精神の両方の動きを表す。「ぴくぴく」よりも「ひくひく」の方が小さく力弱く動く様子を表す。

◈参考 「鼻をぴくぴくさせる」「鼻をぴくつかす」は、自慢気な様子を表す。

(間宮厚司)

ぴくぴく 強くなぐられ、顔面が小刻みに痙攣する。

(蛭田達也『新・コータローまかりとおる!』柔道編 より)

❖有島武郎 →P.12

❖浜尾四郎 小説家。古川緑波の兄。検事、弁護士のかたわら、昭和四年『彼が殺したか』を発表。以降、本格推理小説を執筆。作品『殺人鬼』『鉄鎖殺人事件』など。(一八九六〜一九三五)

❖菊池寛 →P.47

❖岡本かの子 →P.91

❖夢野久作 →P.48

❖夏目漱石 →P.8

びくり

驚きなどで一瞬体を震わせ、かたくなる様子。「たかれるフラッシュに『ビクリともしないぞ』とでもいうかのように」(女性自身00・12・12号)

◇類義語「びっくり」

「びくり」が不意な刺激による肉体的な驚きを表すのに対して、「びっくり」は意外なことによる精神的な驚きの方に比重がある。

◆参考「びくり」は、「びっくり箱」「おっかなびっくり」のような複合語を作らない。（間宮厚司）

ぴくり

瞬間的に引きつけられて脈打つように小さく動く様子。「釣り始めて3時間たったが、3本の竿はピクリともしないのだ」(週刊現代00・12・16号)

◇類義語「びくり」「ぴくん」

「ぴくり」が脈打つような小さな動きなのに対し、「びくり」はそれに比べて動きが大きく激しい感じがある。「ぴくり」が引きつって脈打つような小さな動きなのに対して、「ぴくん」は引きつって飛び上がるような動きを表す。（間宮厚司）

ぴくん

瞬間的に一回だけ引きつって、飛び上がるように動く様子。「膝頭(ひざがしら)を丁(ちょう)と叩(たた)くと、膝から下がぴくんと跳(は)ねる事がある」(夏目漱石❖『坑夫』)

◇類義語「ぴくり」「ぴくっ」「びくん」

「ぴくん」が飛び上がる動作なのに対し、「ぴくり」は脈打つ感じ、「ぴくっ」は震える感じの動きを表す。「ぴくん」と比べて、「びくん」の方が動作が大きく激しい。「ぴくん」が肉体の動きに対し、「びくん」は肉体と精神の動きを表す。（間宮厚司）

びしっ

①鞭(むち)などで強くたたいたり、物がぶつかった時に出る音。「山門わきで馬にとびのるや、びしっ、と一鞭あてた」(司馬遼太郎❖『国盗り物語』)

②容赦なく断固として物事を行う様子。「お店側にはなんの責任もないはず。店員さんもビシッといってやればいいのに」(Hanako00・12・13号)

③隙や崩れがない様子。「ビシッと決めたイタリア系スーツ姿」(日刊スポーツ00・12・26)

◇類義語「ぴしっ」

❖**夏目漱石** 英文学者・小説家。英語教師をへて、イギリスに留学。帰国後、『東京朝日新聞』の専属作家となり、同新聞に次々と作品を発表。森鷗外とともに近代日本文学の確立に貢献。作品『吾輩は猫である』『三四郎』など。(一八六七〜一九一六)

❖**司馬遼太郎** 小説家。昭和三四年『梟の城』で直木賞受賞。卓抜な文明批評と、独自の史観にもとづく歴史小説によって、広い読者層を持つ。作品『竜馬がゆく』『坂の上の雲』など多数。平成五年、文化勲章受章。(一九二三〜一九九六)

「ぴしっ」は①②③の類義語。①の場合、「びしっ」が重く低い音を表すのに対して、「ぴしっ」はそれよりも軽く高い音を表す。②では、「ぴしっ」の方が「びしっ」と比べ、強烈な感じはあまりない。③の場合、「びしっ」が服装などに隙のない様子を表すことが多いのに対して、「ぴしっ」はシャツやズボンなどにしわがない様子や計算が合った時などに比較的よく用いられる。

◆参考 将棋で盤に駒を打ち下ろす場合、普通は「ぴしっ」であるが、駒を強くたたきつける時には「びしっ」と観戦記などで表現する。 (間宮厚司)

ひしひし

①絶え間なく物事が厳しく迫って来て、身や心に強くこたえる様子。「ひしひしと」の形でもって、「感じる」「伝わる」「迫る」「こたえる」などといった動詞にかかる例が多い。「子供心にも戦争の足音をひしひしと感じた」(朝日新聞00・12・31)、「著者の意気込みがひしひしと伝わってくる書き下ろし長編小説である」(朝日新聞00・12・17)

②隙間(すきま)のないくらいにたくさん密集している様子。「川筋には青い蘆(あし)が、隙間もなくひしひしと生えている」(芥川龍之介❖『尾生の信』)

③ゆるみなく密着する様子。「いくら身悶(みもだ)えしても、体中にかかった縄目(なわめ)は、一層ひしひしと食い入るだけです」(芥川龍之介『藪の中』)

◆類義語「ひし」「しみじみ」

「ひし」は①②③の類義語。「ひしひし」が反復している様子を表すのに対し、「ひし」は①では「その暗い情感が、ひしと心にのしかかってくる」(小栗虫太郎❖『白蟻』)、②では「五、六人、部屋の一隅にひしとかたまって」(太宰治❖『古典風』)、③では「メロスをひしと抱きしめた」(太宰治『走れメロス』)のように、一回限りの様子をそれぞれ表す。ただし、②と③は現代語ではほとんど使われない。

「しみじみ」は①の類義語。「ひしひし」が次から次へと強く迫ってくるように感じられるのに対して、「しみじみ」は静かに深く心に感じる様子を表す。例えば、「〜と迫る」ならば「ひしひし」が、「〜と語る」ならば「しみじみ」がなじむ。また、「〜と感じる」の場合は「ひしひし」「しみじみ」ともに言うことができる。

◆参考 平安時代の『源氏物語❖』には、強く押されて鳴る音を表す例が見られる。「物の足音ひしひしと踏み鳴らし」 (間宮厚司)

ひしひし 大きな生き物が容赦なく迫ってくる。

(あさりよしとお『宇宙家族カールビンソンSC完全版』より)

❖**芥川龍之介** →P.12
❖**小栗虫太郎** 小説家。昭和八年、『新青年』に「完全犯罪」を発表しデビュー。怪奇幻想小説、および冒険小説など幅広い分野で活躍。作品『黒死館殺人事件』『鉄仮面の舌』など。(一九〇一〜一九四六)
❖**太宰治** →P.20
❖**源氏物語** →P.194

びしびし

①鞭(むち)などで連続して強くたたく時に出る低く鈍い音。「いらだってびしびしと鞭をくれた」(有島武郎❖『カインの末裔』)

②物が連続して折れる時に出る低くて鈍い音。「速球投手に木製のバットがびしびし折られる」

③手加減せずに厳しく物事を行う様子。「遅咲きの競走馬とみて、5歳になってからビシビシと鍛える」(日刊スポーツ00・12・20)

④何回も間違えることなく見事に当てる様子。「選挙の当落予想がびしびしと当たる」

奈良時代の「びしびし」は、鼻水をすすりあげる音、またはその様子を表した。『万葉集❖』の長歌「…しはぶかひ(＝咳(せ)き込んでは) 鼻びしびしに(＝鼻水をすすり)…」(山上憶良「貧窮問答歌❖」)がそれである。なお、この歌に「びしびし」を詠み込んだのは、リアルに叙述し、卑俗な印象を与えるためとも言われる。

◆類義語「ぴしぴし」

「ぴしぴし」は①〜④の類義語。「ぴしぴし」の方が「びしびし」よりも、①②で高く鋭い感じの音、③④で軽快で小気味よい様子を表す。(間宮厚司)

ぴしぴし

①鞭(むち)などで何度もたたく時に出る鋭い音。「喜平はまた鞭を取り上げて、書卓の上をぴしぴしと打ちつづけながら叫んだ」(佐左木俊郎❖『恐怖城』)

②枝などが折れる時に出る鋭い音。「ぴしぴし枝を折りながら」(小栗虫太郎❖『人外魔境』)

③遠慮なく軽快に鋭い調子で物事を行う様子。「貸し付けてあった食料費をぴしぴしと取り立てた」(佐左木俊郎『熊の出る開墾地』)

④続けて小気味よく的確に当てる様子。「どうしてまたそうぴしぴしとホシが的中するんだろうね」(佐々木味津三❖『右門捕物帖』)

◆類義語「びしびし」「ぴたぴた」

「びしびし」は①〜④の類義語。「びしびし」の方が「ぴしぴし」よりも、①②で低い鈍い感じの音、③④で力強く激しい様子を表す。「ぴたぴた」は①④の類義語。①では「ぴしぴし」が鞭などで物をたたく時に出る鋭い音なのに対し、「ぴたぴた」は平たい物でたたく時に出る密着した音を表す。④では「ぴしぴし」が小気味よく的確に当てる様子なのに対して、「ぴたぴた」は密着するように少しの狂いもなく合致する様子を表す。(間宮厚司)

❖**有島武郎**　小説家。内村鑑三の影響を受け、キリスト教に入信。アメリカ留学後、明治四三年、雑誌『白樺』の創刊に参加。作品『カインの末裔』『或る女』など。(一八七八〜一九二三)

❖**万葉集**　→P.23

❖**貧窮問答歌**　『万葉集』巻五所収の山上憶良の作品。憶良を思わせる貧者と、極貧の農民の問答を通して生活の苦しさ、世の不条理を歌ったもの。長歌および反歌から成る。

❖**佐左木俊郎**　→P.183

❖**小栗虫太郎**　小説家。昭和八年、『新青年』に「完全犯罪」を発表しデビュー。怪奇幻想小説、および冒険小説など幅広い分野で活躍。作品『黒死館殺人事件』『鉄仮面の舌』など。(一九〇一〜一九四六)

❖**佐々木味津三**　→P.45

ぴしゃっ

①戸を手荒く閉めたり、平手で強く打ったりする時に出る音やその様子。「耳朶(みみたぶ)から頰にかけてぴしゃっと平手が命中した」(❖太宰治『逆行』)

②水などがはねる音や様子。「僕の頰に…波の飛沫がぴしゃっと掛った」(❖福永武彦『草の花』)

③少しの狂いもなく、当てはまる様子。「本当にいい人材をピシャッと」(週刊現代00・12・9号)

④容赦なく断ったり、厳しく言い切ったりする様子。「勧誘をぴしゃっと断った」

(間宮厚司)

びしゃびしゃ

雨や水がかかって、洗われるようにひどく濡れる様子。「雨チャンにびしゃびしゃと濡れながら自転車で帰って何もする気なし」(❖高野悦子『二十歳の原点』)、「波が舷側をびしゃびしゃと叩くようになった」(❖福永武彦『草の花』)

◆類義語「びしょびしょ」「ぐしょぐしょ」

「びしゃびしゃ」が雨や水がかかって洗われるようにひどく濡れる様子を表すのに対して、「びしょびしょ」は雨が絶え間なく降り続く様子だとか、水がしたたるくらいにひどく濡れる様子を表す。「びしゃ濡れ」という言い方はしないが、「びしょ濡れ」という言い方はある。「びしゃびしゃ」が雨や水で洗われるようにひどく濡れる様子を表すのに対して、「ぐしょぐしょ」は水にひどく濡れて形が崩れた感じになる様子を表す。「びしゃ濡れ」とは言わないが、「ぐしょ濡れ」とは言う。

■参考　栃木県の方言「びしゃびしゃ」は、すももや柿などの腐っている様子を表す。また、和歌山県西牟婁郡の方言「びしゃびしゃ」には、ぬかるみや湿地の意味がある。

(間宮厚司)

ぴしゃぴしゃ

①平たい物が連続してぶつかったり、たたいたりした時に出る音。また、その様子。「始終(しじゅう)上履(スリッパー)の音をぴしゃぴしゃ云わして歩いていた」(❖夏目漱石『行人』)、「今ごろはあの子供の頭が大きな平手でぴしゃぴしゃはたき飛ばされているだろう」(❖有島武郎『卑怯者』)。なお、比喩的な使い方をした例に、「厭な言葉がピシャピシャお松の頰を叩いた」(❖矢田津世子『反逆』)がある。

②液体が続けてはねる時に出る音。また、その

ぴしゃぴしゃ　尻を連続平手打ち。

(赤塚不二夫『おそ松くん』より)

❖**太宰治**　→P.20
❖**福永武彦**　→P.27
❖**高野悦子**　→P.27
❖**夏目漱石**　→P.8
❖**有島武郎**　→P.414
❖**矢田津世子**　小説家。昭和五年『罠を跳び越える女』でデビュー。『桜』『日暦』同人。『桜』の同人だった坂口安吾に影響を与えたことで知られる。作品『神楽坂』『茶粥の記』など。(一九〇七〜一九四四)

様子。「庭の八つ手の大きい葉に、雨音がぴしゃぴしゃときこえる」（岡本綺堂『半七捕物帳』）

◇**類義語**「ぴしゃっ」「ぴしゃん」「びしゃびしゃ」

「ぴしゃっ」「ぴしゃん」は①②の類義語。「ぴしゃぴしゃ」が連続的なのに対し、「ぴしゃっ」「ぴしゃん」は一回限り。また、「ぴしゃっ」は切れがあり強烈な感じ、「ぴしゃん」は音が響きわたり液体が一層はね上がる感じを表す。「びしゃびしゃ」は、②の類義語。「ぴしゃぴしゃ」が液体がはねる音を表すのに対し、「びしゃびしゃ」は液体がかかってひどく濡れる様子を表す。（間宮厚司）

びしゃり

①戸などを閉める時に出る音やその様子。「ビシャリと障子を閉切りつ」（内田魯庵『社会百面相』）

②水などがはねる音やその様子。「ビシャリと水をはねかした」（龍胆寺雄『黒猫』）

③押し潰される時に出る音やその様子。「びしゃりと押し潰されて、中にある煙草がかたまって」（夏目漱石『坑夫』）。古く室町末期の『日葡辞書』の「びしゃり」の項にも、「物がつぶれる時の音の形容」という解説が見られる。（間宮厚司）

ぴしゃり

①戸を手荒く閉めたり、平手で強く打ったりする時に出る音やその様子。「ぴしゃりと硝子戸を閉めて」（北条民雄『いのちの初夜』）、「ぴしゃりと平手打ちが飛んできた」（SPA!00・12・13号）

②水などがはねる音やその様子。「京吉はピシャリと水を掛けた」（織田作之助『土曜夫人』）

③少しの狂いもなく、正確に合う様子。「その表情はぴしゃりと心のカメラへ焼き付いてしまった」（夏目漱石『草枕』）。接頭語「どん」の付いた「どんぴしゃり」は強調形であるが、これは③の意味でしか使われない。「どんぴしゃりのタイミング」（週刊現代00・12・16号）

④容赦なく断ったり、厳しく言い切ったりする様子。「汚い言葉を吐き、嫌味なエリートたちをピシャリとやり返す」（週刊現代00・12・9号）

◇**類義語**「ぴしゃん」「ぴしゃっ」

「ぴしゃん」は①②の類義語。「ぴしゃり」よりも、「ぴしゃん」の方が音が響きわたり、水などが一層はね上がる感じを表す。「ぴしゃっ」は①〜④の類義語。「ぴしゃり」と比べて、「ぴしゃっ」の方が切れがあって強烈。（間宮厚司）

❖**岡本綺堂**　劇評家・劇作家・小説家。新聞に劇評を執筆するかたわら、二代目市川左団次と提携。戯曲『修禅寺物語』が成功し、以降作家生活に入る。作品『鳥辺山心中』『半七捕物帳』など。（一九三九）

❖**内田魯庵**　評論家・翻訳家・小説家。『女学雑誌』に評論を連載。また社会小説『くれの廿八日』などを執筆。作品『罪と罰』（翻訳）、『思ひ出す人々』など。（一九二九）

❖**龍胆寺雄**　小説家。「放浪時代」が『改造』の懸賞小説に当選してデビュー。吉行エイスケらと新興芸術派倶楽部を結成し、モダニズム作家として活躍。その後文壇を離れ、戦後復活。作品『魔子』など。（一九〇一）

❖**夏目漱石**　→P.8
❖**日葡辞書**　→P.15
❖**北条民雄**　→P.210
❖**織田作之助**　→P.139

ぴしゃん

①戸を手荒く閉めたり、平手で強く打ったりする時に出る音やその様子。「ぴしゃんとその戸を閉めて」(❖島崎藤村『破戒』)、「頬を…ぴしゃん、ぴしゃんと二つ殴って」(❖太宰治『服装に就いて』)

②水などが勢いよくはね上がる音や様子。「雨の日に自動車が道路の水をぴしゃんとはねた」

◇類義語「ぴしゃっ」

「ぴしゃっ」は①②の類義語。「ぴしゃん」よりも音の響きが弱い。 (間宮厚司)

びしょびしょ

①雨が絶え間なく降り続く様子。「十月のお会式の頃から寒い雨がびしょびしょ降りつづいた」(❖岡本綺堂『半七捕物帳』)。岡山市の方言では、「天気もびしょびしょしだすと仕方のないもんじゃ」とか、「子供がびしょびしょゆーた(病気し続けた)」などといった言い方がある。

②水でひどく濡れている様子。「雪解けでびしょびしょの道」(❖横光利一『比叡』)、「畳はビショビショ」(❖葉山嘉樹『海に生くる人々』)

◇類義語「しとしと」「ぐしょぐしょ」

「しとしと」は①②の類義語。「びしょびしょ」が雨が絶え間なく降り続く様子と水がしたたるくらいひどく濡れる様子を表すのに対して、「しとしと」は細かい雨が静かに降り続く様子と適度に濡れている様子を表す。「ぐしょぐしょ」は②の類義語。「びしょびしょ」が水がしたたるほどひどく濡れる様子なのに対し、「ぐしょぐしょ」はひどく濡れて形が崩れた感じになる様子を表す。

■参考 アクセントは、①が「びしょびしょ」で、②が「びしょびしょ」と異なる。 (間宮厚司)

びしり

①物を強くたたく時に出る音。また、その様子。「飛びあがりざま、扇子で伊賀守の大頭をびしりと打ち」(❖司馬遼太郎『国盗り物語』)

②厳しい調子で容赦なく断固として物事を行う様子。「与党の不正を野党の議員がびしりと正す」

③隙や緩みや崩れなどがない様子。「跳び箱の着地をびしりと決める」

■参考 山口県阿武郡の方言「びしり」には、始終、いつも、度々の意味がある。 (間宮厚司)

ぴしゃん 戸を手荒く閉められる。
(松本零士『男おいどん』より)

❖島崎藤村 →P.102
❖太宰治 →P.20
❖岡本綺堂 →P.416
❖横光利一 →P.107
❖葉山嘉樹 →P.35
❖司馬遼太郎 小説家。昭和三四年『梟の城』で直木賞受賞。卓抜な文明批評と、独自の史観にもとづく歴史小説によって、広い読者層を持つ。作品『竜馬がゆく』『坂の上の雲』など多数。平成五年、文化勲章受章。(一九二三)

ぴしり

①鞭などでたたいたり、細い木が折れたり、また、扇子を閉じたり、碁石や将棋の駒を打ちつけたりする時などに出る音。また、その様子。「鞭でぴしりと床を叩いたり」（谷崎潤一郎『痴人の愛』）、「秀光は串をひろいあつめ、まとめてぴしりと折った」（司馬遼太郎『国盗り物語』）、「扇子を半ば開き、ぴしりと閉め」（山本周五郎『さぶ』）、「ピシリ、ピシリ、という碁石の音でした」（佐々木味津三『右門捕物帖』）、「ぴしり、ぴしりと音を立てて、（将棋の）駒を敲きつける」（織田作之助『聴雨』）

②容赦なく手厳しくする様子。「試合のテンポが速くなると型が乱れがちだが、少しでも崩すとぴしりとしかられた」（日本経済新聞01・1・5）

③隙や緩みや崩れなどがない様子。「彼らがあまりにもぴしりと完結して」（村上春樹『世界の終りとハードボイルド・ワンダーランド』）

◆類義語「びしり」

「びしり」は①②③の類義語。①では、「ぴしり」が鋭く乾いた音なのに対し、「びしり」は鈍く湿った音を表す。②③の場合には、「びしり」の方が「ぴしり」よりも程度の重い感じを表す。（間宮厚司）

ひそひそ

ほかの人に聞こえないように、かろうじて相手にだけ聞こえるくらいの小さな声で話す様子。「時折ひそひそ話しているのをちゃんと知ってて」（宮部みゆき『過去のない手帳』）。「ひそ」は「ひそかに」「ひそやか」の「ひそ」で、「潜む」「潜める」はこれから派生した語。また、「ひそひそ」話す声を「ひそひそ声」、その話を「ひそひそ話」という。

室町時代から見られる語。古くは、現代語の「ひっそり」のように、目立たず静かにしている様子を表すこともあった。「ひそひそとして陶と云所にいたぞ」（『玉塵抄』）

◆類義語「こそこそ」「ひっそり」

「こそこそ」は他人に知られないように動作を行う様子。「ひそひそ」が話す様子に限られるのに対して、「こそこそ」は広く動作一般に用いる。「ひっそり」は物音がせず静まりかえっている様子。ちなみに、「こっそり」は「ひっそり」の類義語で、人目につかないよう静かに動作を行う様子。

■参考　かつては「ひそびそ」ともいい、江戸末期の『和英語林集成』は初版では「ひそひそ」だが、再版以降は「ひそびそ」である。（小柳智一）

❖谷崎潤一郎 →P.7
❖司馬遼太郎 →P.16
❖山本周五郎 →P.15
❖佐々木味津三 →P.45
❖織田作之助 →P.139
❖村上春樹 →P.94
❖宮部みゆき →P.142
❖玉塵抄 →P.18
❖和英語林集成 →P.16

ひそひそ　他人に聞こえぬよう、小さな声で噂話。

（東海林さだお『平成サラリーマン専科』より）

ぴたっ

①二つの物が隙間なく密着したり合致したりする様子。「(パックが)あごから頬にかけてピタッと密着」(my40's01・9月号)

②持続していた運動や状態が、突然、完全に止まる様子。「試合中にボールがピタッと足元に止まるようになった」(日刊スポーツ00・12・31)

◆参考 「ぴたっ」は離れていた物が合う瞬間や、動いていたものが止まる瞬間など、動作の瞬間に重点を置く表現である。(小柳智一)

ひたひた

①草履や足袋など、底が平面でかたくない物を履き、平らな場所を足早に移動する音。また、その様子。怪談などで、何か怪しげな物が徐々に近づいてくる場合に用いることが多い。「ひたひたと雪駄を鳴らしてやってくる」(宮部みゆき❖『遺恨の桜』)、「背後からひたひたとしのびよる足音」(ダ・ヴィンチ01・9月号)

②浸水して徐々に水かさが増してくる様子。転じて、物事が徐々に迫ってくる様子。どちらかといえば、良くない物事が迫りくる場合に用いることが多い。「科学の波が押しよせ、ひたひたと足もとを洗いはじめたようにも思えたのだ」(星新一❖『人民は弱し官吏は強し』)

③物がどうにか浸(ひた)るくらい液体がある様子。また、そのような状態で物が液体に浸っている様子。「お酒と水をひたひたになるまで入れ、適量の塩を加えます」(週刊現代00・12・2号)

なお、①②は接近してくる様子を表すが、③はそのような様子を表さない。③は、動詞「浸る」と音が類似することにひかれて派生したものか。①と③ではアクセントも異なり、①②は「ひたひた」、③は「ひたひた」である。

◆参考 鎌倉時代から見られる語。古くは現在よりも意味が広く、乗ったり上がったりする動作をすみやかに行う様子や、水が岸などに当たる音も表した。「なぎさちかくなりしかば、ひたひたと(馬に)うちのって」(『平家物語❖』)、「うきねする湊はわびし さ波さへ ひたひたとうつ 音のきこえて」(『草径集❖』)。また、『日葡辞書(❖にっぽじしょ)』の「ひたひた」の項に「近づく様子・くっつく様子」とあるので、「ぴたり」「ぴったり」が現れる以前は、ものに密着する様子も表したと考えられる。(小柳智一)

❖宮部みゆき →P.142
❖星新一 →P.129
❖平家物語 鎌倉時代の軍記物語。作者未詳。源平合戦を素材に平氏一門の興亡を描く。琵琶法師の語りによって広まる。多数の諸本があるが、一四世紀半ばに校訂された覚一本の系統が一般に流布。その流麗な和漢混淆文は後世の文学にも大きな影響を与えた。原形は鎌倉前期成立。
❖草径集 江戸時代の歌人大隈言道(おおくまことみち)の家集。文久四年(一八六四)刊。
❖日葡辞書 一七世紀初頭の、ポルトガル語で説明した日本語辞書。イエズス会の宣教師によって成る。室町末期の口語を中心に方言、文書語、歌語、女性語など、三万余語を収録。慶長八〜九年(一六〇三〜〇四)刊。

びたびた

雫が垂れるくらい、物が水に濡れている様子。ただし、その物は濡れていない方が望ましいのに、それに反して濡れている場合に用いることが多い。不快感を伴う表現である。「この丼がビタビタに濡れていて、しずくがたれるようであれば、これからのラーメンのひとときは、ますます暗くなったと思ってさしつかえない」(東海林さだお『ワニの丸かじり』)

室町時代から見られる語。当時は現代よりも濡れる具合がひどく、現代の「びちゃびちゃ」に近い様子を表したと考えられる。『日葡辞書(にっぽじしょ)』の「びためかす」の項目に「びたびたとする」は同義、「濡れた着物の音を立てる、または、手で打って水の音を立てる」と解説しているからである。

◆参考　「び」とタ行音の組み合わせをくり返した「びたびた」「びちびち」「びちゃびちゃ」「びとびと」は物が水気を多く含む様子を表し、不快感を伴う表現であるという共通性がある。また、「び」が「べ」になり「べたべた」「べちゃべちゃ」「べとべと」となると、粘り気のある様子を表し、不快感は強まる。　(小柳智一)

ぴたぴた

①薄く平らな物で軽く何度も叩く音。また、その様子。小説などで、刀剣や平手で相手の顔を打つ場合によく用いる。「首筋をナイフでピタピタされた」(週刊朝日01・9・7号)

②液体が軽く揺れたり動いたりして物に当たる音。また、その様子。「安美の白い手が化粧水をピタピタと顔に打ち付ける」(朝日新聞00・12・17)、「血のゼリーの中を蛆がぴたぴたと這っていた」(AERA01・3・12号)

かつては、物が密着したり接近したりする様子を表すこともあった。「なんかぴたぴたと、こっちへ迫ってくるものがある」(山本有三『路傍の石』)。また、ひどく水に濡れた様子も表した。「まだ水の引き切らない床下のぴたぴたに濡れた貸家に」(夏目漱石『思い出す事など』)

◆参考　「ぴたぴた(pitapita)」のように「p－t」という子音の組み合わせをくり返した語は、軽い物が何かについたり当たったり跳ねたりする様子を表すものが多い。「ぱちぱち」「ぴちぴち」「ぴとぴと」「ぷちぷち」「ぺたぺた」「ぺとぺと」「ぽたぽた」「ぽつぽつ」「ぽとぽと」など。　(小柳智一)

❖東海林さだお　漫画家。サラリーマンのペーソスを描いた『ショージ君』で人気漫画家に。『毎日新聞』に「アサッテ君」を長期連載のほか、名エッセイストとしても知られる。作品『新漫画文学全集』など。(一九三七)

❖日葡辞書　一七世紀初頭の、ポルトガル語で説明した日本語辞書。イエズス会の宣教師によって成る。室町末期の口語を中心に方言、文書語、歌語、女性語など、三万余語を収録。慶長八～九年(一六〇三～〇四)刊。

❖山本有三　劇作家・小説家。芥川龍之介らと第三次『新思潮』創刊。歴史劇などの戯曲を多く発表したが、後、小説に転向。作品『嬰児殺し』(戯曲)、『路傍の石』など。昭和四〇年、文化勲章受章。(一八八七～一九七四)

❖夏目漱石　→P.8

ぴたり

①平手で何かを叩く音。また、その様子。「思い切った調子でぴたりと平手で膝頭を叩いた」(夏目漱石『吾輩は猫である』)

②二つの物が隙間なく密着する様子。「ジャガーの窓はぴたりと閉められていた」(村上春樹『スプートニクの恋人』)、「建吉と富子は鮫島の両脇(りょうわき)にピタリとくっついていた」(朝日新聞00・12・27)

③二つの物が合致する様子。色や雰囲気などが適合したり、予想や勘が適中したりする場合に用いる。「この曲は、…大がかりな村祭りみたいな演奏の方がぴたりとくるのです」(村上春樹『スプートニクの恋人』)、「直感が冴え、思ったことがことごとくピタリと的中」(女性自身00・12・19号)

④それまで持続していた運動や状態が、突然、完全に停止する様子。「母親との関係が修復したことで、彼女の吐き気はピタリとおさまった」(日本経済新聞00・12・30)

◆類義語「ぴったり」

「ぴったり」は②③の類義語。「ぴたり」に比べて、密着や合致の度合いが強い。また、「ぴったり」は「ぴたり」よりも多様な形で用いられる。まず、「ぴたり」は必ず「と」を伴い「ぴたりと」の形でしか用いられないが、「ぴったり」は「と」を伴わない形でも用いられる。次に、「ぴたりの」「ぴたりだ」の形は用いられないが、「ぴったりの」「ぴったりだ」の形は用いられる。「皮が身にぴったりと張り付いた状態で」(週刊現代00・12・30号)、「スポーツ選手にぴったりの名前ですよね」(朝日新聞夕刊00・12・19)、「今回の役回りにはぴったりだ」(宮部みゆき『R.P.G.』)。さらに、「ぴたり」と違い、「ぴったり」は下に名詞がきて、「ぴったりサイズ」のように一語になることもある。

(小柳智一)

ぴたん

①物と物を少しの隙間もなく密着させる様子。たとえば扉を完全に閉めて部屋を密閉する場合などに用いる。「あまがえるを押し込んで、戸をぴたんとしめました」(宮沢賢治『カイロ団長』)

②平手などで物を軽く叩く音。また、その様子。叩く手が一瞬物にすいつくような感じがある。「(夕立っ様は手跡をつけるために)すぐあしもとにある大きな石に、ぴたんと手をあてた」(恵那児童文学の会『中津川のむかし話』)

(小柳智一)

❖夏目漱石 →P.8

❖村上春樹 →P.94

❖宮部みゆき 小説家。平成四年『本所深川ふしぎ草紙』で吉川英治文学新人賞受賞。同一一年、『理由』で直木賞受賞。SF・推理・時代小説と多彩な分野で活躍。作品はほかに『火車』『蒲生邸事件』など。(一九六〇)

❖宮沢賢治 詩人・童話作家。岩手県の花巻で、農業指導のかたわら詩や童話を創作。大正一三年、詩集『春と修羅』と童話『注文の多い料理店』を自費出版。作品『銀河鉄道の夜』『風の又三郎』など。(一八九六〜一九三三)

ぴちっ

①小さな物が鋭く一回跳ねたり爆ぜたりする音。また、その様子。「ほんの五、六センチと小さい（ワカサギ）が、ピチ、ピチッと跳ねるさまを見ると寒さも吹きとぶ」（朝日新聞夕刊99・2・4）

②物が少しの隙間や緩みもなく、完全に収まったり当てはまったりする様子。容器などに中身が詰まっている感じがあり、時に堅苦しい印象を与える。「ピチッとネクタイで固められて」（椎名誠❖『気分はだぼだぼソース』）　　（小柳智一）

びちびち

①生物が勢いよく跳ね回る音。また、その様子。水気が多く感じられ、薄気味の悪さを伴う表現である。「（頸から）手を離したら、ビチビチ躍り出すのではないかと」（江戸川乱歩❖『虫』）

②下痢をしている様子。

◆参考　平安時代から見られ、『落窪物語❖』には、「びちびちと聞ゆるはいかになるにかあらん」とある。下痢の音。アクセントは①が「びちびち」、②が「びちびち」である。　　（小柳智一）

ぴちぴち

①小さな生物が勢いよく跳ね回る音。また、その様子。あるいは、跳ね回りそうなほど活きがよい様子。「獲れたての白魚の生きてぴちぴちしたの」（宮部みゆき❖『白魚の目』）

②人が若く肌に張りがあり、生気がみなぎっている様子。主に女性に用いる。「ぴちぴちした二十代前半の女の子たち」（週刊現代00・12・2号）

③衣服が体よりもやや小さく、着た時に肌に張り付いている様子。「手持ちの服はどれもピチピチに」（my40's01・9月号）

◇類義語「びちびち」「ぴっちぴち」

「びちびち」は①の類義語。生物が跳ね回る様子を表す点では同じだが、「びちびち」は薄気味の悪さを伴う表現である。食材になるものには「ぴちぴち」は用いても、「びちびち」は用いない。

「ぴっちぴち」は③の類義語。「ぴちぴち」よりも張り付き方が強く、窮屈な感じがある。

◆参考　江戸時代から見られる語。①がもとで、②は①から派生した。③は最近の用法で、②の肌の張りから転じて、衣服の張り付きを表すようになったのであろう。　　（小柳智一）

❖椎名誠　小説家・編集者。昭和五一年、『本の雑誌』を創刊。同五四年、エッセイ『さらば国分寺書店のオババ』を刊行、平易な言葉を用いた昭和軽薄体の作家として人気を得る。作品『新橋烏森口青春篇』『岳物語』など。（一九四四）

❖江戸川乱歩　→P.147

❖落窪物語　→P.179

❖宮部みゆき　→P.142

ぴちっ　小さな魚が鋭く跳ねる。

（うえやまとち『クッキングパパ』より）

ぴちゃっ

①少量の液体が物に当たってたてる音。「高速で飛ぶツバメたちは、水面で一瞬ピチャッと音を立ててゆく」(毎日新聞95・9・5)。また、液体を含んだ物でもよい。「落ちて、ぴちゃっとつぶれたカキも食べました」(朝日新聞91・12・6)

②飲食する時にたてる音。水分の多い食物や唾液がその原因。「アイスクリームをめしあがる スプーンですくってぴちゃっちゃっちゃっ」(❖さとうよしみ「アイスクリームのうた」)

(吉田永弘)

びちゃびちゃ

①水などが物に当たってはねる音。「びちゃびちゃと泥をはねかけ、大人も子供も楽しんだ泥んこ大会」(高知新聞00・9・11)

②水などがかかってひどく濡れている様子。「わらじはすぐ水を吸ってびちゃびちゃになったが」(朝日新聞夕刊00・12・21)

◆**類義語**「びちゃっ」「びしょびしょ」「びちょびちょ」

「びちゃっ」は①の類義語。水などが一回勢いよくはねた音。「びしょびしょ」は②の類義語。音がするほど濡れる「びちゃびちゃ」よりはひどくない。「びちょびちょ」は①②の類義語。「びちゃびちゃ」よりも小さい感じの音。濡れ方は「びちゃびちゃ」と「びしょびしょ」の中間。

◆**参考** 室町時代から例のある語。ロドリゲスの『❖日本大文典』では「水がびちゃびちゃとする」の例を挙げ、「少しの水の所を急いで渡る時の音」と解説している。また、江戸時代には散々な目にあう様子を表した。「びちゃびちゃに負けても」(洒落本『❖愚人贅漢居続借金』)

(吉田永弘)

ぴちゃぴちゃ

①水などが軽い物に当たってたてる小さい音。「ぴちゃぴちゃ泥を撥ね上げながら金杉橋の方まで歩いてしまいました」(❖谷崎潤一郎『痴人の愛』)

②平手など平らな物で軽くたたく音。「通辞は笑いながら裸馬の腹をぴちゃぴちゃと平手で叩いた」(❖遠藤周作『沈黙』)

③飲食の時にたてる舌の音。「ぴちゃぴちゃと舌を鳴らしながら食べていたり」(❖有吉佐和子『華岡青洲の妻』)

❖**さとうよしみ** 児童文学者、詩人。童謡集『雀の木』で世に認められる。童謡の作品に「りんごころりん」「いぬのおまわりさん」など。(一九〇五〜六八)

❖**日本大文典** 一七世紀初頭の、ポルトガル語で解説した日本語文法書。ロドリゲス著。日本語を学ぶ宣教師のために、当時の口語文法を中心に、発音、方言、文書、和歌、人名など日本語について広く解説する。慶長九〜一三年(一六〇四〜〇八)刊。

❖**愚人贅漢居続借金** 江戸時代の洒落本。蓬萊山人帰橋著。天明三年(一七八三)刊。

❖**谷崎潤一郎** →P.7

❖**遠藤周作** →P.240

❖**有吉佐和子** 小説家。演劇にたずさわった後、昭和三一年に『地唄』でデビュー。多芸多才な才女といわれた。作品『華岡青洲の妻』『恍惚の人』など。(一九三一〜八四)

◇類義語「ぴちゃっ」

「ぴちゃっ」は①②③の類義語。瞬間的にたてる一回の音を表す。「ピチャッと、つめたいものがえりもとにくっついた」(山本有三『路傍の石』)

◆参考 ①②は明治、③は江戸時代から例がある。「ピチャピチャしたうちをして」(滑稽本『戯場粋言幕の外』)。①の意では古く「ひさひさ」という語があった。「湯屋に留め湯して女房入れ参らせんとて、ひさひさとさばくり(=浴室を貸し切りにして女房を入れてさしあげようと思ってぴちゃぴちゃと用意をして)」(『沙石集』) (吉田永弘)

びちゃり

水や水分を含んだ物が物に当たってたてる音。明治になってから例がある。「記者会見場に飛び入りしたチームメートが、皿に盛ったシェービングクリームを野茂さんの顔へびちゃり。驚いたでしょう」(朝日新聞夕刊95・11・6)

◇類義語「びちゃっ」「ぴちゃり」

「びちゃっ」は勢いよく瞬間的にたてる音で、より口語的。「ぴちゃり」は「びちゃり」より液体が少量の場合や、軽く物に当たった時の音。 (吉田永弘)

ぴちゃり

①水などが軽く物に当たってたてる小さい音。「ひっくりかえしたとたん、ぴちゃりと煮汁が四方に飛んだ」(朝日新聞00・11・5)

②平手など平らな物で軽くたたく音。「手を突くと同時に、尻もべったり突いてしまった。ぴちゃりと云った」(夏目漱石『坑夫』)

◇類義語「ぴちゃっ」

「ぴちゃっ」は①②の類義語。「ぴちゃり」より勢いよく瞬間的な音。より口語的な表現。 (吉田永弘)

ぴちゃん

①水が軽く平らな物に当たってたてる音。「カン蛙は、けれども一本のたでから、ピチャンと水に飛び込んで」(宮沢賢治『蛙のゴム靴』)

②平手など平らな物でたたく音。また、ふくらんだ物がつぶれる音や戸を閉める音も表すことがある。「ピチャンと、こう、その手をひっぱたく」(里見弴『今年竹』)

◆参考「ぴちゃんこ」は、「ぺちゃんこ」と同じで、つぶれて平らになった様子を表す語。 (吉田永弘)

❖山本有三 →P.30

❖戯場粋言幕の外 江戸時代の滑稽本。式亭三馬著。中村座、市村座の歌舞伎見物の様子を描写しながら、芝居関係の隠語などの説明も行っている。文化三年(一八〇六)刊。

❖沙石集 →P.359

❖夏目漱石 →P.8

❖宮沢賢治 →P.34

❖里見弴 →P.44

ぴちゃん 雨粒が花びらに当たって音をたてる。

(うえやまとち『クッキングパパ』より)

びちょびちょ

①水などが物に当たってはねる音。歩いてたてる音を表すことが多い。「雨がびちょびちょ降っていた」(千葉省三❖『虎ちゃんの日記』)

②雨や雪に降られてひどく濡れている様子。「びちょびちょの外便所のそばに夕顔が仄仄咲いていた」(林芙美子❖『放浪記』)

◆参考 江戸時代からある語。江戸初期の京都の言葉を集めた『かたこと❖』には「びちょびちょは小水に魚などの動く音をいふ也」とある。(吉田永弘)

ぴちり

①かたい物が当たったり折れたり破れたりはねたりした時の音。「ぴちりと音がして皓々たる鏡は忽ち真二つに割れる」(夏目漱石❖『薤露行』)

②物との間にすきまがなく密着している様子。「その戸に南京錠が、ぴちりとかかっているのである」(太宰治❖『津軽』)

◇類義語「ぴちっ」
「ぴちっ」は①②の類義語。「ぴちり」より瞬間的な音であり、密着感を強めた表現。(吉田永弘)

ぴちん

①かたい物が当たったり折れたり破れたりはねたりした時の音。「先っぽをピチンと折った鉛筆を斜めに握り」(朝日新聞95・6・4)

②整ってきちんとしている様子。「ピチンと両手をわきにつけ、元気に歌ってくれました」(朝日新聞90・3・8)

◇類義語「ぴちり」
「ぴちり」は①の類義語。「ぴちん」が音に響きがあるのに対し、はっきりとした音を表す。(吉田永弘)

びっ

電流などで一瞬振動する音。「クロダイが餌をつつくと、竿先にビッ、ビッと小さい前当たりがくる」(スポーツニッポン98・11・6)。また、電流の走るような衝撃を受ける様子。「ビッと感じるものがあるみたい」(朝日新聞99・8・26)。「びびびっ」は、より強い衝撃。松田聖子が使って流行語になった。「会った瞬間『ビビビッときた』という一目ぼれだった」(日刊スポーツ98・5・26)

江戸時代には急に現れる時に使った。(吉田永弘)

❖千葉省三 児童文学作家。コドモ社で雑誌『童話』を編集。そのかたわら童話を執筆し、昭和四年、童話集『トテ馬車』を刊行。作品『千葉省三童話全集』など。(一八九二〜一九七五)

❖林芙美子 →P.25

❖かたこと 江戸時代の方言集。俳人安原貞室著。当時の京都の訛語や方言を集めたもので、正語と対比しながら適宜批判や注釈をつけている。慶安三年(一六五〇)刊。

❖夏目漱石 →P.8

❖太宰治 →P.20

ぴっ

①笛が一瞬鳴る音。また、電気製品などのボタンを押した時に鳴る音。「バッグから携帯を出す。ピッ。十六人からメール」(朝日新聞01・1・6)

②勢いよくそり返る様子。「軍隊式にぴっと背すじを伸ばして」(椎名誠『新橋烏森口青春篇』)

◆参考　①は「ぴい」の形、②は「ぴん」の形で江戸時代からあるが、「ぴっ」は新しい語。ちなみに、『平家物語』では笛の音を「ちっ」で写している。「腰より横笛抜き出し、ちっと鳴らいて」　(吉田永弘)

びっくり

思いがけない出来事のために驚く様子。「想像以上の評価をしてもらった。びっくりしました」(日刊スポーツ00・12・2)。「びっくり」を使った語も多い。箱を開けると中からバネ仕掛けの人形などが飛び出し、開けた人がびっくりする玩具を「びっくり箱」と言い、麺をゆでる時に沸騰した湯に水をつぎ足すとびっくりするほど静まるところから、差し水のことを「びっくり水」と言う。また、江戸時代には、びっくりしやすい性質の人の体内には「びっくり虫」が宿っていると考えていた。

◆参考　室町時代からある語。「今遠いで犬が鳴いたを、近くで鳴くかと存じ、びっくりと致いた」(狂言『釣狐』)。「びっくり」よりも驚きの程度の小さい語に「びくり」「びく」があった。「此の男びくりして」(浮世草子『西鶴織留』)。この「びくり」「びく」には「僅かに動く様子」の意味もあり、「びく」は現代でも「びくともしない」のように使うが、「びっくり」にもこの意味の用法があった。「何万騎でも持て来い。びっくりともする若衆じゃあねへ」(歌舞伎『名歌徳三升玉垣』)　(吉田永弘)

びっしょり

ひどく濡れている様子。「額どころか体中にびっしょりと汗をかく」(日本経済新聞01・1・4)

江戸時代から例がある語。「アア大きに骨を折った。汗びっしょり」(人情本『春色辰巳園』)

◆参考　ひどく濡れる様子を『万葉集』では「しほほ」「しのの」と言う。「袖もしほほに泣きしぞ思はゆ」、「朝霧にしののに濡れて」。また、『源氏物語』では「しとど」で表した。「汗もしとどになりて」。中世には「しほ」の形もある。　(吉田永弘)

❖**椎名誠**　→P.42

❖**平家物語**　→P.74

❖**釣狐**　室町時代の狂言。古狐が猟師の伯父に化け、猟師に狐を捕ることを思い留まるようにさとすが、その帰途、猟師の仕掛けたわなの鼠を捕ろうとして正体を現す。

❖**西鶴織留**　井原西鶴の死の直後に刊行された遺稿集。元禄七年(一六九四)刊。

❖**名歌徳三升玉垣**　江戸時代の歌舞伎。桜田治助作。享和元年(一八〇一)初演。

❖**春色辰巳園**　江戸時代の人情本。為永春水著。『春色梅児誉美』の続編。天保四年(一八三三)〜六年刊。

❖**万葉集**　→P.23

❖**源氏物語**　→P.194

山口仲美の擬音語・擬態語コラム⑯

チントンシャン

——楽器の音色

雀たちはお爺さんをもてなして槍踊りを披露する。三味線の音色も高く。「ちちんてちちんてちんちり……」（『したきれ雀』、(財)東洋文庫蔵）

江戸時代の子供の絵本として『舌きれ雀』がある。話の大筋は、現代の絵本「舌きり雀」と同じ。でも、細部は大いに異なっている。たとえば、雀たちが優しいお爺さんを歓迎してもてなす場面。雀たちは、当時大流行していた三味線を弾く。「ちちんてちちんてちんちり　つてつんちょん　ちりちりちりちり　つんてん」と。他の絵本でも、三味線の音が実によく見られる。「ちちんつんつん　ちてちりつん」「とちつて　ちんてんちん」などと。三味線のことを、その音色から「ちんとんしゃん」と呼ぶ時すらある。

一体、これらの三味線の音色「ちん」「とん」などは、どこから来ているのか？「口三味線」である。三味線の旋律や弾き方を暗記するために、口で唱える楽譜である。「唱歌（しょうが）」とも。口三味線は、擬音語を基礎としてできている。だから、三味線の音色を写した擬音語としても十分通用するのである。

琴の音色「ころりんしゃん」も、唱歌からきたもの。三本の糸を高い音から低い音へ順に弾く旋律を「ころりん」、「しゃん」は、その次の低い音を、オクターブをなす音と合わせて弾く奏法のこと。

また、江戸時代には、小鼓の音「ぽんぽん」「ぽんぽんちちぽぽぷぽぽぽ」、太鼓の音「てんてん」「てれつくてれつくすってんすってん」、大太鼓の音「どんどん」「どんどどん」、笛の音「ひゃあるらひゃありつろ　ひゃありつりつろ」が見られる。これらの語は、実際の楽器の音を写しただけの擬音語だと思いがちであるが、すべて「唱歌」を踏まえている。

日本人は、旋律や弾き方を覚えるにも、単なる機械的な音名唱法ではなく、擬音語を使った唱歌を利用する。日本人は、根っからの擬音語好き。楽譜にまで、擬音語を取り入れ愛用している。

びっしり

物がすき間なく並んでいたり詰まっていたりする様子。「夜に足の指をチェックすると、爪の隙間なんかにびっしり卵が産み付けられている」(❖猪木寛至『アントニオ猪木自伝』)。また、「びっしり」を「度々」の意で使っている地域もある。

◇**類義語「ぎっしり」**

「ぎっしり」もすき間なく詰まった様子を表す語であるが、使い方が、容器の中や期間内などのある一定の範囲の中でいっぱいである場合に限定される点で「びっしり」とは異なる。

◆**参考**　江戸時代から現れ、「ぴったり」の意を表していた。「びっしりと（＝完全に）禽獣に同じくなりたるは」(『❖大学垂加先生講義』)。現代語と同じ意味で使われるのは明治期から。それ以前には、「ひっしり」「ぴっしり」で表した。「あれからつっとあれまで軒と軒とを仲よさそうに、ひっしりと建て並べた」(狂言『❖餅酒』)。「ぴっしり」は明治になっても使われている。「汽車の窓からは、崖の上にぴっしり立て並べてある小家が見える」(❖森鷗外『鶏』)。さらに古くは「しか」で表した。「廻廊にしかと並居たり」(『❖太平記』)

（吉田永弘）

ひっそり

①物音や人の気配がなく、さびしく静かな様子。「まわりを生垣が囲んだ境内は、ひっそりと人気がなく、狭かった」(❖藤沢周平『囮』)

②目立たないように静かに行動する様子。「父は1人きりでひっそりと窓外の景色に見入っている」(女性自身00・12・19号)

「ひそか」「ひそむ」「ひそひそ」と関係のある語。「ひそか」は平安時代、「ひそむ」「ひそひそ」は室町時代から例が見られるが、「ひっそり」は江戸時代になってから現れる。「扨此の座敷はひっそりと成り、屏風の中に二人さしむかひ」(洒落本『❖傾城買四十八手』)

◆**参考**　さびしく静かな様子を表す語に、江戸時代には「こっとり」もあった。「こっとりと 風のやむ夜は 藪の梅」(『❖発句手爾葉草』)。また、江戸時代から明治にかけて用いられた語に「けそり」「ごっとり」がある。「痩百合の けそりと咲くも 有る山路」(『❖春鴻句集』)、「雨の音は全く絶えて、ごっとりと風も凪いで」(❖尾崎紅葉『多情多恨』)。さらに古くには、「ひそやか」「みそやか」で表していたと思われる。

（吉田永弘）

❖猪木寛至　元プロレスラー・タレント。リングネームはアントニオ猪木。中学時代にブラジルに移住。昭和三五年、日本プロレスに入門。同四七年、新日本プロレスを設立。その後、参議院議員などを務める。(一九四三)

❖大学垂加先生講義　江戸時代の聞書。山崎闇斎が延宝七年(一六七九)に行った『大学』(中国の経書)に関する講筵の聞書。筆録者は不明。

❖餅酒　室町時代の狂言。都に年貢を納めに行く途中、加賀国と越前国の百姓が道連れになり、それぞれ酒と餅を納める。折しも歌会でそれぞれ歌を詠まされ、領主から夫役等を免除される。

❖森鷗外　→P.14

❖太平記　→P.31

❖藤沢周平　→P.228

❖傾城買四十八手　→P.394

❖発句手爾葉草　江戸時代の俳諧注釈書。俳人松窓乙二の講説を門人の布席が筆録したもの。天保四年(一八三三)刊。

❖春鴻句集　江戸時代の俳人春鴻(一七三三〜一八〇三)の句集。「露柱庵春鴻句集」とも言う。成立年は不明。

❖尾崎紅葉　→P.101

ひっそりかん

物音や人の気配がなく、さびしく静かな様子。「遠慮なしに叩いたのに、それでも、ひっそりかんとしている」(❖北村薫『冬のオペラ』)。「ひっそり」に同じ意味を表す漢字の「閑」をつけて、意味を強めたもの。「毎日が、ひっそり閑として、明け暮れていたのに比すれば、隔世の思いである」(❖舟橋聖一『雪夫人絵図』)

◆参考　江戸時代からある語。「来て見れば寂寥(ひっそり)閑(かん)」(人情本❖『清談若緑(せいだんわかみどり)』)

(吉田永弘)

びったり

①隙間なくくっつく様子。濡れた物がまとわりつく時などに用いる。不快な感じをともなう。「板戸へびったりと両手を縋(すが)って」(❖泉鏡花『玄武朱雀』)、「水を潜ったように濡れて、冷たく身体にびったりと吸着く」(❖小杉天外『魔風恋風』)

②人などが離れずにつきまとう様子。不快な感じをともなう。「夏休みの先まで、ああして家庭教師という人がびったりついて来てるしね」(❖曾野綾子『太郎物語』)

(川嶋秀之)

ぴったり

①隙間なく合わさりくっついている様子。「大名門の厳しい大扉は、ぴったりと閉され」(❖村雨退二郎『明治巌窟王』)、「わたしは杉の木の幹にぴったりと貼りつき、息を殺していたが」(❖井上ひさし『新釈遠野物語』)、「そして徹吉は、残りの缶詰を入れた大トランクの蓋をぴったりと閉め」(❖北杜夫『楡家の人びと』)

②完全に一致する様子。「その親類のものは、その家にいったことがあるのだが、少女の話とぴったりあうというのだよ」(❖松谷みよ子『ふたりのイーダ』)、「家政婦は朝九時に来て夕方五時ぴったりに帰ってしまうので」(❖立原正秋『冬の旅』)

③物事や気持ちなどが、それにふさわしかったり、適合したりする様子。「人事係は若い見習士官で、まだ軍服もピッタリ板につかないような人だったが」(❖春風亭柳昇『与太郎戦記』)、「『おれは乙じゃあねえ、春夏亭草露だ』…『考えてみりゃあ、これは獄門台の露と消えるのに、ぴったりの名前じゃねえか』」(❖長部日出雄『笑いの狩人』)、「自分がここで生きていながら、なんとなく感じ取っていたぴったりいかない感じに対して」(❖河合隼雄

❖北村薫　→P.148
❖舟橋聖一　→P.490
❖清談若緑　江戸時代の人情本。松亭金水著。曲山人が『仮名文章娘節用(かなまじりむすめせつよう)』の続編として構想していた『霞の紅筆』を、金水が改題して書き上げたもの。天保一五年(一八四四)頃刊。
❖泉鏡花　→P.8
❖小杉天外　→P.84
❖曾野綾子　→P.25
❖村雨退二郎　小説家。作品『富士の歌』『明治巌窟王』など。(一九〇三〜一九五九)
❖井上ひさし　→P.25
❖北杜夫　→P.30
❖松谷みよ子　→P.161
❖立原正秋　→P.98
❖春風亭柳昇　→P.365
❖長部日出雄　小説家。昭和四八年『津軽じょんがら節』『津軽世去れ節』で直木賞受賞。同五五年『鬼が来た―棟方志功伝』で芸術選奨受賞。作品『見知らぬ戦場』など。(一九三四〜)
❖河合隼雄　心理学者。精神分析学で日本人初のユング派分析家となる。著作『モラトリアム人間』『昔話と日本人の心』など。(一九二八〜二〇〇七)

『対話する人間』）

④続いていたり、動いていたりしたものが、突然止まる様子。「洗面所の水の音がぴったりやんだ」（泉鏡花『眉かくしの霊』）、「葉子は今まで急ぎ気味であった歩みをぴったり止めてしまって」（有島武郎『或る女』）

◆参考　江戸時代前期には「ひったりとあせははだへをひたしけり」（『用明天王職人鑑』）のように「ひったり」という語形であったが、江戸時代後期に語頭を半濁音にした「ぴったり」があらわれ、現代まで使用されるようになる。（川嶋秀之）

ぴったりこん

完全に一致したり的中したりする様子。「ぴったり」に「こん」の付いたもので、「こん」は金属製の的などに球が命中して出る音のことであろう。まさに一致・的中したということを強調していったもの。「馬券がぴったりこんと的中した」、「占いがぴったりこんと当たる」

◆参考　かつて「ぴったしカンカン」というクイズ番組があった。「カンカン」は正解のときの鐘の音で、「ぴったりこん」と同じ構成の語。（川嶋秀之）

ぴっちり

物が隙間なくつまっていたりくっついていたりする様子。「水ごけのぴっちり浮いた水だ」（柏葉幸子『ふくろうの森』）

◇類義語「ぴっちり」

共に隙間のない様子をいうが、「びっちり」が一つ一つ独立した個々の物が隙間なくつまっている様子をいうのに対し、「ぴっちり」は布や服などのおおう物が他の物に密着して隙間がない様子をいう。（川嶋秀之）

ぴっちり

物と物の間に隙間がなくくっついていたり、物事がよく適合・的中している様子。また、変化のない型の決まった生活や境遇をたとえていうこともある。「制服がまるで鋳型にとったようにぴっちりと体にあって、胸がはりだしています」（竹山道雄『ビルマの竪琴』）、「西向いても法度、東向いても法度、枠の中にぴっちりはめこまれた暮しの穏かさにしろ、軍のないことは仕合せであった」（大原富枝『おあんさま』）（川嶋秀之）

❖泉鏡花　→P.8
❖有島武郎　→P.12
❖用明天王職人鑑　江戸時代の浄瑠璃。近松門左衛門作。宝永二年（一七〇五）初演。
❖柏葉幸子　児童文学作家。昭和四九年『気ちがい通りのリナ』で講談社児童文学新人賞。翌年、同作品を改題した『霧のむこうのふしぎな町』で日本児童文学者協会新人賞受賞。作品『地下室からのふしぎな旅』『まいごのたまご』など。（一九五三〜）
❖竹山道雄　→P.56
❖大原富枝　→P.110

ぴっぴっ

①笛・ホイッスル・電子音などが、短い間隔をおいて何度も鳴るときの音。合図・警告を伝えるときなどに使うことが多い。「電話のベル、炊飯器や給湯器、電子レンジなど、どれもピッピッとかチンといった電子音で知らせるようになっている」(立川昭二❖『からだことば』)

②物の先などを、短い間隔をおいて小刻みに動かす様子。「足の指をピッピッと動かしたり」(柳家小三治❖『ま・く・ら』)

(川嶋秀之)

ひひ

品のない笑い声。薄気味悪く感じられることがある。『ヒヒヒヒヒ　ホホホホホ』とめどもなく笑いこける王妃の声が」(中勘助❖『鳥の物語』)、「例の虫歯交りの乱杙歯(らんぐいば)を出して、画と先生の顔と生徒の顔と見渡して、『ヒヒヒヒ』と笑った」(岡本一平❖『どぜう地獄』)

なお、「ひひひ」と三音節で表すことも多い。内心うまくいってひとりほくそ笑むという意味で使うこともある。「小さな穴から下をのぞき、会話に耳を傾け、ヒヒヒと笑っているというイメージ」(清水義範❖『虚構市立不条理中学校』)

◆参考　「ひひ」は、奈良時代には「一つの鹿…其の声は比比(ひひ)といひき」(『播磨国風土記❖』)のように鹿の声を表し、また鎌倉時代では「鵼(ぬえ)、鏑の音に驚いて虚空にしばしひひめいたり」(『平家物語❖』)のように動詞「ひひめく」で鵼の声も表した。ほかにも「ふえのおとのひひときこゆる」(『名語記❖』)のように笛の音を写した例があり、「ひひ」はかつて「ぴぴ」のような音を表したのではないかと推定される。

(川嶋秀之)

ひひーん

馬のいななく声。現代の馬の鳴き声を表すもっとも普通の語。「おもいがけないところに小さな岩屋があって、ヒヒーンという、いさましいいななきがきこえ」(松谷みよ子❖『龍の子太郎』)

◆参考　馬の鳴き声を「ひ」で始まる音で写すようになるのは江戸時代後期から。それ以前のハ行音は現在のようなhの音ではなかったので「い」で写された。「いいんいいんと云ながら、舞台うちを跳ねまわった」(『鹿の巻筆❖』)

(川嶋秀之)

❖**立川昭二**　歴史家。医療史を専門とし、文化史的・心性史的側面から病気や死を追究。著作『からだの文化誌』『いのちの文化史』など。(一九二七)

❖**柳家小三治(十代目)**　→P.68

❖**中勘助**　→P.52

❖**岡本一平**　→P.299

❖**清水義範**　小説家。昭和五六年『昭和御前試合』でデビュー。同六三年『国語入試問題必勝法』で吉川英治文学新人賞受賞。作品『永遠のジャック&ベティ』『虚構市立不条理小学校』など。(一九四七)

❖**播磨国風土記**　古代播磨の地誌。元明天皇の命を受けて、播磨国が編集。霊亀元年(七一五)頃の成立か。

❖**平家物語**　→P.74

❖**名語記**　→P.24

❖**松谷みよ子**　→P.161

❖**鹿の巻筆**　江戸時代の咄本。鹿野武左衛門著。当時座敷仕方咄の話し手として有名だった武左衛門の「口演台本」を元にしたもので、長文の咄が多い。貞享三年(一六八六)刊。

ひやっ

①水や空気などに触れて冷たく感じる様子。「冷房のきいた部屋に入るとひやっとする」

②突然の出来事に驚いたり恐怖を感じる様子。「突然あたまから波をかぶったように彼はひやっとしたものにおそわれた」(山本有三❖『路傍の石』)

◆類義語「ひやーっ」

「ひやっ」は瞬間的に冷たさや恐怖を感じる様子をいうが、「ひやーっ」は冷たさや恐怖を持続して感じる様子をいう。 (川嶋秀之)

ひやひや

①肌に冷たさや寒さを感じる様子。「ひやひやする夜気に肌をさらしながら」(中勘助❖『銀の匙』)、「背中もおなかもひやひやして、自分のからだではなくなっていくみたいです」(安房直子❖『グラタンおばあさんと魔法のアヒル』)

②悪いことが起こるのではないか、事態が自分にとって不利な方へ向かうのではないかと考え、不安に感じる様子。「奥さんはまたその位の事を平気でする女なのですから、私はひやひやしたのです」(夏目漱石❖『こゝろ』)、「『猿は人と目が合うと身の危険を感じ飛びかかってくることもある』と言われ撮影スタッフはヒヤヒヤだったという」(日刊スポーツ00・12・7)

◆類義語「ひんやり」

「ひんやり」は①の類義語。「ひやひや」は寒さや冷たさを肌の表面や表面から浅いあたりに持続的に感じる様子をいうが、それに対して「ひんやり」は「ひやひや」より寒さや冷たさが染み込むように肌の内側に伝わっていく様子をいう。「ひんやりとした森の中」 (川嶋秀之)

❖山本有三 劇作家・小説家。芥川龍之介らと第三次『新思潮』創刊。歴史劇などの戯曲を多く発表したが、後、小説に転向。作品『嬰児殺し』(戯曲)、『路傍の石』など。昭和四〇年、文化勲章受章。(一八八七〜一九七四)

❖中勘助 小説家。夏目漱石に師事。大正二年『東京朝日新聞』に「銀の匙」を執筆、高い評価を得る。文壇とは一線を画し、孤高の生涯を送った。作品『街路樹』『鳥の物語』など。(一八八五〜一九六五)

❖安房直子 →P.87

❖夏目漱石 →P.8

❖有吉佐和子 →P.91

❖村上春樹 →P.94

ひやり

①冷たさを急に感じる様子。「舌の先に最初ひやりと冷たかった酒は、間もなく喉許(のどもと)を熱くなって通り過ぎた」(有吉佐和子❖『華岡青洲の妻』)、「穴の中はまっ暗で、そこからひやりとした湿った風が吹いてくる」(村上春樹❖『世界の終りとハードボイルド・ワンダーランド』)

②危険な目などにあって恐怖や不安を瞬間的に感じる様子。「懸命の避退運動をつづけていたが、これを聞いて一瞬ひやりとし、『困ったな』と思っ

たという」(阿川弘之❖『山本五十六』)、「その男のあまりにも露骨な驚き方が、私にひやりとしたものを感じさせた」(沢木耕太郎❖『一瞬の夏』)

◇類義語「ひやっ」「ぞっ」

「ひやっ」は①②の類義語。「ひやり」も「ひやっ」も瞬間的に冷たさや恐怖を感じる様子をいうが、「ひやり」の方がやや持続的に感じる様子で、「ひやっ」はより急激に一瞬感じる様子をいう。「ぞっ」は②の類義語。「ぞっ」は身体的に恐怖を感じて反応する様子をいい、「ひやり」「ひやっ」は心理的な恐怖の感覚をいう。

（川嶋秀之）

ひゅー

①風が吹いたり、物が空気を切って動く時の音。また、その様子。「つぶてはひゅうと云う微かな響をさせて飛んだ」(森鷗外❖『雁』)

②気体や液体が狭い所から噴き出す音。また、その様子。「ひゅーと音をたてながら風船が上がっていく」(朝日新聞01・6・26)

◇類義語「ひゅーっ」「びゅー」「ぴゅー」

「ひゅーっ」は「ひゅー」より速い感じ。「びゅー」は力強く「ぴゅー」は勢いがある。

（高崎みどり）

びゅー

①風が強く吹いたり、物が空気を激しく切って動く時の音。また、その様子。「吹雪びゅー 最大瞬間風速二八・八メートル」(朝日新聞00・2・9)

②気体や液体が狭い所から強く噴き出す音。また、その様子。「突然、鼻血がびゅーと出て驚いた」

◇類義語「びゅーっ」

「びゅーっ」の方が「びゅー」より速く、勢いのある感じ。「体すれすれに車がびゅーっと走り去って」(朝日新聞91・4・21)

（高崎みどり）

ぴゅー

①風が吹いたり、物が空気を鋭く切って動く時の音や様子。「冷たい風がぴゅーと吹いてきた」

②気体や液体が狭い所から勢いよく噴き出す音。また、その様子。笛などの音も表す。「焼きいも屋がぴゅーと音をたてて」(朝日新聞89・3・9)

◇類義語「ぴゅーっ」

「ぴゅーっ」の方が動きが速く、勢いも強い感じを表す。「注射針を刺すと、ぴゅーっと血が出て」(朝日新聞93・1・22)

（高崎みどり）

ひゅー 冬のワカサギ釣り。氷の上を冷たい風が吹く。

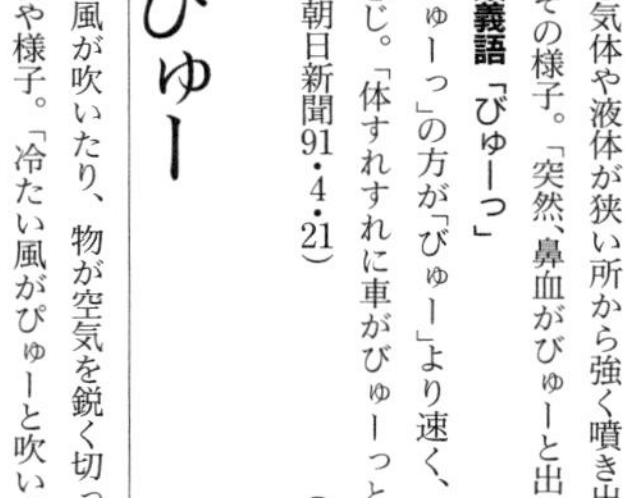

(東海林さだお『サラリーマン専科』より)

❖阿川弘之 →P.97

❖沢木耕太郎 →P.327

❖森鷗外 小説家・劇作家・評論家。陸軍軍医のかたわら、多彩な文学活動を展開。夏目漱石と並ぶ、明治を代表する作家の一人。作品『舞姫』『雁』など。(一八六二〜一九二二)

ひゅーどろどろ

歌舞伎などの芝居において、幽霊や妖怪が出てくる場面で奏される下座音楽(=歌舞伎の演出に必要な効果音や伴奏音楽)の音。「ひゅー」は笛の高い音で、もの悲しく陰惨な感じを出す。「どろどろ」は大太鼓を小刻みに急テンポで打つ音で、不気味な感じを出す。「この起請を火鉢の中へくべると、ぱっと火が燃えて、ひゅうどろどろとお前がうちかけで」(歌舞伎『男伊達初買曾我』)

また、江戸時代、芝居で人魂を表す青白い炎は、「焼酎火」と言って焼酎を燃やして作ったが、それを「ひゅうどろ」とも称した。「煎酒をひゅうどろにして(=酒を煮詰めていたら、火が移って酒が燃えだして)下女は逃げ」(『誹風柳多留』)

◆参考　歌舞伎の世界では「ひゅーどろどろ」という音を出す鳴り物(=歌舞伎で用いる、三味線以外の楽器のこと)を「寝鳥」と言う。また、「どろどろ」には、低く打ち続ける「薄どろ」と、強く打ってから次第に速く変化させていく「大どろ」の二種がある。「(伊右衛門)ト手桶の柄杓を取って立ちかかる。ここにて寝鳥、薄ドロドロ、一つ鉦」(歌舞伎『東海道四谷怪談』)

(高崎みどり)

ひゅーひゅー

①風が強く吹き続ける音。また、その様子。「ひゅうひゅうと木枯が吹く」(夏目漱石『野分』)

②物が風を切って飛ぶ音。また、その様子。「パンパンという銃声とともに、ヒューヒューという銃弾の飛ぶ音がし、」(日本経済新聞89・11・14)

③空気が狭い場所を急に通り抜ける時に出る音。「ぜんそくの症状は…呼吸のたびに『ゼイゼイ』『ヒューヒュー』という荒い音がする」(日本経済新聞夕刊00・2・21)。笛などの音を表すこともある。

◇類義語「ぴゅーぴゅー」「ぴゅーぴゅー」

①②の意味に関しては、「ひゅーひゅー」「ぴゅーぴゅー」「ぴゅーぴゅー」の順にだんだん強く激しくなる感じを表している。また、③に関しては「ひゅーひゅー」が主に気体、「ぴゅーぴゅー」は主に気体と液体について言う。「ぴゅーぴゅー」は③の意味で使われること自体が少ない。

◆参考　冷やかす時などの指笛の音も「ひゅーひゅー」と表す。そこから、冷やかすことを「ひゅーひゅー」ということもある。「教室ではみんなに騒がれる。『ひゅーひゅー言われるのはいや』」(朝日新聞96・12・20)

(高崎みどり)

❖男伊達初買曾我　江戸時代の歌舞伎。藤本斗文作。宝暦三年(一七五三)初演。

❖誹風柳多留　→P.10

❖東海道四谷怪談　江戸時代の歌舞伎。鶴屋南北作。伊右衛門、お岩の怪談物として有名。文政八年(一八二五)初演。

❖夏目漱石　→P.8

ひゅーどろどろ　歌舞伎やお化け屋敷などで、幽霊が出るときに鳴らされる音。「ひゅー」は幽霊が出る前の物悲しく無気味な感じを、笛の高い音で表したもので、「どろどろ」は幽霊が現れた瞬間の恐怖を、大太鼓を小刻みに急テンポで打ち鳴らすことによって表したもの。

それをふまえて「どろどろ」とお化けが出た。

びゅーびゅー

①風が強く激しく吹き続ける音。また、その様子。「身支度のないところへ、雪と風がびゅーびゅー。顔にばばばっと当たる」(朝日新聞99・5・28)
②物が風を切って飛ぶ音。また、その様子。「この辺は車が何台もびゅーびゅー通りすぎて怖い」

◇**類義語**「びゅー」
「びゅー」は①②の類義語。「びゅーびゅー」が連続的であるのに対して、「びゅー」は「車が一台、目の前をびゅーと通りすぎていった」のように、一回だけの、音や様子を表す。

◈**参考** 風の吹く音や様子を英語にすると、「びゅーびゅー吹く」は"A strong wind is whizzing"。「ひゅーひゅー」は"whistling"。渡部昇一の「英語の語幹創生とオノマトペ」(『言語』93・6月号)によると、印欧祖語❖では風の吹く音に"*we"という擬音語があり、「ヴュー」という感じの発音で、ちょうど日本語の「びゅー」に通じる、という。この"*we"に語尾の"-nd"がついたのが"wind"(=風)の語源であるという。
一方、中国語では「びゅーびゅー」という風の吹き方は「呼呼(hū hū)」となる。(高崎みどり)

ぴゅーぴゅー

①風が激しく吹き続けたり、空気を切って物が勢いよく飛んだりする音。また、その様子。「今年二度目の『木枯らし』が、ぴゅーぴゅーと九州に吹いた」(朝日新聞95・11・13)
②溜まった液体や気体が狭い所から勢いよく出る音。また、その様子。「水鉄砲でぴゅーぴゅーと」

◇**類義語**「ぴゅー」
「ぴゅーぴゅー」が連続的であるのに対し、「ぴゅー」は一回だけの様子。(高崎みどり)

ひゅっ

①物が空気を切るように勢いよく飛んだり、飛び出したりする音、またその様子。「マッチを近づけた。ひゅっ! 炎は一瞬のうちに真っ赤な造花に変わった」(朝日新聞01・8・26)
②簡単に手軽に物事を行う様子。「ある日、ひゅっと茎が顔を出し」(朝日新聞夕刊00・8・31)

◇**類義語**「びゅっ」「ぴゅっ」
共に①の類義語で、「びゅっ」は「ひゅっ」より力強く、「ぴゅっ」はより素早い感じ。(高崎みどり)

(植田まさし「コボちゃん」より)

❖**印欧祖語** インド北部から大西洋沿岸地域にかけて分布する、インド=ヨーロッパ語族の共通の祖先となっている言語。なお、本文中weの前にある*印は、言語学で、理論的に再構成された語形に付す印。

びゅっ

①物が空気を切るように強い勢いで飛んだり飛び出したりする音。また、その様子。「刀を、びゅっと横ざまにはらった」(司馬遼太郎『国盗り物語』)。また、「空にびゅっと伸びたポプラ並木」(朝日新聞94・5・27)のように、動くものでなくても、目立って突出している様子を言う例もある。

②溜まった気体や液体が、狭い所から強い勢いで出る音。また、その様子。「チューブを強く押すと固まっていた糊がびゅっと出た」(高崎みどり)

ぴゅっ

①物が空気中で、速く勢いよく飛んだり飛び出したりする音。また、その様子。「ピュッと鋭い音が鳴るように腕を振り下ろす」(朝日新聞02・8・13)

②溜まった気体や液体が、狭い所から瞬間的に噴き出す音。また、その様子。「(アマミヤマシギは)『ぴゅっ』とふんを放出」(朝日新聞98・4・9)

◇類義語「ぴゅっぴゅっ」

「ぴゅっぴゅっ」は①②の類義語。「ぴゅっ」は一回の様子。「ぴゅっぴゅっ」は連続的。(高崎みどり)

ひゅるひゅる

①風の吹く音。また、その様子。「風はひゅるひゅる 波はざんぶらこ」(丘灯至夫作詞「襟裳岬」)

②物が空気を切って連続的に飛び続ける時の擦れるような音。また、その様子。砲弾や花火などの音について言うことが多い。「ひゅるひゅるという艦砲射撃の音が今も耳に残っている」(朝日新聞95・5・24)

③長い物が素早く繰り出されたり巻き戻されたりする時に出る音。また、その様子。「巻かれていたホースがひゅるひゅると延びていく」

◇類義語「ひゅるるーん」

「ひゅるるーん」は①の類義語。「ひゅるひゅる」よりも、滑らかで軽く、調子のよい感じを言う。よりユーモラスな感じも出る。また、連続的ではなく、一回ごとの音や様子に焦点がある。「北風小僧の寒太郎…ヒュルルーンルンルンルン」(井出隆夫作詞「北風小僧の寒太郎」)

◆参考　トビの鳴く声はふつうは「ぴーひょろ」。が、「ひゅるひゅる」と聞いた例もある。「山間(やまあい)の気流に遊ぶ 鳶(とび)の群れ 旋回しつつ ひゅるひゅると鳴く」(朝日新聞02・9・4)(高崎みどり)

❖司馬遼太郎　→P.16

❖丘灯至夫　作詞家。西条八十に師事。「高原列車は行く」「東京のバスガール」などを作詞。また、「猫ふんじゃった」などの童謡も作詞。(一九一七)

❖井出隆夫　作詞家、脚本家。早稲田大学演劇部にて脚本家、山川啓介として活動開始。作品に「母さんは雪おんな」など。(一九四四)

ひゅん

物が空気を切って勢いよく速く動く時の音。また、その様子。「(竹の棒を)振る角度と速度を微妙に変え、『ひゅん』という空気の音に音程や音色をつけてゆく」(朝日新聞夕刊01・12・7)

◇類義語「ひゅーん」

「ひゅん」が短時間の素早い動きなのに対し、「ひゅーん」はやや長く続く動き。「ひゅーんという高い唸り音をあげて、廻転機がまわっていた」(海野❖十三『宇宙女囚第一号』)

(高崎みどり)

びゅん

①風の吹く音。また、その様子。「冷たい風がびゅんと吹いたり」(朝日新聞93・3・28)

②物が空気を切って勢いよく動く時の音。また、その様子。「びゅんと小石が飛んできた」

◇類義語「びゅーん」

①②の類義語。「びゅん」が短時間の集中した動きなのに対し「びゅーん」はやや長く続く動き。「(サッカーボールが)風のようにびゅーんとゴールをめざす」(朝日新聞94・11・18)

(高崎みどり)

ぴゅん

①風の吹く音。また、その様子。「冷たい風が頬にぴゅんと当たった」

②物が空気を切って勢いよく動く時の音。また、その様子。「素振りの音が、『ピュン』という短く鋭い音に変わった」(朝日新聞98・6・7)

◇類義語「ぴゅーん」

①②の類義語。「ぴゅーん」は継続する音や様子。

◆参考　鹿が仲間に危険を知らせる鳴き声を「ぴゅん」と聞くこともある。

(高崎みどり)

ひゅんひゅん

①風の吹く音。また、その様子。「ヒュンヒュンと鳴るつむじ風」(朝日新聞99・5・23)

②物が空気を切るように、連続して軽く素早く動く音。また、その様子。弾丸や小石などの場合が多いが機械が回転する様子も言う。「(車のエンジンが)ヒュンヒュン回る」(SPA!00・12・27号)

◇類義語「びゅんびゅん」

①②の類義語。「びゅんびゅん」の方が、力強くやや重い感じの音や様子を表す。

(高崎みどり)

ぴゅっ　アサリから勢いよく噴き出した塩水が目にしみる。

(植田まさし『コボちゃん』より)

❖海野十三　小説家。昭和三年『電気風呂の怪死事件』で探偵小説界に登場、後、空想科学小説に転じる。日本のSF小説の先駆者。作品『俘囚』『地球盗難』など。(一八九七〜一九四九)

びゅんびゅん

①強い風が連続して吹きつける音。また、その様子。「風が びゅんびゅんとふいてくる」(朝日新聞98・12・23)

②自動車などが高速で走る音。また、その様子。「乗用車、トラック、タクシー、バス……。『電車通り』の標識の前を、車がびゅんびゅん飛ばしていく」(朝日新聞00・12・15)

③物が空気を切るように、連続して速く動いたり回転したりする様子。「がばっと起きてバットをびゅんびゅん振りだす」(日刊スポーツ00・12・4)

◆類義語「びゅーんびゅーん」「ぴゅんぴゅん」

「びゅーんびゅーん」は①②③の類義語。「びゅーんびゅーん」の方が「びゅんびゅん」よりも音や状態が長く響いて尾をひく感じ。「おもりを先の方につけたゴムが、びゅーんびゅーんと伸びる」

「ぴゅんぴゅん」も①②③の類義語。「びゅんびゅん」に比べると、「ぴゅんぴゅん」の方は、軽く鋭い音や動きに使われる。「ともだちとなわとびをする『びゅんびゅん』とつなが回る『ぴゅんぴゅん』になった あっ、二じゅうとびだ」(朝日新聞95・5・16)は二語とも使われている例。

(高崎みどり)

ひょい

①動きが軽かったり、すばやかったりする様子。「その時小犬ほどな鼠色の小坊主が、ちょこちょことやって来て、あなやと思うと、畦から横に宙をひょいと、背後から婦人の背中へぴったり」(泉鏡花『高野聖』)、「ゴルフバッグをひょいとかついでスタスタ歩く」(朝日新聞夕刊00・12・7)

②簡単に気軽に物事を行う様子。「かつてのようなイデオロギーの衣は脱ぎ捨てて、ひょいと政治に飛び込む」(読売新聞01・6・15)

③偶然だったり突然だったりする様子。「その時、何気なく、ひょいと向うを見ると、常夜灯のぼんやりした明りで、観音様の御顔が見えました」(芥川龍之介『運』)

◆類義語「ぴょい」「ひょいひょい」

共に①②の類義語。「ぴょい」は軽くジャンプするような感じを伴う。「ひょいひょい」は次から次へと軽い動きを繰り返す様子。

■参考「ひょい」は、江戸時代の初め頃から見える語。室町時代には、①のような様子を「ひょい」ではなく「ひゃっ」と言った。「兎のひやっと飛ぬけて行」(『四河入海』)

(染谷裕子)

❖泉鏡花　小説家。能楽と江戸文学に造詣が深く、幻想性に富む独自の作品を創作。反自然主義作家としての評価も高い。作品『高野聖』『婦系図』など。(一八七三〜一九三九)

❖芥川龍之介　小説家。在学中に『新思潮』に発表した「鼻」が夏目漱石に認められ、文壇にデビュー。才気あふれる理知的な文体で多くの作品を執筆。作品『羅生門』『河童』など。(一八九二〜一九二七)

❖四河入海　室町時代の抄物。建長寺の僧、笑雲清三編。北宋の詩人、蘇東坡の詩の注解。瑞渓周鳳など先人四人の説を集約し、自見を加えたもの。天文三年(一五三四)成立。

ぴょい

①軽く飛び跳ねる様子。また、飛び跳ねるように軽くすばやく行動する様子。多く出たり入ったりする場合に言う。「ごんは、ぴょいと草の中からとび出して、びくのそばへかけつけました」(新美南吉❖『ごん狐』)

②軽い物や液体などが、勢いよく飛んだり、飛び出したりする様子。「スポイトで薬をぴょいと子猫の口に入れる」

③今まで見えなかった物がいつのまにか飛び出ている様子。「ネジがピョイと飛び出ている」

◇類義語「ぴょいっ」「ぴょん」

共に①②③の類義語。「ぴょいっ」は動きが一瞬で勢いが強い感じ。「ぴょん」は飛び跳ねる感じが強く、動きが派手な感じ。「じゃんけんぴょん…大阪弁ではインジャンぴょい」(つんく作詞「ミニモニ。じゃんけんぴょん」)のように、実際にそう言うかは別として、関西弁のやわらかな感じには「ぴょい」の方がふさわしい。

◈参考 江戸時代から見え、現在に至るまで、軽くはずむ感じの動きに言うことば。「舟へぴょいと飛び込む」(滑稽本『八笑人❖』)

(染谷裕子)

ひょいひょい

①身軽な動きが繰り返される様子。「そばをひょいひょいと延ばすと…薄いそばの板ができあがる」(日本経済新聞夕刊00・12・21)

②偶然の事件が重なったり、不意の行動を繰り返したりする様子。「私は路々その晩の事をひょいひょいと思い出しました」(夏目漱石❖『こゝろ』)

◈参考 稀に蛙(カジカガエルか)の鳴き声を表す例もある。「ヒョイヒョイヒョイヒョイヒョイと夕方から鳴出す蛙の声」(島崎藤村❖『家』)

(染谷裕子)

ぴょいぴょい

①飛び跳ねるようにして、身軽な動きを繰り返す様子。「水の無い河床の石の間を、器用に、ぴょいぴょい、飛び越えて」(芥川龍之介❖『芋粥』)

②次から次へと簡単に、気軽に物事を行う様子。「服も靴下もぴょいぴょい脱ぎ捨ててゆく」

◇類義語「ぴょい」

①の類義語。「ぴょい」は、ある所へ一回のジャンプで移動する感じ。「ぴょいぴょい」は、ジャンプを繰り返しながら到達する感じ。

(染谷裕子)

ひょいひょい 身軽な動きで先輩達の頭を飛び越していく。三人もゴボウ抜きして係長に。

(東海林さだお『平成サラリーマン専科』より)

❖新美南吉 →P.44

❖八笑人 江戸時代の滑稽本。全五編のうち初編〜四編は滝亭鯉丈著。五編は渓斎英泉・与鳳亭枝成著。文政三年(一八二〇)〜嘉永二年(一八四九)刊。

❖夏目漱石 →P.8

❖島崎藤村 →P.102

❖芥川龍之介 →P.438

ひょこっ

急に思いついて何かをしたり、不意に現れたりする様子。特に、突然顔や頭を出したり、頭を下げてお辞儀をしたりする様子。「あいつ、どうするかと思うと、子供みたいにひょこっとお辞儀をして」(石川淳❖『葦手』)、「もしかしたら、ひょこっとおじゃまするかもしれません」

右は明治以降の用法であるが、江戸時代には言動の軽々しい様子に言った。「口も心もひょこする坊主」(歌舞伎❖『忠臣蔵年中行事』)　(染谷裕子)

ひょこひょこ

①何度も軽くはねたり踊ったりする様子。また、はねるように小刻みに動く様子。「蛙ひょこひょこ三ひょこひょこ合わせてひょこひょこ六ひょこひょこ」(早口ことば)、「あちらではゼンマイ仕掛けのブリキの人形がひょこひょこ動いていた」(北杜夫❖『楡家の人びと』)

②不器用にたどたどしく歩く様子。「三歳の娘がひょこひょことおぼつかない足取りで歩く」

③軽い気持ちで行動する様子。多く出入りしたり、歩いたりする様子に言い、軽はずみであるか、間が抜けているとかいう感じを伴う。「いなかからひょこひょこやってくるなんて、どうかしているよ」(山本有三❖『路傍の石』)

④お辞儀を繰り返す様子。「万平は又もヒョコヒョコお辞儀しながら」(夢野久作❖『芝居狂冒険』)

⑤次から次へと起こったり、現れたりする様子。「巣穴から小鳥たちがひょこひょこ顔を出す」

■参考　本来の意味は①で、江戸時代から見える。他の場合も、この意味が関連して動きにはねるような感じを伴うことが多い。　(染谷裕子)

ぴょこぴょこ

①身軽に飛び跳ねるような動きを繰り返す様子。また、はねるように小刻みに動く様子。「ひよこがね　お庭でぴょこぴょこ　かくれんぼ」(サトウハチロー❖・童謡「かわいいかくれんぼ」)

②恐縮してお辞儀を繰り返す様子。「上の者にぴょこぴょこ頭を下げて暮した習慣が、因果となって」(夏目漱石❖『吾輩は猫である』)

③次から次へと物事が起こったり、数多くの物が続いて現れる様子。「ぴょこぴょこと小さな芽

❖**石川淳**　小説家・評論家。昭和一〇年『佳人』で文壇にデビュー。翌年『普賢』により芥川賞受賞。仏文学、中国文学、江戸文学に造詣が深い。作品『焼跡のイエス』『鷹』『夷斎虚実』など。(一八九九〜一九八七)

❖**忠臣蔵年中行事**　明治時代の歌舞伎。竹柴金作(三世河竹新七)作。明治一〇年(一八七七)初演。

❖**北杜夫**　→P.30

❖**山本有三**　→P.30

❖**夢野久作**　小説家。奔放な空想力を駆使して幻想的世界を描き出す。作品『瓶詰地獄』『ドグラ・マグラ』など。(一八八九〜一九三六)

❖**サトウハチロー**　詩人。「小さい秋みつけた」「リンゴの唄」などの作詞で知られる。日本童謡協会初代会長。(一九〇三〜一九七三)

❖**夏目漱石**　→P.8

があちこちで顔を出す」

◇類義語「ひょこひょこ」

①②③の類義語。弾む感じが強調される「ぴょこぴょこ」に対して、「ひょこひょこ」は、簡単、気安い、軽率なといった感じを伴うことが多い。本来飛び跳ねる様子を表す語であるが、現代では、「ひょこひょこ」本来の用法は、その強調形「ぴょこぴょこ」に主にゆだねられている。

◆参考 明治時代には、空腹な様子にも言った。「腹をぴょこぴょこに減らせて」(正宗白鳥『牛部屋の臭ひ』)

(染谷裕子)

ひょこり

①急に、ある行動をする様子。「すぐにヒョコリと現われた」(葉山嘉樹『海に生くる人々』)

②お辞儀など、弾むような動きをする様子。「ヒョコリとお辞儀をした」(夢野久作『オンチ』)

◇類義語「ひょこっ」「ひょこりひょこり」

「ひょこっ」は①②の類義語。「ひょこり」に比べ動きがすばやい感じ。「ひょこりひょこり」は②の類義語。繰り返しお辞儀をする様子にも言うが、主に歩行する様子に言う。

(染谷裕子)

ぴょこり

①前ぶれもなく急に出現する様子。「今度はそれと寸分違わねえ同じ金の大黒さまが、ぴょこりとあの質屋の神だなの上に祭られだしたというんですよ」(佐々木味津三『右門捕物帖』)

②お辞儀など、弾むように動く様子。「娘はぴょこりと小腰をかがめて」(里見弴『多情仏心』)

◇類義語「ぴょこっ」

「ぴょこっ」は①②の類義語。瞬間的に現れたり動いたりする様子に言う。

(染谷裕子)

ひょこん

小さく跳ねるような動作をする様子。特に、頭を下げる様子。「わびるようにひょこんと頭をさげた」(新田次郎『孤高の人』)

◇類義語「ひょこんひょこん」

「ひょこん」は急な感じを伴う一回の動作であるのに対して、「ひょこんひょこん」は跳ねるような動作が繰り返される。「歩むたびに、ヒョコンヒョコンと、なにかに引懸かるような足つき」(海野十三『俘囚』)

(染谷裕子)

❖**正宗白鳥** 小説家・劇作家・文芸評論家。明治三七年『寂寞』でデビュー。自然主義作家として知られたが、後、活動を『作家論』などの評論活動に移す。作品『塵埃』『内村鑑三』など。昭和二五年、文化勲章受章。(一八七九〜一九六二)

❖**葉山嘉樹** 小説家。労働運動で検挙され、獄中で『淫売婦』を執筆。後、『文芸戦線』に参加し、『セメント樽の中の手紙』などを発表。初期プロレタリア文学の代表的作家。作品『海に生くる人々』など。(一八九四〜一九四五)

❖**夢野久作** →P.440

❖**佐々木味津三** →P.45

❖**里見弴** →P.44

❖**新田次郎** →P.125

❖**海野十三** 小説家。昭和三年『電気風呂の怪死事件』で探偵小説界に登場、後、空想科学小説に転じる。日本のSF小説の先駆者。作品『俘囚』『地球盗難』など。(一八九七〜一九四九)

ぴょこん

①弾むような動作を一回する様子。軽くお辞儀をする様子にいうことが多い。「それから、打たれたようにぴょこんと立ち」(三浦哲郎『忍ぶ川』)、「僕はぴょこんとお辞儀をして廊下に出た」(太宰治『正義と微笑』)

②突然躍り出るように現れる様子。「水兵服を着た小柄な女が、四畳半のほうから、ぴょこんと出て来た」(太宰治『彼は昔の彼ならず』)

③それだけが目立って飛び出している様子。「ほくろの中から、ぴょこんと一本とび出している長い毛が、あごの下で、ばつが悪そうにゆらゆらゆれていた」(山本有三『路傍の石』)

◇類義語「ぴょこんぴょこん」「ぴょっこん」

「ぴょこんぴょこん」は①の類義語。はねるような動作を繰り返す様子を表す。リズミカルというよりも、どこか不器用な、または滑稽な感じのする動きに言う。「小さな帽子をかぶった男が、ぴょこんぴょこんと跳ねるような恰好をして昇ってゆくのが認められた」(堀辰雄『美しい村』)。「ぴょっこん」は①②③の類義語。急で勢いのある感じを伴う。

(染谷裕子)

ひょっ

①急にまたは偶然に何かをしたり、何かが起ったりする様子。また、何の気なしに軽い気持ちで何かをする様子。「菓子はぎごちない二人の間の沈黙を破りたいばかりに、ひょっと首を擡げて腰窓の方を見やりながら」(有島武郎『或る女』)

②あることを仮定して「もしかしたら」「もしも」の意で用いる。「もし」系の仮定より偶然性が強い。「ひょっとすると何かの参考になりはすまいかと思って、わざわざ此処に書いたのである」(夏目漱石『坑夫』)

◇類義語「ひょい」

①の類義語。「ひょい」は動作の軽さに、「ひょっ」は動作の偶然性や突然性に重点がある。

◆参考 ①の方が古く、室町時代から見える。「筑紫、坂東へ行くは、ひょっとは行かれまい」(『荘子抄』)。②は江戸時代後期頃から見える。現代では、「ひょっとすると」「ひょっとしたら」のように用いるのが普通であるが、後の仮定を表す部分を略した言い方もあった。「ひょっと、紀尾井町へんじアいらっしゃいませんか」(里見弴『多情仏心』)

(染谷裕子)

❖三浦哲郎 小説家。井伏鱒二に師事。昭和三五年『忍ぶ川』で芥川賞受賞。血の系譜に悩み、それを克服して生きることをテーマとする。作品『白夜を旅する人々』『みのむし』など。(一九三一〜二〇一〇)

❖太宰治 →P.20

❖山本有三 →P.30

❖堀辰雄 →P.25

❖有島武郎 →P.12

❖夏目漱石 英文学者・小説家。英語教師をへて、イギリスに留学。帰国後、『東京朝日新聞』の専属作家となり、同新聞に次々と作品を発表。森鷗外とともに近代日本文学の確立に貢献。作品『吾輩は猫である』『三四郎』など。(一八六七〜一九一六)

❖荘子抄 室町時代の抄物。清原宣賢著。中国の戦国時代の思想書『荘子』についての注釈書。特に前半は著者の講述を聞き書きしたもので口語が多く認められる。享禄三年(一五三〇)成立。

❖里見弴 →P.44

ひょっくり

思いがけず、急に出会ったり、頭に考えが浮かんだりする様子。「ひょっくり同僚の関さんに邂逅した」(田山花袋『田舎教師』)、「空想が、ひょっくり彼の頭の中に浮かんだ」(夏目漱石『明暗』)。江戸時代から見え、現代では古めかしい言い方。

◼参考「ひょっくりひょっくり」は首を突きだして歩く様子。「小柄な痩軀を鶴のようにひょっくりひょっくり歩ませるのであった」(北杜夫『楡家の人びと』)

(染谷裕子)

ひょっこり

①何の前ぶれもなく、思いがけなく現れる様子。また、突然何かをする様子。「そうしている処へ村の近所のものがひょっこり尋ねて来たので彼は狐にでも魅(つま)まれたように只驚いた」(長塚節『土』)、「長男が、ひょっこり家出してしまったって言うんだよ」(安部公房『砂の女』)

②お辞儀をするなど、弾むような動作をする様子。「二人は…同時にひょっこりと二つの丸坊主の頭を下げた」(椎名誠『岳物語』)

◇類義語「ぴょっこり」

①②の類義語。「ぴょっこり」は、急に現れたり、何かをしたりする様子に、弾みがある感じを伴う。「折しも其処の裏門より…ピョッコリ飛出した者が有る」(二葉亭四迷『浮雲』)

◼参考「何処からやらひょっこりと、旅僧一人出で来りて」(浮世草子『諸道聴耳世間猿(しょどうききみみせけんざる)』)のように、江戸時代から見られる用法。小さくはねるような動作をする様子にいう「ひょこり」を強調したのが本来の用法か。「ひょっこり」にも飛び出るように急にという感じが残る。

(染谷裕子)

ぴよぴよ

ひな鳥の鳴き声。特に鶏のひなの鳴き声。また、ヒヨドリなどの鳴き声。「雛等は濠のふちの蕗の繁みの中にみんな踞んで、不安そうに、首を並べてピヨピヨ啼いていた」(志賀直哉『濠端の住まい』)。明治以降に用いられた。

明治以前、ひな鳥の声には、平安時代から用いられた「ひよひよ」を当てた。「にはとりのひなの…ひよひよとかしがましう鳴きて」(『枕草子』)。この「ひよひよ」は転じてひな鳥そのものにも言

❖**田山花袋** →P.51
❖**夏目漱石** →P.442
❖**北杜夫** →P.30
❖**長塚節** →P.21
❖**安部公房** →P.102
❖**椎名誠** →P.42
❖**二葉亭四迷** →P.25
❖**諸道聴耳世間猿** 江戸時代の浮世草子。上田秋成著。秋成が読本『雨月物語』を著す数年前の作品で、末期浮世草子の中の佳作と言われる。明和三年(一七六六)刊。
❖**志賀直哉** →P.39
❖**枕草子** 平安時代の随筆。清少納言著。一条帝の中宮定子に仕えた作者が、宮中での生活、自然や人事などについての感想や批評を、感覚に優れた軽快な文体で述べる。『源氏物語』と共に王朝女流文学の双璧。一一世紀初頭成立。

い、室町時代には弱々しくかよわい様子、江戸時代には赤ん坊の意も表した。

◇類義語「ひよひよ」

「ひよひよ」は、生まれたばかりの時や、やや元気のない時などのひな鳥の声。「ぴよぴよ」より弱々しく、気の抜けたような感じ。また「ひよひよ」は初々しい、弱々しい様子にも言う。

◆参考　ひな鳥の意の「ひよこ」は「ひよひよ」の「ひよ」に親愛の情を表す接尾語「こ」が付いた語で、猫を言う「にゃんこ」などと同じ語構成。室町時代頃から見える。（染谷裕子）

ひょろひょろ

①ほっそりとした物が、長くまたは高く伸びる様子。ひよわな感じを伴うことが多い。「その砂山の上に、ひょろひょろした赤松が簇（むら）がって生えている」(森鷗外『妄想』)、「お前、体はひょろひょろやけど、えらいきつい根性を持ってるんやな」(三浦綾子『塩狩峠』)

②足どりがしっかりせず不安定な様子。また、よろめく様子。「急に突ッかい棒がなくなって、ひょろひょろとした」(里見弴『多情多恨』)、「塩湯を飲ませると間もなく起き上って、ひょろひょろ歩き出した」(有吉佐和子『華岡青洲の妻』)

◇類義語「ひょろっ」

②の類義語。一瞬よろける様子を言う。「ひょろひょろ」はよろけながらも歩き続ける様子。

◆参考　江戸時代からの語。室町時代には「へろへろ」を用いた。江戸時代の辞書に「片乱々 ヒョロヒョロ ヘロヘロ 俗字」(『書言字考節用集』)とある。②が本来の意味で、江戸時代にはよろめいて歩くことを「ひょろひょろ足」「ひょろひょろ歩み」などと言った。（染谷裕子）

ひょろり

①細い物が、高くまたは長く伸びた様子。「背がひょろりと高いうえに」(水上勉『越前竹人形』)

②足下が不安定で、よろける様子。「居すくまった腰が据らず、ひょろり」(泉鏡花『婦系図』)

③何の気なしに軽く行動する様子。「ひょろりと東京に舞い戻ってきた」(里見弴『多情仏心』)

◇類義語「ひょろりひょろり」「ひょろっ」

共に①②③の類義語。「ひょろりひょろり」は持続する様子。「ひょろっ」は一瞬の様子。（染谷裕子）

❖**森鷗外**　→P.14

❖**三浦綾子**　→P.30

❖**里見弴**　小説家。有島武郎の末弟。明治四三年、雑誌『白樺』創刊に参加。大正五年『善心悪心』でデビュー。同八年、久米正雄らと『人間』創刊。作品『多情仏心』『安城家の兄弟』など。昭和三四年、文化勲章受章。（一八八八〜一九八三）

❖**有吉佐和子**　小説家。演劇にたずさわった後、昭和三一年に『地唄』でデビュー。多芸多才な才女といわれた。作品『華岡青洲の妻』『恍惚の人』など。（一九三一〜一九八四）

❖**書言字考節用集**　江戸時代の国語辞書。和漢音釈書言字考節用集。槙島昭武（まきしまあきたけ）著。語彙や説明が多く百科辞書的な傾向が強い。語彙を意義分類した上で、いろは順に並べる。享保二年（一七一七）刊。

❖**水上勉**　→P.110

❖**泉鏡花**　→P.8

ぴょんぴょん

①何度も続けて小さく飛び跳ねる様子。「パドックでピョンピョン飛び跳ねるのは毎度のこと」（週刊現代00・12・2号）の例は馬だが、兎や蛙などが跳ねる時に使うことが多い。人が大喜びする時にも使う。「表彰台の一番高いところに上がり、ピョンピョンとびはねた」（朝日新聞01・12・18）

また、飛ぶわけではないが、跳ねるように上下に振動する場合にも用いる。「腕、手、足が…ぴょんぴょんはねるように震えるのだった」（モーパッサン原作・新庄嘉章訳『女の一生』）

②あちこちに唐突に出現する様子。「ビックリ箱のようで、『おやッ』と思うような事実がピョンピョン跳び出して来る」（谷崎潤一郎❖『痴人の愛』）

◇類義語「ぴょん」「ぴょーん」「ひょんひょん」

「ぴょん」「ぴょーん」は①の類義語で一回だけ跳ねる様子。「ぴょーん」の方が高く遠くまで飛ぶ感じ。「ひょんひょん」は①の類義語。上下に跳ねる「ぴょんぴょん」に対し「ひょんひょん」は跳ねるようにしながらすり抜けていく感じ。「狐のように、ひょんひょん遁げて行って了ったそうだ」（田❖山花袋『重右衛門の最後』）

（小島聡子）

ひらひら

①薄い物や小さい物が翻るように面を変えながら空中を漂う様子。「雪がひらひらと舞い落ちてくる動き」（日本経済新聞00・12・30）。雪片が落ちる様子や蝶の飛ぶ様子などに使うことが多いが、小型飛行機の様子などに用いることもある。また、蝶の舞い飛ぶように絶え間なく身軽に動き回る様子を言う場合もある。「空にひらひらと漂っている一機があった…まるで糸を切られた凧のように回転しながら」（北杜夫❖『楡家の人びと』）

②手のひらを何度も返すようにして手を振る様子。「ただびしょぬれの手をひらひら出したりひっこめたりするだけ」（朝日新聞00・12・27）

③炎や光が小刻みに揺れ動く様子。「懐中電灯の光をひらひらと振った」（村上春樹❖『世界の終りとハードボイルド・ワンダーランド』）

④布や紙などの薄い物が、面を返しながら、または面を波打たせるように、小刻みに揺れる様子。紙等の端を持って揺する様子など。「私の鼻さきへ袋をひらひらさせながら」（三浦哲郎❖『驢馬』）

⑤布などがしなやかに波打っている様子。「白いヒラヒラとした飾りのついたドレス」（週刊現代

ぴょんぴょん　蛙が跳ねる。

おっ、とんだね。
では、ミーもとぶよ。
ピョン
ピョン

（赤塚不二夫『おそ松くん』より）

❖谷崎潤一郎 →P.7

❖田山花袋　小説家。江見水蔭に師事。明治三九年、博文館発行の『文章世界』の主筆となる。翌四〇年『蒲団』を発表、私小説の出発点となる。作品『重右衛門の最後』『田舎教師』など。（一八七一〜一九三〇）

❖北杜夫 →P.30

❖村上春樹 →P.94

❖三浦哲郎 →P.16

00・12・23号）。なお、名詞となって波打たせた布などの飾りそのものを表す。アクセントは「ひらひら」に変わる。ほかはすべて「ひらひら」。「旗竿の先へ三寸幅のひらひらを付けて」（夏目漱石『こゝろ』）

◇類義語「びらびら」「ぴらぴら」
共に④⑤の類義語。「ひらひら」に比べ「びらびら」はうるさくて大げさな感じで、「ぴらぴら」は、軽薄で否定的な感じ。例えば、壁紙のはがれている様子などは「ひらひら」ではなく「ぴらぴら」。

◆参考「ひらめく」「ひらめかす」などは「ひらひら」の「ひら」から派生した動詞。（小島聡子）

びらびら

①薄い物が翻る様子。「名前を書いた白い紙がビラビラ風に吹かれていた」（林芙美子『放浪記』）
布や金属の飾りなどが吊り下げられて揺れる場合にも用いる。特にそのような飾りを派手に見せびらかすように下げている時に使う。「胸にびらびら勲章をつけた人物」（朝日新聞86・6・2）
この意から、吊り下がって揺れる物や飾りをさすこともある。但しこの場合アクセントは「びらびら」。「トラックの車輪の後ろに下がるビラビラ」（朝日新聞00・10・22）
②やわらかい物や薄い物が波打っている様子。多く、服の飾りの様子に使うが、「ひらひら」よりもどぎつい感じ。「びらびらした飾りのついた服」
またこの意から、端がめくれるように波打っている物そのものを指すこともある。但しこの場合アクセントは「びらびら」。「牡蠣のびらびら」

◆参考 室町末期の『日葡辞書』には「びらめかす」「びらめく」や「びらつく」（自分の姿を見せびらかそうと身体を動かす意）など、現代では使わない「びらびら」の関連語が載せられている。（小島聡子）

ぴらぴら

①紙や布などが非常に薄くて腰がない様子。「白い純綿の厚い靴下だった筈だのに、今はぴらぴらに薄くなっていた」（北杜夫『楡家の人びと』）。特に、薄くてやや光沢があるような感じだが、薄さが軽薄さや安っぽさに結びついてしまう感じ。「自然の素材…を身につけるようになっているが、ひと昔まえは、ピラピラしたナイロン製が幅をきかせたものである」（朝日新聞95・1・8）。従って、例えばオーガンジーのような張りのある美し

❖夏目漱石 →P.8
❖林芙美子 小説家。昭和五年、自らの苦難の半生をつづった自伝的小説『放浪記』がベストセラーとなり、女流作家の道を歩む。作品はほかに『晩菊』『浮雲』など。（一九〇三〜五一）
❖日葡辞書 一七世紀初頭の、ポルトガル語で説明した日本語辞書。イエズス会の宣教師によって成る。室町末期の口語を中心に方言、文書語、歌語、女性語など、三万余語を収録。慶長八〜九年（一六〇三〜〇四）刊。
❖北杜夫 →P.30

びらびら簪 鎖に付けた飾り物が、動きにつれてびらびら動く。

東京国立博物館蔵

い布については薄くても「ぴらぴら」とは言わない。

②布や紙等が翻るように、または波打つように揺れる様子。「1000円札ピラピラさせて」(朝日新聞92・3・12)

③小さなかけらや、火や光などが小刻みに揺れ動く様子。動きに合わせて見えたり隠れたりする感じ。「もっと小さい金色の魚が無数にかたまってぴらぴら泳いで…金色の雨が…降り注いでいるようにも見えて」(太宰治❖『お伽草紙』)

◆**参考** 細い鎖を下げた花簪(かんざし)を「ぴらぴら簪」というが、これを「ぴらぴらの簪」ともいう。(小島聡子)

ひらり

①身のこなしが軽い様子。軽く宙を舞うように何かを飛び越える感じで、特に馬や乗り物などに飛び乗ったり飛び降りたりする時に使う。「ひらりと舷梯に飛び移った」(阿川弘之❖『山本五十六』)

また、身軽に体の向きを変える場合、特に、身をかわして物をよける様子にも使う。潔い転身や、うまく話をかわす様子などをたとえることもある。「闘牛士よろしくヒラリと体を開き」(朝日新聞01・7・17)の例は、相撲で突進する相手を避ける様子。

②紙や布など薄い物が一度軽く翻る様子。「白い拭布(ふきん)がひらりと動いた」(泉鏡花❖『国貞ゑがく』)

③紙や花びらなどが一枚、散り落ちたようにある様子。下に貼り付いていない感じ。「白木の箱の中には、名前を書いた紙1枚が、ヒラリと入っているだけだった」(朝日新聞夕刊89・3・6)

◇**類義語「ひらりっ」「ひらりひらり」**

「ひらりっ」は①②の類義語。勢いをつけて跳ぶ感じ。「ひらりひらり」も①②の類義語。一度だけの「ひらり」に対し何度も続く動き。(小島聡子)

ぴりっ

①薄い紙や布が一ヵ所少し裂けたり、破れたりする音、またその様子。「メリンスの着物は汗で裾にまきつくと、すぐピリッと破けてしまう」(林芙美子❖『放浪記』)

②神経が一瞬つままれるような強い刺激を受ける様子。特に、舌や喉が辛味で刺激される時などに使う。「ぴりっと辛い料理」(Hanako00・12・20号)「ぴりっと辛い」ことを「ピリ辛」などとも言う。

③無駄やたるみがなく緊張感があり、行為や思

ひらり 紙幣が一枚翻る。

(赤塚不二夫『おそ松くん』より)

❖**太宰治** 小説家。井伏鱒二に師事。昭和一〇年に『逆行』が芥川賞候補になるなど、戦前から作家として知られる。戦後、坂口安吾などとともに無頼派と呼ばれ、『斜陽』『桜桃』などで流行作家となる。作品『ヴィヨンの妻』『津軽』など多数。(一九〇九〜一九四八)

❖**阿川弘之** →P.97
❖**泉鏡花** →P.8
❖**林芙美子** →P.446

考に鋭い切れがある様子。「このくらい刺激があった方が、本番でピリッとしていいよ」(沢木耕太郎『一瞬の夏』)。「ぴりっとしない」で、駄目な様子を表すことも多い。「主役がぴりっとしないようでは、お話にならないのだ」(朝日新聞00・12・6)

◇類義語「ぴりっぴりっ」「ひりっ」「びりっ」

「ぴりっぴりっ」は①②の類義語。「ぴりっ」と違い、少しずつ裂けていったり繰り返し刺激される様子。「ひりっ」は②の類義語で一瞬の刺激だが、味というより痛みの感じ。「びりっ」は①②の類義語。大きく破れたり刺激が強い感じ。(小島聡子)

ひりひり

①表面が全体的に引きつれるような感じに、持続的に刺激される様子。例えば、喉や目・鼻などの粘膜が乾いて空気に直接さらされたような感じの痛みや火傷の痛みなど。また、辛い物を食べた時の舌などが焼けるような感じも表す。「臭気でのどはひりひりする」(日本経済新聞00・12・27)

②切迫した緊張感や熱気が強く感じられる様子。「大統領のジレンマが、ひりひりと観客に伝わってくる」(週刊現代00・12・30号)

③ごく小さく小刻みに振動する様子。「若い警官が笑いを耐えるために頬の筋肉をひりひりさせた」(大江健三郎『人間の羊』)

◇類義語「ひりっ」「ひりり」「ひくひく」

「ひりっ」は①の類義語。一瞬神経を直接撫でられたような刺激。「ひりり」は①の類義語で、「ひりひり」ほど持続的ではないが「ひりっ」のように一瞬ではなく、刺激が奥に届いて後を引くような感じ。「ひくひく」は③の類義語だが、「ひりひり」と比べると心もち神経質さは薄れ、動きは少し大きい感じ。(小島聡子)

びりびり

①紙や布等を乱暴に裂いたり破いたりする音。また、その様子。「いらだつ指先で書くそばから一枚一枚びりびりと紙を裂き」(石川淳『マルスの歌』)

②乱雑に何ヵ所も破けている様子。「教科書がビリビリに破られていた」(朝日新聞99・1・25)

③細かく激しく振動する様子。特に、大きな音の振動が伝わりガラス等が共振する様子。「その音響は鼓膜を破るばかりで、艦の全身がびりびりと震えるほどである」(北杜夫『楡家の人びと』)

❖沢木耕太郎　→P.327
❖大江健三郎　→P.34
❖石川淳　→P.449
❖北杜夫　→P.30

ひりひり　かみそりで鼻毛も剃ろうとして、つい深剃りに。

(植田まさし『コボちゃん』より)

④しびれるような刺激が持続する様子。特に、電気的な強い刺激に用いる。「『脚がびりびりした』と話す人もおり…グラウンドを通じて感電した可能性もある」(朝日新聞99・8・14)

⑤神経が張りつめていて刺激に敏感な様子。「アルゼンチン戦が近づくにつれ、びりびりした緊張感が伝わってきた」(朝日新聞98・6・27)

◆**類義語**「びりっ」「びりびりっ」

共に①〜⑤の類義語。「びりっ」は少し破ける様子や一瞬の鋭い刺激。「びりびりっ」は一瞬の「びりっ」より刺激がやや長く続く感じ。

(小島聡子)

ぴりぴり

①薄手の紙や布を裂いたり破いたりする音。また、その様子。貼り付いている薄い物を静かにはがす時などにも用いる。「布地は弱りピリピリと裂けはじめ」(朝日新聞90・12・27)

②呼子を鋭く吹き鳴らす音。また、その様子。「ピリピリと笛が吹かれると」(朝日新聞85・8・10)

③細かく振動・痙攣する様子。「つり上った里子の眼尻がぴりぴりと動いた」(❖水上勉『雁の寺』)

④表面が引きつれるような痛みや、神経を直接刺すような刺激が持続する様子。「舌の先がピリピリするような感覚を訴え」(朝日新聞02・3・9)

⑤わずかな刺激にも激しく敏感に反応しそうに、神経が張りつめている様子。「合格までピリピリしどおし」(女性自身00・12・5号)

◆**類義語**「ぴりっ」「ぴりぴりっ」「びりびり」

「ぴりっ」は①④⑤の類義語。「ぴりぴり」に比べ一瞬で鋭い感じ。「ぴりぴりっ」は①〜⑤の類義語。「ぴりぴり」より動きや勢いがある。「びりびり」は①〜⑤の類義語。「ぴりぴり」より刺激が強い感じ。

(小島聡子)

ひりり

表面が引きつれる感じに痛む様子。「頬の肉はつめたくちぢれて、木の間を吹いて来る風にひりりとした」(❖石川淳『処女懐胎』)

特に、舌が辛味などで引きつれるように強く刺激される時に使う。味覚というよりは刺激の表現。神経を刺すような感じの刺激がまずあって、あとに少ししびれたような感覚が残る感じ。「つまり魚が悪かった場合、舌へヒリリと来るのが直ぐ知れるから」(❖志賀直哉『小僧の神様』)

(小島聡子)

❖**水上勉** 小説家。宇野浩二に師事。幼少時を寺で過ごし、後、還俗。昭和三六年『雁の寺』で直木賞受賞。社会派推理小説から、女の宿命を描いた『越前竹人形』まで、多彩な分野で活躍。作品『飢餓海峡』『五番町夕霧楼』など。(一九一九〜二〇〇四)

❖**石川淳** 小説家・評論家。昭和一〇年『佳人』で文壇にデビュー。翌年『普賢』により芥川賞受賞。仏文学、中国文学、江戸文学に造詣が深い。作品『焼跡のイエス』『鷹』『夷斎虚実』など。(一八九九〜一九八七)

❖**志賀直哉** 小説家。明治四三年、武者小路実篤らと雑誌『白樺』創刊。父との対立を描いた『大津順吉』や、和解を描いた『城の崎にて』『和解』などを執筆。昭和一二年、長編小説『暗夜行路』を完成。作品『小僧の神様』『清兵衛と瓢箪』など。(一八八三〜一九七一)

びりり

①紙や布などが、一気に強い力で、裂かれたり破かれたりする音。また、その様子。「わたしの手に、敵の爪が歯が嚙みついて来て、ホワイトシャツがびりりと裂け」(石川淳❖『焼跡のイエス』)

②一瞬、感電したような強い衝撃が神経を走る様子。精神的にひどくショックを受けた様子を表すことも多い。「私は酔ってはいましたけれど、ビリリと体に電気が来たような気がしました」(谷崎潤一郎❖『痴人の愛』)

(小島聡子)

ぴりり

①薄い布等を裂く音や様子。「絹の布をピリリと引きさくように」(小熊秀雄❖「お前可愛い絶望よ」)

②神経が一瞬鋭く刺激される様子。特に、香辛料などの辛い味。「カリッとかじると、粒マスタードがぴりり」(朝日新聞夕刊98・5・29)

③一瞬痙攣するように小さく動く様子。特に苛立ちが顔に出て眉などが動く時に使う。「利かん気に眉をピリリとあげた」(三浦綾子❖『塩狩峠』)

④批判が辛口である様子。手厳しいけれどウィットが利いている感じ。「時には批評の味もピリリと効かす」(朝日新聞夕刊99・12・25)

⑤緊張感が走って雰囲気が締まる様子。「ぴりぴり」に比べ、神経質な感じはない。「スタッフ一同、ぴりりと締まる」(朝日新聞夕刊99・5・31)。特に才能や技術などが、派手ではないが要所を鋭く押さえて有効である場合にいう。「山椒は小粒でもぴりりと辛い」の句もこのニュアンスで用いる。

◇類義語「ひりり」「びりり」

「ひりり」は②の類義語。「ぴりり」より表面的。「びりり」は①②の類義語。より激しい感じ。(小島聡子)

ぴん

①弦などをはじく音や様子。「額を指先でピンとはじいた」(朝日新聞01・5・27)。また、ガラスなどに亀裂が入る時にも使う。「ピンとひびが入る」

②糸や布などが、たるまないようきつく張られている様子。また、背筋などがまっすぐきれいに伸びている様子にも用いる。「両足をピンと前方に伸ばした姿勢で」(週刊現代00・12・30号)

③勢いよく跳ねあがる様子。「ヒゲに触るとピンとはねて」(朝日新聞90・12・1)。数値変動にも

❖石川淳　小説家・評論家。昭和一〇年『佳人』で文壇にデビュー。翌年『普賢』により芥川賞受賞。仏文学、中国文学、江戸文学に造詣が深い。作品『焼跡のイエス』『鷹』『夷斎虚実』など。(一八九九〜一九八七)

❖谷崎潤一郎　小説家。第二次『新思潮』に掲載の「刺青」でデビュー、耽美派の作家として注目される。関西に移住後は古典趣味を深め、多くの名作を発表。作品『痴人の愛』『細雪』など。(一八八六〜一九六五)

❖小熊秀雄　詩人。『旭川新聞』で詩や童謡を発表。昭和六年、プロレタリア詩人会に参加。同九年『詩精神』を創刊、以降、多くの長編詩、叙事詩を発表。作品『小熊秀雄詩集』『飛ぶ橇』など。(一九〇一〜一九四〇)

❖三浦綾子　→P.30

使う。「ピンとはね上がった絵の値段」(AERA 89・9・19号)

④緊張している様子。一分の隙もないよう気を引き締めている感じ。「近寄りがたい空気がぴんと張り詰めていた」(日本経済新聞00・12・14)

⑤神経をはじかれたように、瞬時に、直感的に悟ったり、納得したりする様子。「新しい出会いでピンとくる相手がいたら」(Hanako00・12・27号)

◆**類義語「ぴーん」**

①〜⑤の類義語。「ぴん」よりも強調された感じで、音の場合少し響きが残る感じ。 (小島聡子)

ぴんしゃん

①元気で生き生きとした様子や、張りのある様子。「ピンとする」と「シャンとする」を合わせた感じ。「氷と海水でばっちり締めたアジは、持ち帰ってもまだピッカピカでピンシャンだ」(週刊現代00・12・23号)。特に老人が元気な時にいう。「年から云えば八十にもなろうか、それでいて酷くピンシャンしています」(国枝史郎❖『天主閣の音』)

釣りでは「ピンシャンヤマメ」という語もある。「河川に放流後、1年以上経過しヒレがピンとしている」(朝日新聞99・5・29)ものを指すという。

②腹をたてて冷たくあたる様子。「ぴんしゃんしたる語気に男をじれさせ」(幸田露伴❖『艶魔伝』)。江戸時代から明治・大正期にかけての用法。江戸時代は「ひんしゃん」「びんしゃん」ともいい、澄ました様子なども表した。

◆**参考** わらべ歌の「ずいずいずっころばし」に「茶壺に追われてトッピンシャン」という一節がある。これは「お茶壺行列に追われて戸をぴんしゃんと閉める」との意という。この「ぴんしゃん」は現代語なら「ぴっしゃん」のような音。 (小島聡子)

ひんひん

馬の鳴き声。江戸時代の中頃から「ひんひん」と「ひ」の音で写すようになった。「うまはいつも ひんひんと なきます」(『尋常小学読本』❖)、「そこあたりの病気の馬は、ひんひん別れの挨拶をする」(宮沢賢治❖『北守将軍と三人兄弟の医者』)

江戸時代の中頃までは、馬の鳴き声は「い」「いん」と、「い」音で聞いていた。ハ行子音が現在の[h]ではなく、[f]音だったため、実際の馬の声に近いのは、「ひ[fi]＝フィ」ではなく、「い

❖**国枝史郎** 小説家。大阪朝日新聞の記者をへて、大阪松竹座で戯曲を執筆。後、執筆生活に入り、特異な作風の伝奇小説を多数発表。作品『蔦葛木曾桟』『神州纐纈城』など。(一八八八〜一九四三)

❖**幸田露伴** 小説家・随筆家・考証家。明治二二年『風流仏』で作家としての地位を確立。同二五年『五重塔』で文名が高まり、尾崎紅葉と並び称された。江戸文学と漢籍に精通。作品『風流微塵蔵』『運命』(史伝)など。昭和一二年、文化勲章受章。(一八六七〜一九四七)

❖**尋常小学読本** →P.162

❖**宮沢賢治** →P.34

[i]」の方だった。奈良時代には「馬声」と書いて「い」と読ませた例があり、馬の声が「い」だったことがわかる。馬の声「い」に「鳴く」を付けて出来た「いなく」の語もある。平安時代には、馬の声は「いう」と表記され、「いん」に近い音で発音していた。「いうといななきて引き離れていぬべき顔したり」(『落窪物語』)。「いななく」の語も、「いん」という馬の声に「鳴く」を付けて出来たもの。

江戸時代の元禄頃、ハ行子音が現在の[h]に変化し、馬の声も「ひん」で写すようになった。「おれが身の上を知り顔に、おのれ迄がヒンヒンと」(『立春噺大集』)。江戸時代には、馬で旅行することも多く、さまざまな鳴き声が見られる。「ひひひんひん」「ひひひひひひ」の声もある。

◆類義語「ひん」「ひーん」「ひひん」「ひひひん」

「ひん」「ひーん」は、共に一声鳴きであるが、「ひーん」となると、高く鳴きあげる感じが出る。「ひひん」「ひひひん」は、「ひんひん」よりもせわしなく激しく鳴く感じ。「馬がびっくりして、ヒヒヒンと立ち上がって」(関敬吾『日本昔話大成』)

■参考 夏目漱石『行人』には、犬の苦しそうな悲鳴を「ひんひん」で写した例がある。「犬がひんひん苦しがりながら俥を引くんだ」 (山口仲美)

びんびん

①弦をはじく音。また、その様子。「ビンビンという弦をはじくようなリズミカルな音」(朝日新聞夕刊95・1・10)

②大きな音や声が響いてくる様子。「ビンビン響く彼の声」(山本有三『路傍の石』)

③張った弦を通して伝わるように、人の気持ち、特に熱気や気迫などが、強く心に響くように伝わる様子。「充実しているのがびんびん伝わってきた」(朝日新聞夕刊01・1・23) (小島聡子)

ぴんぴん

①弦を張ったり、はじいたりする音。また、その様子。「びんびん」より音程が高く、細い糸をきつく張った感じ。「三味線をおろして絃をぴんぴんと引っ張っていた」(石川淳『葦手』)。また、弦ではないが、金属やガラスなどをはじいた時などに出る、似たような高い音もいう。割れたり、ひびが入ったりする様子の場合が多い。

②連続して勢いよく跳ねる音。また、その様子。「後姿の華奢な割合には、ぴんぴん跳ねる様に

❖落窪物語 平安時代の物語。作者未詳。落窪の姫君を主人公とする継子いじめの物語。後世、同類の物語に大きな影響を与えた。一〇世紀後半に成立。

❖立春噺大集 江戸時代の咄本。常笋亭君竹・後素軒蘭庭共編。募集に応じて寄せられた笑い話六百九十余話の中から、二人が五〇話ずつ選んだもの。安永五年(一七七六)刊。

❖関敬吾 民俗学者。柳田国男に師事。日本各地の民話を採集し、民話を体系的に分類。著作『日本昔話集成』『民話』など。(一八九九〜一九九〇)

❖夏目漱石 →P.8

❖山本有三 →P.30

❖石川淳 →P.30

活潑な歩き方をする」(夏目漱石『坑夫』)

③音や声などが振動として響く様子。「人声や荷橇の雑音などがぴんぴんと君の頭を針のように刺戟する」(有島武郎『生れ出づる悩み』)。心に響く時にも用いることがある。

④非常に元気に張り切っている様子。「まだ若い者に負けないくらいぴんぴんしているよ」(北杜夫『楡家の人びと』)

◆参考 ②の意の「ぴんぴん」は古くから使われており、室町末期の『日葡辞書』にも「家畜が蹴り跳ねるさま」とある。（小島聡子）

ぴんぽん

①玄関のチャイムの音。「ピンポンとインターフォンの音がした。またしつこいセールスマンが来たと居留守を使う」

②クイズなどで、出題した者が解答した者の答えが正解のときに出す声。または、正解を知らせるチャイムの音。間違うと「ぶー」という。

◇類義語「ぴんぽーん」

「ぴんぽーん」は①②の類義語。「ぴんぽん」より音が強く感じられ、さらに余韻も残る。

◆参考 セルロイド製の小球を打ち合うスポーツを「ピンポン」という。卓球のこと。一九〇二年に日本にもたらされた。英語ping-pong(ピンポン)からきた語。「ピンポンの音やはらかにまろび来し、かの海辺の、朝のまくらかな」(土岐哀果『黄昏に』)。また、江戸時代の玩具の一種に「ぽぴん」があった。首の長い三角フラスコのような形をし、息を吹き込むと底の薄いガラスが「ぽぴん」または「ぴんぽん」と聞こえるようにしてあった。江戸時代の滑稽本『当世真々の川』にも「チャルメロピンポンの陽気が髯のさきへ舞のぼって」と見える。（金子 彰）

ひんやり

冷たさや、冷気を感じる様子。「冷やりした蚊帳の色のすがすがしい青さ」(鈴木三重吉『桑の実』)、「ひんやりして気持ちがよく」(朝日新聞00・12・10)、「ひんやりと心地よい風」。「ひんやり」には冷たく感じる皮膚感覚だけでなく、「すがすがしい」「気持ちがいい」「心地よい」と修飾されるように、好ましいという感情や心情が込められる用法が多い。冷静で落ち着きなどを感じる時に用いられることもある。「彼女は沈着な、ひんやりとし

❖夏目漱石 →P.8
❖有島武郎 →P.12
❖北杜夫 →P.30
❖日葡辞書 →P.15
❖土岐哀果 歌人・国文学者。本名は善麿、哀果は号。生活派の歌人として活躍する一方、ローマ字運動の中心的存在としても知られる。作品は歌集『NAKIWARAI』『春野』など。(一八八五〜一九八〇)
❖当世真々の川 江戸時代の洒落本。西村定雅著。天明五年(一七八五)刊。
❖鈴木三重吉 小説家・児童文学者。夏目漱石に師事。大正七年、芸術性の高い童話・童謡のための雑誌『赤い鳥』を創刊。新美南吉などすぐれた童話作家を育てた。作品『千鳥』『桑の実』など。(一八八二〜一九三六)

た語り口であらすじをおしえた」(日本経済新聞00・12・22)

◇**類義語**「ひやり」「ひやっ」

「ひやり」は、「ひんやり」に比べて冷たさを感じる他に、突然襲ってくる恥ずかしさや恐怖などを感じる意味合いがある。「堅い職場に勤めている人はヒヤリとする場面も」(Hanako00・12・20号)。「ひやっ」も「ひんやり」に比べて冷気を感じる他に恐怖を感じる意味をもつ。「僕は飯を食ひながら、氷のやうにひやっとしたものを胸に覚えた」(❖有島武郎『宣言』)

(金子　彰)

ふあっ

①やわらかく軽い様子。「シャボン玉がふあっと晴れた空に浮かぶ」

②気が晴れる様子。「試験が終わって暗い気持ちがふあっと晴れて街に出かけた」

③あくびの音や様子。「ふあっ。少年は、あくびをしながらテレビのリモコンを押す」

◇**類義語**「ふあーっ」

「ふあーっ」は①②③の類義語。「ふあっ」よりやわらかさや膨れあがる大きさが増す。

(金子　彰)

ぷい

①動作や行為が突然な様子。「僕を呼び寄せて置てぷいと立つのはひどい」(❖徳冨蘆花『思出の記』)。この語は江戸時代では「ふい」。「その言葉を聞くとひとしく、ふいと立ちて行く」(『❖醒睡笑』)

②機嫌を悪くして、急にぶあいそうな態度をとる様子。「何だ馬鹿々しいと言はぬばかりに、プイと又此方を向いて了ふ」(❖二葉亭四迷『其面影』)

◇**類義語**「ぷいっ」「ふいっ」

「ぷいっ」は①②の類義語。「ぷい」より動作の勢いが増したり、機嫌の悪さが強くなる。「そしてぷいっとネリを抱き上げて」(❖宮沢賢治『グスコーブドリの伝記』)、「憤ってぷいっと、どこかへ行ってしまはしゃったげな」(❖巽聖歌『コロボックル』)。「ふいっ」は①の類義語。「ぷい」にはどこか不機嫌さがこもるのに対し、「ふいっ」にはそれがこもらない。動作の唐突さだけを強調する。「その不思議な物の正体がふいっと分って来たのである」(❖谷崎潤一郎『母を恋ふる記』)

◆**参考** 江戸時代には、怒った時に出す声、またはその様子として、「ぷい」を重ねて用いた「水鳥やぷいぷいと何が気に入らぬ」(小林一茶『❖七番日記』)がある。

(金子　彰)

❖**有島武郎** →P.12
❖**徳冨蘆花** →P.303
❖**醒睡笑** →P.33
❖**二葉亭四迷** →P.25
❖**宮沢賢治** →P.34
❖**巽聖歌** 童謡詩人・歌人。北原白秋に師事。与田準一らと同人誌『チチノキ』創刊。第二次大戦中は『新児童文化』を編集。後、児童詩教育に努める。作品『春の神様』『おもちゃの鍋』など。(一九〇五〜七三)
❖**谷崎潤一郎** →P.7
❖**七番日記** 小林一茶の句日記。文化七年(一八一〇)〜一五年、一茶四八歳〜五六歳までのもの。稿本として伝わり、刊行されたのは明治に入ってから。一茶の句日記はもともと書名のないものが多いが、『七番日記』は一茶自身の命名である。

ふーっ

①口をすぼめて、軽く息を吹きつける音。ため息に使うことが多い。「司会が話すと、子どもから、ふーっと息がもれた」（朝日新聞00・1・3）

②急に、音もなく変化する様子。「やがてスキイ場もふうっと陰って来た」（川端康成❖『雪国』）

③意識が薄れる様子。「麻酔でふーっと眠った」

◇類義語「ふー」

「ふー」は①②③の類義語。「ふーっ」よりその音や変化が弱く静かな様子を表す。（金子　彰）

ぶーっ

①車の警笛や昇降機の重量オーバーを示す音。「ブーッ。はい、新人の君、おりてください」

②屁の太く短い音。「うそ、本当は聞こえたでしょ、ねぇ、ブーッて聞こえたでしょ」（さくらももこ❖『たいのおかしら』）

◇類義語「ぶー」

「ぶーっ」に比べ、「ぶー」は、音の強さや程度が弱い。「ぶうと云って汽船がとまると艀(はしけ)が岸を離れて」（夏目漱石❖『坊っちゃん』）（金子　彰）

ぷーっ

①空気や息が一気に通り抜ける音。「タバコの煙を上に向かってぷーっと吹き上げた」

②吹き出す声。「私が座らないうちに、まず母がぷーっと吹き出した」

③物が勢いよくふくれる様子。「ぷーっとふくらむフウセンガム」、「ぷーっと膨れっ面をする」

◇類義語「ぷー」

「ぷー」は①②③の類義語。「ぷーっ」よりその勢いが軽く弱い。（金子　彰）

ふーふー

①口をすぼめて繰り返し息を吹きかける様子。「拾ひ集めの杉の葉を被(かぶ)せてふうふう吹立れば、ふすふすと烟(けぶり)たちのぼりて」（樋口一葉❖『にごりえ』）、「アツアツの出来上がりを鍋のままテーブルに運んで、湯気に包まれてフーフーと言いながら食べる」（日本経済新聞00・1・6）

②激しい動きをして、苦しそうに息づかいをする様子。「肩息をつきフウフウとばかりで」（三遊亭円朝❖『怪談牡丹灯籠』）、「フウフウ苦しい息を喘(あえ)

ふあーっ　寝不足でついあくび。

（うえやまとち『クッキングパパ』より）

❖**川端康成**　→P.91

❖**さくらももこ**　→P.223

❖**夏目漱石**　→P.8

❖**樋口一葉**　小説家・歌人。歌を中島歌子に、小説を半井桃水に師事。明治二五年に第一作『闇桜』を発表。作品『大つごもり』『たけくらべ』『にごりえ』など。（一八七二〜一八九六）

❖**三遊亭円朝**　幕末から明治時代の落語家。話芸と創作力にすぐれ、人情噺や怪談噺を創作、口演。落語界中興の祖。作品『怪談牡丹灯籠』『鰍沢』など。（一八三九〜一九〇〇）

いでいるような太陽の下を」(里見弴❖『今年竹』)

③仕事に追いまくられたりして苦しめられる様子。「編集者からの督促で、遅れた原稿をふうふう言いながら書いた」

◆**参考**　古く江戸時代には、猫が毛を逆立てて鳴く声を表した表現が見られた。「ふうふうふうふうふうふうと内の子飼の三毛猫と、蔵の二階や物干しで」(歌舞伎❖『お染久松色読販(そめひきまつうきなのよみうり)』)。また明治期に、火や灯火のことをいう幼児語の例もあった。「そら行灯(あんどん)に灯々(ふうふう)がついて居るよ」(三遊亭円朝『怪談乳房榎』)

(金子　彰)

ぶーぶー

①車などの警笛の音。「ブウブウ笛を鳴らしながら中禅寺から登って来るガタ馬車」(葛西善蔵❖『湖畔手記』)、「ブウブウとやって来た一台の大きな自動車」(長与善郎❖『竹沢先生と云ふ人』)

②動物や虫の鳴き声。「ぶたはお腹がすくとブーブー食事を催促する」。江戸時代の近松門左衛門❖『丹波与作待夜の小室節(たんばよさくまつよのこむろぶし)』に「八めはぶうぶう…八ぢゃ八ぢゃと刺す様に」がある。借金取りの八という人物がぶうぶう言ってくることと、蜂とを掛けた例である。

③楽器や法螺貝などの太く低い音。「バイオリン抔(など)をブー〳〵鳴らしたりするが、気の毒な事には、どれもこれも物になって居らん」(夏目漱石❖『吾輩は猫である』)。江戸時代の浄瑠璃に「螺貝(ほらがい)がぶうぶうぶう」(❖『源平布引滝』)の例がある。また、機械が調子が悪い時などに出す不快な音の意で「夜通し扇風器を掛けてぶうぶう鳴らしたため」(夏目漱石『行人』)もある。

④人が不平や不満、文句を盛んに言う様子。「電車はそこに三十分程停まった。流石にそれをぶうぶう云う者はなかった」(長与善郎『竹沢先生と云ふ人』)、「誰とはなしにブーブー文句をいっちゃうほう」(Hanako00・12・27号)。江戸時代の歌舞伎❖『韓人漢文手管始(かんじんかんもんてくだのはじまり)』に「日頃ぶうぶう言ふても怖い事はござりませぬ」がある。

◆**参考**　幼児語で自動車のことを言う。また山形県米沢・滋賀県彦根・京都地方の幼児語で灯火のこともいう。江戸時代には、風の音を表す「人の意見も馬の耳よそ吹く風のぶうぶうにて」や、火の燃える音や、物の煮え立つ音を表す「鍋釜の臍の下を焚さへすれば、御きげんよがってぶうぶうとふかしゃります」の例もあった。

(金子　彰)

❖里見弴　→P.44

❖お染久松色読販　江戸時代の歌舞伎。鶴屋南北作。文化一〇年(一八一三)初演。

❖葛西善蔵　小説家。大正七年、『子をつれて』で文壇にデビュー。病気や貧困、酒びたりの自虐的な生活の中で、私小説作家としての姿勢を貫く。作品『湖畔手記』『蠢く者』など。(一八八七〜一九二八)

❖長与善郎　→P.49

❖丹波与作待夜の小室節　江戸時代の浄瑠璃。近松門左衛門作。別名「丹波与作」、「伊達染手綱」。宝永五年(一七〇八)頃初演。

❖夏目漱石　→P.8

❖源平布引滝　→P.17

❖韓人漢文手管始　江戸時代の歌舞伎。並木五瓶作。通称「唐人殺し」。並木五瓶大坂在住時代の傑作のひとつとされる。寛政元年(一七八九)初演。

山口仲美の擬音語・擬態語コラム⑰

幸田文さんの文章
──小説と擬音語・擬態語

一本の傘の中で男と女は語り合う。女は芸者。「ぴちゃぴちゃ」している？（喜多川歌麿「相合傘」、東京国立博物館蔵）

奇妙なことなのだが、幸田文さんの文章は読後何十年経っても、身体的記憶となって残っている。何故なのか？

私は、小説『流れる』をぱらぱらと拾い読みし始めた。『流れる』は、花柳街で女中をしている梨花の視点から描かれた芸者屋の話。「薄気味わるくぞわりとして、おっかなおっかな聴けばまちがいだったが」。いわくつきの電話かもしれぬと怯えつつ受話器をとる梨花の気持ちが、「薄気味わるくぞわりとして」である。「ぞくっと」「ぞっと」ではなく、「ぞわりとして」なのだ。「ぞわり」とやられると、気味悪さが上から覆い被さった感じが付け加わり、読者への肌の刺激が増している。ははん、ここだ。気をつけてみると、こういう箇所が至るところに存在している。

「いい齢をしてつまらない男にぴちゃぴちゃする」。「ぴちゃぴちゃ」？「いちゃいちゃ」だろう。だが、「いちゃいちゃ」と言わずに「ぴちゃぴちゃ」とやられると、年増が男といちゃついている時のいやらしい音まで聞こえてくる。読者は、耳まで刺激されて圧倒される。「がらり、とととかけこんだものがある」。動作が「がらり、ととと」という音で表現され、読者の聴覚に直接訴えてくる。

「対手がぴかっとして、しかし平然と、『そうなんです。そのこと聞いてますか』」。対手が、図星を指されて「びくっと」と体を痙攣させる場面。「ぴかっと」といわれると、対手が一瞬稲妻の如き電気的なものを発したイメージを帯び、視覚に訴えてくる。読者に強烈な視覚効果を与える。

幸田文さんの文章は、こんなふうに読者の五感を刺激しつつ進む。だから、我々は、何十年経っても、鮮烈な身体的体験として彼女の文章を思い出すのだ。擬音語・擬態語の効用である。

ぷーぷー

①ラッパを吹いたときに出る音。「プープープープー喇叭(らっぱ)を吹いて自動車で触れ廻るのを聞きつけると」(島崎藤村『幼きものに』)

②煙や湯気が吹き出す様子。「其穴から湯気がぷうぷう吹くから」(夏目漱石『吾輩は猫である』)

◇類義語「ぷー」

「ぷーぷー」は、音に連続性があるが、「ぷー」は瞬間的な音や様子を表す。「ぷうと吹くタバコの煙」 (金子　彰)

ふかふか

①ふくらんで、やわらかく弾力のある様子。「毛皮の襟巻のふかふかとした中へ」(谷崎潤一郎『蓼喰ふ虫』)

②炊いたばかりでやわらかい様子。「ふかふかしたシャモ飯の炊きあがり」(日本経済新聞00・12・14)

③タバコをくゆらす様子。「ふかふか煙草ばかり燻(くゆ)らして居たが」(尾崎紅葉『二人女房』)

◇類義語「ふわふわ」「ふんわり」

「ふわふわ」は①の類義語。「ふかふか」よりも「ふわふわ」の方が芯まで柔らかい感じがある。「いつまでもふわふわした気分でいてはだめだ」のような用法が「ふわふわ」に限ってあるのは、そうした違いによる。感情を含める点で「ふかふか」とは異なる。また「ふんわり」も①の類義語。「ふかふか」の持つ持続性はないが、柔らかさが強調される。「屋根の雪の上へふんわりとおちこむだけだろう」(三島由紀夫『鏡子の家』)のように、軽く静かに落ちる様子は「ふかふか」とは異なる。

◆参考「ふかふか」がお金の豊かな様子をいう富山県砺波方言の例もある。「金はそんなにふかふかと儲からない」 (金子　彰)

ふがふが

歯などが抜けて、鼻や口から空気が漏れ、言葉や発音が明瞭でない声。また、その様子。「そのかなり高齢の老人の言葉は、入れ歯をはずしているせいか、ふがふがとしか聞こえない」。また、古く江戸時代の人情本『由佳里(ゆかり)の梅(うめ)』にも、鼻や口から空気が漏れ、言葉が不明瞭な様子を表す「下の宿の野良七に、鼻柱アかぶりかかれて、フガフガ言って」、「鼻も落ち下地かして、今朝よりは一倍ふがふがぢや」がある。 (金子　彰)

❖島崎藤村　詩人・小説家。明治二六年、『文学界』の創刊に参加。同三〇年、詩集『若菜集』刊行。同三九年、小説『破戒』を出版し、自然主義文学の作家としての地位を確立。作品『新生』『夜明け前』など。(一九四三)

❖夏目漱石　英文学者・小説家。英語教師をへて、イギリスに留学。帰国後、『東京朝日新聞』の専属作家となり、同新聞に次々と作品を発表。森鷗外とともに近代日本文学の確立に貢献。作品『吾輩は猫である』『三四郎』など。(一九一六)

❖谷崎潤一郎　→P.7

❖尾崎紅葉　→P.101

❖三島由紀夫　→P.7

❖由佳里の梅　江戸時代の人情本。鼻山人(はなさんじん)著。別名「春色由縁の梅」。天保元年(一八三〇)刊。

ぶかぶか

①金管楽器で吹き鳴らす低い音。「チンドン屋が商店街をぶかぶかどんどんと、にぎやかに通って行った」

②靴や服などが大きすぎる様子。「大きめのドレスを選んだために、胸から上はぶかぶかになってしまった」(朝日新聞00・12・10)

③物が固定しないで、浮き上がっている様子。「ぶかぶかした古畳」

◇類義語「ぷかぷか」

「ぷかぷか」は①③の類義語。①の意の「ぶかぶか」も「ぷかぷか」も、オーケストラが奏でる金管楽器の音色とは異質で、庶民的な音色。ただし、「ぶかぶか」は、聞こえる音域が低音で、「ぷかぷか」の音域は、それよりも高く、しかも軽快さが感じられる点で違いがある。③の意の「ぶかぶか」は足を踏み込むとそこにのめり込むような不安定な状態を表しているが、「ぷかぷか」は、泡や物が水面に浮かび上がってくる様子を表している。

◆参考 古く江戸時代の仮名草子❖『満散利久佐(まさりぐさ)』に、肥満した様子を表す「ぶかぶかと、血ぶかき女房也」が見られる。 (金子 彰)

ぷかぷか

①ラッパや笛などを吹き鳴らす音。「球場のぷかぷかどんどんという私設応援団の鳴り物は、騒音問題として取り上げられた」

②盛んにタバコをふかす様子。「ぷかぷか烟草(たばこ)をふかす」(❖夏目漱石『吾輩は猫である』)

③軽い物が水に浮かぶ様子。「夕べの惣菜の切れ端がプカプカと浮いてゐる辺りを」(❖平戸廉吉『黒い夜の物音』)、「ヘドロの川にはぷかぷか泡が浮いている」 (金子 彰)

ぷかり

①タバコをゆっくりとふかす様子。「葉巻を出して老人はぷかりとふかし始めた」

②軽い物が水に浮かんでいる様子。「ヨットハーバーの波間にブイがぷかりと浮かんでいた」

◇類義語「ぷかーり」「ぷかりぷかり」

「ぷかーり」は①②の類義語。「ぷかり」よりゆったりと浮いている様子。「ぷかりぷかり」も①②の類義語。「ぷかり」より浮遊に継続性があり、浮き沈みという不安定な動きも表す。 (金子 彰)

ぷかぷか 浮輪があれば水に浮く。

(東海林さだお『サラリーマン専科』より)

❖満散利久佐 江戸時代の仮名草子。藤本箕山著。大坂新町の遊女の評判記。明暦二年(一六五六)刊。

❖夏目漱石 →P.458

❖平戸廉吉 詩人・美術評論家。『炬火(たいまつ)』同人。イタリアの詩人マリネッティの提唱した「未来派宣言」の影響を受け、大正一〇年、前衛的な詩をめざす「日本未来派宣言運動」を提起。詩人たちに衝撃を与えた。作品『飛鳥』など。(一八九三 一九二二)

ぷくっ

①気泡が一つだけできる音。また、その様子。「池にプクッとあぶくが浮く」。可愛らしい語感。

②一部分だけ丸く膨らむ様子。「3、4年前から、歯茎がぷくっと膨らみ、はれてきた」(朝日新聞01・8・12)

◇**類義語**「ぶくっ」

①②の類義語。「ぷくっ」より膨らみが大きくて表皮が厚い感じ。「ブクッと泡が現れるところが溶岩みたい」(読売新聞夕刊98・12・7)

(佐藤有紀)

ふくふく

①やわらかい泡が湧きあがる様子。「ふくふく水溜りの底から浮く泡の湧玉(わきだま)」(岡本かの子❖『富士』)

②やわらかく、温かそうに膨らんでいる様子。旨そうで、人に幸福感を与える感じの膨らみ方。「パンというものは…ふくふく膨らんでいておいしいもの」(宮沢賢治❖『セロ弾きのゴーシュ』)

◆**参考** 以前は、内心からある感情が湧きあがる様子も表した。現在でも方言(長崎県壱岐市)に残る。

(佐藤有紀)

ぶくぶく

①口をすすぐ音。「水で口をブクブクすすいだ」

②激しく連続して泡立つ音。また、その様子。江戸時代頃から一般に使われていた用法。「どの馬も…石鹸泡のような汗をブクブクに出していた」(小林多喜二❖『防雪林』)

③やわらかく膨れている様子。「ぶくぶくと綿の這入った…木綿の二子」(谷崎潤一郎❖『母を恋ふる記』)。特に、膨れた体を描写するのに使うことが多い。その場合、肉体自体が脂肪、水などで膨れている場合と、衣類で着膨れしている場合の両方を表す。「私の裸は金太郎そっくり。只、ぶくぶくと肥っている」(林芙美子❖『放浪記』)、「寒いけれど、ぶくぶく着ぶくれするのはイヤ」(朝日新聞00・12・4)

◇**類義語**「ぶよぶよ」

③の類義語。外側から見たしまりのなさを中心に置く「ぶくぶく」に対し、「ぶよぶよ」は、水分量が多く、流れ出しそうな触感が中心である。

◆**参考** 悪くなった青果物のことを、農業界では「ぶく」と呼ぶ。変色してぶくぶく膨れあがった状態からのネーミング。

(佐藤有紀)

❖**岡本かの子** 小説家・歌人・仏教研究家。漫画家岡本一平と結婚。画家岡本太郎は長男。昭和一一年、『鶴は病みき』で作家生活に入り、以降、作家として活躍。作品『母子叙情』『生々流転』など。(一八八九〜一九三九)

❖**宮沢賢治** →P.34

❖**小林多喜二** 小説家。労働運動に関わり、昭和三年、『一九二八年三月十五日』で注目をあびる。翌四年『蟹工船』『不在地主』でプロレタリア文学の代表的作家となる。昭和八年、特高警察の拷問により虐殺。作品『転形期の人々』『党生活者』など。(一九〇三〜一九三三)

❖**谷崎潤一郎** →P.7

❖**林芙美子** →P.25

ぷくぷく

①小さく連続して泡立つ音。また、その様子。「ぶくぶく」より泡が小さく、軽い感じ。「あぶくがぷくぷく浮いてきて、入道雲のように膨らんで」(❖神沢利子『ぼくのぱん わたしのぱん』)

②やわらかく膨らんでいる様子。「ぷくぷくふとってふくらんで、風船のようなまるがおの男」(❖井上ひさし『ブンとフン』)。良い意味、悪い意味のどちらにとることも可能だが、どちらかと言えばユーモラスで悪意の少ない表現に用いられる。

◇類義語「ふくふく」「ぶくぶく」

共に①②の類義語。①では、あぶくの程度が「ふくふく」「ぷくぷく」「ぶくぶく」の順に激しくなる。また、②では、評価の方向に違いがある。可愛らしい膨れ方の「ぷくぷく」に対し、「ふくふく」は、いかにもやわらかく幸せそうな膨れ方を表す。共にプラス評価の語。「ふくふくとしていい女だのう」(❖池波正太郎『まゆ墨の金ちゃん』)。逆に、「ぶくぶく」は、脂肪太りを表す用法が多く、マイナス評価の語。

◈参考「ぷよぷよ」「ぷにょぷにょ」など一音目に「ぷ」が来るとやわらかい印象になる。(佐藤有紀)

ふさふさ

髪、毛、穂、花、果実などが、豊富に集まって長く垂れ下がっている様子。「竹の耳かきの一端には、ふさふさした兎の白い毛が附いていた」(❖太宰治『懶惰の歌留多』)、「ぶどうの実がふさふさとなりました」(❖鈴木三重吉『古事記物語』)。平安時代の終わりには、既に使用例が見える語。

◈参考「群がり垂れ下がってたくさん袋状になっているもの」という意味の「房」を、二つ重ねて出来た語。(佐藤有紀)

ぶすっ

①先の尖った物が、肉厚でやわらかい物に勢いよく突き刺さる音。また、その様子。昭和期から広く用例が見える語。「ぶすっと、短い矢が、足もとの土に刺さった」(❖司馬遼太郎『国盗り物語』)

②不機嫌そうに押し黙っている様子。「娘共の方がずっと、愛想が悪くて、ぶすっとしてるわ」(❖曾野綾子『太郎物語』)

◇類義語「ぷすっ」

①②の類義語。「ぷすっ」より程度が軽い。(佐藤有紀)

ぶすっ　おでんの串を使って帽子を一突き。

(赤塚不二夫『おそ松くん』より)

❖神沢利子　→P.297
❖井上ひさし　→P.25
❖池波正太郎　→P.133
❖太宰治　→P.20
❖鈴木三重吉　小説家・児童文学者。夏目漱石に師事。大正七年、芸術性の高い童話・童謡のための雑誌『赤い鳥』を創刊。新美南吉などすぐれた童話作家を育てた。作品『千鳥』『桑の実』など。(一八八二〜一九三六)
❖司馬遼太郎　→P.16
❖曾野綾子　→P.25

ぶすぶす

①先の尖った物で、厚くてある程度やわらかい物を何度も繰り返し突き刺す音。また、その様子。「池田屋へ行って見ろ、天井も壁も槍の穴でブスブス」(中里介山『大菩薩峠』)

②炎をあげて勢いよく燃えるのではなく、煙を出しながら燻る音。また、その様子。「焼跡はまだぶすぶすと燻り、きな臭い異臭が鼻をついた」(北杜夫『楡家の人びと』)。あるいは、いつ大爆発などが起きてもおかしくないような、不吉な予兆状態を表すこともある。「爆弾が、今にも爆発せんばかりにブスブスとくすぶっている」(SPA!02・12・6号)

③怒り、嫉妬、闘志などの熱い思いが心中で燃える様子。「胸の奥に、熱い塊のようなものがぶすぶす燃えて来る」(曾野綾子『太郎物語』)

④不平や不満を明示せず、小声で言う様子。「ぶすぶす言っている哀れな養父の声も途断れ途断れに聞えた」(徳田秋声『あらくれ』)

◈**参考**「ぶすぶす」と関係のある語に「ぶすくれる」がある。これは宮城県や福島県の一部などに広がる方言で、すねる、という意味。(佐藤有紀)

ぷすぷす

①やや尖った物で、肉厚な物を何度も繰り返し突き刺す音。また、その様子。「指を舐めてぷすぷすと幾つも障子に穴をあけた」(横光利一『火』)

②炎をあげて勢いよく燃えるのではなく、煙を出しながら燻る音。またその様子。「ぶすぶす」より燻る勢いが弱い感じ。「綿のプスプス燃えるのは中々消えない」(志賀直哉『佐々木の場合』)

◈**参考**　昭和初期まで「ぷすぷす」には、かたい物を勢いよく噛む、という意味もあった。(佐藤有紀)

ぶすり

①先の尖った物で、肉厚な物などを深く突き刺す音。また、その様子。明治期の終わりから広く使われる語。「軍刀を引っこぬき、ぶすりと敵の背中を刺して」(海野十三『特許多腕人間方式』)

②不機嫌そうに押し黙り、まったく愛想のない表情をする様子。「彼はぶすりとして然も力のない声を投げ掛ける」(長塚節『土』)

◇**類義語**「ぶすりぶすり」「ぶすっ」

共に①②の類義語。①の場合、一度だけ突き刺

❖**中里介山**　小説家。明治三九年都新聞社に入社し、大正二年から『大菩薩峠』を執筆。大衆文学に大きな影響を与える。作品はほかに『黒谷夜話』『百姓弥之助の話』など。(一八八五〜一九四四)

❖**北杜夫**　小説家。斎藤茂吉の次男。昭和三五年、『夜と霧の隅で』で芥川賞受賞。どくとるマンボウの名でユーモアに富むエッセイも多い。作品『どくとるマンボウ航海記』『楡家の人びと』など。(一九二七〜二〇一一)

❖**曾野綾子**　→P.25

❖**徳田秋声**　→P.42

❖**横光利一**　→P.107

❖**志賀直哉**　→P.39

❖**海野十三**　小説家。昭和三年『電気風呂の怪死事件』で探偵小説界に登場、後、空想科学小説に転じる。日本のSF小説の先駆者。作品『俘囚』『地球盗難』など。(一八九七〜一九四九)

❖**長塚節**　→P.21

す「ぶすり」に対し、「ぶすりぶすり」は、連続して突き刺す音や様子。また、②の場合、不満気な表情を表す「ぶすり」に対し、「ぶすりぶすり」は、いかにも不満そうにことば少なに話す様子を表すこともある。

「ぶすっ」は、①の場合、突き刺さる瞬間の勢いに着目する語。②の場合、「ぶすっ」の方が、表情が変わった瞬間に強く注目する。現在は②の場合、「ぶすっ」の方がやや一般的である。

◆参考 宮城県仙台市の方言では、不満顔で押し黙る様子を「ぶすらかすら」という。 （佐藤有紀）

ぷすり

①先が細くて尖った物が、やわらかい物に一度突き刺さる音。また、その様子。「ぶすり」より軽やかな感じ。明治期の初め頃から用例が見える語。「腕のカサカサした皮をつまみ上げると、プスリと針を突き刺した」(織田作之助『競馬』)

②閉じ込められていた気体が、一瞬にして外に吹き出る音。またその様子。「喜助の胸は、いまぷすりと音をたててなにかがふき出るような衝撃をうけた」(水上勉『越前竹人形』)

③糸や紐、あるいは、長く続いている人間関係などが突然切れる様子。「ぷすり前鼻緒が切れる」(鈴木三重吉『千鳥』)。明治の終わり頃になって使用され始めた用法であるが、現在、既に廃れてきている。

◇類義語「ぷすっ」「ぷすん」

「ぷすっ」は①②③の類義語。「ぷすり」より瞬間的な勢いが強い。「ぷすん」は②③の類義語。特に②の意味で使用することが多く、現在③の使い方は目にしない。②の場合、「ぷすり」より、一瞬で完全に気体が抜けきる感じ。 （佐藤有紀）

ぷちぷち

豆や果実等の細かい粒が、連続してはじける快い音。また、その様子。「ぷちぷち音をたてて青葉が萌え」(林芙美子『放浪記』)。以前は物が燃えてはぜる音のみを表していたが、近代になり、はじける音や様子全般へと意味が拡大した。語感が可愛らしく、菓子類などのCMに多く使用される。

◆参考 「ぷちぷち」には、細かな粒そのものを指す名詞用法もある。「350個のプチプチがぎっしりくっついている」(Hanako02・3・27号) （佐藤有紀）

❖織田作之助 →P.139

❖水上勉 小説家。宇野浩二に師事。幼少時を寺で過ごし、後、還俗。昭和三六年『雁の寺』で直木賞受賞。社会派推理小説から、女の宿命を描いた『越前竹人形』まで、多彩な分野で活躍。作品『飢餓海峡』『五番町夕霧楼』など。(一九一九〜二〇〇四)

❖鈴木三重吉 小説家・児童文学者。夏目漱石に師事。大正七年、芸術性の高い童話・童謡のための雑誌『赤い鳥』を創刊。新美南吉などすぐれた童話作家を育てた。作品『千鳥』『桑の実』など。(一八八二〜一九三六)

❖林芙美子 小説家。昭和五年、自らの苦難の半生をつづった自伝的小説『放浪記』がベストセラーとなり、女流作家の道を歩む。作品はほかに『晩菊』『浮雲』など。(一九〇三〜一九五一)

ふっ

①口をすぼめて、一回軽く息を吹く音。また、その様子。蝋燭やマッチを吹き消す時などの呼気。江戸時代頃から使われていた用法。「ふっと提灯を消すのが合図」(三遊亭円朝『真景累が淵』)

②気取った笑い声。また、その様子。にじみ出る笑い声ではなく、精神的余裕、不敵さなどを誇示するための、わざとらしい笑い方。「ゆき乃はフッ、フッ、フッ、と笑って」(中山可穂『燦雨』)

③おかしさを堪え切れず吹き出す様子。「可笑しさをこらえていたが、…一度にふっと吹き出してしまった」(芥川龍之介『鼻』)

④急に跡形もなく、消えたりいなくなったりする様子。「ふっと窓の闇の中へ見えなくなってしまいました」(江戸川乱歩『目羅博士』)

⑤前後の脈絡なく、突如として物事が生じる様子。突発的に思い付いたり、理由もなく感情が変化したりする時などに使う。鎌倉前期には既に使われていた用法。「夏休みに入っても、何かにつけ、ふっと思い出す」(佐藤多佳子『彼のモチーフ』)

◆**参考**「ふっ」には江戸時代まで、細長い物を切断する様子を表す用法もあった。

(佐藤有紀)

ぶっ

①細い穴から、風などが一気に激しく放出される音。また、その様子。特に口をすぼめて、息を瞬間的に強く吹く時に多く使う。「落付き払って金口の煙をぶっと吹いた」(宮嶋資夫『金』)。江戸時代には一般に使用されていた語。

②おかしくて堪え切れず、激しく吹き出して笑う様子。唾が飛ぶような下品な笑い方。

③放屁する時の音。「誰かがブッと屁を放る」(大杉栄『獄中記』)

(佐藤有紀)

ぷっ

①細い穴から、風などが一気に放出される音。また、その様子。特に口をすぼめて瞬間的に、口中の物や息を勢いよく吹く音を表すことが多い。「煙草の葉が口に入ったらしく、ぷっと床にはき出した」(藤田宜永『イザベル』)。明治頃から使用されていた語。

②放屁の音。音の高い、少し可愛らしい感じの音。「プッとおならが出た」(朝日新聞02・5・10)

③おかしくてたまらず、思わず吹き出す様子。

❖**三遊亭円朝** →P.141

❖**中山可穂** 小説家。大学卒業後、劇団を主宰。解散後、会社勤務を経て作家生活に。平成七年『天使の骨』で朝日新人文学賞受賞。作品『白い薔薇の淵まで』など。(一九六〇〜)

❖**芥川龍之介** →P.12

❖**江戸川乱歩** →P.147

❖**佐藤多佳子** 児童文学作家。会社勤務の後、作家生活に。平成元年『サマータイム』で月刊MOE童話大賞受賞。作品『イグアナくんのおじゃまな毎日』など。(一九六二〜)

❖**宮嶋資夫** 小説家。アナーキストとして、大正四年『近代思想』を発行。翌五年、第一作『坑夫』が発禁処分。昭和五年、思想的な悩みから出家。作品『第四階級の文学』(評論集)、『遍歴』(自伝)など。(一八八六〜一九五一)

❖**大杉栄** →P.107

❖**藤田宜永** 小説家。昭和六一年『野望のラビリンス』でデビュー。おもに推理小説や冒険小説などを手がけたが、その後、恋愛小説に新境地をひらき、平成一三年『愛の領分』で直木賞受賞。作品『鋼鉄の騎士』『求愛』など。(一九五〇〜)

「ぷっと吹き出したくなるのを我慢しながら」(谷崎潤一郎『痴人の愛』)。「ふっ」より激しく、「ぶっ」よりは弱い、両者の中間的な笑い方。

④瞬間的に膨らむ様子。「ひどい藪蚊にさされる。皮膚が弱いのですぐぷっとふくれる」(林芙美子『放浪記』)

⑤急に不機嫌になる様子。「ものを云わずぷっと外へ出て行った」(幸田文『流れる』)。④から転じた用法。怒ると膨れ面になるところから。

◆**類義語**「ぷっぷっ」

①②の類義語。「ぷっぷっ」は連続音。 (佐藤有紀)

ぶつくさ

不平・不満・文句などを誰に対してというわけでもなくいう様子。「ぶつくさ小言を並べても、わしは聞く耳もたん」(和久峻三『疑わしきは罰せよ』)、「『こりゃワイドショーが喜ぶだろうな』とカメラマンたちがぶつくさ」(朝日新聞02・1・8)

◆**類義語**「ぶつぶつ」

「ぶつぶつ」も不平や文句をいう様子を表す場合が多いが、口の中で何かを唱えるなど必ずしも文句を言う場合には限らない。 (佐々木文彦)

ふっくら

好ましい状態で丸く柔らかくふくらんでいる様子。頬や体つきの丸み、炊き上がったご飯などに言う。「ふっくらとしていた頬はげっそりと肉が落ちた」(週刊朝日02・5・17号)、「ふっくらと見事に炊きあがった飯を」(北杜夫『楡家の人びと』)

◼**参考**「ふっくら」の元の語形である「ふくら」は「痩せたれど、頬つきふくらかに」(『源氏物語』)のように古くから用いられており、意味も「ふっくら」とほぼ同じである。 (佐々木文彦)

ふっくり

好ましい様子で柔らかくふくらんでいる様子。「柳はほんのりと萌え、花はふっくりと莟んだ」(泉鏡花『売色鴨南蛮』)、「カボチャの煮物…色美しく、ふっくりと煮含めます」(朝日新聞92・7・7)

◆**類義語**「ふっくら」

「ふっくら」もほぼ同じ意味で用いられ、頬や体つきを表すことの多い語であるが、「ご飯」や「パン」のやわらかさを表現する場合にはもっぱら「ふっくら」が用いられる。 (佐々木文彦)

ふっくら 寒さに耐えて羽毛をふくらませている雀、またはふっくらと肥えた子雀を意匠化したものを「脹雀(ふくらすずめ)」といい、日本の代表的な文様の一つである。

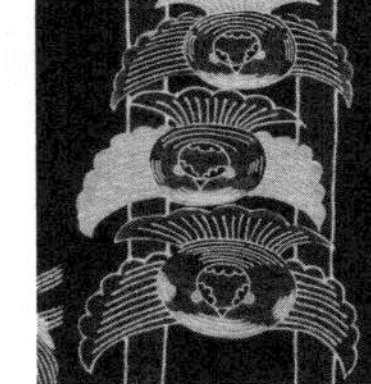

❖**谷崎潤一郎** →P.7
❖**林芙美子** →P.25
❖**幸田文** →P.122
❖**和久峻三** 推理作家。中日新聞記者から弁護士となり、昭和四七年『仮面法廷』で江戸川乱歩賞受賞。平成元年『雨月荘殺人事件』で日本推理作家協会賞受賞。作品『赤かぶ検事』シリーズなど。(一九三〇〜)
❖**北杜夫** →P.30
❖**源氏物語** →P.194
❖**泉鏡花** →P.8

ぷっくり

柔らかくふくらんでいる様子。「カキは寒さが加われば加わるほど、ぷっくりと身が肥える」（朝日新聞夕刊01・11・26）

◇**類義語**「ふっくら」「ふっくり」

「ふっくら」や「ふっくり」も「やわらかくふくらむ」という意味で同じであるが、「ぷっくり」は貝の身や花の蕾など、小ぶりなものを表すことが多く、「霜焼け」「瘤」など好ましからぬものにも用いるという点で他と異なる。（佐々木文彦）

ぶつっ

①太い紐や連続的なものが、乱暴な感じで突然切れる様子。「『殺人的十六分音符の六連符フレーズ』が…ひとしきり暴れ回り、ぶつっとやむ」（AERA98・3・16号）

②かたいものを断ち切る様子。「食べると、ぶつっと骨の感触が舌に残り」（AERA00・12・4号）

◇**類義語**「ぷつっ」

「ぷつっ」も同じような意味で用いられるが、「ぶつっ」に比べると軽い感じ。（佐々木文彦）

ぷつっ

①連続的なものが突然切れる様子。「仲田は野島がうわの空で聞いているのがわかったか、話をぷつっとやめた」（❖武者小路実篤『友情』）、「詳しい様子や連絡先を聞こうとしたらぷつっと回線が切れてしまった」（週刊朝日01・11・30号）

②表面が張り詰めたものを押しつぶしたり、噛み切ったりして破る様子。「小豆をざるに上げ、…指でぷつっとつぶれるくらいまで炊いていきます」（朝日新聞00・7・23）（佐々木文彦）

ふっつり

何か続けていたことを突然やめてしまってそのままになったり、急に姿を現さなくなったりする様子。「入社すると同時に、ふっつりと山はやめていた」（❖森村誠一『超高層ホテル殺人事件』）、「華岡直道は佐次兵衛の父の死後ふっつりと姿を見せていない」（❖有吉佐和子『華岡青洲の妻』）

◇**類義語**「ぷっつり」「ぶっつり」

「ぷっつり」「ぶっつり」は、ベルトや紐など具体的なものがちぎれる様子を表す用法を持つ点で

❖**武者小路実篤**　小説家。明治四三年、志賀直哉・有島生馬らと『白樺』創刊。小説のほか、戯曲、詩、絵画などにも活躍。大正七年、宮崎県に「新しき村」を開く。作品『友情』『真理先生』など。昭和二六年、文化勲章受章。（一八八五〜一九七六）

❖**森村誠一**　小説家。ホテル勤務の後、昭和四四年『高層の死角』で江戸川乱歩賞受賞。同四八年『腐蝕の構造』で日本推理作家協会賞受賞。作品『人間の証明』『悪魔の飽食』など。（一九三三〜）

❖**有吉佐和子**　小説家。演劇にたずさわった後、昭和三一年に『地唄』でデビュー。多芸多才な才女といわれた。作品『華岡青洲の妻』『恍惚の人』など。（一九三一〜一九八四）

「ふっつり」と異なる。

　何か事柄が途絶えるという意味では「ぷっつり」を用いるのが普通で、「ふっつり」を用いるとやや文章語的な表現になる。

　「ぶっつり」を用いると「ふっつり」や「ぷっつり」よりも途絶え方の唐突さが強調された形となり、「昼間のプロ野球中継も九回表でぶっつり終わってしまったりもする」(朝日新聞94・10・5)などの例に見られるように、突然終わってしまうことに対する怒りや非難の気持ちを表現するのにふさわしい。　(佐々木文彦)

ぶっつり

①縄やベルトなど太いものがちぎれる様子、また続いていたものが突然途絶える様子。「頭から二塁に滑り込み、はずみで丈夫な革ベルトがぶっつり切れる果敢なプレーを見せた」(朝日新聞95・7・17)、「ラジオが『特に警戒を要す』と放送してブッツリと中断した」(AERA91・4・30号)
②寡黙で無愛想な様子。「ぶっつり押し黙ったままで聞きながら歩く」(❖有島武郎『生れ出づる悩み』)。ふつうは「むっつり」を用いる。　(佐々木文彦)

ぷっつり

①続けていたことを突然やめたり、何かが急に途絶える様子。また、緊張感や集中力が途切れる様子。「踏み跡らしいものはそこでぷっつりと途絶えて」(❖長井彬『北アルプス殺人組曲』)、「心臓を患ってから、精輔は好きな日本酒をぷっつりやめていたが」(❖夏堀正元『摩天楼―消えた商社』)
②弾力のあるものがちぎれる様子。「おもちのような伸びはなく、ぷっつりとかみ切れる」(朝日新聞01・4・19)　(佐々木文彦)

ふっふっ

余裕をもって軽く笑う様子。含み笑いや不敵な様子を表すのに用いられることが多い。「老人はぽんと煙管をはたくと、ふっふっと笑い、恭平をまっすぐに見た」(❖和巻耿介『王道の門～疾風編～』)
◆類義語「ふっふっふっ」
「ふっふっふっ」になると「不敵さ」が強まる。「フッフッフッ、と奇妙な高い声を続けて。この『不敵さ』こそ、ポゴレリチがポゴレリチである所以かもしれない」(AERA00・8・28号)　(佐々木文彦)

❖有島武郎　小説家。内村鑑三の影響を受け、キリスト教に入信。アメリカ留学後、明治四三年、雑誌『白樺』の創刊に参加。作品『カインの末裔』『或る女』など。(一八七八～一九二三)
❖長井彬　推理作家。毎日新聞社を退社後、昭和五六年『原子炉の蟹』で江戸川乱歩賞受賞。最年長者の受賞として話題となる。作品『北アルプス殺人組曲』など。(一九二四～二〇〇二)
❖夏堀正元　小説家。北海道新聞記者ののち、執筆活動に入り、『罠』で評価を得る。現代社会の矛盾をついた作品を多く発表。作品『豚とミサイル』『青年の階段』など。(一九二五～一九九九)
❖和巻耿介　小説家・翻訳家。作品『北米インディアン生活誌』(訳書)、『五二半捕物帳』シリーズなど。(一九二六～一九九七)

ぶつぶつ

①不平や不満、独り言などを言い続けること。「勿論、ぶつぶつと自問自答していた事の方が大事だったのである」(小林秀雄『モオツアルト』)、「かわいそうに、みんなからブツブツ言われてる」(喜多嶋隆『テネシー・ワルツは、1度だけ』)

②連続するものが寸断される様子。「ブツブツ切れて、こんな携帯電話なんか使えない」(朝日新聞夕刊98・12・25)、「ワープロの設定を、字間ゼロ、行間ゼロにする。そうしないと、線がブツブツに切れてみっともない」(朝日新聞夕刊98・3・3)

③小さな粒状のものや穴が多数出来る様子。「千畳敷には一面ゴツゴツとした黒い溶岩があり、ぶつぶつ穴だらけの石を記念に持ち帰った」(朝日新聞00・9・8)、「笠の上にブツブツがあるテングタケ、ベニテングタケも有毒」(朝日新聞96・11・2)

④小さなあわを出しながら煮立ったり沸いたりする様子。「ホワイトソース…木しゃもじで焦がさないようにいため、ぶつぶつ煮立ってきたらスープと牛乳を一度に加え」(朝日新聞93・3・7)

◆**類義語「ぷつぷつ」「ふつふつ」**

「ぷつぷつ」は②③④の類義語。「ぶつぶつ」と比べて小さく、軽い感じである。

「ふつふつ」は「ぶつぶつ」「ぷつぷつ」と音が似ているが、意味は異なる。「感情」「疑問」「情熱」「自信」などがひとりでに湧いてくる様子を表すのが普通。「五右衛門の胸に底知れぬ悲しみが、ふつふつとしてわいてきた」(村山知義『忍びの者』)、「私はふつふつとたぎる気持を抑えて」(沢木耕太郎『一瞬の夏』)のように、「湧き上がる」「煮えたぎる」などの動詞とともに用いられることが多く、④に似ているが、本当に何かが煮える様子について用いられる例は少ない。

(佐々木文彦)

ぷつぷつ

①連続するものが寸断される様子。「打線がぷつぷつと切れた感じだ」(朝日新聞97・4・28)

②小さな粒状のものや穴が多数出来る様子。「どらやきの皮の裏のように、ぷつぷつ穴が開いた状態にする」(朝日新聞98・10・27)

③小さなあわを出しながら煮立ったり沸いたりする様子。「ぷつぷつと米が煮立つ音を聞きながら、食事の支度をする。焦げないように匂いにも気をかける」(AERA01・9・24号)

(佐々木文彦)

❖**小林秀雄** →P.389

❖**喜多嶋隆** 小説家。昭和五六年『マルガリータを飲むには早すぎる』で小説現代新人賞受賞。作品『ポニー・テールは、ふり向かない』など。(一九四九〜)

❖**村山知義** 劇作家・演出家。作品『暴力団記』(戯曲)、『忍びの者』(小説)など。(一九〇一〜一九七七)

❖**沢木耕太郎** ノンフィクション作家。昭和四八年、『若き実力者たち』でデビュー。同五三年『テロルの決算』で大宅壮一ノンフィクション賞受賞、ニュージャーナリズムの旗手となる。作品『一瞬の夏』『深夜特急』など。(一九四七〜)

ぶつぶつ 空腹のため、つい不平不満の独り言が。

(赤塚不二夫『おそ松くん』より)

ふつり

人と人との関係、音信などが突然断ち切られる様子。「だが、あるときからふつりと音信を絶った。最後に届いた手紙には」(AERA91・6・4号)、「こんな絡んだ縁をふつりと切るのに想像の眼を開いていては出来ぬ」(夏目漱石❖『虞美人草』)

◆参考 夏目漱石の作品にいくつか用例があるほかは小説などではあまり用いられない。現代では雑誌の記事などに音信や消息を絶つという文脈でわずかに例が見られる。 (佐々木文彦)

ぶつり

それまで続いていたものが突然断ち切られる様子。「人間、いったん希望を持ったあとに、また絶望の淵に叩き落とされることほど辛いものはない。肉体的にはどんなタフな人間でも、精神的にぶつりと切れてしまうのだ」(田中光二❖『処刑大陸』)、「電話は、そこでぶつりと切れた」(赤羽堯❖『琥珀の迷宮』)

◆参考 新聞・小説ともにあまり例が見られない。同様の意味でよく使われるのは「ぷつり」。「ぶつり」はそれを強調した形。 (佐々木文彦)

ぷつり

①糸や紐(ひも)などが切れる音や様子。「ソーセージを作る…ボイルだけのよりずっと赤く、かむとプツリと破れて肉汁がほとばしった」(朝日新聞93・9・4)

②電話の声や心の中のある感情など、それまで続いていたものが突然途切れる様子。「そう言い終わったとたんに、日出夫の声はぷつりと途絶えた。電話を、切ったのである」(笹沢左保❖『他殺岬』)、「兄のその言葉を聞いた瞬間、長いことじっと堪え忍んできた藍子の心のどこかが、ぷつりと切れた」(北杜夫❖『楡家の人びと』)

③小さい穴が開いている様子。「虎の瞳の中央に、プツリと銀針で突いたほどのかすかな穴があいている」(司馬遼太郎❖『国盗り物語』)

◇類義語「ふつり」「ぶつり」「ぷつん」

「ふつり」は、人間関係や消息が途絶えるといった抽象的な意味で用いられる。「ぶつり」は「ぷつり」を強調した形であるが、あまり用いられない。「ぷつん」は「ぷつり」とほとんど同じように用いられるが、「ぷつん」の方が勢いがやや強く感じられる。 (佐々木文彦)

❖夏目漱石 →P.8

❖田中光二 小説家。田中英光の次男。NHK勤務の後、昭和五四年『血と黄金』で角川小説賞、同五五年『黄金の罠』で吉川英治文学新人賞受賞。作品『オリンポスの黄昏』など。(一九四一)

❖赤羽堯 小説家。週刊誌記者を経て、昭和五四年『スパイ特急』でデビュー。同六一年『脱出のパスポート』で直木賞候補となる。作品『復讐、そして栄光』『チンギスハーン英雄伝』など。(一九三七)

❖笹沢左保 小説家。昭和三五年『招かざる客』でデビュー。同三六年『人喰い』で日本探偵作家クラブ賞受賞。創作分野は本格推理小説から風俗小説まで広範囲。作品『木枯し紋次郎』シリーズなど。(一九三〇〜二〇〇二)

❖北杜夫 →P.30

❖司馬遼太郎 →P.16

ぷつん

①細いものを断ち切る時の音。またその様子。「柳の葉をぷつんとちぎると、肩をゆすって玄関のなかへ駈けこんでいった」(三浦哲郎『驢馬の鈴』)

②人間関係や電話、話し声など、それまで続いていたものが突然途切れる様子。「はなし声は、そこでプツンと切れます」(陣出達朗『伝七捕物帳』)

◆参考 「大きな包みの麻紐を、プツンプツンと切っていった」(鮎川哲也『硝子の塔』)のように「プップツン」の形でも用いる。(佐々木文彦)

ふにゃっ

①触った感触が柔らかい様子。水でふやけた物をつかんだりした時の、湿っていて張りのない感触を言うのによく使う。または、見た目として物が通常の状態よりも弾力を失い柔らかくなっている様子。「鉢植えに水をやらなかったので、葉がふにゃっとなってしまった」

②人が精神的に軟弱な様子。または、精神的に落ち込んで気力を無くしている様子。「彼は叱るとすぐにふにゃっとなる」(池上 啓)

ふにゃふにゃ

①触った感触がやわらかくて、しまりのない様子。「新聞をどけてしまうと、下にはポリエチレンだか発泡スチロールだかの、子供の小指ほどの大きさのふにゃふにゃとした詰めものがでてきた」(村上春樹『世界の終りとハードボイルド・ワンダーランド』)

②人が精神的に軟弱な様子。または、精神的に落ち込んで気力を無くしている様子。「お前もいくじのないやつだ。何というふにゃふにゃだ」(宮沢賢治『グスコーブドリの伝記』)

◆類義語 「ふにゃっ」「ふにゃり」「ふにゃん」

三語とも①②の類義語。「ふにゃふにゃ」はしまりのなさや軟弱さが継続して感じられる場合に使うが、「ふにゃっ」などはしまりのなさや軟弱さを瞬間的に感じた場合に使う。

また、「ふにゃっ」はしまりのなさが最も瞬間的で強く感じられる場合に、「ふにゃり」はしまりのなさが固定化した状態として感じられる場合に、「ふにゃん」はしまりのない物に触れた時に、その弾力性が手にはねかえってくるような感じを受ける場合に使う。(池上 啓)

❖三浦哲郎 小説家。井伏鱒二に師事。昭和三五年『忍ぶ川』で芥川賞受賞。血の系譜に悩み、それを克服して生きることをテーマとする。作品『白夜を旅する人々』『みのむし』など。(一九三一～二〇一〇)

❖陣出達朗 小説家。時代小説作家として『遠山の金さん』『伝七捕物帳』シリーズなどを執筆、映画化およびテレビドラマ化されて人気を得た。昭和四九年『夏扇冬炉』で日本作家クラブ賞受賞。(一九〇七～一九八六)

❖鮎川哲也 小説家。昭和三五年『黒い白鳥』『憎悪の化石』で日本探偵作家クラブ賞受賞。トリックを駆使した本格推理小説の代表的作家。作品『黒いトランク』『朱の絶筆』など。(一九一九～二〇〇二)

❖村上春樹 →P.94

❖宮沢賢治 →P.34

ふふふ

人が含み笑いをする声。いたずらっぽい笑い、または不敵な笑いを示すことが多い。『私妊娠していると思ってたのよ。ふふ、今考えるとおかしくって、ふふふ』と、含み笑いしながら」(川端康成❖『雪国』)

◇**類義語**「うふふ」「ふっふっふ」「ふふん」

「うふふ」はいたずらっぽい笑いを、「ふっふっふ」は不敵な笑いを示すことが多い。また、「ふふん」は鼻であしらうような笑いを示す。（池上　啓）

ぶよぶよ

①触った感触や見た目が、水ぶくれしたように張りがなくて柔らかい様子。「ふにゃふにゃ」などよりも無気味な感じが強い。「手紙はぶよぶよと、変な手触りだった。つまんだ指先に力を入れると、中から血がふきだした」(安部公房❖『砂の女』)、「彼は…かなり痩せたというか、ぶよぶよと水ぶくれしたようにたるんだ肉がいくらか引きしまってきていた」(北杜夫❖『楡家の人びと』)

②記憶や精神状態が、輪郭がはっきりせずあいまいな様子。「それらの仕事についてぼくはぶよぶよした円筒状の記憶をもつだけだ」(倉橋由美子❖『聖少女』)、「岩蔭にしがみついて押し流されて行く海藻の後悔と、ぶよぶよの水母の無力感とが後に残った」(福永武彦❖『草の花』)

◆**参考**「ぶよぶよ」は古くは「ゆぶゆぶ」と言った。平安時代末期の『今昔物語集❖』に「一身ゆぶゆぶと腫(はれ)たる者」という例がある。また室町時代末期の『日葡辞書(にっぽじしょ)❖』では「ゆぶゆぶ」を「すっかり固まってはいない物、たとえば、牛乳とか泥とかが揺れ動くさま」と説明している。（池上　啓）

ふらふら

①疲れや発熱のために、足許がおぼつかなかったり、しっかりと立っていられなかったりする様子。「体力づくりのために毎朝早く起きて、裸で島内を何十キロも走る。ふらふらになって合宿所に戻ると」(日本経済新聞夕刊00・12・19)

②組織や精神などが不安定である様子。「事実上倒閣を見送る方針を決めたことで、ふらふらだった小渕政権は息を吹き返した」(日本経済新聞01・1・3)、「Kが理想と現実の間に彷徨してふら

❖**川端康成**　→P.91
❖**安部公房**　→P.102
❖**北杜夫**　→P.30
❖**倉橋由美子**　→P.101
❖**福永武彦**　→P.27
❖**今昔物語集**　平安時代の説話集。編者未詳。インド・中国・日本の一〇〇〇余りの説話を収録。仏教的、教訓的な傾向が強いが、内容は多彩であり、あらゆる階層の人間が登場する。一二世紀初頭成立。
❖**日葡辞書**　→P.15

ふらしているのを」(夏目漱石『こゝろ』)

③深く考えずに行動する様子。誘惑に負けて考えなしに行動したり、これといった目的もなく歩き回ったりする様子を示すことが多い。「異性からのお誘い多く、ついフラフラと浮気心が」(女性自身00・12・5号)、「例えば銀座などをふらふら歩いていて、知人の作家、編集者などに会った場合は、どうするか」(五木寛之『風に吹かれて』)

④物が、風に吹かれたりして揺れている様子。「差し出した白い手の下から、長い紐がふらふらと春風に揺れる」(夏目漱石『草枕』)、「(地震で)机の上の一輪挿に活けた、椿がふらふらと揺れる」(夏目漱石『草枕』)

◇類義語「ぶらぶら」

「ぶらぶら」は③④の類義語。③については、「ぶらぶら」は「目的もなく歩き回る」意で使うことがほとんどで、「ふらふら」のように「誘惑に負けて」という意味で使うことはない。④については、「ぶらぶら」のほうが「ふらふら」よりも揺れている物の重量が重く感じられる。

◆参考「ふらふら」の「ふら」を含んだ動詞に「ふらつく」がある。古くは「ふらめく」もあった。「蓑虫は 古木の枝に ふらめきて」(『犬子集』)(池上 啓)

ぶらぶら

①これといった目的もなく歩き回る様子。または、定職を持たずに怠惰な生活を送っている様子。「建吾は富子の袋をさげて、ぶらぶら露店を見て行く」(朝日新聞01・1・5)、「少年は定職に就かず家でぶらぶらしていることを父親にしかられ」(日刊スポーツ00・12・31)

②垂れ下がった状態のものが、前後左右に揺れる様子。垂直方向の揺れには使わない。「濡れた両手が胸倉を取られたまま、ぶらぶらと揺れた」(朝日新聞00・12・20)、「ひざから下をブラブラさせるなど、『ソワソワした』感じがないか?」(SPA!00・12・6号)

◇類義語「ぷらぷら」「ふらふら」

「ぷらぷら」は①②の類義語。①については、「ぶらぶら」よりも浮ついて軽い感じになる。②については、「ぶらぶら」に比べて揺れている物の重量が軽い感じになる。

「ふらふら」も①②の類義語。①については、「ぶらぶら」に比べて放心状態でさまよい歩くといった意味合いが強くなる。②については、「ぶらぶら」に比べて揺れている物の重量が軽く感じられ、頼

❖夏目漱石 英文学者・小説家。英語教師をへて、イギリスに留学。帰国後、『東京朝日新聞』の専属作家となり、同新聞に次々と作品を発表。森鷗外とともに近代日本文学の確立に貢献。作品『吾輩は猫である』『三四郎』など。(一八六七〜一九一六)

❖五木寛之 小説家。昭和四二年『蒼ざめた馬を見よ』で直木賞受賞。終戦時の苛酷な引き揚げ体験が、作品の根幹をなす。作品『さらばモスクワ愚連隊』『青春の門』など。(一九三二〜)

❖犬子集 江戸時代の俳諧選集。松永貞徳門下の松江重頼が、宗鑑『犬筑波集』以後の発句・付句の秀句を選んだもの。室町時代の天文年間から江戸時代初期に至る句を収めている。寛永一〇年(一六三三)刊。

りなげに揺れているといったニュアンスになる。

なお、「ふらふら」は疲れなどで足許がおぼつかない様子を示す用法も持っているが、「ぶらぶら」にはそのような用法はない。つまり、「疲れてふらふらした足どりで帰ってきた」とは言えるが、「ぶらぶらした足どりで」とは言えない。

◆参考 「ぶらぶら」の「ぶら」を含む動詞としては「ぶらつく」「ぶらつかす」「ぶら下げる」などがある。また、古くは「ぶらめく」(ぶらぶら揺れる、または、ぶらぶら歩く意)、「ぶらくる」(ぶら下げる意)という動詞もあった。　(池上　啓)

ふらり

①予告もなく突然、または明確な目的もなく、何かをする様子。出かける、または訪れるといった動作に関して使うことが圧倒的に多い。「僕は、一昨日、ふらりと家を出ちまったんですよ」(曾野綾子❖『太郎物語』)、「会社帰りにふらりと立ち寄れる店だって、ちゃんとある」(Hanako 00・12・20号)、「ひとりで、ふらりと渋谷の名画座で見たんだよ、この映画」(朝日新聞01・1・7)

②物や体が不安定に揺れる様子。「何としたか、主税、茶碗酒をふらりと持った手が、キチンと極る」(泉鏡花❖『婦系図』)、「ふらり、とめまいがするほどに、体のしんがこころよく虚脱している」(司馬遼太郎❖『国盗り物語』)

◇類義語 「ふらりふらり」

①②の類義語。①については「歩く」という動作について使うことが多く、「出かける」などの動作には使わない。これは、「ふらりふらり」が「ふらり」と違って動作の継続を表すためである。「ふらりふらり歩きながら太郎は美男というものの不思議を考えた」(太宰治❖『ロマネスク』)　(池上　啓)

ぶらり

①予告もなく突然、または明確な目的もなく、何かをする様子。出かける、または訪れるといった動作に関して使うことが多い。「ある日ぶらりと立ち寄ったわたしに、珠子は一冊の婦人雑誌を見せてくれました」(筒井康隆❖『エディプスの恋人』)、「ぶらりと歩くのが好きな人には最適な散歩コースだ」(週刊現代00・12・2号)

②物が垂れ下がって揺れている様子。「ぶらりと両手を垂げたまま、圭さんがどこからか帰って

❖曾野綾子 →P.25
❖泉鏡花 →P.8
❖司馬遼太郎 →P.16

❖太宰治 小説家。井伏鱒二に師事。昭和一〇年に『逆行』が芥川賞候補になるなど、戦前から作家として知られる。戦後、坂口安吾などとともに無頼派と呼ばれ、『斜陽』『桜桃』などで流行作家となる。作品『ヴィヨンの妻』『津軽』など多数。(一九〇九〜一九四八)

❖筒井康隆 小説家。昭和五六年、『虚人たち』で泉鏡花賞受賞。以降、風刺のきいたパロディーやブラックユーモアで人気を得る。平成五年、言葉狩りの風潮に抗議して断筆宣言、後、解除。作品『俗物図鑑』『文学部唯野教授』など。(一九三四〜)

来る」(夏目漱石『二百十日』)

◇類義語「ぶらりぶらり」「ぶらり」

「ぶらりぶらり」は①②の類義語。「ぶらり」に比べて動作が継続していることを示す。「毎日毎日をぶらりぶらり遊んですごしているゆえ」(太宰治『彼は昔の彼ならず』)

「ふらり」も①②の類義語。①については、「ぶらり」が怠惰で重い印象になるのに対して、「ふらり」は浮ついた軽い印象になる。②については、「ぶらり」よりも「ふらり」のほうが、揺れている物の重量が軽い感じになる。　(池上　啓)

ぶらん

物が垂れ下がって揺れている様子。「その満開の桜の一枝に寒くぶらんとぶらさがっている縄きれを見つめていた」(太宰治『狂言の神』)

◇類義語「ぷらん」「ぶらり」

「ぷらん」は、「ぶらん」よりも垂れ下がっている物の重量が軽い感じになる。「くらげをぷらんと手でぶら下げて」(宮沢賢治『サガレンと八月』)

「ぶらり」は、物が垂れ下がっていることをより固定化した状態と感じる場合に使う。　(池上　啓)

ぶりぶり

人が怒っている様子。「紳士がネネムの耳をつかんでぶりぶり云いながら立っていました」(宮沢賢治『ペンネンネンネンネン・ネネムの日記』)

■参考　怒りを示す「ぶりぶり」が見えるのは明治以降である。それ以前にも「ぶりぶり」という語はあったが、こちらは「振り」を重ねたもので、物が振動する様子を示すものだった。現代では用例は少ないが、宮沢賢治『春と修羅』に「白い上着がぶりぶりふるふ」の例がある。　(池上　啓)

ぷりぷり

①身が引き締まって弾力性に富んでいる様子。食物の状態に関して使うことが圧倒的に多い。「新鮮でぷりぷりした貝は潮の香りがした」(朝日新聞01・1・7)、「プリプリとした食感がたまらない海老のチリソース煮」(SPA!00・12・13号)

②乾いた薄い物を手で破る様子。「私は手が寒いので、羽織の肩あげをぷりぷりと破って袖口で手を包んだ」(林芙美子『放浪記』)。普通は「ぴりぴり」。

③人が怒っている様子。「おとっつぁんは、なお

❖夏目漱石　→P.8

❖太宰治　小説家。井伏鱒二に師事。昭和一〇年に『逆行』が芥川賞候補になるなど、戦前から作家として知られる。戦後、坂口安吾などとともに無頼派と呼ばれ、『斜陽』『桜桃』などで流行作家となる。作品『ヴィヨンの妻』『津軽』など多数。(一九〇九〜一九四八)

❖宮沢賢治　詩人・童話作家。岩手県の花巻で、農業指導のかたわら詩や童話を創作。大正一三年、詩集『春と修羅』と童話『注文の多い料理店』を自費出版。作品『銀河鉄道の夜』『風の又三郎』など。(一八九六〜一九三三)

❖林芙美子　小説家。昭和五年、自らの苦難の半生をつづった自伝的小説『放浪記』がベストセラーとなり、女流作家の道を歩む。作品はほかに『晩菊』『浮雲』など。(一九〇三〜一九五一)

ぷりぷりしていた」（山本有三❖『路傍の石』）、「殊に私は、露骨にぷりぷり怒っている様子を見せたものですから」（太宰治❖『饗応婦人』）、「こう思うと神経がぷりぷりする」（田山花袋❖『生』）

❖**類義語**「ぶりぶり」

「ぶりぶり」は③の類義語。「ぷりぷり」がふくれっ面をしていたりする見た目を言うのに対して、「ぶりぶり」は文句を実際に口に出して怒っているという感じが強くなる。よって、「ぷりぷり云っていた」とは言えないが、「ぶりぶり云っていた」とは言える。（池上　啓）

ぷりんぷりん

①身が引き締まって弾力性に富んでいる様子。「好物はぷりんぷりんのゼリーだ」

②人が怒っている様子。「彼女は…プリンプリンと憤った態度をして」（夢野久作❖『少女地獄』）

❖**類義語**「ぷりぷり」

「ぷりぷり」は①②の類義語。弾力性のある物に触れた時に手にはねかえってくる力の程度や、怒ってつんつんしている程度が、「ぷりんぷりん」よりも弱い印象になる。（池上　啓）

ぶるぶる

①物が振動して出る音。車のエンジン音や、馬が鼻を鳴らす音などを示すのに使われる。「赤い馬が首を出して、鼻をブルブル言わせた」（島崎藤村❖『千曲川のスケッチ』）

②寒さ・恐怖・怒りなどによって、人の身体や手足が小刻みに震える様子。「搭乗口でまっ青になって、ぶるぶる震えだすんだからね」（日本経済新聞01・1・8）

③物が小刻みに震える様子。「羊歯類は此の絶壁のあちこちにも生えていて、滝のとどろきにしじゅうぶるぶるとそよいでいるのであった」（太宰治❖『魚服記』）

④否定の意思表示で首を左右に大きく振ったり、水を切ろうと手を大きく上下に振ったりする様子。「彼女は首をぶるぶると左右に大きく振って、自分は無関係であることを主張した」

❖**類義語**「ぶるんぶるん」

①〜④の類義語。「ぶるぶる」よりも動きに伴う反動がより強い感じになる。結果として、エンジンならより勢いよく回っている感じに、首ならより大きく振っている感じになる。（池上　啓）

❖**山本有三**　→P.30

❖**太宰治**　→P.474

❖**田山花袋**　小説家。江見水蔭に師事。明治三九年、博文館発行の『文章世界』の主筆となる。翌四〇年『蒲団』を発表、私小説の出発点となる。作品『重右衛門の最後』『田舎教師』など。（一八七一〜一九三〇）

❖**夢野久作**　小説家。奔放な空想力を駆使して幻想的世界を描き出す。作品『瓶詰地獄』『ドグラ・マグラ』など。（一八八九〜一九三六）

❖**島崎藤村**　詩人・小説家。明治二六年、『文学界』の創刊に参加。同三〇年、詩集『若菜集』刊行。同三九年、小説『破戒』を出版し、自然主義文学の作家としての地位を確立。作品『新生』『夜明け前』など。（一八七二〜一九四三）

ぶるるっ

①物が振動して出る音。「空でブルルッとはねの音がして」(❖宮沢賢治『貝の火』)

②寒さや恐怖、武者震いなどで身体を強く震わせる様子。「猫は…ぶるるっとからだをふるわせて」(宮沢賢治『十月の末』)

◆**類義語**「ぶるっ」

「ぶるっ」は①②の類義語。「ぶるるっ」が連続した音や動きを示すのに対して、「ぶるっ」は一回性の音や動きを示す。　(池上　啓)

ぶるん

①物が振動して出る音。エンジンが勢いよく回る音や、かたい物または重量のある物が強い力によって振動した時の音を示す。「ぶるんと音がして、車のエンジンがかかった」

②身体を瞬間的に強く震わせる様子。武者震いのような、積極的な意志を持った動きに関して使われることが多い。「ゆるしが出たのでポチは、ぶるんと一つ大きく胴震いして、弾丸の如く赤犬のふところに飛び込んだ」(❖太宰治『畜犬談』)

③腕などを大きく振り回す様子。「さて、メロスは、ぶるんと両腕を大きく振って、雨中、矢の如く走り出た」(太宰治『走れメロス』)

④顔を手のひらなどで乱暴に拭ったりする様子。乱暴に顔を拭うことによって顔の肉が震えるような感じがするところから、このような意味を示すようになった。「その顔を、ブルンと掌の平で撫でて」(❖里見弴『今年竹』)

◆**類義語**「ぶるっ」

①〜④の類義語。「ぶるっ」は「ぶるん」よりも振幅の小さい、より瞬間的な動きを示す。　(池上　啓)

ぷるんぷるん

身が引き締まって弾力性に富んでいる様子。また、そのような物が細かく震える様子。「ゼリーは皿の上でぷるんぷるんと震えた」

◆**類義語**「ぶるんぶるん」

「ぶるんぶるん」のほうが、対象となる物の重量や揺れ方が重く感じられる。なお、「ぶるんぶるん」は「ぷるんぷるん」とは異なり、音を示す用法も持っている。「その小刀は…ぶるんぶるんと音をたててふるえた」(❖水上勉『雁の寺』)　(池上　啓)

❖**宮沢賢治**　詩人・童話作家。岩手県の花巻で、農業指導のかたわら詩や童話を創作。大正一三年、詩集『春と修羅』と童話『注文の多い料理店』を自費出版。作品『銀河鉄道の夜』『風の又三郎』など。(一八九六〜一九三三)

❖**太宰治**　→P.477

❖**里見弴**　→P.44

❖**水上勉**　小説家。宇野浩二に師事。幼少時を寺で過ごし、後、還俗。昭和三六年『雁の寺』で直木賞受賞。社会派推理小説から、女の宿命を描いた『越前竹人形』まで、多彩な分野で活躍。作品『飢餓海峡』『五番町夕霧楼』など。(一九一九〜二〇〇四)

ふわっ

①やわらかく適度に弾力に富んでいる様子。「ふわっと温いホットケーキの一切が口に入る時のあの感触が」(織田作之助❖『青春の逆説』)

②軽やかに浮いて漂う様子。「(雨だれが)ふわっと風まかせに落ちる」(太宰治❖『秋風記』)

③衣類などの軽い物でやわらかく覆う様子。「寝ている子どもに布団をふわっとかける」

④心が落ち着かず、浮ついた様子。「ふわっとした気持ちで話を聞く」

◇類義語「ふわ」「ふわー」「ふわーっ」

共に①〜④の類義語。「ふわ」と「ふわっ」が瞬間的でちょっとした動きを表すのに対して、「ふわー」と「ふわーっ」は持続的で広がっていく感じの動きを表す。また、「ふわ」と「ふわー」がやわらかい印象であるのに対して、「ふわっ」と「ふわーっ」は促音「っ」の働きにより、動きがそこでいったん静止する感じがある。

◼参考 『古事記❖』の「綾垣(あやかき)の ふはやが下に(＝綾織りの帳(とばり)のふわふわと揺れる下で)」の「ふは」は「ふわ」の最古の例で、この「ふは」の「は(fa)」が「わ(wa)」に変化し、「ふわ」になった。

(間宮厚司)

ふわふわ

①やわらかくて適度に弾力に富んでいる様子。「肌ざわりはフワフワとやわらかく、おまけにとってもカラフル」(女性自身00・12・5号)

②軽やかに浮いて漂う様子。「夏の夕闇に浮いてふわふわ、ほとんど幽霊のような、とてもこの世に生きているものではないような」(太宰治❖『おさん』)

③言動が浮ついて落ち着かない様子。「風見鶏みたいにふわふわして、長期政権だったがランクインには及ばない」(日刊スポーツ00・12・16)

◇類義語「ふわっ」

「ふわっ」は①②③の類義語。「ふわふわ」が持続的なのに対して、「ふわっ」は瞬間的である。

◼参考 「ふわ」を基本にしてできた語に、「ふわふわ・ふわっ・ふわり・ふわりふわり」がある。これと同様の派生関係にある語には、「ころ」をもとにした「ころころ・ころっ・ころり・ころりころり」や「ぽた」をもとにした「ぽたぽた・ぽたっ・ぽたり・ぽたりぽたり」などがある。なお、気持ちや態度に落ち着きがない様子を表す「ふわつく」は、「ふわふわ」の③と対応する。

(間宮厚司)

ふわっ 落ちたふとんの上に軽やかに着地。

(松本零士『男おいどん』より)

❖織田作之助 →P.139

❖太宰治 小説家。井伏鱒二に師事。昭和一〇年に『逆行』が芥川賞候補になるなど、戦前から作家として知られる。戦後、坂口安吾などとともに無頼派と呼ばれ、『斜陽』『桜桃』などで流行作家となる。作品『ヴィヨンの妻』『津軽』など多数。(一九〇九〜一九四八)

❖古事記 奈良時代の歴史書。我が国最古の歴史書。稗田阿礼(ひえだのあれ)が誦習していた故事を、太安万侶(おおのやすまろ)が撰録したもの。神世から推古天皇の時代までの神話・伝説・系譜・歌謡を物語風に述べる。和銅五年(七一二)成立。

ぶわぶわ

本来の形が崩れ、締まりがなくなって、不格好にふくれている様子。「彼はフロックの上へ、とんびのような外套をぶわぶわに着ていた」（夏目漱石『硝子戸の中』）

◆参考「ぶわぶわ」がマイナスの意に偏っているのに対して、「ふわふわ」には柔らかい感触のよさというプラスの意がある。この違いは清音「ふ」と濁音「ぶ」によるもので、「さらさら—ざらざら」や「するする—ずるずる」などと相通じる。（間宮厚司）

ふわり

①やわらかく軽そうにふくらむ様子。「ふわりとした髪」（朝日新聞夕刊00・12・19）

②やわらかく軽い物で包まれる様子。「ふわりと余の背中へ着物をかけた」（夏目漱石『草枕』）

③軽やかに宙に浮かぶ様子。「僕の身体はふわりと浮いた」（海野十三『海底都市』）

◆類義語「ふんわり」

共に①②③の類義語。「ふわり」よりも動きが大きくゆったりとした感じを表す。（間宮厚司）

ふん

鼻息を瞬間的に一度だけ出す時に発する音。また、その様子。文脈によって次の三つの用法がある。

①相手の話に軽く応じて、同意したり、調子を合わせて受け答えしたりする。「ふんと鼻から息をもらして軽くうなずいた」（森鷗外『佐橋甚五郎』）

②相手の言動に対して、不満や嫌悪感を示す。日本「ふんと顔をそむけながら」（朝日新聞00・12・10）

③相手を小馬鹿にして、鼻であしらって笑う。「ふんと鼻で笑い」（太宰治『竹青』）（間宮厚司）

ぷん

①鼻をつくにおいが、一瞬感じられる様子。「麺はいくぶん細めで、…かん水のにおいがプンとする」（朝日新聞01・1・5）

②ふくれっ面をする様子。「『どっちが馬鹿だか分りゃしない』と妻君ぷんとして箒を突いて枕元に立っている」（夏目漱石『吾輩は猫である』）

◆類義語「ぷーん」

「ぷーん」は①②の類義語。「ぷん」よりも「ぷーん」の方が持続的な感じがある。（間宮厚司）

❖夏目漱石　英文学者・小説家。英語教師をへて、イギリスに留学。帰国後、『東京朝日新聞』の専属作家となり、同新聞に次々と作品を発表。森鷗外とともに近代日本文学の確立に貢献。作品『吾輩は猫である』『三四郎』など。（一八六七〜一九一六）

❖海野十三　小説家。昭和三年『電気風呂の怪死事件』で探偵小説界に登場、後、空想科学小説に転じる。日本のSF小説の先駆者。作品『俘囚』『地球盗難』など。（一八九七〜一九四九）

❖森鷗外　小説家・劇作家・評論家。陸軍軍医のかたわら、多彩な文学活動を展開。夏目漱石と並ぶ、明治を代表する作家の一人。作品『舞姫』『雁』など。（一八六二〜一九二二）

❖太宰治　→P.20

ふんふん

①相手の話に気軽に同意を示したり、いいかげんに聞いて軽くうなずいたりする時に鼻を鳴らして発する音。また、その様子。「ふんふん、なるほどな」(佐々木味津三『旗本退屈男』)、「フンフンと気軽そうにうなずいた」(夢野久作『一足お先に』)

②匂いをかぐ時に鼻から発する音。また、その様子。「指頭(ゆびさき)を鼻の先へ持って来てふんふんと二三度嗅いだ」(夏目漱石『虞美人草』)

「ふんふん」は鼻を鳴らす音で、通常は①の意を表し、②の意で使うのはまれである。匂いをかぐ場合は「くんくん」が一般的。

◇類義語「はいはい」「うんうん」「くんくん」

「はいはい」「うんうん」は①の類義語。ただし、「はいはい」「うんうん」は感動詞。「ふんふん」が鼻を鳴らす感じで同意したり、調子を合わせる場合に使うのに対して、「はいはい」は声を出して明朗かつ丁寧に応答する場合、「うんうん」は親しい人にうなずく感じで気軽に応答する場合に使う。

「くんくん」は②の類義語。「ふんふん」と比べて、「くんくん」の方が対象に鼻を接近させて意識的に匂いをかぐ様子を表す。

(間宮厚司)

ぶんぶん

①蚊や蜂などが飛ぶ時に発する羽音。また、その様子。「蚊がぶんぶん来る」(夏目漱石『三四郎』)、「蜜蜂たちがブンブンとおしゃべりしながら飛び回る」(日本工業新聞00・12・7)。なお、羽音から転じて「ぶんぶん」は黄金虫(こがねむし)の別称にもなった。「黄金虫(ぶんぶん)の音」(梶井基次郎『ある心の風景』)

②棒などを勢いよく振り回した時に空気を切って立てる音。また、その様子。「杖を片手に取ってブンブンと振り廻し」(中里介山『大菩薩峠』)

③エンジンが高速度で回転する時に発する音。また、その様子。「ブンブンいうエンジンの音を聞いて」(夢野久作『冥土行進曲』)

◇類義語「ぶるんぶるん」

「ぶるんぶるん」は②③の類義語。「ぶんぶん」よりも「ぶるんぶるん」の方が、回転が大きくて振動の激しいうなるような音や様子を表す。

◆参考　方言「ぶんぶん」には、長方形の凧(たこ)(大分県)、飛行機の幼児語(奈良県)、醤油を作る時にかき回す機械(山口県)などの意を表す例がある。これらは風を切って飛行したり、回転したりする物という共通点がある。

(間宮厚司)

ぶんぶん　黄金虫の別称。飛ぶ時に発する羽音から。

❖佐々木味津三　→P.45

❖夢野久作　小説家。奔放な空想力を駆使して幻想的世界を描き出す。作品『瓶詰地獄』『ドグラ・マグラ』など。(一八八九〜一九三六)

❖夏目漱石　→P.478

❖梶井基次郎　→P.18

❖中里介山　小説家。明治三九年都新聞社に入社し、大正二年から『大菩薩峠』を執筆。大衆文学に大きな影響を与える。作品はほかに『黒谷夜話』『百姓弥之助の話』など。(一八八五〜一九四四)

ぷんぷん

①強い匂いがあたりにたちこめて鼻をつく様子。「香水プンプンのおしゃれ男」(日刊スポーツ00・12・15)。転じて、何かの気配が漂う様子として比喩的にも用いられる。「勝負気配ぷんぷんの地方馬」(日刊スポーツ00・12・10)。この「ぷんぷん」は匂う様子の意を表す発音の似た漢語「芬々(ふんぷん)」との関連も考えられる。尾崎紅葉❖『金色夜叉』には「芬々(ぷんぷん)と香水の匂(にほひ)がして」とある。

②ひどく機嫌を損ねたり、非常に怒ったりして膨れた顔をする様子。「こどものようになって、ぷんぷん怒るのである」(岡本かの子❖『老妓抄』)

◆類義語「ぷん」「ぷーん」「つんつん」「ぶうぶう」「むっ」

「ぷん」「ぷーん」「つんつん」は①の類義語。「ぷんぷん」が匂いがあたりにたちこめて鼻をつく様子なのに対して、「ぷん」は一瞬匂う様子、「ぷーん」は匂いが徐々に広がり漂う様子、「つんつん」は酢のように刺激的に匂う様子。「ぶうぶう」「むっ」は②の類義語。「ぷんぷん」が怒って膨れた顔をするのに対して、「ぶうぶう」は不平不満を言う様子、「むっ」は怒って黙る様子を表す。(間宮厚司)

ふんわり

①やわらかく軽そうにふくらむ様子。「ケーキはふんわりと香ばしく」(Hanako00・12・6号)

②やわらかく軽い衣類などで包まれる様子。「ふんわりと軽〜い着心地」(女性自身00・12・5号)

③軽やかに宙に浮かぶ様子。「五体はふんわりと宙に浮いて」(佐々木味津三❖『右門捕物帖』)

◆類義語「ふわり」

「ふわり」の方が、「ふんわり」よりも短時間で動きが小さい感じを表す。(間宮厚司)

ぺかぺか

①薄くてかたい板状の物が、たわんで変形している様子。「中国料理店の台所では、ぺかぺかのアルミのさらがたくさん」(朝日新聞73・3・25)。普通は「ぺこぺこ」や「べこべこ」の方を使う。

②蛍のように光る様子。「鷺は、蛍のように、袋の中でしばらく、青くぺかぺか光ったり消えたりしていました」(宮沢賢治❖『賢治童話』)

「べかべか」は照り光る様子、「べかつく」は照り光る意で、江戸の雑俳に例が見える。(間宮厚司)

❖**尾崎紅葉** →P.101
❖**岡本かの子** 小説家・歌人・仏教研究家。漫画家岡本一平と結婚。画家岡本太郎は長男。昭和一一年、『鶴は病みき』で作家生活に入り、以降、作家として活躍。作品『母子叙情』『生々流転』など。(一八八九〜一九三九)
❖**佐々木味津三** →P.45
❖**宮沢賢治** →P.34

ぺこぺこ 実力者に対し、しきりにお辞儀をしながら媚びへつらう。

(東海林さだお『平成サラリーマン専科』より)

へこへこ

緊張して落ち着きを失い、心細げに何度も頭を下げてお辞儀をする様子。「(外人のウエーターを相手にして)『いやー、もうほんとにすまんね』という態度を体いっぱいに表してヘコヘコしている」(❖東海林さだお『ワニの丸かじり』)。ただし、現代では「ぺこぺこ」を用いるのが普通である。

◆参考 江戸時代から見られ、「ばばも喜んで、へこへこして行かれたが」(咄本『❖今歳咄(ことしばなし)』)　(小柳智一)

べこべこ

ある程度のかたさのある薄い板状の物が、押されたりしてへこんだり戻ったりする音。また、その様子。あるいは、板状の物に凹凸(おうとつ)があって、水平でない様子。「安いアルミの灰皿で、べこべこと煙草を消した」(週刊文春01・8・16合併号)

◆参考 江戸時代から見られる語。古くは下手な三味線の音を表し、「べこべこ三味線」という語もあった。「べこべこ、三味線の伎(わざ)の拙きをベコベコサミセンといふ」(『❖俚言集覧(りげんしゅうらん)』)　(小柳智一)

ぺこぺこ

①相手に恐縮して、頭をしきりに下げてお辞儀する様子。また、「ぺこぺこする」の形で、人に媚びへつらう様子を表す。「男がぺこぺこ頭を下げているのが見えた」(❖梶井基次郎『ある崖上の感情』)、「おじいちゃんの家に行くと、お父さんペコペコしてない?」(朝日新聞00・12・24)

②ひどく空腹である様子。主に「お腹がぺこぺこ」の形で用いるが、やや幼い感じのする言い方である。「おなかがぺこぺこって、財布でも落したの」(❖柴田翔『ノンちゃんの冒険』)

◇類義語「ぺこり」

「ぺこり」は①の類義語。軽く一回お辞儀する様子を表し、人にへつらう様子は表さない。

◆参考 明治時代から見られる語で、古くは「へこへこ」といった。語源的に「へこむ」の「へこ」と関係があり、頭をしきりに下げる様子が物のへこんだり戻ったりする様子に似ているところから①の意味が生じ、空腹感が腹部のへこむ感じのするところから②の意味が生じたと考えられる。①と②ではアクセントが異なり、①は「ぺこぺこ」、②は「ぺ**こぺこ**」である。　(小柳智一)

❖東海林さだお　漫画家。サラリーマンのペーソスを描いた『ショージ君』で人気漫画家に。『毎日新聞』に「アサッテ君」を長期連載のほか、名エッセイストとしても知られる。作品『新漫画文学全集』など。(一九三七)

❖今歳咄　江戸時代の咄本。書苑武士(しょえんたけし)編。「今歳花時(ことしばなし)」とも書く。いわゆる笑い話集だが、絵咄(えばなし)(咄の落ちを絵で表現するもの)の先例となるものを二図含んでいることが注目される。安永二年(一七七三)刊。

❖俚言集覧　→P.321

❖梶井基次郎　→P.18

❖柴田翔　小説家・独文学者。昭和三六年、『親和力研究』で日本ゲーテ協会より、ゲーテ賞を授与される。同三九年『されどわれらが日々—』で芥川賞受賞。作品『ファウスト』(訳書)、『贈る言葉』など。(一九三五)

ぺこり

素早く一回頭を下げて、軽くお辞儀をする様子。小説などで、幼い子や無口な人物が気後れしながら挨拶する場面に用いることが多い。「ぺこりと頭をさげ、角次郎は首に巻いていた手ぬぐいで額をぬぐった」(宮部みゆき❖『鯉千両』)

◇類義語「ぺこん」

「ぺこり」とほぼ同じだが、「ぺこん」の方がやや軽薄でひょうきんな感じがある。最近はあまり用いず、「ぺこり」を用いるのが普通。 (小柳智一)

ぺこん

①ある程度のかたさのある板状の物が、押されたり何かを当てられたりして瞬時に一部分へこむ音。また、その様子。「タイヤに指を当てる。ぺこんとへこむ」(北村薫❖『ターン』)

②素早く一回頭を下げて、軽くお辞儀をする様子。無骨な感じを伴う。最近はあまり用いず、代わりに「ぺこり」を用いることが多い。「信夫は何となくあかくなって、ぺこんとおじぎをした」(三浦綾子❖『塩狩峠』) (小柳智一)

ぺしゃり

圧力が加わり、物が潰れたり崩れたりして平たくなる音。また、その様子。水気を含む物について用いることが多く、その物が潰れる瞬間に重点を置く表現である。「金属製のペレットの上には、ペシャリと潰れた何かの臓物が汚物のように入っている」(二階堂黎人❖『人狼城の恐怖』)

◇類義語「ぺしゃっ」「ぺしゃんこ」「ぴしゃり」

「ぺしゃっ」は「ぺしゃり」よりも瞬間的に素早く潰れる感じがある。「モミの部分を、指でつまんでも、ぺしゃっとつぶれるだけ」(朝日新聞92・8・12)。「ぺしゃんこ」は潰れた結果の平らな状態に重点を置く表現で、水気を含まない物について用いることも多い。また転じて、人が打ちひしがれて沈んだ気分である様子も表す。「車の前部もきれいにぺしゃんこになりました」(村上春樹❖『ねじまき鳥クロニクル』)、「(小王星の人は)踏まれるとペシャンコになり、よみがえる力も弱い」(Hanako01・8・15合併号)。「ぴしゃり」は平らな物を強打する様子を表し、転じて強く言いきる様子も表す。「言葉を遮(さえぎ)り、蘭子はピシャリと言った」(二階堂黎人『人狼城の恐怖』) (小柳智一)

❖宮部みゆき 小説家。平成四年『本所深川ふしぎ草紙』で吉川英治文学新人賞受賞。同一一年、『理由』で直木賞受賞。SF・推理・時代小説と多彩な分野で活躍。作品はほかに『火車』『蒲生邸事件』など。(一九六〇)

❖北村薫 小説家。高校教師のかたわら小説を書き、平成元年、『空飛ぶ馬』でデビュー。同三年、『夜の蟬』で日本推理作家協会賞受賞。作品『冬のオペラ』『スキップ』など(一九四九)

❖三浦綾子 小説家。結核による闘病生活からキリスト教に入信。昭和三九年、『氷点』が朝日新聞の懸賞小説に入選、テレビドラマ化されて人気作家となる。作品『積木の箱』『塩狩峠』など。(一九二二)

❖二階堂黎人 →P.285

❖村上春樹 →P.94

山口仲美の擬音語・擬態語コラム⑱

天狗が鳴いた

——意表をつく擬音語

比良山にすむ天狗。背中には鳶を思わせる羽根がつき、口も鳶の嘴そっくり。（『天狗そろへ』、三重県松阪市射和町自治会蔵。『初期上方子供絵本集』角川書店より）

狂言の台本『天狗の嫁取り』を読んでいた時、思わず目を見開いてしまうようなことに出くわした。天狗が鳴き声をあげていたのだ。犬の鳴き声を江戸時代までの日本人が「びよ」と聞いて来たことを知った時の驚きと同じくらい意表をつかれた。それまで天狗は真っ赤な顔に高く突き出た鼻を持った妖怪としか意識していなかった。天狗が、鳥のように鳴き声をあげるとは思っても見なかったのである。

狂言は、言うまでもなく室町時代から栄えた舞台芸能。『天狗の嫁取り』は、天狗同士の結婚披露のめでたい様子を描いた狂言。宴を仕切るのは、長老格の大天狗。セリフの後に、大天狗は「ひいよろよろ」と鳴き声をあげている。家来たちは、「ひょうよろよろ」「ひいひいひ」。また、『婿入り天狗』という狂言でも、天狗たちが「ひいひい」の声をあげている。

一体これらの鳴き声は、何なのか？『天狗の嫁取り』の台本をよく見ると、「ひいよろよろ」の声の下に小書きで「鳶の鳴き声のまねなり」と書いてある。鳶の鳴き声と同じなのだ。『柿山伏』という狂言には、鳶が登場する。その鳴き声は、天狗と同じく「ひいよろよろ」「ひいひい」。現代では鳶の声を「ぴーひょろ」とパ行音で聞くが、昔は「ひいよろ」とハ行音で聞いていた。だが、なぜ天狗は鳶の鳴き声をあげるのか？

調べてみると、天狗と鳶との深い関係が浮かび上がってきた。平安時代末期の説話集に『今昔物語集』がある。そこでは、年功を積んだ鳶は天狗になり、逆に天狗の妖術が敗れると、羽根の折れた鳶になって死んでいる。江戸時代の絵本『天狗そろへ』でも天狗の背中には鳶の羽根を思わせる大きな翼が付いている。天狗が鳶の化身である証拠。だから、天狗の鳴き声は、鳶の鳴き声なのである。

へたへた

気力や体力を使い果たして急に力が抜け、崩れ落ちるようにその場に腰を落としてしまう様子。「霧子は、…へたへたとその場に坐りこんでしまった」（❖藤原審爾『さきに愛ありて』）

室町時代から見られる語で、古くは「へた」「へった」「へったり」ともいった。ただし、『❖日葡辞書（にっぽじしょ）』の「へたへたと、または、へたと」の項に「幅広なものが平らに落ちる様子・当たる様子」という解説があり、現代より表す範囲が広かったと考えられる。なお、疲れて音（ね）を上げる意の「へたばる」「へたる」は、この「へた」から派生した語である。

◇類義語「へなへな」「へとへと」

「へなへな」も疲れる様子を表すが、弱々しく左右によろめきながら倒れる感じがある。「へとへと」は疲れ果てて体中から力が抜けるような様子を表すが、腰を落とすとは限らない。

■参考「へた」から派生した語に、人と遭遇する様子を表す「へたり」があった。「昔（むかし）の馴染（なじ）みにへたりとあふ」（浮世草子『❖当世乙女織（とうせいおとめおり）』）。これは現代語の「ばったり」が力尽きて倒れる様子と、遭遇する様子を表すのに似ている。（小柳智一）

べたべた

①物に粘り気があり、くっつく様子。ただし、一度ついたら離れないのではなく、ついたり離れたりをくり返す場合に用いる。また、まれにその音を表すこともある。「てのひらをさぐると、わずかにべたべたしたような感触が残った」（❖宮部みゆき『白魚の目』）、「べたべたという溶けたゴムのような音を立てながらジョギング・シューズで追った」（❖村上春樹『世界の終りとハードボイルド・ワンダーランド』）

②愛情の対象に必要以上にまとわりつく様子。男女間や親子間で用いる。「子どものことだって、べたべた可愛がるよりオムツの一枚でも買ってくれって感じ」（ダ・ヴィンチ01・9月号）

③地が見えなくなるほど、あちこちにいくつも物を貼りつけたり塗ったりする様子。「硝子戸にべたべた貼りつけてある売家・貸家広告」（❖青山光二『われらが風狂の師』）

◇類義語「べとべと」

「べとべと」は①の類義語。「べたべた」に比べて、水気が多くくっつき方がやや弱い。「体が汗でべとべとで、パジャマが肌にはりついているじ

❖藤原審爾　小説家。外村繁に師事。昭和二二年『秋津温泉』でデビュー。作品は私小説から風俗小説へと作風を転じ、同二七年『罪な女』で直木賞受賞。作品『赤い殺意』など。（一九二一〜八四）

❖日葡辞書　一七世紀初頭の、ポルトガル語で説明した日本語辞書。イエズス会の宣教師によって成る。室町末期の口語を中心に方言、文書語、歌語、女性語など、三万余語を収録。慶長八〜九年（一六〇三〜〇四）刊。

❖当世乙女織　江戸時代の浮世草子。錦文流著。宝永三年（一七〇六）刊。

❖宮部みゆき　→P.142

❖村上春樹　→P.94

❖青山光二　小説家。織田作之助らと同人誌『海風』を創刊。戦後『旅への誘ひ』でデビューし、以降、おもに中間小説を執筆。作品『修羅の人』『海景暮色』など。（一九一三〜二〇〇八）

ゃないの」(小林泰三『兆』)

◆参考　①②の意で「べたべた」することを「べたつく」という。①に関係する語として古く「壁などに投げつけられた泥が音を立てる」(『日葡辞書』)意の「べためく」があった。極端に誉めちぎる「べた誉め」、心底惚れ込む「べた惚れ」の「べた」は②に関係がある。変化をつけず一面同じように書くことを「べた書き」、字間や行間を空けずに活字を組むことを「べた組み」、絵の一部を塗りつぶすことを「べたを入れる」というが、これらの「べた」は③の意である。（小柳智一）

ぺたぺた

①草履やスリッパなど、底が平面の物を履き、平らな場所をはりつくようにして移動する音。また、その様子。「アニタとゴンザレスがスリッパをペタペタと鳴らしながらやってきた」(浅田次郎『プリズンホテル』)

②あちこちにいくつも物を貼りつけたり判を捺したりする様子。「その唇の朱の捺印を…私の顔のあらゆる部分へ、寸分の隙間もなくぺたぺたと捺しました」(谷崎潤一郎『痴人の愛』)

③平らな面で物を軽く何度も打つ音。「柏木は苔むした石塔の頭をぺたぺたと平手で叩いた」(三島由紀夫『金閣寺』)

かつては「へたへた」と同じように崩れ落ちるように腰を落としてしまう様子も表した。「巡査のチカチカした剣光を見ると、急にぺたぺたとしゃがんで」(林芙美子『耳輪のついた馬』)

◇類義語「ぺたっ」「べたべた」

「ぺたっ」は②の類義語で、瞬間的に物を貼りつける様子。「べたべた」は①②の類義語で、「ぺたぺた」より粘りつく感じがある。（小柳智一）

べたり

①粘り気の強い物がはりついて離れなくなる様子。不快感を伴うことが多い。「白いどろりとした薬を…こってりとガーゼに塗って、火傷を掩うてべたりと貼って」(長塚節『土』)

②重量感のある物が押しつけられて平面に密着する様子。押印したり尻をつけて座ったりする場合に用いるが、最近は「ぺたり」「ぺたん」を用いることが多くなっている。「角印をとりあげ、…署名の下にべたりと捺し」(司馬遼太郎『国盗り物

◆小林泰三　通信技術者・小説家。三洋電機(株)ニューマテリアル研究所勤務。平成七年『玩具修理者』で日本ホラー小説大賞短編賞を受賞。(一九六二)

◆日葡辞書　→P.484

◆浅田次郎　小説家。自衛隊除隊後、小説を執筆。平成七年『地下鉄に乗って』で吉川英治文学新人賞、同九年『鉄道員』で直木賞受賞。作品はほかに『蒼穹の昴』など。(一九五一)

◆谷崎潤一郎　→P.7

◆三島由紀夫　→P.7

◆林芙美子　→P.25

◆長塚節　→P.21

◆司馬遼太郎　小説家。昭和三四年『梟の城』で直木賞受賞。卓抜な文明批評と、独自の史観にもとづく歴史小説によって、広い読者層を持つ。作品『竜馬がゆく』『坂の上の雲』など多数。平成五年、文化勲章受章。(一九二三)

語』)、「美佐子が私の前にべたりと坐った」(高見順『如何なる星の下に』)

◇**類義語**「べたっ」「べったり」

共に①②の類義語。「べたっ」は瞬間的にはりつき、「べったり」は「べたり」よりもはりつき方が強い。また、「べたっ」「べったり」は共に物がはりつく以外に、人がまとわりつく様子も表す。「ベタッとやさしくされるより、ツンと冷たくされると気になる」(my40's01・9月号)、「彼ができるとベッタリつきまといがち」(Hanako01・8・15合併号)　(小柳智一)

ぺたり

①物が壁や板などの平面にはりついて離れなくなる様子。「ヤニで壁が茶色がかった応接室にも、禁煙マークをぺたり」(読売新聞01・9・4)

②押しつけられたり撫でつけられたりして、凹凸や起伏が少しもなく平坦になる様子。紙や髪または水面など、ある程度の面積があってあまり厚みのない物について用いる。「ぺたりと凪いだ大川の川面」(宮部みゆき『天狗風』)

③平らな所に尻全体をくっつけて座る様子。「たま子は、ペタリとすわりこんで」(新章文子『ある老婆の死』)

◇**類義語**「ぺったり」「ぺたっ」

共に①②③の類義語で、「ぺたり」と同じく物が平面に密着する様子を表す。

ただし、「ぺったり」は「ぺたり」よりも密着している度合いが強く、「ぺたっ」は密着している状態よりも密着する動作またはその瞬間に重点がある。「麻子は床にぺったりと座り」(永井するみ『プレゼント』)、「澄江はぺたっと坐りこんでしまった」(立原正秋『冬の旅』)　(小柳智一)

ぺたん

①物が壁や板などの平面に完全にはりついて離れなくなっている様子。「落ち葉は、水分をいっぱい吸って、岩にぺたんとはりついたり」(朝日新聞夕刊94・12・8)

②押しつけられたり撫でつけられたりして、完全な平面になっている様子。「(立体的なカメラの細部をイラストでは)あえて同じパターンでぺたんと平面にしている」(朝日新聞00・8・20)

③平らな所に尻を密着させて座る様子。「シホ

❖**高見順**　→P.62

❖**宮部みゆき**　→P.142

❖**新章文子**　作家。宝塚少女歌劇団から少女小説作家をへて、昭和三四年『危険な関係』で江戸川乱歩賞受賞。易学にもくわしく、著書に『四柱推命入門』がある。作品『バック・ミラー』『妬ける』など。(一九二二)

❖**永井するみ**　推理作家。コンピュータ会社勤務を経て、平成八年『隣人』で小説推理新人賞受賞。幅広い分野に展開するミステリーで注目される。作品『枯れ蔵』など。(一九六一)

❖**立原正秋**　→P.98

ちゃんは力が抜けたように床にぺたんとお尻を落とした」(近藤史恵『過去の絵』)

◆類義語「ぺたり」「ぺったんぺったん」

「ぺたり」は①②③の類義語。平面に密着する様子を表すが、「ぺたん」ほど平面的な印象が強くない。「ぺったんぺったん」は①の類義語で、ふつう餅つきの場面で用いる。平らになっていく餅に、杵が何度もはりついたり離れたりする音または様子を表す。「ペッタンペッタン—。江戸川区小岩三丁目の区立福祉作業所で九日、『もちつきまつり』が開かれた」(朝日新聞00・12・10)

（小柳智一）

べちゃくちゃ

他人から見るとつまらない無駄話を、いつまでもだらしなく喋り続ける様子。「べちゃべちゃ」と「くちゃくちゃ」が合わさった語で、口の中で舌が動きまわる感じがある。「いつもべちゃくちゃ盛んにしゃべっている娘共が」(森鷗外『雁』)

◆類義語「ぺちゃくちゃ」

「ぺちゃくちゃ」は「べちゃくちゃ」より舌の動きが軽快で声も高い。そのため、「べちゃくちゃ」ほどだらしない感じがしない。

（小柳智一）

ぺちゃくちゃ

他人から見ると大して価値のない無駄話を、比較的高い声で際限なく喋り続ける様子。舌が口の中で軽快に動く感じがある。「昼飯の後は、サロンで皆とペチャクチャおしゃべり」(小沢征爾『ボクの音楽武者修行』)

◆参考「ぺちゃくちゃ(petʃakutʃa)」と鳥の囀りを表す「ぴーちく(piːtʃiku)」はともに「p—t—k」という子音の組み合わせを含み、高い声をしきりに発する点で共通している。

（小柳智一）

べちゃべちゃ

①水気を多く含んで物がやわらかくなり、崩れかかったり溶けかかったりしている様子。粘りつくような感じがあり、不快感を伴う表現である。「(瓶の中は)青い水と、ベチャベチャした芥だけだ」(阿刀田高『迷路』)

②つまらないことを熱心に喋り続ける様子。口の中で唾液の音を立てながら舌が動く感じがある。やはり不快感を伴う表現である。「二人は前でベチャベチャなにかしゃべってんですけどね」

ぺちゃくちゃ　熱心に際限なく喋り続ける。

(赤塚不二夫『おそ松くん』より)

❖**近藤史恵**　小説家。平成五年『凍える島』でデビュー。同作で鮎川哲也賞を最年少受賞。作品に『ねむりねずみ』『ガーデン』『スタバトマーテル』など。(一九六九〜)

❖**森鷗外**　→P.14

❖**小沢征爾**　→P.283

❖**阿刀田高**　小説家。昭和五四年『ナポレオン狂』で直木賞受賞。作品『新トロイア物語』『冷蔵庫より愛をこめて』など。(一九三五〜)

(柳家小三治『ま・く・ら』)

◇類義語「べたべた」「べちゃくちゃ」

「べたべた」は①の類義語。粘り気のある様子を表す点で似ているが、「べちゃべちゃ」ほど水気はなく、物が溶けかかっているわけでもない。「べちゃくちゃ」は②の類義語。「べちゃべちゃ」よりも口の動き方が活発で、喋る速度も速く、いろいろな内容を喋る感じがある。

■参考 江戸時代から見られる語。「あの可愛らしい頬べたを、愚老がべちゃべちゃべちゃと舐めれば」(歌舞伎『小袖曾我薊色縫』) (小柳智一)

ぺちゃぺちゃ

①舌が口の中で動く時の唾液の音。また、その様子。下品な感じのする表現である。「園子がさかなに向かうときは…、ぺちゃぺちゃと舌を鳴らすような食べ方をする」(丹羽文雄『顔』)

②つまらないことを際限なく喋り続ける様子。軽薄な感じのする表現である。「ぺちゃぺちゃそばでひっきりなしにフランス語で話しかけられたりすると」(小沢征爾『ボクの音楽武者修行』)

◇類義語「べちゃべちゃ」「ぴちゃぴちゃ」

「べちゃべちゃ」は①②の類義語。「ぺちゃぺちゃ」に比べて軽快さを欠き、その分、鈍重さや不快感が強い。「ぴちゃぴちゃ」は①の類義語。液体に物が当たって立てる軽い音を表し、「ぺちゃぺちゃ」のように下品な感じはしない。

■参考 以前は、つぶれたりしぼんだりして平たくなる様子も表した。「(信之は人の真心)を見失ったが最後、ひとたまりもなくぺちゃぺちゃに凋れ返って」(里見弴『多情仏心』)。ただし、このような様子を表す場合、最近は「ぺちゃんこ」を用いるのが普通である。 (小柳智一)

ぺちゃん

圧力が加わり、それに耐えきれず押し潰されて物が薄く平たくなる音。また、その様子。「ぺしゃり」「ぺたん」などに比べてややくだけた表現で、ひょうきんな感じや愛らしさを伴う。「親子か夫婦か、巨体をペチャンと床に伏せて昼寝するカバを」(朝日新聞94・8・18)

「ぺちゃん」は、物が潰れて歪んでいる様子を表す「へちゃげる」や鼻が低くて潰れたような面相を表す「へちゃむくれ」などに見られる「へちゃ」と関

❖**柳家小三治(十代目)** 落語家。昭和三四年、五代目柳家小さんに入門。同四四年、真打に昇進。十代目柳家小三治となる。正統派古典落語を継承する代表的落語家の一人。(一九三九)

❖**小袖曾我薊色縫** 江戸時代の歌舞伎。河竹黙阿弥作。通称「十六夜清心」。安政六年(一八五九)初演。

❖**丹羽文雄** 小説家。昭和七年『鮎』でデビュー。女性の愛憎を描いた風俗小説を得意としたが、のち仏教に傾斜し、『親鸞』『蓮如』などを発表。作品はほかに『青麦』『一路』など。昭和五二年、文化勲章受章。(一九〇四)

❖**小沢征爾** →P.283

❖**里見弴** →P.44

係があると考えられる。

◇類義語 「ぺたん」「ぺちゃんこ」「ぺったんこ」

「ぺたん」は平たくなる様子を表すが、「ぺちゃん」のように押し潰された感じはない。「ぺちゃんこ」はそれ以上ないほど完全に押し潰された様子。「舞のお腹はこれまでとはうって変わってぺちゃんこになっていた」(鈴木光司❖『空に浮かぶ棺』)。「ぺったんこ」も潰れた様子だが、「ぺちゃん」「ぺちゃんこ」ほど平たくなった感じはしない。「黄身がペッタンコになってなければ大丈夫よね」(週刊文春02・1・3特大号)

(小柳智一)

ぺっ

唾などを勢いよく吐き出す音。「道に出ると、男はペッと唾を吐き捨て、それからぐるりと捕方を見まわしてから言った」(藤沢周平❖『囮』)

古く、唾を吐く音を「かっ」で表した例がある。問答体で書かれた鎌倉時代の語源辞書『名語記❖』では、「唾をカッと吐くのはどういうことだ」という問いに「音がカッと聞こえるからそう言うのだ」と答えている。「つばきをかとはくが如何、これはおとのかときこゆるなり」(『名語記』)

(吉田永弘)

へっくしょん

口をあまり開けずにする嚔（くしゃみ）の音。「加藤茶の『ヘックション！』という見事なくしゃみギャグの連発」(毎日新聞夕刊98・8・14)。口を大きく開けると「はっくしょん」「はくしょん」になる。英語では、「achoo（アーチュー）」「kerchoo（カチュー）」などで写す。

◈参考 『徒然草❖』には嚔をする度に「くさめ」と唱える老尼の話がある。古く嚔は「くさめ」と言い、元来まじないの文句だったと言われるが、クシャンと嚔をした擬音語の可能性もある。

(吉田永弘)

べったり

①一面に貼り付いたりこびり付いたりする様子。「時代遅れのポマードをべったり塗りつけていた」(椎名誠❖『新橋烏森口青春篇』)。②人に依存したり無批判に支持したりする様子。また、仲睦まじい様子。「親父べったりの優男かと思っていたが」(円地文子❖『食卓のない家』)、「私は2時間ごとに夫へ電話する…というベッタリぶりでした」(my40's01・9・1号)

◇類義語 「べっとり」「ぺったり」

べったら漬け 麹がべったりつくことにちなんだ大根の漬物。

❖鈴木光司 →P.191

❖藤沢周平 小説家。昭和四八年『暗殺の年輪』で直木賞受賞。下級武士や庶民を、哀感を込めて描く時代小説に定評がある。作品『用心棒日月抄』『蝉しぐれ』など。(一九二七～九七)

❖名語記 →P.24

❖徒然草 鎌倉時代の随筆。吉田兼好作。求道、人間、芸術、故実など多方面にわたって感興のおもむくままに綴ったもの。無常観に基づく著者独特の人生観、美意識がうかがえる。一四世紀前半成立。

❖椎名誠 →P.42

❖円地文子 →P.143

「べっとり」は①の類義語。「べったり」が貼り付く点に重点があるのに対して、物の粘り気に重点がある。「ぺったり」は①の類義語。貼り付く物が薄く粘着力も弱い感じ。

◆参考　室町時代に現れる語。他に「一面に広がった様子」も表した。「胸先から腹ぢうに癬(たむし)がべったりで」(『東海道中膝栗毛』❖)。語形が変化して「べったら」となった地域もある。「べったら漬け」の「べったら」がそれ。「べったら漬け」は生干しの大根を薄塩と麴で漬けたもの。麴がべたつくところからそのように呼ばれる。　(吉田永弘)

ぺったり

①薄い物が貼り付く様子。「ライオンにカイロをペッタリはった」(朝日新聞夕刊98・1・12)

②力なく座り込む様子。「ぺったり坐って、茫然とした」(舟橋聖一❖『雪夫人絵図』)。飛驒地方の方言ではあぐらの意で使われている。

③貼り付いたように平らな様子。「履いても疲れないペッタリした靴」(朝日新聞95・1・5)

◆参考　江戸時代に現れる語。「湯上がりの 尻にぺったり 菖蒲哉」(『七番日記❖』)　(吉田永弘)

ぺったん

餅をつく音。「力士と『ぺったん』葛飾区・柴又小でもちつき大会」(朝日新聞01・12・20)

◇類義語　「ぺったんぺったん」「ぺったんこ」

「ぺったんぺったん」は、繰り返し餅をつく音。「ぺったんこ」は、小休止の入る感じの餅つき音。

◆参考　小臼を小さい杵でつくと「かんかち」と音がする。江戸時代、この音をたてて餅をつくまねをしながら黄な粉をまぶした葛の団子を売った。これを「かんかち団子」と言う。　(吉田永弘)

ぺったんこ

①つぶれて平らになった様子。「人がつぶされてぺったんこになって」(朝日新聞夕刊99・11・1)

②尻をつけて座る様子。「簞笥の前にぺったんこと坐って」(小島政二郎❖『海燕』)

③餅をつく音や様子。「真っ赤な顔でぺったんこ 佐伯でもちつき大会」(朝日新聞01・12・2)

◇類義語　「ぺっちゃんこ」

「ぺっちゃんこ」は①の類義語。「ぺったんこ」より勢いよくつぶれた感じ。　(吉田永弘)

❖**東海道中膝栗毛**　江戸時代の滑稽本。十返舎一九著。享和二年(一八〇二)～文化六年(一八〇九)刊。

❖**舟橋聖一**　小説家・劇作家。戯曲を書くかたわら、昭和八年『行動』同人。同一〇年『文学界』同人。戦後、『雪夫人絵図』『花の生涯』などを次々と発表。作品『悉皆屋康吉』『ある女の遠景』など。(一九〇四～七六)

❖**七番日記**　小林一茶の句日記。文化七年(一八一〇)～一五年、一茶四八歳～五六歳までのもの。稿本として伝わり、刊行されたのは明治に入ってから。一茶の句日記はもともと書名のないものが多いが、『七番日記』は一茶自身の命名である。

❖**小島政二郎**　小説家。初め『三田文学』の編集にたずさわる。大正一二年、『一枚看板』でデビュー。以降、『人妻椿』など通俗小説で人気を得る。作品『眼中の人』(文壇回想録)、『円朝』(評伝)など。(一八九四～一九九四)

べっとり

拭ってもとれないほど粘り気の強い様子。また、粘り気の強い物が一面にこびりついた様子。「七郎左の肩に血がべっとりついているのである」(❖司馬遼太郎『国盗り物語』)。貼り付くことに重点がある「べったり」に対し、粘り気に重点がある。

◈参考 明治から現れる語。鎌倉時代の説話集❖『古今著聞集』では、熟した柿が落ちて首についたのを手で触った様子や泥が馬の足についている様子を「ぬれぬれ」で表している。 (吉田永弘)

へっへっ

下品な感じで得意になったり卑屈になったりして笑う声。「一世一代、宇七ここにあり、ヘッヘッ」(❖藤沢周平『囮』)。明治から例がある。江戸時代の卑屈な笑い声は「へへへへ」などで表している。

◇類義語「へっへっへっ」

「へっへっへっ」は、長く笑う様子。卑屈な笑い声に用いることが多い。「へっへっへっと卑しい追従笑いするかの如く、その様子のいやらしいったら無かった」(❖太宰治『畜犬談』) (吉田永弘)

ぺっぺっ

唾などを繰り返し勢いよく吐き出す音。「ナオミはペッペッと唾を吐くような口つきをして」(❖谷崎潤一郎『痴人の愛』)。江戸時代には「ぴょっぴょっと痰を吐き」(滑稽本❖『浮世風呂』)の例がある。

◈参考 唾は元来ツッと吐くから「つはき」と言い、その後「つばき」「つば」などの形が生まれた。沖縄県宮古方言では「トゥパキゥス、トゥッファティ、イダシゥ(唾をペッと出す)」のように、唾を吐く音を「トゥッファ」で写している。 (吉田永弘)

へとへと

気力・体力とも消耗し、ひどく疲れた様子。「陽が落ちる頃、私はへとへとになっていたが、少し遠くに砲丸を飛ばせるようになっていた」(❖猪木寛至『アントニオ猪木自伝』)

◇類義語「くたくた」「ばてばて」

「くたくた」は肉体的な疲労でなくてもよい点で「へとへと」と異なる。体力がなくなったことに重点を置く「へとへと」に対して、「ばてばて」は、途中で体力がなくなることに重点を置く。 (吉田永弘)

❖**司馬遼太郎** →P.16

❖**古今著聞集** 鎌倉時代の説話集。橘成季(たちばなのなりすえ)編。全説話を神祇、釈教、政道、公事などの三〇編に分類して掲げる。王朝貴族世界に関するものが多いが、世俗的な説話も少なくない。建長六年(一二五四)成立。

❖**藤沢周平** 小説家。昭和四八年『暗殺の年輪』で直木賞受賞。下級武士や庶民を、哀感を込めて描く時代小説に定評がある。作品『用心棒日月抄』『蝉しぐれ』など。(一九二七〜一九九七)

❖**太宰治** →P.20

❖**谷崎潤一郎** →P.7

❖**浮世風呂** 江戸時代の滑稽本。式亭三馬著。銭湯に出入りする人々の会話を通して庶民の暮らしを描いたもの。文化六年(一八〇九)〜一〇年刊。

❖**猪木寛至** →P.428

べとべと

①粘り気の強い様子。また、粘り着く様子。「バターとお砂糖で手がべとべとになってたもんだからね」（曾野綾子『太郎物語』）

②しつこくまといつく様子を表す。「べとべとと世話をやきたがったり」（曾野綾子『太郎物語』）

◇**類義語**「べたべた」

「べたべた」は①②の類義語。粘り気に重点を置く「べとべと」に対し、貼り付く点が中心。また、仲睦まじい様子を表せる点も異なる。（吉田永弘）

へどもど

突然の出来事にどうしてよいかわからずうろたえて、うまく物が言えない様子。「鳴りこんで来たというかたちに、玄関の鍵を明けたばかりでまだ寝巻の梨花はへどもどした」（幸田文『流れる』）

◆**参考** 江戸時代から例のある語。「もし当人がつかまらずば、又よし幾丈がへどもどするであろう」（滑稽本『鳴久者評判記』）。夏目漱石は「反吐もどして」（『明暗』）の字を当てている。吐きたくなるような状況にかなった当て字。（吉田永弘）

へなへな

①力を加えるとすぐに曲がったりしなったりして弱々しい様子。「彼が原稿を入れて来た大学の名前入りの大型ハトロン紙の袋も、ちょうど新しいのが無く、ヘナヘナに折れたものだった」（伊藤整『氾濫』）。江戸時代から見られる語。「鮪売り根津へへなへな かつぎ込み」（『誹風柳多留』）。

②頼り甲斐がなく弱々しい様子。「もう一人は小柄で痩せた、見るからにへなへなとしたかんじの男だった」（尾崎士郎『人生劇場風雲篇』）

③気力・体力を失って力無く崩れる様子。「楡基一郎はそのままへなへなと崩れるようにその場に倒れかかったのである」（北杜夫『楡家の人びと』）

この用法がもっとも新しいらしく、昭和になってから多く用例が見られる。

◇**類義語**「へたへた」

「へたへた」は③の類義語。芯がなくなって倒れ込むような感じの「へなへな」に対して、力尽きて座り込むような感じで崩れる様子を表す。もともと弱々しい様子を表した「へなへな」が語形の近い「へたへた」に引き寄せられて③の意を持つようになった可能性も考えられる。（吉田永弘）

❖**曾野綾子** →P.25

❖**幸田文** →P.122

❖**鳴久者評判記** 江戸時代の滑稽本。悪文舎他笑著。悪摺り（仲間の失敗談などを文や絵にして印刷し、仲間うちで配布して遊んだもの）に関する評判記。慶応元年（一八六五）刊。

❖**伊藤整** 小説家・評論家・文学史家。新心理主義を主張。作品『チャタレイ夫人の恋人』（翻訳）、『若い詩人の肖像』（自伝的長編）、『日本文壇史』（評論）など。（一九〇五〜一九六九）

❖**尾崎士郎** →P.74

❖**北杜夫** →P.30

❖**誹風柳多留** →P.10

へへへ

卑屈な笑い声。「へへへ、使いが荒いなんて、殿様、何でげしょう」(林不忘『丹下左膳』)。時代小説では下っ端の笑い声に使われる。

◇類義語「へっへっ」

「へっへっ」も下品な感じを与えるが、得意になって笑う時の表現にもなる。

◆参考 江戸時代には「へ」の数が総じて多い。「モシ旦那さま、ちとお願ひがおざります。へへへへ、どうぞお酒を」(『東海道中膝栗毛』) (吉田永弘)

へらへら

①照れ隠しや追従などのために、軽薄な感じで笑う様子。「その女は話しかけても返事をせず単にへらへらとふぬけたような笑い声をたてた」(北杜夫『楡家の人びと』)、「北村安春はへらへらと追従笑いをして」(新田次郎『孤高の人』)。転じて、軽薄な様子も表す。「へんな悲愴感がない。かと言ってヘラヘラもしていない」(朝日新聞02・2・16)

②軽々しくしゃべる様子。「ヘラヘラとくだらない口を利いているのだから」(里見弴『多情仏心』)

③薄くて安っぽい様子。薄い物や軽い物が揺れ動く様子。「いかにも棚曝しの安物らしいヘラヘラのネクタイやワイシャツを附けていて」(高見順『如何なる星の下に』)

◆参考 ②は江戸時代、①③は明治から例がある。古くは炎をあげて燃える様子・音を表した。現代語の「めらめら」にあたる。鎌倉時代の『沙石集』には「油をかけたる物の焼くる様に、へらへらと焼く」の例がある。江戸時代の『かたこと』にも「べらべら、へらへら、めらめらは皆等しかるべし。火などの付て焼侍る音なるべし」とある。(吉田永弘)

べらべら

①次から次に言葉が出て、止まらないくらいよくしゃべる様子。「千枝自身は、その性質から見て、必要もないことをべらべら喋るような人柄ではなかったようだし」(夏目伸六『父・夏目漱石』)、「実枝は何の考えもなく、ただべらべらと口を動かしているようなミチの饒舌に」(壺井栄『暦』)

②紙や布などの薄くて弱い様子。また、薄くて安っぽい様子。「井戸端に持て往って洗うと唐紙の事でべらべらになるに困じ果て」(徳冨蘆花『黒

へなへな 気力を失い、崩れ落ちる。

(松本零士『男おいどん』より)

❖**林不忘** →P.72
❖**東海道中膝栗毛** →P.26
❖**北杜夫** →P.30
❖**新田次郎** →P.125
❖**里見弴** →P.44
❖**高見順** →P.62
❖**沙石集** →P.359
❖**かたこと** →P.323
❖**夏目伸六** 随筆家。作品『父・夏目漱石』『猫の墓』など。(一九〇八〜七五)
❖**壺井栄** →P.21
❖**徳冨蘆花** →P.303

い眼と茶色の目』)、「あの金縁目金(めがね)を掛けて、べらべらした着物を着ている人よ」(森鷗外『雁』)

◆類義語「べらべらべらべら」

「べらべらべらべら」は①の類義語。「べらべら」はよくしゃべる様子をいうが、「べらべらべらべら」はさらにとめどなくよくしゃべる様子をいう。

◆参考「べらべら」は、江戸時代の『かたこと』に「べらべら、へらへら、めらめらは皆等しかるべし。火などの付(つき)て焼侍(やけはべ)る音なるべし」とあり、古くは炎をあげて火が燃える様子をいった。（川嶋秀之）

ぺらぺら

①軽薄な調子でしゃべり続ける様子。「おふぢさんの方は何も感じないで、張りのある声をあげてぺらぺらと辻褄の合いすぎた話を臆面もなく聞かせていた」(幸田文『父』)

②外国語を巧みによどみなく話す様子。「歳の若い外人でした。…何か早口にぺらぺらとしゃべります」(谷崎潤一郎『痴人の愛』)

③紙や布などの薄い様子。また、それがめくれたり翻ったりする様子。「しかし今はただの白い紙でしかないところの、うすいぺらぺらしたものである」(石川淳『焼跡のイエス』)

◆類義語「ぺらぺらっ」「べらべら」

共に①②③の類義語。①の場合、「ぺらぺら」は早口でまくし立てるのに対し、「ぺらぺらっ」は一気にしゃべって最後を急に切り上げる感じ。「べらべら」は、とめどなくしゃべり続ける感じ。②の場合、「ぺらぺら」「ぺらぺらっ」は、「べらべら」よりも軽く高い声でしゃべっている様子。③の場合、「べらべら」は、「ぺらぺら」「ぺらぺらっ」とは違い、やや分厚いものの様子をいう。（川嶋秀之）

べりべり

くっついている物に力が加えられて、引き裂かれたりはがれたりするときの音。また、そうして裂けたりはがれたりする様子。「撥(は)ぐれば薄紙の如くにべりべりと破れてしまって」(鈴木三重吉『山彦』)、「あるとき、鷹狩りの帰路…獲った雉を両手でべりべりと裂き、『爺っ、これを食えっ』と、泣きながら虚空に投げ上げるときもあった」(司馬遼太郎『国盗り物語』)、「もとは黒い布だが日に焼けて、茶色に変色したカーテンは、さっとひらくと、

❖**森鷗外**　小説家・劇作家・評論家。陸軍軍医のかたわら、多彩な文学活動を展開。夏目漱石と並ぶ、明治を代表する作家の一人。作品『舞姫』『雁』など。(一八六二〜一九二二)

❖**かたこと**　江戸時代の方言集。俳人安原貞室著。当時の京都の訛語や方言を集めたもので、正語と対比しながら適宜批判や注釈をつけている。慶安三年(一六五〇)刊。

❖**幸田文**　小説家・随筆家。幸田露伴の次女。昭和二二年、露伴の臨終を描いた『終焉』で注目される。歯切れのよい端正な文体で知られる。作品『流れる』『おとうと』など。(一九〇四〜一九九〇)

❖**谷崎潤一郎**　→P.7

❖**石川淳**　→P.30

❖**鈴木三重吉**　→P.124

❖**司馬遼太郎**　→P.16

べりべりとさけておち、直樹の手にまとわりついた」(松谷みよ子『ふたりのイーダ』)

◇**類義語**「ぺりぺり」

「べりべり」は大きな力が加えられて勢いよく裂かれる音や様子、「ぺりぺり」は小さな力でより薄い物などが裂かれる音や様子。「新聞包をぺりぺりと引き裂いた」(内田百閒『百鬼園随筆』)

◈**参考**「べりべり」は江戸時代には、よくしゃべる様子を表したこともあった。近松門左衛門の浄瑠璃『長町女腹切』に「べりべりしゃべる頬げた蹴放いてしまはんと」とある。

(川嶋秀之)

へろへろ

弱々しく威力や勢いのない様子。また、力がはいらなかったり固定されず、すぐに崩れてしまいそうな様子。「日本兵に震え上がって、菜のように青くなった露兵君も、しまいにはモヤシのようにヘロヘロになったかと思うと全く気の毒である」(桜井忠温『銃後』)、「くだものの出たのを合図に会長さんは立ちあがりました。けれども会長さんはもうへろへろ酔っていたのです」(宮沢賢治『紫紺染について』)、「途中で、犬、猿、雉子が供を申し出るのは昔と同じだが、爺さまの行く先は、なんと吉原で、百日余りも居つづけしてへろへろになって帰ってくる」(井上ひさし『戯作者銘々伝』)

◈**参考**「へろへろ」は力が弱く勢いのない人や物をあざけっていう熟語を多く生んでいる。「へろへろ武士」「へろへろ武者」は腰抜けの臆病な武士をいった言葉。「へろへろ太刀」「へろへろ矢」は弱々しく力のない太刀さばきや矢の勢いをいった言葉。多くは江戸時代から見られる語だが、「へろへろ矢」は早く『保元物語』に「まして清盛などがへろへろ矢」と見える。

(川嶋秀之)

べろべろ

①舌を何度も出したり、それでなめたりする様子。「とのさまがえるが…ひとりでべろべろ舌を出して」(宮沢賢治『カイロ団長』)、「あかんぼは…べろべろなめたりしはじめた」(さねとうあきら『地べたっこさま』)

②紙や布などの薄く弱い様子。また、それがめくれたりする様子。「表紙は破れ、手垢でべろべろになった、おそらく屑屋から仕入れて来たにちがいないような代物で」(安部公房『砂の女』)

❖**松谷みよ子** →P.161

❖**内田百閒** →P.47

❖**長町女腹切** 江戸時代の浄瑠璃。近松門左衛門作。正徳二年(一七一二)初演。

❖**桜井忠温** 軍人・随筆家・評論家。明治三九年、日露戦争での体験を描いた『肉弾』を発表、好評を得る。陸軍省新聞班長をへて、少将で退役。その後も創作活動を続けた。作品『銃後』『将軍乃木』など。(一八七九〜一九六五)

❖**宮沢賢治** →P.34

❖**井上ひさし** →P.25

❖**保元物語** 鎌倉時代の軍記物語。作者未詳。保元の乱の顛末を物語化。武士達の活躍を和漢混淆文で描く。異本が多いが、原形は鎌倉初期成立。

❖**さねとうあきら** 児童文学作家。児童劇の作家をへて、昭和四七年、童話『地べたっこさま』で野間児童文芸推奨作品賞などを受賞。作品『ジャンボコッコの伝記』など。(一九三五〜)

❖**安部公房** →P.102

③正体がなくなるほど酒に酔う様子。「夜中の一時頃、べろべろに酔って青山のアパートへ車で帰った」(安藤鶴夫❖『寄席紳士録』)

◇**類義語**　「べろっ」

①②の類義語。①の場合、「べろべろ」は何度も舌を出したりなめたりする様子、「べろっ」は一度だけする様子。②の場合、「べろべろ」は何度もめくれる様子、「べろっ」は一気にめくれる様子。

◆**参考**　③の意味は、①の舌が動く様子と、酒に酔って言葉にならず舌が動く様子が似ているところから転じたものか。　(川嶋秀之)

ぺろぺろ

①舌を何度も出したり入れたりする様子。「ヘビ族である。…ときどきトグロを巻いているし、足がないし、口から舌をペロペロ出しているのが、気持ちが悪いんだ」(高橋延清❖『樹海に生きて』)

②舌を出して何度ものをなめる様子。「老人は折詰の蓋を取り、蓋の裏にこびりついていた飯粒を舌でぺろぺろと舐めとりはじめたが」(井上ひさし❖『新釈遠野物語』)

③食べ物をまたたく間にすっかり食べる様子。「新吉は刺身をペロペロと食って」(徳田秋声❖『新世帯』)

◇**類義語**　「べろべろ」「ぺろぺろっ」

「べろべろ」は①②の類義語。「ぺろぺろ」は舌を軽く出して、対象物に軽く接触する感じがあるが、「べろべろ」は舌を長く出し、対象物に触れる接触時間も長くよだれがつくような感じがある。「ぺろぺろっ」は③の類義語。「ぺろぺろ」は食べている間に意味の重点があるが、「ぺろぺろっ」は食べ終わった時点に重点がある。「ペロペロッと二皿を平げた」(古川緑波❖『苦笑風呂』)　(川嶋秀之)

べろり

①舌を出す様子。また、出した舌で物をなめる様子。「いやに長い舌をべろりと出して口端を嘗めた」(北杜夫❖『楡家の人びと』)

②食べ物を一口で平らげる様子。「最う一と箸ベロリと喰って、『此奴は美味い』」(内田魯庵❖『社会百面相』)

◇**類義語**　「べろっ」「べろりべろり」

「べろっ」は瞬間的な動作をいう。「べろりべろり」は何度もくりかえす様子をいう。　(川嶋秀之)

❖**安藤鶴夫**　演劇評論家・小説家。都新聞(現・東京新聞)から読売新聞社嘱託となり、歌舞伎・文楽・落語の批評を担当。昭和三九年『巷談本牧亭』で直木賞受賞。作品『年年歳歳』『雪まろげ』など。(一九〇八〜六九)

❖**高橋延清**　林学者。元東大北海道演習林長。林分施業法の研究と自然保護活動により、平成四年、学士院エジンバラ公賞受賞。著作『樹海に生きて』など。(一九一四〜二〇〇二)

❖**井上ひさし**　→P.25

❖**徳田秋声**　→P.42

❖**古川緑波**　俳優。劇評家としての才能に加え、声色を声帯模写と名づけて芸風を確立。昭和八年「笑の王国」を結成し、榎本健一と人気を二分した。著作『古川ロッパ昭和日記』など。(一九〇三〜六一)

❖**北杜夫**　→P.30

❖**内田魯庵**　→P.12

ぺろり

①舌を出したり、出した舌でなめたりする様子。『ああら、叔母さま、それ本当?』と、藍子はませてこまっちゃくれて言ってぺろりと舌まで出してみせた」(北杜夫❖『楡家の人びと』)

②食べ物をまたたく間に平らげてしまう様子。「ほんの一時間前じゃございませんこと、おいしい、おいしいって、八人前のおそばをぺろりとめしあがったのは」(柏葉幸子❖『天井うらのふしぎな友だち』)

③皮や塗料などが広範囲に一気にむける様子。「だれの顔ももうわからないように火ぶくれて、ひどい人は顔の皮がぺろりとはげてねえ」(松谷みよ子❖『ふたりのイーダ』)

◇類義語「ぺろっ」「ぺろりぺろり」

共に①②③の類義語。「ぺろり」よりも「ぺろっ」の方が、一気に早く行われる感じがある。また、「ぺろり」は一回だけの動作だが、「ぺろりぺろり」は何度も行われる様子。

◆参考 夏目漱石❖『硝子戸の中』に「ペロリの奥さん」という例があるが、これはペルリ(ペリー提督)からの転訛で、「米国人」の意味か。　(川嶋秀之)

べろんべろん

酒の酔いがまわって通常の思考や姿勢を保てない様子。言うことは不明瞭でまとまらず、姿勢は崩れる。「べろべろ」よりももっとひどい酔い方をいう。「酔っちまえ、ベロンベロンになって交番の前でクダぁまけ」(立川談志❖『新釈落語咄』)

◇類義語「ぐでんぐでん」

「べろんべろん」はろれつが回らず発音が不明瞭な様子に、「ぐでんぐでん」は体が揺れて立っていられない様子に重点を置いた言い方。　(川嶋秀之)

ほいほい

軽い気持ちで引き受けたり行動したりする様子。また、手軽な方法で多くの成果が得られる様子。『かかれっ』獅子が叫びました。けだものどもはみなほいほいととびつきましたが」(宮沢賢治❖『けだもの運動会』)、「ほいほいついていく」

◆参考「ごきぶりホイホイ」という商品がある。「ゴキブリがホイホイとれて、商品がホイホイ売れて、会社はホイホイもうかる」ようにとの願いで命名されたという。　(川嶋秀之)

べろんべろん 酒の酔いがまわって、通常の姿勢を保てない。

(うえやまとち『クッキングパパ』より)

❖**北杜夫** →P.30
❖**柏葉幸子** →P.430
❖**松谷みよ子** →P.161
❖**夏目漱石** →P.8
❖**立川談志** 落語家。昭和二七年五代目柳家小さんに入門。同三八年真打。同五八年、落語協会を離れ、立川流家元。著作『現代落語論』『芸人魂』など。(一九三六〜二〇一一)
❖**宮沢賢治** →P.34

ぽいぽい

軽い気持ちで次から次に物を投げたり、捨てたりする様子。「山本は自分でも洗わないかわり、従兵にも下帯は決して洗わせず、毎日舷窓から、ポイポイ海へ捨てていたそうである」(阿川弘之『山本五十六』)

◆類義語「ぽい」「ぽいっ」

「ぽいぽい」は繰り返される動作をいうが、「ぽい」「ぽいっ」は一度きりの動作をいう。「ぽい」より「ぽいっ」の方が手離れがよい。(川嶋秀之)

ぼいん

①重くて弾力のある物が、勢いよく打ち当たる様子。「ぼいんとぶつかる」「ぼいんとなぐる」

②女性の胸が大きく豊かな様子。転じて、その胸や胸の持ち主をいう。「美人ではないが、発育良好のボインちゃんで」(井上ひさし『巷談辞典』)

■参考 ②は一九六〇年代後半からテレビ電波にのって広まったもので、タレントの大橋巨泉が女優朝丘雪路の胸にぶつかって、ボインとはじきかえされたことから言い始めたという。(川嶋秀之)

ぼーっ

①汽笛などの重く鳴り響く音。「弥次郎さんの話では、関東大震災前には、品川の岸壁を出る汽船の汽笛が荻窪まで聞こえていた。ボオーッ…と遠音で聞こえ」(井伏鱒二『荻窪風土記』)

②火が燃えたり、明かりがともったりする様子。また、暗いなかで、そのあたりだけがうす明るくなる様子。「通りの街灯がぼうっとあかりをともしはじめても」(瀬尾七重『みどりのこだま』)、「闇の中に娘の顔がぼうっと白く浮かびあがる」(井上ひさし『新釈遠野物語』)

③物の輪郭がはっきり見えない様子。「直樹はまどに顔をよせた。消えてはあらわれ消えてはあらわれる海が、ぼうっとなみだにかすんで見えた」(松谷みよ子『ふたりのイーダ』)

④心が他のものに奪われたり、意識がはたらかなかったりして、不活発で反応が鈍い様子。「あたまがぼうっとしてしまって、忠助のことばなぞ、ほとんど耳にはいらなかった」(山本有三『路傍の石』)、「その間、十人ばかりの船子たちは、…頭を搔き、片膝つき、ぼーッと突っ立ち」(井上ひさし『江戸の夕立ち』)(川嶋秀之)

❖**阿川弘之** 小説家。高等学校時代に志賀直哉に師事、志賀門下の一員となる。海軍時代の体験を生かし、戦争を主題にした作品が多い。作品『山本五十六』『暗い波濤』など。(一九二〇)

❖**井上ひさし** 劇作家・小説家。放送作家として人形劇『ひょっこりひょうたん島』、劇作家として『道元の冒険』などを発表した後、昭和四七年『手鎖心中』で直木賞受賞。作品『下駄の上の卵』『吉里吉里人』など。(一九三四〜二〇一〇)

❖**井伏鱒二** →P.7

❖**瀬尾七重** 児童文学作家。福田清人に師事。昭和四三年『ロザンドの木馬』で野間児童文芸推奨作品賞受賞。『かんどういむ』同人。作品『ポカホンタス』『迷路の森の盗賊』など。(一九四二)

❖**松谷みよ子** →P.161

❖**山本有三** →P.30

ぽーっ

①汽笛の鳴り響く音。「それでもあたしは汽車の音がポーッてするたび、何だか胸の中が恐くなって」(寺山修司❖『アダムとイヴ、私の犯罪学』)

②明かりがともって、暗いなかで、そのあたりだけがうす明るくなる様子。「酒倉の奥には、小さなあかりが、ぽーっとともっていて」(安房直子❖『ハンカチの上の花畑』)

③顔や頬などに赤みがさす様子。「うるみをおびた眼は充血してきている。両瞼がぽうっと桃色に染まってきている」(水上勉❖『越前竹人形』)

④心が他のものに奪われたりして、意識がはたらかず、不活発で反応が鈍い様子。「すみません。わたしも、ついぽうっとしちまって」(山本有三❖『路傍の石』)

◆**類義語**「ぼーっ」

「ぽーっ」は①②④の類義語。①の場合、「ぽーっ」は高く澄んだ音なのに対し、「ぼーっ」は低く重い音。②の場合、「ぽーっ」はその一点が明るいのに対し、「ぼーっ」は範囲がややにじみ広がり、薄明るい様子。④の場合は、「ぼーっ」の方がより反応が鈍い感じがある。

(川嶋秀之)

ほーほー

①梟(ふくろう)の鳴き声。「ホーホー　ゴロスケボーコーと夜鳴く。ホーホーはゆるく、ゴロスケボーコーは早口」(中西悟堂❖『定本野鳥記』)、「ホーホーグルスクホッホー」(高野伸二❖『野鳥小図鑑』)。「ほーほー」は、梟の鳴き声として一般に知られているが、実際の鳴き声は、以上に記したように長いものである。

「ほーほー」は、室町時代に既によく知られた梟の鳴き声。動物を擬人化した御伽草子『鴉鷺合戦(あろかっせん)物語』❖では、梟を「梟木工允谷法保(ふくろうもくのみつやのりやす)」と名付けている。「法保」を音で読むと、「ほうほう」。梟の鳴き声を掛けた名前である。

梟の鳴き声全体を「五郎助奉公」「五郎七奉公」「ボロ着て奉公」と聞くことがある。「先刻(さっき)から、小鳥島で梟が鳴いていた。『五郎助』と云って、暫く間を措いて、『奉公』と鳴く」(志賀直哉❖『焚火』)

②熱いものなどに息を吹きかけながら食べる様子。「口をホウホウ言わせながら、甘そうに汗を流して食った」(島崎藤村❖『家』)

◆**類義語**「ほっほー」「ふーふー」

「ほっほー」は、①の類義語。梟の声を「ホッホー

❖**寺山修司**　歌人・劇作家。昭和二九年『チェホフ祭』で「短歌研究」新人賞受賞。同四二年、劇団「天井桟敷」結成。かたわら戯曲、小説などを執筆。作品に歌集『血と麦』、戯曲『血は立ったまま眠っている』など。(一九三五〜一九八三)

❖**安房直子**　→P.87

❖**水上勉**　→P.110

❖**山本有三**　→P.30

❖**中西悟堂**　野鳥研究家・詩人・歌人。天台宗の僧で、昭和九年日本野鳥の会設立。機関紙『野鳥』を創刊し、自然保護に尽力。著作『定本野鳥記』など。昭和五二年、文化功労者。(一八九五〜一九八四)

❖**高野伸二**　鳥類研究家。著作『フィールドガイド日本の野鳥』『野鳥識別ハンドブック』など。(一九二六〜一九八四)

❖**鴉鷺合戦物語**　室町時代の御伽草子。別名『鴉鷺記』。カラスとサギの争いを軍記物に仕立てた作品。作者は未詳であるが、和漢の幅広い教養を持つ人物によると推定される。弘治二年(一五五六)以前に成立。

❖**志賀直哉**　→P.39

❖**島崎藤村**　→P.102

ゴロクトホッホ」と写すこともある。

「ふーふー」は、②の類義語。「ふーふー」の方がより一般的。「ほーほー」は、「ふーふー」よりもさらに唇をすぼめて息を吹きかける感じ。

◆参考　梟を明日の天気を占う鳥ととらえる地方がある。鳥取県では、梟の声が「ほーほー糊付けほーそー」と聞こえたら晴れ、「ほーほー泥付けほーそー」と聞こえたら雨。山口県では、「糊付けほーせん」と聞こえたら晴れ、「ふる付くふーふー」と聞こえたら雨。梟を天気予報鳥ととらえるのは、古く鎌倉・室町時代に遡る。（山口仲美）

ぼーぼー

①火が勢いよく燃えさかる様子。「コンクリートの建物がぼうぼう焼けるなんて、とても信じられなかったんです」（❖三浦哲郎『忍ぶ川』）

②草や髪・ひげなどが手入れされずに伸びている様子。「わら屋根に青草がぼうぼうと茂っていた」（❖司馬遼太郎『国盗り物語』）、「髪はぼうぼうにのびていましたが」（❖竹山道雄『ビルマの竪琴』）

◆参考　②は語源として漢語「茫茫」あるいは「蓬蓬」が想定されている。（川嶋秀之）

ほーほけきょー

鶯の鳴き声。江戸時代から鶯の声として使われ出した語。「垣根の梅が咲いてから 毎朝来ては鶯が かわいい声でホウホケキョウ」（唱歌「梅に鶯」）、「ほーう、ほけきょーう。ほーー、ほけっーきょうーと、つづけ様に囀る」（❖夏目漱石『草枕』）

平安時代には、鶯の声を「ひとく」と聞いた。「梅の花 見にこそ来つれ 鶯の ひとくひとくと厭ひしもをる」（❖『古今和歌集』）。「ひとく（人が来る）」の意味に掛けて用いられる。「ひとく」は、江戸時代まで用いられ続けた。ただし、鎌倉・室町時代には、鶯を飼って良い声で囀るように躾けることが流行った。「つきひほし（月日星）」と聞こえるように鳴く鶯が最高であった。躾けてもうまく鳴けずに「ひつきほし」「こけふじ」と聞こえるように鳴いてしまう鶯もいた。それらの鶯は、鳴きそこないと言われ値打ちが下がった。

江戸時代になると、「ほーほけきょー」と写され、「法華経」の意味を掛けて聞いた。仏教の隆盛とあいまって「慈悲心も 仏法僧も 一声の ほう法華経に しくものぞなき」（狂歌『❖蜀山百首』）と言われるほど、鶯の声は尊ばれた。現代では、仏教

❖**三浦哲郎**　小説家。井伏鱒二に師事。昭和三五年『忍ぶ川』で芥川賞受賞。血の系譜に悩み、それを克服して生きることをテーマとする。作品『白夜を旅する人々』『みのむし』など。（一九三一〜二〇一〇）

❖**司馬遼太郎**　→P.16

❖**竹山道雄**　→P.56

❖**夏目漱石**　→P.8

❖**古今和歌集**　平安時代の、我が国最初の勅撰和歌集。醍醐天皇の勅により、紀貫之、凡河内躬恒らの撰。『万葉集』以降の歌、約一一〇〇首から成り、その表現は理知的、技巧的で、繊細優美な歌が多い。延喜五年（九〇五）に成立。その後増補が加えられたと言われる。

❖**蜀山百首**　江戸時代の狂歌師・狂詩家大田南畝の狂歌集。書名は南畝の用いた号の一つ「蜀山人」に由来する。文政元年（一八一八）刊。

との結びつきが薄れ、鶯の声に「法華経」の意味を意識することはない。

◇**類義語**「ほほう」「けっきょ」

「ほほう」は、鶯の鳴きはじめの声。まだ十分上手な囀りになっていない。「片言に ほほうほほうも ほめことば やがて初音の 春を告鳥」（人情本❖『春告鳥』）。「けっきょ」は、鶯が谷を渡り飛ぶ時の声。「ケッキョ、ケッキョ、ケッキョ、ケッキョと啼く所謂谷渡りの声」（❖谷崎潤一郎『春琴抄』）

◆**参考**「うぐいす」という鳥名も、鳴き声を「うーぐひ」と聞いたところから。「す」は接辞。（山口仲美）

ぼかすか

①乱暴に繰り返し殴る様子。「負けると野武士集団にぼかすかたたかれる」（朝日新聞01・3・7）

②大量の物を乱暴に扱う様子。「血ィ出るような税金、ボカスカ、馬や車やマンションに使いまくりくさって」（朝日新聞夕刊01・4・16）

◇**類義語**「ばかすか」

②の類義語。「ぼかすか」より「ばかすか」の方がより俗語的。「大サービス　バカスカ6満塁本塁打」（朝日新聞夕刊00・5・22）

（高崎みどり）

ぽかっ

①一回、強くなぐる様子。「指示に沿えなかった選手をポカッと殴った」（朝日新聞89・7・30）

②大きな穴や、空白、あるいは何かの物事が出現する様子。「信夫は胸の中にぽかっと穴のあいたような寂しさを感じた」（❖三浦綾子『塩狩峠』）

③驚きや衝撃のために頭が働かない様子。また、ぼんやりとした様子。「ひなげしはみんなあっけにとられてぽかっとそらをながめています」（❖宮沢賢治『ひのきとひなげし』）

（高崎みどり）

ほかほか

①空気や物などが、気持ちよく暖かく感じられる様子。「べんとうのぬくみは、かの女の心をほかほかとぬくめつづけて」（❖壺井栄『二十四の瞳』）

②食べ物が、やわらかく温かでおいしそうである様子。「ほかほかと湯気を上げてでき上がったもち」（朝日新聞00・12・10）

◇**類義語**「ほっかほか」「ほっかほっか」

二語とも①②の類義語。「ほかほか」に比べて一段とおいしそうな様子が強調される。二語のうち

ぽかっ　一回、強くなぐる。

（赤塚不二夫『おそ松くん』より）

❖**春告鳥**　江戸時代の人情本。為永春水著。天保七年（一八三六）～八年刊。

❖**谷崎潤一郎** →P.7

❖**三浦綾子** →P.30

❖**宮沢賢治** →P.34

❖**壺井栄** →P.21

では「ほっかほか」の方が一般的。

初期の持ち帰り弁当のネーミングは「ほかほか」や「ほっかほか」等の擬態語が含まれ、それを縮めた「ホカ弁」という語が流行した。

■参考　古くは、現在と全く違う意味をもっていた。室町末期の❖『日葡辞書』には「ほかほか」を「猛烈に、あるいは力を込めて激しく」という意味でのせている。「ほかほかと突き通す」は「短剣とか槍とかで、狂暴に突き通すさま」とある。「無分別に」という意味もあって、「ほかほかと物を言ふ」は「ある事がらを軽率に話す」とある。　(高崎みどり)

ぼかぼか

①乱暴に何度も殴る音、またその様子。「懐中電灯で顔をボカボカ殴られ」(朝日新聞90・11・30)

②勢いよく何回も物事を行う様子。「景気のいい時にはぼかぼか稼いでぼかぼか使ったもんだ」

③暖かい様子。「柄杓で汲み出すようなんじゃ、ぼかぼかぬるまったくって」(❖長塚節『土』)

◇類義語「ぽかぽか」

「ぽかぽか」は①③の類義語。「ぼかぼか」より動作や様子の程度が軽い感じを表す。　(高崎みどり)

ぽかぽか

①暖かくて快さが感じられる様子。「体がポカポカして熟睡できます」(女性自身00・12・19号)

②勢いよく、何度も殴る音、またその様子。「寒月君は…『近頃大分大きくなったのさ』と自慢そうに(猫の)頭をぽかぽかなぐる」(❖夏目漱石『吾輩は猫である』)

③空中や水面などに、いくつかの物が浮かんでいる様子。比較的軽い物について言う。「三びきはぽかぽか流れて行くやまなしのあとを追いました」(❖宮沢賢治『やまなし』)

◇類義語「ぽかっ」

「ぽかっ」は②③の類義語。②の場合は一回だけ勢いよく殴る様子。③の場合は、「ぽかぽか」がいくつかの物が漂っている感じを表すのに対し、「ぽかっ」は一つの物がいきなり浮かび上がって現れたり、あまり動かず浮かんでいる様子を表す。

■参考　江戸時代、「ぽかぽか」には、勢いよく盛んに物事を行う様子を表す用法もあった。「新吉と土手の甚蔵がぽかぽか掘りまする」(❖三遊亭円朝『真景累ケ淵』)は、ある筈のない二〇〇両を捜して手水鉢の下の土を懸命に掘る様子。　(高崎みどり)

❖**日葡辞書**　一七世紀初頭の、ポルトガル語で説明した日本語辞書。イエズス会の宣教師によって成る。室町末期の口語を中心に方言、文書語、歌語、女性語など、三万余語を収録。慶長八～九年(一六〇三～〇四)刊。

❖**長塚節**　歌人・小説家。正岡子規に師事。明治三六年、伊藤左千夫らと『馬酔木』創刊。同四三年『東京朝日新聞』に小説「土」を連載。作品は歌集『病中雑詠』『鍼の如く』など。(一八七九～一九一五)

❖**夏目漱石**　→P.503

❖**宮沢賢治**　→P.34

❖**三遊亭円朝**　幕末から明治時代の落語家。話芸と創作力にすぐれ、人情噺や怪談噺を創作、口演。落語界中興の祖。作品『怪談牡丹灯籠』『鰍沢』など。(一八三九～一九〇〇)

ぽかり

①勢いよく一回、殴る様子。「いきなり拳骨で、野だの頭をぽかりと」(夏目漱石『坊っちゃん』)

②空などに物が一つ浮かぶ様子。「綿雲出てるポカリと出てる」(北原白秋・童謡「東へ行けば」)

③口や穴などが丸くあいている様子。「木を引き抜いたあとには深い穴がぽかりとあいていた」

④突然、物事が出現する様子。「すると傘のない電灯が一つ、丁度彼の額の上に突然ぽかりと火をともした」(芥川龍之介『或阿呆の一生』)

◇類義語「ぽかりぽかり」

①〜④の類義語。「ぽかりぽかり」の方は、①では何回か続けて殴る様子。②では、いくつかの物が浮かんでいる様子。「海は　ねぼけまなこで　おおきなあくび　ぽかりぽかり　きょうのための綿雲を生む」(くどうなおこ「海辺のふんばり」)。③④の場合も、「ぽかりぽかり」は複数の物の様子。

◆参考　夏目漱石は、飛び込む動作の形容として「ぽかり」や「ぽかりぽかり」を使っていて珍しい。「原口さんはぽかりと人の中へ飛込んだ」(『三四郎』)、「彼等は北側の空地へぽかりぽかりと飛び込む」(『吾輩は猫である』)

(高崎みどり)

ぽかん

①かたい物に当たって出る音。空洞を感じさせる、やや響く音。「(石を池の)真中へなげる。ぽかんと幽かに音がした」(夏目漱石『草枕』)

②口や口のような形をした穴などが大きくあいている様子。「ぽかんと開けた締りのない口」(SPA!00・12・20号)

③非常に驚いたり、何かに心を奪われたりして、放心状態である様子。「岡さんがこの寒いに手欄から体を乗り出してぽかんと海を見とるんです」(有島武郎『或る女』)

◇類義語「ぽかーん」

①②③の類義語。①②③のいずれにおいても「ぽかーん」の方が「ぽかん」より程度が甚だしいことを表す。「口をぽかーんとあけて、四六時中眠っているだけの現在」(朝日新聞98・3・31)

◆参考　子供の遊びに「ぽかん遊び」というのがある。用事もないのに相手の名前を呼びたて、相手が返事をすると、「ぽかん」と言ってはぐらかす。江戸時代、弘化・嘉永の頃流行したというが、子供ばかりでなく、大人の間でも行われたようだ。現在でも時折みかけることがある。

(高崎みどり)

❖夏目漱石　英文学者・小説家。英語教師をへて、イギリスに留学。帰国後、『東京朝日新聞』の専属作家となり、同新聞に次々と作品を発表。森鷗外とともに近代日本文学の確立に貢献。作品『吾輩は猫である』『三四郎』など。(一八六七〜一九一六)

❖北原白秋　→P.11

❖芥川龍之介　→P.12

❖くどうなおこ　詩人・児童文学作家。女性初のコピーライター。昭和五八年『てつがくのライオン』で日本児童文学者協会新人賞受賞。作品『のはらうた』など。(一九三五〜)

❖有島武郎　小説家。内村鑑三の影響を受け、キリスト教に入信。アメリカ留学後、明治四三年、雑誌『白樺』の創刊に参加。作品『カインの末裔』『或る女』など。(一八七八〜一九二三)

ぼきっ

細長くかたい物が折れる音。また、その様子。「算数のテストで『テストいやっ、いやっ』と鉛筆をぼきっと折って放り投げ」(朝日新聞98・5・7)「つらさを隠してぎりぎりまで頑張るのだが、突然ぼきっと折れる」(朝日新聞96・10・7)のように精神的な状態を比喩的に言う場合もある。

◆**参考** 長塚節に、骨が折れた音を「ぼぎっ」と形容した例がある。「怪我人の手はぼぎっと恐ろしい音を立てた」(長塚節❖『土』)　(高崎みどり)

ぽきっ

細長くかたい物が折れる音、またその様子。「(ウワバミソウの)ぽきっと折れ、ひすい色のみずみずしい透明な茎」(朝日新聞94・11・2)

また、「一字一句変えるな、という護憲ではだめだ。途中でぽきっと折れてしまう」(朝日新聞01・5・2)は、比喩的に用いた例。

◇**類義語**「ぼきっ」

「ぼきっ」の方は、より頑丈そうな物が、大がかりに折れる感じを言う。　(高崎みどり)

ぼきぼき

細長くかたい物が、連続して折れる音。また、その様子。「鉛筆で小さな字を書こうとすると、芯がぼきぼき折れる」(朝日新聞98・12・8)

◇**類義語**「ぼきっ」「ぼきり」「ぽきぽき」

「ぼきっ」「ぼきり」は、「ぼきぼき」に比べ、一回だけ折れる音や様子。「ぼきり」より「ぼきっ」の方が突然で、かかる時間もやや短い感じ。「ぽきぽき」は「ぼきぼき」よりももろく、弱い物が折れる時の、やや小規模な感じの音や様子。　(高崎みどり)

ぽきぽき

細長くかたい物が、連続して折れる音。また、その様子。「つららをぽきぽき折って遊んでいる」

◇**類義語**「ぽきっ」「ぽきり」「ぽきりぽきり」

「ぽきっ」「ぽきり」は「ぽきぽき」に比べ、一回だけ折れる音や様子。「ぽきり」より「ぽきっ」の方が突然折れる感じ。「ぽきりぽきり」は「ぽきぽき」に比べ、間をおいて次々と折れる感じ。

◆**参考** 山形県の方言で植物のコウホネを、茎を折る時の音から「ポキポキ」と呼ぶ。　(高崎みどり)

❖**長塚節** 歌人・小説家。正岡子規に師事。明治三六年、伊藤左千夫らと『馬酔木』創刊。同四三年『東京朝日新聞』に小説「土」を連載。作品は歌集『病中雑詠』『鍼の如く』など。(一八七九～一九一五)

ぼきっ 金槌(かなづち)で頭をたたいたら、かたい柄が折れてしまった。すごい頭！

(赤塚不二夫『おそ松くん』より)

ぼきり

細長くかたい物が折れる音。また、その様子。「木製イスを買って3日もしないうちに、ぼきりと脚が折れた」(朝日新聞02・2・6)

◇類義語「ぼきっ」「ぽきり」

「ぼきり」が少し響いて後をひく感じであるのに対し、「ぼきっ」は、突然折れて、かかる時間もやや短い感じ。「ぽきり」は「ぼきり」よりも、もろく弱い物が折れる時の、やや小規模な感じの音や様子を表している。(高崎みどり)

ぽきり

細長くかたい物が折れる音。また、その様子。簡単に折れるもろい物について言う。「(小松菜の)葉柄がぽきりと折れる」(朝日新聞00・7・31)

◇類義語「ぽきりぽきり」

「ぽきりぽきり」は続けて物が折れる様子。

◆参考 代金がその金額以上にならぬことを「一万円ポッキリ」などと言うことがある。金額の伸びが止まることを折れることにたとえ、さらに強めて「ぽっきり」としたものと思われる。(高崎みどり)

ほくほく

①料理した芋類などが、余分な水分がなく、おいしい様子。銀杏(ぎんなん)や栗、カボチャや百合根などについても言う。「(炙(あぶ)った銀杏は)ほくほくして滋味豊かな、しみじみとした旨さがあります」(週刊現代00・12・2号)

②嬉しさが外に現れている様子。「いよいよ来るときまったので、ほくほくしながら、滝十郎は、もう一度受話機を奪い返し」(里見弴❖『多情仏心』)

「ほくほく顔」「ほくほくもの」という語もある。望みがかなって喜ばしい状態を言う。「和泉屋はほくほくもので帰って行った」(徳田秋声❖『新世帯』)

◆参考 江戸時代から明治時代にかけて、ゆっくり歩く様子、あるいは、心静かにゆっくりと旅をする様子を「ほくほく」と言った。「ほくほくとかすみ給ふは　どなた哉」(『七番日記❖』)は、霞の中をゆったり歩む人を詠んだ春らしい句。

また、同時期には、頭を上下させてうなずく様子も、「ほくほく」と言った。「当てずっぽに気安めを言うと(祖母は)『おお、そうかの』と目皺を深く、ほくほくと頷いた」(泉鏡花❖『二、三羽——十二、三羽』)(高崎みどり)

❖里見弴　小説家。有島武郎の末弟。明治四三年、雑誌『白樺』創刊に参加。大正五年『善心悪心』でデビュー。同八年、久米正雄らと『人間』創刊。作品『多情仏心』『安城家の兄弟』など。昭和三四年、文化勲章受章。(一八八八〜一九八三)

❖徳田秋声　小説家。尾崎紅葉に師事。明治二九年『藪かうじ』を発表。以降、『新世帯』『黴』などで自然主義文学を代表する作家となる。作品はほかに『仮装人物』『縮図』など。(一八七一〜一九四三)

❖七番日記　小林一茶の句日記。文化七年(一八一〇)〜一五年、一茶四八歳〜五六歳までのもの。稿本として伝わり、刊行されたのは明治に入ってから。一茶の句日記はもともと書名のないものが多いが、『七番日記』は一茶自身の命名である。

❖泉鏡花　→P.8

ぼくぼく

①靴や杖などが、歩くときに柔らかい地面に当たってたてる音。「坂道をぼくぼくと灰神楽(はいかぐら)をたてながら飛びくだってくる敵兵が何人もあった」(❖火野葦平『断崖』)

②ゆっくりと歩く様子。「一僕と　ぼくぼくありく(=歩く)　花見哉」(❖北村季吟『山の井』)

③くぼみや穴などがあって、なめらかでない様子。「おかなは…白粉も塗らず、ぼくぼくした下駄をはいて」(❖徳田秋声『あらくれ』)　(高崎みどり)

ぽくぽく

①中が空洞の、木製のものなどを叩いたりした時に出る音。お坊さんの叩く木魚の音、ぽっくりや駒下駄で歩く時の音など。「ながぐつのどたどた　ぽっくりのぽくぽく」(❖谷川俊太郎「みみをすます」)

②一歩ずつゆっくり歩く様子。「張柏端がぽくぽく白い騾馬に乗って行く…騾馬の足どりがひどくゆっくりしているので」(❖石川淳『張柏端』)

③土や砂などがやわらかく崩れやすい様子。「砂は、ぼくぼく、層になってめくりとられた」(❖安部公房『砂の女』)

◆**参考**　「ジョバンニは…ぽくぽくそれ(=チョコレートのような菓子)を食べていました」(❖宮沢賢治『銀河鉄道の夜』)のように、「ぽくぽく」を食べる様子に使用した例もある。これに似た使い方で、山形県の方言に、少しずつつまみ食う様子を、「ぽくぽくど」と言う言い方がある。

また、江戸時代には、「ぽくぽく」を居眠りする様子に用いた例もみえる。「長ばなし、さすがの此(この)蔵(ぞう)げんなりし、ぽくぽく眠ればさし出す枕」(洒落本『❖雑文穿袋(ざつもんせんてい)』)　(高崎みどり)

ぼけっ

特に何も考えず、心の緊張を緩めている様子。心身の休養のため、あえて気楽にしている様子にも、考えが働かず、特に何もしていない様子にも言う。「どうしてそんなに長いことボケッとしてたのかと訊かれてもむりはない」(シリトー原作・河野一郎訳『長距離走者の孤独』)

「ぼけっ」の「ぼけ」は、動詞「ぼける」や名詞「ぼけ」の語根と同じであり、「ぼけっ」は、これらから現代になって派生した語と思われる。何もしな

❖**火野葦平**　小説家。昭和一三年『糞尿譚』で芥川賞受賞。日中戦争に従軍した体験を生かし、戦後、『麦と兵隊』『土と兵隊』『花と兵隊』の三部作を発表。作品はほかに『花と竜』『青春と泥濘』など。(一九〇七)

❖**北村季吟**　歌人・国学者。安原貞室、松永貞徳に師事。俳諧の宗匠であるとともに、元禄二年(一六八九)、幕府の歌学方となる。松尾芭蕉は門下の一人。著作『源氏物語湖月抄』『徒然草文段抄』など。(一六二五)

❖**徳田秋声**　→P.42

❖**谷川俊太郎**　昭和二七年『二十億光年の孤独』でデビュー。詩のほかに戯曲、絵本なども創作。昭和五〇年『マザー・グースのうた』で日本翻訳文化賞受賞。作品『日々の地図』『世間知ラズ』など。(一九三一)

❖**石川淳**　→P.30

❖**安部公房**　→P.102

❖**宮沢賢治**　→P.34

❖**雑文穿袋**　江戸時代の洒落本。朱楽菅江(あけらかんこう)著。題名は荻生徂徠の『訳文筌蹄(やくぶんせんてい)』をもじったもの。安永八年(一七七九)刊。

いでいる相手をののしる「何やってんだ、ぼけっ!」というような用法が最初であったか。

なお、この語根「ぼけ」は古くは「ほう(惚)け」であり、それが「ほけ」、「ぼけ」と変化した。濁音化した例は、「ぼける」「ぼけぼけ」など、室町末期頃から見られるが、江戸時代以前は「ほうけ」や「ほけ」の方が一般的であった。

◆**類義語「ぼけーっ」**

「ぼけーっ」は、「ぼけっ」より緊張感がさらにない感じに言う。「ボケーっと窓の外を見ていて」(❖さくらももこ『ものかんづめ』)　(染谷裕子)

ぽけっ

心が緩んでいて、特に何も考えないでいる様子。「あの谷口のことだ、二、三時間はポケッと待っていたに違いない」(❖赤川次郎『女社長に乾杯!』)

◆**類義語「ぼけっ」「ぽけーっ」**

「ぽけっ」は心がうつろな点に、「ぼけっ」は緊張が緩んでいる点に中心がある。「ぽけーっ」は、「ぽけっ」より、さらにうつろな感じ。「結局、ポケーッと空を眺めてるっていうか、毎日が夏休みって感じで」(SPA!00・12・20号)　(染谷裕子)

ぼこぼこ

①表面が薄く空洞の物などを、やや強く何度もたたく音。また、人を何度もなぐったり、徹底的に相手をやっつけたりする様子。「ゴムぞうりの足の裏を、売り物の柄杓(ひしゃく)でボコボコ叩きながら」(❖高橋哲也『三宅の海が教えてくれた』)、「駅員逆ギレ、乗客ボコボコに」(「ZAKZAK」HP)

②沸騰するなど、液体中の空気が次々に泡になって浮上したり、それがはじけたりする音。「温泉があちこちからぼこぼこと湧き出ている」

③表面が平らでなく、盛り上がったり、くぼんだりしている様子。「二人の横顔やら浅黒く筋のぼこぼこと盛り上がった腕を見ていた」(❖藤原正彦『若き数学者のアメリカ』)

④次から次へと現れる様子。「ミニトマトがぼこぼこと実を付けている」

◆**類義語「ぼこっ」「ぼこり」「ぼこん」**

すべて①②③の類義語。「ぼこっ」は一瞬の音や様子、「ぼこり」は一回の確実な音や様子、「ぼこん」は一回の完結した音や様子。

■**参考**　③の意味は漢字「凹」と関連する。本来はあちこちくぼみがある様子。　(染谷裕子)

ぼこぼこ　畳が古くなり、盛り上がったり、くぼんだりしている。

(松本零士『男おいどん』より)

❖**さくらももこ**　→P.223

❖**赤川次郎**　→P.39

❖**高橋哲也**　高校一年から三宅島に定住。「水中に浮くウキ」を開発し新しい磯釣りを展開。島で釣り宿を営むかたわらマスコミで活躍。著書『三宅の海が教えてくれた』。(一九六〇)

❖**藤原正彦**　数学者・エッセイスト。昭和五三年『若き数学者のアメリカ』で日本エッセイスト・クラブ賞受賞。数学者の感性でとらえた、端正な文体のエッセイに定評がある。著作『数学者の言葉では』『遥かなるケンブリッジ―数学者のイギリス』など。(一九四三)

ぽこぽこ

①続けて軽く打つ時の音や様子。本来は中が空洞になっている物を打つ音に言う。「日本人が聞くとポコポコとしか鳴っていない太鼓」(曾野綾子❖『太郎物語』)、「胎児がおなかをポコポコ蹴る」

②液体の中で、空気の泡が続けて生じる音。また、空気が軽く破裂する音。「コーヒーを沸かしている音がポコポコと部屋に響く」

③表面がいくつも飛び出したり、へこんだりする様子。「ちょうどキャッチャーミットのようにポコポコとわたが入っていて」(オレンジページ02・5・2号)

④次々と簡単に、現れたり、何かをしたりする様子。「他の荷物も重かろうが軽かろうがポコポコ投げ込み」(高橋哲也❖『三宅の海が教えてくれた』)

⑤ゆっくり歩く様子。「山道をぽこぽこと歩いていく」。昔は「ぽくぽく」と言った。

◆**類義語**「ぽこっ」「ぽこり」「ぽこんぽこん」

「ぽこっ」「ぽこり」は①②の類義語。「ぽこっ」は一回の短い音、「ぽこり」は一回の確実な音。「ぽこんぽこん」は①～④の類義語。一回ずつ動きなどが完結して続く感じ。(染谷裕子)

ぽこり

①頭などを、拳固や棒などで軽く一回打った音や様子。「仙人は杖でぽこりと男の頭をたたいた」

②泡が一つできたり、壊れたりする音。「水面にぽこりと一つ泡が浮かんだ」

③物の表面が飛び出したり、へこんだりする様子。「土と一緒に根こそぎポコリと持上って来るのもあった」(島崎藤村❖『桜の実の熟する時』)

④何かが急に現れる様子。「ぽこりと疑問が浮かんだ」(染谷裕子)

ぼこん

①一回たたいたり、ぶつかったりする時の、やや鈍い音。「車をバックしたら電柱にボコン」。「ぼこんぼこん」と繰り返すと、立ち直れないほどに衝撃を受ける意も表す。「ぼこんぼこんにやられた」

②物の表面がへこんだり、飛び出したりする様子。比喩的にも用いる。「胃のあたりがぼこんと出ている」、「日本経済がぼこんと落ち込む」

③大きな泡が一つできる時の音。「沼の底からあぶくがボコン」(染谷裕子)

❖**曾野綾子**　小説家。昭和二九年『遠来の客たち』で注目される。以降、社会性の高いテーマを中心に活動を続ける。夫の三浦朱門とともにカトリック教徒。作品『無名碑』『神の汚れた手』など。(一九三一)

❖**高橋哲也**　→P.507

❖**島崎藤村**　詩人・小説家。明治二六年、『文学界』の創刊に参加。同三〇年、詩集『若菜集』刊行。同三九年、小説『破戒』を出版し、自然主義文学の作家としての地位を確立。作品『新生』『夜明け前』など。(一八七二)

ぽこん

①何かが軽く当たる音や様子。「胎児がポコンとおなかを蹴る」

②泡が浮き上がったり、空気などが軽く破裂したりする音。「ポコンとエンストしてしまう」

③飛び出したり、へこんだりする様子。「ぽこんと出た下腹部」

④急にまたは無造作に、何かが現れる様子。「ジャガイモのふかしたやつを一個ポコンと皿にのっけて」(井上ひさし『ブンとフン』)

(染谷裕子)

ぼさっ

①毛髪状の物が乱れていたり、表面が滑らかでなくけばだっていたりする様子。時に立体感のある様子にも言う。「髪をボサッと肩まで長く伸ばす」、「全体にボサッとした質感をプラスした」

②特に何も考えず、心がゆるんでいて何もしない様子。「ぼさっと立ってると邪魔だ」

◇類義語「ぼさーっ」

②の類義語。「ぼさっ」よりさらに緊張感がない感じ。「休日はぼさーっと過ごす」

(染谷裕子)

ぼさぼさ

①毛髪、羽毛、体毛など、ある程度の長さのある、毛髪状の物が様々な方向に向き、乱れている様子。また、繊維などの表面が、滑らかでなくけばだっている様子。「女は、寝ぼけ顔で…だらしなく髪はボサボサ、ガウンをくたびれた感じにはおっているので、大分ふけてみえた」(赤川次郎『女社長に乾杯!』)、「マリモの表面はぼさぼさしている」

②心がゆるんでいて、周囲に注意が働かない様子。特に、何かをしなければならない時に、何もしない様子に言う。「ぼさぼさしているうちに今年も終わろうとしている」、「ぼさぼさするな! ケガ人を早く避難させろ!」

◇類義語「ぼさっ」

②の類義語。心がゆるんでいる様子に言うが、「ぼさぼさ」のように、気が利かないなどの批判的意味をいつも伴うわけではない。「たまにはぼさっとのんびりしたい」のようにも用いる。

◈参考 方言では「ぼさぼさ」を草木の茂る様子(埼玉県)や、大粒の雪が降る様子(青森県)などにも言う。

(染谷裕子)

❖井上ひさし 劇作家・小説家。放送作家として人形劇『ひょっこりひょうたん島』、劇作家として『道元の冒険』などを発表した後、昭和四七年『手鎖心中』で直木賞受賞。作品『下駄の上の卵』『吉里吉里人』など。(一九三四〜二〇一〇)

❖赤川次郎 小説家。昭和五一年『幽霊列車』でオール讀物推理小説新人賞受賞。以降、「三毛猫ホームズ」シリーズなど、ユーモア推理小説を多数発表。作品『悪妻に捧げるレクイエム』『ふたり』など。(一九四八〜)

ぼしゃっ

①ある程度の重さの物が、水面を一回はねたり、水中に突っ込んだりする音。「釣れたと思ったら、手前で針が外れてぼしゃっ」、「右足がぼしゃっとドブにはまってしまった」

②ふくらんでいた物が、しぼむ音や様子。物事や心理などに比喩的にも使う。「紙風船をぼしゃっとつぶす」、「計画中止でぼしゃっとなった」

◇類義語「ぼしゃり」「ぼしゃん」「ぽしゃっ」「ぽしゃり」「ぽしゃん」

すべて①②の類義語。一瞬で勢いのある「ぼしゃっ」に対して、「ぼしゃり」はややゆっくりではあるが確実に、「ぼしゃん」は跡形もなく完全に、突っ込んだり、つぶれたりする感じ。「ぽしゃっ」「ぽしゃり」「ぽしゃん」は「ぼしゃ」系よりもやや軽い、または小さな物が大した抵抗もなく、水中に突っ込んだり、つぶれたりする音や様子を表し、その音も「ぼしゃ」系より高く澄む。

■参考 ②の比喩的な用法は動詞化して、俗に「ぼしゃる」とも言う。「リストラでボシャるような奴じゃない」。物事がだめになる意の「ぽしゃる」とは別語。

（染谷裕子）

ぼじゃぼじゃ

低く小さい声でとりとめもなく話す様子。「ぼしゃぼしゃ」とも。「なんだかぼじゃぼじゃ言はれたが、一向分らぬ」（川端康成❖『十六歳の日記』）

現在ではあまり使われない。方言で「ぼじゃぼじゃさわるな」（栃木県）のように、むやみに何かをする様子やいい加減な様子に言う地域もある。

室町末期頃から江戸時代には女性や子供の顔などがふっくらしていてかわいい様子などに言った。現代の「ぽちゃぽちゃ」に近い。

（染谷裕子）

ぽしゃり

①何かが水面にぶつかって、水中に落ちる音。「湯船に固形入浴剤をぽしゃりと投げ入れた」

②不意にぶつかるなどして、何かがつぶれたりしぼんだりする音や様子。「アイスクリームが地面に落ちてぽしゃりと音を立てた」

■参考 計画などが急にだめになる意を表す動詞「ぽしゃる」は、「シャッポ」の倒語と言われるが、「雨でピクニックもぽしゃり」のような例は②と極めて意味が近い。

（染谷裕子）

❖川端康成　小説家。大正一三年、横光利一らと雑誌『文芸時代』を創刊、新感覚派と呼ばれた。以降、独自の美的世界を追究し、昭和三六年文化勲章受章。同四三年ノーベル文学賞受賞。作品『伊豆の踊子』『雪国』『山の音』など。（一八九九〜一九七二）

ぼそぼそ

①聞き取りにくい、小さく低く話す声や様子。また、低くこもったような音。「外国人の老夫婦が一組、隅の方で、ぼそぼそと話し込んでいるきりだったが」（里見弴❖『多情仏心』）、「夕方から雪がぼそぼそ降出して来た」（徳田秋声❖『あらくれ』）

②食品などの水分が少なく、舌ざわりがなめらかでない様子。また、毛や羽、繊維などが、水分や油分などが少なく、けばだっている様子。「もっともそのパンは…ぼそぼそと舌に味気なかった」（北杜夫❖『楡家の人びと』）、「羽がぼそぼそになって艶がなくなっている」

③目立たず静かに一人で何かをする様子。元気なく、さびしくといった感じを伴うこともある。「ひとりでぼそぼそ仕事をしていると、わかい女の合唱が聞えて来る」（太宰治❖『I can speak』）

◆**類義語**「**ぼそっ**」「**ぼそり**」

共に①②の類義語。動作や状態がある程度続く「ぼそぼそ」に対して、「ぼそっ」は一瞬の、「ぼそり」は一回の完結した感じに言う。

◆**参考**　大阪などでは「ぼそぼそ」を手早くない様子に言う「ぐずぐず」の意でも使う。

（染谷裕子）

ぼそり

小さく低い声で、ひとりごとのように、一言言う様子。また、そっけなく一言だけ言う様子。「『これもわからんな』主任は三原の顔色などかまわずに、ぼそりと言った」（松本清張❖『点と線』）

◆**類義語**「**ぼそっ**」「**ぼそりぼそり**」

「ぼそっ」は「ぼそり」より、さらに短く一言つぶやく感じ。「ぼそりぼそり」は、切れ切れながらも、小さい声で語り続ける様子。「容疑者はぼそりぼそりと真実を語り始めた」

（染谷裕子）

ぼたぼた

①水などの液体が大量に、またはあちこちから、したたる音。また、その様子。流れ落ちるというほど大量ではないが、水滴がひとつひとつ落ちるというほど少量でもなく、次から次へとしたたる感じ。「腹からボタボタと汗をしたたらせている馬はイライラが高まっており、体力も消耗していると判断すべきだ」（日刊スポーツ00・12・24）

②少し粘り気のある泥状の物や水分を含んだ塊が断続的に落ちたり、当たったりする音。また、

ぼそぼそ　小さく低い声で、ないしょ話をする。

（うえやまとち『クッキングパパ』より）

❖**里見弴**　→P.44
❖**徳田秋声**　→P.42
❖**北杜夫**　→P.30
❖**太宰治**　→P.20
❖**松本清張**　小説家。昭和二七年『或る「小倉日記」伝』で芥川賞受賞。同三二年、雑誌『旅』に連載した「点と線」で社会派推理小説の分野を開拓。以降、歴史・ノンフィクション分野でも活躍。作品『砂の器』『昭和史発掘』など。（一九〇九〜九二）

その様子。「藁草履は固めたように霜解の泥がくっついて、それがぼたぼたと足の運びを鈍くしている」（長塚節❖『土』）、「道ばたに家畜のヤクの糞がボタボタと落ちていた」（朝日新聞夕刊99・7・28）

◇類義語「ぼたっ」「ぽたぽた」「ぼとぼと」

「ぼたっ」は①②の類義語。続けて落ちる「ぼたぼた」に対し、大きな水滴などが一回だけ落ちる様子。「ぽたぽた」は①の類義語で「ぼたぼた」より水滴が小さく軽やかに落ちる感じ。「ぼとぼと」は①②の類義語で、「ぼたぼた」とほぼ同じだが、少し音がこもっているような感じ。（小島聡子）

ぽたぽた

①水がしたたる音。また、その様子。水滴が落ちて、床などに当たる感じ。水滴がはっきり一つ一つわかる程度に少しずつ落ちる感じ。涙をこぼす様子などをいうことが多い。「指の腹から血があふれでて、それがウィスキーのラベルの上にぽたぽたと落ちる様子を眺めていた」（村上春樹❖『世界の終りとハードボイルド・ワンダーランド』）

②花や実などの軽い物が続けて落ちる音。また、その様子。舞い落ちるのではなく、散って一気に地面まで落ちる感じ。「藤棚が…その花がいま咲き切っているんです…風もないのにぽたぽたと散りこぼれています」（堀辰雄❖『美しい村』）

◇類義語「ぽたっ」「ぽたっぽたっ」

共に①②の類義語。続けざまに落ちる様子を表す「ぽたぽた」と違って、「ぽたっ」は一回だけ落ちる音や様子。「ぽたっぽたっ」は水滴が落ちてから次の水滴が落ちるまでに間隔が少しあいている感じ。「降る雨の量の多少で、通路の雨漏りも『ポタッ、ポタッ』から『ザー、ザー』まで」（朝日新聞85・3・12）（小島聡子）

ぼたり

①大きな水滴が一回だけ落ちる音。また、その様子。重たげに落ちる感じ。「スプーンのように見えるのは、墨をボタリと落として流してできた形を図案化し」（朝日新聞夕刊88・1・25）

②水分を含んだ塊が落ちてつぶれるように当たる音や様子。「樹の枝から、ぼたりと笠の上へ落ち留まったものがある」（泉鏡花❖『高野聖』）は蛭（ひる）。

◇類義語「ぼたりぼたり」

①②の類義語。断続的に落ちる感じ。（小島聡子）

❖長塚節　歌人・小説家。正岡子規に師事。明治三六年、伊藤左千夫らと『馬酔木』創刊。同四三年『東京朝日新聞』に小説「土」を連載。作品は歌集『病中雑詠』『鍼の如く』など。（一八七九～一九一五）

❖村上春樹　小説家。昭和五四年『風の歌を聴け』で群像新人文学賞受賞。以降、失ったものへの追想をテーマに多くの作品を発表。作品『ノルウェイの森』『ねじまき鳥クロニクル』など。（一九四九～）

❖堀辰雄　小説家。室生犀星・芥川龍之介に師事。昭和五年『聖家族』で注目される。リルケ、プルーストなどに親しみながら結核のため終生療養生活を送る。作品『風立ちぬ』『菜穂子』など。（一九〇四～五三）

❖泉鏡花　小説家。能楽と江戸文学に造詣が深く、幻想性に富む独自の作品を創作。反自然主義作家としての評価も高い。作品『高野聖』『婦系図』など。（一八七三～一九三九）

山口仲美の擬音語・擬態語コラム⑲

視覚効果を生かしきる

――コミックと擬音語・擬態語

駅の構内に列車が入ってくる。「ゴォォーーー」。文字の大きさで遠近感を出している。（蛭田達也『コータローまかりとおる！』）

コミックは、視覚に訴えることができるというメリットを持っている。擬音語・擬態語も、その利点を最大限生かしている。どんなふうに表現しているのか？

日本語には、ひらがな・カタカナ・漢字・ローマ字という四種の文字がある。これを使い分けて効果をあげる。ひらがなは「ぬめ～」「ぐにょ」と、柔らかい感じの音や様子に、カタカナは「キーン」「ビシッ」と、鋭く強い感じの音や様子に、漢字は「愚音愚音（ぐおんぐおん）」などと重くかたい感じの音に、ローマ字は「RRRRR」などと軽くおしゃれな感じの音や様子に用いる。文字の印象を巧みに利用している。

さらに、文字の大きさを変えて遠近感を出す手法も使う。「ヒタヒタヒタヒタ…」の語を、大きな字から小さな字にしていくことによって、忍者が音を立てずに忍び寄って来る感じを出す。

書体に工夫を凝らして、効果を狙うこともある。たとえば、尻尾を踏まれた猫の悲鳴は「ふぎゃああ……」。文字全てに棘を描き、いかに痛かったかを感じさせる。肉太の白抜きの字で「にこ～」とやって、幸せ感を溢れさせる。「ビュー」の文字には、後引き線をつけてスピード感を出す。

また、絵があるからこそ成り立つ表現形式もフルに活用する。たとえば好きな女の子から愛の告白を受けた時の男の子の気持ちであれば、男の子の驚き顔の後ろに火山の爆発を描き、「どおかああん」の語を配する。すると、男の子の爆発せんばかりの喜びの気持ちが巧みに表現されてくる。文字だけの世界では、こうはいかない。「彼は彼女に告白された。どおかああん」では、唐突過ぎて、実際何かが爆発したと思われてしまう。

こんなふうに、コミックは視覚的な効果をフルに生かして、擬音語・擬態語に命を与えている。

ぽたり

①水滴や水分を含んだ物(糞や虫など)が一回落ちて当たる音。また、その様子。「ハトが…人の上に、ポタリとフンを落とす」(朝日新聞89・12・27)
②花や実が落ちる様子。軽く当たる感じ。「なんだか雨滴のようなものがぽたりと落ちて来たから…小さな桜の実であった」(❖堀辰雄『美しい村』)

◇類義語「ぽたりぽたり」
①②の類義語。一回限りの「ぽたり」に対し、何度か断続的に落ちてくる様子。(小島聡子)

ぼちぼち

①一度にまたは完全にそうなるのではなく、ほんのわずかずつ物事が進む様子。「メチールにぶち当って死んだ。それまでもぼちぼちやられていて」(❖野坂昭如『プアボーイ』)
②状態がひどく悪くもないが、はかばかしくもない様子。「『どうだい、で、研究所の方は?』『まあぼちぼちだ』」(❖梶井基次郎『雪後』)。特に、大阪では「もうかりまっか」「ぼちぼちでんな」と挨拶するというのは(多少誇張はあるが)有名。
③およそのところ、何かを行う予定の時間・頃合いになった様子。「ぼちぼち仕事場に帰らんと」(朝日新聞00・7・16)

◆参考「ぼちぼち」は古くは現代語の「ぼたぼた」のように用いられたらしい。例えば室町末期の❖『日葡辞書(にっぽじしょ)』で「ぼちぼち」は「水が高いところから雫となって落ちるさま、および、その音」と説明されている。一方、現代語の「ぼちぼち」の「少しずつ物事を行う」のような意は、清音の「ほちほち」で表していたらしく、『日葡辞書』に「のろのろと読むさま、一字一字たどって読むさま」とある。(小島聡子)

ぽちぽち

①粒状の突起が全体的に散らばっている様子。発疹の様子など。「水ぼうそうや風疹のようなポチポチの出ることもあります」(朝日新聞96・5・16)。水玉模様の点など、突起ではないものにも使う。「まだらと申す言葉が…ぽちぽち模様のハンカチを」(ドイル原作・延原謙訳『まだらの紐』)
②機械のボタンのような突起を一つ一つ押す様子。「モニターを、ソファ上からリモコンでポチポチ操っている」(朝日新聞夕刊90・8・4)

❖堀辰雄 小説家。室生犀星・芥川龍之介に師事。昭和五年『聖家族』で注目される。リルケ、プルーストなどに親しみながら結核のため終生療養生活を送る。作品『風立ちぬ』『菜穂子』など。(一九〇四〜一九五三)

❖野坂昭如 小説家。CMソングの作詞、コントの制作などで活躍。昭和三八年『エロ事師たち』でデビュー。同四三年『アメリカひじき』『火垂るの墓』で直木賞受賞。戦時体験から焼跡闇市派を自称。作品はほかに『骨餓身峠死人葛』など。(一九三〇〜)

❖梶井基次郎 →P.18

❖日葡辞書 一七世紀初頭の、ポルトガル語で説明した日本語辞書。イエズス会の宣教師によって成る。室町末期の口語を中心に方言、文書語、歌語、女性語など、三万余語を収録。慶長八〜九年(一六〇三〜〇四)刊。

③少しずつ、また、あちこちでおこる様子。「ポチポチとマスコミに顔を出し」(朝日新聞95・11・25)

◆類義語「ぽちっ」「ぽつぽつ」「ぽちぽち」

「ぽちっ」は①②の類義語。一粒だけの小さな出来物など。「ぽつぽつ」は①②③の類義語。「ぽちぽち」は粒が小さく立っている感じなのに対し、「ぽつぽつ」は粒がやや大きめ。また、雨が当たることなどをいうのは「ぽつぽつ」の方が多い。「ぽちぽち」は③の類義語。少しずつという点は同じだが、「ぽちぽち」は散発的なのに対し「ぽちぽち」は少しずつではあるが持続的に進行する感じ。(小島聡子)

ぼちゃっ

①水面に当たるようにして、深さのある水の中に物が入る音。また、その様子。水がはねる感じ。「海にぼちゃっと足をつけた」(朝日新聞98・11・25)

②締まりなく太っている様子。現代では「ぽちゃっ」という方が多い。「ぼちゃっとした体つき」

◆類義語「ぽちゃっ」

①②の類義語。①では「ぼちゃっ」より軽い小さな音。また「ぼちゃっ」に比べ「ぽちゃっ」は太っているのが可愛いらしくみえる感じ。(小島聡子)

ぼちゃぼちゃ

①水の中に入って手足を動かし、水を周囲にはね飛ばす音。また、その様子。「汀へ行って浅瀬でぼちゃぼちゃしたりしている間を」(田山花袋❖『田舎教師』)。深くはない、風呂やたらいなど、ある程度身体がつかるくらいの深さの水に入る様子。

入浴している様子を表すことも多く、そこから転じて、風呂そのものを表す名詞として用いられたり、また方言(静岡・長野県など)の幼児語では「ぼちゃぼちゃ」で入浴することをいう場合もある。

②肉付きがよく、太っている様子。顔や体つきが、やわらかそうに膨れている感じをいう。「眉の薄い目尻の下った、ボチャボチャした色白の顔で、愛嬌のある口元から金歯の光が洩れていた」(徳田秋声❖『新世帯』)

◆類義語「ぽちゃっ」「ばちゃばちゃ」

「ぼちゃっ」は①②の類義語。①では一回限りの音。「ばちゃばちゃ」は①の類義語。「ぼちゃぼちゃ」よりも細かく派手に水を飛ばす感じ。

◆参考 江戸時代から用いられる語。江戸時代には、①②のほか、現代語とは異なり、ねんごろな様子や小声でつぶやく様子も表した。(小島聡子)

❖田山花袋 小説家。江見水蔭に師事。明治三九年、博文館発行の『文章世界』の主筆となる。翌四〇年『蒲団』を発表、私小説の出発点となる。作品『重右衛門の最後』『田舎教師』など。(一八七一〜一九三〇)

❖徳田秋声 小説家。尾崎紅葉に師事。明治二九年『藪かうじ』を発表。以降、『新世帯』『黴』などで自然主義文学を代表する作家となる。作品はほかに『仮装人物』『縮図』など。(一八七一〜一九四三)

ぽちゃぽちゃ

①水が揺れ動いて、何かに当たってはねる静かな音。また、その様子。静かな波音や水の入った容器を揺する音などに使う。「静かな波のぽちゃぽちゃと舷側を叩く音」（梶井基次郎『冬の蠅』）、「氷まくらとか…耳元で、ポチャポチャという感じが、水が入ってる感じがね」（朝日新聞96・11・7）

②弾力があってやわらかそうな感じに太っている様子。特に女性や幼児の様子をいう場合、可愛らしい感じを愛でる表現として用いられる。「彼女は色白でぽちゃぽちゃして、本来ならもてるタイプなんでしょうけど」（週刊現代00・12・23号）

◇類義語「ぼちゃぼちゃ」「ぽちゃっ」「ぽっちゃり」

「ぼちゃぼちゃ」は①②の類義語。「ぽちゃぽちゃ」より重い感じで、①なら深い所の水音など。「ぽちゃっ」は①②の類義語。②の意では全体に太っている感じの「ぽちゃぽちゃ」に対し、一部が少し丸いという感じ。「ぽっちゃり」は②の類義語。「ぽちゃぽちゃ」より丸みを強調した感じ。

◆参考 顔や体つきが丸くてぽちゃぽちゃした感じを「丸ぽちゃ」ともいう。「丸ぽちゃの顔をした女中」（北杜夫『楡家の人びと』）

（小島聡子）

ぽちゃり

水面に物が当たった時に出る水音。また、その様子。物が水に落ちる時や魚が水面ではねる時などに用いる。かすかに水がはねる感じ。「金の箸で挟んで、羽二重の布に包んで、綺麗な水へぽちゃりとやるのかもしれない」（林芙美子『放浪記』）、「緋鯉がぽちゃりと又跳ねる」（夏目漱石『虞美人草』）

◇類義語「ぼちゃり」

「ぽちゃり」に比べるとやや大きな物が落ちたり、やや水深が深いところに落ちる感じ。

（小島聡子）

ぼちゃん

水面に打ち当たるように水に物が入り、水が大きくはねる音、またその様子。「水たまりに、ともすればぼちゃんと足をさらわれながら」（石川淳『かよひ小町』）、「濡れ雑巾をバケツの中へぼちゃんと擲（たた）き込んで」（夏目漱石『三四郎』）

◇類義語「ぼっちゃん」

「ぼっちゃん」は、「ぼちゃん」に比べより重い物が深い所に落ちた音で、水面に当たってから水がはねるまでに間がある感じ。

（小島聡子）

❖梶井基次郎 小説家。大正一四年、学友らと雑誌『青空』創刊。「檸檬」「城のある町にて」などを発表。鋭い感受性の詩的作品が多い。作品『冬の日』『交尾』など。（一九〇一〜一九三二）

❖北杜夫 小説家。斎藤茂吉の次男。昭和三五年、『夜と霧の隅で』で芥川賞受賞。どくとるマンボウの名でユーモアに富むエッセイも多い。作品『どくとるマンボウ航海記』『楡家の人びと』など。（一九二七〜）

❖林芙美子 小説家。昭和五年、自らの苦難の半生をつづった自伝的小説『放浪記』がベストセラーとなり、女流作家の道を歩む。作品はほかに『晩菊』『浮雲』など。（一九〇三〜一九五一）

❖夏目漱石 →P.8

❖石川淳 →P.30

ぽちゃん

比較的軽い物や小さい物が水面に当たるようにして水に入る音。また、その様子。「たらいにひなをポチャンと入れ」（朝日新聞99・7・4）

◇類義語「ぼちゃん」
「ぽちゃん」よりやや重い物が水に落ちる音。

◆参考 ゴルフでは球が池に入ることを「池にぽちゃん」と表す。また、それを縮めて「池ぽちゃ」ともいう。「第2打も大きく右に曲がって池にポチャンの大乱調」（朝日新聞87・5・5）

（小島聡子）

ほっ

①ため息など、腹の底から一息に息を吐き出す音。また、その様子。緊張が解けたり不安が解消されて息をつくときなどに用いる。「この手紙を認め終ると、ほっと息をついた」（立原正秋❖『冬の旅』）

②気掛かりなことや不安が取り除かれて安心する様子。「無事一九九九年が終わってほっとした」（日本経済新聞夕刊01・1・6）の例は、いわゆる「二〇〇〇年問題」が大過なく過ぎたときの記事。

また、余計な力が抜けて、気持ちが落ち着き、くつろぐ様子にも用いる。「どこか家庭風で温かく、ほっとリラックスできるものばかりだ」（Hanako 00・12・20号）

◇類義語「ほーっ」
①の類義語。「ほっ」よりも緩やかに長く息をつく様子。「ほっ」は安心する感じだが、「ほーっ」は安心する感じのほかに、何かに感心したとき発する声にも。「思わず『ほーっ！ すごい！』と、つぶやいてしまいました」（佐賀新聞97・8・12）

◆参考 大きく息を吐くときは「ほっ」だが、息を吸う、息を呑むときは「はっ」。

（小島聡子）

ぼっ

①火がついて一瞬大きく燃え上がる音。また、その様子。「勢いよく回っていたソ連製扇風機が突然、ボッと火を噴いて止まった」（朝日新聞91・7・26）

②顔が上気する様子。「顔は…きっと少しボッと上気して…恍惚として我か人かの境を迷いつつ、歌っているに違いない」（二葉亭四迷❖『平凡』）

③惚（ほう）けているように、頭が働いていない様子。意識はあるが、周囲の物事を明確に認識できていないような感じ。「百姓は唯蒼い顔をしてぼっと

ぼっ フライパンに火が移り、大きく燃え上がってしまった。

（赤塚不二夫『おそ松くん』より）

❖立原正秋 小説家。韓国で生まれ、昭和一二年、母の姉の婚家がある横須賀に転居。日本の古典に傾倒し、能や書画、骨董に造詣が深い。昭和四〇年、『白い罌粟』で直木賞受賞。作品『冬のかたみに』『帰路』など。（一九二六〜一九八〇）

❖二葉亭四迷 小説家・翻訳家。明治二〇年、言文一致体の小説『浮雲』を発表。同三七年、大阪朝日新聞社に入社し、『其面影』を連載。特派員としてロシアに渡り、帰国の船上で客死。作品『平凡』『あひゞき』など。（一八六四〜一九〇九）

しているのみであった」(長塚節❖『土』)

④暗い中で白い物や薄明かりが光る様子。輪郭は朧げだが光って浮かび上がっている感じ。「夜目にもぼっと白い平沙の上を」(中島敦❖『李陵』)

◇類義語「ぼーっ」

①〜④の類義語。①に関して一瞬の「ぼっ」に対し、少しの間燃え続ける様子。②③に関して「ぼっ」は上気する感じだが、「ぼーっ」は上気した様子より、惚けた様子を強調する感じ。④に関して「ぼっ」は明かりの様子だが、「ぼーっ」は明かり以外のものについて輪郭が朧げな様子も表す。（小島聡子）

ぽっ

①火がともったり、勢いを得たりする音。また、その様子。「ぽっと音をたてて炎が拡がった」(水上勉❖『越前竹人形』)

②恥ずかしさなど内心の動揺で、瞬間的に血が上って顔が赤くなる様子。「蒼白い頬をぽっと赤くした」(夏目漱石❖『それから』)

③物事が急に出現したり行われたりする様子。大事件ではないが無視できるほど些細ではないことに用いる。「人権感覚がまったくないことが思わずぽっと出るんでしょう」(朝日新聞01・3・13)

◇類義語「ぽーっ」「ぼっ」

「ぽーっ」は②の類義語。上気し惚(ほう)けた感じ。状況をよくわかっていない様子も表す。「ぼっ」は①②の類義語。「ぽっ」よりも「ぼっ」は激しい感じ。

◆参考　突然出てくることを「ぽっと出る」というところから「ぽっと出」という語が生まれた。特に、田舎から都会に来たばかりの人や、企業などの伝統のなさを小ばかにした感じの語。「だてに八十年も証券会社をやってきたわけではない…ぽっと出とは違うんです」(AERA01・2・12号)（小島聡子）

ほっかり

①突然現れる様子。だしぬけに起こる様子。「かれの記憶の底からほっかりと浮んで来た」(田山花袋❖『一兵卒の銃殺』)。江戸時代の歌舞伎『幼稚子敵討(おさなごのかたきうち)』❖にも、だしぬけにの用法で「侍が来てほっかりと百両」がある。

②ほんのりと明るい様子。ほのかにさす様子。「ほっかりとした長閑な日射しが、柔かに輝いてゐるのである」(宮嶋資夫❖『金』)。江戸時代には、歌舞伎『彩入御伽草(いろいりおとぎぞうし)』❖に

❖**長塚節**　→P.21

❖**中島敦**　小説家。女学校教師、南洋庁国語教科書編集書記などをへて、『光と風と夢』でデビュー。中国の故事や歴史を借りて近代人の苦悩を描く手法が高く評価される。作品『山月記』『李陵』など。(一九〇九〜一九四二)

❖**水上勉**　→P.110

❖**夏目漱石**　→P.8

❖**田山花袋**　→P.51

❖**幼稚子敵討**　江戸時代の歌舞伎。並木正三作。寛永年間に起こったとされる田宮小太郎の仇討ちを題材としたもの。宝暦三年(一七五三)初演。

❖**宮嶋資夫**　→P.464

❖**彩入御伽草**　江戸時代の歌舞伎。鶴屋南北作。「えいりおとぎぐさ」とも呼ばれる。文化五年(一八〇八)初演。

「行灯にほっかりと灯ともる」が見え、さらに、「ほっかり」を重ねて強調した「おとがひにあかりがほっかりほっかりと、きれたりけり」(狂言『丼礑』)も見られるように、江戸時代から現れる語である。

◆参考　古くは江戸時代の洒落本『取組手鑑』に、息や湯気が暖かくかかる様子の「顔をかすっていきがほっかりかかる」があった。さらに、浄瑠璃『百日曾我』に、うかつである様子を表す「誠しやかにささやけば、海野ほっかりとたらされ」も見られた。

(金子　彰)

ぼっかり

①口や穴が大きくあいている様子。「『最早大丈夫じゃ』耳近く人の言ふ声に、ぼっかり眼を開いて見ると」(徳冨蘆花『思出の記』)。江戸時代の浄瑠璃『夕霧阿波鳴渡』にも、大口をあけて食いつく様子の「ぼっかりと喰ひついて」がある。

②うっかりする様子。「ひょろついて台所の竈でボッカリ膝を打って」(三遊亭円朝『真景累ケ淵』)。古く江戸時代の浄瑠璃『鎌倉三代記』にも、同じ意味で「首尾よう其お姫様連まして戻ったら、わたしが女房に下さりませと、ぼっかりいへば」がある。

◇類義語「ぽっかり」

「ぽっかり」は①②の類義語。「ぼっかり」が人の行為を表すことが主であるのに比べ、「ぽっかり」は人の行為だけでなく、自然など人間以外の表現にも用いられる。

◆参考　奈良県方言では、ぐずぐずする様子を表す「ぼっかりする」があり、島根県壱岐方言では程度のはなはだしい様子を表す「ぼっかり減った」がある。

(金子　彰)

ぽっかり

①口や目、あるいは穴が大きくあいている様子。「天井などを見つめてぽっかりしている羞恥心のない目が」(徳田秋声『足袋の底』)

②物が空や水面に軽く浮かぶ様子。「涙に美しく濡れて夕月のやうにぽっかりと列んでいた」(有島武郎『或る女』)、「夕方にうつるハジアリオレンジだ。アラビア海にぽっかりうかぶ」(朝日新聞00・1・6)

③急に割れて大きな口があく様子。「インゴー

❖**丼礑**　室町時代の狂言。勾当が、弟子を連れて京へ上る。途中の川で、勾当を背負って弟子が川を渡ろうとすると、通りかかった男が勾当に代わって自分を背負わせるなどして盲人二人をからかう。

❖**取組手鑑**　江戸時代の洒落本。関東米著。寛政五年(一七九三)頃刊。

❖**百日曾我**　江戸時代の浄瑠璃。近松門左衛門作。元禄一三年(一七〇〇)頃初演。

❖**徳冨蘆花**　→P.303

❖**夕霧阿波鳴渡**　江戸時代の浄瑠璃。近松門左衛門作。正徳二年(一七一二)初演。

❖**三遊亭円朝**　→P.141

❖**鎌倉三代記**　江戸時代の浄瑠璃。紀海音作。正徳六年(一七一六)初演。

❖**徳田秋声**　→P.42

❖**有島武郎**　→P.12

ルまでは約40メートル。ぽっかり空いた空間を、我が物顔で駆け抜けて右隅に逆転トライ」(日本経済新聞00・1・8)

④心理的空洞を表す。「ポッカリと真空状態のように空いた心の空洞がある」(SPA!00・12・13号)

⑤暖かい様子。暖かく感じる様子。「ぽっかりあたたかい室の空気」(上田敏❖『うづまき』)

◆**参考**　千葉・静岡県方言では、「ぽっかり」を、「ぽっかりしていて車にぶつかった」のように、うっかり、ぼんやりしている様子を表すのに用いている。 (金子　彰)

ぽっきり

①かたく細長い物が折れる様子。「ポッキリと折れてしまいそうに見える」(朝日新聞00・12・24)

②長いもの、あるいは継続する事柄が途切れたり中断する様子。「春の草のやうに萌え出した元気は、ぽっきりと心(しん)を留められてしまった」(有島❖武郎『或る女』)

◆**参考**　数量が少なくてそれだけと限定する意味もこの擬態語から。「二島ポッキリでもという話が出ているし」(朝日新聞00・12・29) (金子　彰)

ぽっくり

①馬などの歩く足音。また、その様子。「イッデモ　イッショニ　ポックリ　ポックリ　アルク」(林❖柳波・唱歌「オウマ」)

②人が突然に死ぬ様子。「さアこれからといふところで、ポックリ」(久保田万太郎❖『花冷え』)、「養母が病でぽっくりと亡くなり」(日本工業新聞00・12・25)

③うなずいたり、軽い会釈をする様子。「平素(つね)には似ず、大袈裟に一つぽっくりと礼をばする」(幸田露伴❖『五重塔』)

④やわらかく、ふくらんでいる様子。「ぽっくりふくらんだ柳の芽」(萩原朔太郎❖『月に吠える』)

◇**類義語**「ぽっくりぽっくり」
「ぽっくりぽっくり」は①の類義語。「ぽっくり」は一回だけの歩く音や様子を表すが、「ぽっくりぽっくり」は、それが連続する音や様子を表す。

◆**参考**「ぽっくり病」は、②の意で、元気な者が、特に睡眠中などに突然死亡する原因不明の病気のことである。「ぽっくり往生」は、苦しむこともなく突然に死ぬことをいう。江戸時代の浄瑠璃『元❖禄大平記』に「ぽっくり往生願ふ親父も」の例がある。 (金子　彰)

❖**上田敏**　評論家・外国文学者・詩人。卓越した語学力と感性を生かし、ヨーロッパ文学の紹介に努める。作品『海潮音』『牧羊神』(ともに訳詩)など。(一八七四〜一九一六)

❖**有島武郎**　→P.12

❖**林柳波**　薬剤師、作詞家。大学経営のかたわら、優れた詩歌、俳句を作り、「オウマ」「ウミ」などの童謡を作詞した。(一八九二〜一九七四)

❖**久保田万太郎**　→P.9

❖**幸田露伴**　→P.451

❖**萩原朔太郎**　詩人。大正二年『朱欒(ザンボア)』に詩を発表。同誌を通じ終生親交を持った室生犀星と『感情』を創刊。新たな口語詩の世界を開く。作品『月に吠える』『青猫』など。(一八八六〜一九四二)

❖**元禄大平記**　江戸時代の浮世草子。都の錦著。別名「諸芸大平記」。当時の出版界の情勢に言及するなど、文明批評的な側面も持っている。元禄一五年(一七〇二)刊。

ぽっこり

①突き出たり、飛び出たりしている様子。「以前はお腹がぽっこりしていたのですけど、飲み始めて一ヵ月ほどでウエストの締まりを感じるようになったんです」(週刊現代00・12・9号)

②小さいくぼみなどのある様子。「姉の背中は、右半分、ぽっこりくぼんでいた」(中上健次『岬』)

◆**参考** 高知県方言では「ぽっこり」は思いがけなかったり、または、偶然である様子を表す。「ぽっこり友達に出おーた」

(金子 彰)

ほっそり

細く形よい様子。容貌や体型の好ましいほめ言葉に用いることが多い。「有るか無きかの細(ほっそり)した顔のなかを」(夏目漱石『虞美人草』)、「小さめの肩のラインでほっそりとした印象に」(Hanako00・12・6号)

◆**参考** 「ほっそり」は江戸時代にも、容貌や体型の好ましいほめ言葉として用いられ、細くてすらりとしている様を粋だと表した。「ほっそりと粋なる色男」(『寸南破良意(すなはらい)』)

(金子 彰)

ぼったり

どろどろした物が固まって落ちる音。また、その様子。「といた小麦粉をぼったりと落とす」

◇**類義語** 「ぽったり」

「ぽったり」は「インクがぽったりとペン先から落ちる」のように、「ぼったり」より落ち方の勢いや量が軽やかで少量の状態を表す。

◆**参考** 江戸時代の『かたこと』にも、固まって落ちる音という説明が見られる。「ぼったりは、おもくやはらかなる物の落たる音か」

(金子 彰)

ぽっちゃり

女性の顔や身体がふくよかな様子。「色の白いぽっちゃりとした初々しい娘」(佐藤春夫『都会の憂鬱』)、「軀が太っているわけではない。ぽっちゃりもしていない。どちらかというと華奢で、痩せているほうではないか」(週刊現代00・12・16号)

◆**参考** 明治期の歌舞伎『五十三駅扇宿附(ごじゅうさんつぎおうぎのしゅくづけ)』に「娘の器量は当世風、それはそれは美しいぼっちゃり顔」があり、「ぼっちゃり」が現代の「ぽっちゃり」とほぼ同じ意で使われた。

(金子 彰)

❖**中上健次** 小説家。昭和五一年、『岬』で芥川賞受賞。作品『枯木灘』『鳳仙花』など。(一九四六〜一九九二)

❖**夏目漱石** →P.8

❖**寸南破良意** 江戸時代の洒落本。南鐐堂一片著。安永四年(一七七五)刊。

❖**かたこと** →P.323

❖**佐藤春夫** →P.44

❖**五十三駅扇宿附** 明治時代の歌舞伎。河竹黙阿弥作。明治二〇年(一八八七)初演。

ぽっちり

①量や程度がごく少なく、わずかである様子。「お粥を少許(ぽっちり)食べました」(❖島崎藤村『破戒』)、「少ゥし切らせないか。ね、ちょいと、ぽっちりだからそんなに痛かないよ」(❖谷崎潤一郎『少年』)

②小さな明かりなどが浮き上がって鮮明に際だつ様子。「ぽっちりと両(ふた)つの眼を青貝のやうに列(なら)べて光らせている」(❖二葉亭四迷『平凡』)。江戸時代に「白砂の 土蔵ぽっちり 青田哉」(❖『文政句帖(ぶんせいくちょう)』)の例があり、青田の中に白い土蔵の目立つ情景を詠んだものである。

③雫などがしたたり落ちる様子。江戸末期の❖『和英語林集成』に「露がぽっちりと落ちた」が見え、江戸時代からこの用法はあった。

◇類義語「ほっちり」

「ほっちり」は①の類義語。用例に「ほっちりと其俤(おもかげ)を止めて居た青春の血液の一滴が」(❖長塚節『土』)がある。

◆参考 「ぽっちり」「ほっちり」は江戸時代には目を大きく見開く様子の意もあった。「眠りし眼をポッチリとひらき」(人情本❖『春色梅美婦禰(しゅんしょくうめみぶね)』)、「目がほっちりと明て」(狂言❖『鎌腹(かまばら)』)

(金子 彰)

ぽってり

①厚く太くふくれている様子。腹などが出っ張っている様子。「コオロギはボッテリと腹がふくれている」。江戸時代の❖『玉海集(ぎょっかいしゅう)』に妊娠して腹などが出っ張る様子を表す「をそく嫁しても腹はぽってり」がある。

②太って肉付きが豊かで重そうな様子。「頰の辺ボッテリ肉附いた為めに」(❖小栗風葉『青春』)。江戸末期の❖『和英語林集成』にも「ぽってりと太っている」とあるように江戸時代から現れる語。

③積み重なったり、盛り上がって厚みのある様子。「印刷インクがぽってりとにじんでゐて」(❖森鷗外『青年』)、「ぽってりした感じの陶器」

◇類義語「ぽてぽて」

「ぽてぽて」は③の類義語。「ぽってり」は肉体の様子も表すが、「ぽてぽて」は肉体の表現には用いない。また、「ぽてぽて」は次の例文のように軽快ではないある種の動きを表すが、「ぽってり」には動きを表す表現は見られない。「打球は、期待に反してぽてぽてのピッチャーゴロになった」、「紫玉紅玉累々、ぽてぽてと落ちて」(❖徳冨蘆花『思出の記』)

(金子 彰)

❖**島崎藤村** →P.102
❖**谷崎潤一郎** →P.7
❖**二葉亭四迷** →P.25
❖**文政句帖** →P.369
❖**和英語林集成** →P.16
❖**長塚節** →P.21

❖**春色梅美婦禰** 江戸時代の人情本。為永春水著。『春色梅児誉美』の続編四作品の最後にあたるもの。天保一二年(一八四一)〜一三年刊。

❖**鎌腹** 室町時代の狂言。妻に鎌で打ち殺されそうになった男があまりに情けなく、鎌で切腹しようとあれこれ試みるが、命が惜しく死ぬことができないという話。

❖**玉海集** 江戸時代の貞門俳諧の選集。安原貞室編。明暦二年(一六五六)刊。

❖**小栗風葉** →P.165
❖**森鷗外** →P.14
❖**徳冨蘆花** →P.303

ぽってり

①ふっくらと肉付きがよくてかわいらしい様子。「色ポッてりと白き丸顔の愛敬溢るるを」(斎藤緑雨『かくれんぼ』)

②厚みのある様子。「石摺りの羽織をぽってりと着込んで」(谷崎潤一郎『蓼喰ふ虫』)、「ぽってりとした風合いに素朴な小花柄の陶器シリーズ」(Hanako00・12・6号)

③顔がほてる様子。「顔をぽってり熱てらせながら」(横光利一『上海』)

◆類義語「ぽてぽて」「ぼってり」

「ぽてぽて」は①②の類義語。「ぽってり」はふっくらとした様子に好感を抱かせるが、「ぽてぽて」には、どちらかというと野暮ったさが感じられる。

「ぼってり」は①②の類義語。「ぼってり」には「ぽってり」よりふくらみに重量感が感じられるが、「ぽってり」には感じられるかわいらしさなどは見られないようである。

◆参考　江戸末期の『和英語林集成』には「腹がぽってり大きくなる」があり、江戸時代から現れる語である。

（金子　彰）

ぽっぽ

①煙や蒸気、火などが立ちのぼる様子。「川向こうの野火の煙は、出発する旧式の機関車が吹き出す蒸気のように、ポッポと断続して騰っていた」(大岡昇平『野火』)

②体が暖かくなる様子。体がほてる様子。「私は寝床へ入ると直ぐ、足の先までぽっぽして来るの」(川端康成『雪国』)

③鳩の鳴き声。転じて鳩をさすことも。「ぽっぽ」だけでなく「鳩ぽっぽ」と呼ぶ場合も多い。「ぽっぽっぽ　鳩ぽっぽ　豆がほしいか　そらやるぞ　みんなで仲よく　食べに来い」(唱歌「鳩」)

④(幼児語で)蒸気機関車や蒸気船の汽笛の音。転じて汽車をさす。童謡「汽車ぽっぽ」は有名。一九九九年「鉄道員(ぽっぽや)」という邦画が上映された。汽車から電車に愛称が引き継がれ、北海道では「ぽっぽや号」が走っていたこともある。

◆参考　「鳩」は史上初の口語体の童謡。実はもう一つ「鳩ぽっぽ」の歌詞のある歌が存在する。「鳩ぽっぽ鳩ぽっぽ　ポッポポッポと飛んでこい」(童謡「鳩ポッポ」)。作詞は東くめ、作曲は滝廉太郎である。

（中尾比早子）

ぽっぽ　シラコバトの鳴き声。「ぽっぽっぽ」と聞くこともある。

❖**斎藤緑雨**　小説家・随筆家・評論家。仮名垣魯文に師事。『かくれんぼ』などの小説を書くかたわら、『万朝報』『東京朝日新聞』などに辛辣な批評や評論を執筆。作品『油地獄』『小説八宗』(評論)など。(一八六七〜一九〇四)

❖**谷崎潤一郎**　→P.7

❖**横光利一**　→P.107

❖**和英語林集成**　→P.16

❖**大岡昇平**　→P.95

❖**川端康成**　→P.91

❖**東くめ**　詩人、教育家。滝廉太郎と協力し、『幼稚園唱歌』を編集。唱歌「お正月」を作詞したことでも知られる。(一八七七〜一九六九)

ぼつぼつ

①物の表面に小さな穴、点、突起などがいくつも散らばっている様子。江戸時代頃から使われてきた語。「不摂生がたたって、顔がぼつぼつになってしまった」。転じて点や突起物自体を指す名詞用法もある。

②時間をかけて、途切れ途切れに物事が起こり始めたり、進んだりする様子。「雨がぼつぼつ降りだしていたが」(三浦綾子『塩狩峠』)。また、徐々に物事にとりかかる様子にも使う。「K君はぼつぼつとそのことを説き明かしてくれました」(梶井基次郎『Kの昇天』)

あるいは、なんとか少しずつではあるがうまくいっている様子にも使う。「永松が肩をかしてくれるんで、ぼつぼつ行けるんだ」(大岡昇平『野火』)

◇類義語「ぼちぼち」「そろそろ」

「ぼちぼち」は①②の類義語で、より俗語的。「そろそろ」は②の類義語。始まり方に着目する「ぼつぼつ」と異なり、始まるまでの間にのみ注目。

◆参考 京ことばには、②の意味の「ぼつぼつ」に当たる方言として「ちょぼちょぼ」がある。「ちょぼちょぼ行きまひょ」のように使う。 (佐藤有紀)

ぽっぽっ

①蒸気、煙、炎などが短く断続的に噴き出る音。また、その様子。「ポッポッポッポッ黒いけむを出し」(本居長世・童謡「きしゃポッポ」)

②体が熱を持つ様子。「心の内側からポッポッと楽しくなって」(林真理子『ルンルン症候群』)

◇類義語「ぽっぽ」

①②の類義語。「ぽっぽっ」の方が動きが連続してゆく感じ。また、「ぽっぽ」にのみ「汽車ぽっぽ」「鳩ぽっぽ」という名詞的用法がある。 (佐藤有紀)

ぽつぽつ

①皮膚など物の表面に、小さな穴、点、突起などがいくつも散らばっている様子。江戸時代末期の『和英語林集成』に、既に用例が見える。「銃の、雨滴のぽつぽつ附いた遊底蓋から」(大岡昇平『野火』)。「ぼつぼつ」より点が小さい感じ。

②時間をかけて徐々に物事が起こり始める様子。「朝顔がぽつぽつ種子を結んで」(平岩弓枝『御宿かわせみ』)。また、途切れ途切れで緩慢に物事にとりかかる様子。「伏しめがちに、遠慮しながら

❖三浦綾子 →P.30
❖梶井基次郎 →P.18
❖大岡昇平 →P.95
❖本居長世 作曲家。童謡「赤い靴」「七つの子」などの作曲で知られるが、「きしゃポッポ」は、作詞、作曲とも行った。(一八八五〜一九四五)
❖林真理子 →P.115
❖和英語林集成 江戸時代末期の日英辞書。ヘボン著。慶応三年(一八六七)に初版が刊行された。その後、増補改訂を行いながら、再版が明治五年(一八七二)に、三版が明治一九年(一八八六)に刊行された。三版は「改正増補和英語林集成」と呼ばれる。
❖平岩弓枝 小説家。長谷川伸・戸川幸夫に師事。昭和三四年『鏨師』で直木賞受賞。『肝っ玉かあさん』などのテレビドラマの脚本も手がける。作品『御宿かわせみ』『花影の花』など。(一九三二〜)

ぽつぽつと口を利く」(❖谷崎潤一郎『痴人の愛』)

◇類義語「ぷつぷつ」

①の類義語。「ぷつぷつ」の方が一つ一つの点、突起が小さく繊細な感じ。例えば針のように先の細い物で突いた点には「ぷつぷつ」の方が自然。「ぷつぷつと赤い穴の残ったおっぱいをさすりながら」(❖室井佑月『Piss』)

◆参考「ぽつぽつ」同様、①と関連して、点在する点や突起物そのものを指す名詞用法もある。「撫でても、さすってもぽつぽつがとれない」(❖夏目漱石『吾輩は猫である』)

(佐藤有紀)

ぽっぽっぽ

シラコバトの鳴き声。「ぽっぽっぽ 鳩ぽっぽ 豆がほしいか そらやるぞ」(唱歌「鳩」)の歌詞で有名になった語。シラコバトは、第二次世界大戦以前には埼玉・千葉・東京に多数すみ、「ぽぽ」「ぽっぽ」「ぽー」などの可憐な声を聞かせていた。

◆参考 シラコバトは、第二次世界大戦後、高層建築の建ち並ぶ都会に適応できずに激減。その声を耳にすることが稀になった。現在都会で見かける鳩は、「ぐー」などと鳴くドバト。

(山口仲美)

ぼつり

①液体が、一滴落下する鈍い音。また、その様子。「ぽつり」より濃度が濃い液体に用いる。

②他から離れて、一つだけ存在する様子。非常にことば少なに話す時に用いたりする。「ぽつり」よりさらに孤独な印象。「フランツは、ぼつり独りで、頭を垂れ…路を帰った」(❖宮本百合子『顔』)

③点、突起が一つできる様子。「ぽつり」より悪印象の語。「綺麗であったお銀の顔に…ぼつりとしたものが出来る」(❖徳田秋声『黴』)

(佐藤有紀)

ぽつり

①雨粒などの水滴が、一滴落下してぶつかる音。また、その様子。「退った頸へ、大粒な雨がポツリと来た」(❖泉鏡花『国貞ゑがく』)

②他から孤立して、一人、あるいは一つだけ存在する様子。「彼はたった一人でぽつりとこんな歌を詠んでいる」(❖小林秀雄『実朝』)。孤独で寂しい印象を与える語。また、静かな調子でことば少なに話す時にも用いる。「不明瞭にぽつりと言いかけて、またふいに言葉を跡切(とぎ)らせ」(❖北杜夫『楡家

❖谷崎潤一郎 →P.7

❖室井佑月 小説家。モデル、女優、ホステスなどを経験。平成九年、「小説新潮」の「読者による『性の小説』」に入選。作品『熱帯植物園』『血い花』など。(一九七〇～)

❖夏目漱石 →P.8

❖宮本百合子 →P.316

❖徳田秋声 →P.42

❖泉鏡花 →P.8

❖小林秀雄 評論家。昭和四年、雑誌「改造」の懸賞評論に「様々なる意匠」が入選。以後、評論家としての道を歩み、新たな近代批評の分野を開拓。著作『無常といふ事』『本居宣長』など。(一九〇二～一九八三)

❖北杜夫 小説家。斎藤茂吉の次男。昭和三五年、『夜と霧の隅で』で芥川賞受賞。どくとるマンボウの名でユーモアに富むエッセイも多い。作品『どくとるマンボウ航海記』『楡家の人びと』など。(一九二七～)

の人びと』）

③物の表面に点、穴、突起などが一つある様子。「眼の下へポツリと訝（おか）しな腫物（できもの）が出来て」（三遊亭円朝『真景累ケ淵』）

◇**類義語**「ぽっつり」

①②③の類義語。「ぽっつり」は「ぽつり」の強調形。孤独感も強められる。「たった一人、ポッツリと…立って」（江戸川乱歩『押絵と旅する男』）

◆**参考**「ぽつり」には「含約（ぽつ）り」という当て字がある。「含」は「含める」、「約」は小さくする、という意味の「約（つづ）める」から。（佐藤有紀）

ぽつん

①水滴が一滴落ちて何かにぶつかる音。また、その様子。「ぽつんと水滴が顔にあたった。冷たい夜の雨だった」（松本侑子『男の厄年』）

②他から離れて一つだけある様子。寂しい印象。「母はぽつんと独りで待っていた」（石川達三『青春の蹉跌』）。また、ことば少なに話す時にも用いる。前の発話と間を置いて、突然一言、二言ことばを発する感じ。「しばらくたって、吾一はまた、ぽつんと言った」（山本有三『路傍の石』）（佐藤有紀）

ぽとっ

木の実や昆虫、あるいは水滴など、小さく軽い物が、一つ落下する音。また、その様子。「眼の前へぽとっと毛虫が一つ落ちた」（秦恒平『廬山』）。昭和期後半頃から用例が見られる語。

◇**類義語**「ぽとり」「ぽとん」

瞬間的な素早さを感じさせる「ぽとっ」に対し、「ぽとり」は落下後、転がらず落下地点に留まる感じ。また「ぽとん」は落下して跳ね返り、弾むような軽快な印象。（佐藤有紀）

ぼとぼと

液体が連続して滴り落ちる音。また、その様子。「黒ずんだ赤い血のようなものがボトボトしたたり」（林芙美子『放浪記』）。ペンキや血液のように、濃度が濃く、重みのある液体の落下を表す。あるいは、椿や牡丹の花など、やや大きい物が次々と落下する時にも用いる。鈍く重たい印象の語であり、落下に対して嫌悪感、悪印象を感じさせることが多い。

室町時代には、愚鈍で垢抜けしない様子を表す

❖**三遊亭円朝** →P.141
❖**江戸川乱歩** →P.147
❖**松本侑子** 小説家。昭和六二年『巨食症の明けない夜明け』ですばる文学賞受賞。作品『偽りのマリリン・モンロー』など。（一九六三）
❖**石川達三** →P.58
❖**山本有三** →P.30
❖**秦恒平** →P.42
❖**林芙美子** →P.25

ぽつん 宴会なのに、一人だけ離れて静かに酒を飲む。（東海林さだお『サラリーマン専科』より）

用法もあった。『日葡辞書』に「ぼとぼとしたなりぢゃ」とあり、「ぼろをまとった貧乏人などの身なり」という解説がついている。

◆類義語「ぼたぼた」

落下時の音や様子にのみ着目する「ぼとぼと」に対し、「ぼたぼた」は落下後地面に染み出したり、広がったりする感じ。

◆参考　昔は、完全に濡れている状態も「ぼとぼと」と言った。ぼとぼとと水滴が滴るほど水を含んでいる様子から。今でも方言(愛媛県松山市、大阪市、滋賀県彦根市など)に残る。

(佐藤有紀)

ぽとぽと

花や昆虫など小さい粒状の物、あるいは水滴などの液体が、連続して落ちる音。また、その様子。近代になって現れた語。「彼の顔からも腕からもまだ塩水がぽとぽとと滴った」(北杜夫『楡家の人びと』)。「ぼとぼと」より、粒や水滴が少量、軽量で、軽やかな印象の語。

◆参考　用例は少ないが、物の丸みや重量感を表すこともある。「紅色の花がぽとぽとと咲いている合歓の木」(三浦哲郎『幻燈画集』)

(佐藤有紀)

ぼとり

①重みのある物が落下する際に出る鈍い音。また、その様子。「包丁をまな板の上にボトリと落としてしまった」(山田邦子『ボディブレード』)

②液体が一滴落ちる音や様子。昭和期に入ってから用例が見られる語。「彼女の顔からボトリと大きな泪が…落ちた」(井上友一郎『残夢』)

「ぽとり」より落下物が重い感じ。液体の落下の場合、「ぽとり」より濃度の濃い粘液状、泥状の液などに使うことが多い。

(佐藤有紀)

ぽとり

木の実や花のつぼみ、あるいは水滴など、小さな球状の物が一つ落下する音。また、その様子。明治期から広く使われる語。「向きあいて 無言の我ら 砂浜に せんこう花火 ぽとりと落ちぬ」(俵万智『サラダ記念日』)

◆類義語「ぽとん」

落下後に転がったりせず、そのまま地面などに静止する「ぽとり」に対し、「ぽとん」は勢いで跳ね返る感じの語。

(佐藤有紀)

❖日葡辞書　一七世紀初頭の、ポルトガル語で説明した日本語辞書。イエズス会の宣教師によって成る。室町末期の口語を中心に方言、文書語、歌語、女性語など、三万余語を収録。慶長八～九年(一六〇三～〇四)刊。

❖北杜夫　→P.30

❖三浦哲郎　→P.16

❖山田邦子　タレント。昭和五五年、素人としてテレビ出演したことから芸能界入り。『オレたちひょうきん族』ほか多くの番組や、ドラマ・映画などにも出演。(一九六〇)

❖井上友一郎　→P.293

❖俵万智　歌人。昭和六一年、『八月の朝』で角川短歌賞受賞。翌六二年『サラダ記念日』を刊行、二〇〇万部を超す大ベストセラーとなる。作品『かぜのてのひら』『チョコレート革命』など。(一九六二)

ぽとん

木の実や野球のボール、あるいは水滴など、小さい球状の物が一つ落下する音。また、その様子。「蛆は土の中にぽとんと落ちて」（曾野綾子『太郎物語』）、「ポトンとなみだがおちた」（壺井栄『二十四の瞳』）

◇**類義語**「ぼとん」

「ぼとん」はより大きい物の落下を表す。液体の落下の場合、泥や鳥の糞など、落下時に広がるような重い粘液状の物の落下に使う。（佐藤有紀）

ほほ

人が軽く笑う声。ふつう女性の笑い声を表す。男性の笑い声として使う時は、気味悪さを出すなどの特殊な効果を狙っていることが多い。「さっと面（おもて）に紅潮（くれない）を散らしながら、千鶴子はほほと笑いしが」（徳冨蘆花『不如帰』）、「おもしろおかしくまってごらんにいれましても、『ほほ』とかすかにえまれるばかりで」（谷崎潤一郎『盲目物語』）

平安時代では、現在と違って男たちが「ほほ」と笑い声を上げている。「上下ひとたびにほほとわらふ」（『宇津保物語』）、「人々…えねんぜず（＝我慢できず）、ほほと笑ふ中にも」（『落窪物語』）。どちらの例も、笑い声を上げているのは貴族階級の男性たちである。現在で言えば、「どっと（笑う）」に近い意味を「ほほ」が担っていたと考えられる。

◇**類義語**「おほほ」「ほほほ」「ほっほっほ」

「おほほ」は、「ほほ」よりも口をすぼめてことさらに気取って笑う感じ。「ほっほっほ」は、「ほほほ」よりもわざとらしく笑い続ける感じ。

■**参考**「ほほ笑む」の「ほほ」は、笑い声の「ほほ」ではなく、「頬（ほほ）」や「含（ほほ）む」から来たもの。（山口仲美）

ぼやっ

①物の形、色、匂いなどがぼやけている様子。記憶などが明瞭でなく、おぼろげにしか浮かばない時にも用いる。大正期に広く使用され始めた語。「おっかさんの…姿が、幻燈のように、ぼやっと目の前にあらわれた」（山本有三『路傍の石』）

②注意力が散漫で、緊張感を欠く様子。「米子は云われたことをしようとしないで…ぼやっと突っ立っている」（幸田文『流れる』）

■**参考**「ぼんやり」の乱暴な言い方。（佐藤有紀）

❖**曾野綾子** →P.25
❖**壺井栄** →P.21
❖**徳冨蘆花** 小説家。兄・徳富蘇峰の民友社に入り、小説などを執筆。明治三三年『不如帰』を発表し、好評を得る。作品『自然と人生』『思出の記』など。（一八六八〜一九二七）
❖**谷崎潤一郎** →P.7
❖**宇津保物語** 平安時代の物語。源順作という説もあるが、作者は未詳。清原俊蔭一族の、琴の伝授をめぐる物語。求婚譚、政争譚をからめる。我が国最初の長編物語。一〇世紀末頃成立。
❖**落窪物語** 平安時代の物語。作者未詳。落窪の姫君を主人公とする継子いじめの物語。後世、同類の物語に大きな影響を与えた。一〇世紀後半に成立。
❖**山本有三** →P.30
❖**幸田文** →P.122

ほやほや

①物ができたばかり、あるいはある状態になったばかりの様子。江戸時代から用例が見える。「買い付けしたてホヤホヤの雑貨類」(Mutts00・8月号)。「できたて」と組み合わせて使うことも多い。「この出来立てのほやほやの小説を読んでおくれ」(井上ひさし『ブンとフン』)

人に使う場合、初々しさ、不慣れさに対する微笑ましい感情まで含めて表すことが多い。

②料理が出来上がったばかりで、温かく、湯気が立っている様子。併せてやわらかさを感じさせる場合も多い。「玄米パンのほやほや売りだ」(林芙美子『放浪記』)

③炎や湯気が穏やかに立ち昇る様子。「湯上がりの体からほやほやと湯気が出ていた」

◇類義語「ほかほか」

②の類義語。「ほかほか」は料理が温かく湯気が出ている様子。できたてという意味はない。

◈参考 江戸時代、「ほやほや」は嬉しそうに顔をほころばせる様子を表すのにも使っていた。そこから満足そうな喜び顔を表す「ほやほや顔」「ほやほや機嫌」といった語も生まれた。

(佐藤有紀)

ぼやぼや

①注意力が足りず、行動にとりかかるのが遅かったり、行動自体が緩慢な様子。江戸時代から見える語。「ぼやぼやしてると、寝とられて了ふぞ」(武田麟太郎『現代詩』)、「ぼやぼや歩いていると事故にあうよ」

「ぼやぼや」から生まれた語に、気の利かない人を指す「ぼやぼや者」がある。

②炎や湯気、煙などがさかんに立ち昇る様子。「眼の前に白いほこりのぼやぼや立った大きな道」(宮沢賢治『黄いろのトマト』)

江戸時代、「ぼやぼや」は、小さな火災を表すことばとしても使われた。現代でいう「ぼや」(小火と当てる)のこと。

◇類義語「ぼやっ」「ぼやーっ」

共に①②の類義語。「ぼやっ」「ぼやーっ」は気持ちの状態に着目したことばで、「ぼやぼや」のように行動の仕方も含めた意味はない。

◈参考「ぼやぼや」は「ぼやく」から生まれた語か。もとは不平、愚痴をこぼす意味だった。「またそろそろぼやぼやがはじまり升た」(仮名垣魯文『滑稽富士詣』)

(佐藤有紀)

❖井上ひさし →P.25

❖林芙美子 →P.25

❖武田麟太郎 小説家。労働組合運動から、プロレタリア文学作家として出発。のち、井原西鶴に傾倒し、『日本三文オペラ』などの風俗小説を発表。作品『暴力』『銀座八丁』『一の酉』など。(一九〇四〜一九四六)

❖宮沢賢治 詩人・童話作家。岩手県の花巻で、農業指導のかたわら詩や童話を創作。大正一三年、詩集『春と修羅』と童話『注文の多い料理店』を自費出版。作品『銀河鉄道の夜』『風の又三郎』など。(一八九六〜一九三三)

❖仮名垣魯文 戯作者・新聞記者。明治四年の『牛店雑談 安愚楽鍋』が評判となり、その後『仮名読新聞』『いろは新聞』を創刊、新聞小説でも活躍した。作品『滑稽富士詣』『万国航海 西洋道中膝栗毛』など。(一八二九〜一八九四)

ぽやぽや

①注意力が散漫で、気が利かない様子。「ぼやぼや」より可愛らしく、憎めない感じ。

②炎や湯気などが、やわらかく立ち昇る様子。

③やわらかく、温かそうに膨らんでいる様子。物の輪郭が明瞭でなく、周囲と溶け込んでいるような感じ。「ぽやぽやした桃色のフエルト草履をつっかけた」（十一谷義三郎❖『芽の出ぬ男』）

◆**参考**　茨城県東南部には、初春に吹く南風を表す「ぽやぽや南」という語がある。（佐藤有紀）

ぼよよん

ゴムや肥満した肉体など、弾力性のある重い物が、強く揺さぶられたり弾んだりして出る音。また、その様子。新しい語で、ユーモラスな印象。「大きなゴムボールは、ボヨヨンとはねた」

◆**参考**　一九九一年に流行語大賞の大衆部門銀賞を受賞したCMの台詞で一躍有名になった語。同CMでは、豊満なバストの女性が胸を揺する場面に、「ダダーン　ボヨヨン　ボヨヨン」という台詞が見事にはまり、強い印象を与えた。（佐藤有紀）

ぼりぼり

①かたいものを嚙（か）む音。また、その様子。「ポケットから、甘納豆とから揚げの乾し小魚を交互に出してぼりぼり食べた」（新田次郎❖『孤高の人』）

②肌や頭を掻く音。また、その様子。「長い髪をぼりぼりかきながら」（生田直親❖『劇画殺人事件』）

◇**類義語**「ぽりぽり」

「ぽりぽり」はより軽くて乾いた感じを表す。特に②の用法では、「ぼりぼり」の方が不潔な感じになることが多い。（佐々木文彦）

ぽりぽり

①かたくて軽いものを嚙（か）む音。また、その様子。「チョコレートなんぞをぽりぽりかじりながら（映画を）見る」（朝日新聞96・1・14）

②頭や皮膚を掻く音。また、その様子。「なんだか照れくさくて、テレビの前でぽりぽり頭をかいてしまいました」（朝日新聞夕刊00・9・12）、「下腹と、腰の関節のすぐ下の皮膚がむずがゆく痛かった。腰や下腹をぽりぽり引掻きながら」（大江健三郎❖『他人の足』）（佐々木文彦）

❖**十一谷義三郎**　小説家。文化学院で英文学を教えるかたわら、『文芸時代』の同人として小説を執筆。特に歴史小説を中心に活躍。作品『唐人お吉』『神風連』など。（一八九七〜一九三七）

❖**新田次郎**　小説家。中央気象台の職員として富士山レーダーの建設などを担当。かたわら小説を執筆し、昭和三一年『強力伝』で直木賞受賞。以降、山岳および歴史小説を次々に発表。作品『槍ケ岳開山』『武田信玄』など。（一九一二〜一九八〇）

❖**生田直親**　小説家・テレビ脚本家。スキー・ミステリー、山岳ミステリーほか、幅広い分野の小説を執筆。作品『死の大滑降』『剣岳岩尾根殺人事件』など。（一九二九〜一九九三）

❖**大江健三郎**　小説家。昭和三三年、『飼育』で芥川賞受賞。以降、独特の晦渋な文体で多くの作品を発表。作品『われらの時代』『万延元年のフットボール』など。平成六年、ノーベル文学賞受賞。（一九三五〜）

ほろほろ

①涙や葉・花びらといった小さく軽いものが、音もなく続いてこぼれ落ちる様子。「その唇を嚙みしめると、ほろほろと涙がながれ」(吉川英治❖『宮本武蔵』)、「ほろほろと山吹の花が散る」

②山鳥・雉・鳩・鶉といった鳥の鳴く声。また、羽音。もとは羽音を写す語であったが、鳴き声の直後に羽音が連続するために鳴き声ととらえられていった。「うぐいすの甲だかい張りのある音色と、鳩のほろほろと啼くふくみごえとを一つにしたような、たえなるおんせいでいらっしゃいましたが」(谷崎潤一郎❖『盲目物語』)

◆**類義語**「ほろっ」「ぼろぼろ」「ぽろぽろ」「ほろろ」

「ほろっ」「ぼろぼろ」「ぽろぽろ」は、①の類義語。「ほろほろ」が連続してこぼれ落ちる様子であるのに対し、「ほろっ」は、一雫もしくは一枚だけこぼれ落ちる様子。「なぜか涙がほろっと落ちた」。「ぼろぼろ」「ぽろぽろ」は、「ほろほろ」と同じく連続してこぼれ落ちる様子であるが、「ほろほろ」よりも粒状のものが落下する感じがある。さらに「ぼろぼろ」は、落下するものに重量や激しさが感じられる場合に用いる。「凹みを拵えてそこへぼろぼろと種を落として行く」(長塚節❖『土』)、「私の眼からはぼろぼろと涙がこぼれてまいりました」(宇野千代❖『おはん』)。「ほろろ」は、②の類義語。雉や山鳥が羽ばたきすることを「ほろろ(を)うつ」という。島根・和歌山・高知県など。

◆**参考** 人の頼みなどをそっけなく冷淡に断ることを「けんもほろろ」というが、この「ほろろ」は②の意味からきた言葉。「けん」も雉の鳴き声「けんけん」に由来する。雉の鳴き声と羽音が相手を蹴散らす感じを与えるところからか。

(山口仲美)

ぼろぼろ

①大粒の涙をこぼす様子。「鮎太はぼろぼろ涙を流していた」(井上靖❖『あすなろ物語』)

②塊や粒などが続けてこぼれ落ちたり崩れる様子。「うまそうなアンパンを一つ摘んで食べた。一口嚙むと案外固くって粉がぼろぼろ膝にこぼれ落ちている」(林芙美子❖『放浪記』)、「カレーをごはんにかけると、煮込んだ牛肉がボロボロと崩れていく」(AERA99・10・4号)

③衣類や本など、布・紙で出来たものがひどく

ぼろぼろ 元の形がわからないほどひどく服を破られる。

(赤塚不二夫『おそ松くん』より)

❖**吉川英治** →P.7
❖**谷崎潤一郎** →P.7
❖**長塚節** →P.21
❖**宇野千代** 小説家。作品に『色ざんげ』『おはん』などのほか、自伝に『生きて行く私』。(一八九七〜一九九六)
❖**井上靖** 小説家・詩人。大阪毎日新聞入社後、昭和二四年『闘牛』で芥川賞受賞。作品『氷壁』『天平の甍』など。昭和五一年文化勲章受章。(一九〇七〜)
❖**林芙美子** →P.25

破れたりちぎれたりしている様子。また、一般に物が古ぼけている様子。「ぼろぼろに」「ぼろぼろの」の形で用いられることが多い。「遺品である眼鏡と、ぼろぼろになった手帳を持って訪れた」(宮本輝❖『錦繡』)、「銭湯へ行くときは、それをぼろぼろの軍服に着かえていた」(北杜夫❖『楡家の人びと』)

◆**類義語**「ぽろぽろ」
「ぽろぽろ」は①②の類義語。「ぼろぼろ」よりも軽い感じ。

■**参考** ③の用例が最も多い。アクセントは①②が「ぼろぼろ」、③が「ぼろぼろ」。

(佐々木文彦)

ぽろぽろ

①涙が続けてこぼれる様子。「お増はもうぽろぽろ涙をこぼしている」(伊藤左千夫❖『野菊の墓』)

②細かいものが続けてこぼれ落ちる様子。「ぱくぱくとケーキを食べ、ぽろぽろとそのかけらをこぼしながら」(金春智子❖『香港ツアーでミステリー』)、「天井から漆喰がポロポロと剝がれ落ちてくる」(山田正紀❖『殺人契約』)、「黒いつめの垢は、ぽろぽろと…懐紙の上へこぼれます」(陣出達朗❖『伝七捕物帳』)

③ひき肉やご飯などが水分を失って互いにくっつかなくなった様子。「なべに鶏ひき肉80グラム…を加え、肉がぽろぽろになるまで、弱火でいり煮します」(朝日新聞01・9・19)

◆**類義語**「ぼろぼろ」「ぱらぱら」
「ぼろぼろ」は①②の類義語。「ぽろぽろ」よりも重い感じ。「ぱらぱら」は②③と同じように用いるが、「ぱらぱら」は物が落ちる動きよりも物が散らばっている様子に意味の中心がある。

■**参考** ①の用例が最も多い。アクセントは①②が「ぽろぽろ」、③が「ぽろぽろ」。

(佐々木文彦)

ほろり

①思わず涙がこぼれる様子。「ほろりとする」の形で用いることが多い。「見ている方も、ついほろりとなる。何しろ、…迫真の名演技であった」(阿川弘之❖『海軍こぼれ話』)、「朝のお庭のすみっこで花がほろりと泣いたこと」(金子みすゞ❖「露」)

②何かが柔らかくくずれる様子。「そばと海苔が混然一体となって、ほろりと舌の上をくずれてゆく」(朝日新聞夕刊00・3・27)

◆**類義語**「ぽろり」「ほろっ」

❖**宮本輝** →P.29
❖**北杜夫** →P.30
❖**伊藤左千夫** →P.28
❖**金春智子** シナリオライター・小説家。シナリオに『一休さん』などのほか、小説『ハリウッド大通りでミステリー』など。(一九五六〜)
❖**山田正紀** 小説家。昭和四九年『神狩り』で注目され、同五七年『最後の敵』で日本SF大賞受賞。作品はSF・伝奇・ミステリーなど広いジャンルにおよぶ。作品『神々の埋葬』『花面祭』など。(一九五〇〜)
❖**陣出達朗** 小説家。時代小説作家として『遠山の金さん』『伝七捕物帳』シリーズなどを執筆、映画化およびテレビドラマ化されて人気を得た。昭和四九年『夏扇冬炉』で日本作家クラブ賞受賞。(一九〇七〜一九八六)
❖**阿川弘之** →P.97
❖**金子みすゞ** →P.72

「ぽろり」は①の類義語。ただし、「ほろりとする」のような形の用法はない。「ほろっ」は①②の類義語。「ほろり」よりも少し軽い感じ。「すすり泣くメロディーにほろっとさせられる」(朝日新聞夕刊00・11・17)

◆参考 「ほろ酔い」「ほろ苦い」などという言い方があるが、「ほろり」「ほろっ」の形でも次のように用いる。「古い梅酒にほろり」(朝日新聞01・7・10)、「ほろっと苦みのする、ゴーヤ好きにはたまらない、新たな食欲が芽生えます」(朝日新聞00・6・11)

(佐々木文彦)

ぼろり

①何かのかたまりがこぼれ落ちる様子。「さながらビフテキのように黒く固くなって、ぼろりとそのビフテキが剝げた」(井伏鱒二❖『黒い雨』)

②言ってはいけないことをうっかり言ってしまう様子。「あちらでぼろり、こちらでぼろりと露呈しちゃって」(朝日新聞夕刊98・9・7)

◇類義語 「ぽろり」

「ぽろり」の方が用法が広く、小説や新聞などでもよく用いられる。

(佐々木文彦)

ぽろり

①何かのかたまりや球状のものなどがこぼれ落ちたり剝がれ落ちたりする様子。「箸の先から、つまんでいたコロッケの小片がぽろりと落ちた」(中津文彦❖『千利休殺人事件』)、「ぽろり、と熊谷の手から葉巻が落ちた」(鈴木輝一郎❖『狐狸ない紳士』)

②うっかり口を滑らせる様子。「なにかの拍子に殺し屋に殺人を依頼したことをぽろりと喋ってしまうのだ」(山田正紀❖『殺人契約』)

◇類義語 「ぽろっ」

「ぽろっ」は①②の類義語。より瞬間的で、やや軽い感じ。「専務がぽろっともらしたのを聞いてしまった」(小杉健治❖『過去からの殺人』)

◆参考 ①②いずれの意味においても、次のような例に見られるように「不意に起こること・本来起こってはならないこと」という意味合いを持つ場合が多い。「薄い花びらが春風にふわりと舞うのが桜の散り方であって、花の形をとどめたままぽろりというのでは、違う花を見ているような気がする」(朝日新聞02・4・3)、「『憲法9条におかしな点』小泉首相、衆院有事法制委で本音ポロリ?・」(朝日新聞02・5・8)

(佐々木文彦)

ぽろり 唐辛子でも目に入ったのか、涙がこぼれ落ちる。

(うえやまとち『クッキングパパ』より)

❖井伏鱒二 →P.7

❖中津文彦 小説家。昭和五七年『黄金流砂』で江戸川乱歩賞受賞。作品『伊達騒動殺人事件』『闇の本能寺』など。(一九四二〜二〇一二)

❖鈴木輝一郎 →P.331

❖山田正紀 →P.532

❖小杉健治 小説家。昭和五八年『原島弁護士の処置』で注目される。同六三年『絆』で日本推理作家協会賞、平成二年『土俵を走る殺意』で吉川英治文学新人賞受賞。(一九四七〜)

ぼん

①火事の初めなどに何かが爆発したり火を噴いたりする音。「たばこの吸い殻を地面に落としたところ、ボンという音とともに地面から火が上がった」(朝日新聞02・5・25)

②瞬間的に勢いよく何かが起こる様子。「海を眺めていたら、突然目の前にボンとダイバーが浮上して」(朝日新聞夕刊98・9・4)、「大学生、高校生でもそうですけど親問題にボンとぶつかるのがいるんですよ」(朝日新聞98・5・4)　(佐々木文彦)

ぽん

はずむ感じで勢いよく何かが行われる様子。何かが出てきたり、何かをたたいたり、何かを置いたりするときに用いられる。「司会者は、右手でフン先生の書斎のたたみをポン！　と叩いた」(井上ひさし❖『ブンとフン』)、「『これよろしくお願いしまーす』と、ポンとデジタルビデオカメラを手渡されてしまった」(朝日新聞夕刊02・6・12)

◆**類義語**「ぽんっ」

「ぽんっ」の方がいかにも勢いのある様子。「なるべく貯金をして現金でポンッと買うことにしています」(女性自身00・12・12号)

■**参考**　小説などではあまり用いられないが、新聞や雑誌などでは「出張先へのみやげなのかコニャックをぽんと買ったり」(朝日新聞夕刊94・1・14)のように気前よくお金を出す様子を表したり、「高校生だった自分の肩をぽんと叩いてやりたくなった」(朝日新聞00・12・10)や「その背中をポンと押してパレスチナ和平に貢献できたら」(AERA02・5・20号)のように、励ましたり促したりする様子などを表すのによく用いられている。　(佐々木文彦)

ほんのり

わずかにそれと感じられる様子。「強い紫外線のためか既にほんのりとピンクがかった素肌」(藤原正彦❖『若き数学者のアメリカ』)の例に見られるように、微妙な色合いについて用いられることが多く、視覚的な意味で用いられるのが普通。ほかに「だが、木の幹はほんのりとぬくみを持ち」(武田八洲満❖『紀伊国屋文左衛門』)のように温度や雰囲気などについて用いられる場合もある。

◆**類義語**「ほのぼの」

❖**井上ひさし**　劇作家・小説家。放送作家として人形劇『ひょっこりひょうたん島』、劇作家として『道元の冒険』などを発表した後、昭和四七年『手鎖心中』で直木賞受賞。作品『下駄の上の卵』『吉里吉里人』など。(一九三四〜二〇一〇)

❖**藤原正彦**　数学者・エッセイスト。昭和五三年『若き数学者のアメリカ』で日本エッセイスト・クラブ賞受賞。数学者の感性でとらえた、端正な文体のエッセイに定評がある。著作『数学者の言葉では』『遙かなるケンブリッジ—数学者のイギリス』など。(一九四三〜)

❖**武田八洲満**　小説家。長谷川伸に師事。昭和三八年『大事』でオール読物新人賞受賞。作品『信虎』『生麦一条』など。(一九二七〜一九八六)

「ほんのり」と同様に物事がかすかに感じ取れる様子を表す場合があるが、多くは「人情のこまやかさにふれ、ほのぼのと心が温まる思いがした」(和久峻三❖『疑わしきは罰せよ』)のように心情・雰囲気・人柄について用いられる。また古くは「夜は既にほのぼのとあけ行けど」(『平家物語❖』)のように夜が明ける様子を表すことの多い語であり、現代語にもやや古めかしい言い方で同様の用法が残っている。

◆**参考** 「ほのかに」の「ほの」は「ほんのり」「ほのぼの」の「ほの」と同じ。 (佐々木文彦)

ぽんぽこ

狸の腹鼓の音。「『ぽんぽこバレー』…名前には『ぽんぽこ打ち合う』と『信楽焼のタヌキ』の二つの意味を込めた」(朝日新聞01・2・27)

◆**参考** 「ぽんぽこ」は狸を連想させる擬声語で、「平成狸合戦ポンポコ」(スタジオジブリ)や東京銘菓「ぽんぽこ」などのネーミングにも用いられている。全国各地に「ポンポコ山」の名で呼ばれる山があるが、これは狸の棲む(棲んでいそうな)山というイメージからの命名であろう。 (佐々木文彦)

ぽんぽこぽん

狸の腹鼓の音。「己等(おいら)の友達ア ぽんぽこぽんのぽん」(野口雨情❖・童謡「証城寺の狸囃子」)、「ぼくはぽんぽこ人気者、お腹を抱えてぽんぽこぽん」(東京銘菓「ぽんぽこ」CMソング)

◇**類義語** 「ぽんぽこりん」

「ちびまる子ちゃん」の主題歌「おどるポンポコリン」は意味不明であるが、「ぽんぽこりん」は「お腹がぽんぽこりん」のように太ったお腹や満腹状態を表す語として用いられる。 (佐々木文彦)

ぼんぼん

①勢いのよい様子。質量の大きなものが次々と飛んだり、建物が建ち並んだりしている様子を表す。「子供なんざあ、二階からぼんぼん投げおろしてるんだってさ」(川端康成❖『雪国』)、「ユニークな校舎…蔵屋敷のような建物がクラスの数だけボンボンと建っていて、村のようになっているのです」(朝日新聞01・9・23)

②火事などで火が勢いよく燃える様子、またその時の爆発音。「バスで買い物に行く途中、自宅近

❖**和久峻三** 推理作家。中日新聞記者から弁護士となり、昭和四七年『仮面法廷』で江戸川乱歩賞受賞。平成元年『雨月荘殺人事件』で日本推理作家協会賞受賞。作品『赤かぶ検事』シリーズなど。(一九三〇)

❖**平家物語** 鎌倉時代の軍記物語。作者未詳。源平合戦を素材に平氏一門の興亡を描く。琵琶法師の語りによって広まる。多数の諸本があるが、一四世紀半ばに校訂された覚一本の系統が一般に流布。その流麗な和漢混淆文は後世の文学にも大きな影響を与えた。原形は鎌倉前期成立。

❖**野口雨情** →P.374

❖**川端康成** 小説家。大正一三年、横光利一らと雑誌『文芸時代』を創刊、新感覚派と呼ばれた。以降、独自の美的世界を追究し、昭和三六年文化勲章受章。同四三年ノーベル文学賞受賞。作品『伊豆の踊子』『雪国』『山の音』など。(一八九九〜一九七二)

くの山がボンボンと燃えているのを見て『とめて』と叫んだ」(朝日新聞02・3・22)、「炎は一時、10メートルほどの高さまで上がり、ボンボンという爆発音も響いた」(朝日新聞02・1・25)

◆参考　振り子のついた掛け時計を通称「ぼんぼん時計」と言うが、これは「ぼんぼん」という時報の音から名付けられたもの。この時計が日本で初めて「精工舎」で作られたのは明治二五年(一八九二)のことである。「その次には気の利かないボンボン時計の大きな音が無遠慮に耳に響いた」(夏目漱石❖『彼岸過迄』)　(佐々木文彦)

ぽんぽん

①連続して勢いよく叩いたり、はじけたり、はねたりする音。また、その様子。「昼食時、気前よく高価なワインがぽんぽんと抜かれていた高級レストランの、窓際の席だけが埋まっている」(朝日新聞夕刊02・3・29)、「古いボールをポンポンと飛ばす大下に〝ポンちゃん〟のニックネームがついた」(日本経済新聞00・12・15)

②続けざまに、無遠慮に、また無造作に何かを言ったりしたりする様子。「エイクボーンらしい、機知に富んだ笑いと、意地悪なせりふがぽんぽん飛び交う戯曲だ」(朝日新聞夕刊99・10・22)、「アメリカ人にもぽんぽん命令し、言われた方も『イエス、サー』と返事をしていた」(朝日新聞夕刊99・1・26)

③全体的にはれたり膨らんだりする様子。「幸い、洗濯物はアッという間に乾き、布団はポンポンにふくらむから」(朝日新聞90・12・5)、「ばあちゃんが顔と両耳をポンポンにはらしてやって来た」(朝日新聞91・2・20)

◆参考　大正時代から昭和の中期ごろまで活躍した「ぽんぽん蒸気」「ぽんぽん船」は、金属の玉を熱し、燃料を爆発させてピストンを動かす「焼き玉エンジン」を使用する蒸気船。エンジンをかけるとポンポンという音が出る。「風光る入江のぽんぽん蒸気かな」(内田百閒❖『百鬼園俳句帖』)。縁日などで昭和四〇年代ごろまで売られていたおもちゃの「ぽんぽん船」はブリキ製の船にロウソクを入れ、熱で水を循環させて水上を走らせるもの。こちらは音はしない。また、米を炒って作る「ポンポン菓子」は作るときの音から名づけられた。

ちなみにチアリーダーが持つ「ポンポン」や「ポンポンダリア」の「ポンポン」は「玉房」の意のフランス語であるpomponから。　(佐々木文彦)

❖**夏目漱石**　英文学者・小説家。英語教師をへて、イギリスに留学。帰国後、『東京朝日新聞』の専属作家となり、同新聞に次々と作品を発表。森鷗外とともに近代日本文学の確立に貢献。作品『吾輩は猫である』『三四郎』など。(一八六七〜一九一六)

❖**内田百閒**　小説家・随筆家。夏目漱石門下の一人で、芥川龍之介らと親しみ、名文家として知られる。作品『百鬼園随筆』『阿房列車』『冥途』など。(一八八九〜一九七一)

おもちゃのぽんぽん船　残念ながら音はしない。

ぼんやり

①物の形、輪郭がはっきりしない様子。「窓ガラスには、彼の顔がぼんやり映っている」(小林久三❖『赤い旅券』)

②意識が集中していない様子。「雨足の池にえがく波紋をぼんやりながめ、節子は常にはなさぬ人形抱いて」(野坂昭如❖『火垂るの墓』)

③気が利かない人。「勝田はおれはいつもこうだと、自分のぼんやりぶりを自嘲したくらいであった」(清水一行❖『暗黒の月曜日』)、「当の大石にしてからが、昼行灯と諢名されているほどのぼんやり者」(朝松健❖『元禄霊異伝』)

◈**参考** ①は「ぼんやり映る」のように「映り方」がはっきりしない様子を表すが、②の場合は「ながめ方」というよりもながめている時の主体の心理状態が「ぼんやり」していることを表す。この②のような修飾を「主体目当ての修飾」などという。

③と同じような意味をもつ語に「ぼんくら」があるが、これは「ぼんやり」よりもさらに「どうしようもないやつ」というニュアンス。「前のことだから記憶がないというのだ。ぼんくらな車掌だ」(松本清張❖『点と線』)

(佐々木文彦)

ほんわか

気持ちがなごんで暖かく楽しい気分である様子。「ほんわか(と)する」「ほんわかとなる」という使い方が多いが、「ほんわか気分」「ほんわかムード」という使い方もある。「月曜なのになぜかホンワカ心楽しくよそ見しがち」(日刊スポーツ00・12・4)、「どうやら、これはちょっとほんわかとする贈り物であった」(曾野綾子❖『太郎物語』)、「帰路ビールを失敬してホンワカした気分でいると」(高野悦子❖『二十歳の原点』)

(池上 啓)

ほんわり

肉体的な暖かさや精神的な暖かさが、徐々に身体や心に伝わってくる様子。「小犬の温もりがほんわりと体に伝わってきた」、「ほんわり心が温かくなる投稿の数々」(朝日新聞00・12・10)

◇**類義語**「ほんわか」

「ほんわり」が暖かさが徐々に伝わる様子を示すのに対して、「ほんわか」は暖かい気分そのものを示す。よって「ほんわか気分」とは言うが、「ほんわり気分」とは言わない。

(池上 啓)

❖**小林久三** 推理作家。松竹大船撮影所の助監督、プロデューサーをへて作家活動を行い、昭和四九年『暗黒告知』で江戸川乱歩賞受賞。社会性のある作品が多い。作品『皇帝のいない八月』『錆びた炎』など。(一九三五)

❖**野坂昭如** →P.26

❖**清水一行** 小説家。昭和四一年、証券会社の内幕を描いた『兜町』がベストセラーとなり、その後『虚業集団』『重役室』などを次々に発表して、企業推理小説の分野を確立。作品は『動脈列島』など多数。(一九三一)

❖**朝松健** 小説家・翻訳家。紀田順一郎・矢野浩三郎に師事。昭和六一年『魔教の幻影』でデビュー。おもにホラー小説・オカルト小説を執筆。作品『黒の召喚者』(訳書)など。(一九五六)

❖**松本清張** →P.46

❖**曾野綾子** →P.25

❖**高野悦子** →P.27

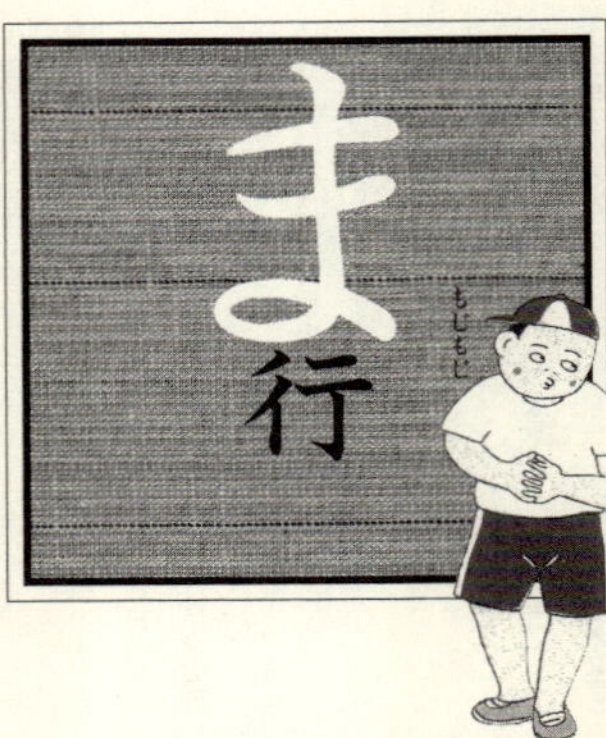

まごまご

①何をしてよいかわからずに、右往左往している様子。「彼は店のうしろのほうに、また、ちいさくなってすわっていた。そしてまごまごしながら、品ものの出し入れを手つだっていた」(山本有三❖『路傍の石』)、「あれかこれかと指を箸にした手を菓子の上でまごまごさす」(志賀直哉❖『赤西蠣太』)

②決断することができずに、無駄に時間を過ごす様子。「まごまごしていると本宅まで乗っ取られるかも知れねえ」(石川淳❖『葦手』)

(池上　啓)

まざまざ

①ある事柄が明瞭に心に認識される様子。「然しこの年寄った女の胸に渦巻いている、私に対する悪意をまざまざと感ずると」(志賀直哉❖『流行感冒』)、「一片の雲のたたずまいにも、自然の目論見と予言とを人一倍鋭敏に見て取る漁夫達の眼には、朝夕の空の模様が春めいて来た事をまざまざと思わせる」(有島武郎❖『生れ出づる悩み』)

②過去の出来事が明瞭に思い出される様子。または、未来に関する想像などがまるで現実のように眼前に思い浮かべられる様子。「従兄小野精二郎の実例を彼はまざまざと思い出していた」(石川達三❖『青春の蹉跌』)、「この先の出鼻の曲り角で汽車が脱線する。そして崖から転げ落ちて、女が下の岩角に頭を打ちつけて倒れている有様を彼はまざまざと想い浮べた」(志賀直哉❖『真鶴』)

◆**参考**　「まざまざ」(「まさまさ」という語形もあった)の用例は江戸時代から見え、古くは言い逃れなどしてあつかましいさまも表した。「今年二十六なるを三十一になりますと、知れてある年をまざまざと(=現代語の「ぬけぬけと」に近い)五つ隠されし」(浮世草子❖『本朝二十不孝』)

(池上　啓)

❖**山本有三**　劇作家・小説家。芥川龍之介らと第三次『新思潮』創刊。歴史劇などの戯曲を多く発表したが、後、小説に転向。作品『嬰児殺し』(戯曲)、『路傍の石』など。昭和四〇年、文化勲章受章。(一八八七〜一九七四)

❖**志賀直哉**　小説家。明治四三年、武者小路実篤らと雑誌『白樺』創刊。父との対立を描いた『大津順吉』や、和解を描いた『城の崎にて』『和解』などを執筆。昭和一二年、長編小説『暗夜行路』を完成。作品『小僧の神様』『清兵衛と瓢箪』など。(一八八三〜一九七一)

❖**石川淳**　→P.30

❖**有島武郎**　→P.12

❖**石川達三**　→P.58

❖**本朝二十不孝**　江戸時代の浮世草子。井原西鶴著。不孝者をテーマにした短編集で、西鶴中期の作品。貞享三年(一六八六)刊。

まじまじ

①驚きや不信感、または懐かしさなどのために、よく観察しようとしてじっと見つめる様子。「達夫は黒木をまじまじと見かえした。会社勤めの経験があるだけで、企業社会とか旧弊なんて馴染みのない言葉がすんなり口にでるもんだろうか」(週刊現代00・12・16号)、「宮沢氏は自ら選んだ活字の出来栄えが気になるのか、何歩か下がってまじまじと見つめていた」(日本経済新聞01・1・7)

②まばたきばかりして眠れないでいる様子。「そばに源氏がいないのに、紫の上は馴れることができなかった。まじまじと闇の中にめざめていて、あれこれ思いつづけると」(田辺聖子❖『新源氏物語』)、「目は冴えて、まじまじしていたが、さすがに、疲が酷いから、心は少し茫乎して来た」(泉鏡花❖『高野聖』)

◆**参考**「まじまじ」の用例は室町時代末期から見え、古くは①②以外の意味でも使われた。

例えば、平然としていてずうずうしい様子を示した例がある。現代語の「しゃあしゃあ」に近い。「いくらわめいてもまじまじとしてけつかる」(歌舞伎❖『名歌徳三升玉垣』)

また、決断できずに手をこまねいている様子をも示した。現代語の「もじもじ」に近い。「ただ一口に大鳥(=人名)も、言ひ籠められてしょげ鳥の、まじまじとして閉口す」(浄瑠璃❖『夏祭浪花鑑』)

「まじまじ」は「まじりまじり」「まじいりまじいり」という形で使われることもあった。どちらも「まじまじ」を強めた言い方。「ちと休みませうと壇を下り、煙草ぱくぱく、病人をまじりまじり見て居らるれば」(滑稽本❖『古朽木』)、「松之丞どの雁首のう打傾て、まじいりまじいり見て居っけえ」(滑稽本❖『浮世風呂』)

(池上 啓)

まったり

やわらかさ・穏やかさの中に濃が感じられる様子。味に関して使うことが多い。「つゆのおいしさが際だった。まったりしていて、飽きが来ない」(日本経済新聞夕刊01・1・6)、「肉がまったりとマイルドになり、味わい深さは格別だ」(SPA!00・12・13号)。「温泉にでも浸かってまったりしたい」のように気分に関して使われることも。

◆**参考** 関西の方言では、「まったり」を動きが緩慢な様子を示すのに使う場合がある。

(池上 啓)

❖**田辺聖子** →P.23

❖**泉鏡花** →P.8

❖**名歌徳三升玉垣** 江戸時代の歌舞伎。桜田治助作。享和元年(一八〇一)初演。

❖**夏祭浪花鑑** 江戸時代の浄瑠璃。並木宗輔ら作。延享二年(一七四五)初演。

❖**古朽木** 江戸時代の滑稽本。朋誠堂喜三二著。十返舎一九や式亭三馬によって滑稽本が隆盛期を迎える前の、いわゆる初期滑稽本のひとつ。安永九年(一七八〇)刊。

❖**浮世風呂** 江戸時代の滑稽本。式亭三馬著。銭湯に出入りする人々の会話を通して庶民の暮らしを描いたもの。文化六年(一八〇九)~一〇年刊。

まんじり

①「まんじりともしない」のように打ち消しの形を伴って、それ全体で、ちょっと眠ることさえもしない様子。「その晩はまんじりともしないで、彼は夜どおし、泣きあかした」(山本有三❖『路傍の石』)

②じっと何かをする様子。「見る」という動作に関して使うことが多い。「古藤はあまりはずんだ葉子の声にひかされて、まんじりとその顔を見守った」(有島武郎❖『或る女』)

◆**参考**　①の「まんじりともしない」という表現の「まんじり」の部分の意味だけを言うとすれば「ちょっと眠ること」ということになる。

だが、「まんじり」は「まじまじ」の「まじ」からできた語であるから、「眠れずに起きている様子」が本来の意味のはずであり、否定をつける必要はないはずである。にもかかわらず「まんじり」に更に否定の「しない」を付けるのは、一種の強調表現と考えられる。眠りたいのに眠れないという否定的な状態を強く言いたいあまりに「しない」という否定形を付けてしまい、その結果として成立したのが「まんじりともしない」という慣用句だと考えられる。

(池上　啓)

みしみし

木製のものなどがきしんで出る音。廊下や階段を人が歩いた時に出る音の形容によく使われる。また、時には骨などのきしむ音にも使う。「泥棒がみしみし縁側を歩いたのも、すっかり知っていると云った」(夏目漱石❖『永日小品』)、「大きい図体の彼が階段を上がって来ると、階段はみしみしと音を立てた」(井上靖❖『あすなろ物語』)、「少しでも身体を動かそうとすると、関節(ふしぶし)がみしみしと鳴った」(夏目漱石『思ひ出す事など』)

◇**類義語**「みりみり」

「みりみり」は、無理な力が加わって物が破壊される寸前といった緊迫感がある音を示す。対して「みしみし」は、物が無理な力によって傷んでいる点は同じでも、そこまでの緊迫感はない。

◆**参考**「みしみし」は平安時代から用例が見え、木製のものがきしむ音に限らず、人が乱暴に行動した時に出る大きな音を広く表した。また、明治期になると、物事を徹底的に行う様子を示した例が出てくる。「生徒取り扱いの法は塾の規則に従い、不法の者があれば会釈なくミシミシやっつけて寸毫(すんごう)も仮(か)さず」(福沢諭吉❖『福翁自伝』)

(池上　啓)

❖**山本有三**　劇作家・小説家。芥川龍之介らと第三次『新思潮』創刊。歴史劇などの戯曲を多く発表したが、後、小説に転向。作品『嬰児殺し』(戯曲)、『路傍の石』など。昭和四〇年、文化勲章受章。(一八八七〜一九七四)

❖**有島武郎**　小説家。内村鑑三の影響を受け、キリスト教に入信。アメリカ留学後、明治四三年、雑誌『白樺』の創刊に参加。作品『カインの末裔』『或る女』など。(一八七八〜一九二三)

❖**夏目漱石**　→P.8

❖**井上靖**　→P.92

❖**福沢諭吉**　思想家・教育者・ジャーナリスト。慶応義塾の創立者。蘭学を学び、後、英学を独習。幕府の使節として三回渡海。明治一五年『時事新報』創刊。国家と個人の独立自尊、実学の必要を説いた。著作『西洋事情』『学問のすゝめ』『文明論之概略』など。(一八三四〜一九〇一)

山口仲美の擬音語・擬態語コラム⑳

擬音・擬態語の型

——語型とその変遷

擬音語・擬態語には、型があり、それが時代とともに変化する。ある時代だけに栄えて衰退してしまう型もあれば、どの時代にも頻用され、日本の擬音語・擬態語の基本型になっているものもある。左図はそれをまとめたもの。［ABAB］は、「がたがた」「くるくる」などの語を、［ABリ］は、「ふつり」「ぺろり」などの語を一般化してとらえた型であることを表す。線の太さは、その型の隆盛度を表している。

奈良時代	平安時代	鎌倉・室町時代	江戸時代	明治時代以後	語例
A					ぶ・き・さ
		Aッ			きっ・じっ
	(Aン)	Aン			(ちう)・しゃん
				Aンッ	こんっ・ばんっ
		Aーン			かーん・ぶーん
		Aー			ひょー・ふー
				Aーッ	かーっ・ぶーっ
AA					ここ・ひひ・よよ
			AAッ		ぞぞっ・びびっ
		AAン			ずずん・ががん
		AAラ			かから・ぼぼら
		AAリ			ぼぼり
				AAーッ	だだーっ・ずずーっ
				AAーン	ずずーん・ばばーん
		AッA			さっさ・ぱっぱ
			AッAッ		くっくっ・すっすっ
		AンA			ざんざ・ばんば
	(AンAン)	AンAン			(こうこう)・ぼんぼん
		AーAー			ぎゃーぎゃー・すーすー
AB					そよ・ひし・ひた
				ABッ	どきっ・むかっ
	(ABン)	ABン			(ちりう)・ちくん・こつん
			ABーン		ざばーん・どかーん
			ABー		たらー・ひらー
				ABーッ	きらーっ・どかーっ
		AッB			うっと・かっぱ
		AンB			ざんぶ・むんず
			AーB		ちーら・ひーら
ABラ					かわら・もゆら
ABロ					とどろ・ほどろ
	ABリ				ふつり・ぺろり
		ABリン			ざらりん・ぴかりん
		ABリッ			ころりっ・とろりっ
		AーBリ			ひーらり・ふーわり
			ABーリ		たらーり・じわーり
		AッBラ			うっすら・しっとら
		AッBリ			うっかり・にっこり
				AッBーリ	まったーり
			AッBン		かっちん・こっとん
				AッBーン	どっかーん
		AンBラ			すんずら
		AンBリ			こんがり・だんぶり
ABAB					がたがた・くるくる
				ABABッ	ころころっ・しこしこっ
ABB					ほろろ・きりり
				ABBッ	うふふっ
			ABBン		しととん
				ABBーン	ひゅるるーん
				ABBー	ずおおー
ABC					ころく・ひとく
			AッBC		ちってれ
		AーBC			ぴーちく・ひーよろ

上記の図は、山口仲美『犬は「びよ」と鳴いていた -日本語は擬音語・擬態語が面白い-』(光文社)からの転載。〈語例欄の(　)に囲まれた語の「う」の文字は、「ン」に近い音を表す〉

みっちり

ある事柄を時間をかけて丹念に行う様子。「基礎をみっちり教わるための合宿だった」(朝日新聞00・12・14)、「そして、みっちり取っちめてもらうから、覚えていろ」(山本有三『路傍の石』)

◇類義語「みっしり」

「みっしり」は物が隙間なく詰まっているという状態そのものを示す場合が多い。それに対して「みっちり」は、隙間なく丹念に事を行うという、行動に重点を置いた語である。　(池上　啓)

みりみり

木製のものがきしんで出る音。また、骨などがきしむ音を示すのにも使われる。「粗末な松板で拵えた出来合の棺桶はみりみりと鳴った」(長塚節『土』)、「粂二は脛の骨がみりみりと鳴るように感じた」(山本周五郎『さぶ』)

◆参考「みりみり」は、東北地方の方言では強く力を入れる様子を示すことがある。「お前もこの頃は頭でみりみり私を押しつけ様とするよ」(宮沢賢治『楢ノ木大学士の野宿』)　(池上　啓)

みんみん

みんみん蟬の鳴き声。「みーんみーん」や「みーんみんみん」という形もよく使われる。「蟬にも油蟬、みんみん、おしいつくつくがある。油蟬はしつこくて行かん。みんみんは横風で困る」(夏目漱石『吾輩は猫である』)。この例の「みんみん」は名詞として使われたものではあるが、明らかに鳴き声の名詞化である。

鎌倉時代の『名語記(みょうごき)』では、みんみん蟬の鳴き声を「みうみう」と写している。

なお、空気が薄くなった時のきしみ音を示した例もある。「稀薄な空気がみんみん鳴っていましたが、それは多分は白磁器の雲の向うをさびしく渡った日輪が、もう高原の西を劃(かぎ)る黒い尖尖(とげとげ)の山稜の向うに落ちて薄明が来たために、そんなに軋んでいたのだろうと思います」(宮沢賢治『インドラの網』)

◆参考　日本語の蟬の名前には「油蟬」や「春蟬」といった名前もあるが、「みんみん蟬」のように鳴き声から命名されたものも多い。「にいにい蟬(ちいちい蟬)・つくつく法師(古くはくつくつ法師)・かなかな」などがそれに当たる。　(池上　啓)

❖山本有三　劇作家・小説家。芥川龍之介らと第三次『新思潮』創刊。歴史劇などの戯曲を多く発表したが、後、小説に転向。作品『嬰児殺し』(戯曲)、『路傍の石』など。昭和四〇年、文化勲章受章。(一八八七)

❖長塚節　→P.21

❖山本周五郎　→P.15

❖宮沢賢治　→P.34

❖夏目漱石　→P.8

❖名語記　鎌倉時代の語源辞書。経尊著。当代の口語を中心にいろは順に配列し、問答体で語源の説明を記す。俗語を多数収録する資料として貴重。建治元年(一二七五)成立。

みんみん蟬　鳴き声にちなんで名付けられた。

むかっ

①急に怒りがこみ上げてくる様子。「お母さんたちの笑い声が、どっと起って、私は、なんだか、むかっとなった」(❖太宰治『女生徒』)

②急に吐き気がこみ上げてくる様子。「胃がむかっとするようなひどい臭いだ」

◆参考 現代では「むかっとする」のように促音形で使うが、古くは「私もむかと腹が立ちましたによって」(狂言『❖縄綯』)のような形で使われた。「むかっ腹」も古くは「むか腹」である。 (池上 啓)

むかむか

①怒りがこみ上げてくる様子。「その声を聞いたら、吾一は急にむかむかとして、そのまま下へおりてしまおうかと思ったほどだった」(❖山本有三『路傍の石』)、「娘はウキウキ、私はムカムカ」(Hanako00・12・20号)

②吐き気がこみ上げてくる様子。「口は酒臭く、胃袋の辺りはムカムカと吐き気が切迫してきている」(日本経済新聞夕刊01・1・4)

③怒り以外の何らかの感情が胸中に湧き上がってくる様子。「彼を衝動って盗性がむかむかと首を擡げつつあったのである」(❖長塚節『土』)

◆類義語「むかっ」

「むかっ」は①②の類義語。急に怒りや吐き気がこみ上げてくるという、瞬間的な様子を示す。それに対して「むかむか」は、怒りの感情や吐き気が継続して感じられている様子を示す。

◆参考 「むかむか」は、古くは「さる程に、任氏はむかむかと楽しうなったぞ」(『❖史記抄』)のように、プラスの感情がこみ上げてくる様子についても使われた例がある。 (池上 啓)

むくっ

①人が突然身体を起こしたり、首を持ち上げたりする様子。「なんと思ったか、突然むくっと片肘立てて首を上げると」(❖川端康成『雪国』)

②物が突然盛り上がったりする様子。「するとまもなく、ぼぉというようなひどい音がして、水はむくっと盛りあがり」(❖宮沢賢治『風の又三郎』)

◆参考 古くは「むくと」や「むっくと」という形で使われた。「むくと起きて、なごり惜しみの酒を飲むぞ」(『❖史記抄』) (池上 啓)

むくっ 何か思うところがあったのか、寝床から突然身体を起こす。

(うえやまとち『クッキングパパ』より)

❖太宰治 →P.20
❖縄綯 →P.233
❖山本有三 →P.542
❖長塚節 →P.21
❖史記抄 室町時代の抄物。桃源瑞仙著。前漢の司馬遷が著した『史記』についての注解。質・量共に当代の口語資料として貴重。文明九年(一四七七)成立。
❖川端康成 →P.91
❖宮沢賢治 →P.34

むくむく

①人や物がうごめきながら起き上がってくる様子。「(犬塚山次は)蒼い顔をして寝ていたが、やがてむくむくと起き上がると」(井上靖『あすなろ物語』)、「まるで、しぼんだ風船がむくむくと起き上がるようだった」(日刊スポーツ00・12・13)

②物がうごめきながら盛り上がったり膨張したりする様子。雲が湧き上がったりする時の形容によく使われる。「むくむくと湧き上る雲の流れを私は昼の蚊帳の中から眺めていた」(林芙美子『放浪記』)、「むくむくと湧く清水に、こまかき砂の浮き上りて一度に漾(ただよ)う如く見ゆる」(夏目漱石『幻影(まぼろし)の盾』)

③何らかの感情が、抑えようもなく胸中に湧き上がってくる様子。「そっぽを向かれると、A型の臆病心がむくむく」(Hanako00・12・27号)、「発育に伴なう彼の生気は、いくら抑え付けられても、下からむくむくと頭を擡げた」(夏目漱石『道草』)

④何かがもぞもぞとうごめく様子。気味が悪い・不快だという感情を伴う場合が多い。「今日は喉がほてったり、むくむく動きそうだったりする」(大江健三郎『他人の足』)、「僕は深い安堵と期待と、大人たちから感染したむくむく動きまわる不安に満たされていた」(大江健三郎『飼育』)

⑤植物の葉や動物の毛が密生してボリュームのある様子。「ただ渓間にむくむくと茂っている椎の樹が」(梶井基次郎『蒼穹』)、「常からむくむくした鳥であるのが、羽を立てて体をふくらまして」(森鷗外『鶏』)

⑥物がやわらかくて厚みのある様子。または、人が丸々と太っている様子。「いつでも縞のフラネルをきて、むくむくした上靴を足に穿いて」(夏目漱石『永日小品』)、「お蝶は朝来て夜帰る。むくむくと太った娘で、大きな顔に小さな目鼻が附いている」(森鷗外『ヰタ・セクスアリス』)

◆類義語「むくっ」「むかむか」

「むくっ」は①②の類義語。「むくむく」が徐々に起き上がったり膨張したりする継続的な動きを示すのに対して、「むくっ」は急に起き上がったり盛り上がったりする瞬間的な動きを示す。

「むかむか」は③の類義語。「むくむく」が、抑えようとしているのに抑えようもなく感情が湧き上がる点に重点があるのに対して、「むかむか」は抑えようとする意志の有無に関係なく、生理的に感情が湧き上がってくる様子を示す。

(池上 啓)

❖井上靖 小説家・詩人。大阪毎日新聞入社後、昭和二四年『闘牛』で芥川賞受賞。作品『氷壁』『天平の甍』など。(一九〇七)

❖林芙美子 小説家。昭和五年、自らの苦難の半生をつづった自伝的小説『放浪記』がベストセラーとなり、女流作家の道を歩む。作品はほかに『晩菊』『浮雲』など。(一九〇三)

❖夏目漱石 →P.8

❖大江健三郎 小説家。昭和三三年、『飼育』で芥川賞受賞。以降、独特の晦渋な文体で多くの作品を発表。作品『われらの時代』『万延元年のフットボール』など。平成六年、ノーベル文学賞受賞。(一九三五)

❖梶井基次郎 →P.18

❖森鷗外 →P.14

むざむざ

価値あるものや大切なものが惜しげもなく無造作に失われる様子。「十数年という永いあいだいとなんで来た技術をむざむざ捨てるにしのびなかった」(細井和喜蔵『モルモット』)、「ロシアの斥候(せっこう)にきつけられたら、むざむざところされるにきまっている」(新美南吉『張紅倫』)

なお、「こんな珍らしい化物を無残無残(むざむざ)と殺しては、面白い話の種が無くなる」(夢野久作『白髪小僧』)のように、余りにひどくて痛々しい様子を表す「無残」を繰り返して「むざむざ」を「無残無残」と書いた当て字の面白い表記例もある。

また、「あんな結構な物をムザムザ食うものではないと」(堺利彦『私の父』)の「ムザムザ食う」という表現は、むさぼり食う様子を表す「むしゃむしゃ」を掛けているのではないかと思われる。

◆類義語「あっさり」「みすみす」「やすやす」

「むざむざ」が命など尊いものを簡単に失い無念に思う様子を表すのに対して、「あっさり」は苦労してあれこれする間もないほど物足りない様子を、「みすみす」は目前に見ていながらそうするほかない様子を、「やすやす」はいかにも容易に物事を行う様子をそれぞれ表すところに特色がある。

◆参考「むざむざ」は室町末期の『日葡辞書(にっぽじしょ)』の「むさむさ」の項に「物事をいい加減にするさま、または、興味も持たず、熱心さもなく物事をするさま」という説明があり、「むさむさと日を暮す」の用例があって、「何もしないで、あるいは、たとえ何かしてもいい加減にして、時を過ごす」と記されている。ここから、「むざむざ」は古く「むさむさ」と清音で発音され、意味も物事をいい加減にする様子を表しており、現代と微妙に異なっていたことが知られる。

(間宮厚司)

むしゃくしゃ

①腹立たしくて、気持ちが晴れない様子。「体調を崩してむしゃくしゃしていた」(日刊スポーツ00・12・10)。また、しゃくにさわる気分の意を表す言い方に「むしゃくしゃ腹」があり、それを「武者苦者腹(むしゃくしゃばら)」と書いた例もある。「武者苦者腹の八つ当り」(岡本綺堂『鳥辺山心中』)

②毛や葉などがひどい形になる様子。「並木の青い葉がむしゃくしゃにむしられて」(宮沢賢治『ガドルフの百合』)。江戸時代には、乱れた髪の

❖細井和喜蔵 小説家。工場の労働者として働き、労働運動に参加。大正一四年、そのときの体験をつづった記録文学『女工哀史』を出版。作品『工場』『奴隷』など。(一八九七〜一九二五)

❖新美南吉 →P.44

❖夢野久作 →P.48

❖堺利彦 →P.321

❖日葡辞書 一七世紀初頭の、ポルトガル語で説明した日本語辞書。イエズス会の宣教師によって成る。室町末期の口語を中心に方言、文書語、歌語、女性語など、三万余語を収録。慶長八〜九年(一六〇三〜〇四)刊。

❖岡本綺堂 →P.141

❖宮沢賢治 詩人・童話作家。岩手県の花巻で、農業指導のかたわら詩や童話を創作。大正一三年、詩集『春と修羅』と童話『注文の多い料理店』を自費出版。作品『銀河鉄道の夜』『風の又三郎』など。(一八九六〜一九三三)

毛のことを「むしゃくしゃ頭」と言った。

◆**類義語**「いらいら」「むかむか」「くしゃくしゃ」

「いらいら」「むかむか」は①の類義語。「むしゃくしゃ」が腹が立って気持ちが晴れないのに対し、「いらいら」は思いどおりにいかず焦って落ち着かない様子、「むかむか」は怒りがこみ上げて吐き気をもよおす様子を表す。「くしゃくしゃ」は②の類義語。「むしゃくしゃ」がひどい形になるのに対して、「くしゃくしゃ」はしわだらけの様子。

◆**参考** ①は「むしゃくしゃ」、②は「むしゃくしゃ」でアクセントが異なる。　(間宮厚司)

むしゃむしゃ

①髭(ひげ)などが密集し、乱れ生(は)えている様子。「白い髯をむしゃむしゃと生やして」(夏目漱石❖『草枕』)

②勢いよく遠慮なく食べる様子。「衆人環視の中、ムシャムシャパクパク」(SPA!'00・12・10)

昭和初期頃までは、「むしゃりと嚙(か)む」(泉鏡花❖『日本橋』)や「むしゃりむしゃりと、両手で西瓜を持ち上げて、かじりながら」(坪内逍遥❖『当世書生気質』)のような言い方も見られた。

③腹立たしくて、気持ちが晴れない様子。「女の未練やら逡巡(しゅんじゅん)やらのむしゃむしゃした感情」(岡本かの子❖『母子叙情』)。「むしゃむしゃ」は昭和初期頃まで用いられたが、現在は「むしゃむしゃ」よりも「むしゃくしゃ」の方が普通に使われる。

◆**類義語**「がつがつ」「ぱくぱく」「もりもり」

共に②の類義語。「むしゃむしゃ」があたり構わず食べる様子を表すのに対して、「がつがつ」は飢えてむさぼり食べる様子を表す。「ぱくぱく」は大きく口を開閉させて食べる様子を表し、「もりもり」は旺盛な食欲で健康的に食べる様子をそれぞれ表す。　(間宮厚司)

むすっ

機嫌を損ね、唇を嚙(か)むなどして口をきかなくなる様子。「信夫はむすっと唇をかんだ」(三浦綾子❖『塩狩峠』)、「返事をせずむすっと黙り込んでいたタクシーの運転手」(井上ひさし❖『吉里吉里人』)

◆**類義語**「むっ」「ぶすっ」

「むすっ」が不機嫌な様子を表すのに対して、「むっ」はある事柄に向けての不快感や怒った様子、「ぶすっ」は頬をふくらますような感じで不機嫌な様子を表す。　(間宮厚司)

❖**夏目漱石** →P.547

❖**泉鏡花** →P.8

❖**坪内逍遥** 小説家・評論家。明治一八年、『小説神髄』(小説理論)と『当世書生気質』(小説)を発表、近代的写実主義をとなえる。また、『早稲田文学』の創刊とシェイクスピアの全作品を完訳。作品『桐一葉』『沙翁全集』など。(一八五九〜一九三五)

❖**岡本かの子** →P.91

❖**三浦綾子** →P.30

❖**井上ひさし** →P.25

むしゃむしゃ 袋から甘い物を出してむさぼり食う。

(赤塚不二夫『おそ松くん』より)

むずむず

①今すぐにやりたいことがあるのに、それができなくて、もどかしく思う様子。「自分の庭の菊を見せてやって、あっと言はせてやりたく、むずむず身悶えしていた」(太宰治❖『清貧譚』)

②虫などがはい回るような刺激(主にかゆみ)を肌に持続的に感じる様子。「汗でむずむずするのと蚤(のみ)が這(は)ってむずむずするのは判然と区別が出来る」(夏目漱石❖『吾輩は猫である』)

なお、「むずむず」の「むず」を含んだことばに、「むずかる」(①の意味に対応)や「むずがゆい」(②の意味に対応)がある。

◆類義語「うずうず」「じりじり」「やきもき」

「うずうず」は①の類義語。「むずむず」がやりたいことをやれない不快な気持ちを表すのに対して、「うずうず」は早くやりたくてじれったいが楽しみに向かう気持ちを表す点で相違する。これは②の気持ち悪い意味に対応する「うずうず」がないことと関係しよう。また、「むず」をもとにしてできた語には動詞の「むずつく」「むずつかす」や形容詞の「むずがゆい」があるものの、「うずうず」の「うず」から派生した動詞や形容詞はない。「じりじり」は気持ちが徐々にいら立って落ち着かなくなる様子を、「やきもき」はうまくいくようにと願って気をもむ様子を、それぞれ表す。

◆参考 古語には、現代語の「むずむず」には見られない用法が二つある。一つは、力を込めてする様子を表すもので、鎌倉時代の『平治物語』❖に「緒(=かぶとの紐)をむずむずと結ひ」という例がある。もう一つは、無造作にする様子を表すもので、同じく鎌倉時代の『宇治拾遺物語』❖に「なぎ(=野菜の名)三十筋ばかりむずむずと折り食ふ」という例が見られる。

(間宮厚司)

むちむち

①腕や腿(もも)などの肉づきがよく、弾力に富んで張りがある様子。「超ミニはいてるわりに脚太いし、二の腕はムチムチ」(SPA!00・12・20号)

②弾力に富んで、歯ごたえのある様子。「新種発見！ ムチムチ和菓子」(朝日新聞01・1・7)

◆類義語「むっちり」

「むちむち」が弾力に富んで張りがある様子を表すのに対し、「むっちり」は中身がしっかり詰まって重量感のある様子を表す。

(間宮厚司)

❖太宰治 →P.20

❖夏目漱石 英文学者・小説家。英語教師をへて、イギリスに留学。帰国後、『東京朝日新聞』の専属作家となり、同新聞に次々と作品を発表。森鷗外とともに近代日本文学の確立に貢献。作品『吾輩は猫である』『三四郎』など。(一八六七〜一九一六)

❖平治物語 鎌倉時代の軍記物語。作者未詳。平治の乱の顚末を和漢混淆文で描く。敗者、悪源太義平の活躍や常盤御前の悲話が有名。多数の異本があるが、原形は鎌倉初期成立。

❖宇治拾遺物語 鎌倉時代の説話集。「鬼のこぶとり」などの昔話や、仏教説話、笑い話、平安後期の人物にまつわる説話など一九七話を収録。俗語をまじえた平易な和文脈で語られる。一三世紀初め頃成立。

むちゃくちゃ

①程度が限度を超えている様子。「ムチャクチャ情熱的な性格」（週刊現代00・12・9号）

②まったく筋道が立たず道理に合わない様子。「軍隊は無茶苦茶ですよ」（太宰治『母』）。「無茶苦茶」と書くのは当て字。

③乱暴に扱うなどしてどうにもならない状態にする様子。「むちゃくちゃにふみにじってしまいました」（宮沢賢治『貝の火』）

◆類義語「めちゃくちゃ」

「めちゃくちゃ」は①②③の類義語。「むちゃくちゃ」も「めちゃくちゃ」も限度を超えている様子を表し、意味的な違いはない。「めちゃ」は「むちゃ」の音が変化したものと考えられ、「滅茶」「目茶」は当て字。「むちゃ」と「めちゃ」の違いは、「むちゃ」を繰り返した「むちゃむちゃ」はないが、「めちゃ」を繰り返した「めちゃめちゃ」はあるという点。

◆参考 「むちゃくちゃ」の「くちゃ」は「むちゃ」を強調する語で、「めちゃくちゃ」の「くちゃ」と同じもの。「むちゃ」の語源については、仏教語「無作」（人為的な働きのない自然のままの意）に由来するという説がある。

（間宮厚司）

むっ

①不機嫌さや怒りを口を結んで表情に出す様子。「ムッとした表情になると、機械を蹴った」（朝日新聞夕刊01・1・4）。中には、表情に出さない内面的な例もある。「腹の中で少しむっとなった」（近松秋江『黒髪』）。また、力を入れて唇を閉じる様子を表した例も見られる。「下唇を突出して、ムッと口を結んで」（二葉亭四迷『浮雲』）

②悪臭や熱気が急激に感じられて、吐きそうになる様子。「汗の臭いにまじり合ってムッとした悪臭を放つ」（島木健作『癩』）、「硝子窓をあけて、むっとするようにこもった宵の空気を涼しい夜気と換えた」（梶井基次郎『ある崖上の感情』）

◆類義語「むーっ」「ぷん」

共に①②の類義語。「むっ」と比べて「むーっ」の方が持続的な感じを表す。「むっ」が不快感や怒りや悪臭で吐きそうな様子を表すのに対して、「ぷん」はふくれっ面や瞬間的に芳香や悪臭を感じる様子を表す。

◆参考 沖縄県の方言「むっ」には、すっかりの意があり、「むっとくさりて（すっかり腐って）」のように用いられる。

（間宮厚司）

❖太宰治 →P.20

❖宮沢賢治 →P.34

❖近松秋江 小説家。批評家として出発し、『読売新聞』に印象批判の先駆となる「文壇無駄話」を連載。後、『別れたる妻に送る手紙』で文壇的地位を確立。作品『黒髪』『執着』など。（一八七六〜一九四四）

❖二葉亭四迷 小説家・翻訳家。明治二〇年、言文一致体の小説『浮雲』を発表。同三七年、大阪朝日新聞社に入社し、『其面影』を連載。特派員としてロシアに渡り、帰国の船上で客死。作品『平凡』『あひゞき』など。（一八六四〜一九〇九）

❖島木健作 小説家。農民運動から共産党に入党。その後検挙され、転向。獄中体験を綴った『癩』『盲目』で注目される。作品はほかに『再建』『生活の探求』など。（一九〇三〜一九四五）

❖梶井基次郎 小説家。大正一四年、学友らと雑誌『青空』創刊。「檸檬」「城のある町にて」などを発表。鋭い感受性の詩的作品が多い。作品『冬の日』『交尾』など。（一九〇一〜一九三二）

むっくり

①寝ている状態から上半身だけ突然「く」の字に曲げて起き上がる様子。「彼はむっくり起きあがると、ベッドの下をのぞいた」(海野十三❖『恐竜島』)、「無党派層は朝寝坊だったかも知れないが、夕方にはむっくりと起き出した」(朝日新聞00・12・30)。「むっくり」は江戸時代から例が見られ、「起きる」に連なる場合が多い。

②肉づきがよく丸々と程よく太って弾力のある様子。「むっくりした片手で小さい算盤(そろばん)の端を押え」(宮本百合子❖『一本の花』)

◇**類義語**「むくり」「むっく」

共に①の類義語。「むっくり」が動作が大きいのに対して、「むくり」はそれより動作が小さい。促音「っ」が入ることで動きが大げさになる例には、「がくり―がっくり」「ぐたり―ぐったり」などがある。また、「むっく」は「跳ね起きる」にかかる例が目立つので、「むっくり」よりも勢いよく起き上がる様子を表す。

◈**参考** ②は、「ずんぐりむっくり」という言い方で、背が低くて太った意の「ずんぐり」と組み合わせて使われる場合が多い。

(間宮厚司)

むっちり

①腕や腿(もも)などの肉づきがよく中身が詰まった感じの様子。「小柄で童顔なのに、そばで見ると意外にムッチリしている」(週刊現代00・12・2号)

②張りと重量感があって歯ごたえのある様子。「和菓子の王。それはスアマだ。…どれほどむっちりとした歯ごたえを包み隠していたことか」(朝日新聞01・1・7)。この食べ物に対する使い方は、①の中身が詰まっていて、張りがあり、重そうな感じから生まれた新しい用法。

(間宮厚司)

むつっ

不機嫌そうに押し黙って、喜びなどを表情に出さず、愛想がまったくない様子。「勝っても負けてもむつっとしている」(朝日新聞73・5・26)

◇**類義語**「むすっ」

「むすっ」の方が「むつっ」より重くない感じ。「むつっ」に比べて、「むすっ」の方が多用される。

◈**参考**「むつっ」は「むつり」や「むっつり」と関係がある。これと同じ組み合わせの語に、「べとっ―べとり―べっとり」がある。

(間宮厚司)

❖**海野十三** 小説家。昭和三年『電気風呂の怪死事件』で探偵小説界に登場、後、空想科学小説に転じる。日本のSF小説の先駆者。作品『俘囚』『地球盗難』など。(一八九七〜一九四九)

❖**宮本百合子** 小説家。『貧しき人々の群』で文壇にデビュー。ソ連に留学後、日本共産党に入党し宮本顕治と結婚。プロレタリア作家として非転向を貫く。作品『伸子』『播州平野』など。(一八九九〜一九五一)

むっつり

押し黙ったり、寡黙だったり、愛想がなかったりする様子。「以前から無口のお方でありましたが、その頃からいっそう、むっつり押し黙って」（太宰治❖『おさん』）、「むっつりの寡黙居士になるより他は無い」（太宰治❖『惜別』）、「憂鬱に黙っていた牛のような青年が、何を感じたか、むっつりした声で怒鳴った」（岡本かの子❖『母子叙情』）

「むっつり顔」は無愛想な顔つき。「いつもは大概ムッツリ顔で夕食をとる」（高見順❖『故旧忘れ得べき』）。「むっつりすけべい」は色恋の話題に無関心を装いながら実際は好色な人。「ジョオヂはムッツリ助平ね」（浅原六朗❖『混血児ジョオヂ』）

◆**類義語**「しんねり」

「むっつり」が口数が少なく無愛想な様子を表すのに対して、「しんねり」は陰気でにえきらない様子を表す。「しんねり」と「むっつり」を組み合わせた「しんねりむっつり」は思ったことを口に出さず陰気でにえきらない人、またその様子を表す。

◆**参考**　方言「むっつり」には、仕事に夢中な様子・飽きた様子（新潟県）や、残らず・少しも・いつも（山形県）といった意味がある。（間宮厚司）

むにゃむにゃ

①聞き取りにくい、またはわけのわからないことを口の中でつぶやく様子。「むにゃむにゃいっていたが、それもやがて聞こえなくなった」（海野十三❖『地球発狂事件』）。寝言を言う場合に用いた例もある。「むにゃむにゃって、目をつむったまま、いってますよ」（新美南吉❖『病む子の祭』）

②牛などが時間をかけて物を噛む様子。「牛はげぶっとなにか吐きだしては、むにゃむにゃと噛む」（中勘助❖『銀の匙』）

◆**類義語**「ぶつぶつ」「ぼそぼそ」「ぽつりぽつり」「ひそひそ」「しどろもどろ」「べらべら」「ぺらぺら」

すべて①の類義語。「むにゃむにゃ」が理解不能のことを口の中でつぶやくのに対して、「ぶつぶつ」は不平などを小声でつぶやく様子、「ぼそぼそ」は低く小さい声で話す様子、「ぽつりぽつり」は一言一言少しずつ話す様子、「ひそひそ」は人に聞かれないように小声でささやく様子、「しどろもどろ」は話の内容が整わず乱れて話す様子、「べらべら」は勢いよく立て続けにしゃべる様子、「ぺらぺら」はよどみなく話す様子を表す。（間宮厚司）

❖**太宰治**　→P.20
❖**岡本かの子**　→P.91
❖**高見順**　→P.62
❖**浅原六朗**　小説家・作詞家。モダニズム文学の作家として活躍。その一方、鏡村の名で『てるてる坊主』などの童謡を作詞。作品『或る自殺階級者』『混血児ジョオヂ』など。（一八九五～一九七七）
❖**海野十三**　→P.107
❖**新美南吉**　→P.44
❖**中勘助**　→P.52

むにゃむにゃ　半分寝惚けまなこで、適当なことをつぶやく。

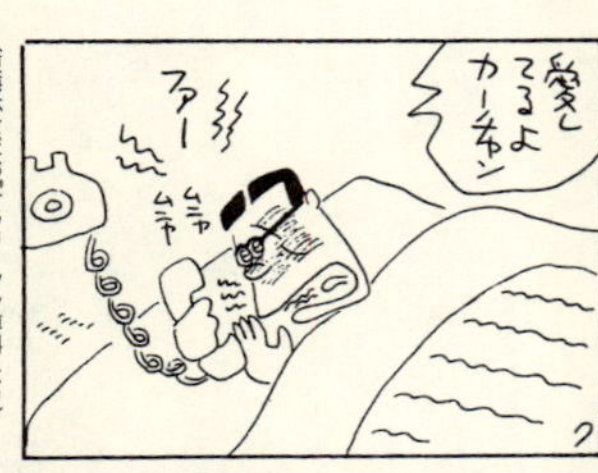

（東海林さだお『サラリーマン専科』より）

むらむら

①群がっている様子。「凌霄（のうぜん）の燃えるような花が簇々（むらむら）と咲いている」（森鷗外❖『ヰタ・セクスアリス』）の「簇」の字は、竹が群生する様子を表す。

②生き物が群れをなして集まったり、移動したりする様子。「雉子鳩（きじばと）が、神代（かみよ）に島の湧（わ）いたように、むらむらと寄せて来る」（泉鏡花❖『婦系図』）、「いつのまにかたかっていた青蠅（あおばえ）が、むらむらと立ったかと思うと、また元のように止まってしまう」（芥川龍之介❖『偸盗』）

また、群れになっているものが突如として四方に散る様子を「むらむらぱっと」という。「そろそろ肉が無くなって、群鳥は二羽立ち、五羽立ち、むらむらぱっと大部分飛び立ち、あとには三羽、まだ肉を捜して居残り」（太宰治❖『竹青』）

③雲や煙などが勢いよく立ち上る様子。「黒い夕立雲が、一面にむらむらと滲み渡って」（芥川龍之介『妖婆』）、「煙が、むらむらと立つ狼煙（のろし）を合図に」（泉鏡花『婦系図』）、「雪まみれになって、口から白い息をむらむらと吐き出す」（有島武郎❖『生れ出づる悩み』）

④抑えがたい好奇心や愛情や怒り等の感情が急にわき起こる様子。「心の中には一種の好奇心がむらむらと起こってきました」（小酒井不木❖『メデューサの首』）、「どうしても止められない愛着の情が、むらむらと湧き起って来た」（近松秋江❖『うつり香』）、「誰にともなく焼け焦げるほどの大きい怒りが、むらむら湧いて」（太宰治『皮膚と心』）

◆類義語「むらむらっ」

「むらむら」よりも「むらむらっ」の方が、より一層勢いが盛んな様子を表す。「女房の顔を見ると、むらむらっとして来て、おい、茶を持って来い」（太宰治『新釈諸国噺』）

（間宮厚司）

むんず

①急に力を込めて荒々しくつかむ様子。「飛びかかろうとした伝六のきき腕をむんずと捕えて」（佐々木味津三❖『右門捕物帖』）

②はばかることなく堂々と物事をする様子。「家の中にむんずと立ちはだかっている」（宮本百合子❖『一九三二年の春』）

◆類義語「むず」

「むず」は「むんず」と比べて、力強さや迫力の点で劣った感じを表す。

（間宮厚司）

❖**森鷗外** →P.14
❖**泉鏡花** →P.8
❖**芥川龍之介** →P.12
❖**太宰治** →P.20
❖**有島武郎** →P.12
❖**小酒井不木** 医学者・小説家。病気で東北帝大教授を辞職後、翻訳および探偵小説を執筆。作品『人工心臓』『疑問の黒枠』など。（一八九〇〜一九二九）
❖**近松秋江** 小説家。批評家として出発し、『読売新聞』に印象批判の先駆となる「文壇無駄話」を連載。後、『別れたる妻に送る手紙』で文壇的地位を確立。作品『黒髪』『執着』など。（一八七六〜一九四四）
❖**佐々木味津三** →P.45
❖**宮本百合子** 小説家。『貧しき人々の群』で文壇にデビュー。ソ連に留学後、日本共産党に入党し宮本顕治と結婚。プロレタリア作家として非転向を貫く。作品『伸子』『播州平野』など。（一八九九〜一九五一）

むんむん

熱気や暑気、強烈なにおいや大勢の人の息などが立ちこめて、辺り一帯に充満している様子。肌にまとわりつくような不快感を伴う場合が多い。「彼(彼女)と一緒にいられるだけで幸せ！ という空気が、ホール中にムンムンと漂う」(佐渡裕『僕はいかにして指揮者になったのか』)

江戸時代から見られる語で、古くは吐き気を催す様を表した。『和英語林集成』の「むんむん」の項には「胃のむかつきや吐き気を感じる」とある。

◆類義語「むんむ」「むっ」「むん」

「むんむ」は「むんむん」に比べて立ちこめ方が強い。「エネルギッシュな気魄が、竹さんの身辺にムンムとまといついている」(石坂洋次郎『石中先生行状記』)。「むっ」は熱気やにおいなどが瞬間的に押し寄せてきて、息がつまるような様子を表す。「暖い空気が煙草の煙を含んでむっとするほど彼を取り囲んだ」(福永武彦『死の島』)。「むん」は「むっ」に比べて押し寄せてくる勢いが強い。「うす化粧のにおいが、汗にまじって、むんと鼻をつく」(芥川龍之介『偸盗』)。なお、「むんむ」「むん」は現代ではほとんど用いない。

(小柳智一)

めーめー

①山羊や羊の鳴き声。「めえめえ 森の児山羊」(藤森秀夫訳詞・童謡「めえめえ児山羊」)。羊の鳴き声は、平安時代から「めー」と聞かれている。「咩ヒツジ・メイ」(『悉曇要集記』)

②牛の鳴き声。青森・秋田・岩手・山形県などの東北地方で主に使う。平安時代から江戸時代にかけて雌牛の声を「めーめー」と聞くのが一般的であった。ただし、「めー」の声を牛の鳴き声の代表とする場合もあり、その伝統を継承したものと考えられる。「今一つ酒を飲めーといふ事か」(狂言『木六駄』)。「飲めー」の「めー」が、牛の声。

③子供の泣き声。岩手・長崎県などで主に使う。江戸時代に、幼児の泣き声を「めーめー」と写したが、その伝統を継承したもの。「朝晩めえめえとないて、かかちゃん行こう行こうとうるさくてなりやせん」(滑稽本『人間万事虚誕計』)

◆参考 中国でも、羊や山羊の声は、「咩咩」である。しかし、日本と発音が違い、[miemie]。英語では、山羊と羊の声を区別する。山羊の声はmehmehで日本と同じ。ただし、behbehの声もある。羊の声はbaabaa。

(山口仲美)

❖佐渡裕 指揮者。小沢征爾に見いだされ、レナード・バーンスタインに師事。平成二年プロ・デビューし、多彩な活動を展開中。著作『僕はいかにして指揮者になったのか』など。(一九六一〜)

❖和英語林集成 →P.16

❖石坂洋次郎 →P.34

❖福永武彦 →P.27

❖芥川龍之介 →P.12

❖藤森秀夫 ドイツ文学者。ゲーテ、ハイネを研究。また、詩人、童謡作家としても活躍した。詩集に『こけもも』『紫水晶』。(一八九四〜一九六二)

❖悉曇要集記 古代インドのサンスクリット語に関する研究書。寛智編。当時の日本語の音韻を知る上でも有益な資料。承保二年(一〇七五)成立。

❖木六駄 室町時代の狂言。太郎冠者が木六駄と炭六駄を都へ届けにゆくが、途中の茶屋で酒に酔って木六駄を茶屋に与えてしまう。都で木六駄のことを聞かれ、それは自分の新しい名だとごまかすが、嘘が露見。

❖人間万事虚誕計 江戸時代の滑稽本。式亭三馬著。文化一〇年(一八一三)刊。

めきめき

進歩や回復などが目に見えて起こり、変化が著しい様子。物事が良い状態になる場合に用い、力強さを伴う表現である。「父親の英才教育を受け、メキメキ上達した」(女性自身00・12・12号)

室町時代から見られるが、❖『日葡辞書』の説明に「地震で家などが音を立てる様子」とあるように、当時は大きな物がきしむ音を表した。変化の著しい様子を表すようになるのは江戸時代からで、当初は良い状態に限らず、悪い状態になる場合にも用いた。「めきめきと 年よる人の 伊勢もみず」(❖『あなうれし』)

◆参考 現代では用いないが、古くは類義語に「めっきめっき」「めきりめきり」があった。「めっきめっき」は室町時代から見られ、きしむ音と変化の著しい様子の両方を表した。「普請めっきめっきと道が行く(＝工事が目に見えて進捗する)」(『日葡辞書』)。「めきりめきり」は江戸時代に見られ、変化の著しい様子を表した。「何しても ひき臼芸の まにあひは(＝優れた芸を持たない者の急ごしらえは) めきりめきりと はかどらぬなり」(❖『徳和歌後万載集』)

(小柳智一)

めそめそ

ほとんど声を出さず静かに涙を流す様子。悲しかったり途方に暮れたりして、いつまでも泣いている場合に用いる。めめしさや意気地なさなど、脆弱な印象を伴う。「何かの拍子に落ち込むと、めそめそしてしまいます」(Hanako01・8・15合併号)

江戸時代から見られる語。古くは、ものの勢いが衰え、小さくなったり消えたりする様子も表した。「棒を立たるやうなるもの、ただちにめそめそと小さく」(❖『おらが春』)。また、江戸時代には「めそりめそり」という類義語があった。「ねこに鼠っ子を取られたとってめそりめそり泣てゐるした」(洒落本❖『傾城買談客物語』)

◇類義語「しくしく」

静かに涙を流す点では「めそめそ」と同じだが、「しくしく」は鼻をすすったりか細い声を出したりして、音を伴う泣き方を表す。めめしさはあまりなく、「めそめそするな」と叱ることはあるが、「しくしくするな」と叱ることはない。

◆参考 長野県や愛知県の方言では「めそめそ」が薄暗くなる様子を表し、夕方を「めそめそどき」「めそめそぐれ」ともいう。

(小柳智一)

❖日葡辞書 →P.15

❖あなうれし 江戸時代の俳諧選集。碓嶺編。俳人長翠追善のために編まれたもので、前半に長翠の遺稿句、後半に追悼句などを収めている。文化一三年(一八一六)頃刊。

❖徳和歌後万載集 江戸時代の狂歌集。四方赤良(大田南畝)編。『万載狂歌集』の続編にあたる。天明五年(一七八五)刊。

❖おらが春 小林一茶の句日記。文政二年(一八一九)、一茶五七歳の年のもの。稿本として伝わり書名もなかったが、一茶没後二五年目の嘉永五年(一八五二)に白井一之が「おらが春」という書名をつけて刊行した。書名は冒頭の句「目出度さも ちう位也 おらが春」による。

❖傾城買談客物語 江戸時代の洒落本。式亭三馬著。寛政一一年(一七九九)刊。

めためた

多勢が無勢に、または、強者が弱者に攻撃を加え、物や秩序が原形を止めていられないほど、徹底的に壊したり乱したりする様子。「これ(=ある新作映画)がなにしろ評判が悪くて、ほとんどめためたの袋叩きにあっている」(村上春樹❖『村上朝日堂ジャーナル　うずまき猫のみつけかた』)

室町時代から見られる語。『日葡辞書❖』の「めためたと」の項には「人を殺すために大勢でその家に撃ちかかったり襲いかかったりする様子、または、物を倒したり崩したりする様子」という解説がある。ただし、必ずしも暴力的でなく、単に程度が悪い方に甚だしいことを表すこともあった。「名医に替てみしに、めためたと悪敷なり、死病に極る時」(浮世草子『日本永代蔵❖』)

◆**参考**　「めためた」は「めた」をくり返した形だが、古くは「めた」だけで程度の甚だしさを表し、特に泥酔するほど大酒を飲む様子を表した。「淵明に酒をめたとのませた也」(『中華若木詩抄❖』)「めったやたらに」「めったむしょうに」の「めった」はこの「めた」から派生したもので、「滅多」は当て字である。

(小柳智一)

めちゃくちゃ

①全く筋道が通らず、無秩序に乱れている様子。「滅茶苦茶に書き綴られた、模様だか文字だか分らない中に」(夏目漱石❖『倫敦塔』)

②原形を止めないくらい物が徹底的に破壊される様子。「南の島は日本とアメリカに戦争でめちゃくちゃにされた」(朝日新聞00・12・15)

③程度の甚だしい様子。悪い状態について用いることが多い。「(あるテレビ番組を放映する時間帯について)めちゃくちゃ違和感があるんですけど」(TV Bros.02・1・5号)

◆**参考**　明治期から見られる語。道理に合わないことを表す「めちゃめちゃ」と、紙などが無造作に丸められて皺だらけであることを表す「くちゃくちゃ」とが合わさって出来た語だと思われる。①の用例にある「滅茶苦茶」は当て字である。

また、①が元来の意味で、そこから②③の意味が派生したと考えられる。「めちゃくちゃ」と同じように、悪い状態を表すことから派生して程度の甚だしさを表す語は多く、たとえば「ひどく」「すごく」などがある。「ひどく」は非道の意、「すごく」は興ざめする意が本来であった。

(小柳智一)

❖村上春樹　小説家。昭和五四年『風の歌を聴け』で群像新人文学賞受賞。以降、失ったものへの追想をテーマに多くの作品を発表。作品『ノルウェイの森』『ねじまき鳥クロニクル』など。(一九四九〜)

❖日葡辞書　一七世紀初頭の、ポルトガル語で説明した日本語辞書。イエズス会の宣教師によって成る。室町末期の口語を中心に方言、文書語、歌語、女性語など、三万余語を収録。慶長八〜九年(一六〇三〜〇四)刊。

❖日本永代蔵　江戸時代の浮世草子。井原西鶴著。元禄元年(一六八八)刊。

❖中華若木詩抄　室町時代の抄物。如月寿印著。唐宋の詩人および日本の五山の禅僧の漢詩二百数十編に注釈を加えたもの。文章語的な性格が濃厚。一六世紀前半成立。

❖夏目漱石　→P.8

めちゃめちゃ

①筋道が通らず、無秩序に乱れている様子。「後悔と疲労とで、自分の気分は滅茶々々だった」（❖葛西善蔵『湖畔手記』）

②原形を止めないくらい物が破壊される様子。「木をめちゃめちゃに切ったりしないで、できるだけ緑を増やして」（女性自身00・12・12号）

③程度の甚だしい様子。悪い状態についても良い状態についても用いる。「画面はめちゃめちゃきれいよ」（朝日新聞夕刊00・12・5）

◆類義語「めちゃくちゃ」

「めちゃくちゃ」は①②③の類義語。「めちゃめちゃ」とほとんど同じ意味だが、どちらかといえば「めちゃくちゃ」の方が乱れる程度が大きく、②の場合は木っ端微塵に破壊される感じがある。

◆参考「めちゃめちゃ」は「めちゃ」を繰り返した語だが、かつては「めちゃ」だけでも用いた。「とにかくお上と云う奴があんまり滅茶な虐め方をしやがるからみんながいじけちゃったんだ」（❖長与善郎『青銅の基督』）。なお、「めちゃめちゃ」は「むちゃむちゃ」の変化した形と考えられ、「滅茶滅茶」と書くのは当て字である。

（小柳智一）

めっきり

自然現象や状況変化が際立って起こり、変化の著しい様子。現代では「寒くなる」「老ける」「減る」など、どちらかと言えば悪い状態になる場合に用いることが多くなってきている。「朝晩めっきり寒くなり、淋しさや人恋しさが募る秋の終わり」（週刊現代00・12・2号）、「ふたりで過ごす時間が、めっきり減りそう」（女性自身00・12・19号）

◆類義語「めきめき」

「めっきり」が悪い状態になる場合に多く用いるのに対して、「めきめき」は良い状態になる場合にしか用いない。また、「めっきり」は変化した後の状態に重点を置く表現だが、「めきめき」は変化しつつある過程に重点を置く表現である。

◆参考　江戸時代から見られ、当初は物がきしむ音を表す時にも用いた。「（敵の名を）妾(わらは)がいうて聞かさうと、めっきり切戸引(ひっ)ぱづし、つつと入ル姉お筆」（浄瑠璃❖『ひらがな盛衰記』）。また、変化の著しい様子を表す時は、現代と違って、悪い状態に偏らず、良い状態になる場合にも多く用いた。「京の御典薬に替へてから、めっきりと薬も廻り」（浄瑠璃❖『心中宵庚申(しんじゅうよいごうしん)』）

（小柳智一）

❖**葛西善蔵**　小説家。大正七年、『子をつれて』で文壇にデビュー。病気や貧困、酒びたりの自虐的な生活の中で、私小説作家としての姿勢を貫く。作品『湖畔手記』『蠢く者』など。（一八八七〜一九二八）

❖**長与善郎**　小説家・劇作家。『白樺』の同人として小説や戯曲を発表。後、『不二』を主宰。作品『青銅の基督』『項羽と劉邦』（戯曲）など。（一八八八〜一九六八）

❖**ひらがな盛衰記**　江戸時代の浄瑠璃。文耕堂ら作。元文四年（一七三九）初演。

❖**心中宵庚申**　江戸時代の浄瑠璃。近松門左衛門作。一一編ある近松心中物の最後の作品。享保七年（一七二二）初演。

めらめら

まるで舌が這い回るように、炎が揺らめきながら燃え上がる様子。「蛇の舌のような火さきがメラメラと障子を舐め畳にひろがって」(林不忘『丹下左膳』)。また、激しく嫉妬心が起こる様子も表す。「赤ぐろい嫉妬の炎がメラメラと燃え上がった」(石坂洋次郎『石中先生行状記』)

◆**参考**　平安時代から見られ、古くは布などが破れる音も表した。「衣装などの破るる(を)『めらめら』(というのは)如何」(『名語記』)　(小柳智一)

めりめり

頑丈で堅固な物に強い力が加わり、持ち堪えられずに徐々に裂けたり折れたり剝がれたりする音。また、その様子。主に大木や木造建築物について用いる。「近くの庭木の一本が、めりめりと音をたてて折れてゆく」(宮部みゆき『天狗風』)

室町時代から見られる語。「めりめりと。砕けたり割れたりする物が音を立てる様子」(『日葡辞書』)。ただし、かつては現代よりも表す範囲が広く、紙などが破れる場合にも用いた。「障子のうす紙をめりめりむしるに」(『おらが春』)

◇**類義語「めりっ」**

「めりっ」は、頑丈な物に亀裂が入る瞬間の音または様子を表す。

◆**参考**「めりめり」と関係する語に古く「めりめく」があり、『日葡辞書』では「噛んだり砕いたりする時にかたい物が音を立てる」「板などの上を歩いて騒がしい音を立てる」と説明されている。また、「めりり」という形もあり、狂言『連歌盗人』では葭垣が壊れる音を「めりりめりりめりりめりりめりり」と写している。　(小柳智一)

めろめろ

全身の力が抜け、肉体的にも精神的にも弛緩し、正常な行動や冷静な判断ができない様子。また、その結果生じた、目もあてられないほどの散々な様子。はたから見ると、だらしなさや不甲斐なさを伴う表現である。「苦手がいて、その相手につかまると必ずといっていいほど(ゴルフの)スコアがメロメロになったものだ」(石原慎太郎『わが人生の時の時』)

現在では主に、異性に強く魅せられ、骨抜きに

❖**林不忘**　→P.72
❖**石坂洋次郎**　→P.34
❖**名語記**　→P.24
❖**宮部みゆき**　→P.142
❖**日葡辞書**　→P.15
❖**おらが春**　小林一茶の句日記。文政二年(一八一九)、一茶五七歳の年のもの。稿本として伝わり書名もなかったが、一茶没後二五年目の嘉永五年(一八五二)に白井一之が「おらが春」という書名をつけて刊行した。書名は冒頭の句「目出度さも　ちう位也　おらが春」による。
❖**連歌盗人**　室町時代の狂言。貧しい二人が金持ちの家に盗みに入るが、発句を書いた懐紙を見つけ、連歌に熱中してしまう。主人に発見されるが、その添え句の見事さによって許され、太刀などを与えられる。
❖**石原慎太郎**　小説家・政治家。昭和三一年『太陽の季節』で芥川賞受賞。同四三年に参議院議員、後、衆議院議員。平成一一年、東京都知事。作品『日本零年』『化石の森』など。(一九三二)

なっている場合に用いる。「ある人に弾き語りをしてもらって、めろめろになっちゃった記憶が」(日刊スポーツ00・12・2)

◆**参考**　鎌倉時代から見られる語。古くは、薄い物が簡単に剝離する様子を表した。「ぬり物などのめろめろとはぐる」(『名語記』)。また、かつては現代よりも多様な意味を表し、「めそめそ」に当たる意味で「お娘もめろめろ泣くまいと」(浄瑠璃『夏祭浪花鑑』)といったり、「めらめら」と同じ意味で「(枯芝が)めろめろと燃え拡がるのを見る」(長塚節『土』)といったりした。　(小柳智一)

もー

牛の鳴き声。「吽と鳴いて犢の斑も」(島崎藤村『破戒』)。現在では、「もー」は、雌雄にかかわりなく、牛一般の鳴き声であるが、平安時代から江戸時代にかけては雄牛の鳴き声を表すことが多い。対する雌牛の鳴き声は、「めー」。「晴天のあめーと牝牛吟ずるこゑを牡牛聞いて、月平砂を照らせば夏の夜のしもーと、此両牛の声をえて、朗詠にも作られたり」(狂言『牛馬』)。「あめー」の「めー」には雌牛の鳴き声を、「しもー」の「もー」には雄牛の声を掛けている。

江戸時代になると、「もー」が広く牛の鳴き声として知られるようになった。と同時に、次のようにさまざまな意味の語を掛けて用いている。「年の内に　丑の春日の　もう来ぬと　難波の芦辺　角を見せけり」(狂歌集『糸の錦』)。「もう」には、牛の鳴き声と「もはや」の意味の「もう」が掛けられている。「うしの春へ牽ずり出そうとモウーす」(洒落本『新吾左出放題盲牛』)は、牛の鳴き声と「申す」の語が掛けられている。

◇**類義語「もーもー」**

「もーもー」と二回繰り返す牛の声も、掛詞として活躍している。「モウモウぎうの音も出ませぬてや」(黄表紙『桃太郎発端話説』)、「泣声や　もうもう許せ　もう許せ　身を牛馬が　せめてしばしは」(狂歌『長崎一見狂歌集』)。ともに、牛の声と「もはや」の意味の「もうもう」が掛けられている。

◆**参考**　英語では、牛の声は、moo。日本でも、奈良時代では、牛の声は「む」。「かくしてやなほやなりなむ　大荒木の　浮田の杜の　標にあらなくに」という歌が『万葉集』にある。「なほやなりなむ」の「む」には、「牛鳴」の字が当てられている。牛の鳴き声が「む」だったからである。　(山口仲美)

❖**名語記**　→P.24

❖**夏祭浪花鑑**　→P.539

❖**長塚節**　→P.21

❖**島崎藤村**　→P.102

❖**牛馬**　室町時代の狂言。市の支配権をめぐって、二人の博労(=牛馬を売る職)が争い、目代が系図を語らせるが優劣つかず、結局競走して、馬博労が牛博労に勝つ。

❖**糸の錦**　江戸時代の狂歌師永田貞柳の狂歌集。百子堂潘山編。貞柳没年の享保一九年(一七三四)刊。

❖**新吾左出放題盲牛**　→P.12

❖**桃太郎発端話説**　江戸時代の黄表紙。山東京伝著。寛政四年(一七九二)刊。

❖**長崎一見狂歌集**　江戸時代前期の狂歌師長崎一見の狂歌集。一見自選自序の「職人一首」と、一見の狂歌その他を集めた「雑狂詩狂歌誹諧」の二部から成る。成立は一見没後の寛延年間(一七四八〜五一)頃と考えられている。

❖**万葉集**　→P.23

もくもく

煙や雲などが大量に発生し、勢いよく立ちのぼる様子。垂直に広がっていく感じがある。「そこからモクモクと肉の焼ける煙と食欲をそそる香り」(Hanako00・12・20号)

煙や雲に限らず、物が大きく盛り上がる様子を広く表す例もある。「繋っている針葉樹の集りは、…下の方からもくもくと盛り上ってでも行くように見えた」(島木健作❖『生活の探究』)、「腕を動かして背中の肉にもくもく波を打たせたりすると」(谷崎潤一郎❖『痴人の愛』)。また、「もこもこ」や「もぐもぐ」と同じ意味で用いた例もある。「ラッコの毛ガワがもくもくふくれあがっていた」(山本有三❖『波』)、「骨も尾もまるごともくもくとやる」(開高健❖『新しい天体』)

◆類義語「もうもう」「むくむく」

「もうもう」はガス状の物が大量に発生する点で「もくもく」に似ているが、湯気についても用い、辺り一帯に立ちこめている様子を表す。「もうもうとした湯気のようなものが絶えまなく降りつづけています」(竹山道雄❖『ビルマの竪琴』)。「むくむく」はガス状の物以外にも用い、小さな物がふくれあがるようにして大きくなる様子を表す。

◆参考「もくもく(mokumoku)」のように「m－k」という子音の組み合わせをくり返した語は、内側から何かが込み上げたり湧き出たりしてくる様子を表すものが多い。「むかむか」「むきむき」「むくむく」「めきめき」「もこもこ」など。

なお、「モクモクと草むしりに従事したのだった」(散歩の達人01・8月号)のような、黙ってひたすら行う様子を表す「もくもく」は、現代では擬態語のように感じる人が増えてきているが、本来は「黙々」という漢語である。　(小柳智一)

もぐもぐ

①物を頰張り、口を閉じたまま何度も噛んでいる様子。なかなか飲み下せない状態にあることを表す。「周りの客はモグモグと、まるで羊のようにかじっている」(日本経済新聞夕刊00・1・6)

②口を十分に動かさないために、ことばが口の中にこもっている様子。あるいは、何かを言おうとするのだが、口ごもって口だけがわずかに動く様子。明瞭に聞き取ることができない話し方を表す。「云う前に能く口のあたりをもぐもぐさせる

❖島木健作　小説家。農民運動から共産党に入党。その後検挙され、転向。獄中体験を綴った『癩』『盲目』で注目される。作品はほかに『再建』『生活の探求』など。(一九〇三～一九四五)

❖谷崎潤一郎　小説家。第二次『新思潮』に掲載の「刺青」でデビュー、耽美派の作家として注目される。関西に移住後は古典趣味を深め、多くの名作を発表。作品『痴人の愛』『細雪』など。(一八八六～一九六五)

❖山本有三　→P.30

❖開高健　→P.64

❖竹山道雄　→P.56

もくもく　何やら大量の煙が発生したようだ。

(赤塚不二夫『おそ松くん』より)

癖がありました」(夏目漱石❖『こゝろ』)

◇**類義語**「もごもご」「もがもが」

「もごもご」は②の類義語。「もぐもぐ」に比べて口の動きが小さく、いっそう声がこもる感じがある。かつて「もごもご」は①、「もがもが」は②の類義語として用いられたが、現在では用いない。

ちなみに、夏目漱石は②に挙げた「もぐもぐ」のほか、「もごもご」と「もがもが」も使用しており、『吾輩は猫である』に「主人は真赤になって口をもごもご云わせて居る」、「迷亭は口をもがもがさして居る」とある。　(小柳智一)

もこもこ

毛などに覆われ、実際の体よりも大きくふくらんで見える様子。また、丸みがあり、触るとやわらかそうな感じがする様子。「私はムートンとかもこもこした系統が好きなんですけど」(週刊文春01・8・16合併号)、「新馬、新潟3歳Sは見た目にもモコモコしていたが」(日刊スポーツ00・12・3)

◆**参考**　山形県の方言では、水が湧き出たり、血が流れ出たりする様子を表すことがあり、「もこもこど血ぁ出る」のようにいう。　(小柳智一)

もごもご

口を十分に動かさないために、ことばが口の奥にこもってしまい、明瞭に聞き取ることができない話し方をする様子。聞く側にとっては、じれったさを伴う表現である。「手代は口のなかでもごもご答えた」(宮部みゆき❖『震える岩』)

◆**参考**　少し前までは「空也餅を頬張って口をもごもご云わして居る」(夏目漱石❖『吾輩は猫である』)のように、物を頬張って噛む場合にもよく用いたが、現在ではほとんど用いない。　(小柳智一)

もさっ

反応すべき時に反応せず、動作が緩慢な様子。態度が洗練されておらず、野暮で鈍重な印象を伴う表現である。「もさっとして体が大きくてね、ものおじしないで、おもしろいことを言う」(AERA94・11・28号)

◇**類義語**「もっさり」

「もっさり」は「もさっ」よりも動作が緩慢な様子を表す。「私はオズオズ答えつつ、モッサリと起きあがった」(週刊文春01・9・13号)　(小柳智一)

❖**夏目漱石**　英文学者・小説家。英語教師をへて、イギリスに留学。帰国後、『東京朝日新聞』の専属作家となり、同新聞に次々と作品を発表。森鷗外とともに近代日本文学の確立に貢献。作品『吾輩は猫である』『三四郎』など。(一八六七〜一九一六)

❖**宮部みゆき**　小説家。平成四年『本所深川ふしぎ草紙』で吉川英治文学新人賞受賞。同一一年、『理由』で直木賞受賞。SF・推理・時代小説と多彩な分野で活躍。作品はほかに『火車』『蒲生邸事件』など。(一九六〇〜)

もさもさ

①毛などが密生して、膨れあがっているような様子。「(薄手のスパッツは)もさもさしないで、しかも暖かい」(朝日新聞夕刊97・11・21)

②緩慢に動いている様子。「生徒たちがもさもさと立ち上がっていた」(朝日新聞99・7・10)

◆類義語「もそもそ」

「もそもそ」は②の類義語で、「もさもさ」より緩慢な感じ。「もそもそと機械的に箸を動かしている」(倉知淳❖『星降り山荘の殺人』)

(小柳智一)

もじもじ

恥ずかしさや気後れなどのために、発言や行動をためらって落ち着かない様子。「おとなしく、話しかけても少しモジモジしているような奴のほうが、普段から一生懸命」(週刊現代00・12・30号)

■参考　江戸時代から現れる語。「さすが俺のだとも言はれず、もじもじしていると」(『東海道中膝栗毛❖』)。また、江戸時代には「にじくじ」でも表した。「こちへよれと手をとるに、にじくじとして」(浮世草子『男色❖十寸鏡(なんしよくますかがみ)』)

(吉田永弘)

もしゃもしゃ

①髪や髭、草木などが生い茂ったり、乱れたりしている様子。「みじかいもしゃもしゃの毛のあいだから、足にささった小石を、つまみだしました」(神沢利子❖『くまの子ウーフ』)、「パパは、『いい子でね』と頭をモシャモシャにしたままいった」(黒柳徹子❖『窓ぎわのトットちゃん』)

②行儀悪く勢いよく食べる様子。「事務長の黒猫が、もしゃもしゃパンを喰べながら笑って云いました」(宮沢賢治❖『猫の事務所』)

◆類義語「もじゃもじゃ」

「もじゃもじゃ」は①の類義語。「もしゃもしゃ」よりも程度がはなはだしい。

■参考　明治に現れる語。①の意味で鎌倉時代から江戸時代にかけて用いた語に「むくむく」がある。「毛むくむくとある物、刺し殺されてあり。見れば狸なりけり」(『古今著聞集❖』)、「足に牛蒡の毛がむくむくぢゃ」(浄瑠璃『丹波与作待夜の小室節❖(たんばよさくまつよのこむろぶし)』)。また、近世には①②の意味を「むしゃむしゃ」で表した。「ひげむしゃむしゃとしたるおやぢ」(『東海道中膝栗毛』)。②の意味は現代ではふつう「むしゃむしゃ」を使う。

(吉田永弘)

❖**倉知淳**　小説家。『日曜の夜は出たくない』でデビュー。平成五年『競作五十円玉二十枚の謎』で若竹賞受賞。作品に『星降り山荘の殺人』など。(一九六二〜)

❖**東海道中膝栗毛**　江戸時代の滑稽本。十返舎一九著。享和二年(一八〇二)〜文化六年(一八〇九)刊。

❖**男色十寸鏡**　江戸時代の浮世草子。作者未詳。貞享四年(一六八七)刊。

❖**神沢利子**　→P.297

❖**黒柳徹子**　→P.284

❖**宮沢賢治**　→P.34

❖**古今著聞集**　鎌倉時代の説話集。橘成季(たちばなのなりすえ)編。全説話を神祇、釈教、政道、公事などの三〇編に分類して掲げる。王朝貴族世界に関するものが多いが、世俗的な説話も少なくない。建長六年(一二五四)成立。

❖**丹波与作待夜の小室節**　江戸時代の浄瑠璃。近松門左衛門作。別名「丹波与作」、「伊達染手綱」。宝永五年(一七〇八)頃初演。

もじゃもじゃ

①髪や髭、草木などが生い茂っている様子。また量の多い髪が乱れた様子。「草をもじゃもじゃ生して」(夏目漱石『三四郎』)、「頭髪をもじゃもじゃにした若い娘が一人入り口に立っていた」(井上靖『あすなろ物語』)

②物事が入り組んで雑然としている様子。「富士山の形に綺麗に掻きあげた灰と、その真中の、なかば黒いままの桜炭とが、涙を通して、もじゃもじゃに入れ混って見えた」(里見弴『多情仏心』)

◆**参考** 現代ではもっぱら①の意味で使われ、②の意味は「ごちゃごちゃ」「ごたごた」で表す。①は明治、②は江戸時代から例がある。「父様のことも埒明かぬ。もじゃもじゃ言へば気がもどる」(浄瑠璃『丹波与作待夜の小室節』)。また、現代語の「ごたごた」と同様にもめ事の意でも使った。「絵合姫とのもじゃもじゃも、すっきり軍法知略のもと」(浄瑠璃『相模入道千疋犬』)

一方、江戸時代には①の意味を「むじゃむじゃ」「むしゃむしゃ」で表していた。「わたくしが妻などは、ただいまでは、むじゃむじゃと生へました」(黄表紙『大悲千禄本』)

(吉田永弘)

もそもそ

①美味しくなさそうに緩慢に食事をする様子。「昼のサービス定食を、一人モソモソ食べていた時のことだった」(AERA93・12・20号)

②聞き取れないくらいのこもった声で話す様子。「あの口べたなマサがモソモソと言ったのだ」(猪木寛至『アントニオ猪木自伝』)

③緩慢に動作を行ったり動いたりする様子。「(パンダが)落ち着きがなくなり、モソモソ動き出した」(朝日新聞夕刊88・6・23)

(吉田永弘)

もぞもぞ

①小さな虫が這い回る様子。また、そのような感じがする様子。「胸もとあたりをもぞもぞ虫がはっているようであった」(田宮虎彦『天路遍歴』)、「腰のあたりがもぞもぞとしてじっと坐っていられない気がした」(田村泰次郎『肉体の門』)

②緩慢に動作を行ったり動いたりする様子。「眠っていた若いスキイヤーたちがもぞもぞと動きだす」(石川達三『青春の蹉跌』)。「もぞもぞっ」は、動いた後止まる感じ。「渡辺さんのサオ先が

❖**夏目漱石** →P.8
❖**井上靖** →P.92
❖**里見弴** →P.44
❖**丹波与作待夜の小室節** →P.560
❖**相模入道千疋犬** 江戸時代の浄瑠璃。近松門左衛門作。正徳四年(一七一四)初演。
❖**大悲千禄本** 江戸時代の黄表紙。芝全交著。天明五年(一七八五)刊。
❖**猪木寛至** →P.428
❖**田宮虎彦** 小説家。昭和二二年、『霧の中』で注目される。『落城』などの歴史小説のほか、代表作の『足摺岬』などを執筆。作品はほかに『鷺』『異端の子』など。(一九一一〜一九八八)
❖**田村泰次郎** 小説家。昭和八年、井上友一郎らと同人誌『桜』を創刊。同二一年、戦後文学の代表作となった『肉体の門』で流行作家となる。作品『春婦伝』『蝗』など。(一九一一〜一九八三)
❖**石川達三** →P.58

モゾモゾッ！」(日刊スポーツ00・12・29)

③曖昧ではっきりしない様子。「云うことがもぞもぞとして下手だったが」(横光利一❖『旅愁』)

◇類義語「もそもそ」

「もそもそ」は②の類義語。音を立てて動く感じを伴う「もぞもぞ」に対して、音の小さい感じ。

◆参考　明治に現れる語。江戸時代には「うぢうぢ」で①②の意味を表していた。「おらが虱(しらみ)より此ふとんはどうやらうぢうぢ」(浄瑠璃❖『ひらがな盛衰記』)。明治になっても例が見られる。「うじうじ蠢(うごめ)いて行く」(永井荷風❖『あめりか物語』)　(吉田永弘)

もたもた

動作・態度がはっきりせず、滞っている様子。「もたつく」の「もた」と関係のある語。「出足はモタモタしますが4月からの本格的な出番に張り切るでしょう」(日刊スポーツ00・12・6)。アクセントは「もたもた」で、「もたもた」となると「滞っていること」の意になる。「前後十日間のもたもたの末に、結局陸軍大将林銑十郎が後継内閣の首班になった」(阿川弘之❖『山本五十六』)

◇類義語「ぐずぐず」「のろのろ」

滞っている様子を表す点では「もたもた」と共通するが、動作・態度がはっきりしない「もたもた」に対して、「ぐずぐず」は、手間取っていることに重点があり、「のろのろ」は、動作が遅いことに重点がある。

◆参考　滞っている様子を表す語には、室町時代から江戸時代にかけて「とちとち」という語があった。「兎がぐち(＝出入り口)でとちとちとしたなりぞ」(❖『玉塵抄(ぎょくじんしょう)』)。「ぐずぐず」に近い語に「ぐどぐど」がある。「ヤイヤイ茶屋、何をぐどぐどしている。早う持たせい」(狂言❖『禰宜山伏(ねぎやまぶし)』)　(吉田永弘)

もちもち

食べ物に弾力・粘り気のある様子。「すりおろしたれんこんを加えるともちもちとした食感になります」(栄養と料理01・8月号)。また、おもに女性の肉づきのよさの形容にも用いる。「お銀は餅々した其腿(もも)のあたりを撫でながら」(徳田秋声❖『黴』)

◆参考　近代から現れる語。「子ども子どもした顔」のように、同じ名詞を二度重ねるとその名詞の性質を表すことがある。「もちもち」も餅の食感を表現するためにできた語であろう。　(吉田永弘)

❖**横光利一**　→P.107

❖**ひらがな盛衰記**　→P.555

❖**永井荷風**　小説家。広津柳浪に師事。滞米、渡仏の後『あめりか物語』を発表。『三田文学』の創刊をへて小説を執筆、『濹東綺譚』など多くの作品を発表する。作品はほかに『腕くらべ』『断腸亭日乗』(日記)など。昭和二七年、文化勲章受章。(一八七九〜一九五九)

❖**阿川弘之**　→P.97

❖**玉塵抄**　室町時代の抄物。別名『玉塵』。中国の韻書『韻府群玉(いんぷぐんぎょく)』の一部について、禅僧、惟高妙安(いこうみょうあん)が注釈したもの。室町時代後期の口語資料として貴重。永禄六年(一五六三)以降数年間に成立。

❖**禰宜山伏**　室町時代の狂言。茶屋でわがままな振る舞いをする山伏と、居合わせた禰宜がいさかいを始める。亭主の提案で、大黒天を祈ってその力を競い合うが、大黒天は禰宜の方に味方する。

❖**徳田秋声**　→P.42

もっさり

①見映えがせず、あか抜けしない様子。「縞目の焼けたもっさりした羽織」(林芙美子『牡蠣』)。江戸時代に現れ、田舎者の意で使った例もある。

②動作が鈍く、気が利かなそうな様子。昭和に現れる用法。「藤原は、もっさりと縁側に立って来ながら言った」(曾野綾子『太郎物語』)

③重苦しいほど十分な様子。昭和に現れる。「(桜が)もっさりと形容したくなるくらいたっぷり豊かに咲いた」(朝日新聞夕刊00・4・26)

(吉田永弘)

もやっ

意識や景色がぼやけてはっきりしない様子。また、気が晴れない様子。「背景は、もやっとした曖昧な空間にすることで、虎が手前に見え、絵に奥行きを生み出している」(朝日新聞日曜版00・10・1)

◇類義語「もやーっ」

「もやっ」よりもはっきりしない状態が長く続く様子。「桜花賞、皐月賞、天皇賞とことごとくはずして、まぶしい若葉にも胸躍らず、もやーっとした日々」(朝日新聞夕刊99・5・15)

(吉田永弘)

もやもや

①煙や湯気などが立ちこめてぼやけている様子。また、煙や湯気などがわき起こったり広がったりする様子。「いつものように蒸気がもやもや立ちこめていない」(井伏鱒二『黒い雨』)、「黒い土の上から、モヤモヤとかげろうがのぼっている」(林芙美子『放浪記』)

②納得がいかなかったり明確にならなかったりして、不満や不安が残っている様子。わだかまりがあって、気が晴れない時に使う。「この日は『もやもやしていた気持ちが晴れました』とすっきりした表情」(読売新聞夕刊01・7・28)

③物事がはっきりしない様子。「もやもやしていて、自分にもはっきりしないところがあるんです」(源氏鶏太『停年退職』)

④毛や草などが生い茂った様子。「海の底はやわらかな泥で…もやもやの藻がゆれたりしました」(宮沢賢治『双子の星』)

「餅」と「もちもち」の関係のように、おそらく「靄(もや)」と関係のある語だろう。靄が立ちこめたように、ぼんやりとはっきりしない様子を表したのが原義で、それを比喩的に人の気持ちや物事の状態など

もたもた　靴をはく動作が機敏でなく、はかどらない。

(うえやまとち『クッキングパパ』より)

❖林芙美子　→P.25
❖曾野綾子　→P.25
❖井伏鱒二　→P.7
❖源氏鶏太　→P.9
❖宮沢賢治　→P.34

に用いたものと思われる。④の意味は、湯気が立ちのぼる様子からの転化ではないだろうか。

江戸時代には、現代では見られない用法でのぼせたり情欲の起こったりする様子を表した例がある。ぼやけた様子からの類推で生まれた用法だろう。「おなつ便を求めて数々の通はせ文、清十郎ももやもやとなりて」（浮世草子『好色五人女』）。また、不平を言ったりもめたりする様子も表した。現代語の「ごたごた」や「ごちゃごちゃ」にあたる。はっきりしない様子を転用したものと思われる。「人中でもやもや云ふ程が費（＝ごたごた言うだけ時間の無駄）」（浮世草子『新色五巻書』）

◆類義語「もやっ」

「もやっ」は①②③の類義語。「もやもや」は、その状態が持続していたり数量が多かったりして、動的・複数的なものとして捉えるのに対し、「もやっ」はまとまった静的なものとして捉えた表現。

■参考 古くは「もやもや」と同じ意味を表した語に「もやくや」があった。「五月雨が降り続いていよいよ夜ももやくやと物思ひをして」（『古今集遠鏡』）。また、②の意味にあたる語に「むさむさ」も使われている。「むさむさとした心もさっとはれやかになったぞ」（『四河入海』）

（吉田永弘）

もりもり

①食欲旺盛で次から次へと口に運んでたくさん食べる様子。「気の置けない女友達ともりもり食べたい気分のときはここ」（Hanako00・12・13号）

②元気・意欲が盛んにわき起こる様子。「首相がこの番組の録画をじっくり見ているという情報が流れたら、自民党三役の出演意欲がもりもり」（朝日新聞02・i・26）

③物事を積極的・意欲的に進める様子。「土のすくいっぷりが男並みで、モリモリ仕事をする」（石坂洋次郎『石中先生行状記』）

④物が勢いよく盛り上がったりふくらんだりしている様子。「額にモリモリと青筋が走って、たいそうな力みようさ」（開高健『新しい天体』）

■参考「盛り上がる」と関係のある語で、盛んな様子を表す。近代に現れ、当初は「ちいさな萱ぶきのうまやでは馬がもりもりかいばを噛み」（宮沢賢治「鉄道線路と国道が」）のように、馬や山羊などの動物が草などを噛む様子を表す例や、「蟹がモリモリと網の目に足をひっかけてかかっていた」（小林多喜二『蟹工船』）のように、物がたくさんある様子を表す例も見られた。

（吉田永弘）

❖**好色五人女** →P.204
❖**新色五巻書** →P.142
❖**古今集遠鏡** 『古今和歌集』の注釈書。本居宣長著。寛政九年（一七九七）刊。
❖**四河入海** →P.24
❖**石坂洋次郎** →P.34
❖**開高健** →P.64
❖**宮沢賢治** →P.34
❖**小林多喜二** →P.13

もりもり 次から次へと食欲旺盛。

（うえやまとち『クッキングパパ』より）

もわっ

湯気・煙などが立ちこめる様子。「ビルを出た瞬間、全身に、もわっ、と蒸しタオルをかけられたような気になる」(北村薫❖『冬のオペラ』)。昭和期に現れた語。それまでは「もやもや」で表した。

◇類義語「もわーっ」

「もわっ」より程度が甚だしい様子。また、湯気などが一面に広がりつつある様子。「ドアが開いたとたん、モワーッとニコチン臭が鼻をついた」(朝日新聞日曜版99・7・4)

(吉田永弘)

やきもき

物事が思い通りにならなかったり、これからどうなるかわからなかったりして、気をもんだり、いらだったりする様子。「以前は、卒業ぎりぎりまで生徒も親も、進路にやきもきしたものだった」(朝日新聞01・1・7)

「やきもき」の「やき」は、「世話をやく」などの「やく」と同じものだろう。「もき」ははっきりしないが、語の調子を合わせたものだろうか。「焼燃気(やきもえき)」の省略とする『大言海❖』の語源説もある。

◇類義語「やきやき」

「やきやき」は、ほぼ同じ意味を表す語で、「やきもき」より文語的で古くさい感じを伴う。現代では使われることが少ない。「且、自分に対しても、やきやき面倒を訴へないでいいと」(岩野泡鳴❖『毒薬を飲む女』)

■参考 江戸時代から例がある。「あのやうにされては猶更やきもきと気の晴れる間もあるめえ」(洒落本『郭の桜(はな)❖』)。平安時代には気をもむ様子は「心いられ」という語で表していた。「いみじく心いられをせさせたまへば(=ひどくやきもきしていらっしゃったので)」(『源氏物語❖』)

(吉田永弘)

❖北村薫 →P.148

❖大言海 日本初の近代的普通語辞典『言海』を、増補改訂した国語辞典。大槻文彦編。昭和七～一二年に刊行され、約一〇万語を収録。

❖岩野泡鳴 →P.150

❖郭の桜 江戸時代の洒落本。梅暮里谷峨(うめぼりこくが)著。角書に「言告鳥二編目」とある通り、同著者の『契情買言告鳥(けいせいかいゆうつげどり)』の続編にあたるもの。享和元年(一八〇一)刊。

❖源氏物語 平安時代の物語。紫式部作。現存の物語は「桐壺」以下「夢浮橋」までの五四帖から成る。美貌の貴公子・光源氏が、多くの女性と関わりながら到達した栄華と、その晩年の苦悩、さらに光源氏亡き後、次世代の物語を描いた長編。「橋姫」以下の最後の一〇帖は特に「宇治十帖」と呼ばれる。物語文学の最高峰とされ、後世の文学に与えた影響は多大である。一一世紀初頭成立。

やきやき

気をもむ様子。また、いらだつ様子。「お鳥は自分の病気に就いてその当初のようにはやきやき訴えないが、自分で思い出すたんびに痛そうな顔をする」(岩野泡鳴❖『憑き物』)

◆参考　江戸時代に現れた語。「そんなにやきやき気にすると猶々逆行(のぼせ)て目には毒だ」(人情本『孝女二葉錦(こうじょふたばのにしき)❖』)。「やきもき」とほぼ同じ意味を表すため、使われることは少ない。大阪方言では、忙しい様子を表す語として使われている。(吉田永弘)

やっさもっさ

大勢の人が寄り集まって、騒がしく何かをする様子。もめごとやいざこざが起こる時に用いたりする。「何でも強いものが正しいものであることになった。さあ堪ったものでは無い。…チャンチャンバラバラ、ヤッサモッサ」(幸田露伴❖『今川義元』)、「自分がまず先に、例の台所の傍の小窓から抜け出し、親共がやっさもっさと脱出するのを手伝ってからである」(曾野綾子❖『太郎物語』)

◆参考「やっさもっさ」は江戸時代から見える語。いざこざやもめごと、大騒ぎを意味する名詞としても用いられた。語源については、ヤルサモドスサの転とする『大言海❖』の説があったが、新村出は「やっさもっさ考」でこれを否定した。そして、ヤルサモムサ(遣るさ揉むさ)の転か、または、『栄花物語❖』に「大きなる木どもには太き綱をつけてえさまさと引き上げさわぐ」と見える大工の掛け声のエサマサからの転であろうとする手塚昇提唱の説に賛意を表し、大勢の掛け声から騒がしい意味に転じ、さらにいざこざやもめごとをいうようになったのだろうとした。(川嶋秀之)

やわやわ

①やわらかでしなやかな様子。「…救いの手を差し伸べてくれたのは愛猫のチーでした。ある肌寒い夜のこと、チーを自分のベッドに招き入れて目を閉じたところ、そのやわやわとした感触と湯たんぽのようなぬくもりに即、夢の世界へ」(Hanako 00・12・27号)

②穏やかでゆったりとした様子。また、物腰のやわらかな様子。「母親はおっとりと、やわやわした、ただもうなよやかな方だったが」(田辺聖子❖『新

❖**岩野泡鳴**　詩人・小説家・劇作家・評論家。新体詩人として名を知られ、後、『耽溺』で自然主義作家に転身。「神秘的半獣主義」を主張。作品は、五部作『放浪』『断橋』『発展』『毒薬を飲む女』『憑き物』など。(一八七三〜一九二〇)

❖**孝女二葉錦**　江戸時代の人情本。梅暮里谷峨(うめぼりこくが)の洒落本『傾城買二筋道』(及びその続編二種)を為永春水が改刻して文政一二年(一八二九)に人情本仕立てで刊行した『孝女二筋道』と、その続編の『教訓二筋道』を合わせて改題の上刊行したもの。正確な刊行年は不明。

❖**幸田露伴**　→P.451

❖**曾野綾子**　→P.25

❖**大言海**　→P.565

❖**栄花物語**　平安末期の歴史物語。宇多帝から堀河帝までの約二〇〇年間について年代を追って物語風に記すが、その中心は藤原道長、頼通の栄華にある。正編三〇巻は一一世紀前半、続編は一一世紀末に成立。

❖**田辺聖子**　→P.23

源氏物語』)

③力を加減して穏やかに物事を行う様子。「初は叔母も自分ながらけぶそうな貌をして、やわやわ吹付けていたからまず宜かったが」(二葉亭四迷『浮雲』)、「やわやわと説き起し、りんりんと訴え、ひっそりと納めた」(開高健『青い月曜日』)

◆参考 「やわやわ」は、江戸時代の女房詞で牡丹餅や吉野紙をいった。『女重宝記』に「ぼたもちはやわやわともおはぎとも」、女中詞に「やわやわ芳野紙」とある。共にやわらかい特徴による命名である。　(川嶋秀之)

やんわり

①肌触りがやわらかく、快い弾力を感じる様子。「その横鬢(よこびん)は私の頬へ触れていました。やんわりとした髪の毛の撫で心地」(谷崎潤一郎『痴人の愛』)

②事をあらだてないように、穏やかにものを言ったり行ったりして、対応する様子。「鳩山氏に対して『…の発言については注意すべきではないか』とやんわりと『忠告』した」(朝日新聞00・12・20)、「大阪ガスの野村明男社長はやんわりと対立説を否定した」(朝日新聞00・12・17)　(川嶋秀之)

ゆさゆさ

大きく重みのある物が揺れ動く様子。「やがて高い梢がゆさゆさとゆれだして、蔦や苔を吊りさげた大木がまるで生きたもののように動きだします」(竹山道雄『ビルマの竪琴』)、「そう言ってから大きな体をゆさゆさ揺らせて、かれは一人ですこしの間笑った」(椎名誠『新橋烏森口青春篇』)、「そしていきなり、シロの首にしがみつきました。…太いしっぽがゆさゆさとゆれていました」(佐藤さとる『赤んぼ大将』)

◇類義語「ゆっさゆっさ」「ゆらゆら」

「ゆさゆさ」は重みのある物が揺れ動く様子をいうが、「ゆっさゆっさ」はさらに大きく重い物が緩やかな間隔で揺れ動く様子。「高いポプラがゆっさゆっさ風にそよいでいる」(林芙美子『放浪記』)。また、「ゆさゆさ」は重量のある物が、力を加えられて大きく揺れ動くのに対して、「ゆらゆら」は軽い力にまかせて小さく揺れ動く様子。

◆参考　動詞「ゆさぶる」は「ゆさゆさ」の「ゆさ」に「ふる」がついてできたもの。「ふる」は「振る」であろう。鎌倉時代の『名語記(みょうごき)』に「物をゆるがすにゆさゆさとゆさぶる」とある。　(川嶋秀之)

❖二葉亭四迷　→P.25
❖開高健　→P.64
❖女重宝記　江戸時代の教養書。苗村(なむら)丈伯著。武家や上流町家の子女が身につけるべき教養や嗜みを解説したもの。大和詞(やまとことば)や忌詞(いみことば)に関する記述は日本語史の上でも貴重な資料とされる。元禄五年(一六九二)刊。
❖女中詞　室町時代頃から宮中の女房たちなどに用いられた「女房詞」の、江戸時代になってからの呼称。将軍家や武家等の女性達の使用語として発展した。
❖谷崎潤一郎　→P.7
❖竹山道雄　→P.56
❖椎名誠　→P.42
❖佐藤さとる　→P.296
❖林芙美子　→P.25
❖名語記　鎌倉時代の語源辞書。経尊著。当代の口語を中心にいろは順に配列し、問答体で語源の説明を記す。俗語を多数収録する資料として貴重。建治元年(一二七五)成立。

ゆっくり

①動作などが時間をかけて行われる様子。「早過ぎるなら、ゆっくり云ってやるが、おれは江戸っ子だから君等の言葉は使えない」(夏目漱石『坊っちゃん』)、「ゆっくり食べる方が、なにか、少しでも、おなかがふくれるような気がして、ゆっくりゆっくり食べるのでした」(椋鳩十『マヤの一生』)、「自動小銃を肩にかけた警備員が店の周辺をゆっくりと行き来する」(朝日新聞00・12・6)

②十分な時間をかけるだけの余裕がある様子。「む、む、二時間もあるのだから、ゆっくり言訳は考えられるさ」(島崎藤村『千曲川のスケッチ』)、「入社以来、毎日のように立ち食いそばをかき込む生活を続けてきた。『食事ぐらい、ゆっくり楽しみたい』」(日刊スポーツ00・12・19)

③心が落ち着き、くつろぐ様子。「その夜、一茶は久しぶりにゆっくりと、手足をのばして湖光の宿で眠った」(田辺聖子『ひねくれ一茶』)、「ハワイではゆっくりできた。野球のことは考えず、のんびりしてきた」(日刊スポーツ00・12・22)、「とくに予定がない日は、早めに家に帰ってゆっくりしましょう」(Hanako00・12・27号)

(川嶋秀之)

ゆっさゆっさ

重量のある物が、ゆるやかにしなうように揺れる様子。「高いポプラがゆっさゆっさ風にそよいでいる」(林芙美子『放浪記』)、「大きな腹をゆっさゆっさと揺すりながら土俵の上にあがった」

◇類義語「ゆさゆさ」

「ゆっさゆっさ」が振幅や周期が大きく重みを感じさせるように揺れる様子を表すのに対し、「ゆさゆさ」は振幅や周期がより小さく軽く揺れる様子を表す。

(川嶋秀之)

ゆっさり

①しなやかで重みのある様子。「勘次は軒端へ横に竹を渡して、ゆっさりとする其の穂を縛って打っ違いに掛けた」(長塚節『土』)

②重そうにゆるやかに動く様子。「卯平は懶さ相な身体をゆっさりと起して」(長塚節『土』)

◆参考 千葉県印旛郡で「この荷物はゆっさり(＝とても重い)する」のように使う。①②の用例の長塚節は茨城県の出身であり、この語は東関東地方を中心に使われるものか。

(川嶋秀之)

❖夏目漱石 英文学者・小説家。英語教師をへて、イギリスに留学。帰国後、『東京朝日新聞』の専属作家となり、同新聞に次々と作品を発表。森鷗外とともに近代日本文学の確立に貢献。作品『吾輩は猫である』『三四郎』など。(一八六七〜一九一六)

❖椋鳩十 児童文学作家。『少年倶楽部』に動物小説を発表。おもに動物をテーマとした児童文学を執筆。作品『片耳の大鹿』『孤島の野犬』など。(一九〇五〜一九八七)

❖島崎藤村 →P.102

❖田辺聖子 →P.23

❖林芙美子 →P.25

❖長塚節 →P.21

ゆったり

①時間・空間・動作・態度などに、ゆとりのある様子。「線路容量に比して列車本数が少ないから、ダイヤはゆったりしていて」(宮脇俊三❖『時刻表2万キロ』)、「ゆったりしたスペースの店が多いのも魅力だ」(日刊スポーツ00・12・12)、「いいパイプで、好みの煙草をゆったりとくゆらしたいという気持はつねに持っている」(江国滋❖『遊び本位』)

②気持ちがわずらわされることなく、くつろぐ様子。「七日に一返の休日が来て、心がゆったりと落ちつける機会に出逢うと」(夏目漱石❖『門』)、「泡湯、格別の趣がある壺湯などがそろい、ゆったりできる」(日刊スポーツ00・12・18)

◆類義語「ゆっくり」

「ゆっくり」は①②の類義語。「ゆったり」は状態や心に余裕やゆとりがあることに意味の中心があるのに対し、「ゆっくり」は動作自体に時間をかけて行うことに意味の中心がある。

◆参考 古くは緩やかな様子をいう「ゆたに」「ゆたふ」「ゆたゆた」などがあった。「ゆったり」の「ゆった」は、これらの「ゆた」や「豊(ゆた)か」の「ゆた」と語源的に関係があるか。

（川嶋秀之）

ゆらっ

ゆるやかに一度揺れる様子。また、地震など連続して揺れがくる場合の、最初の揺れる様子をいう。「地震がゆらっときたら、まず火を止めなければならない」、「波がきて舟がゆらっと揺れた」

◆類義語「ぐらっ」

「ゆらっ」は揺れても土台の安定は保たれているが、「ぐらっ」は土台まで揺れる様子をいう。「頭がぐらっとした」のような、意識が一瞬失われる様子には「ゆらっ」は用いない。

（川嶋秀之）

ゆらゆら

ゆるやかな周期で連続して揺れ動く様子。「河原からはもうかげろうがゆらゆら立って向うの水などは何だか風のように見えた」(宮沢賢治❖『或る農学生の日誌』)、「赤い風船は、ゆらゆらと、青い空にのぼっていった」(大石真❖『チョコレート戦争』)、「かつての、しなやかな鞭を思わせた筋肉は跡形もなく消え、贅肉が動くたびにゆらゆら揺れた」(沢木耕太郎❖『一瞬の夏』)

◆類義語「ゆらりゆらり」「ゆらゆらっ」「ゆらり」

ゆらゆら 家がゆるやかに揺れ動いている。

(赤塚不二夫『おそ松くん』より)

❖宮脇俊三 →P.83
❖江国滋 随筆家・俳人。新潮社勤務の後、文筆業に専念。大衆芸能の評論をはじめ、随筆など幅広い分野で執筆。作品『落語美学』『日本語八ツ当り』など。(一九三四)
❖夏目漱石 →P.568
❖宮沢賢治 →P.34
❖大石真 児童文学者。昭和二九年『風信器』で児童文学者協会新人賞受賞。以降、多くの作品を執筆。作品『見えなくなったクロ』『チョコレート戦争』など。(一九二五)
❖沢木耕太郎 →P.327

「ゆらゆら」「ゆらりゆらり」ともに何度も揺れる様子をいうが、「ゆらゆら」の揺れる周期よりも「ゆらりゆらり」の揺れる周期の方が長くゆっくりしている。「ゆらゆら」は揺れる様子そのものに意味の中心があるが、「ゆらゆらっ」は揺れたあと急に揺れがおさまる様子に意味の中心がある。「ゆらゆらっと部屋がゆれ動いたようにさほこは感じました」(瀬尾七重『銀の糸あみもの店』)。また、「ゆらり」は一度だけの揺れであるが、時間がかかってゆるやかに揺れ動く様子をいう。「船がゆらりと揺れる」 (川嶋秀之)

ゆらり

①ゆるやかに一度揺れ動く様子。「するとナオミは、その水色の柔らかい衣と頸飾りとをゆらりとさせて」(谷崎潤一郎『痴人の愛』)、「頼芸らは漁夫の詮索などをしているゆとりもなく、わらわらと舟に乗り移った。ゆらり、と舟が岸を離れた」(司馬遼太郎『国盗り物語』)

②落ち着いて余裕のある様子。「はるか前方に、私の生家の赤い大屋根が見えて来た。淡い緑の稲田の海に、ゆらりと浮いている」(太宰治『帰去来』)、「ふいに、背後から声がふってきました。ふりむくと、木々の間にくつやの若者が、ゆらりと立っていました」(瀬尾七重『うすみどりのくつ』)

◆類義語「ゆらっ」「ゆーらり」

「ゆらっ」は①の類義語。「ゆらり」はゆるやかに揺れ動いて、止まるときもゆっくりと止まる様子をいうが、「ゆらっ」はゆるやかに揺れ動いたあと、すぐに止まる様子をいう。「ゆーらり」は①の類義語。「ゆらり」のゆっくり揺れ動く様子よりも、「ゆーらり」はさらに揺れる時間が長く、揺れる幅も大きい様子をいう。 (川嶋秀之)

ゆるゆる

①物と物が密着せずゆるんだりたるんだりする様子。「輪宝のすがりし曲み歯の水ばき下駄、前鼻緒のゆるゆるに成りて」(樋口一葉『大つごもり』)、「女子高生の方はルーズソックスって、ゆるゆるへろへろのクツ下はいてるけど」(養老孟司・南伸坊『解剖学個人授業』)

②動作が急がず時間をかけて行われる様子。また、現象などが緩やかに進行する様子。「秋山小兵衛が正眼の太刀をゆるゆると八双の構えに移し

❖**瀬尾七重** 児童文学作家。福田清人に師事。昭和四三年『ロザンドの木馬』で野間児童文芸推奨作品賞受賞。『かんどういむ』同人。作品『ポカホンタス』『迷路の森の盗賊』など。(一九四二)

❖**谷崎潤一郎** →P.7

❖**司馬遼太郎** →P.16

❖**太宰治** →P.20

❖**樋口一葉** →P.111

❖**養老孟司** 解剖学者。専門の解剖学をもとに、文化論、宗教論など広く評論活動を展開。著作『ヒトの見方』『脳の中の過程』など。(一九三七)

❖**南伸坊** イラストレーター・エッセイスト。漫画雑誌『ガロ』の編集長を務めた後、フリー。平成一〇年『山田風太郎明治小説全集』で講談社出版文化賞ブックデザイン賞受賞。著作『ハリガミ考現学』など。(一九四七)

つつ」(池波正太郎❖『剣客商売』)、「其の車は痩せた馬に曳かれてゴトゴト礫(こいし)をきしりながら果てのない街道をゆるゆる行く」(永井荷風❖『ふらんす物語』)、「不思議な色をしたきれぎれの雲が、沸きたっては澱(よど)み、澱んではまたゆるゆると流れていた」(太宰治❖『道化の華』)

③動作や気持ちなどにゆとりがありくつろぐ様子。「その場を去らず了海様を討たせ申そう。それまではゆるゆると、この辺りに御滞在なされませ」(菊池寛❖『恩讐の彼方に』)、「おたがいの師匠日善上人のことや、朋輩どものうわさばなしでもして、ゆるゆる夜をすごそう」(司馬遼太郎❖『国盗り物語』)

◆**参考** 鎌倉時代から江戸時代にかけては、「此の家ゆるゆるとゆるぎて、つひにはしらの根ぬけぬ」(『発心集❖』)、「石火矢をうてば、櫓もゆるゆるうごき」(『おあむ物語❖』)のように、ゆらゆらと揺れ動く様子をいう「ゆるゆる」があった。これらの「ゆるゆる」は、現在の「ゆるゆる」とは異なり、動詞「揺(ゆ)る」と関係があるものと考えられる。現在の「ゆるゆる」は、状態を表す用法が多く、その語源をもとめれば、形容詞「緩(ゆる)し」、動詞「緩(ゆる)む」、形容動詞「緩やか」などの語幹「ゆる」と関係があるということになるだろう。

(川嶋秀之)

ゆるり

①動作に時間がかかる様子。時間を十分かけて余裕をもって行う様子。「後の馬車はまだ来ねえか。でえぶゆるりしているの」(仮名垣魯文❖『西洋道中膝栗毛』)、「もっともこういう弁論のありようは、むろん篤胤の専売特許ではない。まず次の文章をゆるりと味読されたい」(林望❖『書藪巡歴』)

②心にゆとりがあり、くつろぐ様子。「八日目には七時頃から下宿を出て、まずゆるりと湯に入って、それから町で鶏卵を八つ買った」(夏目漱石❖『坊っちゃん』)、「お前が此様な病気になってから、お父様もお母様も一晩もゆるりとお眠(やすみ)に成った事はない」(樋口一葉❖『うつせみ』)、「お金は、それでもいくらか持っているようだし、現金払いなら、こちらは客商売、まあ、ごゆるりと遊んでいらっしゃい」(太宰治❖『新釈諸国噺』)

◆**参考** ②の意味はすでに室町時代からある。また、江戸時代には「ゆるりっ」の形もあった。「今宵はおまへの所へ止宿(とま)って、ゆるりっと相談をしたいねえ」(『春色英対暖語❖』)。「どうぞ、ごゆるりと」という、人をもてなし、くつろぎをすすめる挨拶の言葉もある。

(川嶋秀之)

❖**池波正太郎** →P.133
❖**永井荷風** →P.562
❖**太宰治** →P.20
❖**菊池寛** →P.47
❖**司馬遼太郎** →P.16
❖**発心集** 鎌倉時代の仏教説話集。鴨長明著。建保二年(一二一四)頃の成立か。
❖**おあむ物語** 江戸時代の軍記。著者未詳。一人の老女の回想を筆録した形をとっており、女性の視点からみた戦乱の記録として貴重とされる。刊行は天保八年(一八三七)だが、享保初年(一七一六)頃には成立していたと考えられている。
❖**仮名垣魯文** →P.10
❖**林望** →P.87
❖**夏目漱石** →P.8
❖**樋口一葉** →P.111
❖**春色英対暖語** 江戸時代の人情本。為永春水著。『春色梅児誉美』の続編のうちの一つ。天保九年(一八三八)刊。

よたよた

①重い足どりでふらつきながら、一歩一歩たどたどしく歩く様子。「彼女は短い手をその御供の片隅へ乗せて、リボンの端を抑えながら、母のいる所までよたよた歩いて来て、イボンイボンと云った」(夏目漱石『彼岸過迄』)、「入代りにモノローグと云って日本の落語家のような事をやる男が海老のように顔を赤く塗り…酔どれのような風付(ふうつき)でよたよたと舞台へ出る」(永井荷風『ふらんす物語』)

②気持ちが決まらず揺れ動く様子。「一歩なかへはいれば実はひかげの草のようなひ弱い気持がよたよたしていた」(幸田文『こんなこと』)

◆参考　東京落語で愚か者の代表といえば「与太郎」であるが、「与太郎」の「与太」については諸説があり、語源的には不明である。

江戸時代から明治時代にかけて「与太者」「与太話」「与太る」「与太を言う」などの言い方が生まれた。これらは「与太郎」の「与太」をもとに派生したとされる。その背後の語感には、ふらふらしていてまっすぐに歩けず、道を外れるような「よたよた」の「よた」のイメージも多少あずかっていたのではないかと思われる。

(川嶋秀之)

よちよち

幼児や老人などが、小さな歩幅でたどたどしく、おぼつかない足取りで歩く様子。「タッチュンは平気な顔で、よちよちとはだしのままイヌに近づいていきました」(佐藤さとる『赤んぼ大将』)、「腰がすっかり曲がってしまって、歩くのも大儀そうだ。杖をついてよちよち歩いてね」(北杜夫『楡家の人びと』)、「思い切って不自由な脚してよちよちと駈けるように線路を越して」(葛西善蔵『蠢く者』)

(川嶋秀之)

よぼよぼ

①力のない足取りで歩く様子。また、年をとっていて身体の衰えた様子。「おばあさんは…『はい、ありがとうございます』と、いいながら、又ヨボヨボ向うへ行ってしまいました」(菊池寛『納豆合戦』)、「此島へよぼよぼした身体を持ちながら此老父が飄然と来たは」(幸田露伴『いさなとり』)

②年老いてみすぼらしい様子。「がいこつのようなよぼよぼの爺さんが一人と、四人の女。私だけが肩上げをして若い」(林芙美子『放浪記』)、「島田

◆夏目漱石　→P.8
◆永井荷風　小説家。広津柳浪に師事。滞米、渡仏の後『あめりか物語』を発表。『三田文学』の創刊をへて小説を執筆、『濹東綺譚』など多くの作品を発表する。作品はほかに『腕くらべ』『断腸亭日乗』(日記)など。昭和二七年、文化勲章受章。(一八七九〜一九五九)
◆幸田文　→P.122
◆佐藤さとる　児童文学作家。平塚武二に師事。昭和三四年、全六部からなる『コロボックル物語』の第一作『だれも知らない小さな国』で毎日出版文化賞受賞。作品『おばあさんのひこうき』など。(一九二八〜)
◆北杜夫　→P.30
◆葛西善蔵　→P.175
◆菊池寛　→P.47
◆幸田露伴　→P.451
◆林芙美子　→P.25

というのは…近ごろ松原の楡病院が宿直代わりに雇っていたよぼよぼの老医であった」(北杜夫『楡家の人びと』)

◆参考　江戸時代には「よぼ」をもとに派生した動詞「よぼける」「よぼつく」があった。「向うからよぼけたやうな男が来る」(『軽口笑布袋(かるくちわらいほてい)』)、「これは足がよぼついて持にくい」(『諺臍の宿替(ことわざへそのやどがえ)』)。「よぼける」は老いて耄碌(もうろく)する意味、「よぼつく」は足がよろめく意味。また、「よぼける」の名詞「よぼけ」や「よぼけおやじ」の語もあって、老いぼれた老人を意味した。(川嶋秀之)

よれよれ

衣服が、しわになったり型崩れしている様子。「よれよれのオーバーを着た四十二三の、痩せた風采のあがらぬ男だった」(松本清張『点と線』)

◇類義語「しわくちゃ」

「よれよれ」は生地が傷んで張りがなくなっている様子、「しわくちゃ」は生地自体は傷まず、一時的にしわになっている様子。

◆参考「よれよれ」は、ねじれる意味の動詞「撚(よ)れる」の語幹と関係のある語。(川嶋秀之)

よろよろ

①足がふらついて倒れそうになる様子。「ポンチャンはよろよろとよろめいて柳の幹にぶつかったところを」(佐藤春夫『わんぱく時代』)、「ひきよせられるように耕作さんは、よろよろと、あとを追いました」(瀬尾七重『かしわ森山の少女たち』)

②動作が不安定でふらつく様子。「わたしはよろよろ立ち上りながら、夫の側へ近寄りました」(芥川龍之介『藪の中』)

③今にも倒れそうなくらい弱々しい様子。「野菊がよろよろと咲いている。民さんこれ野菊がと僕は吾知らず足を留めたけれど」(伊藤左千夫『野菊の墓』)

◇類義語「よちよち」「よたよた」

共に①の類義語。「よろよろ」は足がふらついて倒れそうな歩き方の様子をいうのに対し、「よちよち」は歩幅が狭くて不安定な足取りをいい、主に幼児の歩き方についていう。また、「よたよた」は重い足取りでたどたどしく歩く様子。

◆参考　かつて「よろめきドラマ」というのがあった。誘惑に負けて、人の道を外れてしまう人妻を中心にしたドラマのことをいった。(川嶋秀之)

❖北杜夫　→P.30
❖軽口笑布袋　江戸時代の咄本。似嘯(じしょう)著。延享四年(一七四七)刊。
❖諺臍の宿替　江戸時代の咄本。一荷堂半水著。天保年間(一八三〇〜四四)刊。
❖松本清張　→P.46
❖佐藤春夫　→P.44
❖瀬尾七重　児童文学作家。福田清人に師事。昭和四三年『ロザンドの木馬』で野間児童文芸推奨作品賞受賞。『かんどういむ』同人。作品『ポカホンタス』『迷路の森の盗賊』など。(一九四二〜)
❖芥川龍之介　→P.12
❖伊藤左千夫　歌人・小説家。『アララギ』を主宰し、斎藤茂吉、長塚節ら多くの門下生を育てる。作品『野菊の墓』『分家』など。(一八六四〜一九一三)

よろり

人や生き物などの足がもつれたり、ふらついたりしてよろめく様子。「中腹から上は、吹きあげてくる谷風だけで、よろり、と、谷底へころがり落ちそうだ」(司馬遼太郎❖『国盗り物語』)

◆**類義語**「よろりよろり」

「よろり」は一度よろめく様子、「よろりよろり」は足を運ぶたびごとによろめく様子。「蠍(きそり)は尾を…石ころの上に引きずって…よろりよろりとあるくのです」(宮沢賢治❖『ふた子の星』)　(川嶋秀之)

ら行

りりーん

鈴やベルなどの鳴る音。現在ではあまり使わない。現在では電話や発車の合図などのベルは合成音になっており「プルルル」「ピンポーン」などと写す。「『リリーン』と発車ベルが鳴ると…『かいもん』はゆっくりと出発」(日本経済新聞87・4・1)

◆**参考** 江戸時代、鈴などの鳴る音を「りりん」と言うことがあった。「手綱掻繰りしゃんしゃんしゃん。轡(くつわ)の音はりりんりりんりりん」(浄瑠璃『夕(ゆう)霧阿波鳴渡(ぎりあわのなると)』❖)　(高崎みどり)

りんりん

①鈴虫や松虫など虫の鳴く音。静岡の方言で鈴虫を「りんりん虫」と言う。

②鈴やベルが連続して鳴る音。「雪の野道を、馬橇(ばそり)が…りんりんと通った」(三浦哲郎❖『忍ぶ川』)

③物音や人の声がよく通って響く様子。「お母様の…間際に仰有ったお言葉が凛々(りんりん)とすき透って、私の耳に響いて来る」(夢野久作❖『押絵の奇蹟』)

◆**類義語**「りん」「りーん」

「りん」は②の類義語で一回、短く鳴る音。「りー

❖**司馬遼太郎** 小説家。昭和三四年『梟の城』で直木賞受賞。卓抜な文明批評と、独自の史観にもとづく歴史小説によって、広い読者層を持つ。作品『竜馬がゆく』『坂の上の雲』など多数。平成五年、文化勲章受章。(一九九三)

❖**宮沢賢治** →P.34

❖**夕霧阿波鳴渡** 江戸時代の浄瑠璃。近松門左衛門作。正徳二年(一七一二)初演。

❖**三浦哲郎** →P.16

❖**夢野久作** →P.48

りんりん虫 静岡県では、鈴虫のことを、こう呼ぶ。

ん」は①②の類義語で、一回鳴る音や様子だが、「りん」よりは、やや長く響いて聞こえる感じ。

◆**参考** 江戸時代、狂歌で、「りんりん」で始まり「りん」で終わる歌をいろいろな話を想定して面白く詠むという趣向があった。たとえば、お寺の風鈴を子供たちが欲しがり、和尚が風鈴をうまく詠んだ歌を作った子に風鈴をやるというと、一人の子が詠んだ。「りんりんと 理もないことを 言ひだして これには和尚 困りけりりん」。和尚は答えて詠んだ。「りんりんと 理もないことを 言ひだして このりんやるのは あかんべろりん」 (高崎みどり)

るんるん

浮き立つような、楽しい気分である様子。「病院からまっすぐ合コンの席へ。るんるん歓談しているうちに」(朝日新聞00・12・30)

「気分」を付して「いかにもルンルン気分といった感じで」(週刊現代00・12・30号)のようにも使う。

◆**参考** アニメの題名「花の子ルンルン」からと言われるが草野心平❖にも用例があり「俺ハ砂利道ヲ、ペダルヲ踏ミ。ウレシイ。…砲弾雲マスマス ルンルン」(「仲間ノ家へ」)は夏の情景。 (高崎みどり)

れろれろ

ひどく酒に酔っていたり、緊張していたり、あるいは幼いために不慣れだったりして、言葉や態度が不明瞭である様子。「いかにもレロレロの酒酔い状態」(朝日新聞94・1・25)、「僕は、指輪を口に放り込み、舌の裏に潜ませてから、カメラの前に飛び出した。台詞がレロレロしているように聞こえたとしたら」(朝日新聞夕刊02・9・25)。なお、同じような意味で「ろれつが回らない」という表現もあるが、これは雅楽における音階名「呂律(りょりつ)」が不明瞭な様子からとされ、「れろれろ」とは無関係。

◆**参考** 笛の音の形容として用いられた例もある。「横笛の声がれろれろ、ひーひゃらりと面白く聞こえて」(田山花袋❖『重右衛門の最後』)

江戸時代、幼児をあやす様子を「れろれろ」と表すことがあったが、泣く子を黙らせるのに「遼来(りょうらい)」(=怖い魏の武人の遼が来るぞ)と脅したのが訛って「れろれろ」となり、そこからきたという。

また、室町末期の『日葡辞書(にっぽじしょ)』❖には「れろれろ」に音の似た「ろりろり」という項があり、「恐怖などのためにおちつかないさま、またはうろたえているさま」という説明がなされている。 (高崎みどり)

るんるん 何かいいことでもあるのか、浮き立つような楽しい気分。

(東海林さだお『サラリーマン専科』より)

❖**草野心平** →P.93

❖**田山花袋** →P.51

❖**日葡辞書** 一七世紀初頭の、ポルトガル語で説明した日本語辞書。イエズス会の宣教師によって成る。室町末期の口語を中心に方言、文書語、歌語、女性語など、三万余語を収録。慶長八〜九年(一六〇三〜〇四)刊。

わーわー

①激しい勢いで泣き続ける声、またその様子。「チーちゃんは、パニックに陥って、わーわー、大声を出して泣いた」(朝日新聞99・12・11)

②叫んだり、騒ぎ立てたりする声、またその様子。「(銭湯で)やがてわーわーと云う声が混乱の極度に達して」(夏目漱石❖『吾輩は猫である』)

◆類義語「わー」

「わー」は①②の類義語。「わーわー」が、継続して、泣いたり叫んだり騒ぎ立てたりする声や様子を表すのに対し、「わー」は一回短く、泣いたり叫んだり騒ぎ立てたりする声や様子を表す。「法被(はっぴ)姿の子供たちは、『わー』と寒さを吹き飛ばす大声を上げ」(朝日新聞02・1・8)

◆参考　江戸時代、芝居関係で「わーわーづめ」という語があり、大当たりで芝居小屋がわーわーと歓声に包まれることを表した。また、そこから、みんながもてはやす様子なども表した。「腹筋をよるもさはるも　高わらひ　わあわあづめなる(＝見物人のお腹がよじれるほど受けて沸いている)をかしみの幕」(滑稽本❖『客者評判記(かくしゃひょうばんき)』)　(高崎みどり)

わーん

①激しく泣き出す声、またその様子。「弟が僕の物をこわすと『わーん』と泣いて弟はべんしょうしない」(朝日新聞00・1・26)

②人の声や物音が、大きく反響して聞こえる時の音。また、その様子。場所が、屋根のある建物内であることが多い。「大鉄傘(＝前の国技館のことをさす)の下全体が…わーんとしたにぶいどよめき、人いきれに満たされてこようとして」(北杜夫❖『楡家の人びと』)　(高崎みどり)

❖夏目漱石　英文学者・小説家。英語教師をへて、イギリスに留学。帰国後、『東京朝日新聞』の専属作家となり、同新聞に次々と作品を発表。森鷗外とともに近代日本文学の確立に貢献。作品『吾輩は猫である』『三四郎』など。(一八六七〜一九一六)

❖客者評判記　江戸時代の滑稽本。式亭三馬著。文化七年(一八一〇)刊。

❖北杜夫　小説家。斎藤茂吉の次男。昭和三五年、『夜と霧の隅で』で芥川賞受賞。どくとるマンボウの名でユーモアに富むエッセイも多い。作品『どくとるマンボウ航海記』『楡家の人びと』など。(一九二七〜)

わいわい

①大勢が集まって大きな声でしゃべったり騒いだりする声。また、その様子。「見物人がわいわいと面白がってたかっている」（有島武郎『或る女』）

②大勢が非難や興味、要求などの意図で、ある物事について言い立てる様子。「一部の作家達がわいわい言うほど、大したものでない」（小熊秀雄『大波小波』）

また、何かというと騒ぎ立てる軽薄な人をさして「わいわい」と言うことがある。「嬢さまは…言般なワイワイがお気に召す筈が無いサ」（内田魯庵『犬物語』）。「ワイワイ」はお嬢様の求婚者達。

◆**参考**　江戸時代の物乞いの一種に「わいわい」というのがあった。天狗の面をつけ、「天王様は囃すがお好き、子供や囃せ、わいわいと囃せ」と言ってはお札をまき、小銭をもらうことからきた命名。

また、「わいわい」が物乞いをさすことから、江戸時代には落ちぶれた者や下っ端の者をさしたり、ひいては、物がこわれて駄目になった状態などもさすようになった。「大小（＝刀）も石へぶつけてぶん曲げて…仕舞いにはわいわいに（＝使えなくします」（歌舞伎『男伊達初買曾我』）

（高崎みどり）

わくわく

期待や喜びのために、心が落ち着かない様子。「彼は夢の中を歩いているような気持ちだった。なんだか知らないが、妙にわくわくして、足がちっとも、土につかなかった」（山本有三『路傍の石』）

江戸時代から例が見える。「あんまりのうれしさに、気がわくわくしてあゆみにくい」（洒落本『契情買虎之巻』）。現代ではプラスの意味で使われることが多いが、不安などのために心が落ち着かない様子や胸騒ぎがする様子などのマイナスの意味を表すこともある。「心が唯わくわくと感傷的になりまさるばかりで、急いで動かすべき手は却って萎えてしまう」（有島武郎『生れ出づる悩み』）

◇**類義語**「どきどき」

「どきどき」は、不安・恐怖の場合にも使われるので、「わくわく」と異なる。また、心臓の動く音も表すので、激しく鼓動する感じを伴う。

◆**参考**　中から外へ激しく動いて現れる意を表す「湧く（沸く）」から作り出された語だろう。江戸時代には「わくわくする」の意で、「わくつく」という語もあった。「ふっと見た時から胸はわくつけど」（洒落本『契情買虎之巻』）

（吉田永弘）

❖**有島武郎**　→P.12

❖**小熊秀雄**　詩人。『旭川新聞』で詩や童謡を発表。昭和六年、プロレタリア詩人会に参加。同九年『詩精神』を創刊、以降、多くの長編詩、叙事詩を発表。作品『小熊秀雄詩集』『飛ぶ橇』など。（一九〇一～四〇）

❖**内田魯庵**　→P.12

❖**男伊達初買曾我**　江戸時代の歌舞伎。藤本斗文作。宝暦三年（一七五三）初演。

❖**山本有三**　→P.30

❖**契情買虎之巻**　江戸時代の洒落本。田にし金魚著。安永七年（一七七八）刊。

わさわさ

①気が散って落ち着かない様子。また、落ち着かずに動き回る様子。「一トしきりうちじゅうをわさわさとして、娘の勝代といっしょに二階へひきあげて行った」(幸田文『流れる』)

②風などが吹いて草木が揺れる様子。「わさわさ揺れる木を見上げていたら、なんとサルが下りてきた」(朝日新聞99・6・24)

③たくさんある様子。「えたいのしれん、深海魚みたいな安い本ワサワサ買いだしたんです」(朝日新聞夕刊01・8・4)

◇**類義語**「わっさわっさ」

「わっさわっさ」は③の類義語。大勢で何かをする様子や騒いでいる様子を表す。「古代ギリシャのアテネという人口が二万いたかどうかの都市国家で、そこの連中がワッサワッサやったことが西洋の古典となった」(渡部昇一『国民の教育』)

◆**参考**　室町時代から見られる語。古くは、陽気で生き生きとした様子やうれしそうな様子を表していた。『日葡辞書』には「生き生きと、てきぱきとして、楽しい様子」とある。現代語の意味が出てくるのは近代になってからである。(吉田永弘)

わっ

①大勢がいっせいに笑う声、またその様子。「皆が又わっと笑う」(阿川弘之『山本五十六』)

②突然大声で激しく泣き出す時の声、またその様子。「『大人なんてうそつきだ…』信夫は、わっと泣き声をあげた」(三浦綾子『塩狩峠』)

③大勢の人がいっせいに何かをする様子。「無礼講でわっと景気よく飲もうではないか」(椎名誠『新橋烏森口青春篇』)。また、多数の物や事が、いっせいに動いたり、変化を見せたりする様子。「年度末にはわっと仕事が集中する」

◇**類義語**「わーっ」「わわーっ」

「わーっ」は①②③の類義語で、「わっ」よりも長く声をあげたり、動作や状態の程度が甚だしかったりする感じを表す。「小供は大福を踏み付けた様な爺さんを見て大変だと思ったか、わーっと悲鳴を揚げてなき出す」(夏目漱石『吾輩は猫である』)。「わわーっ」は①③の類義語で「わーっ」よりもさらに動作や状態が大規模である感じを表す。

◆**参考**　室町時代にも突然泣き出す様子を「わっ」と表した。「五つになる幼き人、太刀の影に驚きて、わっと泣き」(『太平記』)(高崎みどり)

❖**幸田文**　小説家・随筆家。幸田露伴の次女。昭和二二年、露伴の臨終を描いた『終焉』で注目される。歯切れのよい端正な文体で知られる。作品『流れる』『おとうと』など。(一九〇四～九〇)

❖**渡部昇一**　→P.153

❖**日葡辞書**　一七世紀初頭の、ポルトガル語で説明した日本語辞書。イエズス会の宣教師によって成る。室町末期の口語を中心に方言、文書語、歌語、女性語など、三万余語を収録。慶長八～九年(一六〇三～〇四)刊。

❖**阿川弘之**　→P.97

❖**三浦綾子**　→P.30

❖**椎名誠**　→P.42

❖**夏目漱石**　→P.8

❖**太平記**　室町時代の軍記物語。後醍醐天皇の倒幕計画から始まる南北朝の争乱を、南朝側の立場から描いたもの。流麗な和漢混淆文体。一四世紀後半成立。

わなわな

身体全体や身体の一部が小刻みに震える様子。寒気やはき気など生理的な原因や、怒り、悲しみ、恐怖、興奮など感情的な原因による。「もう体中は不快な嘔感の為めにわなわなと震えていた」(❖有島武郎『或る女』)、「青い筋を立てて、わなわな顫えるまでに、毒々しい言葉を浴せかけて」(❖徳田秋声『あらくれ』)

鎌倉時代から見える語で、現代の意味も変わらない。「あまりに内裏のおびただしきを見て、秦舞陽わなわなとふるひければ」(❖『平家物語』)。「手足わななきて」(❖『古事記』)のように、古くからある動詞「わななく(=寒さや恐怖で震える)」の語幹「わなな」を縮約した「わな」を重ねてできた語か。古くは「わななくわななく」と表現した。

◆類義語「ぶるぶる」

「ぶるぶる」は身体や物が大きく震える様子に言う。「わなわな」は、震え方が小刻みで細かく、どちらかというと感情的要因によることが多い。また、「卒塔婆はみな、わなわなと顫えていた」(❖三浦哲郎『幻燈画集』)のような、比喩的な用法を除き、人間以外に言うことはない。

（染谷裕子）

わはは

何のためらいもなく、豪快に大声で笑う声。「わははと笑って家族で食事」(週刊朝日02・4・26号)。室町時代から見える笑い声の表現。

◆類義語「あはは」「わはははは」

「あはは」が明るく自然な笑い声であるのに対して「わはは」は声が大きく、豪快さを意識しているような笑い声。「わはははは」は、「わはは」より、さらに豪快な大笑い。時に、相手に優越感を持つ心理が存することもある。

（染谷裕子）

わんさ

多くの人や物が一度に同じ場所に集まる様子。「お洒落な若い女の子や学生たちがわんさと集まる」(❖五木寛之『風に吹かれて』)

◆類義語「わんさわんさ」

「わんさわんさ」は次から次へと集まる様子。

■参考 一昔前までは、下っ端の女優やダンサーを、その数が多く、大部屋にひしめくことから「わんさガール」または略して「わんさ」と呼んだ。現代ではほとんど使わない。

（染谷裕子）

わなわなわな 悔しさと怒りで、握り拳が小刻みに震える。

(うえやまとち『クッキングパパ』より)

❖**有島武郎** →P.12
❖**徳田秋声** →P.42
❖**平家物語** →P.74
❖**古事記** →P.248
❖**三浦哲郎** →P.16
❖**五木寛之** 小説家。昭和四二年『蒼ざめた馬を見よ』で直木賞受賞。終戦時の苛酷な引き揚げ体験が、作品の根幹をなす。作品『さらばモスクワ愚連隊』『青春の門』など。(一九三二)

わんさか

人や物が、一時に同じ場所に、あきれるほど大量に出たり入ったりする様子。「如何なる報道価値が有るのか、テレビカメラで撮影する報道陣もワンサカ」(SPA!00・12・27号)

◇類義語「わんさ」

「わんさ」は「わんさか」ほどには大量ではない感じ。「わんさか」は「わんさ」より俗な言い方。

◆参考 江戸時代には、人などでこみあうさまを「わっさわっさ」と言った。　(染谷裕子)

わんわん

①犬の吠え声。「わんわん」は、江戸時代から犬の吠え声を写す語として一般的になった。「之(これ)から些(ちっ)と肝玉を練る修行に時々吠えてやるかナ。…此奴(こやつ)め、ワンワンワン」(内田魯庵❖『社会百面相』)

江戸時代以前は、犬の吠え声は、「びよ」「びょう」と写していた。英語のbow-wow(バウワウ)に通じるバ行音であった。「(柿主)いぬなら鳴かうぞよ。(山伏)はあ、又こりや、鳴かざなるまい。びよびよ」(狂言❖『柿山伏』)

②人が激しく連続的に泣く声。江戸時代から例が見られる。「月見草の中でワンワン泣いている、ありッたけな声を出して泣いている」(吉川英治❖『宮本武蔵』)

③声や音が反響する様子。また、その音。残響音があって聞き取りにくく、やや不快な場合に使う。「せまい室内にその声がワンワンひびき」(野坂昭如❖『エロ事師たち』)

④たくさんのものが一挙に押し寄せてくる様子。また、その音。蚊・蜂などの小さな羽音をたてる虫が群れをなして飛び立つときに使うことが多い。「波止場の、金バエがわんわん飛ぶコンクリートの上を」(小松左京❖『日本沈没』)

◇類義語「わん」「きゃんきゃん」「わーわー」

「わん」は、①②の類義語。「わんわん」が連続的な声であるのに対し、「わん」は瞬間的な声を表す。「きゃんきゃん」は、①の類義語。「わんわん」が中型以上の成犬の鳴き声であるのに対し、「きゃんきゃん」は子犬や小型犬の鳴き声を表す。「わーわー」は、②の類義語。「わんわん」は、泣き声が反響している感じがあるのに対し、「わーわー」は泣き声がそのまま広がっていく感じ。

◆参考 中国でも犬の声は「ワンワン」。　(山口仲美)

❖内田魯庵 評論家・翻訳家・小説家。『女学雑誌』に評論を連載。また社会小説『くれの廿八日』などを執筆。作品『罪と罰』(翻訳)、『思ひ出す人々』など。(一八六八〜一九二九)

❖柿山伏 室町時代の狂言。柿を盗む山伏を持ち主が見つけ「あれは猿だ」「鳶だ」とからかい、山伏はそのまねをする。

❖吉川英治 小説家。大正三年、『剣難女難』『鳴門秘帖』で流行作家となり、昭和一〇年から『東京朝日新聞』に連載の「宮本武蔵」で時代小説に新境地を開く。作品『私本太平記』『新書太閤記』など。昭和三五年、文化勲章受章。(一八九二〜一九六二)

❖野坂昭如 →P.26

❖小松左京 →P.82

索引

太い数字は本文解説のあるページ、細い数字は類義語欄に解説のあるページを示す。また、斜体の数字はコラムで紹介したページを示す。

あ行

か行

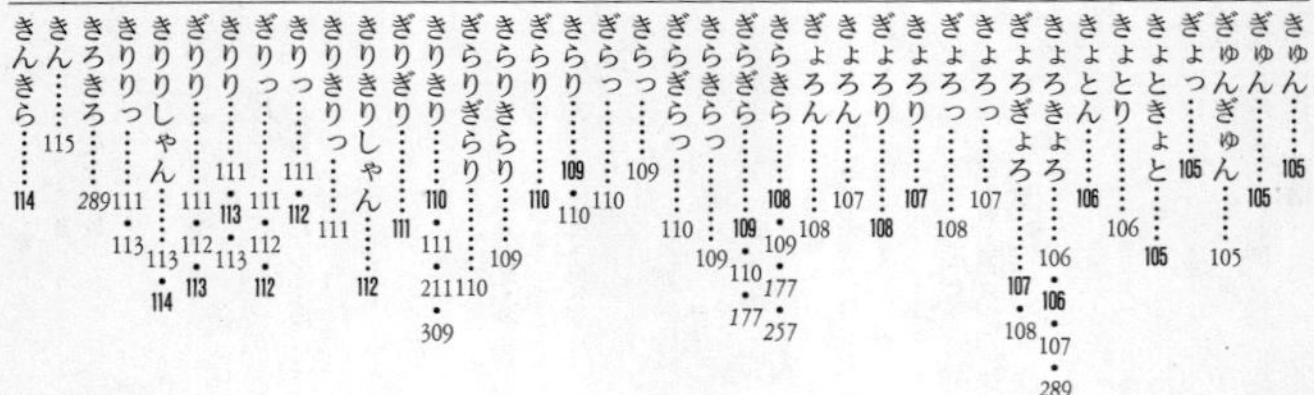

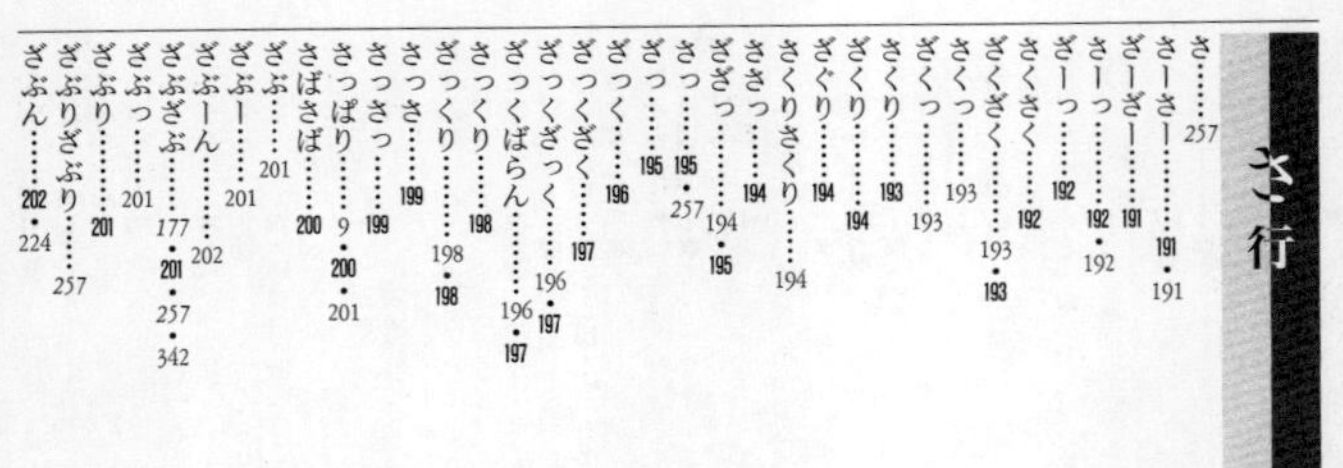

さ行

た行

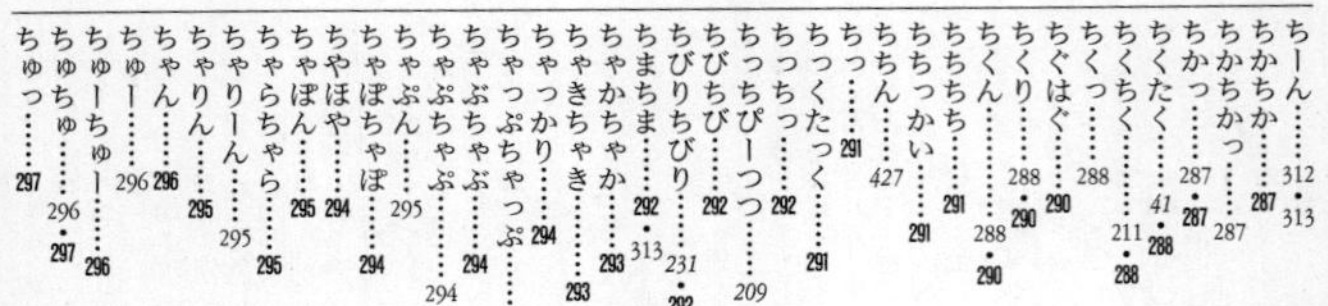

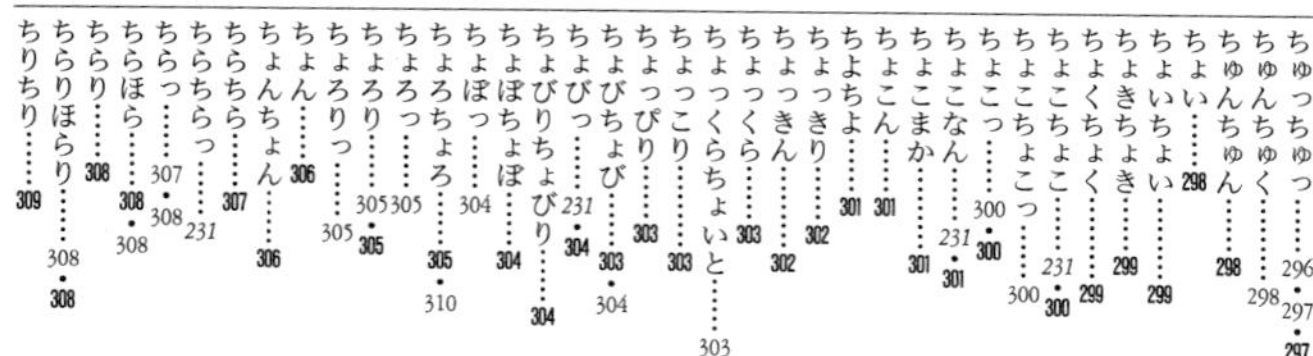

な行

は行

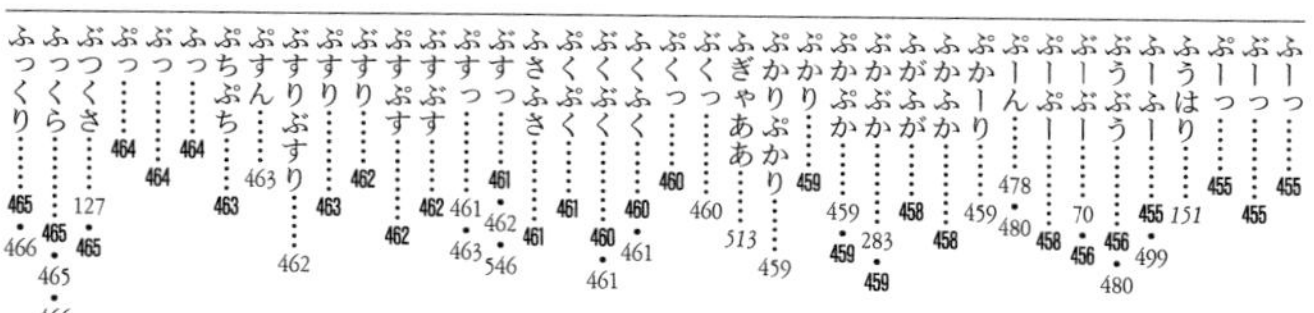

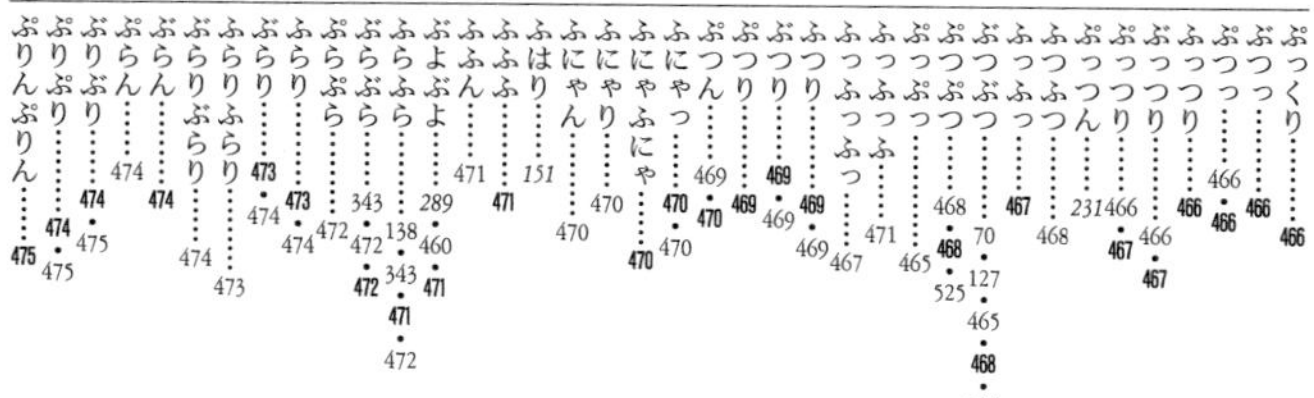

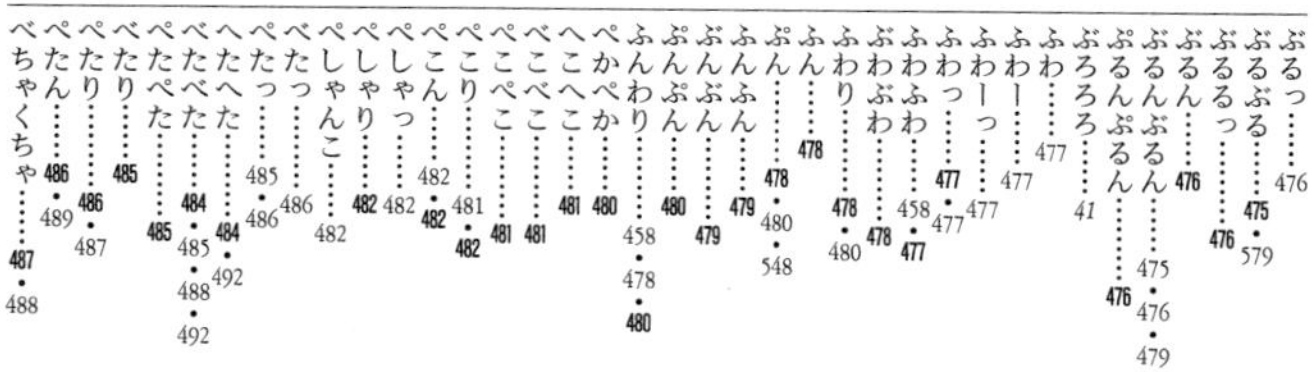

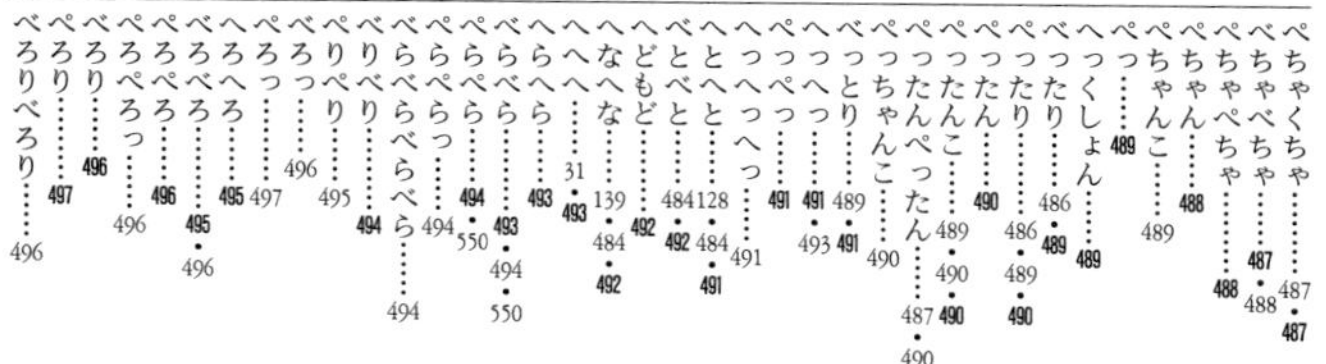

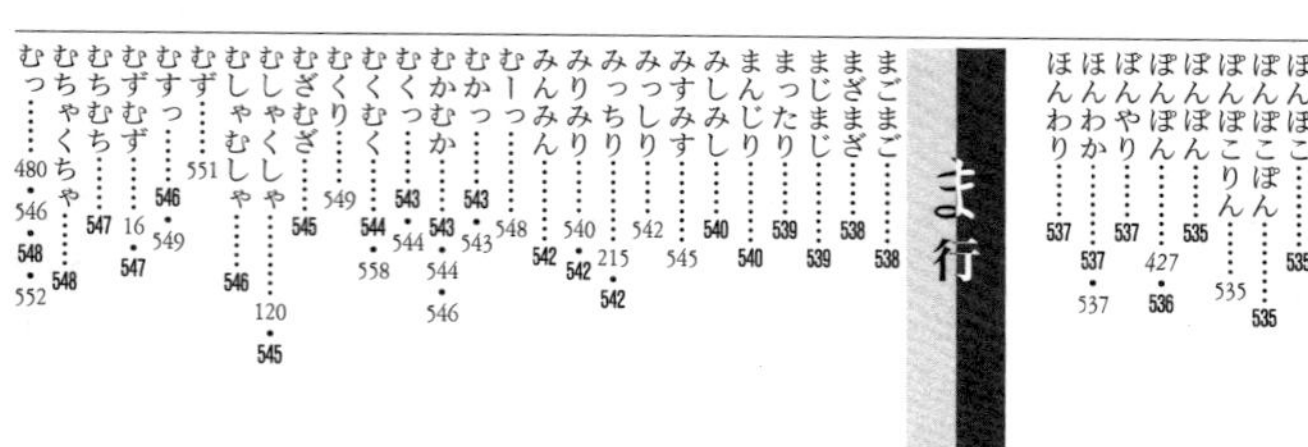

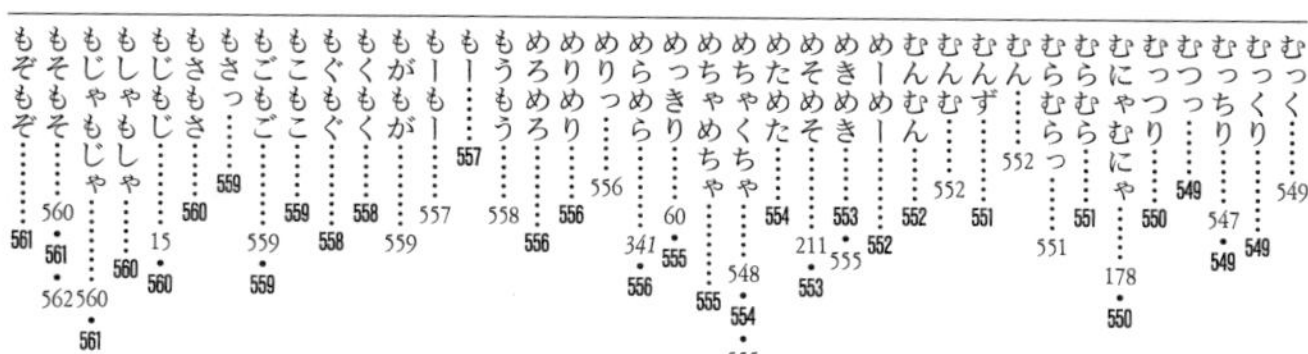

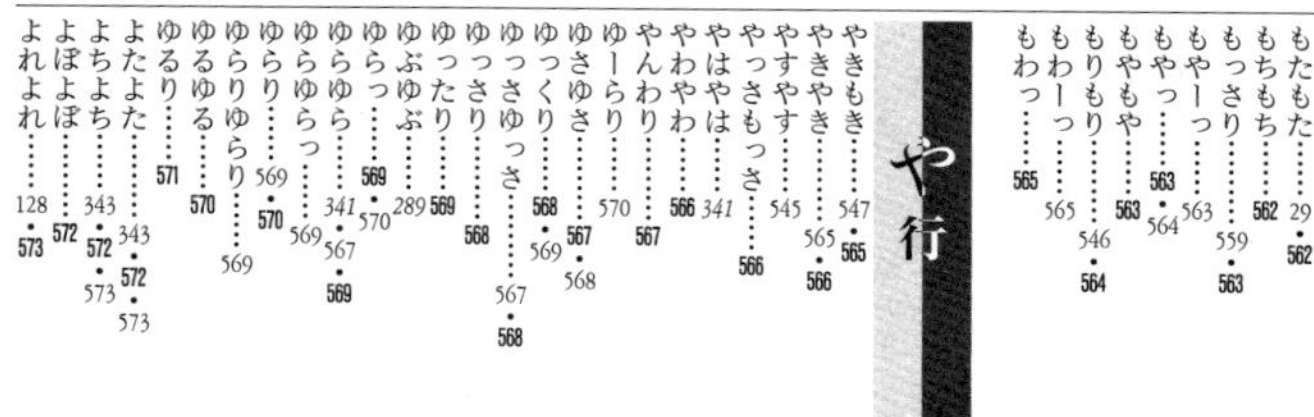

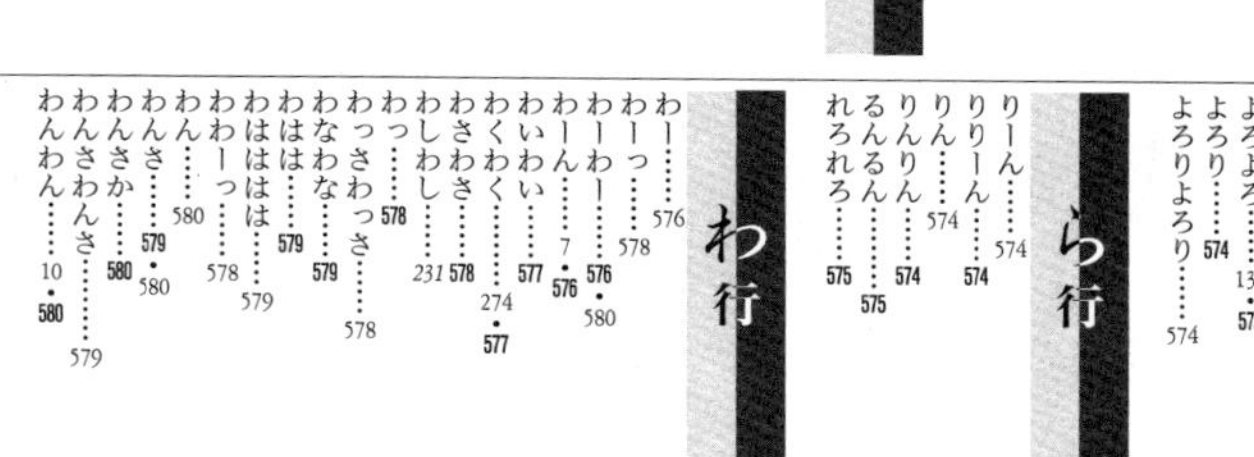

編者・執筆者紹介

❶生年❷最終学歴❸現職❹著書・論文

〈編著者紹介〉

山口仲美――やまぐち・なかみ
❶一九四三年 ❷東京大学大学院 ❸埼玉大学名誉教授 ❹『ちんちん千鳥のなく声は』『犬は「びよ」と鳴いていた』『日本語の歴史』『日本語の古典』『山口仲美著作集(全八巻)』など。

〈執筆者紹介〉五十音順

池上 啓――いけがみ・あきら
❶一九五六年 ❷学習院大学大学院 ❸作新学院大学教授 ❹『暮らしのことば語源辞典(共著)』「上代にみえる四段動詞アスの問題」など。

金子 彰――かねこ・あきら
❶一九四八年 ❷広島大学大学院 ❸東京女子大学教授 ❹『暮らしのことば語源辞典(共著)』「親鸞の片仮名交り注釈書の文章表現の特質」など。

川嶋秀之――かわしま・ひでゆき
❶一九五五年 ❷東京都立大学大学院 ❸茨城大学教授 ❹『暮らしのことば語源辞典(共著)』『当て字の話』「当て字と熟字訓―その難しさと魅力」など。

小島聡子――こじま・さとこ
❶一九六八年 ❷東京大学大学院 ❸岩手大学准教授 ❹「動詞の終止形による終止―中古仮名文学作品を資料として―」「複合動詞後項『行く』の変遷」など。

小柳智一――こやなぎ・ともかず
❶一九六九年 ❷國學院大學大学院 ❸聖心女子大学教授 ❹「中古のマデ―第一副助詞―」「和歌における活用語接続のナリ」など。

佐々木文彦――ささき・ふみひこ
❶一九五八年 ❷東京大学大学院 ❸明海大学教授 ❹『暮らしのことば語源辞典(共著)』「副詞『ふと』の意味・用法の変遷について」など。

佐藤有紀――さとう・ゆき
❶一九七八年 ❷埼玉大学大学院 ❸関東学園大学講師 ❹「オノマトペ、その短期間における変容―1902年と2002年の朝日新聞を資料として―」など。

染谷裕子――そめや・ひろこ
❶一九五六年 ❷お茶の水女子大学大学院 ❸田園調布学園大学教授 ❹『お伽草子の国語学研究』『日本の言語景観(共著)』など。

高崎みどり――たかさき・みどり
❶一九五〇年 ❷お茶の水女子大学大学院 ❸お茶の水女子大学大学院教授 ❹「文体の異性装」『ここからはじまる文章・談話(共編)』など。

中尾比早子――なかお・ひさこ
❶一九七一年 ❷名古屋大学大学院 ❸愛知淑徳大学非常勤講師 ❹「漢語副詞の受容―『到底』をめぐって」「日本語研究史における副詞の位置付け」など。

間宮厚司――まみや・あつし
❶一九六〇年 ❷学習院大学大学院 ❸法政大学教授 ❹『暮らしのことば語源辞典(共著)』『万葉難訓歌の研究』『おもろさうしの言語』『万葉異説』など。

矢田 勉――やだ・つとむ
❶一九六九年 ❷東京大学大学院 ❸大阪大学准教授 ❹『国語文字・表記史の研究』など。

吉田永弘――よしだ・ながひろ
❶一九七二年 ❷國學院大學大学院 ❸國學院大學教授 ❹「断定表現『にてあり』の成立」「ホドニ小史」「平家物語と日本語史」など。

◆脚注執筆
池上 啓
染谷裕子
金子 大

◆本文デザイン
鈴木成一デザイン室

◆図版・写真協力
赤塚不二夫
あさりよしとお
植田まさし
うえやまとち
東海林さだお
蛭田達也
松本零士
(株)角川書店
香取良夫
叶内拓哉
(株)講談社資料センター
(財)五島美術館
実践女子大学図書館
高橋咲希
筑波大学附属図書館
東京国立博物館
(財)東洋文庫
浜野栄次
日弁貞夫
松阪市射和町自治会
丸林正則
村上浜吉
山下史人

◆原本編集協力
種田眞知子

KODANSHA

定価はカバーに表示してあります。

擬音語・擬態語辞典（ぎおんご・ぎたいごじてん）

山口仲美（やまぐちなかみ） 編

2015年5月8日　第1刷発行
2022年10月12日　第10刷発行

発行者　鈴木章一
発行所　株式会社講談社
東京都文京区音羽 2-12-21 〒112-8001
電話　編集（03）5395-3512
販売（03）5395-4415
業務（03）5395-3615

装　幀　蟹江征治
印　刷　大日本印刷株式会社
製　本　株式会社若林製本工場

ISBN978-4-06-292295-1

「講談社学術文庫」の刊行に当たって

これは、学術をポケットに入れることをモットーとして生まれた文庫である。学術は少年の心を養い、成年の心を満たす。その学術がポケットにはいる形で、万人のものになることは、生涯教育をうたう現代の理想である。

こうした考え方は、学術を巨大な城のように見る世間の常識に反するかもしれない。また、一部の人たちからは、学術の権威をおとすものと非難されるかもしれない。しかし、それはいずれも学術の新しい在り方を解しないものといわざるをえない。

学術は、まず魔術への挑戦から始まった。やがて、いわゆる常識をつぎつぎに改めていった。学術の権威は、幾百年、幾千年にわたる、苦しい戦いの成果である。こうしてきずきあげられた城が、一見して近づきがたいものにうつるのは、そのためである。しかし、学術の権威を、その形の上だけで判断してはならない。その生成のあとをかえりみれば、その根は常に人々の生活の中にあった。学術が大きな力たりうるのはそのためであって、生活をはなれた学術は、どこにもない。

開かれた社会といわれる現代にとって、これはまったく自明である。生活と学術との間に、もし距離があるとすれば、何をおいてもこれを埋めねばならない。もしこの距離が形の上の迷信からきているとすれば、その迷信をうち破らねばならぬ。

学術文庫は、内外の迷信を打破し、学術のために新しい天地をひらく意図をもって生まれた。文庫という小さい形と、学術という壮大な城とが、完全に両立するためには、なおいくらかの時を必要とするであろう。しかし、学術をポケットにした社会が、人間の生活にとってより豊かな社会であることは、たしかである。そうした社会の実現のために、文庫の世界に新しいジャンルを加えることができれば幸いである。

一九七六年六月　　　　野間省一

澤田昭夫著
論文のレトリック わかりやすいまとめ方
本書は、論文を書くことはレトリックの問題であるという視点から、構造的な論文構成の戦略論と、でき上るまでのプロセスをレトリックとして重視しつつ論文の具体的なまとめ方を教示した書き下ろし。
604

外山滋比古（とやましげひこ）著（解説・富岡多恵子）
日本の文章
日本語の根源的問題を扱った画期的文章論。英文学・英語教育に精通する著者が、外国語と日本語の文章を対等に比較・客観視して日本語のあるべき真の姿を解明。学者的直観と先見に溢れた好著である。
648

牧村史陽（しよう）編
大阪ことば事典
最も大阪的な言葉六千四百語を網羅し、アクセント、語源、豊富な用例を示すとともに、言葉の微妙なニュアンスまで詳しく解説した定評ある事典。巻末に項目検出索引、大阪のしゃれことば一覧を付した。
658

小塩（おしお）節（たかし）著
ドイツ語とドイツ人気質
ドイツ語に深い愛を寄せつつ率直かつ平明にその特徴を解析し、頑強・明快・重厚なドイツ精神を浮き彫りにする。日常のドイツ語からドイツ人気質をさぐり、日本とはおよそ異質な文化世界への扉を開ける書。
825

佐藤信夫著（解説・佐々木健一）
レトリック感覚
日本人の言語感覚に不足するユーモアと独創性を豊かにするために、言葉の〈あや〉とも呼ばれるレトリックに新しい光をあてる。日本人の立場で修辞学を再検討して、発見的思考への視点をひらく画期的論考。
1029

佐藤信夫著（解説・池上嘉彦）
レトリック認識
古来、心に残る名文句は、特異な表現である場合が多い。黙説、転喩、逆説、反語、暗示など、言葉のあやの多彩な領域を具体例によって検討し、独創的な思考のための言語メカニズムの可能性を探る注目の書。
1043

北浦藤郎・蘇　英哲・鄭　正浩編著
五十音引き中国語辞典
親字を日本語で音読みにして、あいうえお順で配列。だから、中国語のピンインがわからなくても引ける！「家」は普通「jia」で引くが、本書では「か」。初学者に親切な、他に類のないユニークな中国語辞典。2色刷。

2227

倉嶋　厚・原田　稔編著
雨のことば辞典
甘霖、片時雨、狐の嫁入り、風の実……。日本語には雨をあらわすことば、雨にまつわることばが数多くある。季語や二十四節気に関わる雨から地方独特の雨のことばまで、一二〇〇語収録。「四季雨ごよみ」付き。

2239

杉本つとむ著
東京語の歴史
古代のあずま詞（東国方言）、江戸の言葉が関西の言葉を吸収して「江戸語」へ。そして江戸語から東京語に。その東京語も国家によって、標準語として人為的に作られた新・東京語へ。言葉は歴史と交錯する。

2250

石川九楊著
日本語とはどういう言語か
漢字、ひらがな、カタカナの三種の文字からなる日本語。書字中心の東アジア漢字文明圏においても構造的に最も文字依存度が高い日本語の特質を、言（はなしことば）と文（かきことば）の総合としてとらえる。

2277

松井力也著
日本人のための英語学習法
英語を理解するためには、英語ネイティブの頭の中にある、英語によって切り取られた世界の成り立ちや、イメージを捉える必要がある。日本語と英語の間にある乖離を乗り越え、特有の文法や表現を平易に解説。

2287

山口仲美編
擬音語・擬態語辞典
「しくしく痛む」と「きりきり痛む」、「うるうる」と「うるっ」はいったいどう違うのか？　約二千語を集大成した、オノマトペ辞典の決定版。万葉集からコミックまで用例満載。日本語表現力が大幅にアップ！

2295